Edition HMD

Herausgegeben von:

Hans-Peter Fröschle
i.t-consult GmbH
Stuttgart, Deutschland

Knut Hildebrand
Hochschule Weihenstephan-Triesdorf
Freising, Deutschland

Josephine Hofmann
Fraunhofer IAO
Stuttgart, Deutschland

Matthias Knoll
Hochschule Darmstadt
Darmstadt, Deutschland

Andreas Meier
University of Fribourg
Fribourg, Schweiz

Stefan Meinhard
SAP Deutschland SE & Co KG
Walldorf, Deutschland

Stefan Reinheimer
BIK GmbH
Nürnberg, Deutschland

Susanne Robra-Bissantz
TU Braunschweig
Braunschweig, Deutschland

Susanne Strahringer
TU Dresden
Dresden, Deutschland

Die Fachbuchreihe „Edition HMD" wird herausgegeben von Hans-Peter Fröschle, Prof. Dr. Knut Hildebrand, Dr. Josephine Hofmann, Prof. Dr. Matthias Knoll, Prof. Dr. Andreas Meier, Stefan Meinhardt, Dr. Stefan Reinheimer, Prof. Dr. Susanne Robra-Bissantz und Prof. Dr. Susanne Strahringer.

Seit über 50 Jahren erscheint die Fachzeitschrift „HMD – Praxis der Wirtschaftsinformatik" mit Schwerpunktausgaben zu aktuellen Themen. Erhältlich sind diese Publikationen im elektronischen Einzelbezug über SpringerLink und Springer Professional sowie in gedruckter Form im Abonnement. Die Reihe „Edition HMD" greift ausgewählte Themen auf, bündelt passende Fachbeiträge aus den HMD-Schwerpunktausgaben und macht sie allen interessierten Lesern über online- und offline-Vertriebskanäle zugänglich. Jede Ausgabe eröffnet mit einem Geleitwort der Herausgeber, die eine Orientierung im Themenfeld geben und den Bogen über alle Beiträge spannen. Die ausgewählten Beiträge aus den HMD-Schwerpunktausgaben werden nach thematischen Gesichtspunkten neu zusammengestellt. Sie werden von den Autoren im Vorfeld überarbeitet, aktualisiert und bei Bedarf inhaltlich ergänzt, um den Anforderungen der rasanten fachlichen und technischen Entwicklung der Branche Rechnung zu tragen.

Weitere Bände in dieser Reihe:
http://www.springer.com/series/13850

Andreas Meier • Edy Portmann

Herausgeber

Smart City

Strategie, Governance und Projekte

 Springer Vieweg

Herausgeber
Andreas Meier
Departement für Informatik
Universität Fribourg
Fribourg, Schweiz

Edy Portmann
Institut für Wirtschaftsinformatik
Universität Bern
Bern, Schweiz

Das Herausgeberwerk basiert auf vollständig neuen Kapiteln und auf Beiträgen der Zeitschrift HMD – Praxis der Wirtschaftsinformatik, die entweder unverändert übernommen oder durch die Beitragsautoren überarbeitet wurden.

ISSN 2366-1127   ISSN 2366-1135 (electronic)
Edition HMD
ISBN 978-3-658-15616-9   ISBN 978-3-658-15617-6 (eBook)
DOI 10.1007/978-3-658-15617-6

Die Deutsche Nationalbibliothek verzeichnet diese Publikation in der Deutschen Nationalbibliografie; detaillierte bibliografische Daten sind im Internet über http://dnb.d-nb.de abrufbar.

Springer Vieweg
© Springer Fachmedien Wiesbaden GmbH 2016

Gedruckt auf säurefreiem und chlorfrei gebleichtem Papier

Springer Vieweg ist Teil von Springer Nature
Die eingetragene Gesellschaft ist Springer Fachmedien Wiesbaden GmbH
Die Anschrift der Gesellschaft ist: Abraham-Lincoln-Strasse 46, 65189 Wiesbaden, Germany

Vorwort

Der Anblick eines Satellitenfotos unseres Planeten bei Nacht verleiht uns eine beeindruckende Perspektive auf das Phänomen der Stadt: Strahlende Bündel pulsierender Stadtlichter zeichnen organische Muster auf die dunklen Landmassen. An den Stadträndern wird das Licht gedämpfter, um in die schmalen, langen Lichtlinien der Schnellstraßen überzugehen, welche die Verbindungen zu entfernteren Städten bilden. Die Lichtlinien formen dabei verzweigte, baumähnliche Muster – ein aus den Neurowissenschaften vertrautes Bild: Städte auf unserem Foto gleichen den Knoten von Nervenzellen und die Schnellstraßen den Axonen, welche eine synaptische Verbindung eingehen. Städte könnten als Organismen beschrieben werden, die – miteinander verknüpft – weitere Organismen bilden, die mehr sind, als die bloße Summe ihrer Einzelteile. Führt man den biologischen Vergleich weiter, so bietet es sich ferner an, die Stadt als Ökosystem oder als Biozönose zu bezeichnen, als Gemeinschaft von Organismen verschiedener Arten, und als Biotop, als abgrenzbarer aber nicht abgeschlossener Lebensraum. In gewisser Weise erscheinen Städte als biotischer Ausdruck menschlicher Lebensweisen, vor allem, wenn man bedenkt, dass sich unser Planet einem Besucher aus dem All vor 100 Jahren noch ganz anders präsentiert hätte.

In diesem Sinne stellen wir Ihnen mit diesem Herausgeberwerk der Edition HMD webbasierte Entwicklungen für urbane Räume vor und berichten über erste Erfahrungen von Smart City Pionierprojekten. Unserem Verständnis nach drückt der Begriff die Nutzung von Informations- und Kommunikationstechnologien in Städten und Agglomerationen aus, um den sozialen und ökologischen Lebensraum nachhaltig zu entwickeln. Dazu zählen unter anderem Projekte zur Verbesserung der Mobilität, Nutzung intelligenter Systeme für Wasser- und Energieversorgung, Förderung sozialer Netzwerke, Erweiterung politischer Partizipation, Ausbau von Entrepreneurship, Schutz der Umwelt sowie Erhöhung von Sicherheit und Lebensqualität. In der vorliegenden Edition HMD zu Smart City, die in sieben Teile gegliedert ist, berichten wir von Ideen und Projekten zu Smart Governance (Teil I), Smart Participation (Teil II), Smart Living (Teil III), Smart Education (Teil IV), Smart Mobility (Teil V), Smart Energy (Teil VI) und Smart Economy (Teil VII). Hierbei ist den Herausgebern bewusst, dass dies einerseits nur eine Auswahl von Perspektiven auf die smarte Stadt darstellt und viele weitere Themen denkbar sind und in Angriff genommen werden. Andererseits ist zu betonen, dass das Phänomen Stadt letztlich nur dann adäquat zu erfassen ist, wenn sie als organisches Ganzes betrachtet wird, das nicht vollständig erklärt werden kann, wenn es lediglich als Zusammenwirken seiner Teilelemente betrachtet wird.

Im Teil I – Smart Governance – widmen wir uns zuerst Ideen, Frameworks und Projekten für die nachhaltige Steuerung urbaner Biozönosen, welche sich aus Gemeinschaften unterschiedlicher Stakeholder einer Stadt bildet. Ziel dabei bleibt die Resilienz, also die Fähigkeit städtischer Strukturen, auch bei Schadensszenarien zentrale Funktionen weiterhin zu garantieren. In diesem Teil präsentieren Meier und Zimmermann in Kap. 1 ein mögliches Entwicklungsmodell smarter Städte, Walser und Haller berichten in Kap. 2 von Smart Governance in Smart Cities und Habenstein et al. weisen in Kap. 3 den Weg zur Open Smart City Bern.

Teil II – Smart Participation – beschäftigt sich mit Partizipationssystemen und deren Herausforderungen im Smart City Ökosystem. Hier stellen Löw und Rothmann Überlegungen zur Privatsphäre im sozialen und urbanen Raum an (Kap. 4), Fivaz und Schwarz präsentieren in Kap. 5 Möglichkeiten von Smart Democracy, und in Kap. 6 stellen Robra-Bissantz et al. ihre Plattform Sandkasten für Partizipation vor.

In Teil III – Smart Living – wird dem Grundgedanken der achtsamen Gestaltung Rechnung getragen, um urbane Ökosysteme zu entwerfen. Diese Art der Gestaltung berücksichtigt zum Wohle der einzelnen Stakeholder die Wechselwirkungen von Stadtsystemen (z. B. Gebäude, Logistik und/oder Mobilität) mit ihren Bewohnern. In Kap. 7 unterbreiten Andrushevich et al. Möglichkeiten eines intelligenten Lebens in der Stadt der Zukunft, in Kap. 8 werden von Pletscher et al. smarte Logistik- und Mobilitätsdienstlösungen der Schweizerischen Post aufgezeigt und in Kap. 9 zeigen Schneider et al., wie ein selbstbestimmtes Leben trotz Demenz möglich ist.

Dem Teil IV – Smart Education – liegt eine im besten Sinne humanistische Sichtweise zugrunde. Smart Education soll die Bewohner der Smart City dabei unterstützen, ihre Persönlichkeit bestmöglich zu entfalten. Smart Education soll dazu beitragen, dass die Menschen in der Stadt zu einer besseren, ihnen entsprechenden Existenzform finden, zunächst als Individuum, dann aber auch als Gemeinschaft. Mit diesem Ziel führt zum einen Repenning im Kap. 10 Computational Thinking in der Primarschule ein und zum anderen bieten Guggisberg und Burkhard Computational Science für Smart Cities an (Kap. 11).

Teil V – Smart Mobility – geht auf das Mobilitätsökosystem der Smart Cities ein, welches den Stakeholdern der biotischen Gemeinschaft einen individuellen Mehrwert bieten soll. Als solch eine Gemeinschaft zeichnen sich die einzelnen Stakeholder des interagierenden Organismus aus, welche sich das Biotop der Smart City teilen. Im Kap. 12 gehen Kürsten und Peters auf den Networked Logistics Hub ein, gefolgt von Schmidt et al., welche in Kap. 13 digitale Mehrwertdienste für den Verkehr aufzeigen.

Teil VI – Smart Energy – folgt erneut der Perspektive achtsamer Gestaltung, diesmal mit Blick auf die urbane Energieversorgung. Um die Zukunft unseres Planeten zu schützen, bedarf es hier besonders nachhaltiger Lösungen. Dieser Idee folgend, präsentieren Gstrein et al. ein Kap. 14 zu Crowd Energy und Kaufmann et al. eines zu unscharfer Datenanalyse bei enersis suisse AG (Kap. 15).

Der letzte Teil VII – Smart Economy – geht mit Kap. 16 auf Sharable Cities ein: Sikorska und Grizelj übertragen die Idee der Share Economy, welche im Allgemeinen

einen demokratisierten Zugang zu einem Marktplatz beschreibt, auf ein breiteres Spektrum von Dienstleistungen im urbanen Ökosystem.

Während des Schreibens hatten unsere Autoren zum einen Führungsverantwortliche in Verwaltung und Politik, Projektleiter und Stadtentwickler, zum anderen aber auch (Wirtschafts-)Informatiker und allgemein am Thema Stadtentwicklung interessierte Menschen vor Augen, die sich einen Überblick über Möglichkeiten und Potentiale von Smart City Initiativen verschaffen wollen. An dieser Stelle möchten wir uns bei allen Autoren bedanken, die in spannenden Kapiteln ihre Ideen, Projekte und Erfahrungen mit uns teilen. Ferner danken wir den Mitherausgebern der Reihe Edition HMD, welche uns mit Rat und Tat unterstützt haben sowie – last but not least – Sabine Kathke von Springer Vieweg, deren großartige Betreuung zum Gelingen dieses Buchprojekts beigetragen hat.

Es mag uns bewusst sein oder auch nicht: Gestaltungsprozesse verlaufen stets reziprok. Anders gesagt: Indem wir gestalten, werden wir gestaltet – denn alles, was wir gestalten, gestaltet uns mit. Mit unseren Ideen, Frameworks und Werkzeugen modellieren wir unsere Lebensräume, und diese revanchieren sich, indem sie uns modellieren. Wenn wir uns nun bei der Gestaltung des Lebensraums Stadt solche Rückkopplungen zunutze machen, dann erst können wir smarte Städte bauen: Stadtentwickler schaffen urbane Realitäten mit dem Ziel, Städte zu lebenswerteren Orten zu machen, die auf die Bedürfnisse ihrer Bewohner zugeschnitten sind. Diese reagieren in vielfältiger Weise, wandeln sich aufgrund der veränderten Realitäten, entwickeln weitere Bedürfnisse, neue Ideen und Instrumente. Diese Resonanz auf städtische Entwicklungsprozesse initiiert weitere Entwicklungsprozesse – womit sich der Kreis schließt. Gute Ideen führen zu guten Werkzeugen, die zu noch besseren Ideen und noch besseren Werkzeugen führen. Wenn wir uns dies bei der Gestaltung von Smart Cities bewusstmachen, dann werden wir zu Ingenieuren und Architekten der Zukunft unseres Lebensraums.

Bern/Fribourg   Edy Portmann
Dezember 2016   Andreas Meier

Geleitwort: Smarte Menschen machen Städte „smart"

2050 werden mutmaßlich drei Viertel der Menschen in Städten oder Ballungsgebieten leben. Dies stellt hohe Anforderungen an die städtischen Infrastrukturen. Die Schweiz ist mit ihrem vernetzten System aus kleinen und mittelgroßen Städten gut auf diese Situation vorbereitet. Städte sind umwelt-, kinder-, wirtschafts- und bildungsfreundlich. Sie sind sauber, gemütlich, gerecht und sicher. Sie bieten zufriedenen Menschen ein vielfältiges kulturelles, sportliches und vergnügliches Angebot.

Die Zukunft liegt in der Stadt. Zur Stadt gibt es keine Alternative: Nur in der städtischen Dichte ist eine effiziente Ver- und Entsorgung möglich, können moderne Bildungseinrichtungen und kulturelle Höchstleistungen erbracht werden, kann die Wirtschaft funktionieren und die Mobilität trotz stetem Wachstum der Bevölkerung dank kurzer Wege effizient abgewickelt werden. Die Dichte der Städte kann die vielfältige Kulturlandschaft vor der Zerstörung durch Zersiedelung bewahren, damit die Schweiz ihren unverwechselbaren Charakter behalten kann.

Schlaue, intelligente oder eben „smarte" Städte schonen ihre Ressourcen, gestalten das Leben in kleinzelligen, urbanen Strukturen nachbarschaftlich, umwelt- und lebensfreundlich. Nicht die neue Stadt frisch ab dem Reißbrett steht hier im Zentrum der Überlegungen, sondern die gebaute, reale Stadt mit ihren kreativen Menschen, ihren kleinen Mängeln und großen Chancen. Die Stadt der Zukunft darf aber auch nicht zur Spielwiese IT-affiner Stadthipsters oder zu einem Vergnügungs- und Konsumparadies mit Vollüberwachung werden. Die Stadt muss Lebensraum für alle bleiben. Gentrifizierung und Ausgrenzung widersprechen der Stadt als sozialem Konzept: Die Stadt ist ein soziale Gemeinschaft und kein Konsumgut.

Technologie unterstützt die Städte und ihre Menschen darin, die hohe Lebensqualität zu sichern, die Ressourcen zu schonen und die Gesellschaft weiterzuentwickeln. Keine „Brave New World" eines Aldous Huxleys ist das Zielbild, sondern im Gegenteil die Stadt der Begegnung, des Austausches und des kreativen Dialogs. Nicht das technisch Machbare steht dabei im Vordergrund; Technologie soll dort eingesetzt werden, wo für die Menschen und die Gesellschaft Nutzen entsteht.

Viele „smarte" Anwendungen und Dienste helfen schon heute, das bestehende System in diesem Sinne zu verbessern. Besonders einleuchtend und kaum bestritten ist dies im Bereich des Verkehrs. Jeden Tag nehmen Millionen von intelligenten Menschen an einem Verkehrssystem teil, das sich in seiner Gesamtheit alles andere als intelligent verhält. Überlastung, Staus, Unfälle mit Verletzten oder gar Toten sind die Folge. Aus volkswirtschaftlicher Sicht werden täglich Milliarden durch

Ineffizienz im Stau vernichtet. Gleichzeitig werden die Menschen gestresst, ihre Kreativität wird für einfältige Stop-and-go-Entscheide verschwendet und die Umwelt wird belastet.

Die Smarte Stadt bietet hier von dynamischen Verkehrsleitsystemen, über Navigationssysteme, selbstfahrende Autos, individualisierte Mobilitätslenkung mit vielfältigen Transportmitteln einen bunten Strauß von Lösungsvorschlägen. Vielleicht aber werden dereinst viele Reisen gar nicht mehr notwendig sein: Wenn sich der Holoraum in der Wohnung um 7 Uhr früh in eine vollvernetzte Büroumgebung verwandelt, wird der Arbeitsweg durch Freizeit ersetzt und die Kaffeepause findet im Quartier-Bistro bei Freunden statt. Die Stadt von morgen wird gänzlich anders aussehen, als wir sie uns heute vorstellen. Sicher ist hingegen, dass sich die Welt viel schneller verändern wird, als wir dies gewöhnt sind.

Welchen Beitrag können die politische Stadt und die Stadtverwaltung leisten, um die Stadt „smart" zu machen? Smarte Städte bieten den Bewohnerinnen und Bewohnern vielfältige Dienste an. Sie schaffen gleichzeitig die infrastrukturellen und technischen Voraussetzungen für eine Smart City. St.Gallen hat sich schon früh auf den Weg gemacht, zu einer Smart City zu werden. Eine moderne E-Government-Strategie zur Realisierung kundenfreundlicher Dienstleistungen, die Realisierung eines Glasfasernetzes, welches jedes Büro und jede Wohnung der Stadt erschließt, aber auch der Bau eines modernen, strahlungsarmen Funknetzes, als Basis für die flächendeckende Realisierung des Internets der Dinge und Dienste, sind wichtige Vorleistungen.

Viele kleine Lösungen sind in der Stadt St.Gallen schon in Betrieb oder werden getestet: So dienen die Augen der 80'000 Einwohnerinnen und Einwohner als Sensoren zur Wahrnehmung von Schönem und weniger Schönem in den Stadtquartieren. Ein schnelles Bild mit dem Smartphone und ein kurzer Kommentar im „Stadtmelder" lösen rasch und unkompliziert eine kleine „Stadtreparatur" aus. Die Unterflurbehälter für Hauskehricht in den Quartieren melden ihren Füllstand automatisch, so dass die Leerung bedarfsgerecht erfolgen kann und die Lastwagenfahrten optimiert, sprich reduziert werden können. Neu soll auch die Belegung oberirdischer Parkplätze über Sensoren erfasst werden, um Suchverkehr zu vermeiden und die Bewirtschaftung zu vereinfachen. Die Lichtintensität der dynamischen Straßenbeleuchtung wird reduziert, wenn niemand unterwegs ist. Nähern sich Personen oder Fahrzeuge wird es hell. Die Benutzung der öffentlichen Verkehrsmittel ist einfacher und bequemer dank Echtzeit-Fahrplan-Informationen an den Haltestellen und auf dem Smartphone. Smart Meter und intelligente Ladestationen für Elektrofahrzeuge unterstützen eine stabile Stromversorgung und schaffen die Voraussetzung für dezentrale Energieerzeugung und -speicherung.

Im Westen der Stadt entsteht eine Wohnsiedlung, die den Energieverbrauch der Bewohner steuert. Die Wohnbaugenossenschaft St. Gallen nimmt als Bauherrin eine Vorreiterrolle ein und kooperiert dafür mit den Stadtwerken mit dem Ziel der dezentralen Energieproduktion und -speicherung. Eine spezielle App gibt Auskunft über den Energieverbrauch der eigenen Wohnung. Gleichzeitig vernetzt die App die Bewohnerinnen und Bewohner über einen digitalen Marktplatz. Die Komponenten, welche zum Einsatz kommen, sind alle nicht neu. Das Neue liegt in der Kombination verschiedenster bewährter Technologien. Das Projekt ermöglicht es den Stadtwerken gleichzeitig, Erfahrungen für das intelligente Steuern und Regeln des Energiesystems zu sammeln.

Das nächste Projekt wird in einer bestehenden Siedlung im Osten der Stadt gestartet. Was mit einer Anfrage an die Stadtwerke für eine neue Heizungslösung in einer bestehenden Genossenschaftssiedlung begann, wird zu einem Musterprojekt für eine interdisziplinäre Quartierentwicklung von „Unten". Die Smart City findet den Weg vom Labor in die freie Wildbahn. Nicht was technisch möglich ist soll realisiert werden, sondern das, was die Menschen für sinnvoll und wünschbar erachten. Und so treffen sich Bewohner, Gewerbetreibende, Institutionen, Ver- und Entsorger und Fachleute der Stadtverwaltung und gestalten ihre Stadt, so wie dies Generationen vor ihnen taten. Richtig „smart" wird die Stadt erst, wenn sie nicht nur Dinge und Dienste vernetzt, sondern die Menschen.

Die Stadt St.Gallen versteht sich im Smart City-Prozess nicht nur als Dienstleister und Betreiber von Infrastrukturen. Sie versteht sich auch als „Enabler". St.Gallen ist eine der ersten Städte der Schweiz welche ein eigenes, flächendeckendes Funknetz für das „Internet der Dinge" baut und betreibt. Dies ermöglicht neue Dienstleistungen und hilft bei der Weiterentwicklung von St.Gallen als fortschrittlicher, ökologischer und lebenswerter Stadt. Die Stadt stellt ohne rein kommerzielle Interessen den diskriminierungsfreien Zugang zu diesem Netz sicher und eröffnet so lokalen Unternehmen die Möglichkeit für die Entwicklung neuer Geschäftsmodelle und Innovationen. Smart City ist nicht zuletzt ein Wettbewerb der guten Ideen. Inspiration und gegenseitiges Lernen sind die Basis für Innovation. Lassen Sie sich inspirieren.

Im August 2016   Andreas Flückiger
                                    Stabschef Technische Betriebe der Stadt St. Gallen

Inhaltsverzeichnis

Die Autoren

Pascal Abel Pascal Abel studierte Technologie-orientiertes Management an der Technischen Universität Braunschweig. Seit April 2015 ist er als wissenschaftlicher Mitarbeiter und Doktorand am Lehrstuhl für Informationsmanagement tätig. Er forscht im Kontext der Campusgestaltung zu Design Thinking, Do-it-yourself Kultur und Partizipation.

Aliaksei Andrushevich Aliaksei Andrushevich ist wissenschaftlicher Mitarbeiter im iHomeLab – Forschungslabor für Gebäudeintelligenz der Hochschule Luzern. Seine Forschungsschwerpunkte sind Internet der Dinge, intelligentes Wohnen, Assistenzsysteme, Fragen der Energieeffizienz und Nachhaltigkeit im häuslichen Umfeld, eingebettete Systeme, Software Entwicklung sowie Algorithmen für Gebäudeintelligenz. Er ist auch an den Auswirkungen der Informationstechnologie auf die Wirtschaft und die Gesellschaft interessiert. Aliaksei Andrushevich diplomierte 2006 als Mathematiker und Software Entwickler an der Weißrussischen Staatlichen Universität Minsk und 2007 als MSc. in Entwicklung der eingebetteten Systeme an der Universität Lugano. Er nimmt Aufgaben als Gutachter und als Mitglied des Programmkomitees aktiv wahr. Aliaksei Andrushevich ist Mitglied von IEEE, ACM sowie auch von AAATE und erhielt 2014 AAL Forum Young Researcher Award. Im Jahr 2015 war er Gastdozent für Internet der Dinge an der Hogeschool van Amsterdam.

Daria Balkende Daria Balkende lebt in Berkeley, Kalifornien. Sie ist Gründerin und CEO von runknown.com. Sie hat Computerwissenschaft an der Baltischen Technischen Universität Voenmeh studiert und an der Universität Fribourg 2013 mit einem Master of Science in Informatik abgeschlossen. Sie war Web Entwicklerin bei Mediasoft in Sankt Peterburg und von 2012 bis 2015 Software Entwicklerin bei enersis suisse AG in Bern.

Felix Becker Felix Becker studierte Medienwissenschaft an der Universität Paderborn und danach Medientechnik und Kommunikation im Master an der Technischen Universität Braunschweig. Er arbeitet seit Oktober 2015 als wissenschaftlicher Mitarbeiter und Doktorand am Lehrstuhl für Informationsmanagement.

Martin Biallas Martin Biallas ist Dipl.-Ing. der Elektro- und Informationstechnik der Universität Karlsruhe (TH) und hat an der Eidgenössischen Technischen Hochschule in Zürich (ETHZ) im Bereich der Biomedizintechnik zum Thema funktionelle Nahinfrarotspektroskopie promoviert. Bei Continental/Teves wirkte er maßgeblich an der Entwicklung, Spezifikation und Realisierung eines Messplatzes zur Kalibrierung von neuartigen, drahtlosen Sensoren mit. Seit 2012 gehört er als Senior Research Associate dem Ambient Assisted Living (AAL) Team des iHomeLabs der Hochschule Luzern an. Dort leitet bzw. koordiniert er diverse nationale und internationale Projekte, in denen er sich als Systemarchitekt, Entwickler und Technikexperte aus den Bereichen der assistiven Kommunikation und Sicherheitssysteme im Wohnumfeld, Stresserkennung und zugehörige Interventionsmechanismen, Hörinstrument-Anbindungen, Wearables, Augmented Reality und Internet of Things einbringt.

Stephan Borgert Stephan Borgert ist Diplom-Physiker und hat von 2007 bis 2013 an der Technischen Universität Darmstadt als wissenschaftlicher Mitarbeiter im Bereich unternehmensübergreifende Geschäftsprozesse, Service-Kompositionen und formale Beschreibungen und Verifikation von verteilten System geforscht. Seit 2013 arbeitet er als Wissenschaftler und Projektmanager bei [ui!] – the urban institute®. Dort liegt sein Schwerpunkt auf der Erforschung und Konzeption einer offenen Smart-Service Plattform die bedarfsorientiertes individuelles Service Bundling für Enduser erlaubt. Gleichzeitig ist er als Projektmanager für [ui!] in mehreren nationalen und internationalen Forschungsprojekten tätig.

Helmar Burkhart Helmar Burkhart ist emeritierter Informatik-Professor an der Universität Basel. In 4 Jahrzehnten aktiver Forschung im Bereich High Performance und Web Computing hat er sich mit technologischen Informatikfragestellungen beschäftigt. Neben zahlreichen Forschungsprojekten ist er heute auch bei Initiativen der Informatik Aus- und Weiterbildung aktiv tätig.

Roman Cueni Roman Cueni ist seit 2015 Leiter Mobilitätslösungen, Mitglied der Geschäftsleitung von PostAuto und Verwaltungsrat der PubliBike AG. In dieser Funktion verantwortet er unter anderem das Innovationsmanagement und den Bereich der Systemdienstleistungen. Davor war er während 19 Jahren Leiter der PostAuto Region Nordschweiz (Basel Stadt, Basel Landschaft, Aargau, Solothurn). Er absolvierte einen Executive MBA an der HSG in St. Gallen.

Sara D'Onofrio Sara D'Onofrio hat ihr zweisprachiges Bachelorstudium in Business Administration an der Universität Fribourg und ihr Masterstudium in Business Administration mit Schwerpunkt Wirtschaftsinformatik an der Universität Bern absolviert. Bevor sie ihren Master begann, arbeitete Sara D'Onofrio länger als ein Jahr für ein Unternehmen, welches sich auf die elektronische Archivierung von Handelsregisterdokumenten spezialisiert hat. Bereits während ihres Masterstudiums hat sie begonnen, als Hilfsassistentin erste Erfahrungen in Forschung und Lehre zu sammeln. Seit Dezember 2015 ist Sara D'Onofrio Doktorandin an der

Universität Bern, wo sie als wissenschaftliche Assistentin im Bereich Lehr- und Studienadministration tätig ist und ihre Forschungen vorantreibt. Sie hat bereits mehrere Publikationen veröffentlicht, unter anderem für die Konferenzen ICE-GOV14/15, ICEDEG15, FUZZIEEE16 und für die Zeitschrift Informatikspektrum15/16. Ihre Forschungsinteressen liegen im Bereich Cognitive Computing, Requirements Engineering, Smart and Cognitive Computing und Soft-Computing.

Linda Eckardt Linda Eckardt hat im Bachelor Wirtschaftsingenieurwesen an der Brandenburgischen Technischen Universität und im Master Wirtschaftsinformatik an der Technischen Universität Braunschweig studiert. Seit November 2014 arbeitet sie als wissenschaftliche Mitarbeiterin und Doktorandin am Lehrstuhl für Informationsmanagement. In ihrer Forschung beschäftigt sie sich mit dem Design und den Auswirkungen von Gamification-Anwendungen und Serious Games in der Lehre.

Manfred Feichtenschlager Manfred Feichtenschlager studierte an der Fachhochschule Salzburg Soziale Arbeit. Nach mehrjähriger Erfahrung im sozialen Dienstleistungsbereich (Elementarpädagogik, Wohnungslosenhilfe, Bewährungshilfe etc.) arbeitete er insgesamt drei Jahre am Zentrum für Zukunftsstudien als wissenschaftlicher Assistent. Derzeit ist Manfred Feichtenschlager als Leiter der Fachabteilung Soziale Arbeit des Hilfswerks Salzburg tätig und verantwortlich für die inhaltliche Weiterentwicklung und Qualitätssicherung der bestehenden Dienstleistungen. Darüber hinaus ist er in dieser Funktion mit der Begleitung von Forschungsprojekten betraut.

Jan Fivaz Jan Fivaz, geb. 1974, ist wissenschaftlicher Mitarbeiter am Kompetenzzentrum für Public Management (KPM) der Universität Bern und Co-Leiter der Schweizer Online-Wahlhilfe *smartvote*. Er studierte Geschichte, Politik- und Wirtschaftswissenschaften an der Universität Bern und gehörte 2003 zu den Mitbegründern von *smartvote*. Seine hauptsächlichen Forschungsinteressen liegen in den Bereichen politische Repräsentation, Wahlen und Wahlverhalten, Parteien, E-Democracy und Online-Wahlhilfen.

Albert Fleischmann Albert Fleischmann ist seit 2014 beim [ui!] – the urban institute® als Senior Partner mit dem Arbeitsschwerpunkt Smart City tätig. Davor leitete er von 2004 bis 2009 ein von ihm geründetes Unternehmen ehe er den Vorsitz dessen Aufsichtsrats übernahm. Er hat durch seine vorangegangene Beratertätigkeit langjährige Erfahrung im Aufbau und Betreiben von Prozessmanagementsystemen. 2003 war er Mitglied des Bewertungsteams für die Vergabe des European Quality Awards. Vor seiner Beratertätigkeit war Albert Fleischmann bei verschiedenen internationalen Computerherstellern in Forschung, Service und dem Vertrieb tätig. Er beschäftigt sich mit dem Entwurf und der Implementierung verteilter Softwaresysteme und mit der Beschreibung und Implementierung von Geschäftsprozessen im Besonderen. Dazu hat er mehrere Bücher geschrieben bzw. herausgegeben und zahlreiche Artikel veröffentlicht. Albert Fleischmann hat Informatik an der Universität Erlangen-Nürnberg studiert und auch dort promoviert.

Thierry Golliard Thierry Golliard hat über 10 Jahre Erfahrung in Business Development und Innovation. Dafür war er in der Schweiz sowie in UK tätig. Seit drei Jahren ist er Leiter Open Innovation bei der Schweizerische Post. Unter dem Motto „There is no innovation without collaboration" beobachtet er flächendeckend Entwicklungen auf dem Markt und sucht nach Kollaborationspartnern für gemeinsame Innovationsprojekte. Er pflegt systematisch die Beziehungen zu Hochschulen, staatlichen Institutionen, anderen Postgesellschaften, Start-up-Unternehmen und anderen Großunternehmen. Thierry Golliard verfügt über einen MBA von der Uni Fribourg und einen Executive Master der EPFL.

Filip Grizelj Seit mittlerweile 20 Jahren beweist Filip Grizelj seinen Pioniergeist im Online-Bereich: Bereits 1995 war der in St. Gallen promovierte Wirtschaftswissenschaftler im Online Business tätig. Nach Stationen in der Unternehmensberatung und als Director Online Marketing bei Scout24 ist der inzwischen fünffache Familienvater heute bei eviom für Vertrieb, Innovationsmanagement und Trendscouting zuständig. Er analysiert neue Marktentwicklungen, entwickelt daraus individuelle Lösungen für Unternehmen – und macht die Kunden zu Vorreitern im Digital Marketing.

Mario Gstrein Mario Gstrein studierte Wirtschaftsinformatik an der Berufsakademie in Lörrach Deutschland. Anschliessend konnte er Berufserfahrung in Markt- und Trendanalysen sammeln. In 2001, schloss er sein Master (M.Sc.) in Innovations- und Technologiemanagement an der University of Sussex (Vereinigtes Königreich) ab. Derzeit ist er als Doktorand am Lehrstuhl für Management der ICT an der Universität Freiburg (Schweiz) tätig. Seine Forschungsschwerpunkte sind die Veränderungen der Wertschöpfungsnetzwerke in den Industrien Energiewirtschaft, Pharma und Biotechnologie. Ausserdem liegt sein Interesse in den Bereichen Innovations- und Technologiemanagement. Seine Dissertation beschäftigt sich mit der Erforschung der Auswirkungen des Crowd Energy Konzept auf die zukünftige Energiewirtschaft.

Martin Guggisberg Martin Guggisberg ist Dozent für Mathematik und Informatikdidaktik an der pädagogischen Hochschule der Fachhochschule Nordwestschweiz, im Weiterem arbeitet er als wissenschaftlicher Mitarbeiter in der Forschungsgruppe High Performance und Web Computing an der Universität Basel. Er ist Vorstandsmitglied des Schweizerischen Vereins für Informatik in der Ausbildung (SVIA, http://svia-ssie-ssii.ch). Seit 2009 engagiert er sich bei verschiedenen Projekten zum Thema Informatik an der Schule, unter anderem ist er Co-Autor des Lehrmittels „Programmieren lernen – Aufgaben für den Informatikunterricht" (2010, Verlag orell füssli). Seine Forschungsschwerpunkte liegen im Bereich Informatikdidaktik, Web-Technologien, Augmented Reality und 3D-Visualisierung. Seine interdisziplinäre Arbeitsweise widerspiegelt sich im breiten Spektrum seiner wissenschaftlichen Veröffentlichungen (https://www.researchgate.net/profile/Martin_Guggisberg).

Astrid Habenstein Astrid Habenstein hat Geschichtswissenschaften und Philosophie an der Universität Bielefeld studiert. Als SNF-Stipendiatin war sie als Visiting

Graduate Student an der University of Cambridge (UK), Sidney Sussex College. Sie wurde im Jahr 2013 an der Universität Bern im Fach Geschichte (Schwerpunkt Alte Geschichte) promoviert. Zurzeit ist sie als Wissenschaftliche Mitarbeiterin am Institut für Wirtschaftsinformatik der Universität Bern tätig, wo sie sich mit den Themen *smart* und *cognitive cities* unter dem Gesichtspunkt städtischer *governance* beschäftigt.

Stephan Haller Stephan Haller ist Dozent am E-Government-Institut der Berner Fachhochschule für e-Business und Projektmanagement. Seine Forschungsinteressen liegen in den Bereichen Linked Open Data, dem Internet der Dinge und deren Anwendungen in der Smart City. Bei der SAP initiierte er 1998 die Forschungs- und Entwicklungsaktivitäten im Bereich RFID, war als Berater und Technologie-experte sowohl in der Produktentwicklung wie auch in Kundenprojekten tätig und trieb die RFID Standardisierung bei EPCglobal voran. Ab 2004 war Stephan für SAP Research verantwortlich für die Akquisition und Ausführung von Europäischen Forschungsprojekten zu den Themen RFID, Sensornetze, Internet der Dinge und Future Internet und wurde von der Europäischen Kommission in verschiedene Expertengruppen diesbezüglich berufen, seit 2012 auch als Evaluator und Reviewer von FP7 und Horizon 2020 Forschungsprojekten in den Bereichen Internet der Dinge und Cloud.

Matthias Hemmje Matthias Hemmje ist ordentlicher Professor an der der Fakultät für Mathematik und Informatik der FernUniversität in Hagen. Er leitet das Lehrgebiet Multimedia und Internetanwendungen. In Zusammenarbeit mit dem Forschungsinstitut für Telekommunikation und Kooperation FTK engagiert er sich für internationale Forschung und ist Mitglied in Konsortien vieler EU-Projekte. Er diplomierte und promovierte 1999 am Fachbereich Informatik der Technischen Universität Darmstadt. Er war CEO des University-Spin-Offs Globit und Leiter des Forschungsbereichs Virtuelle Informations- und Wissensumgebungen am Fraunhofer Institut für integrierte Informations- und Publikationssysteme. Nach Vertretungsprofessuren an Ludwig-Maximilians-Universität in München und der Universität Duisburg Essen wurde er 2004 zum ordentlichen Professor des Fachbereichs Informatik an der FernUniversität in Hagen berufen. Sein Forschungsschwerpunkt umfasst Information Retrieval, multimediale Datenbanken, virtuelle Arbeitsumgebungen, Informationsvisualisierung, visuelle Mensch-Maschine-Interaktion sowie Multimedia. Er betreibt weiterhin Forschung auf den Gebieten Content Engineering, Technologien des Wissensmanagements sowie der Evaluation interaktiver Systeme.

Stefan Henneberger Stefan Henneberger studierte Vermessung und Geoinformatik an der Fachhochschule Würzburg-Schweinfurt. Seit 2010 ist er bei Salzburg Research als wissenschaftlicher Mitarbeiter tätig. Schwerpunktmäßig beschäftigt er sich mit dem Entwurf, der Implementierung und Konfiguration von performanten Technologien zur Verarbeitung von Sensordaten und deren Visualisierung.

Yves Hertig Yves Hertig schloss seinen Master in Volkswirtschaft an der Universität Freiburg ab. Derzeit ist er als Doktorand am Lehrstuhl für Management der ICT an der Universität Freiburg und untersucht dabei das Kooperationsverhalten von Prosumern in Prosumer Gemeinschaften. Sein Fokus liegt auf den Auswirkungen der unterschiedlichen Kooperationsbereitschaft auf das Crowd Energy Organisationsdesign und Designanforderungen. Seit 2014 ist er am iimt zuständig für das ideas@iimt Programm, den Startup-Inkubator der Universität Freiburg.

Lutz Heuser Lutz Heuser ist seit über 30 Jahren in der industriellen Forschung tätig. Als Geschäftsführer und Chief Executive Officer von [ui!] – the urban institute® fokussiert sich seine Arbeit auf die Nutzung und Wiederverwendung von Echtzeitdaten in städtischen Infrastrukturen, um ihre Wertschöpfung zu erhöhen. Als die kritischen Bereiche in einer Gemeinde bieten Transport und Verkehr, aber auch Energieeffizienz und Klimaschutz eine Vielzahl von Ansatzpunkten für neue, smarte Services. Lutz Heuser ist weiterhin Vorsitzender und Gründer des Smart City Forums, einem Think Tank und Netzwerk für Städte und Industrie. In dieser Funktion steht er im Austausch mit EU-Kommissar Günther Oettinger, mit dem die Europäische Innovationspartnerschaft (EIP) zu „Smart Cities and Communities" 2012 ins Leben gerufen wurde. Im Rahmen der EIP leitet Lutz Heuser das Action Cluster „Sustainable Urban Mobility".

Michael Kaufmann Michael Kaufmann ist Dozent für Datenbanken am Departement Informatik der Hochschule Luzern in Zug-Rotkreuz, wo er die thematische Ausrichtung der Forschungsgruppe Data Intelligence koordiniert. Nach einer Matura in Wirtschaft und einem Sprachaufenthalt in Northridge, Kalifornien, studierte er Computerwissenschaften, Rechtswissenschaften und Psychologie an der Universität Fribourg. Er war Praktikant bei IBM, Data Warehouse Analyst bei PostFinance, Datenarchitekt bei der Mobiliar Versicherung, und Business Analyst beim KMU FIVE Informatik AG. Er promovierte berufsbegleitend an der Forschungsgruppe für Informationssysteme am Departement für Informatik der Universität Fribourg, wo er neue Verfahren fürs Data Mining entwickelte und erforschte. Dadurch wurde er 2012 zum Doktor der Informatik promoviert. Nach Lehraufträgen an der Universität Fribourg und an der Kalaidos Fachhochschule wurde er 2014 zum hauptamtlichen Dozent der Hochschule Luzern gewählt. Seine Forschungstätigkeit für Datenintelligenz konzentriert sich auf Datenmanagement, Data Science und Big Data.

Rolf Kistler Rolf Kistler studierte Elektrontechnik (Fachrichtung „Technische Informatik") an der Hochschule Luzern Technik & Architektur. Nach dem Studienabschluss war er 6 Jahre als Embedded-Softwareingenieur und Projektleiter in Industrieprojekte mit Fokus auf industrielle Automation und Kommunikationssysteme bei bbv Software Services und Ascom involviert. Seit 2006 ist er am iHomeLab der Hochschule Luzern (www.ihomelab.ch) tätig als Forscher und Projektleiter in verschiedensten KTI, BFE, Hasler und EU Projekten rund um Gebäudeintelligenz. Seit 2010 leitet er die Ambient Assisted Living (AAL) Forschung am iHomeLab.

In seiner Forschung befasst er sich vor allem mit einfachen, intuitiven und massentauglichen Lösungen für gutes Wohnen und Arbeiten im Alter, Mensch-Gebäude-Interaktion, kontext-sensitive Middleware-Architekturen, Gebäudeautomation und Gebäudenetzwerken, Plug'n'Play-Protokollen, drahtlose Sensornetzwerken, Internet der Dinge, Energievisualisierungen und Energieeffizienz im und rund um das Gebäude.

Alexander Klapproth Alexander Klapproth wurde 1956 in Luzern geboren. Nach dem Maturitätsabschluss studierte er an der ETH Zürich Elektrotechnik und erhielt 1982 das Ingenieur Diplom. 1983 bis 1990 war er in der Industrie tätig. 1994 folgte er dem Ruf an die Hochschule Luzern, wo er angehende Elektro- und Informatikingenieure ausbildete. 1997 begann er zu forschen. 2004 gründete er CEESAR, das Center of Excellence for Embedded Systems Applied Research der Hochschule Luzern. 2008 eröffnete er zusammen mit über 50 Partnern aus Wirtschaft und Industrie das iHomeLab, Schweizer Denkfabrik und Forschungszentrum für Gebäudeintelligenz an der Hochschule Luzern. Am iHomeLab forschen heute 30 Wissenschaftler mit über 220 Partnern.

Thomas Koller Thomas Koller ist CEO und Gründer der enersis suisse AG, die Big Data Lösungen für die Energiewende implementiert. Der gebürtige Schwabe studierte in Böblingen Informatik und begleitete vor der Gründung von enersis Beratungs- und Vertriebspositionen in Start-Ups und Fortune 500 Firmen. Thomas' Leidenschaft sind die Möglichkeiten, moderne Informationstechnologie mit den Anforderungen der Energiewende praxisnah zu verbinden.

Uwe Kürsten Uwe Kürsten hat an der Universität (TH) Karlsruhe Wirtschaftsingenieurwesen mit den Schwerpunkten Operations Research und Informatik studiert. Zunächst arbeitete er bei europäischen Beratungs- und IT-Unternehmen an Projekten zur Auswahl, Einführung und Entwicklung von Systemen zur Unterstützung einer rechnerintegrierten Fertigung. Seine Aufgabenschwerpunkte lagen hierbei im Software-Engineering und Projektmanagement. Im Jahre 1998 wechselte Herr Kürsten zur SAP, wo er zunächst als Berater und Projektleiter für die Einführung von SAP ERP für namhafte Kunden tätig war. Heute arbeitet Herr Kürsten in der SAP Produktentwicklung für IoT Anwendungen und ist verantwortlicher Chief Product Owner für die SAP HANA Cloud basierte Lösung „SAP Networked Logistic Hub".

Martina Löw Martina Löw ist Professorin für Soziologie an der Technischen Universität Berlin, Deutschland. Ihre Forschungsgebiete sind soziologische Theorie, Stadtsoziologie, Raumtheorie und Kultursoziologie. Sie hatte Fellowships und Gastprofessuren u. a. in Gothenburg (Schweden), Salvador (Brasilien), St. Gallen (Schweiz), Paris (Frankreich) und Wien (Österreich). Von 2011–2013 war sie Vorsitzende der deutschen Gesellschaft für Soziologie. Sie wirkt als Beraterin in verschiedenen Stadtentwicklungsprojekten mit, z. B. im Expertenrat der Nationalen Plattform Zukunftsstadt oder im Kuratorium der IBA Basel 2020.

Wichtigste Veröffentlichungen: Löw, Martina: Soziologie der Städte. Frankfurt am Main: Suhrkamp. 2008 (als Suhrkamp Taschenbuch Wissenschaft 2010). Löw, Martina: Raumsoziologie. Frankfurt am Main: Suhrkamp Taschenbuch Wissenschaft. 2001, derzeit 8. Aufl.

Andreas Meier Andreas Meier ist Professor für Wirtschaftsinformatik an der wirtschafts- und sozialwissenschaftlichen Fakultät der Universität Fribourg, Schweiz. Seine Forschungsgebiete sind eBusiness, eGovernment und Informationsmanagement. Nach Musikstudien in Wien diplomierte Meier in Mathematik an der ETH in Zürich, anschließend promovierte und habilitierte er am Institut für Informatik. Er forschte am IBM Research Lab in Kalifornien/USA, war Systemingenieur bei der IBM Schweiz, Direktor bei der Großbank UBS und Geschäftsleitungsmitglied bei der CSS Versicherung.

Max Mühlhäuser Max Mühlhäuser ist Dekan des Fachbereiches Informatik an der TU Darmstadt, Sprecher des Graduiertenkollegs „Privatheit und Vertrauen für mobile Nutzer" und stellvertretender Sprecher des Sonderforschungsbereiches zum Künftigen Internet. Sein Lehrstuhl forscht an „Smart Spaces" aller Art, von persönlichen Assistenzumgebungen über „smarte" Fabriken und Städten bis zu globalen Wissensräumen. Diese Forschung integriert drei Disziplinen: Mensch-Technik-Interaktion, Computernetzwerke sowie Sichere und Vertrauenswürdige Dienste-Infrastrukturen. Nach der Promotion in Karlsruhe 1986 gründete und leitete Prof. Mühlhäuser ein Industrieforschungszentrum. Er war Professor und Gastprofessor an Universitäten in Deutschland, USA, Kanada, Australien, Frankreich und Österreich. Er veröffentlichte über 400 Artikel, Bücher und Buchbeiträge. 2012 wurde er Adjunct Professor der QUT Brisbane, seit 2015 ist er Mitglied der acatech (Deutsche Akademie der Technikwissenschaften) und IEEE Senior Member.

Christian Müller Christian Müller hat sein Diplom in Wirtschaftsinformatik an der Technischen Universität Darmstadt gemacht. Seit 2013 ist er als Software Engineer und Senior Researcher für [ui!] – the urban institute® tätig und arbeitet in seiner Rolle als Software Architekt an Lösungen für Smart Cities. Vor dieser Zeit war er Angestellter bei der Lufthansa Process Management GmbH und als Selbständiger bis 2009 bei der Guwa Entwicklungs- und Produktions GmbH als Systemingenieur verantwortlich für mehrere Storage Area Network Projekte.

Thomas Myrach Thomas Myrach hat Betriebswirtschaftslehre mit dem Schwerpunkt Wirtschaftsinformatik studiert. Seit 2002 ist er Direktor des Instituts für Wirtschaftsinformatik und Leiter der Abteilung Informationsmanagement an der Universität Bern. Er beschäftigt sich in Forschung und Lehre mit den Herausforderungen der Digitalisierung für das Informations- und Datenmanagement. Ein Schwerpunkt seiner Arbeit ist die Vision des E-Business und die Veränderungspotentiale durch Netzwerktechnologien wie das Internet.

Roland J. Peters Roland J. Peters hat an der Universität zu Köln Wirtschaftsinformatik mit den Schwerpunkten Logistik und Kostenrechnung studiert. Zunächst arbeitete er dann bei global agierenden Unternehmungsberatungen und leitete u. a. verschiedene Projekte bei Unternehmen aus dem Bereich der Transport- und Logistikdienstleister. Im Jahre 2007 wechselte Herr Peters zur SAP und hat dort zunächst die Aufgabe übernommen das Thema Transport- und Logistik im Bereich „Business Transformation Services" aufzubauen. Heute beschäftigen sein Team und er sich mit den neuesten technischen Entwicklungen und beraten Kunden aller Branchen im Bereich von Transport- und Logistik-Fragestellungen. Die Beratung umfasst alle Phasen von Prozess-Beratung und der Investitionsbetrachtung bis hin zur Realisierung und Einführung dieser Lösungen.

Claudia Pletscher Claudia Pletscher leitet die Abteilung „Entwicklung und Innovation" der Schweizerischen Post, welche sich auf den Aufbau von neuen Geschäftsmodellen und Lösungen an der Schnittstelle der digitalen und physischen Welt fokussiert. Diese ist direkt der Konzernleitung angegliedert. Ihre Berufserfahrung basiert auf Consulting, Business Development & Sales sowie Management von internen und externen Transformationsprogrammen im internationalen Umfeld mit dem Ziel des Aufbaus von neuen Themen. Claudia Pletscher hat einen Master in Jus der Universität Bern und ein MBA der Henley University of Reading (UK). Sie war die letzten Jahre im Management einer globalen Unternehmung tätig, verantwortlich für digitale Transformationsprogramme großer internationaler Kunden in der gesamten D-A-CH Region.

Edy Portmann Edy Portmann ist Förderprofessor der Schweizerischen Post sowie Assistenzprofessor für Informationswissenschaft am Institut für Wirtschaftsinformatik der Universität Bern. In seiner Forschung beschäftigt er sich mit Fragen rund um Informationssysteme, -verarbeitung und -beschaffung. Nach Studien in Wirtschaftsinformatik, Betriebs- und Volkswirtschaftslehre promovierte er in Informatik. Während seinem Studium arbeitete er mehrere Jahre in verschiedenen Organisationen, wie Link, Swisscom, PwC und E&Y. Als Doktorand sammelte er zudem erste akademische Erfahrungen als wissenschaftlicher Besucher der Nationaluniversität Singapur sowie, vor seiner jetzigen Anstellung, als Postdoktorand an der Universität Kalifornien in Berkeley.

Stefan Regli Stefan Regli verfügt über mehr als 20 Jahre Berufserfahrung in verschiedenen Funktionen bei der Post. Seit 2011 ist Stefan Regli Mitglied der Geschäftsleitung von PostLogistics und verantwortlich für die Geschäftsfelder Verkauf, Kommunikation und Kundenservices. Damit steuert Stefan Regli sämtliche kundenzentrierten Aktivitäten von PostLogistics. Er hat unter anderem den Geschäftsbereich E-Commerce, einer der strategischen Schwerpunkte der Schweizerischen Post, zur Markteinführung getrieben und weiterentwickelt.

Siegfried Reich Siegfried Reich studierte Wirtschafts- und Verwaltungsinformatik an der Johannes Kepler Universität Linz; er promovierte 1995 mit Auszeichnung an der Universität Wien zum Thema Interoperabilität von Workflowsystemen. Von 1996–1999 arbeitete er als Lecturer und Post-Doc Researcher am Dept. of Electronics and Computer Science der Universität Southampton. Habilitation 2000 für das Fach angewandte Informatik an der technisch-naturwissenschaftlichen Fakultät der Johannes Kepler Universität Linz. Seit 2002 ist er wissenschaftlicher Leiter und Geschäftsführer der Landesforschungsgesellschaft Salzburg Research.

Alexander Repenning Alexander Repenning ist Leiter der Hasler Professur für Informatische Bildung an der PH FHNW. Er ist außerdem Professor für Informatik an der University of Colorado und Gründer der Agentsheets Inc. (www.agentsheets. com). Er leitet das Scalable Game Design-Projekt an der University of Colorado. Seine Forschungsschwerpunkte beinhalten informatische Bildung, programmierbare Endanwender-Objekte und künstliche Intelligenz (KI). Er hat in Forschung und Entwicklung bei zahlreichen namhaften Unternehmen mitgearbeitet wie z.B. Asea Brown Boveri, Xerox PARC, Apple Computer und Hewlett Packard. Seine Arbeit hat verschiedene Auszeichnungen bekommen, unter anderem die Goldmedaille des Pariser Bürgermeisters für die „innovativste Applikation im Bereich Bildung des World Wide Web" sowie die Auszeichnung des „best of the best innovators" von ACM.

Susanne Robra-Bissantz Susanne Robra-Bissantz leitet seit 2007 das Institut für Wirtschaftsinformatik und dort den Lehrstuhl für Informationsmanagement an der Technischen Universität Braunschweig. Nach ihrer Ernennung zum Doktor der Wirtschafts- und Sozialwissenschaften, arbeitete sie als wissenschaftliche Assistentin und habilitierte am Lehrstuhl für Betriebswirtschaftslehre insbesondere Wirtschaftsinformatik der Universität Erlangen-Nürnberg. Als Vizepräsidentin für Studium und Kooperation arbeitet sie aktiv an neuen Lehr- und Prüfungsformen und hat in Kooperation mit Unternehmen, zahlreiche Drittmittelprojekte umgesetzt. Ihre Forschung veröffentlicht sie auf internationalen Konferenzen und anerkannten Fachzeitschriften.

Lea Rothmann Lea Rothmann ist Doktorandin an der Technischen Universität Berlin. Ihre Forschungsgebiete sind Stadt- und Raumsoziologie, die sie von einem theoretischen Standpunkt, der Wissenssoziologie und Phänomenologie verbindet, bearbeitet. Das Studium der Soziologie schloss sie an der Technischen Universität Darmstadt ab und absolvierte Forschungsaufenthalte unteranderem am IIT Delhi, Indien und an der Peking University, China.

Werner Schmidt Werner Schmidt lehrt und forscht im Bereich Digital Business an der Business School der Technischen Hochschule Ingolstadt (www.thi.de). Schwerpunkte bilden dabei das IT- und das Geschäftsprozessmanagement. Auf diesen Gebieten ist er Autor, Co-Autor, Herausgeber und Mitherausgeber einiger Fachbücher und Konferenzbände sowie einer Vielzahl wissenschaftlicher Beiträge. Werner Schmidt ist Mitbegründer und Mitglied im Steering Committee der 2009 etablierten Konferenzreihe S-BPM ONE (www.s-bpm-one.org). Er hat selbst eine Reihe internationaler Fachkonferenzen und Workshops organisiert und ist in Programmkomitees mehrerer Konferenzen u. a. der ACM, IEEE und GI aktiv. Werner Schmidt wirkt als Gutachter für mehrere Fachzeitschriften (z. B. HMD – Praxis der Wirtschaftsinformatik) und ist Mitgründer und Vorstand des „Institute of Innovative Process Management e.V. (www.i2pm.net)". Seit vielen Jahren kooperiert er mit Industriepartnern im Bereich der angewandten Forschung und berät Unternehmen bei der Entwicklung und Umsetzung von Digitalisierungsstrategien.

Cornelia Schneider Cornelia Schneider studierte Software Engineering für Medizin an der FH Hagenberg. Bis 2009 arbeitete sie als technische Projektleiterin, Software-Architektin und -Entwicklerin bei ITH icoserve technology for healthcare in Innsbruck. Neben ihrer Tätigkeit bei der ITH icoserve absolvierte sie das Studium der Gesundheitswissenschaften an der UMIT in Hall in Tirol. Seit 2009 arbeitet Cornelia Schneider als wissenschaftliche Mitarbeiterin bei Salzburg Research im Bereich „Mobile and Web-based Information Systems – MOWI" und koordiniert den Kompetenzschwerpunkt e-Health und Ambient Assisted Living.

Daniel Schwarz Daniel Schwarz, geb. 1975, ist wissenschaftlicher Mitarbeiter am Kompetenzzentrum für Public Management (KPM) der Universität Bern und Co-Leiter der Schweizer Online-Wahlhilfe *smartvote*. Er studierte Politikwissenschaft und Recht an den Universitäten Bern und Sheffield und promovierte 2009 an der Universität Bern. 2011–13 bearbeitete er an der London School of Economics and Politial Science (LSE) ein eigenes Forschungsprojekt. Er gehörte 2003 zu den Mitbegründern von *smartvote*. Seine Forschungsinteressen liegen in den Bereichen Parlament, Parteien, E-Democracy und Online-Wahlhilfen.

Olena Sikorska Olena Sikorska ist Digital Marketing Enthusiast und aktives Mitglied der „Gesellschaft der anonymen Onlineholiker". Sie ist seit 2007 in der Online Marketing Branche tätig und konnte ihre Erfahrungen bereits mit solchen renommierten Unternehmen wie BMW, Esprit, Bigpoint, HP, Nestlé, Manor AG, LEGO und anderen sammeln. Heute leitet Olena als Director Online Marketing bei der eviom GmbH den Geschäftsbereich „Digital Marketing Agency" und ist für den Ausbau der Kernkompetenzen wie SEO, Performance Marketing, Social Media und Content Marketing, aber auch für die Internationalisierung des Unternehmens sowie die Gewinnung neuer Partner zuständig.

Kilian Stoffel Kilian Stoffel ist seit 2016 der Rektor der Universität Neuenburg. Die Universität Fribourg verlieh ihm 1989 ein Diplom in Mathematik und Physik, und promovierte ihn 1994 zum Doktor der Informatik. Nach Forschungsaufenthalten an der Universität Maryland, College Park und am John Hopkins Universitätsspital wurde er 1997 zum ordentlichen Professor an die Wirtschaftswissenschaftliche Fakultät an der Universität Neuenburg berufen. Seine Forschungsthemen am Institut für Informationsmanagement sind Data Mining, Wissensrepräsentation, Ontologie und Informationssysteme.

Matthias Stürmer Matthias Stürmer ist Oberassistent und Leiter der Forschungs-
stelle Digitale Nachhaltigkeit am Institut für Wirtschaftsinformatik der Universität
Bern. In Lehre, Forschung und Beratung befasst er sich mit Open Source Software,
Open Data, Open Government und ICT-Beschaffung. Im Jahr 2009 wurde er an der
ETH Zürich promoviert, wo er am Lehrstuhl für Strategisches Management und
Innovation die Zusammenarbeit zwischen Open Source Communities und
Technologie-Unternehmen untersucht hat. Er hat an der Universität Bern Betriebs-
wirtschaft und Informatik studiert. Vor seiner Anstellung an der Universität Bern
hat er bis 2013 als Manager bei E&Y sowie als Projektleiter beim Schweizer
Software-Unternehmen Liip AG gearbeitet. Matthias Stürmer ist Präsident des ICT
Clusters Kanton Bern tcbe.ch sowie Vorstandsmitglied von CH Open und Mitgründer und Vorstandsmitglied des Vereins Opendata.ch. Außerdem ist er Geschäftslei-
ter der Parlamentarischen Gruppe Digitale Nachhaltigkeit, Mitglied der SIK
Arbeitsgruppen Workplace sowie ICT-Beschaffungen und als EVP-Stadtrat seit
2011 Mitglied des Parlaments von Bern.

Bernd Teufel Bernd Teufel studierte Informatik an der Universität Karlsruhe,
Deutschland. Anschliessend wechselte er an das Departement Informatik an der Eidgenössischen Technischen Hochschule (ETH) Zürich, Schweiz, wo er 1989 promovierte (Dr. sc. techn.). Er war Dozent am Department of Computer Science der
University of Wollongong, Australien, sowie wissenschaftlicher Berater der Com-
monwealth Scientific and Industrial Research Organization (CSIRO), Sydney, Australien, bevor er 1992 das Unternehmen „ART Informationssysteme GmbH" in
Deutschland gründete. Nach verschiedenen Fusionen und Unternehmenszusammen-
schlüssen hat er das Unternehmen 2008 verlassen und in der Schweiz in 2009 die
Beratungsagentur „Dr. Teufel Consultancy Services" gegründet. Hauptfokus hierbei
ist die unabhängige Forschungsberatung. Sein Forschungsinteresse liegt in den Bereichen ICT-Management, Management von Energiesystemen, Energiewende, Cyber
Security Culture, Innovation und Projektmanagement.

Stephanie Teufel Stephanie Teufel studierte Informatik an der TU Berlin und der
Eidgenössischen Technischen Hochschule (ETH) Zürich und promovierte 1991 an
der Universität Zürich. Sie war Dozentin an der University of Wollongong, Austra-
lien, und Universitätsprofessorin für Informationssysteme an der Carl von Ossietzky
Universität Oldenburg. Seit 2000 ist sie ordentliche Professorin und Inhaberin des
Lehrstuhls Management in Informations- und Kommunikationstechnologie an
der Fakultät der Wirtschafts- und Sozialwissenschaften der Universität Fribourg
(Schweiz). Ferner ist sie Direktorin des international institute of technology (iimt).
Ihre Forschungsinteressen liegen hauptsächlich in den Bereichen Management der
Informationssicherheit, Management von Energiesystemen, Projektmanagement,
Innovation und Technologiemanagement.

Konrad Walser Konrad Walser hat an der Universität Bern Betriebswirtschaftslehre, Politologie und Wirtschaftsinformatik studiert und promovierte daselbst
2006 am Institut für Wirtschaftsinformatik. Der Schwerpunkt der Dissertation lag

beim Customer Relationship Management und dessen Integration in die Unternehmens-IT. Er hat langjährige Arbeits- und Beratungserfahrung in unterschiedlichsten Branchen vorzuweisen. Konrad Walser hat mehrjährige Lehr- und Ausbildungserfahrung auf Executive Master-, Universitäts- und Fachhochschulstufe. Die Schwerpunkte der Lehre liegen in der Wissenschaftstheorie und Wirtschaftsinformatik-Fächern. Konrad Walser forscht im In- und Ausland zu Architekturaspekten des E-Governments und des Citizen Relationship Managements als Teil des E-Governments. Ihn interessieren im Verwaltungsumfeld ferner IT-Governance- und Business-IT-Alignment-Aspekte. Aktuelle weitere berufliche, fachliche und Forschungs-Interessen von Konrad Walser betreffen das IT-Management etwa im föderalen Kontext. Konrad Walser war in Fachgruppen der Gesellschaft für Informatik, von SwissICT und der deutschen GMDS tätig. In diesen Fachgruppen war er maßgeblich beteiligt an der Entwicklung von StratIT und CIOverview.

Kerstin Wessig Kerstin Wessig, ausgebildet in Neurowissenschaften war 2003–2010 Professorin der Gesundheitswissenschaft und Gerontologie an der Hochschule Darmstadt, Deutschland. Von 2010 an hat sie AAL Arbeitsgruppen am Generationsforschungszentrum der Ludwig-Maximilians-Universität München und an der TU München, Deutschland geleitet. Sie hält weiter eine Professur für Innovationstechnologien im Gesundheitswesen in IUC Roa Italien inne und war bei der Initiierung und Durchführung von mehr als 30 nationalen und internationalen Forschungsprojekten beteiligt. Dr. Wessig hat ein AAL KMU mitgegründet und ist Mitglied der Sachverständigenkommission des Siebten Altenberichts der deutschen Bundesregierung. Sie verfügt über spezialisierte Fachkenntnisse und Erfahrung in der angewandten Kombination von Neuro- und Geisteswissenschaften und der Arbeits- und Umweltmedizin. Im iHomeLab agiert sie als leitende Forscherin auf dem Gebiet des Ambient Assisted Living (AAL) vor allem mit dem Fokus auf den Einbezug von Endbenutzern, Ethik, Mensch-Maschine-Mensch-Schnittstellen, Design Thinking, Hybride Geschäftsmodelle und dem Design sozio-technischer Systeme.

Viktoria Willner Viktoria Willner studierte Informatikmanagement und Medizinische Informatik an der TU Wien. Vor ihrer Tätigkeit bei Salzburg Research arbeitete sie als Projektmitarbeiterin am Institut für Industrial Software der TU Wien und im Bereich Software-Testing bei der Firma Research Industrial Systems Engineering (RISE). Bei Salzburg Research arbeitet sie als wissenschaftliche Mitarbeiterin in der Forschungslinie „Mobile and Web-Based Information Systems" und im Kompetenzschwerpunkt e-Health und Ambient Assisted Living (AAL).

Hans-Dieter Zimmermann Hans-Dieter Zimmermann ist Dozent für Wirtschaftsinformatik an der FHS St. Gallen Hochschule für Angewandte Wissenschaften. Seine Arbeitsgebiete in Forschung und Lehre umfassen die Digitalisierung in Wirtschaft und Gesellschaft. Er studierte Betriebswirtschaftslehre an den Universitäten RWTH Aachen und Erlangen-Nürnberg und promovierte an der Universität St. Gallen HSG zum Thema Informationsgesellschaft. An der HSG leitete er von 1996 bis 2004 das Kompetenzzentrum Elektronische Märkte. Bis 2009 war er Leiter des

Schweizerischen Instituts für Informationswissenschaft an der HTW Chur. An den Universitäten Augsburg, Münster und Koblenz-Landau übernahm er Vertretungsprofessuren im Bereich Wirtschaftsinformatik und eCommerce. Zimmermann ist Mitherausgeber der wissenschaftlichen Zeitschrift Electronic Markets sowie aktiver Blogger.

Teil I

Smart Governance

Digitales Entwicklungsmodell smarter Städte

1

Andreas Meier und Hans-Dieter Zimmermann

Zusammenfassung

In diesem Kapitel werden die strategischen Optionen für die Gestaltung und Entwicklung digitaler urbaner Räume aufgezeigt. Das digitale Entwicklungsmodell umfasst insgesamt sieben Dimensionen: Governance, Bürgertum (Smart Citizen), Ausbildung (Smart Education), Lebensgestaltung (Smart Living inkl. eHealth), Transport (Smart Mobility), Umwelt (Smart Environment) und urbane Ökonomie (Smart Economy). Alle Dimensionen unterliegen einer digitalen Transformation, die beispielhaft an ausgewählten Plattformen resp. Projekten konkretisiert wird. Neben Handlungsempfehlungen für Stadtverwaltungen und Bürgertum werden die Vor- und Nachteile digitaler Transformationsprozesse für urbane Räume diskutiert.

Schlüsselwörter

Digitale Transformation • Strategie Urbanisierung • Governance • Smart City • Prozessmodelle

1.1 Digitaler Transformationsprozess für urbane Räume

Unter Urbanisierung fasst man die Ausbreitung städtischer Lebensformen zusammen. Einerseits breiten sich Städte und Agglomerationen flächenmäßig aus (physische Urbanisierung), andererseits verändert sich das Verhalten der Bewohner in

Vollständig neuer Original-Beitrag

A. Meier (✉)
Universität Fribourg, Fribourg, Schweiz
E-Mail: andreas.meier@unifr.ch

H.-D. Zimmermann
FHS St. Gallen, Hochschule für Angewandte Wissenschaften, St. Gallen, Schweiz
E-Mail: hansdieter.zimmermann@fhsg.ch

© Springer Fachmedien Wiesbaden GmbH 2016
A. Meier, E. Portmann (Hrsg.), *Smart City*, Edition HMD,
DOI 10.1007/978-3-658-15617-6_1

ländlichen Gebieten, was als funktionale Urbanisierung bezeichnet wird. Diese Sub-Urbanisierung ländlicher Gebiete hängt damit zusammen, dass infolge der Technologisierung Erwerbsoptionen verlagert werden.

Der Begriff Smart City oder Ubiquitous City bezeichnet die Nutzung von Informations- und Kommunikationstechnologien in Städten und Agglomerationen, um den sozialen und ökologischen Lebensraum nachhaltig zu entwickeln. Dazu zählen z. B. Projekte zur Verbesserung der Mobilität, Nutzung intelligenter Systeme für Wasser- und Energieversorgung, Förderung sozialer Netzwerke, Erweiterung politischer Partizipation, Ausbau von Entrepreneurship, Schutz der Umwelt sowie Erhöhung von Sicherheit und Lebensqualität.

Der digitale Transformationsprozess hat nicht nur die Wirtschaft erfasst, sondern generell unseren Lebensraum und insbesondere die Lebensformen in urbanen Räumen.

In Abb. 1.1 wird das Prozessmodell für den Austausch digitaler Dienste aufgeführt. Dieses unterscheidet die folgenden drei Ebenen:

Prozessebene I – Information und Kommunikation Auf der tiefsten Ebene werden primär der Austausch von Informationen und die elektronische Kommunikation angesprochen. Es geht um die Gestaltung kommunaler Webauftritte resp. weitreichender Portale sowie um die Nutzung von Web 2.0 (soziales Web) und Web 3.0 (semantisches Web). Wichtig ist ein barrierefreier Webzugang, wie er in den Web Content Accessibility Guidelines (WCAG) des World Wide Web Consortium (W3C) festgelegt ist (WCAG 2008).

Prozessebene II – Produktion Die zweite Prozessebene umfasst die eigentlichen Behördendienste, die für die Optionen A2A (Administration to Administration), A2C (Administration to Citizen) und A2B (Administration to Business) benötigt werden. Diese Dienste sind primär Verwaltungsdienste für den elektronischen Einkauf (eProcurement), die herkömmlichen Verwaltungsgeschäfte aus Steuerwesen, Ausbildung, Einwohnerkontrolle, Ausweisbezug etc. (eService), Vereinbarungen basierend auf elektronischen Dokumenten mit Signatur (eContracting) und

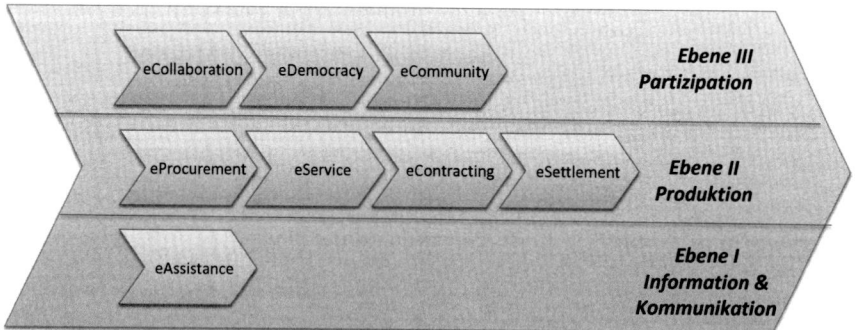

Abb. 1.1 Prozessmodell angelehnt an Meier 2009

den Abwicklungs- und Verrichtungsschritten wie elektronischer Versand, elektronische Bezahlung sowie Gewährleistung der Datensicherheit und des Datenschutzes (eSettlement).

Prozessebene III – Partizipation Besonders hervorzuheben sind die Partizipationsoptionen auf der dritten Prozessebene, die eine fortschrittliche und verantwortungsbewusste Wissensgesellschaft auszeichnen. Neben elektronischen Abstimmungen (eVoting) und Wahlen (eElection) müssen Kommunikationskonzepte studiert, Prozesse für die Community-Bildung aufgebaut und ein Entwicklungsmodell für die Online Citizen umgesetzt werden. Virtuelle Organisations- und Zusammenarbeitsformen samt der Nutzung von Social Software ermöglichen die Weiterentwicklung der Wissensgesellschaft.

Die Smart City bringt eine besondere Form einer Zivilgesellschaft hervor: Bürgerinnen und Bürger sind sozial vernetzt und überzeugt, dass sie ihr Leben durch technische Innovationen besser gestalten können. Sie sind darauf angewiesen, dass die Dienstleistungen des öffentlichen Lebens digitalisiert sind. Sie engagieren sich in Communitys für ihren Lebensraum und sind bereit, ihn mitzugestalten. Ein Beispiel dazu ist das gemeinsame Nutzen (Sharing) von Infrastrukturen zwecks ökonomischer, sozialer oder ökologischer Gewinne. Grundidee der Urban Commons (Dellenbaugh et al. 2015) ist die Selbstbestimmung, Selbstorganisation und Selbstgestaltung des sozialen und physischen Lebensraums.

1.2   Die sieben Dimensionen des digitalen Entwicklungsmodells

Die Abb. 1.2 zeigt die Dimensionen eines digitalen Entwicklungsmodells für urbane Räume exemplarisch auf.

Da die Ausprägungen des digitalen Entwicklungsmodells für unterschiedliche urbane Räume von der Bevölkerung bestimmt werden, kann ein Gradmesser für die Reife des Ist- und Sollzustands eingeführt werden, der z. B. fünf unterschiedliche Qualitätsstufen pro Dimension umfasst. Damit lassen sich die Diskussionen um die Entwicklung urbaner Räume konkretisieren; zudem können Vergleiche unterschiedlicher Smart Cities gezogen werden.

Die sieben Dimensionen des digitalen Entwicklungsmodells für urbane Räume werden wie folgt charakterisiert:

Dimension 1 – Smart Governance Smart Cities unterscheiden sich vielfältig bezüglich ihrer rechtlichen Rahmenbedingungen und hinsichtlich Governance. Unter Governance soll hier das Steuerungs- und Regelsystem urbaner Städte verstanden werden (Wildmann 2012). Mit Smart Governance sind innovative Organisationsstrukturen, politisch-gesellschaftliche Initiativen sowie neue Zusammenarbeitsformen zwischen öffentlicher Verwaltung und privaten Unternehmen resp. NGO's und NPO's sowie mit den Bürgerinnen und Bürgern zu verstehen. Es werden sogenannte

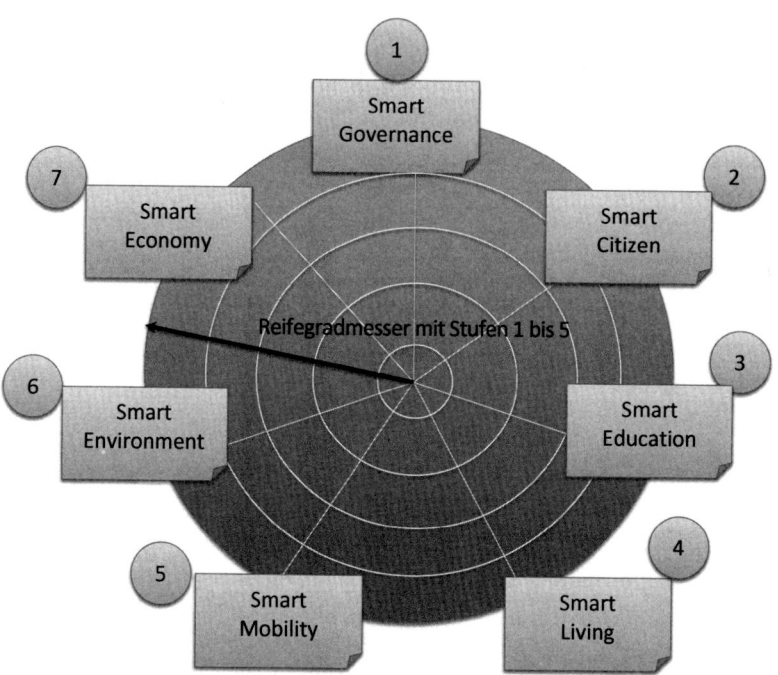

Abb. 1.2 Gestaltungsraster für Smart Cities

Public Private Partnerships eingegangen, um z. B. die Mobilität im urbanen Raum zu verbessern, Energieeffizienz zu steigern oder nachhaltige Bauvorhaben zu tätigen. Zusätzlich sind finanzielle Aspekte für eine urbane Entwicklung sowie eine Nachhaltigkeitsausrichtung zu berücksichtigen.

Dimension 2 – Smart Citizen Smart Citizen leben vernetzt und verwenden Informationssysteme, um ihren Lebensraum innovativ und nachhaltig zu gestalten. Unter Communitys of Interest zählen Webnutzer, die an einer gemeinsamen Sache interessiert sind oder ein gemeinsames Hobby teilen. Gruppen von Internetnutzern, die sich an einem Projekt für den urbanen Raum oder die Gesellschaft beteiligen sowie Zeit und Wissen einbringen, werden als Communitys of Practice bezeichnet. Beide Arten von Gemeinschaften werden mit Informations- und Kommunikationssystemen unterstützt. Sogenannte Community Support Systems dienen den Smart Citizen, sich zu treffen, den Austausch von Know-how und Wissen zu ermöglichen oder gemeinsame Aufgaben und Herausforderungen zu meistern.

Dimension 3 – Smart Education Unter Mobile Micro Learning versteht man Lernszenarien, bei welchen der Lernende orts- und zeitunabhängigen Zugriff auf kontextbezogene, digitale Lerninhalte hat (Decker et al. 2015). Dieser Ansatz kann sowohl in Unternehmen oder Organisationen als auch in sozialen Gruppen zur Anwendung gelangen. Einsatzgebiete sind arbeitsprozessintegriertes Lernen,

Lernen in Leerzeiten oder Lernen in Gruppen. Werden Entwurfselemente aus Spielen verwendet (Gamification), kann die Motivation der Lernenden eventuell gesteigert werden. Solche Spielelemente sind Selbsteinschätzungen bezüglich Lernzielen, Vergleiche der Lernenden untereinander oder das Visualisieren des Lernfortschritts. Spezifisch entwickelte freie Kurse (MOOC = Massive Open Online Courses), eventuell ergänzt mit Spielelementen, erobern bereits den tertiären Bildungsbereich.

Dimension 4 – Smart Living Mit Smart Living wird die Gestaltung der physischen wie virtuellen Räume für die Bewohner smarter Städte bezeichnet. Automatisierungssysteme mit Intelligenz steuern die vielfältigen Komponenten wie Raumklima, Beleuchtung oder das gegenseitige Arbeiten mit multimedialen Inhalten. Unter anderem wird angestrebt, die Autonomie der Bürgerinnen und Bürger auch im Alter, bei Gebrechen oder Krankheiten hochzuhalten. Neuere Betreuungs- und Pflegeprogramme werden mit eHealth-Dienstleistungen angeboten (in diesem Herausgeberwerk resp. in Schneider et al. 2015), wobei unterschiedliche Bezugspersonen (Arzt, Therapeut, Pfleger, Angehörige, freiwillige Helfer etc.) eingebunden werden. Ein Beispiel wäre die Nutzung einer grafikbasierten Sprache aus der Comic-Szene zur Entwicklung webbasierter Dienste für Leute mit leichter Demenz, entstanden aus einem Forschungsprojekt der Universität Hasselt/Belgien mit der Universität Fribourg/Schweiz (Luyten et al. 2013).

Dimension 5 – Smart Mobility Informations- und Dienstleistungsplattformen für urbane Räume integrieren unterschiedliche Daten aus teilweise isolierten Quellen und stellen sie als Open Data der Allgemeinheit zur Verfügung. Eine wichtige Anwendungsdomäne solcher Plattformen bildet eine intelligente Verkehrsflussgestaltung. Damit können die Nutzer individuelle Dienste oder Dienstbündel z. B. für ihre Transportbedürfnisse beziehen, wobei öffentlicher Verkehr mit privatem kombiniert und nachhaltiger gestaltet werden kann. Erste Versuche in Großstädten sind vielversprechend, siehe z. B. das Projekt Smart Traffic Flow der Stadt Darmstadt (in diesem Herausgeberwerk resp. in Schmidt et al. 2015). Im Projekt ‚Floating Car Data (FCD) Modellregion Salzburg' (Brunauer und Rehrl 2016) werden Methoden und Techniken des Big Data genutzt, um das Straßennetz mit ca. 140 km Autobahn und 1'400 km Landesstraßen im Einzugsgebiet von Salzburg (ca. 540'000 Einwohner, ca. 7'000 km²) optimal zu steuern.

Dimension 6 – Smart Environment Im Bereich Smart Environment geht es um nachhaltige Lösungen im Bereich Verkehr, Energie, Wasserversorgung, Abfallbewältigung, Haustechnik etc. Mit der Hilfe von Big Data-Technologien lassen sich beispielsweise Anomalien in großen Infrastrukturnetzwerken erkennen und aufheben. Kabellose Sensornetzwerke messen z. B. Wasserdruck, Wasserfluss und Wasserqualität. Die entsprechenden Sensormesswerte werden über selbstorganisierende Basisstationen zusammengetragen und in einem Big Data-Center analysiert. Dazu wurde z. B. an der University of Exeter (UK) ein Prototyp gebaut und für ein Wasserversorgungsnetz einer Großstadt mit 400'000 Einwohnern (2'465

Wasserrohre, 1'891 Rohrverzweigungen) eingesetzt (Difallah et al. 2016). Ein anderes Projekt widmet sich dem Smart Grid, um lokale und autonome Zellen der Energieversorgung in der Agglomeration aufzubauen und von privater Seite zu betreiben (vgl. Dissertation Gstrein 2016 resp. Kap. 14 in diesem Band).

Dimension 7 – Smart Economy Die Zunahme der Bevölkerungsdichte in urbanen Räumen sowie der Wunsch nach Nachhaltigkeit haben veränderte Modelle der Ökonomie hervorgebracht. Ein Beispiel dazu ist der Ansatz der lokalen Ökonomie; dieser befasst sich mit dem Ort, jedoch nicht nur definiert durch harte und weiche Standortfaktoren, sondern auch mit einer sozialen, ökologischen und kulturellen Dimension. Deshalb überrascht es nicht, dass die Bewohner urbaner Räume auf diese Modellbildungen zurückgreifen (Jakubowsky und Koch 2009). Eine weitere Entwicklung betrifft die Sharing Economy. Bürgerinnen und Bürger eines urbanen Raumes teilen Ressourcen. ,What's mine is yours' ist ein bekanntes Buch von Botsman und Rogers (2010), das die Facetten der Sharing Ecomomy beschreibt (vgl. auch Kapitel über 16 in diesem Band).

1.3   Ausgewählte Plattformen/Projekte

1.3.1   LoRa-Netzwerke als Basis-Infrastruktur für Smart Cities

Um smarte Anwendungen in Städten realisieren zu können, sind entsprechende technische Infrastrukturen notwendig. Das gegenwärtig entstehende Internet der Dinge (Internet of Things; IoT) ist eine wichtige Voraussetzung und hat ein großes Potential zur Realisierung von Smart Cities. Im Internet der Dinge können beliebige physikalische Objekte mit Hilfe von Sensoren und entsprechenden Kommunikationsnetzten Daten austauschen. Anwendungsbereiche sind unter anderem das sogenannte Smart Metering, bei dem vernetzte Stromzähler automatisch ausgelesen werden können; Abfallbehälter, die den Füllstand automatisch kommunizieren oder Parkplätze, die automatisch ihre Belegung anzeigen.

Zur Realisierung des Internets der Dinge werden eigens dafür entwickelte Funknetze aufgebaut. Die im Aufbau befindlichen Long Range Wide Area Networks und entsprechende Pilotprojekte basieren auf dem offenen Standard LoRaWAN der LoRa-Allianz.[1] LoRa-Netzwerke sind gekennzeichnet durch eine hohe Reichweite, die in ländlichen Gebieten bis zu max. 40 km betragen kann, in Städten durchaus noch mehr Kilometer, einen niedrigen Energieverbrauch, was den Einsatz batteriebetriebener Sensoren erlaubt, und einer niedrigen Datenrate von bis zu 50 kbit/s. LoRa-Netzwerke lassen sich somit kostengünstig und schnell realisieren.

Diese Netzwerke sind – analog zum menschlichen Nervensystem – die Basis für eine gesamtheitliche Wahrnehmung von Zuständen in einer Stadt. Mit Hilfe der Informatik und unter Nutzung von Big Data werden so smarte Verhaltensweisen ermöglicht, z. B. bei der Energienutzung oder der Verkehrssteuerung.

---

[1] www.lora-alliance.org.

In Deutschland baut beispielsweise die Firma Digimondo,[2] eine Tochter von E.ON Deutschland, ein flächendeckendes Netz auf. In der Schweiz baut die Swisscom ein Low Power Network auf, das im 3. Quartal 2016 kommerziell verfügbar sein wird; ebenso baut die Schweizerische Post ein LoRa-Netzwerk auf (Sulc 2016). Die Stadt St. Gallen in der Ostschweiz hat bereits 2015 einen Pilotversuch mit einem Lora-Netzwerk, dem Smartnet, durchgeführt und Mitte 2016 beschlossen, ein solches Netzwerk flächendeckend aufzubauen (Gadze 2016). Die Stadt versteht den Aufbau des LoRa-Netzwerkes Smartnet als Voraussetzung für eine effiziente und ökologische Stadt, eine „Smart City". Geplante Anwendungen in St. Gallen sind einfach und zuverlässig: die Belegung von Außenparkplätzen (Smart Parking) als Basis einer effizienten Verkehrssteuerung (Smart Mobility), die automatische Übermittlung von Füllständen in Abfallsammelbehältern, um den Abfall bedarfsgerecht zu entsorgen, das Smart Metering, bei dem die Daten von Energie- und Wasserzählern automatisch übermittelt werden (Smart Metering), sowie die Steuerung der öffentlichen Beleuchtung (Smart Lightning).

Neben den öffentlichen und privatwirtschaftlichen LoRa-Netzwerk-Initiativen gibt es auch einen Community-Ansatz zum Aufbau von LoRa-Netzwerken, der aus den Niederlanden kommt. Das Projekt The Things Network[3] wurde im August 2015 gestartet und mittels Crowdfunding finanziert. Das Projekt verfolgt das Ziel, LoRa-Netzwerke mittels Crowdsourcing aufzubauen: Interessierte können bei The Things Network entsprechende Hardware kaufen, um dann im Zusammenspiel mit weiteren Interessierten ein Netzwerk aufzubauen und entsprechende Anwendungen unabhängig von öffentlichen oder kommerziellen Anbietern zu implementieren. Nach eigenen Angaben wurde ein solches Netz in Amsterdam innerhalb von sechs Wochen aufgebaut. Mitte 2016 gibt es bereits über 150 solcher communitybasierten Netzwerke weltweit, darunter auch in Deutschland und der Schweiz.

Die Anwendungsbereiche der LoRa-Netzwerke im Kontext von Smart Cities sind vielfältig und lassen sich grundsätzlich in allen sieben Dimensionen des digitalen Entwicklungsmodells für Smart Cities verorten. Neben den bereits genannten Anwendungen sind weitere mögliche Anwendungsfelder die Überwachung von Umweltemissionen wie Lärm oder Luftschadstoffen, die Überwachung von älteren und historischen Gebäuden und anderen Infrastrukturelementen, der Einsatz im Bereich Active and Assisted Living (AAL), z. B. zur Überwachung von Demenzpatienten, oder Warnsysteme für Umweltkatastrophen, z. B. Überflutungen.

Durch den Einbezug der Bürger bilden urbane IoT-Netzwerke somit auch die Möglichkeit, neue Formen der ePartizipation zu realisieren (Wehn und Evers 2015).

1.3.2 Werkzeuge für die Smart Citizen

Die Entwicklung von Smart Cities bedeutet aktive Stadtentwicklung. Dabei geht es aber mehr als um die Top-down-orientierte Stadtplanung, sondern im aktuell

---

[2] www.digimondo.de.
[3] www.thethingsnetwork.org.

vorherrschenden Verständnis vor allem auch um den Einbezug der Bürgerschaft (Bottom-up). Die Rolle des Bürgers hat sich somit in den vergangenen Jahren hin zu einer aktiven Beteiligung verändert: Der Smart Citizen wird zum Akteur in der Stadtentwicklung. Unter dem Begriff der Bürgerbeteiligung oder Partizipation entstehen allenthalben verschiedene formale und informelle Formate mit dem Ziel, Bürgerinnen und Bürger in die Stadtentwicklung aktiv miteinzubeziehen. Die offene Gestaltung von Innovationsprozessen zur Entwicklung einer Smart City wird als offene, gesellschaftliche Innovation bezeichnet, dies erfolgt in Anlehnung an den Begriff der offenen Innovation, wie er in der Wirtschaft benutzt wird. Die Partizipation ist dabei ein zentrales Element offener gesellschaftlicher Innovation (Raffl et al. 2014).

Die traditionelle Durchführung von partizipativen Prozessen zur Entwicklung von Smart Cities stößt dabei an Grenzen: Die Durchführung entsprechender Formate ist ressourcenintensiv. Deswegen etablieren sich neuartige Formate, die entweder traditionelle Verfahren durch Werkzeuge der Informations- und Kommunikationstechnik (IKT) unterstützen oder die ausschließlich IKT-basiert durchgeführt werden. So entstehen vielfältige innovative Optionen der Partizipation. Mittels der sogenannten ePartizipation sollen entsprechende Prozesse effizienter durchgeführt und mehr Bürger eingebunden und somit mehr Impulse aus der Zivilgesellschaft berücksichtigt werden können. Dazu steht heute schon eine Fülle von IKT-gestützten Instrumenten zur Verfügung. Social Media erlauben es darüber hinaus dem Smart Citizen, sich auch ohne formales Beteiligungsverfahren zu artikulieren und sich zu organisieren (Drilling 2016). Durch die Verfügbarkeit von IoT-Netzwerken (vgl. Abschn. 1.3.1) werden zukünftig weitere innovative ePartizipations-Werkzeuge entstehen können.

Die Plattform partizipieren.ch beispielsweise enthält IKT-gestützte Werkzeuge und Beispielprojekte zur demokratischen Stadtentwicklung. Die Datenbank TosiT – The Open Societal Innovation Toolbox[4] enthält annähernd 200 systematisch erfasste Werkzeuge für die offene gesellschaftliche Innovation. Die TosiT ordnet die Werkzeuge in acht verschiedene Werkzeugklassen ein (Raffl et al. 2014, S. 48 ff.). Weiterhin werden die Werkzeuge unterschieden nach (1) Phasen der Innovation, (2) Grad der Interaktion, (3) Aspekten von Raum und Zeit sowie (4) On- und Offline-Nutzung und (5) Kostenaspekten (Raffl et al. 2014, S. 39 ff.). Mit Hilfe der Datenbank werden Entscheider bei der Auswahl adäquater Werkzeuge unterstützt.

Die Mittel der IKT sind also nicht nur die technologische Basis einer Smart City, sondern ermöglichen auch den aktiven Einbezug der Bürgerinnen und Bürger im Sinne der Smart Citizen.

1.3.3 Smarte politische Partizipation

Bei der digitalen politischen Partizipation sowie bei elektronischen Wahlen und Abstimmungen erweitern sich die Optionen der Bürgerinnen und Bürger. Bis jetzt steht bei eGovernment-Programmen das eVoting im Vordergrund, womit eine

---

[4] www.tosit.org.

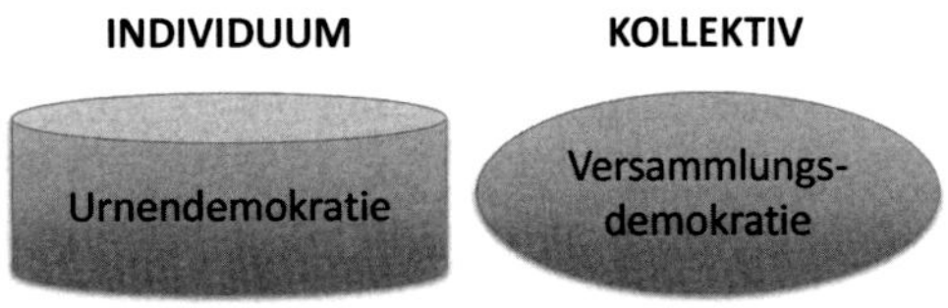

INDIVIDUUM   **KOLLEKTIV**

| | Urnendemokratie | Versammlungs-demokratie |

Stimmabgabe	geheim	offen
Zeitliche Verteilung der Stimmabgabe	sukzessive	simultan
Räumliche Verteilung der Stimmabgabe	dezentral	zentral
Relation zwischen Akteuren	Distanz	Kopräsenz

Abb. 1.3 Liberale versus radikale Demokratiequalitäten angelehnt an (Schaub 2014, S. 30)

geheime Stimme orts- und zeitunabhängig während der Stimmperiode abgegeben wird. Politologen ordnen das eVoting als liberalen Akt der Urnendemokratie zu (vgl. Abb. 1.3), mit folgenden Merkmalen: Die Stimmabgabe erfolgt sukzessive in einem vorher deklarierten Zeitfenster, die Stimmabgabe ist räumlich verteilt und die Stimmenden stehen in Distanz zueinander.

Durch das Aufkommen webbasierter Austauschplattformen gewinnt die Versammlungsdemokratie wieder an Bedeutung. Sie wird als radikale Demokratiequalität aufgefasst, da das Kollektiv miteinbezogen wird (vgl. Abb. 1.3). Ihre Merkmale unterscheiden sich klar von den Merkmalen der Urnendemokratie: Die Abgabe der Stimme ist simultan, die Stimmen werden offen abgegeben und zentral auf der Webplattform gebündelt und die Stimmenden geben gleichzeitig ihr Votum ab.

Digitale Plattformen für politische Partizipation könnten beide Optionen, die der geheimen Urnendemokratie wie die der offenen Versammlungsdemokratie, anbieten. Es wären auch fließende Übergänge von der einen zur anderen Option denkbar, indem der Webnutzer sich individuell entscheiden könnte, ob er für eine Sache oder für eine Wahl offen oder geheim stimmen möchte.

Ladner und Meier (2014) schlagen für die politische Partizipation vor, Angebote für MyPolitics sowie für OurPolitics zu machen:

- MyPolitics: Bürgerinnen und Bürger, die regelmäßig elektronische Abstimmungen (eVoting) und elektronische Wahlen (eElection) durchführen, legen sich eine Webplattform unter MyPolitics an. Darauf speichern sie regelmäßig ihre politischen Präferenzen, ihre Analysen zu Wahlen und Abstimmungen sowie ihre Wahlresultate ab. Damit erhalten sie ein politisches Tagebuch, aus dem sie Teile vertrauenswürdigen Mitbürgern veröffentlichen. So entstehen eventuell Political Communities of Interest.
- OurPolitics: Hier benutzen Bürgerinnen und Bürger auf freiwilliger Basis eine gemeinnützige Plattform. Sie hinterlegen ihr politisches Profil, das sie jederzeit

abändern oder ergänzen. Ihre Posts, das heißt Analysen und Überlegungen zu aktuellen politischen Abstimmungen und Wahlen, werden ebenfalls veröffentlicht. Auf Wunsch lassen sich mit den Profildaten und den Posts politische Landkarten mit der Hilfe von Matching-Algorithmen generieren, um Bürger oder Politiker mit ähnlichen oder konträren Präferenzen zu treffen und einen Gedankenaustausch pflegen zu können. Eventuell entstehen daraus Political Communities of Practice, das heißt vernetzte Gruppenmitglieder entwickeln politische Projekte und treiben sie voran.

Die hier dargelegten Optionen der digitalen Partizipation tönen verlockend: Mit MyPolitics und OurPolitics bilden sich Communitys, Gedankenaustausch mit Gleichgesinnten oder politisch Andersdenkenden ist möglich, zudem können gemeinsame Projekte diskutiert und vorangetrieben werden. Allerdings besteht die Gefahr, dass bei der digitalen politischen Partizipation nicht alle Bürgerinnen und Bürger einer Smart City von den Angeboten Gebrauch machen wollen oder können. Deshalb müssen während der Entwicklung und Nutzung von Plattformen zur Demokratie 3.0 Ideen und Maßnahmen entwickelt werden, um den Digital Divide in Grenzen zu halten.

1.3.4 Offene gesellschaftliche Innovation

Eine aktive Stadtentwicklung basiert oft auf technischen Innovationen (vgl. Abschn. 1.3.1), welche die Grundlage *smarter* Anwendungen darstellen. Sämtliche sieben Dimensionen des digitalen Entwicklungsmodells für Smart Cities und insbesondere die Dimensionen drei bis sieben beruhen auf technischen Innovationen als wichtige Grundvoraussetzung.

Darüber hinaus bedeutet die aktive Stadtentwicklung hin zur Smart City aber auch Innovationen im gesellschaftlichen Bereich, insbesondere betrifft dies die Dimensionen *Smart Governance* und *Smart Citizen*. Gemäß dem gegenwärtigen vorherrschenden Verständnis von Open Government (Herzberg 2012) sollen diese Innovationsprozesse möglichst offen gestaltet und alle relevanten Akteure eingebunden werden; wir sprechen im Kontext von Smart Cities entsprechend von offener gesellschaftlicher Innovation. Gemäß Raffl et al. (2014, S. 6) wird darunter „die Adaption und anschließende nachhaltige Nutzung geeigneter betriebswirtschaftlicher Open Innovation-Ansätze zur Lösung gesellschaftlicher Herausforderungen durch Staat und Gesellschaft" verstanden. Offenheit bedeutet hierbei die soziokulturelle Bereitschaft zur Öffnung, zum Dialog und zur Lernfähigkeit. Damit verbunden sind der strategische Wille zur thematischen Offenheit, zur Ergebnisoffenheit, zur Prozessoffenheit, zu offenen Strukturen bei einem gleichzeitigen Verzicht auf Exklusivität. Ziel ist es, die Entwicklung einer Smart City auf der Grundlage von technologischen Innovationen im Rahmen des gesellschaftlich Erwünschten umzusetzen. Dies bedingt das Einbinden aller relevanten Akteure. Dies sind gemäß Raffl et al. (2014, S. 50 ff.) die folgenden Anspruchsgruppen:

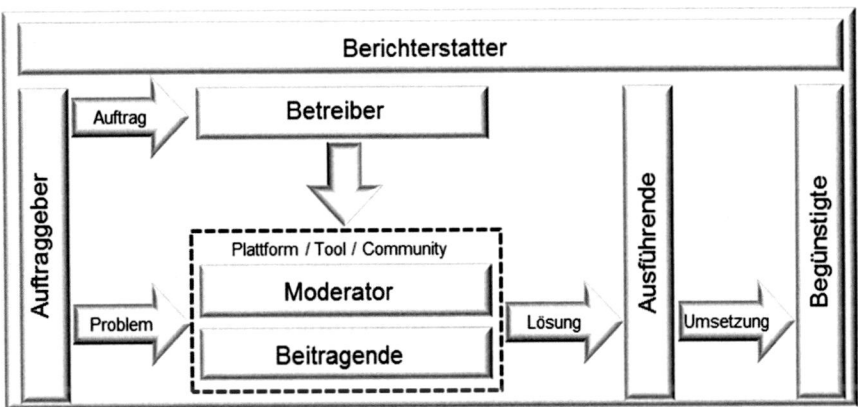

Abb. 1.4 Rollenmodell offener gesellschaftlicher Innovationen (in Anlehnung an Raffl et al. (2014), S. 52)

(1) Auftraggeber, (2) Impulsgeber (Betreiber, Moderator, Beitragende (Crowd und/oder Community)), (3) Entscheider, (4) Ausführende, (5) Begünstigte und (6) Berichterstatter (siehe Abb. 1.4).

Eine Öffnung von Innovationsprozessen setzt eine Teilnahme interessierter Akteure voraus. Dabei geht die offene gesellschaftliche Innovation über Bürgerbeteiligungsprozesse in diesem Zusammenhang hinaus: Das innovative Potential der Bürger kann und soll auch jenseits von Partizipation zum Finden von Ideen, Anregungen und Problemlagen, zur Umsetzung, zur Qualitätssicherung und zur dauerhaften Verbesserung aufgegriffen werden.

Im Rahmen eines internationalen Forschungsprojektes in der Region Bodensee wurden entsprechende regionale Projekte analysiert und ausgewertet sowie eigene Projekte initiiert und begleitet. Raffl et al. (2014) zeigen auf, mit welchen unterschiedlichen Formaten Prozesse der offenen gesellschaftlichen Innovation implementiert werden können, die auch, aber nicht nur, Grundlage der Entwicklung einer Smart City darstellen.

In einem der initiierten Projekte hat die Gemeinde Grabs im Rheintal eine Online-Ideenplattform aufgebaut, die speziell auf die Zielgruppe Kinder und Jugendliche ausgerichtet ist. Dieses von Bund und dem Kanton St. Gallen unterstützte Modellprojekt soll vor allem die junge Generation ermuntern, Ideen für die Gestaltung der Gemeinde zu entwickeln, die notabene auch Basis einer Smart City darstellen können (Zimmermann 2016).

1.4   Public Memory

Der Historiker John Bodnar charakterisiert das Public Memory als „a body of beliefs and ideas about the past that help a public or society understand both its past, present, and by implication, its future" (Bodnar 1992). Dieses öffentliche oder kulturelle Gedächtnis erhält man unter anderem durch die Digitalisierung wichtiger Werke, Dokumente, Bilder, Ansprachen, Filme, TV- und Radioaufzeichnungen, Regierungsprogramme und -beschlüsse, Bürgerinitiativen etc. Elektronische Dokumente werden in webbasierten Bibliotheken oder digitalen Archiven der Öffentlichkeit zur Verfügung gestellt. Dadurch erhalten nicht nur Juristen, Historiker oder weitere Experten Zugang zu den digitalisierten Originaldokumenten, sondern alle Bewohnerinnen und Bewohner der Smart City resp. des Global Village.

Der Soziologe Niklas Luhmann war Beamter in Lüneburg und deshalb vertraut mit Verwaltungsabläufen. In seinem Buch ‚Die Politik der Gesellschaft' widmet er das Kapitel 5 dem Public Memory (Kapitel 5 – Das Gedächtnis der Politik, Luhmann 2000, S. 170–188). Er überträgt die von der Neurobiologie und den psychischen Systemen beeinflussten Gedächtnistheorien auf das kollektive Gedächtnis. Für das politische Gedächtnis erklärt er ‚Werte' und ‚Interessen' als bedeutende Faktoren. Das politische Gedächtnis steht im Spannungsfeld von Werten und Interessen und selektiert nach zu Vergessendem und nach zu Behaltendem. Luhmann sagt, dass jedes politische System mit der Unterscheidung von Werten und Interessen reagiert, nämlich ‚von Werten, die das anmahnende Erinnern ermöglichen und durch Legitimation der Desiderate[5] unterstützen, und von Interessen, die, wenn sie sich Gehör verschaffen können und politisch wichtig sind, die kommunikative Aktualisierung besorgen'.

Im digitalen Zeitalter erfährt das Public Memory eine neue Dimension, da das öffentliche und teils das private Leben eines jeden Bürgers digitale Spuren hinterlässt. Lebt man dem in Abschn. 1.3.3 aufgezeigten Spannungsfeld von MyPolitics und OurPolitics nach, so werden nicht nur demokratische Entscheidungen protokolliert, sondern auch Meinungsbildungsprozesse und Diskussionen.

Das Public Memory kann als Controlling-Instrument eingesetzt werden. Deklarieren beispielsweise Politikerinnen oder Politiker in Wahlprozessen ihre Programme und Präferenzen (z. B. in mehrdimensionalen Spinnenprofilen), so kann während der Legislatur oder nach der Legislatur überprüft werden, ob das ‚Deklarieren' mit dem ‚Handeln' übereinstimmt. Hat sich der gewählte Delegierte an sein politisches Kredo gehalten und sich für die versprochenen Anliegen eingesetzt? Oder noch einfacher, Einverständnis der Parlamentarier oder Regierungsleute vorausgesetzt resp. lediglich geheime Abstimmungen ausgeklammert: Stimmt das Abstimmungsverhalten der politischen Exponenten während ihrer Wahlperioden mit ihren zuvor deklarierten Absichtserklärungen und Programmen überein?

1.5   Bewertung und Ausblick

Stadtplanung im traditionellen Verständnis stellte vor allem die materielle Grundversorgung der Bürger wie z. B. Wohnen, Verkehr oder Energie in den Mittelpunkt. Die Entwicklung einer Smart City bedeutet darüber hinaus die Entwicklung urbaner

---

[5]Ein Desiderat ist ein vermisstes und zur Anschaffung in Bibliotheken vorgeschlagenes Werk oder Dokument.

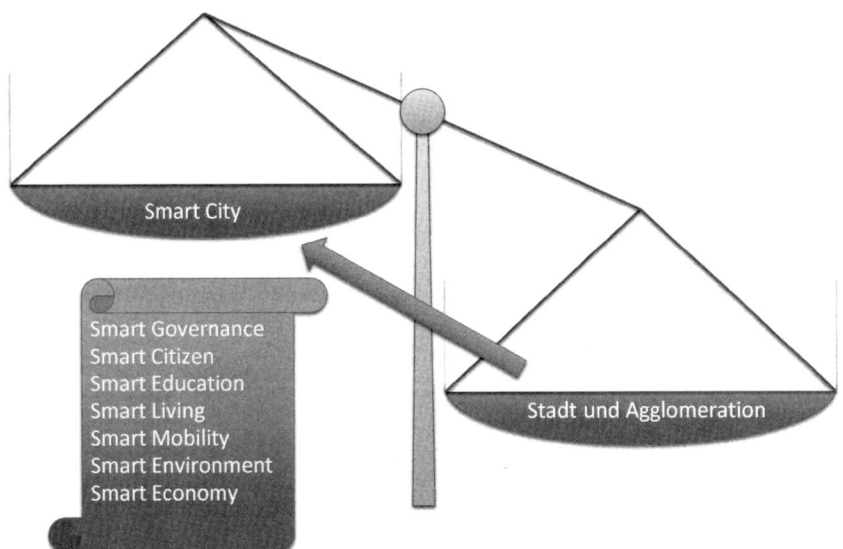

Abb. 1.5 Auf dem Weg zur Smart City

Räume für und vor allem zusammen mit den Bürgern (vgl. Abb. 1.5). Smarte Städte sollen in die Lage versetzt werden, die vielfältigen und komplexen Herausforderungen unserer Zeit zu bewältigen. Wichtige Aspekte sind dabei Nachhaltigkeit und Lebensqualität.

Bei der Entwicklung einer Smart City sind drei Faktoren von zentraler Bedeutung:

Der technologische Faktor umfasst technische Infrastrukturen, wie z. B. das Internet der Dinge, und weitere Technologien und Anwendungen, welche die Basis für smarte Dienste im urbanen Raum in allen Dimensionen darstellen. ‚Smart' wird in diesem Kontext häufig verstanden im Sinne von maschineller Intelligenz oder selbststeuernder Systeme. Smart geht dabei über die reine Digitalisierung hinaus.

Der Faktor Mensch bezieht den Bewohner smarter Städte mit ein; er definiert Anforderungen an seinen urbanen Lebensraum und gestaltet diesen aktiv mit. Dabei bringt er vor allem sein Wissen, seine Kreativität, aber auch sein Sozialkapital ein. Als Smart Citizen ist er in entsprechende formale und informelle Prozesse der Stadtentwicklung eingebunden oder gibt von sich aus, z. B. als Teil einer Community, aktive Impulse – wozu wiederum technologische Infrastrukturen, z. B. für die ePartizipation, verfügbar sind. Auch das Public Memory ist in diesem Kontext als wichtiges Element zu sehen.

Der institutionelle Faktor umfasst die relevanten Steuerungs- und Regelsysteme smarter Städte auf der Basis von entsprechenden gesetzlichen Rahmenbedingungen. Neue Formen der Stadtentwicklung unter Einbezug der verschiedenen Anspruchsgruppen, wie z. B. die ePartizipation, erfordern neue institutionelle Rahmenbedingungen.

Entscheidet sich ein Gemeinwesen für den Weg zur Smart City, dann sind alle drei Faktoren gleichermaßen zu berücksichtigen.

Ein wichtiger Erfolgsfaktor auf dem Weg zur Smart City ist der Einbezug aller relevanten Anspruchsgruppen. Sollen die Anwendungen in den verschiedenen Dimensionen einer Smart City ihre Wirkung nachhaltig entfalten, muss eine entsprechende Stakeholder-Analyse durchgeführt werden, um alle involvierten Gruppen zu identifizieren und in der Vorgehensweise miteinzubeziehen. Häufig fällt es öffentlichen Verwaltungen schwer, ihre veränderte Rolle, z. B. in Public Private Partnerships oder bei Initiativen aus der Zivilgesellschaft, zu finden. Entsprechende institutionelle Rahmenbedingungen sind erforderlich, um eine nachhaltige Wirkung zu erzielen. Aber auch der einzelne Bürger muss sich in seiner neuen Rolle, z. B. bei ePartizipations-Prozessen, entsprechend behaupten können. Seine aktive Rolle bedeutet unter anderem die Übernahme von Verantwortung und die Bereitschaft der Auseinandersetzung mit Sachthemen, was wiederum eine Investition für den Bürger bedeutet. Ebenso ist es wichtig, sich über Wechselwirkungen klar zu werden. So lassen sich Erfolge z. B. im Bereich Smart Mobility nur erzielen, wenn auch der einzelne Verkehrsteilnehmer bereit ist, sein Verhalten anzupassen und entsprechende Technologien zu verwenden. Gleiches gilt für Ziele im Bereich Smart Environment, insbesondere bei der Steigerung der Energieeffizienz: Smart Cities entfalten ihre Wirkung in diesem Bereich nur, wenn entsprechende ausgerüstete Smart Buildings bzw. Smart Homes entstehen.

Ein weiterer wichtiger Erfolgsfaktor bei der Entwicklung der Smart City ist eine langfristige Strategie mit einem klaren Fokus und Zielen. Dies gebietet allein schon die Limitation vorhandener Ressourcen. Nur so lassen sich dementsprechend nachhaltige Wirkungen in den verschiedenen Dimensionen erzielen. Bei der Entwicklung einer solchen Strategie soll auf bereits bestehende Entwicklungen, auf bestehendes Know-how, aber auch auf besonders drängende Herausforderungen eingegangen werden. Jede Strategie muss selbstverständlich die spezifischen Rahmenbedingungen des jeweiligen Gemeinwesens berücksichtigen und darauf aufbauen.

Bei aller Euphorie bei der Entwicklung von Smart Cities dürfen aber auch die möglichen Schattenseiten nicht außer Acht gelassen werden und sind z. B. bei der Gestaltung der institutionellen Rahmenbedingungen ebenfalls zu berücksichtigen.

Ein wichtiger Aspekt betrifft das Verständnis und die entsprechende Berücksichtigung der gegenwärtig viel diskutierten Privatheit. Privatheit – oder englisch Privacy – ist als Begriff nur schwer fassbar. In den aktuellen Diskussionen wird er inflationär benutzt, oft ohne seine Bedeutung zu hinterfragen. Dabei stellt Privatheit keinen absoluten Wert dar. Das Autorenkollektiv Açar et al. (2011) beschäftigt sich intensiv mit der Begriffswelt rund um Privatheit und dem (scheinbaren) Gegenüber, der Öffentlichkeit. Im Kontext der Smart City sollen vor allem die Aspekte Datenschutz, also der Schutz persönlicher bzw. personenbezogener Daten, sowie die informationelle Selbstbestimmung des Einzelnen als wichtige Elemente hervorgehoben werden. Somit handelt es sich auch beim Phänomen der Privatheit um

Wertvorstellungen einer Gesellschaft. Diese können aber durchaus im Gegensatz stehen zu Werten wie dem Schutz der Umwelt, wie unter anderem das Beispiel Smart Metering zeigt (Zimmermann 2015).

Helbing et al. (2015) zeigen auf, dass der Grat zwischen Digitaler Demokratie und Datendiktatur ein schmaler ist und sich unsere Gesellschaften durchaus am Scheideweg befinden. Die Entwicklung hin zur Smart City verlangt folglich auch eine Wertediskussion und nach Möglichkeit gesellschaftlichen Konsens in dieser Frage. Andernfalls können Smart City-Projekte zum Scheitern verurteilt sein.

Literatur

Açar A et al (2011) Gleichgewicht und Spannung zwischen digitaler Privatheit und Öffentlichkeit. http://www.collaboratory.de/images/e/e8/Ini4_PrivacyPrivatheitOeffentlichkeit.pdf. Zugegriffen am 19.07.2016

Bodnar J (1992) Remaking America – public memory, commemoration, and patriotism in the twentieth century. Princeton University Press, Princeton

Botsman R, Rogers R (2010) What's mine is yours – the rise of collaborative consumption. Harper Collins Publishers, New York

Brunauer R, Rehrl K (2016) Big Data in der Mobilität – FCD Modellregion Salzburg. In: Fasel D, Meier A (Hrsg) Big Data – Grundlagen, Systeme und Nutzenpotenziale. Edition HMD. Springer, Heidelberg, S 235–267

Decker J, Wesseloh H, Schumann M (2015) Anforderungen an mobile Micro Learning Anwendungen mit Gamification-Elementen in Unternehmen. In: Leyh C, Strahringer S (Hrsg) Gamification. Zeitschrift HMD – Praxis der Wirtschaftsinformatik, Bd 52, Heft 6. Springer, Heidelberg, S 851–865

Dellenbaugh M, Kip M, Bieniok M, Müller AK, Schwegmann M (Hrsg) (2015) Urban commons – moving beyond state and market. Birkhäuser Verlag, Basel

Difallah DE, Cudré-Mauroux P, McKenna SA, Fasel D (2016) Skalierbar Anomalien erkennen für Smart City Infrastrukturen. In: Fasel D, Meier A (Hrsg) Big Data – Grundlagen, Systeme und Nutzenpotenziale. Edition HMD. Springer, Heidelberg, S 289–299

Drilling M (2016) Postdemokratie als Simulation – Neue Formen der Bürgerbeteiligung in der Stadtentwicklung durch Social Media. Jusletter IT. http://jusletter-it.weblaw.ch/issues/2016/25-Mai-2016/postdemokratie-als-s_f7332cfb21.html. Zugegriffen am 19.07.2016

Gadze D (2016) Intelligentes Netz für die Stadt. St.Galler Tagblatt, 7.7.2016. http://www.tagblatt.ch/ostschweiz/stgallen/stadtstgallen/tb-ag/Intelligentes-Netz-fuer-die-Stadt;art197,4682004. Zugegriffen am 19.07.2016

Gstrein M (2016) Smart value energy networks – design, strength, and potential of crowd energy communities in the future electricity network. PhD thesis, University of Fribourg, August 2016

Helbing D, Frey BS, Gigerenzer G, Hafen E, Hagner M, Hofstetter Y, van den Hoven J, Zicari RV, Zwitter A (2015) Digitale Demokratie statt Datendiktatur. Spektrum Der Wissenschaft, Dezember 2015. http://www.spektrum.de/news/wie-algorithmen-und-big-data-unsere-zukunft-bestimmen/1375933. Zugegriffen am 19.07.2016

Herzberg J (2012) Staatsmodernisierung durch Open Innovation – Problemlage, Theoriebildung, Handlungsempfehlungen. Deutsche Telekom Institute for Connected Cities, TICC-Schriftenreihe, Bd 4. http://www.epubli.de/shop/buch/Staatsmodernisierung-durch-Open-Innovation-Johann-Herzberg-9783844229127/19189. Zugegriffen am 19.07.2016

Jakubowski P, Koch A (2009) Stärkung der lokalen Ökonomie – eine stadtentwicklungspolitische Aufgabe. Z Inf Raumentwicklung 3(4):241–253

Ladner A, Meier A (2014) Digitale politische Partizipation – Spannungsfeld zwischen MyPolitics und OurPolitics. In: Fröschle H.-P, Hildebrand K, Hofmann J, Knoll M, Meinhardt S, Mörike M,

Reinheimer S, Strahringer S (Hrsg) Paradigmenwechsel. Zeitschrift HMD – Praxis der Wirtschaftsinformatik, Bd 51, Heft 6. Springer, Heidelberg, S 867–882

Luhmann N (2000) Die Politik der Gesellschaft. Suhrkamp, Frankfurt am Main

Luyten K, Meier A, Vogt J (2013) Entwicklung einer Storyboard Language für Personen mit leichter Demenz. In: Reich S (Hrsg) Human Computer Interaction. Zeitschrift HMD – Praxis der Wirtschaftsinformatik, Heft Nr. 294. dpunkt Verlag, Heidelberg, S 58–65

Meier A (2009) eDemocracy & eGovernment – Entwicklungsoptionen einer demokratischen Wissensgesellschaft. Springer, Heidelberg

Raffl C, von Lucke J, Müller O, Zimmermann H-D, vom Brocke J (2014) Handbuch für offene gesellschaftliche Innovation. Beiträge des Forschungsprojektes der Internationalen Bodensee-Hochschule „eSociety Bodensee 2020" zur offenen gesellschaftlichen Innovation. In: J. von Lucke (Hrsg) Friedrichshafen 2014. https://www.zu.de/institute/togi/assets/pdf/TOGI-150218-TOGI-Band-11-Raffl-OGI-Handbuch-V2.pdf. Zugegriffen am 19.07.2016

Schaub H.-P (2014) Landsgemeinde oder Urne – was ist demokratischer? Ein Vergleich der demokratischen Qualitäten von Urnen und Versammlungsdemokratien in den Schweizer Kantonen. Dissertation, Universität Bern

Schmidt W, Borgert S, Fleischmann A, Heuser L, Müller C, Schweizer I (2015) Smart traffic flow. In: Meier A, Portmann E (Hrsg) Smart City. Zeitschrift HMD – Praxis der Wirtschaftsinformatik, Bd 52, Heft 4. Springer, Heidelberg, S 585–596

Schneider C, Reich S, Feichtenschlager M, Willner V, Henneberger S (2015) Selbstbestimmtes Leben trotz Demenz. In: Meier A, Portmann E (Hrsg) Smart City. Zeitschrift HMD – Praxis der Wirtschaftsinformatik, Bd 52, 4. Springer, Heidelberg, S 572–584

Sulc A (2016) Post und Swisscom bauen auf „Internet der Dinge". Der Bund, 3.3.2016. http://www.derbund.ch/wirtschaft/unternehmen-und-konjunktur/post-und-swisscom-bauen-auf-internet-der-dinge/story/16494926. Zugegriffen am 19.07.2016

WCAG – Web Content Accessibility Guidelines (WCAG) 2.0 (2008) https://www.w3.org/TR/WCAG20/. Zugegriffen am 02.06.2016

Wehn U, Evers J (2015) The social innovation potential of ICT-enabled citizen observatories to increase eParticipation in local flood risk management. Technol Soc 42: 187–198. doi:10.1016/j.techsoc.2015.05.002. Zugegriffen am 19.07.2016

Wildmann H (Hrsg) (2012) Smart City – Wiener Know-how aus Wissenschaft und Forschung. Schmid Verlag, Wien

Zimmermann H-D (2015) Smart Cities und Privatheit. In: Schröter W (Hrsg) Identität und Virtualität – Einblicke in neue Arbeitswelten und „Industrie 4.0". Talheimer Verlag, Mössingen/Talheim, S 315–321

Zimmermann H-D (2016) E-Partizipation für Kinder und Jugendliche: Umsetzung der E-Partizipation für Kinder und Jugendliche in der Gemeinde Grabs. Jusletter IT – Die Zeitschrift für IT und Recht. http://jusletter-it.weblaw.ch/issues/2016/25-Mai-2016/eparticipation-fur-k_9d59362155.html. Zugegriffen am 19.07.2016

Smart Governance in Smart Cities

2

Konrad Walser und Stephan Haller

Zusammenfassung

Smart City bezeichnet als Begriff die Bereitstellung von Services aller Art sowie die Nutzung von Informations- und Kommunikationstechnologien in Städten und Agglomerationen, um den sozialen und ökologischen Lebensraum nachhaltig zu entwickeln. In Smart Cities stellen verschiedene Serviceprovider Services bereit, etwa zur Verbesserung der Mobilität oder der Nutzung intelligenter Systeme für die Wasserversorgung. In Smart Cities arbeiten staatliche, halbstaatliche und private Institutionen in Public Private Partnerships (PPP), also in Verbünden zusammen. Dies wirft Fragen zur Governance auf, die zu beantworten größere Herausforderungen mit sich bringt. Aus Sicht der Smart City ist eine Orchestrierung – also ein Management von Verbünden von Serviceerbringern – zu erreichen, was Koordination, Alignment und Steuerung der Beteiligten als zentrale Anforderung hervorbringt. Heute wird Governance noch mehrheitlich aus der Perspektive einzelner institutioneller Einheiten verstanden. Die Beteiligten inklusive Servicebezieher müssen jedoch gemeinsam Policies aufstellen und diese umsetzen. Der Beitrag zeigt ein IEC-Rahmenwerk zum Management verschiedener Themen der Governance in Smart Cities auf, die im Verbund zu meistern sind. Er zeigt weiter auf, was für Governance-Mechanismen über die rein behördliche Governance-Struktur hinaus erforderlich sind. Es erfolgen Erläuterungen derselben an Fallstudien aus der EU und der Schweiz. Das Fazit lautet, dass aus empirischer Sicht das Thema Smart City Governance künftig stärker in den Fokus der Forschung zu rücken ist.

Vollständig neuer Original-Beitrag

K. Walser (✉) • S. Haller
Berner Fachhochschule, Bern, Schweiz
E-Mail: konrad.walser@bfh.ch; stephan.haller@bfh.ch

© Springer Fachmedien Wiesbaden GmbH 2016
A. Meier, E. Portmann (Hrsg.), *Smart City*, Edition HMD,
DOI 10.1007/978-3-658-15617-6_2

Schlüsselwörter
Smart City Governance • Service Governance • Governance-Gremien • Governance-Struktur • IT-Governance • Orchestrierung von Services in Smart Cities

2.1 Thematische Einführung und theoretische Grundlagen

2.1.1 Governance-Definition und -Problemstellung

Eine Definition von Governance ist nicht ganz einfach. Das Themenfeld ist vielschichtig. Für Smart Cities geeignete Definitionen sind rar; insbesondere weil eine Stadt der Zukunft ein vielschichtiges und vielgestaltiges, schwierig in seiner Gesamtheit zu verstehendes Konglomerat, unter anderem bestehend aus öffentlichen Institutionen, Unternehmen und Non-Profit-Organisationen sowie Einwohnern, darstellt. Dieses Konglomerat erbringt gemeinsam und im Verbund Services für Endkunden. Es kann davon ausgegangen werden, dass verschiedene Governance-Arten und -Formen z. B. über die Unternehmens- und institutionellen Leitungen sowie die Parlamente und Exekutiven der Städte vorhanden sind, welche ihre je eigenen Charakteristika, Regularien und Rollen beinhalten. Diese verschiedenen Arten und Formen von Governance müssen in der Community einer Smart City miteinander abgestimmt und zusammengeführt werden. Sie betreffen möglicherweise verschiedene Involvierungen unterschiedlicher Stakeholder in unterschiedlicher Form in Communities, was entsprechend eine eigene Herausforderung darstellt.

Eine mögliche Definition von Governance lautet wie folgt: Governance ist „die Etablierung von Richtlinien und der kontinuierlichen Überwachung (seitens eines Governance-Gremiums) von deren Umsetzung (seitens eines Management-Gremiums) durch die Mitglieder des zu bestimmenden Leitungs- oder Governance-Organs oder -Gremiums. Es beinhaltet die erforderlichen Mechanismen zur Austarierung der Gewalten der Mitglieder (inklusive Rechenschaftspflicht) sowie die Hauptaufgabe, die Prosperität und Überlebensfähigkeit der Organisation zu stärken."[1]

Zentral für den Themenbereich Governance sind das Prinzip der Trennung von Definitionen und Durchsetzung von Richtlinien (engl. Policies) sowie die Steuerung von deren Umsetzung in einer entsprechenden „Community". Eine (Teil-)Community kann dabei als eine Zweckgemeinschaft bezeichnet werden, welche durch eine ähnliche thematische Fokussierung charakterisierbar ist, so z. B. die Community der Schulen und Universitäten, die Community des Gesundheitswesens, die

---

[1] Oben adaptiert. Der Wortlaut des Originals lautet wie folgt: „Establishment of policies, and continuous monitoring of their proper implementation, by the members of the governing body of an organization. It includes the mechanisms required to balance the powers of the members (with the associated accountability), and their primary duty of enhancing the prosperity and viability of the organization." (www.businessdictionary.com/definition/governance.html).

Community der Wirtschaftsinstitutionen (Unternehmen), die Community der Stromerzeuger, -verteiler und -konsumenten einer Stadt und weitere möglicherweise nach Branchen aufgeteilte Communities einer Stadt. Die Eigenart der Smart City ist, dass auch über diese Communities hinweg über die ganze Stadt eine Community entstehen soll oder muss.

2.1.2 Stakeholder-Landschaft in Smart Cities

Wie bereits geschildert kann eine moderne Großstadt nicht als ein in sich geschlossenes Ganzes aus institutioneller Sicht verstanden werden. Viel eher ist eine Stadt als ein zerklüftetes, sich in unzählige Einzelinteressen und eben Communities aufspaltendes Ganzes zu verstehen, das sich z. B. unter den für Smart Cities relevanten Zielen der Nachhaltigkeit bezüglich Umwelt, Ökonomie und Sozialem unterordnet. Es sei ausgehend davon der Versuch gewagt, die in Smart Cities zusammenwirkenden Stakeholder kurz zu charakterisieren (In Anlehnung an IEC 2014, jedoch ergänzt).

- Öffentliche Verwaltung und/oder Exekutive mit der Differenzierung von politischer Verwaltung, Vollzugsverwaltung, Verwaltungssupport sowie Infrastrukturbereitstellungen.
  - Politische Verwaltung: Hier werden Policies definiert und deren Umsetzung in der Vollzugsverwaltung evaluiert.
  - Vollzugsverwaltung: Hier werden Policies im täglichen Geschäft mit Bürgern und Bürgerinnen sowie Unternehmen und anderen Verwaltungen umgesetzt.
  - Verwaltungssupport: Hier werden Unterstützungsleistungen erbracht, um die Verwaltung zu ermöglichen. Dies umfasst etwa Personal, Finanzen, IT etc. IT-Dienste oder -Services können im E-Government-Kontext durchaus auch für externe Kunden erbracht werden.
  - Infrastrukturelle Institutionen der Stadt: Dies umfasst die Servicebereitstellung für die ganze Stadt, z. B. Straßenbau und -bereitstellung, Elektrizitätsversorgung, Wasser- und Abwasserversorgung, Kabelnetzbetrieb, Verkehrsbetriebe etc.
- Gerichtsbarkeit: Im Smart City-Kontext ist diese etwa für die Beurteilung von Streitigkeiten bei der Policy-Umsetzung relevant.
- Legislativen (Parlamente) unterschiedlicher Ebenen: Dies kann in derselben Stadt Legislativen von Staat, Bezirk oder Kreis und Stadt beinhalten.
- Zuliefernde Unternehmen der Smart City:
  - Unternehmen können sich mehr oder weniger in Staatsbesitz befinden und damit eine Staatsnähe haben, die im Smart City Kontext-von besonderer Bedeutung ist
  - Den zuliefernden Unternehmen nachgelagerte Unternehmen (Lieferanten), welche Bestandteile für die Aktivitäten der vollständig oder teilweise staatlichen Unternehmen erstellen oder Dienstleistungen erbringen, so z. B. Smart-Metering-Produzenten oder vom Staat/der Stadt mandatierte Unternehmen für die Infrastrukturbereitstellung.

- Public Private Partnerships (PPP), z. B. mit Beauftragungen des Staates (auch Subventionsvergaben) im Smart City-Kontext.
- Unternehmen als Kunden der Vollzugsverwaltung und des Smart City-Verbunds.
- Bürgerinnen und Bürger als Kunden der Vollzugsverwaltung und des Smart City-Verbunds sowie, je nach politischem Kontext, als Souverän der Stadt (Politische Verwaltung).
- Stakeholder, die einen Einfluss auf die Policies und deren Umsetzung in der Smart City haben
  - Politische Parteien
  - Verbände
  - Vereine
  - etc.

Diese Stakeholder müssen in unterschiedlichen, sich möglicherweise überlappenden Communities ihr Zusammenwirken regeln, um etwa beispielsweise die für eine Smart City typischen Infrastruktur-Services wie Elektrizität, (Ab-)Wasser, Verkehr etc. zu orchestrieren. Zu orchestrieren sind darüber hinaus beispielsweise auch Services bezüglich Umweltschutz oder Verkehrsberuhigung, um gemeinsam oder im Verbund Emissionen zu reduzieren oder zu eliminieren. Ein Beispiel hierzu kann wie folgt lauten: Organisation der Shared Economy, beispielhaft zu verstehen etwa als das Teilen von elektrisch betriebenen Fahrzeugen analog zum Sharoo-Sharing-Economy-Geschäftsmodell. Ein weiteres spannendes Thema ist die gemeinsame Nutzung von Identity-and-Access-Management-Services, beispielsweise in einer Gesundheits-Affinity-Domain, um derart zu einer weitgehenden elektronischen Integration zwischen den beteiligten Leistungserbringern, Kostenträgern und Kunden des Gesundheitssystems zu gelangen. Ideal ist, wenn ein „federated Identity-and Access Management" (IAM) über eine Community hinaus verschiedenen Communities zur Verfügung gestellt werden kann.

In Anlehnung an obige Stakeholder- und Serviceprovider-Kategorien werden im Folgenden die Services charakterisiert und deren Orchestrierung thematisiert. Zur Servicedefinition empfiehlt es sich, nicht irgendeine Definition von Dienstleistungen einzubeziehen, sondern die Definition von Services der Information Technology Infrastructure Library ITIL® zu entnehmen: „A service is a means of **delivering value** by facilitating outcomes customers want to achieve without the ownership of specific costs and risks" (vgl. Cannon 2011, S. 13). Insofern kann eine Smart City als komplexes Geflecht von staatlichen, halbstaatlichen und privaten Servicebereitstellungen und -bezügen verstanden werden, die zu orchestrieren sind, und die von unterschiedlichen Servicebeziehern konsumiert werden. Darin kommen digitale Errungenschaften der letzten Jahre kontinuierlich und fortlaufend als Innovationen in den täglichen Einsatz. Überdies wird darin im Sinne der Nachhaltigkeitsziele ökonomisch, sozial und umweltspezifisch Nutzen erbracht. Es erfolgt zu diesem Zweck eine auf gemeinsamen Policies basierende Orchestrierung der Services. Die eigentliche Orchestrierung ist eine Managementaufgabe als Folge der Definition der Policies durch Governing Bodies. Angehängt an diese Vision ergeben sich strukturelle

Prinzipien, welche sich basierend auf dem Service-Prinzip (klare Trennung in Servicebezug und Serviceerbringung) in allen Bereichen implementieren lassen. Dazu gehören gemeinsame Single Points of Contact und Front Offices als organisatorische Einheiten der Endkundenkommunikation. Weiter gehören dazu Back Offices, verstanden als organisatorische Einheiten der transaktionalen Geschäftsvorfallabwicklung aufgrund der Front Office-Kommunikation. Front- und Back Offices werden wenn möglich systematisch getrennt, um einerseits die Kommunikation und die Transaktion jeweils separat zu optimieren, sowie andererseits unabhängig voneinander zu organisieren. Dies dient der Erreichung von Economies of Scale und Economies of Scope über verschiedene Stufen der Wertschöpfung im Dienstleistungsbereich sowie über eine breite Zahl von Kanälen hinweg.

2.1.3 Zielsetzung des Beitrags und methodisches Vorgehen

Im Beitrag werden im Folgenden die oben erwähnten Ebenen und das Zusammenspiel der Ebenen und Stakeholder dargelegt und die Herausforderungen abgeleitet, mit denen die Governance-Frage in unterschiedlichen Smart-City-Kontexten verbunden ist. Zudem werden im Beitrag basierend auf Desk Research anhand verschiedener Beispiele von Smart Cities Herausforderungen und Lösungsmöglichkeiten aus Governance-Sicht herausgearbeitet. Da sich ausgehend von der Literaturstudie keine umfassend dargestellten realen Fallstudien mit nützlichen Hinweisen im Hinblick auf die Smart City Governance finden ließen, wurde zur Klärung der Frage, was Smart City Governance bedeutet, unter anderem auf einen Standard von eCH (Verein zur Erarbeitung von Standards für das E-Government in der Schweiz) zur Governance-Organisation in IAM-Verbünden zurückgegriffen. Da das Identitäts- und Access-Management in einem Smart-City-Umfeld ein zentraler Baustein, aber auch eine Governance-Herausforderung darstellt, kann dieses Governance-Modell als Grundlage für eine Diskussion der Smart City Governance herangezogen werden. Der Artikel schließt ausgehend davon mit Empfehlungen für Smart Cities, wie z. B. welchen Herausforderungen mit welchen Maßnahmen aus Sicht der Governance und der IT-Governance zu begegnen ist, sowie einem Fazit.

Aus methodischer Sicht ergab sich damit folgendes Vorgehen für den vorliegenden Beitrag. In einem ersten Schritt erfolgte die Auseinandersetzung mit dem Thema Governance an sich. In einem zweiten Schritt wurde spezifischen Fragen der Governance in Smart Cities nachgegangen. Dabei wurde versucht, die Frage zu beantworten, was Smart Cities auszeichnet und was für Determinanten die Governance in Smart Cities bestimmen. In einem dritten Schritt wurden Fallstudien gesucht, welche Hinweise auf die Smart City Governance beinhalten. Zum Schluss galt es für das relativ neue Thema der Smart City Governance Governance-Modelle aus anderen Kontexten zu suchen, um die eigentlichen Governance-Herausforderungen und -Mechanismen herauszuarbeiten. Daraus resultieren mögliche Empfehlungen. Das Forschungsvorgehen ist somit explorativ und basiert auf bestehender Literatur zum Thema.

2.1.4 Theoretische Grundlagen zum Thema Governance in Smart Cities

2.1.4.1 Der Begriff der Smart City aus der Governance-Sicht

Smart City ist ein „Hype-Begriff" oder Buzzword, entsprechend viele Definitionen lassen sich in der Literatur finden. Eine Definition erfolgte bereits eingangs zu diesem Beitrag. Für das Thema Smart City Governance ist der Begriff mit all seinen Facetten von zentraler Bedeutung; daher erfolgt hier eine spezifischere Auseinandersetzung mit demselben. Einige Punkte tauchen in den meisten Definitionen von Smart City auf: Verwendung von IKT-Technologien, erhöhte Lebensqualität und verminderter Ressourcenverbrauch. Einige Definitionen erwähnen auch Governance-Aspekte explizit, so fordern explizit eine partizipative Form der Governance,[2] während die Governance an einer definierten Gruppe von Subjekten festmacht.[3] Interessant ist auch, dass in der Definition von Richner, welche auch von der Interessengemeinschaft Smart City in der Schweiz benutzt wird, betont wird, dass „intelligent" (im Sinne von Smart City als intelligente und intelligent entwickelte sowie intelligent vernetzte Stadt) nicht zwingend mit IT gleichzusetzen ist.[4]

Für diesen Artikel stützen wir uns auf die Definition der ITU.[5] Diese spricht von einer „Smart Sustainable City" und meint damit eine innovative Stadt, welche Informations- und Kommunikationstechnologien nutzt, um die Lebensqualität der Bewohner, die Effizienz von Abläufen und Dienstleistungen und ganz generell die Wettbewerbsfähigkeit zu erhöhen, sowie dabei auch die Bedürfnisse heutiger und künftiger Generationen bezüglich wirtschaftlicher, sozialer, ökologischer und kultureller Aspekte berücksichtigt.[6] Die immer rasanter fortschreitende technische

---

[2] „We believe a city to be smart when investments in human and social capital and traditional (transport) and modern (ICT) communication infrastructure fuel sustainable economic growth and a high quality of life, with a wise management of natural resources, through participatory governance." (Caragliu et al. 2011).

[3] „A smart city is a well-defined geographical area, in which high technologies such as ICT, logistic, energy production [...] cooperate to create benefits for citizens in terms of well-being, inclusion and participation, environmental quality, intelligent development; it is governed by a well-defined pool of subjects, able to state the rules and policy for the city government and development." (Dameri 2013).

[4] „Eine Smart City bietet ihren Bewohnern maximale Lebensqualität bei minimalem Ressourcenverbrauch dank einer intelligenten Verknüpfung von Infrastruktursystemen (Transport, Energie, Kommunikation, etc.) auf unterschiedlichen hierarchischen Stufen (Gebäude, Quartier, Stadt). „Intelligent" ist in diesem Zusammenhang nicht automatisch mit „IT" gleichzusetzen. Bei ähnlicher Performance sind passive oder selbstregulierende Mechanismen den aktiv geregelten Ansätzen vorzuziehen" (vgl. hierzu Richner 2016).

[5] ITU steht für International Telecommunications Union: the United Nations specialized agency for information and communication technologies.

[6] „A smart sustainable city (SSC) is an innovative city that uses information and communication technologies (ICTs) and other means to improve quality of life, efficiency of urban operations and services, and competitiveness, while ensuring that it meets the needs of present and future generations with respect to economic, social, environmental as well as cultural aspects".

Entwicklung spielt dabei eine große Rolle – Stichwort: Internet der Dinge. Dabei werden viele Vorgänge in einer Stadt nicht nur genauer gemessen und erfasst, sondern es können (automatisiert) auch Aktionen ausgelöst werden. Big Data und Cloud Computing bieten immense Möglichkeiten für Innovationen. Jedoch ist dies auch mit Risiken verbunden. Stichworte hierzu sind Datenschutz, Privatsphäre, Digital Divide. Dies sowie die unzähligen verschiedenen Anwendungsmöglichkeiten bedingen einen ganzheitlichen Ansatz und bringen neue große Herausforderungen in Bezug auf die Governance mit sich, um dieser Ganzheitlichkeit das nötige Gewicht zu verleihen. Das Konzept Smart City beinhaltet mehr als nur verbesserte Energieeffizienz, wie das manchmal missverstanden wird. Eine moderne smarte Großstadt kann aus institutioneller Sicht, wie oben schon dargelegt, nicht als ein in sich geschlossenes Ganzes verstanden werden. Dies erfordert deshalb auch andere Formen der Governance, sei es Bottom-up oder Top-down. Im Sinne einer noch zu prüfenden spannenden Hypothese kann hier angefügt werden, dass in westlichen Industrieländern in der Tendenz wohl eher Bottom-up gearbeitet wird, in vielen anderen Ländern des (Nahen) Ostens eher Top-down.

2.1.4.2 IEC 2014: Verortung der Governance basierend auf dem BSI-Rahmenwerk

Erste fundierte Recherchen nach dem Begriff der Smart City Governance führten gemeinsam mit den weiter oben formulierten Aspekten zu einem von der British Standards Institution (BSI) entwickelten Strukturmodell für Smart Cities, innerhalb dessen ebenfalls Governance-Aspekte und die in diesem Beitrag sofern möglich zu thematisierenden Fallstudien (respektive konzeptionellen Beiträge) verortet werden können (vgl. dazu und zum Folgenden BSI PAS 181, S. 2014).

Das Framework besteht aus vier Komponentenbereichen oder Domänen (vgl. Abb. 2.1):

- A: Handlungsleitende Prinzipien
- B: Schlüsselprozesse stadtübergreifender Prozesse der Governance und Bereitstellung von Services
- C: Strategie der Nutzenrealisierung
- D: Kritische Erfolgsfaktoren.

Basierend auf diesen vier Domänen lassen sich die in Abb. 2.1 gezeigten Elemente unterscheiden, welche im Folgenden tabellarisch dargestellt und präsentiert werden (vgl. Tab. 2.1).

Zum Management der Governance in Smart Cities gehört insbesondere die spezifischere Betrachtung der Elemente des Smart City Frameworks, und hier insbesondere der A-Elemente, mittels welcher eine Leadership-Haltung einhergeht, welche – analog zu COBIT 5[7] – die Trennung von Governance und Management impliziert.

---

[7]COBIT steht für „Control Objectives for Information and related Technology" und stellt heute im Gegensatz zur ITIL das Gegenstück zur Steuerung von IT-Serviceproviders seitens Geschäft dar. Es entwickelte sich in den vergangenen Jahren von einem Auditoren- zu einem holistischen

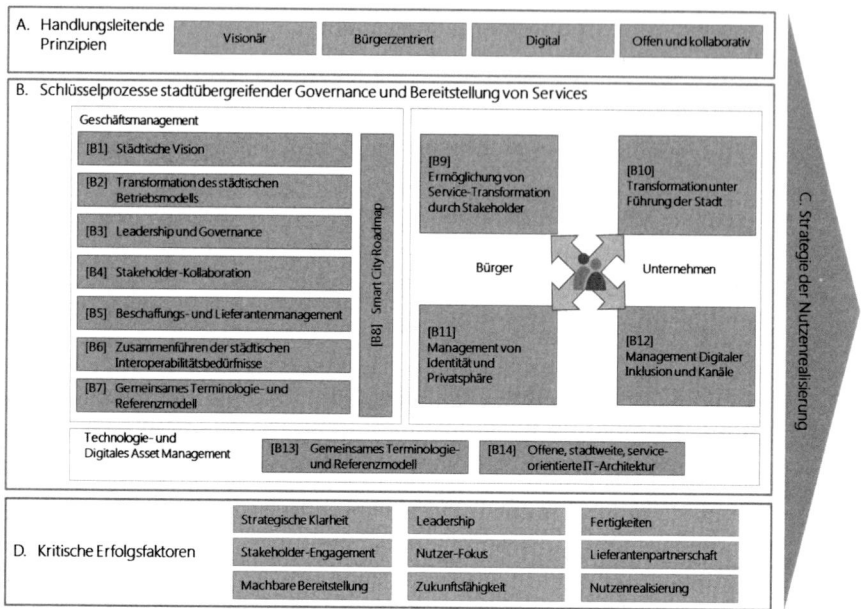

Abb. 2.1 Smart City Framework nach IEC 2014, vgl. hierzu BSI PAS 181, S. 2014

Ferner erfolgen mittels der B-Komponenten die Überwachung (Governance der Prozesse respektive Aufbau und Unterhalt von Policies aller Art) und das Management der Prozesse. Explizit wird das Thema Governance im Prozess B3 Leadership und Governance adressiert.

2.1.4.3 Open Government Data, Linked Data, Internet of Things und Big Data

Ein für Smart Cities sehr wichtiger Aspekt kommt im BSI Smart City Framework nicht genügend zur Geltung: Open Data, Open Government Data (OGD) sowie Linked Data. Open Data wird zwar an verschiedenen Stellen in der Beschreibung des Frameworks erwähnt, der Begriff erscheint aber nicht im Übersichtsbild. Aus Sicht der Verfasser ist es aber für eine Smart City von zentraler Bedeutung, dass alle Daten grundsätzlich öffentlich gemacht werden sollten, solange dadurch keine datenschutzrechtlichen oder sicherheitspolitischen Anforderungen beeinträchtigt oder verletzt werden. Dies bedeutet in Bezug auf Governance aber auch, dass entsprechende Richtlinien und Initiativen zum Umgang mit Open Data verabschiedet werden müssen. Als Beispiel dafür kann in der Schweiz die Stadt Zürich genannt werden, hat der Stadtrat (Exekutive) doch schon im Jahre 2012 die Lancierung eines OGD Portals initiiert (https://www.stadt-zuerich.ch/prd/de/index/statistik/ publikationen-angebote/open-data-zuerich.html). Auch andere Städte weltweit

---

IT-Governance-Rahmenwerk, das in der Praxis weiterhum Einsatz findet. Insofern kann auch dieses Rahmenwerk wertvolle Hinweise für die Governance in Smart Cities bringen.

Tab. 2.1 Smart City Framework – Domänen und Elemente; vgl. hierzu BSI PAS 181, S. 2014

A Handlungsleitende Prinzipien		A1 Visionär
		A2 Bürger- und kundenzentrisch
		A3 Digital
		A4 Offen und auf Kollaboration beruhend
B Schlüsselprozesse stadtübergreifender Governance und Bereitstellung von Services	Geschäftsmanagement	B1 Städtische Vision
		B2 Transformation des städtischen Betriebsmodells
		B3 Leadership und Governance
		B4 Stakeholder-Kollaboration
		B5 Beschaffungs- und Lieferantenmanagement
		B6 Zusammenführen der städtischen Interoperabilitätsbedürfnisse
		B7 Gemeinsames Terminologie- und Referenzmodell
		B8 Smart City Roadmap
	Integrationsprozesse bezüglich Unternehmen und Bürgern	B9 Ermöglichung von Service-Transformationen durch Stakeholder
		B10 Transformation unter Führung der Stadt
		B11 Management von Identität und Privatsphäre
		B12 Management digitaler Inklusion und Kanäle
	Technologie- und Digitales Asset Management	B13 Ressourcen Mapping und -Management
		B14 Offene, stadtweite und serviceorientierte IT-Architektur
C Strategie der Nutzenrealisierung		–
D Kritische Erfolgsfaktoren		D1 Strategische Klarheit
		D2 Stakeholder-Engagement
		D3 Machbare Servicelieferung und -bereitstellung
		D4 Leadership
		D5 Nutzer-Fokus
		D6 Zukunftsfähigkeit
		D7 Fertigkeiten
		D8 Lieferantenpartnerschaft
		D9 Nutzenrealisierung

haben die Bedeutung von OGD im Rahmen ihrer Smart City-Aktivitäten erkannt. Diese Städte haben erkannt, dass OGD nicht einfach nur ein „Muss" ist, um dem Öffentlichkeitsprinzip in der Verwaltung Rechnung zu tragen, sondern dass es auch konkrete Mehrwerte liefert. Die Bürgernähe im Sinne einer „e-Participation" wird dadurch erhöht, städtische Dienstleistungen können effektiver und effizienter erbracht werden und offene Daten liefern die Grundlage für eine nachhaltige

Stadtplanung und -entwicklung. Der größte Mehrwert ist allerdings im Innovationspotenzial zu sehen: Die Verfügbarkeit von offenen Daten wird zum Standortfaktor, denn sie zieht innovative Firmen an, die basierend auf den Daten neue Dienstleistungen an den Markt bringen können. Damit stellen Open Government Data und Linked Data auch eine zentrale Komponente einer umfassenden Governance einer Smart City dar. Eine offene und transparente Stadtverwaltung auf der Grundlage von offenen Daten und Kommunikationsnetzen, integrierten Verwaltungsstrukturen sowie einer aktiven Bürgerbeteiligung wird auch in einer Studie für die Europäische Kommission und das chinesische Ministerium für Industrie und Informationstechnologie als zentral für die Etablierung von Smart Cities genannt (vgl. dazu Yanrong et al. 2014). Allerdings sei hier die politische Frage wie folgt gestattet: Verstehen China und Europa unter Offenheit dasselbe?[8]

Oft wird der Begriff Smart City hauptsächlich verstanden als die Ausstattung einer Stadt mit Sensorik und anderen Technologien des „Internets der Dinge" (engl. Internet of Things, IoT), um die Verwendung von öffentlichen Ressourcen wie Energie, Wasser und Transportkapazitäten zu optimieren. Dies stellt aber nur einen eher technologisch zu verstehenden ersten Schritt zur Smart City dar. Erst in Verbindung mit anderen Datenquellen und der Öffnung und Demokratisierung des Datenzugangs kann das Potenzial zur Smart City ausgeschöpft werden. Exemplarisch hierfür ist das 2016 gestartete Horizon 2020 Kollaborationsprojekt zwischen der EU und Japan zu nennen. Dieses trägt den Namen CPaaS.io. Das Projektakronym steht für „City Platform as a Service – Integrated and Open" (vgl. http://www.cpaas.io/). Dieses Projekt hat zum Ziel, eine cloudbasierte urbane Innovationsplattform zu entwickeln. Die Plattform ermöglicht sowohl die Anbindung von IoT-Geräten, die Analyse der Daten (Stichwort Big Data) sowie die Bereitstellung an Dritte als Linked Open Data. Die praktische Relevanz dieser Plattform wird in Zusammenarbeit mit mehreren Städten überprüft, welche bereits Erfahrungen im Smart City-Bereich haben. In Europa sind dies Amsterdam, Murcia und Zürich, in Japan sind es die Städte Sapporo, Tokyo und Yokosuka. Dieses Projekt zeigt neben dem Fokus auf offene Daten auch sehr schön zwei Anforderungen und Trends bezüglich der Governance von Smart Cities auf: Die Verwaltung arbeitet erstens nicht mehr einfach alleine, sondern Infrastrukturen werden in Zusammenarbeit mit Privaten aufgebaut und unterhalten, was in irgendeiner Form auch gesteuert werden muss. Private-Public-Partnership (PPP) wird von der Ausnahme zur Norm. So kommt eine Studie (vgl. Casbarra et al. 2014), welche

---

[8]Dies impliziert im Weiteren, dass Governance-Verständnisse letztlich in Konjunktion mit der Staatsform und -organisation zu verstehen sind. Tendenziell dürfte eine Smart City Governance im nahöstlichen arabischen Raum sowie wohl im (fernöstlichen) Raum Chinas tendenziell eher Top-down gelebt werden, währenddessen eine Smart City Governance in der westlichen Hemisphäre (Europa, Amerika etc.) tendenziell eher Partizipation zulässt, womit de facto wohl eher eine Bottom-Up-Governance in Smart Cities zu erwarten ist (vgl. für unterschiedliche Arten von demokratischen Systemen Lijphart 1999). Ein künftiges sehr spannendes Forschungsfeld wäre oder ist, wie unterschiedliche Formen von Regierungen und Führungen von Nationen und entsprechende Führungssysteme sich auf die Governance von institutionellen Konglomeraten wie demokratischen Systemen auswirken.

verschiedene Smart City-Projekte verglichen hat, zum Schluss, dass gerade zur Erreichung von Nachhaltigkeitszielen ein PPP-Governance-Modell zielführend ist. Zudem schließen sich Städte und Regionen zu Verbünden zusammen. Der erste Punkt lässt sich am Beispiel von „The Things Network" (TTN) illustrieren, einer ursprünglich in Amsterdam gegründeten Stiftung, deren Gründer auch Partner im CPaaS.io Projekt sind. Zweck der Stiftung ist der Aufbau einer auf LoRaWAN basierenden Infrastruktur. LoRaWAN steht für Long-Range Wide Area Network und ist eine vielversprechende Basistechnologie für den Aufbau von IoT-Netzen, ermöglicht sie doch Funkverbindungen über längere Distanzen mit nur geringer Leistung und entsprechend geringem Stromverbrauch. Die Stiftung stellt dazu preisgünstige Bausätze für Gateways zur Verfügung, die von Privatpersonen – in erster Linie Enthusiasten – aufgebaut und betrieben werden können. Damit hat sie es in kürzester Zeit geschafft, in Amsterdam eine flächendeckende IoT-Kommunikationsinfrastruktur aufzubauen, ohne dass öffentliche Gelder dafür verwendet werden mussten. Weltweit sind seither lokale TTN-Gruppen gegründet worden, z. B. auch in Zürich. So ist in der Schweiz die Situation entstanden, dass zeitgleich sowohl der größte Telekommunikationsdienstleister der Schweiz, die halbstaatliche Swisscom, wie auch private Enthusiasten eine auf LoRaWAN basierende Infrastruktur aufbauen. Es zeigt sich so sehr schön, dass eine für Smart Cities relevante Infrastruktur *Bottom-up* aufgebaut werden kann (vgl. dazu Walravens und Ballon 2013; Bifulco et al. 2014). Ferner lässt sich daraus auch die Notwendigkeit ableiten, dass Aktivitäten der öffentlichen Hand mit Aktivitäten von Privaten zu koordinieren sind (Orchestrierung), sodass diese sich im Idealfall ergänzen und nicht konkurrieren. Das Nebeneinander von staatlichen und privaten Initiativen spielt nicht nur beim Aufbau der Kommunikationsinfrastruktur und der Anbindung von Sensorik eine Rolle, sondern noch vielmehr bei der Erbringung von auf offenen Daten basierenden Dienstleistungen; dies ist ja gerade der Zweck einer solchen Innovationsplattform (vgl. hierzu Abb. 2.2).

Eine cloudbasierte Plattform ermöglicht es prinzipiell auch, dass dieselbe Plattform von mehreren Städten oder Regionen genutzt wird bzw. dass einzelne Instanzen untereinander föderiert werden können. Entsprechend liefert eine solche Plattform die technologische Basis für eine urbane, regionale oder auch nationale Dateninfrastruktur (Neuroni et al. 2016). Dass E-Government-Dienstleistungen dadurch zentralisiert zur Verfügung gestellt werden können und nicht jede Gemeinde dieselben Dienstleistungen selbst erbringen muss, ist nicht neu, und die Vorteile bezüglich Kostenersparnissen sind bekannt (vgl. hierzu etwa Cellary und Strykowski 2009; Tripathi und Parihar 2011). Im Kontext von Smart Cities und der zunehmenden Digitalisierung erhält das Thema aber zusätzliche Bedeutung: Die Vernetzung von Städten untereinander führt zum *Internet of Cities* (Schleicher et al. 2015). Was zuerst wie ein neuer Hype-Term aussehen mag, wird in der Praxis aber bereits Wirklichkeit: Über die City Protocol Society (http://cityprotocol.org/) tauschen sich führende Smart Cities wie Barcelona und Amsterdam (https://amsterdamsmartcity.com/projects/city-protocol) bereits untereinander aus.

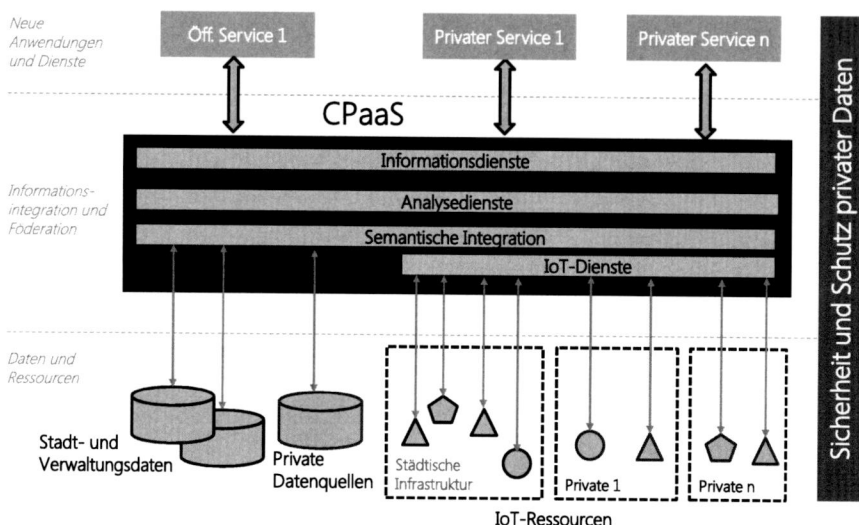

Abb. 2.2 Eine Grobarchitektur für eine urbane Innovationsplattform. Klar ersichtlich ist das Zusammenspiel von öffentlichen in privaten Angeboten (Quelle: CPaaS.io Projekt)

2.1.4.4 Weitere Hinweise aus der Literatur zum Thema Smart City Governance

Ausgehend von einer umfassenden Literaturrecherche insbesondere mittels Begriffs-kombinationen wie Smart City Governance etc. fanden sich verschiedene Hinweise und Kurzfallstudien, die, wie zu zeigen sein wird, das Thema letztlich nicht in der erforderlichen Tiefe, sondern relativ oberflächlich und summarisch abhandeln. Es scheint im Sinne einer Hypothese so zu sein, dass das Thema bis heute nicht fun-dierter untersucht wurde und Governance-Strukturen eher ad-hoc oder emergent entstehen oder entstanden. Im Folgenden werden die Schlussfolgerungen aus dieser ersten Analyse präsentiert (vgl. dazu u. a. Castelnovo et al. 2015; Chourabi et al. 2012; Lombardi et al. 2011a, b; Caragliu et al. 2009; Nam und Pardo 2011a, b; Batty et al. 2012 sowie Scholl und Scholl 2014).

Einerseits lässt sich die Konkretisierung einer Smart City Governance fun-dieren durch ein Rahmenwerk, wie es in Abb. 2.3 dargestellt ist. Darin werden neun Schlüsselelemente genannt. Von links nach rechts gelesen scheint initial die Abklärung der Bedürfnisse der Stakeholder von determinierender Bedeu-tung zu sein. Ausgehend davon kann zur Konkretisierung der institutionellen Gegebenheiten geschritten werden, wie das andernorts bereits aus einer Art sys-temtheoretischer Perspektive charakterisiert wurde. Wiederum ausgehend davon wird/werden der oder die Entscheidungsprozess(e) konkretisiert. Der oder die Entscheidungsprozess(e) führt/führen einerseits zur Frage der Teilnahme in Ent-scheidungsgremien (wer und in welcher Form) und andererseits zur Eruierung der Stakeholder- und Bürger-Wahrnehmung der Entscheidungsgremien und Ent-scheidungsprozesse etc. Ausgehend vom Entscheidungsprozess werden Human-, Finanz- und Technologieressourcen konkretisiert, welche z. B. im Zeitablauf

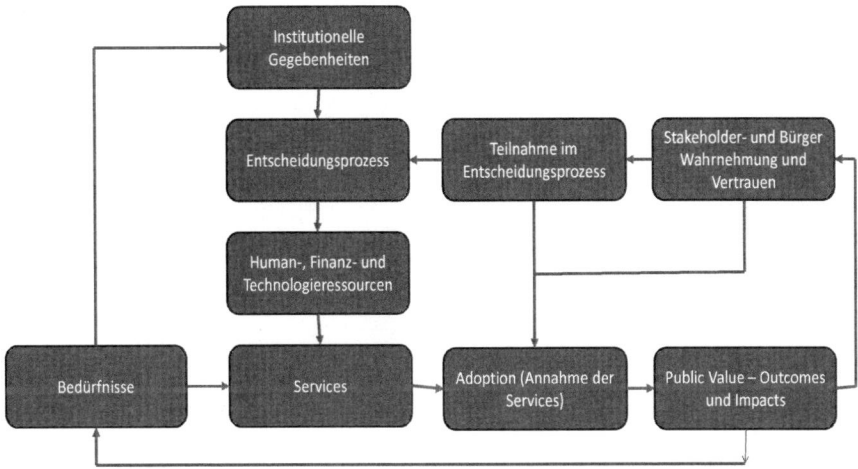

Abb. 2.3 Schlüsselelemente oder Komponenten einer Smart City Governance (vgl. dazu Castelnovo et al. 2015)

eingesetzt werden sollen. Dies führt zu Services, welche die Smart City realisieren kann. Letztere sind wiederum auch abhängig von den zu Beginn genannten Bedürfnissen der Stakeholder der Smart City. Für die Services ist relevant, wie sie angenommen werden. Erst bei einer guten Annahme entsteht ein Public Value oder die erwünschte Wirkung und Auswirkung seitens Stakeholder.

2.1.4.5 Dimensionen des Smart City Community Buildings
Für die weiteren Ausführungen braucht nicht weiter betont zu werden, dass Governance-Fragen und Community-Building eng miteinander verzahnt zu verstehen sind. Die Dimensionen des Smart City Community Buildings lauten gemäß Castelnovo et al. (2015) wie in Abb. 2.4 und im Folgenden beschreibend dargestellt:

- Aufbau und Management von Communities, mit dem Ziel, das Engagement der städtischen Stakeholder in der Governance der Smart City und in den Entscheidungsprozessen zu beurteilen. Diese Dimension berücksichtigt – im urbanen Kontext, aber nicht nur – auch die Stärken der städtischen Beziehungsnetze zu anderen städtischen Gemeinschaften und relevanten Stakeholdern.
- Formulierung von Vision und Strategie mit dem Ziel, die Fähigkeiten der Smart City in Bezug auf strategische Planung sowie der Implementierung von Monitoring- und Evaluationstechniken und deren Einfluss auf die zukünftige Strategieplanung zu beurteilen.
- Generierung von gesellschaftlichem Mehrwert (Public Value), mit dem Ziel, die Ergebnisse und/oder die langfristige Wirkung der implementierten Initiativen zu messen. Dies beinhaltet üblicherweise allgemeinere gesellschaftliche Ziele, welche durch die Interventionen adressiert werden, wie z. B. Wirtschaftswachstum, Eliminierung der Arbeitslosigkeit, sozialer Zusammenhalt und Wohlergehen der Gesellschaft als Ganzes.

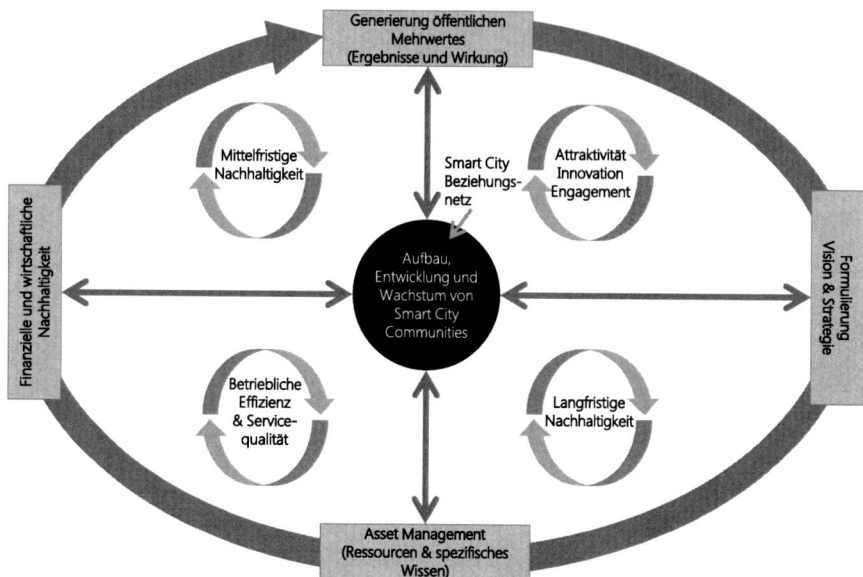

Abb. 2.4 Dimensionen des Smart City Community Buildings (vgl. dazu Castelnovo et al. 2015)

- Aktivenbewirtschaftung, mit dem Ziel, eine Wissensbasis bezüglich der Performance der Stadt zu erzeugen, und der evidenzbasierten Nutzung dieser Daten, um laufende Interventionen zu verbessern und Zukunftspläne zu entwickeln.
- Ökonomische und finanzielle Nachhaltigkeit, mit dem Ziel, die langfristige Nachhaltigkeitsentwicklung der Smart City zu beurteilen, sowie ihre Fähigkeiten, neue Investitionen anzuziehen und Veränderungen handzuhaben. Diese Dimension fokussiert auch auf die Verfügbarkeit von ökonomischen und finanziellen Ressourcen und evaluiert deren effiziente und effektive Nutzung.

Das Smart City Community Building-Rahmenwerk von Castelnovo et al. (2015) sieht überdies vier verschiedene Perspektiven vor, die zu berücksichtigen sind.

Die Perspektive 1 repräsentiert die Fähigkeit der Smart City, über die Zeit eine eigene Identität aufzubauen und zu wahren:

- Generierung von gesellschaftlichem Mehrwert
- Aufbau und Management von Communities
- Formulierung von Vision und Strategie.

Die Perspektive 2 liefert Evidenz bezüglich der langfristigen Nachhaltigkeit der Smart City:

- Formulierung von Vision und Strategie
- Aufbau und Management von Communities
- Aktivenbewirtschaftung.

Die Perspektive 3 adressiert die Fähigkeit der Smart City, Dienstleistungen zu erbringen sowie ihre operationale Effizienz zu gewährleisten:

- Aktivenbewirtschaftung
- Aufbau und Management von Communities
- Ökonomische und finanzielle Nachhaltigkeit.

Die Perspektive 4 trägt zur kurz- und mittelfristigen Nachhaltigkeit von Smart Cities bei:

- Generierung von gesellschaftlichem Mehrwert
- Aufbau und Management von Communities
- Ökonomische und finanzielle Nachhaltigkeit.

Es zeigt sich, dass insbesondere französische, spanische, holländische, englische und deutsche sowie italienische und schwedische Smart Cities oft als mit Smart Governance versehen definiert werden. In einigen Städten Griechenlands, Rumäniens, Ungarns, Polens, Estlands und Dänemarks laufen Smart Governance-Initiativen. Allerdings wird im Detail ausgehend von den Quellen nicht klar, wie dies erfolgt und was genau dies beinhaltet.

Smart Governance-Lösungen können wie folgt konkretisiert werden (vgl. dazu und zum Folgenden Manville et al. 2014): Sie beinhalten offene Serviceplattformen. Zu deren Nutzung können öffentliche Verwaltungen Schnittstellen generieren und Open Government Data und Services für Drittparteien bereitstellen.

2.2 Smart Cities in der EU – Empfehlungen und Fallstudien

2.2.1 EU-Empfehlungen zur Entwicklung von Smart City Governance

Auch in der Europäischen Union ist das Thema Smart City seit längerem ein Thema. Ausgehend von Manville et al. (2014) lauten Empfehlungen zur Smart City Governance an die Europäische Union unter anderem wie folgt:

Empfehlung 3A Die Kommission sollte eine Plattform mit Broker-Services und Intermediärsfunktionen unterstützen. Dies sollte auf Smart City-Netzwerken basieren. Dies kann u. a. verstanden werden wie in Abb. 2.2 dargestellt – und in der dort skizzierten Funktionalität des CPaaS (vgl. auch Abschn. 2.1.4.3). Die entsprechenden Maßnahmen können helfen, die Führung auf Ziele auszurichten, ein Multi-Stakeholder-Management zu ermöglichen und ein Repository von Business-Plänen zu sponsern, aber auch Fallstudien zu Governance Best Practices bereitzustellen etc.

Empfehlung 3B Verwaltung und Geschäftsinfrastruktur-Provider sollten sicherstellen, dass Smart City-Initiativen privilegiert sind und bleiben, existierende

Infrastrukturen zu nutzen. Geschäftsmodell-Innovation kann stimuliert werden durch die Versorgung der Smart City-Initiativen mit dem Zugang zur nötigen Infrastruktur und Services, insbesondere wenn diese im öffentlichen Besitz sind oder vom öffentlichen Sektor kontrolliert werden. Diese Infrastrukturen können breit interpretiert werden als Einschlussmöglichkeit generischer und rekonfigurierbarer Services (z. B. des Bereichs Telekommunikation, Energie-Services etc.). Ebenfalls können darunter Cloudbasierte Speicherservices, Datenverarbeitungs- und Speichermöglichkeiten etc. subsumiert werden.

Empfehlung 3C Smart City-Unterstützungs- und -Leistungserbringer sollten auf einer Multi-Stakeholder-Governance beharren. Dies sollte Vertretungen der Nutzer einschließen und es sollte mittels integrierter Projektteams agiert werden. Private Firmen könnten dazu neigen, proprietäre Lösungen oder geschlossene Architekturen zu initialisieren. Das kann dazu führen, dass Verluste entstehen und ökonomische Verschlechterungen, insbesondere können auch Schwierigkeiten auftreten bei der Skalierung von Angeboten in weitere Kontexte und erweiterten Kontexten. Zu priorisieren sind hier Multi-Stakeholder-Modelle kooperativer Art oder wie erwähnt Private Public Partnerships (PPP's). Dadurch kann Auswüchsen mit zu stark auf privatwirtschaftliche Interessen ausgerichteten Initiativen vorgebeugt werden.

Empfehlung 3D Smart Cities und andere Stakeholders sollten industriegeführte PPP's respektive Konsortien ermöglichen: Nicht ausbalancierte Machtgefüge zwischen öffentlichen und privaten Einheiten können die Entwicklung und den Rollout von Smart City-Lösungen erschweren. Diesbezüglich, und um die öffentlichen Kosten zu reduzieren, sollten PPP's die präferierte Organisationsform zur Zusammenarbeit in Smart Cities darstellen. Zugleich sollte das Potenzial für Marktverzerrungen und -übernahmen minimiert werden, indem eine Einschließung der Repräsentanten in das Konsortium von Regulatory Bodies ermöglicht wird (oder Einschluss in den entsprechenden Body etwa von sich bekämpfenden Marktteilnehmern; Vgl. Walravens und Ballon 2013). Der Regulatory Body wird – unabhängig von diesen Empfehlungen – in Abschn. 2.3 als Governance-Gremium bezeichnet.

2.2.2 Smart City-Fallstudien aus der EU

Im Detail wurden in der Studie von Manville et al. (2014) namentlich sechs Smart City Fallstudien betrachtet. Die Top Performer als Smart Cities lauten wie folgt: 1. Amsterdam, 2. Barcelona, 3. Kopenhagen, 4. Helsinki, 5. Manchester und 6. Wien.

Die sechs Städte werden in Tab. 2.2 kurz charakterisiert und es werden entsprechende Governance-Sachverhalte daraus aufgeführt.

Tab. 2.2 Charakterisierung von sechs Städten aus der EU bezüglich Smart City Governance und Open Government Data-Einsatz

Stadt	Open Government Data Portal URL	Seit	Governance-Modell (vgl. Casbarra et al. 2014, Smart city governance for sustainability; vgl. dazu auch die Webseiten der jeweiligen Smart-City-Initiativen mit Links im Text weiter unten.)
Amsterdam	http://data.amsterdam.nl/	2012[a]	Im 2009 ins Leben gerufenen Amsterdam Smart City[b]-Programm sind über 100 Partner aus Verwaltung, Industrie und Wissenschaft zusammengeschlossen. Darunter sind Großfirmen wie ABB, Accenture, Cisco, IBM, Microsoft, Philips und Siemens, wie auch Start-ups und Organisationen, die Neugründer unterstützen. Amsterdam ist zusammen mit anderen Städten und Privatunternehmen auch in der City Protocol Society involviert, welche nach einem Internet of Cities strebt.
Barcelona	http://www.bcn.cat/opendata/	2011[a]	Barcelona verfolgt seit 1990 eine Politik, welche sie zu einer der führenden Smart Cities weltweit gemacht hat. Diese basiert auf der Zusammenarbeit und kooperativer Governance zwischen Politik, Verwaltung, Bürgern und Privatunternehmen und hat bis heute viele Projekte realisiert, um IKT-basierte smarte Services anzubieten. Barcelona ist zudem mit anderen Städten und Privatunternehmen auch in der City Protocol Society involviert, welche nach einem Internet of Cities strebt. Auch unterhält die Region Katalonien ein lokales Chapter dieser Society.
Kopenhagen	http://data.kk.dk/	2013[d]	Ziel von Kopenhagen ist es, bis 2025 zur weltweit ersten CO_2-neutralen Stadt zu werden. Dazu arbeiten im Cleantech Cluster[e] Institutionen der öffentlichen Hand mit Akademie und Privatfirmen im Sinne einer „Co-Creation" zusammen.
Helsinki	http://www.hri.fi/	2011[f]	Federführend für die Smart City-Aktivitäten zeichnet das Forum Virium Helsinki.[g] Dies ist eine 2006 gegründete Organisation im Besitz der Stadt Helsinki. Diese realisiert in Zusammenarbeit mit Industriepartnern (u. a. IBM, Siemens, TeliaSonera) und öffentlichen Organisationen (u. a. Stadt Helsinki, VTT) verschiedene Initiativen in Themenbereichen wie Verkehr, standortbezogene Dienste, Gesundheit und Wohlfahrt, Lernen und Bildung, Medien sowie Innovationsgemeinschaften. Auch Interoperabilität zwischen Städten ist ein Thema, das zusammen mit Antwerpen und Kopenhagen angegangen wird.

(Fortsetzung)

Tab. 2.2 (Fortsetzung)

Stadt	Open Government Data Portal		Governance-Modell (vgl. Casbarra et al. 2014, Smart city governance for sustainability; vgl. dazu auch die Webseiten der jeweiligen Smart-City-Initiativen mit Links im Text weiter unten.)
	URL	Seit	
Manchester	http://www.datagm.org.uk/	2011[h]	Manchester verfolgt seit 2003 eine digitale Strategie, die 2015 im Manchester Smarter City Programme[i] aufging. Die digitale Gesellschaft und die dadurch resultierenden Veränderungen stehen dabei klar im Fokus. Dies führt zu Fragen wie: Wie leben wir? Wie arbeiten wir? Wie spielen wir? Wie lernen wir? Und wie bewegen wir uns? Explizit ist auch die Organisation der Stadt mit Bürgerbeteiligung und neuartigen Entscheidungsprozessen in einer offenen Stadt angesprochen. Projekte zu diesen Themen werden auch hier im kollaborativen Verbund zwischen Verwaltung, Akademie und Privatwirtschaft angegangen.
Wien	http://data.wien.gv.at/	2011[j]	Mit der Smart City Wien Initiative[k] verfolgt die Stadt Wien eine langfristige, bis 2050 dauernde Strategie mit klar messbaren Zielindikatoren. Die Koordination zwischen Verwaltung, Wissenschaft und Unternehmen sowie der Projekte wurde dabei der Smart City Wien Agentur[l] übertragen. Für die Weiterentwicklung der Initiative sind neben den Projekten insbesondere regelmäßig abgehaltene „Smart City Wien Foren" von Bedeutung, um alle maßgebenden Stakeholder zusammenzubringen.

[a] Quelle: http://dataportals.org/portal/amsterdam_open_data
[b] https://amsterdamsmartcity.com/
[c] Quelle: http://data.okfn.org/data/okfn/opendatasites
[d] Quelle: http://data.kk.dk/about
[e] http://cleancluster.dk/
[f] Quelle: http://dataportals.org/portal/helsinki_finland
[g] https://www.forumvirium.fi/en
[h] Quelle: http://data.okfn.org/data/okfn/opendatasites
[i] http://www.manchester.gov.uk/smartercity
[j] Quelle: Wayback Machine
[k] https://smartcity.wien.gv.at/
[l] http://www.tinavienna.at/de/smartcitywienagentur

2.2.3 Schlussfolgerungen zu den Fallstudien bezüglich Smart City Governance

Eine Kurzcharakterisierung dazu, wie die Governance in den sechs Städten tatsächlich aussieht, bleibt teilweise unklar. Ausgehend davon kann die Hypothese bestätigt werden, dass einerseits eher implizite als explizite Governance-Modelle auf Basis von PPP-Zusammenarbeiten gelebt werden und dass in diesem Themenbereich viel weitere Forschung nötig und erforderlich ist, um die Feinheiten und Detailmechanismen entsprechender impliziter oder expliziter Governance-Strukturen besser zu verstehen und gezielter und aktiver anzugehen. Es scheint auch Usus zu sein, dass neben der öffentlichen Verwaltung und Unternehmen auch die Akademie in den verschiedenen Initiativen eine zentrale Rolle spielt. Jedoch wäre es beispielsweise interessant zu wissen, wie das Zusammenspiel bei so großen Partnerzahlen im Aufbau und im Betrieb sowie in der Governance im Rahmen der vielfach erwähnten PPP's funktioniert.

Weitere Implikationen ausgehend von den untersuchten Fallstudien der EU-Studie lauten wie folgt: Trotz fehlender Literatur ist es nicht möglich, Governance und Nachhaltigkeit als zwei unterschiedliche Dinge zu bezeichnen (vgl. dazu und zum Folgenden). Vielmehr scheint es, dass die beiden Aspekte als untrennbar miteinander verbunden zu verstehen sind. Gemäß einer Fallstudie kann dazu das Folgende zur Wahl des Governance-Modells einer Smart City angeführt werden: Startpunkt des Smartifizierungs-Prozesses – Dies sind die fundamentalen Elemente, wie die Stadt strategische Partnerschaften auswählt und mit diesen umgeht. Die Partner müssen fähig sein, Städte im Smartifizierungs-Prozess zu unterstützen. Es können dafür zudem zwei Makro-Elemente unterschieden werden: Energie und Umwelt sowie Innovation und Technologie.

Konkret bedeutet dies, dass sich die Stadtverwaltungen von Amsterdam, Kopenhagen und Wien entschieden, Partner zu involvieren (öffentliche und private), um Initiativen und Projekte in den Bereichen Energieeffizienz, Luftverschmutzung und Abfall- sowie Wasser-Management zu realisieren. Die Städte Helsinki, Barcelona und Manchester entschieden sich, basierend auf den folgenden Gründen, für ein Governance-Modell: Innovation und Technologiefeld. Das Ziel der Initiativen war es, neue Services im Gesundheitswesen, Mobilität und Erziehung/Ausbildung zu schaffen.

Leider mangelt es in diesen Fallstudien an konzisen Präzisierungen eines Governance-Modells für Smart Cities, anhand derer Smart Cities für die Orientierung in Richtung einer Smart City Governance Mechanismen präsentiert erhalten oder Grundlagen für die Strukturierung ihrer Smart City Governance vorfinden. Aus diesem Grund haben sich die Verfasser entschieden, im folgenden Abschn. 2.3 auf ein Rahmenwerk zurückzugreifen, anhand dessen zusammengefasst und kommentiert dargestellt wird, wie Smart City Governance konkret erreicht werden kann.

2.3 Fallstudie eCH-0169 – Standard zur Geschäftsarchitektur und Governance eines föderierten Identity- und Access Managements

Die folgenden Ausführungen dienen der Konkretisierung eines Governance-Modells in Communities (später auch mit Domänen umschrieben). Dies erfolgt anhand eines Standards (vgl. dazu im Detail Walser und Hosang 2014) aus dem schweizerischen E-Government, der 2014 geschaffen wurde und als Teil einer ganzen Reihe von Standards zur Schaffung von SuisseTrustIAM – dies ist ein Konzept für ein föderiertes Identity und Access Management für die E-Society – zu verstehen ist. Die folgende Darstellung erfolgt erläuternd und – sofern möglich – mit Referenzen zum Thema Governance in Smart Cities.

2.3.1 Einleitung

Der Standard eCH-0169: SuisseTrustIAM-Geschäftsarchitektur des für die Entwicklung von E-Government-Standards zuständigen Vereins eCH in der Schweiz (www.ech.ch) beschreibt die Geschäftsarchitektur für SuisseTrustIAM (STIAM). Dies ist eine föderierte Identity- und Access-Management-Lösung basierend auf dem Hub-and-Spoke-Modell. Das Modell kann im weitesten Sinne in der E-Society zum Einsatz gelangen (vgl. Walser und Hosang 2014). Der Standard ist Teil eines Standardisierungs-Ökosystems für das föderierte IAM in der E-Society. eCH-0169 beschreibt aus Geschäftssicht, welche Stakeholder in welcher Form im STIAM-Kontext zusammenarbeiten, welche Rollen in welchen Prozessen mit welchen Aufgaben, Kompetenzen und Verantwortlichkeiten zum Einsatz gelangen und wie – die konzeptionell klar voneinander zu trennende – Governance und das Management einer föderativen STIAM-Domäne zu verstehen sind. Eine entsprechende Domäne kann auch als Community bezeichnet werden, wie sie z. B. in Smart Cities für das Gesundheitswesen und eHealth gebildet werden kann oder sich bildet (Affinity Domains entspricht einem Vertrauensraum; Vgl. dazu etwa IHE 2016). Die Governance und das Management der Domäne werden aus Sicht des Standards eCH-0169 als bewusst zu trennende Aufgaben verstanden, für die je separate Gremien zu schaffen sind. Das Governance-Gremium gibt Policies vor und überwacht deren Einhaltung. Das Management-Gremium setzt die Policies in und zwischen den Stakeholdern (organisatorisch und technisch) um und überwacht deren operative Umsetzung. Damit wird sichergestellt, dass sich die unter Umständen sehr vielen Stakeholder der Domäne bezüglich der Definition ihres Vertrauensraums koordinieren.

Ein föderiertes Identity- und Access Management stellt eine wesentliche mögliche Komponente für integriertes, durchgängiges und elektronisches E-Government, E-Health, E-Education und eine ebensolche E-Economy oder eben eine Smart City in einer E-Society dar. Deshalb wird die Fallstudie dieser Geschäfts- und Governance-Architektur hier auch im Detail erläutert, um zu zeigen, welche Strukturen der Governance in Smart Cities erforderlich sein können.

2.3.2 Einordnung des eCH-Standards 0169

Der eCH-Standard eCH-0169 gehört zu einer Standardfamilie oder einem entsprechenden Standard-Ökosystem. Diese Standardfamilie wurde von der Fachgruppe Identity- und Access Management IAM von eCH initiiert und erstellt (darin sind ebenfalls im PPP-Sinne Repräsentanten aus Wirtschaft, öffentlicher Verwaltung und der Akademie vertreten). Aus einer architektonischen Sicht können die verschiedenen Standards wie in der Abb. 2.5 dargestellt im Zusammenhang präsentiert

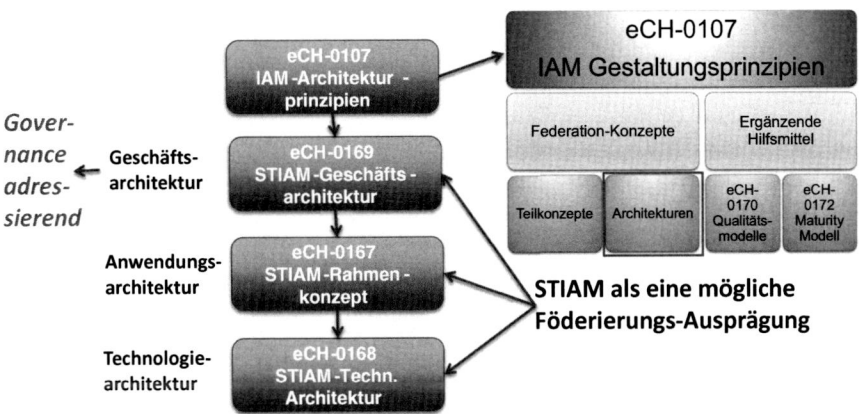

Abb. 2.5 Architektonische Einordnung der Geschäftsarchitektur- und Governance-Konzepts für das föderierte IAM in der Schweiz (vgl. dazu eCH-107, eCH-0169, eCH-0168, eCH-0167 sowie eCH-170 und eCH-0172 auf www.ech.ch)

werden. Auf die anderen Standards kann hier nicht vertiefter eingegangen werden. Sie sind jedoch über www.ech.ch öffentlich einsehbar.

2.3.3 Inhalte, Funktion und Prinzipien des föderierten IAM-Prozesses in eCH-0169

Im Weiteren wird mit Blick auf die Governance in Smart Cities vertiefter auf zentrale Inhalte des Standards eCH-0169 eingegangen. Dies umfasst etwa die Merkmale und Charakteristika entsprechender Communities und die Governance darin. Dadurch können Strukturen aufgezeigt werden, wie sie in Smart Cities eingesetzt werden könnten.

Die Vorteile des Hub-and-Spoke-Modells liegen darin, dass die Relying Party (E-Government-, E-Health-, E-Education-Serviceanbieter) die Identitäts- und Attributbestätigungen auslagert. Dadurch muss sie nicht mit diversen Attribute- und Authentifikations-Autoritäten jeweils separate Beziehungen und Schnittstellen pflegen (Ziel der Transaktionskostenreduktion). STIAM strebt als erwünschten Zielzustand an, dass alle Stakeholder nur noch je eine Schnittstelle zum STIAM-Broker haben.

Für STIAM sind die nachfolgenden Stakeholderbeziehungen charakterisierbar. Dies kann analog für diverse oder alle Services in Smart Cities gedacht werden, für welche z. B. eine Identifizierung und Authentisierung von Usern erforderlich ist:

- Das Subjekt will elektronisch auf Ressourcen von Relying Parties zugreifen.
- Die Ressource ist ein Service oder stellt Daten bereit, auf welche ein Subjekt zugreifen kann, wenn es sich authentisiert hat und es basierend auf den benötigen Attributen autorisiert wurde.

- Die Relying Party (RP) vertritt die Interessen der Ressource und stellt die Zugriffskontrolle sicher.
- Die Authentifikations-Autorität (AuthnA) bestätigt die behauptete E-Identity eines Subjekts.
- Die Attribut-Autorität (AA) liefert die erforderlichen Bestätigungsinformationen bezüglich der Attribute. Dies sind Eigenschaften des entsprechenden Subjekts, wodurch dieses auf die Ressource der Relying Party zugreifen kann.
- Der STIAM-Broker vermittelt zwischen Subjekt und Ressourcen, um der Relying Party unter Einhaltung der Domänenregeln im Vertrauensraum die notwendigen Bestätigungen für die Zugriffskontrolle zuzuführen.
- Das Governance-Gremium ist ein übergreifendes Gremium und führt, steuert, überwacht und evaluiert anhand von Policies die vertrauensvolle Vermittlung von Bestätigungen in einer Domäne. Das Governance-Gremium ist verantwortlich für die korrekte Umsetzung von Policies im Zusammenspiel der Stakeholder.
- Das Management-Gremium ist ein übergreifendes Gremium und sorgt für die Umsetzung der Governance-Vorgaben innerhalb der Domäne. Es wirkt koordinierend über die verschiedenen Stakeholder hinweg.

Ausgehend von der konzeptionellen Trennung in Governance und Management von Services, wie sie in COBIT, ITIL® und der ISO/IEC 38500 (unterdessen Teil von COBIT) präsentiert wird, erfolgt auch im eCH-Standard 0169 diese Trennung. Man kann sich beispielsweise am oben zitierten Beispiel des Gesundheitswesens einer großen Stadt sehr gut vorstellen, dass von all den oben erwähnten Stakeholdern eine sehr große Zahl vorhanden ist. Das Zusammenspiel wird nicht mehr vom Staat alleine bestimmt, sondern von der gesamten Community, die sich Policies oder Vorgaben geben muss, wie in der Community beispielsweise in unterschiedlichen Geschäftsvorfallarten bezüglich Sicherheit in Relation zur Identifizierung und Authentisierung umgegangen werden soll. Letztlich ist dies abhängig von der Dringlichkeit des Schutzes der Daten, die elektronisch gespeichert werden.

Das heißt, es müssen sich die verschiedenen und sehr zahlreichen Stakeholdervertreter durch Vertretungen in Gremien eine Struktur geben, um diese Fragen einvernehmlich zu klären und Vorgaben dazu zu erlassen und adäquat umzusetzen, genauso wie die Umsetzung dieser Governance in der Community an die Hand genommen werden muss (organisatorisch und technisch).

Die zentralen Prinzipien, welche für die Sicherstellung einer adäquaten Governance im Standard eCH-0169 entwickelt wurden, lauten wie folgt:

- Prinzip 1: Die STIAM-Leitung innerhalb einer Domäne ist aus Gründen der Gewaltenteilung in ein Governance- und ein Management-Gremium zu trennen.
- Prinzip 2: Die Bildung einer Domäne stellt die Voraussetzung für die Bildung von Meta-Domänen dar. Eine Meta-Domäne koordiniert eine oder mehrere Domänen. Die Metadomäne kann im vorliegenden Fall als die Smart City-Domäne verstanden werden, innerhalb derer unterschiedliche Domänen unterscheidbar sind.

- Prinzip 3: Die Bildung der Domäne und des damit verbundenen Vertrauensraums wird aus Governance-Sicht durch Gesetzgebung, Regelungen und Policies sowie vertragliche Regelungen auf unterschiedlichen Ebenen und in verschiedenen Richtungen unterstützt.
- Prinzip 4: Vertretungen in den Gremien können grundsätzlich von den Stakeholdern frei definiert werden.
- Prinzip 5: Die Interaktion zwischen Governance- und Management-Gremium sowie den Stakeholdern ist als bidirektional (Top-down sowie Bottom-up gerichtet) zu verstehen.
- Prinzip 6: Die Domäne einigt sich auf ein Governance-Rahmenwerk, das in der Domäne entsprechend durch- und umgesetzt wird.
- Prinzip 7: Die STIAM-Laufzeitprozesse bauen auf einem Servicemanagement-Framework auf.
- Prinzip 8: Das Management-Gremium setzt die vom Governance-Gremium definierten Maßnahmen zur Schaffung eines „Vertrauensraums" im Zusammenspiel der Stakeholder um.
- Prinzip 9: Die Domäne stellt zwischen unterschiedlichen Domänen und Föderierungskonzepten Interoperabilität sicher.

Die Prinzipien wurden im Standard soweit abstrahiert, dass sie generisch einsetzbar sind, aber auch, um eine Anwendbarkeit im Smart-City-Kontext im Speziellen zu präsentieren.

2.3.4 Gremien und Rollen im Standard eCH-0169

Im Weiteren werden die erwähnten Gremien für die Governance der Community und des Managements des IAM in der föderierten Umgebung der Community differenziert. Dabei handelt es sich wie erwähnt um ein Governance- und ein Management-Gremium. Die nachfolgende Abb. 2.6 veranschaulicht dies. Danach werden kurz die verschiedenen Rollen und Prinzipien oder Guidelines bezüglich der Prozesse präsentiert, die zum Einsatz kommen, um dieses Checks-and-Balances-System aus Governance und Management zu gewährleisten. Im Kern basiert das Checks-and-Balances-System auf der Gewaltenteilung im IT-Governance-Standard COBIT 5 und der ISO/IEC-Norm 38500, welche in COBIT integriert wurde.

Das Governance-Gremium hat die zentralen Aufgaben Führen, Evaluieren sowie Monitoren. Es führt und plant die Policies. Ebenfalls evaluiert es Proposals zur Führung und Ausführung des föderierten Identity- und Access Managements. Im Weiteren überwacht (Monitoring) es Performance und Conformance des Gesamtsystems und deren managementorientierte Durchführung. Im föderierten IAM steht das Management des föderierten Vertrauensraums (Affinity Domain im Gesundheitswesen) zwischen Subjekten, das heißt natürlichen Personen, Services, Organisationen und Maschinen an. Diese nutzen die Anwendungen und Services von Relying Parties (z. B. Leistungsanbieter im Bereich E-Government, E-Business oder E-Health). Über einen Broker, der idealtypisch von einem Serviceprovider

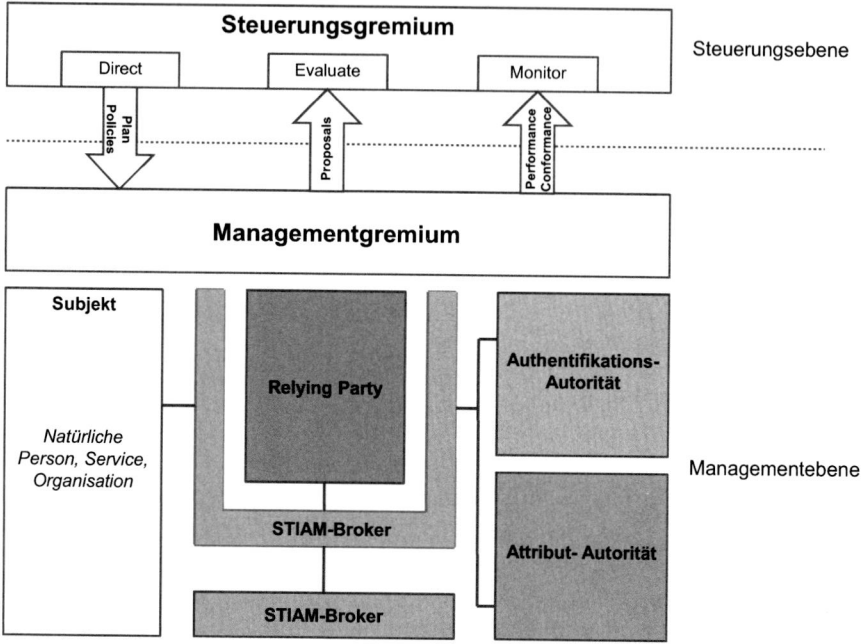

Abb. 2.6 Differenzierung der beiden Gremien, die sich gegenseitig bedingen (Walser und Hosang 2014)

betrieben wird, werden die Vermittler von Authentifikations- und Attributdaten an das System angebunden. Das Ziel ist, dass nicht jede Relying Party selbst diese Vermittlung an die Hand nehmen muss, sondern dass dies über einen Intermediär erfolgt (den STIAM-Broker), womit für die beteiligten Service-Nutzer und -Provider in den Bereichen E-Health, E-Education, E-Government und E-Business massive Reduktionen an Transaktionskosten erfolgen (können). Die Rollenausprägungen sehen in tabellarischer Form aus wie in Tab. 2.3 dargestellt.

Eine sehr kurze Beschreibung der Rollen erfolgt ebenfalls in tabellarischer Form in Tab. 2.4 (vgl. hierzu Walser und Hosang 2014).

Jeder Rolle sind entsprechend Aufgaben, Kompetenzen und Verantwortlichkeiten zugeordnet, die hier aus Platzgründen nicht weiter ausgeführt werden können. Sie können im Standard eCH-0169 selbst nachgelesen werden. Ebenfalls existiert ein Prozessmodell. Dieses charakterisiert Prozesse, wie sie ausgehend von den Aufgaben des Managementgremiums und des Governance-Gremiums strukturiert werden.

2.3.5 Übertragung der Governance-Organisation aus eCH-0169 auf den Smart-City-Kontext

Egal was für eine Art von Smart City das zu betrachtende Beispiel ist, auf europäischen und wohl auch mehrheitlich auf dem amerikanischen Kontinent scheint ein

Tab. 2.3 Rollenausprägungen zur Governance von föderierten IAM-Communities (Walser und Hosang 2014)

Rolle	Stakeholder				
	Governance-Gremium	Management-Gremium	Relying Party	STIAM-Broker	Authentication Authority
Vorsitzender des Governance-Gremiums (strategische Rolle)	X				
Mitglieder des Governance-Gremiums (strategische Rolle)	X				
Vorsitzender des Management-Gremiums (strategische Rolle)		X			
Mitglieder des Management-Gremiums (strategische Rolle)		X			
Delegierter der Organisation (strategische Rolle)			X	X	X
Organisationsverantwortlicher (taktische Rolle)			X	X	X
Organisations-System-Administrator (operative Rolle)			X		X
STIAM-System-Administrator (operative Rolle)				X	

entsprechendes Modell analog zur Governance- und Geschäftsarchitektur von STIAM zweckmäßig zu sein. Es scheint ebenfalls zweckmäßig, analoge Prinzipien anzuwenden, wie sie oben geschildert werden und Regularien über Aufgaben, Kompetenzen und Verantwortungen oder analog zu RACI-Chart-Darstellungen zu Responsibilities, Accountabilities, Informations- und Konsultationspflichten zu konkretisieren und dann in Policies – sei es für Public Private Partnerships oder andere Governance-Organisationen – festzulegen.

Tatsache ist, dass die Governance von und in Smart Cities sicherlich nicht nur eine Aufgabe der öffentlichen Verwaltung ist, sondern Unternehmen, weitere Partizipierende sowie Bürgerinnen und Bürger miteinzubeziehen und entsprechend Strukturen zu generieren sind, dass dies zum Wohle aller möglich wird.

Zudem können durch die Stakeholder je unterschiedliche Mitglieder in das Governance Gremium und das Managementgremium entsandt oder delegiert werden. Weiter müssen Entscheidungsfindungsmechanismen zwischen den Beteiligten und Umsetzungs- oder auch Finanzierungsmechanismen gefunden werden sowie allenfalls gemeinsame Ressourcensteuerungsmechanismen entwickelt und installiert werden.

Denkbar ist auch, dass die Prinzipien, die ausgehend von eCH-0169 dargestellt wurden, eins-zu-eins in die Governance von Communities in Smart Cities

Tab. 2.4 Rollen im STIAM-Governance-Modell (Walser und Hosang 2014)

Rollenbezeichnung	Kurzbeschreibung der Rolle
Vorsitzender Governance-Gremium	Der Vorsitzende des Governance-Gremiums wird vom Governance-Gremium gewählt und ist für dessen Führung zuständig.
Mitglied des Governance-Gremiums	Die Mitglieder des Governance-Gremiums vertreten die entsprechenden Stakeholder im Governance-Gremium.
Vorsitzender Management-Gremium	Der Vorsitzende des Management-Gremiums trägt die Verantwortung für die Entscheidungen des Management-Gremiums.
Mitglied Management-Gremium	Die Mitglieder des Management-Gremiums vertreten die entsprechenden Stakeholder im Management-Gremium.
Delegierter der Organisation	Der Delegierte der Organisation ist ein Vertreter der Geschäftsleitung und kann ins Governance-Gremium delegiert werden.
Organisationsverantwortlicher	Der Organisationverantwortliche kann ins Management-Gremium delegiert werden.
Organisations-System-Administrator	Der OrgSysAdmin ist verantwortlich für die Systemadministration der Fachanwendungen (Ressourcen; z.B. Informationssysteme), auf die Subjekte zugreifen.
SuisseTrustIAM-System-Administrator	Der STIAM-SysAdmin ist verantwortlich für die Systemadministration des STIAM-Brokers.

übernommen werden. Letztlich kann das ganze Framework aus eCH-0169 auf Smart Cities übertragen und entsprechend weiter entwickelt werden, auch weil die Föderierung des Identity und Access Managements in Smart Cities notwendigerweise geregelt werden muss.

2.4 Zusammenfassung und Ausblick

Literatur über Smart-City-Governance ist rar. Das Forschungsthema Smart City Governance ist noch wenig bearbeitet. Es ist ein weitergehendes Gebiet, in dem Forschung sich lohnt und Empfehlungen ableitbar sind, die einen Nutzen stiften in den sich zunehmend smarter gebenden Städten in Europa und in Übersee. Governance in Communities ist zu verstehen als ein Führungsproblem mit vielfältigen Beteiligten oder Stakeholdern, was eine große Herausforderung darstellt, die heute eher implizit als explizit gelebt und gestaltet wird. Konkret ergibt sich Smart City Governance aus heutiger Sicht de facto emergent und wird ausgehend vom PPP-Gedanken situativ erledigt. Das heißt konkret, dass große Potenziale durch die Forschung der Smart-City-Governance gegeben scheinen, weil dadurch die Smart City Governance bewusster gestaltet und expliziter gemacht wird und damit in mutmaßlicher Weise expliziter zu einem Public Value in der öffentlichen Verwaltung führt. In verschiedenen Fallstudien wurden Hinweise auf PPP's gefunden, welche zum Einsatz gelangen, aber innerhalb der PPP's liegt selten bis nie eine Konzeption von Governance in Smart Cities vor – ausgehend von den Resultaten des Desk Researchs. Damit stellt das Governance-Modell von SuisseTrustIAM (eCH-0169 oder Walser und Hosang 2014) eine ernst zu nehmende erste Grundlage dar für die Weiterentwicklung eines Governance-Modells für Smart Cities. Weiter kombiniert werden könnte dieses Modell mit dem eingangs zitierten IEC-Governance-Modell.[9] Da Smart Cities ja generell IT-unterstützt funktionieren, scheint der Einsatz von ITIL® und COBIT in einem Stakeholder-Modell sinnvoll zu sein. Zudem sind diese Modelle problemlos auch erweiterbar für weitere Services der Smart City, die ähnlichen Charakter haben wie etwa IT-Services, so etwa alle unterstützenden Services z. B. zur Pflege und zum Unterhalt von Infrastrukturen.

Der STIAM-Geschäftsarchitekturstandard eCH-0169 stellt eine erste mögliche Grundlage für eine Community- und Governance-Struktur aus Sicht des föderierten IAM in Smart Cities bereit. Dieser basiert letztlich auf dem Prinzip der Trennung von Governance und Management von Smart Cities. Im Standard wird eher implizit auch auf das Prinzip des PPP-Gedankens gesetzt. Mittels der PPP kann die Governance über alle Stakeholder und städtischen (föderalen) Ebenen und semi-sowie ganz privatwirtschaftlichen Teilnehmer realisiert werden. Dies mündet in den Vorschlag, in Smart Cities je ein strategisches oder Governance- und ein operatives oder Management-Gremium mit unterschiedlichen Rollenbestückungen seitens der verschiedenen Stakeholder zu favorisieren und eine Harmonisierung der Bestrebungen auf ein gemeinsames Ziel hin zu entwickeln. Insofern ist dazu zu raten, die Communities unter anderem auch auf den vier Building Blocks Strategie, Architektur, Governance und Servicemanagement über die drei Stufen Geschäfts-, E-Government- oder IT-Services zu gestalten. Im Weiteren stellt der eCH-Standard 0169 ferner Prinzipien und Gestaltungsmerkmale sowie Prozesse dar, welche im Smart City-Kontext mehr oder weniger einfach übernommen und weiterentwickelt werden können.

Literatur

Batty M, Axhausen KW, Giannotti F, Pozdnoukhov A, Bazzani A, Wachowicz M, Ouzounis G, Portugali Y (2012) Smart cities of the future. Eur Phys J 214:481–518

Bifulco CC, Amitrano CC, Alfano AF (2014) Smart city governance for sustainability. Hassacc 17–22. http://hassacc.com/archive/?vid=1&aid=2&kid=150201-7. Zugegriffen am 28.06.2016

BSI PAS 181:2014 (2014) Smart city framework – guide to establishing strategies for smart cities and communities. http://shop.bsigroup.com/en/ProductDetail/?pid=000000000030277667. Zugegriffen am 28.06.2016

Cannon D (2011) Service strategy – ITIL, 2011. Aufl. The Stationary Office, Norwich

Caragliu A, Del Bo C, Nijkamp P (2009) Smart cities in Europe. In: 3rd Central European conference in regional science – CERS 2009, Košice, 7–9 Oct, S 45–59

Casbarra C, Amitrano CC, Alfano A, Bifulco F (2014) Smart city governance for sustainability. In: Human and social sciences at the common conference, 17–21 Nov 2014. EDIS-Publishing Institution of the University of Zilina, Slovakia

Castelnovo W, Misuraca G, Savoldelli A (2015) Smart cities governance: the need for a holistic approach to assess urban participatory governance, forthcoming. Soc Sci Comput Rev, December 2016, 34(6) 724–739 (Published online before print: Nov. 26, 2015) doi: 10.1177/0894439315611103)

---

[9] Vgl. dazu auch die Abb. 2.1 sowie die Tab. 2.1.

Cellary W, Strykowski S (2009) E-government based on cloud computing and service-oriented architecture. In: Proceedings der ICEGOV2009 – Proceedings of the 3rd international conference on theory and practice of electronic governance, Bogota, 10–13 Nov 2009, S 5–10

Chourabi H, Nam T, Walker S, Gil-Garcia JR, Mellouli S, Nahon K, Pardo T, Scholl JR (2012) Understanding smart cities: an integrative framework. In: Proceedings of the 45th Hawaii international conference on system sciences, Maui, 4–7 Jan, S 2289–2297

IHE (2016) Cross-enterprise document sharing. Auf: http://wiki.ihe.net/index.php/Cross-Enterprise_Document_Sharing. Zugegriffen am 23.06.2016

Lijphart A (1999) Patterns of democracy. Yale University Press, Yale

Lombardi P, Giordano S, Farouh H, Wael Y (2011a) An analytic network model for Smart cities. In: Proceedings of the 11th international symposium on the analytic hierarchy process, Sorrento, 15–18 June

Lombardi P, Giordano S, Caragliu A, Del Bo C, Deakin M, Nijkamp P, Kourtit K (2011b) An advanced triple-helix network model for smart cities performance, Research memorandum 2011-45. University of Amsterdam. Green and Ecological Technologies for Urban Planing: Creating Smart Cities. IGI Global (2012): S. 9–73. Hershey, Pennsylvania, USA

Manville C, Cochrane G, Cave J, Milliard J, Pederson JK, Thaarup R, Liebe A, Massink R, Kotterink B (2014) Mapping smart cities in the EU. http://www.europarl.europa.eu/RegData/etudes/etudes/join/2014/507480/IPOL-ITRE_ET(2014)507480_EN.pdf. Zugegriffen am 23.06.2016

Nam T, Pardo TA (2011a) Smart city as urban innovation: focusing on management, policy, and context. In: Proceedings of the 5th international conference on theory and practice of electronic governance – ICEGOV2011, Tallinn, 26–28 Sept, S 185–194

Nam T, Pardo TA (2011b) Conceptualizing smart city with dimensions of technology, people, and institutions. In: The proceedings of the 12th annual international conference on digital government research, College Park, 12–15 June, S 282–291

Neuroni A et al (2016) Exploring the notion of a national data infrastructure and the governance issues surrounding it. In: Joint proceedings of ongoing research of IFIP EGOV and ePart 2016 (i. E). In Scholl, Hj. et al. (Hrsg) Electronic Government and Electronic Participation. IOS Press, Amsterdam, S 191–199

Richner P (2016) Alles wird „smarter". http://www.smartcity-schweiz.ch/de/smart-city/. Zugegriffen am 23.06.2016

Schleicher JM, Vögler M, Inzinger C, Dustdar S (2015) Towards the internet of cities: a research roadmap for next-generation smart cities. In: Understanding the city with urban informatics workshop in conjunction with CIKM 2015. ACM, New York, NY, USA. S 3–6. doi:10.1145/2811271.2811274

Scholl HJ, Scholl MC (2014) Smart governance: a roadmap for research and practice. In: iConference 2014, Illinois: iSchools, S 163–176

Tripathi A, Parihar B (2011) E-governance challenges and cloud benefits. In: Proceedings der IEEE international conference on computer science and automation engineering (CSAE), 2011. IEEE: Piscata way, New Jersey, USA, S 351–354

Walravens N, Ballon P (2013) Platform business models for smart cities: from control and value to governance and public value. Commun Mag, IEEE 51(6):72–79. doi:10.1109/MCOM.2013.6525598 Aufruf per 23.06.2016

Walser K, Hosang R (2014) eCH-0169: SuisseTrustIAM-Geschäftsarchitektur. eCH, Zürich. http://www.ech.ch/vechweb/page?p=dossier&documentNumber=eCH-0169&documentVersion=1.0. Zugegriffen am 23.06.2016; erstellt per 04.09.2014

Yanrong K, Lei Z, Cai C, Xuming G, Hao L, Ying C, Whyte J, Hart T (2014) Comparative study of smart cities in Europe and China. http://euchina-ict.eu/wp-content/uploads/2015/01/Smart_City_report-Final-Draft-March-2014.pdf. Zugegriffen am 23.06.2016

Open Smart City: *Good Governance* für smarte Städte

3

Astrid Habenstein, Sara D'Onofrio, Edy Portmann,
Matthias Stürmer und Thomas Myrach

Zusammenfassung

Am Institut für Wirtschaftsinformatik der Universität Bern (IWI) wird zurzeit das Konzept *Open Smart City* entwickelt. Es steht für Tools, Projekte, Initiativen und Strategien, die dem erhöhten Informations- und Kommunikationsbedarf der Smart City im Bereich städtischer *Governance* Rechnung tragen, indem sie systematisch Gesichtspunkte aus dem Bereich *Open Governance* und *Open Government Data* integrieren. Insbesondere geht es um die Entwicklung geeigneter Mechanismen der Kommunikation und Interaktion zwischen der Stadt beziehungsweise stadtnahen Institutionen und den Stakeholdern. Es werden exemplarisch bestehende Projekte geschildert, darunter auch *Code for Bern*, eine Initiative des Instituts für Wirtschaftsinformatik an der Universität Bern, die im Zuge der Entwicklungsarbeit von *Open Smart City* entstanden ist.

Schlüsselwörter

Cognitive Computing • Good Governance • Open • Open Governance • Open Smart City • Question-Answer System • Smart City • Smart Governance • Urban Governance

Vollständig neuer Original-Beitrag

A. Habenstein (✉) • S. D'Onofrio • E. Portmann • M. Stürmer • T. Myrach
Universität Bern, Bern, Schweiz
E-Mail: astrid.habenstein@iwi.unibe.ch; sara.donofrio@iwi.unibe.ch; edy.portmann@iwi.unibe.ch; matthias.stuermer@iwi.unibe.ch; thomas.myrach@iwi.unibe.ch

© Springer Fachmedien Wiesbaden GmbH 2016
A. Meier, E. Portmann (Hrsg.), *Smart City*, Edition HMD,
DOI 10.1007/978-3-658-15617-6_3

47

3.1   Einleitung

Smart City bezeichnet die Nutzung von Informations- und Kommunikations-technologien in Städten und Agglomerationen, um den sozialen und ökologischen Lebensraum nachhaltig zu entwickeln. Zu den Eigenschaften, die aus Städten *Smart Cities* machen, gehört zum einen die effiziente Sammlung und Auswertung stadtbezo-gener Daten sowie die Koordination ihrer Nutzung mittels internet- und webbasierter Services. Als Knotenpunkten der modernen Dienstleistungs- und Wissensgesellschaft ist zum anderen die große Wissensorientierung und -kompetenz weiter Teile der Bevölkerung, die sich relativ frei im Internet-/Webumfeld zu bewegen vermögen und Zugang zu sowie Interesse an Wissen/Bildung haben, kennzeichnend für smarte Städte (Portmann und Finger 2015). Kurz: Im Mittelpunkt steht der Zugang zu, der Umgang mit und die Verarbeitung von Informationen beziehungsweise Wissens-beständen mit dem Ziel, das Leben in einer Stadt „besser" zu machen. Das gilt für die dort lebenden Menschen, aber auch für Unternehmen sowie für diverse andere Organisationen und Institutionen – sowohl im Sinne der Schaffung eines Umfelds, das die Interessen der verschiedenen Stakeholder berücksichtigt, als auch in dem Sinne, dass diese selbst zum Wohl der *Smart City* beitragen können (und wollen).

Hierbei stellen sich viele, zum Teil auch grundsätzliche Fragen: Wie beziehungs-weise mit welchen Mitteln sollen Daten gesammelt, analysiert, zu Informationen aufbereitet und als Wissensbestände verfügbar gemacht werden? Wer muss, soll oder darf dies tun? Sollen der Zugang, die Nutzung und die Weiterverarbeitung bestimmter Daten reglementiert werden? In welche Maßnahmen werden die Erkenntnisse überführt, die aus Daten zu spezifischen Themen oder Problemen gewonnen werden? Und wer entscheidet darüber? Das führt in das sehr weite Feld des Verhältnisses von Staat/politischer Führung/städtischer Verwaltung auf der einen und der sogenannten „Zivilgesellschaft" auf der anderen Seite. Diese Fragen bewegen immer mehr Bürger, die sich Beteiligung an den sie betreffenden Entscheidungen und Transparenz in Politik und Verwaltung wünschen (Chun et al. 2010). Diese fraglos sehr berechtigten Ansprüche werden in den einschlägigen sozial- und politikwissenschaftlichen Disziplinen seit einiger Zeit verstärkt unter dem Begriff *Good Governance* diskutiert, der darüber hinausgehend auch Gegen-stand gesellschaftlicher und politischer Diskurse ist (siehe Abschn. 3.2.2) (Glasber-gen et al. 2007). In anderen Kontexten fällt mit Blick auf ähnliche Problemstellungen rund um das Thema Informationen immer wieder das Schlagwort *Open*. Gemeint ist damit der möglichst freie Zugang zu Informationen, Wissensbeständen, Prozessen und Strukturen sowie deren Verwendung, ermöglicht durch den zielgerichteten Einsatz von Informations- und Kommunikationstechnologien – die ihrerseits eben-falls nach Möglichkeit frei zugänglich sein sollen (Molloy 2011). Vor diesem Hintergrund liegt der Gedanke nahe, *Smart City* mit Blick auf *Good Governance* gezielt und systematisch um den Gesichtspunkt *open* zu erweitern, also Konzepte für eine *Open Smart City* zu entwickeln. Die Frage, was darunter verstanden werden könnte und wo mittel- und langfristig Potenziale, aber vielleicht auch Grenzen die-ser Verknüpfung liegen, ist Gegenstand der hier vorgestellten Überlegungen.

In einem ersten Schritt (Abschn. 3.2) gilt es zu erarbeiten, was unter *Open Smart City* als (erst zu entwickelndes und zu konkretisierendes) Instrument von *Good Governance* im Lebensraum Stadt verstanden werden kann. In diesem theoretisch angelegten Teil soll ein Grundkonzept hergeleitet werden, das sich speist aus den Wurzel *open*, *Smart City* und *Good Governance*. *Open Smart City* wird hierbei als ein Ansatzpunkt für Projekte begriffen, die sich gute städtische *Governance* zum Ziel setzen und sich hierbei der Potenziale von *Smart City* unter dem Gesichtspunkt *open* bedienen wollen. In diesem Sinne werden sodann (Abschn. 3.3) exemplarisch Ideen und bestehende Projekte geschildert, die Aspekte beziehungsweise Instrumente städtischer *Governance* in einer Weise aufgreifen beziehungsweise gestalten, die zwar (noch) nicht so deklariert werden, inhaltlich und methodisch aber gut zu dem hier vorgeschlagenen Konzept *Open Smart City* passen. Auf diese Weise soll ein konkreter Eindruck vermittelt werden, was zentral und charakteristisch für *Open Smart City* sein könnte. Abschließend (Abschn. 3.4) gilt es, erste Empfehlungen zu skizzieren, was bei der konkreten Entwicklung von *Open Smart City*-Projekten und -Initiativen beziehungsweise breit angelegten *Open Smart City*-Strategien berücksichtigt werden sollte. Als Anknüpfungspunkte, um sowohl Probleme als auch Lösungsansätze zu antizipieren, dienen hierbei erstens die Erfahrungen, die in Projekten gemacht wurden, wie sie in Abschn. 3.3 geschildert werden. Zweitens kann auf konzeptionelle und praktische Erkenntnisse im Zuge von *Open-*, *Smart City-* und *Good Governance*-Ansätzen zurückgegriffen werden, sofern sie aus strukturellen Gründen auch für die „Schnittmenge" *Open Smart City* relevant erscheinen. Am Ende steht ein kurzes Fazit (Abschn. 3.5).[1]

3.2 *Open Smart City* als Konzept

Der folgende Abschnitt dient dazu, den Begriff *Open Smart City* herzuleiten, der als Instrument von *Good Governance* im Lebensraum Stadt konzeptualisiert werden soll. Zu diesem Zweck wird zunächst dargelegt, dass Städte im Zeitalter der Globalisierung auch als Zentren politischer *Governance* zunehmend an Bedeutung gewinnen (Abschn. 3.2.1). Ausgehend von Überlegungen zu *(Good) Governance* (Abschn. 3.2.2) sowie zu *Open Governance* und *Open Government Data* (Abschn. 3.2.3) wird sodann *Open Smart City* als Konzept entwickelt, das sich gute städtische *Governance* zum Ziel setzt und sich hierbei der Potenziale von *Smart City* unter dem Gesichtspunkt *open* bedienen will (Abschn. 3.2.4).

3.2.1 Die Stadt und die Globalisierung

Immer mehr Menschen leben in immer mehr Städten: Mit der Industrialisierung setzte im 18. Jahrhundert ein Prozess der Urbanisierung ein, der seit Ende des 20.

---

[1] Aus Gründen der Lesefreundlichkeit werden im Folgenden die Substantive jeweils nur im Maskulinum angegeben.

Jahrhunderts durch die Globalisierung und das weltweite Bevölkerungswachstum eine immense Beschleunigung erfuhr, die bis heute anhält (Davis und Keating 2015). Während noch 1950 weniger als 30 % der Weltbevölkerung von etwa 3 Milliarden Menschen in Städten lebten, so waren es 2014 54 % der nunmehr annähernd 7 Milliarden Menschen; und die jüngsten Schätzungen der UN gehen davon aus, das im Jahr 2050 66 % der – bis dahin auf schätzungsweise 8.5 Milliarden Menschen angewachsenen – Weltbevölkerung in Städten und Agglomerationen leben werden. Die regionalen Unterschiede (etwa zwischen Nord-/Lateinamerika und Westeuropa einerseits sowie Asien und Afrika andererseits) sind hierbei zwar groß. Doch der generelle Trend ist überall greifbar, nicht zuletzt auch in der ebenfalls steigenden Zahl der Städte, ihrer zunehmenden Ausdehnung und fortschreitenden Verdichtung (United Nations 2014, 2015).

Politik, Verwaltung und gesellschaftliche Akteure in den Städten sehen sich hierbei mit einer oft viel zu rasch voranschreitenden Entwicklung konfrontiert, die sie vor große Probleme stellt. Diese mögen zwar von Stadt zu Stadt unterschiedlich gravierend sein und sehr verschieden aussehen, doch im Prinzip gilt dies für die vergleichsweise kleinen Städte Westeuropas, die mehrheitlich Gegenstand des vorliegenden Herausgeberwerkes sind, ebenso wie für die ungleich größeren Städte Nord- und Lateinamerikas oder für *Megacities* wie Tokyo, Rio de Janeiro, Peking und Mumbai. Auch sind Städte zunehmend Teil eines gegenwärtig weltweit feststellbaren Prozesses, in dem sich die Macht und Autorität staatlicher und politischer Akteure zunehmend von der Ebene der Nationalstaaten verlagert: einerseits hin zu transnationalen politischen Institutionen und Märkten (wie z. B. die EU oder TTIP), andererseits hin zu lokalen und regionalen Einheiten (Levi-Faur 2012). Die politische Führung und Verwaltung von Städten sehen sich immer mehr gezwungen, sich mit den politischen, sozialen und ökonomischen Folgen der Globalisierung auseinandersetzen, und werden – über ihre regionale Bedeutung hinausgehend – quasi zu deren Ansprechpartnern. Überdies ist darauf hinzuweisen, dass Städte stets viel mehr waren (und sind!) als lediglich Punkte auf der Landkarte, die für geografisch fassbare Orte stehen, an denen viele Menschen miteinander leben. Dies gilt umso mehr unter den Vorzeichen der Globalisierung: Städte werden immer mehr zu den maßgeblichen Zentren der Weltwirtschaft und Wissensgesellschaft sowie der kulturellen, politischen und sozialen Innovation.

Vor diesem Hintergrund hat Benjamin Barber in seiner jüngsten Monografie die Vision einer Welt „*ruled by mayors*" skizziert (Barber 2013). Der bekannte US-amerikanische Politikwissenschaftler geht nicht nur davon aus, dass mittelfristig Städte und deren Führung diejenigen sein werden, die an vorderster Front den Kampf mit dem Klimawandel und seinen Folgen, der Umweltverschmutzung, der Armut, dem internationalen Terrorismus oder auch dem Handel mit Menschen, Waffen und Drogen austragen werden; Barber postuliert auch, dass Städte als soziopolitische Einheiten auch am besten – oder zumindest besser als die schwerfälligen Nationalstaaten – dazu geeignet sein werden, diesen drängenden Problemen erfolgreich entgegenzutreten. Man mag Barbers Optimismus teilen, von seinen Lösungsvorschlägen wie dem *Global Parliament of Mayors* (das im September

2016 in Den Haag tatsächlich gegründet wurde)[2] überzeugt sein und mit ihm das Ende der Nationalstaaten ausrufen oder auch nicht – seine Überzeugungen fußen auf der Beobachtung zweier Eigenschaften, die in der Tat charakteristisch für die Stadt des 21. Jahrhunderts sind beziehungsweise sein werden. Zum einen werden für den direkten Kontakt zwischen den Bürgern und der Politik, den politischen Institutionen und dem politischen Alltagsgeschäft Städte als Kristallisationspunkt und Bezugsrahmen des Verlangens nach Transparenz, Partizipation und einem guten Leben sowie des Bedarfs an zivilgesellschaftlichem Engagement immer wichtiger: Hier können diese Bedürfnisse besonders konzentriert und vernehmlich ausgedrückt und auch nur in Grenzen überhört oder ignoriert werden (vgl. *Smart Participation* (Terán 2014)). Zum anderen sind Städte, Kommunen und Agglomerationen Orte, an denen sehr pragmatische Lösungen für sehr konkrete Probleme gefunden werden müssen, die in nationalen Parlamenten und internationalen politischen Institutionen auf einer abstrakteren Ebene erörtert werden. Daher benötigen Städte Mechanismen, Institutionen und Strategien, die dabei helfen, solche Lösungen bei Bedarf effizient und zeitnah zu entwickeln. Beide Aspekte verweisen auf die zentrale Rolle städtischer *Governance* für die Lebenswelt(en) der Menschen unter den Vorzeichen der Globalisierung.

3.2.2   Governance – Good Governance

Governance ist ein Begriff, der von vielen Seiten – Politik, Medien und Wirtschaft genauso wie Wissenschaft und Forschung – in sehr unterschiedlichen Zusammenhängen und dementsprechend heterogen in Anspruch genommen wird. Vor diesem Hintergrund wurde und wird der Begriff als unscharf, schwammig oder sogar belanglos kritisiert. Dennoch steht er insbesondere in den Politik- und Sozialwissenschaften mittlerweile für theoretische Ansätze, die – differenziert angewendet – zentral und gewinnbringend sind für die Untersuchung und Beschreibung des Zusammenspiels zwischen staatlicher Administration und politischer Führung einerseits und der sogenannten „Zivilgesellschaft" andererseits, aus dem die Normen und Mechanismen, Prozesse der Entscheidungsfindung und -durchsetzung hervorgehen, die das Zusammenleben in einer Gemeinschaft gestalten, ordnen, regeln und steuern (Benz 2004; Levi-Faur 2012; Peters 2012; Zumbansen 2012).

In der Forschung zielen *Governance*-Konzepte darauf, hinter die Bühne der konstitutionellen und formellen Aspekte von *Polity, Politics* und *Policy* zu schauen (siehe Abb. 3.1). Zentral sind zwei Blickwinkel: Zum einen die Perspektive der formellen wie auch informellen Strukturen und Mechanismen, zum anderen die Perspektive der Akteure und Aushandlungsprozesse.

„Der Staat", „die Politik" oder „die administrativen Institutionen" werden hierbei zwar meist weiterhin als wichtige, jedoch nicht mehr als die einzigen relevante Akteure begriffen: Andere, private und nicht-staatliche Interessengruppen,

---

[2] http://www.globalparliamentofmayors.org.

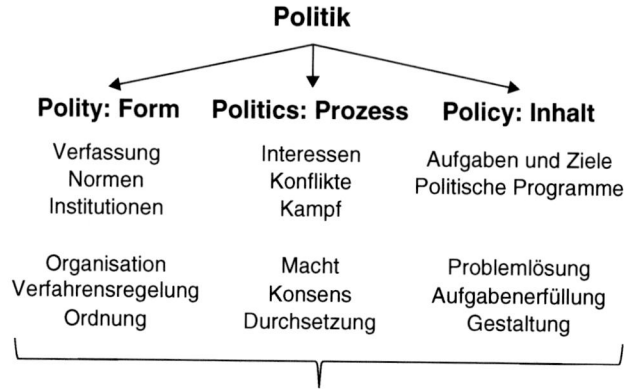

Abb. 3.1 Dimensionen des Politischen

Institutionen oder Einzelpersonen können ebenso wichtig sein, und dies nicht zwangsläufig in totaler Opposition zum Staat oder zum Nachteil des Gemeinwesens. Nicht-
staatliche, zivilgesellschaftliche Akteure können vielmehr eine wichtige Ressource
darstellen, indem sie quasi als *„auxiliary forces within civil society"* (Offe 2009,
S. 555) Aufgaben und Funktionen übernehmen, welche die Kapazitäten des Staates
übersteigen. Gemeinsam ist allen Ansätzen, dass *Governance* als soziale Praxis
begriffen wird, an der viele Akteure beteiligt sind und die von vielen Faktoren beeinflusst wird: Aufgrund ihres Facettenreichtums stellt *Governance* stets ein hybrides
Gebilde dar, dessen Komplexität vom Grad der Differenziertheit einer Gemeinschaft
abhängt. Weiß man, welche Faktoren hierbei wie zusammenspielen, so weiß man sehr
viel darüber, wie eine Gemeinschaft/soziale Gruppe/Gesellschaft funktioniert.

In der Forschungspraxis geht es folglich zunächst einmal darum, diese Gemen-
gelage im konkreten Fall zu verstehen und zu beschreiben sowie die Funktionalität
des Systems zu beurteilen. Eine moralisch-ethische Bewertung stellt dies noch nicht
dar, obschon diese durchaus folgen kann, wenn der Gesichtspunkt der Funktionalität
mit der Frage nach Kosten-Nutzen-Relationen, Verhältnismäßigkeit, Opportunität
und Legitimität verknüpft wird. Hingegen fokussiert der Begriff *Good Governance*
(bzw. *Bad Governance*) ausdrücklich darauf, wie *Governance* sein soll (bzw. nicht
sein soll), ist also appellativ und vertritt einen dezidiert normativen Anspruch.
Ursprünglich wurde er Ende der 1980er-Jahre bei der Weltbank formuliert und fand
von dort ausgehend Eingang in das Vokabular und die Planungsszenarien wichtiger
internationaler Organisationen der Entwicklungszusammenarbeit (namentlich dem

UNDP und der OECD) sowie der Entwicklungshilfeministerien der Industrienationen: Mangelnde Erfolge in der Entwicklungshilfepolitik wurden wesentlich auf die Abwesenheit funktionsfähiger staatlicher und sozialer Institutionen, Prinzipien und Strukturen in den „zu entwickelnden" Ländern (und sehr viel weniger auf Fehler der internationalen Gemeinschaft, die durchaus ihren Teil zur Problematik beigetragen hatte) zurückgeführt. Folglich sollte ein Referenzsystem erarbeitet werden, auf dessen Grundlage die Qualität politischer Führung und Steuerung bewertet werden könnte, um so zu messbaren Kriterien zu gelangen, die in Handlungsvorgaben im Rahmen der Entwicklungshilfe umgemünzt werden konnten (Dolzer 2004).

Mittlerweile werden Begriff und Kriterien der *Good Governance* auch in vielen anderen gesellschaftlichen, politischen oder auch unternehmerischen Kontexten rezipiert und diskutiert, um einen wünschenswerten Zustand des Gestaltens, Ordnens und der Regulierung in einer Gemeinschaft zu beschreiben. Eine einheitliche Definition existiert hierbei bis heute nicht, in der Regel werden jedoch mit Blick auf soziopolitische Einheiten folgende Merkmale mit *Good Governance* verbunden: Partizipation der Bürger an Entscheidungsfindungsprozessen für die Belange des Gemeinwesens; Rechtsstaatlichkeit und Transparenz; Responsivität, verstanden als die Fähigkeit eines politischen Systems, mit den Bürgern in Wechselbeziehung zu treten und auf formulierte Probleme angemessen zu reagieren; Konsensorientierung; Fairness und Inklusion; Effizienz und *Accountability*, was sich auf die Existenz von Mechanismen der Zurechenbarkeit und die Bereitschaft zur Übernahme von Verantwortung bezieht. Mehr oder weniger explizit wird damit ferner die (Ideal-) Vorstellung verbunden, dass *Good Governance* auf demokratischen und marktwirtschaftlichen Strukturen beruht, was wiederum zu wirtschaftlicher Prosperität und sozialem Frieden führen soll (Rothstein 2012).

Eine wichtige Rolle wird hierbei der ICT zugewiesen, die zur Erhöhung von Transparenz, zur Stärkung der politischen Partizipationsrechte der Bürger sowie zum Abbau des allseits attestierten Demokratiedefizits beitragen soll (Bertot et al. 2010; Chadwick 2003; Fisher 2012; Meier 2009). Aufgrund der neuen digitalen Partizipationsmöglichkeiten ergeben sich gemäß Ladner und Meier (2014) zwei sich ergänzende Optionen: *MyPolitics* (geht von den persönlichen, individuellen Partizipationsrechten aus) und *OurPolitics* (geht von kollektiven und deliberativen Teilnahmemöglichkeiten aus). Diese zwei Optionen der digitalen Partizipation, unterstützt mit den heutigen Informations- und Kommunikationstechnologien, ermöglichen unter anderem eine weit ausgreifende Vernetzung, Gedankenaustausch mit Gleichgesinnten und Mobilisierung und Partizipation, und kommen auf diese Weise einer *Good Governance* näher (Ladner und Meier 2014).

Dass Städten als *Governance Centers* große Bedeutung zugeschrieben wird, spiegelt sich auch im steigenden Interesse in den Sozial- und Politikwissenschaften an dem Forschungsfeld *Urban Governance* wider(Sack 2012; Pierre 2011). Auch hier wird in jüngster Zeit zunehmend der Austausch mit Disziplinen aus dem Bereich ICT gesucht, die stärker auf Technologie und pragmatische Innovation fokussieren, mit dem Ziel, städtische *Governance* zu verbessern, indem man sie smarter macht (Meijer und Rodríguez Bolívar 2016). Beispielsweise versucht das

Projekt IGLUS[3] – eine Non-Profit-Initiative der *Ecole Polytechnique Federale de Lausanne* – mit ausgewählten Partnern (z. B. IBM, Swiss Post und The World Bank) Städten zu helfen, ihre Stärken und Schwächen bezüglich der Verwaltung ihrer Infrastrukturen im Hinblick auf Effizienz, Nachhaltigkeit und Resilienz zu verstehen. Ferner ist das internationale Zentrum *LSE Cities* an der Londoner *School of Economics and Political Science*[4] zu nennen. Der Forschungscluster untersucht komplexe, urbane Systeme und deren Reaktion auf die Globalisierung mit neuen *Governance*-Strukturen. LSE versucht ferner, basierend auf ihren Untersuchungen, wie Bürger und Stadt miteinander interagieren, die Stadtentwicklung effizienter und nachhaltiger zu gestalten.

3.2.3   *Open Governance* und *Open Government Data*

Ein wichtiges Element bei der Umsetzung von *Good Governance*-Kriterien kann der Gesichtspunkt der *Openness* darstellen. Der Begriff *open* verweist auf ein schillerndes und ephemeres Bedeutungsspektrum, dessen kleinster gemeinsamer Nenner, wie eingangs erläutert, in der Forderung nach einem möglichst freien Zugang zu Informationen, Wissensbeständen, Prozessen und Strukturen sowie deren möglichst freier Verwendung besteht. Dies soll durch den zielgerichteten Einsatz von (ebenfalls möglichst frei zugänglichen) Informations- und Kommunikationstechnologien erreicht werden. Unter diesem breiten Dach versammeln sich sehr unterschiedliche Themen und Zugänge, wobei von den verschiedene Facetten für das Thema *Good Governance* in der *Smart City* zwei Teilaspekte besonders wichtig erscheinen: *Open Governance* und *Open Government Data*.

Generell hat der Stellenwert von *Open Governance* und *Open Government Data* in den vergangenen Jahren auf den politischen Agenden der internationalen Organisationen und Nationalstaaten, aber auch regionaler und lokaler politischer Einheiten an Bedeutung gewonnen (Attard et al. 2015). Entsprechende politische Vorstöße, wie sie etwa der US-amerikanische Präsident Obama im Jahr 2009 mit der *Open Government*- Initiative am ersten Tag und als ersten exekutiven Akt seiner ersten Präsidentschaft äußerst öffentlichkeitswirksam unternommen hat, beruhen auf der Überzeugung, dass Regierungshandeln transparent, partizipatorisch und kollaborativ sein soll (Terán 2014). Mit der *Open Government Partnership* (OGP) gibt es seit 2011 eine international tätige Institution, die sich zum Ziel gesetzt hat, Regierungen in aller Welt davon zu überzeugen, sich den Prinzipien von *Open Data* zu verpflichten und Transparenz, Verantwortlichkeit und Partizipation zu fördern; für ihre mittlerweile 70 Partnerländer will OGP ferner eine Plattform für Austausch und Kooperationen darstellen. Ausdrücklich setzt sie sich hierbei auch dafür ein, die Potenziale der sich stetig weiterentwickelnden Informations- und Kommunikationstechnologien zu nutzen.[5] Sowohl im politischen und gesellschaftlichen, als auch im

---

[3] http://www.iglus.org.

[4] http://www.lse.ac.uk/LSECities/home.aspx.

[5] http://www.opengovpartnership.org.

wissenschaftlichen Diskurs wird der Anspruch vertreten, dass *Open Government Data* und *Open Governance* nicht nur Funktionalität, Effizienz und Demokratie fördern (Davies 2010), sondern auch die Basis für wirtschaftliches Wachstum und Innovationen sein kann (Curry et al. 2016; Chui et al. 2014; Stürmer 2016).

Bei aller Euphorie, die hierbei häufig an den Tag gelegt wird, reißt jedoch auch die Kritik nicht ab. Die Kritiker bemängeln unter anderem, dass die rechtliche Haftbarkeit bei Datenverlusten beziehungsweise unbeabsichtigter (!) Verletzungen von Persönlichkeitsrechten nicht klar geregelt sei, und dass die Rohdaten zu Fehlinterpretationen führen könnte, welche beispielsweise zu Diskriminierung und Stigmatisierung bestimmter Bevölkerungsgruppen oder Wohnbezirken beitragen könnte. Die *Open Data*-Befürworter empfinden dies als Scheinargumente und weisen darauf hin, dass es Mechanismen gibt, die – differenziert und sorgfältig angewendet – solche Risiken minimieren (Stürmer 2016). Diese zum Teil heftig geführten Auseinandersetzungen beruhen zum einen wesentlich auf dem Zielkonflikt zwischen zwei gleichermaßen hohen Gütern, nämlich dem Datenschutz, der Privatsphäre und dem Recht auf informationelle Selbstbestimmung einerseits (Kutscha 2010) und Anspruch auf Informationsfreiheit und Transparenz andererseits (Jacobs 2015). Allerdings besteht in Gesellschaft und Politik ein gewisser Grundkonsens, der sich zum einen dem Schutz personenbezogener oder sicherheitsrelevanter Daten verpflichtet sieht, die zu öffnen ausdrücklich nicht das Ziel der *Open*-Bewegung ist; zum anderen besteht große Einigkeit darin, dass in einigen Fällen das öffentliche Interesse so groß ist, dass die entsprechenden Daten offen gelegt werden müssen oder dass in anderen Fällen kein vernünftiger Grund besteht, bestimmte Daten verschlossen zu halten und daher frei zugänglich gemacht werden sollten, in der Hoffnung, dass sie zum Nutzen aller die Grundlage für neue Ideen, Projekte und Innovationen werden (Kutscha 2010). Konflikte entbrennen zumeist erst an der Frage, wo die Grenzen zu ziehen sind. Schließlich hat Nathaniel Tkacz (2012) darauf hingewiesen, dass die Zuschreibung *open* auch missbraucht werden kann, etwa um in der politischen Auseinandersetzung Machtinteressen zu verdecken beziehungsweise zu legitimieren, indem anderen Gruppierungen – gerne auch „dem Staat", „der Politik" oder „dem Establishment" – vorgeworfen wird, dass sie eben nicht *open* seien, folglich etwas zu verbergen oder sich gar verschworen hätten, den Bürger hinters Licht zu führen und seiner Selbstbestimmung zu berauben. Doch auch Tkacz sieht den potenziellen Nutzen und die Legitimität des Anspruchs auf einen offenen Zugang zu bestimmten Informationen, Wissensbeständen, Prozessen und Strukturen, die Interessen oder Mechanismen der Regulierung des Gemeinwesens berühren (Tkacz 2012).

Analytisch sind hierbei zwei Ebenen zu unterscheiden: *open* als normative Forderung beziehungsweise politisches Programm für mehr Transparenz, Partizipation und zivilgesellschaftliches Engagement sowie *open* als vielschichtiges, pragmatisches Instrument, das dazu beitragen kann, konkrete politische, gesellschaftliche, ökonomische und ökologische Probleme zu lösen beziehungsweise entsprechende Bedürfnisse zu stillen. Es geht also um zwei Fragen: Was soll beziehungsweise muss *open* sein, um den Prinzipien einer demokratischen Staatsordnung und Zivilgesellschaft gerecht zu werden? Wo ist *open* ein sinnvoller Zugang für die

Praxis, sodass man beispielsweise überlegen müsste, bestimmte Daten zu öffnen? Beide Perspektiven haben ihre Berechtigung und sind auch mit Blick auf die *Smart City* von Bedeutung.

3.2.4 Open Smart City

Zusammenfassend kann Folgendes festgehalten werden: Vor allem große Städte, die zu den maßgeblichen Zentren der Weltwirtschaft, Wissensgesellschaft und gesellschaftlicher, kultureller und ökonomisch-technischer Innovationen werden, stellen schon heute über ihre regionale Bedeutung hinaus selbst wichtige Akteure der Globalisierung dar. Gleichzeitig sind Städte, Kommunen und Agglomerationen, seien sie groß oder klein, besonders gefordert, sich mit den politischen, sozialen, ökonomischen und ökologischen Auswirkungen der Globalisierungen auseinanderzusetzen und vor Ort konkrete Lösungen für greifbare, oft drängende Probleme zu finden. Daher bedürfen Städte Mechanismen, Institutionen und Strategien, die in der Lage sind, dies ressourcenorientiert, nachhaltig und orientiert am spezifischen Bedarf der jeweiligen Stadt zu leisten. Die politische Führung und die Verwaltungsapparate von Städten und Kommunen spielen zunehmend eine größere Rolle als maßgebliche Kontaktstelle zwischen den Bürgern einerseits und dem Staat, den politischen Institutionen und der Administration, die ihre Geschicke lenken, andererseits. Daher werden Städte verstärkt zu einem wichtigen Referenzrahmen der Forderungen nach Transparenz und politischer Partizipation sowie zum Raum zivilgesellschaftlichen Engagements.

Diese Aspekte verweisen auf die zentrale Rolle städtischer *Governance*, insbesondere aber auch der Forderung nach *Good Governance* für den Lebensraum Stadt im Zeitalter der Globalisierung. Dass hierbei verstärkt auf Innovationen aus dem Bereich der Informations- und Kommunikationstechnologien gesetzt wird, um städtische *Governance* zu verbessern, stellt den Anknüpfungspunkt zur *Smart City* dar. Deren Fokus liegt komplementär auf der nachhaltigen sozialen, ökonomischen und ökologischen Entwicklung des Lebensraums Stadt auf Basis einer effizienten Sammlung, Auswertung, Verarbeitung und Verwendung stadtbezogener Daten, Informationen und Wissensbeständen mittels internet- und webbasierter Services (D'Onofrio und Portmann 2016; Portmann und Finger 2015). An dieser Schnittstelle zwischen *Smart City* und *Urban Governance* kommt *Open Smart City* ins Spiel, verstanden als Oberbegriff für Tools, Projekte, Initiativen und Strategien, die Bezug nehmen auf den erhöhten Informations- und Kommunikationsbedarf der *Smart City* im Bereich städtischer *Governance* und gezielt und systematisch den Gesichtspunkt *open* berücksichtigen (siehe Abb. 3.2). *Open* wird hierbei als *Enabler* von *Good Governance* in der *Smart City* begriffen: Zum einen unter den Gesichtspunkten *Open Governance* (im Sinne der Eröffnung oder Stärkung von Möglichkeiten der politischen Partizipation und Transparenz) und/oder *Open Government Data* (mit Blick auf den Zugang zu Informationen und Informationsinfrastrukturen); zum anderen im Hinblick auf die Art und Weise, Themen und Mechanismen der Kommunikation zwischen der Stadt beziehungsweise stadtnahen Institutionen und

Abb. 3.2   Open Smart
City

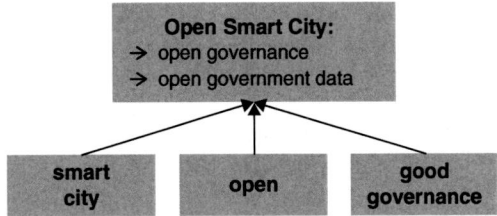

den Stakeholdern, um im Bereich *Governance* jene Informationen auszutauschen, weiterzuleiten oder zu generieren, die benötigt werden, um in diesem spezifischen Bereich zu den Zielen der *Smart City* beizutragen.

Open Smart City wird hierbei als ein Ansatz neben anderen verstanden, der dabei helfen kann, die Anforderungen städtischer *Governance* zu erfüllen, jedoch selbstverständlich kein „Allheilmittel" darstellt. Aber, so die These, die Verknüpfung der *Smart City*-Idee mit Konzepten von *Open Governance* und *Open Government Data* unter dem Oberbegriff *Open Smart City* kann in entscheidenden Punkten dazu beitragen, die *Good Governance* einer Stadt zu entwickeln.

3.3   Von *Code for All* bis *Frag' den Bürgermeister*: Good Governance für smarte Städte

Vor diesem Hintergrund stellen sich folgende Fragen: Gibt es *Smart City*-Themen, die mit *Governance* zusammenhängen und bei denen *open* (in irgendeiner Form) besonders nutzbringend eingesetzt werden kann? Wie könnte die *Open Smart City*-Agenda einer Stadt aussehen? Und wie kann man sie umsetzen. Im Folgenden werden exemplarisch einige Ideen und bestehende Projekte betrachtet, die zwar (noch) nicht so bezeichnet werden, inhaltlich und methodisch aber gut zum Thema *Open Smart City* passen. Ausgangspunkt ist *Code for America*, eine mittlerweile berühmte Initiative mit weltweit vielen Ablegern, die zu einem konstruktiven Zusammenspiel von öffentlichen Stellen und zivilgesellschaftlichem Engagement beitragen will (Abschn. 3.3.1). Anschließend liegt der Fokus der Überlegungen einerseits auf der Entwicklung ICT-basierter Kommunikations- und Interaktionsangebote in der komplizierten Beziehung zwischen Staat und Bürger; andererseits soll es um die Entwicklung pragmatischer Dienstleistungen gehen, die auf alltägliche Anliegen, Probleme und Wünsche der Bürger reagieren (Abschn. 3.3.2). Damit sind an dieser Stelle nur ein paar wenige Themen skizziert, keinesfalls aber umfassend oder gar abschließend erörtert: Das Thema *Open Smart City* als Instrument von *Good Urban Governance* bietet selbstverständlich mehr als die hier vorgestellten Beispiele.

3.3.1   Code for America – Code for Bern

Eine Vorreiterrolle für die Verbesserung von *Urban Governance* mittels Innovationen aus dem Bereich der Informations- und Kommunikationstechnologien nimmt *Code for America*[6] ein. Die 2009 gegründete Non-Profit-Organisation kann als wichtige Exponentin der Bemühungen gelten, die städtischen Verwaltungen mit der soge-nannten *Civic Tech*-Bewegung an einen Tisch zu bringen. Die Basis der Organisation bilden die *Code for America*-Brigades, unabhängige Bürgerinitiativen, die sich selbst organisieren und Projekte entwickeln. Der Kontakt zur Stadtverwaltung wird dabei zwar gesucht, aber nicht institutionalisiert und bleibt daher oft relativ unver-bindlich. Das *Code for America*-Fellowship bietet die Möglichkeit, kleine Teams, die ein Jahresstipendium erhalten und die aus der Community rekrutiert werden, mit Vertretern der Stadtverwaltung einer Partnerstadt und den Brigades vor Ort zusam-menzubringen. Gemeinsam erarbeiten sie Lösungen für konkrete Anliegen und betreuen deren Umsetzung. Schließlich gibt es Städte, die eigene *Innovation Labs* einrichten, die häufig direkt dem Bürgermeister unterstellt sind. Hierbei handelt es sich um interne Innovationsteams, die regulär bei der Stadt angestellt sind, aber auch den Kontakt zur lokalen Community pflegen (Dapp 2015; Townsend 2013).

Mittels digitaler Technologien, so der Kerngedanke, sollen kontinuierlich, benut-zerorientiert und basierend auf oft bereits verfügbaren Daten die Kommunikation der administrativen und politischen Institutionen der Stadt mit ihren Bürgern ver-bessert und eine transparente, kollaborative und partizipative Zusammenarbeit gefördert werden. Zu diesem Zweck soll zum einen auf Basis intelligenter Appli-kationen die Zugänglichkeit zu Daten und Strukturen erhöht werden (vgl. D'Onofrio und Portmann 2016); zum anderen geht es darum, unter Einbeziehung der jeweili-gen Stakeholder Dienstleistungsangebote und Verwaltungsprozesse zu verbessern, die das Verhältnis zwischen Bürgern und Stadt betreffen. Dahinter steht die Überzeugung, dass eine Entwicklung von Politik, Staat, Wirtschaft und Gesellschaft hin zu mehr Effizienz und Nachhaltigkeit, sozialer Gerechtigkeit und Prosperität nur dann gelingen kann, wenn die Gesellschaft bereit ist mitzuarbeiten und wenn staatliche und politische Institutionen bereit sind, dies ernst zu nehmen und entspre-chende Räume dafür zu schaffen.

Die Idee von *Code for America* stößt mittlerweile weltweit auf Interesse und hat zur Gründung ähnlicher Organisationen in diversen anderen Staaten geführt (siehe Abb. 3.3), wie etwa *Code for Germany*, *Code for Poland*, *Code for the Netherlands*, *Code for Pakistan*, *Code for Australia* und *Code for South* Africa.[7] Auf Initiative von *Code for America* entstand ferner *Code for All*,[8] eine Art internationales Netzwerk, das Interessenten bei der Verwirklichung ihrer *Code*-Projekte unterstüt-zen will und vor allem als Plattform für den Austausch von Ideen und Support die-nen soll. Eine spannende Variante ist *Code for Europe*,[9] insofern es sich hierbei nicht, wie im Fall von *Code for All*, um ein relative lose organisiertes Netzwerk von

---

[6] https://www.codeforamerica.org.

[7] *Code for Germany*: http://codefor.de; *Code for Poland*: http://kodujdlapolski.pl; *Code for the Netherlands*: http://codefornl.github.io; *Code for Pakistan*: http://codeforpakistan.org; *Code for Australia*: http://www.codeforaustralia.org; *Code for South Africa*: http://code4sa.org.

[8] https://codeforall.org.

[9] http://codeforeurope.net.

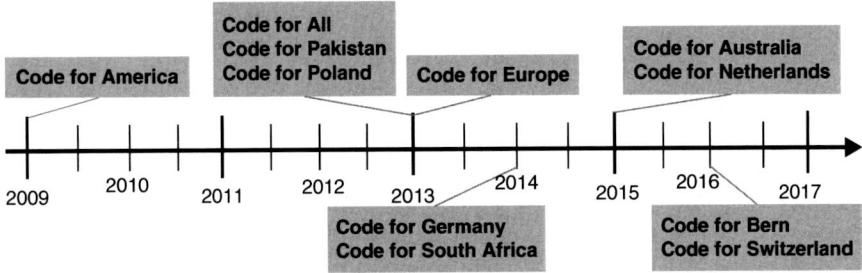

Abb. 3.3 Von Code for America bis Code for Bern

Code-Initiativen handelt, das sich mehr oder weniger am Rahmen der europäischen Nationalstaaten orientiert, in denen Städte die Planung von *Code*-Projekten erwägen. *Code for Europe*, wo auch koordinative Aufgaben angesiedelt sind und organisatorische Unterstützung angeboten wird, richtet sich weitgehend direkt an Städte – zurzeit sind das namentlich Amsterdam, Berlin, Barcelona, Coburg, Helsinki, Manchester und Rom – und macht so Europa zum gemeinsamen Bezugspunkt. In gewisser Weise steht damit nicht mehr der Nationalstaat zwischen dem Bürger und Europa, sondern die Stadt oder Kommune, in der er lebt. Dies kann als Ausdruck des in Abschn. 3.2.1 erwähnten Prozesses gewertet werden, der dazu führt, dass sich die Macht und Autorität staatlicher und politischer Akteure zunehmend hin zu transnationalen politischen Institutionen und Märkten verschiebt (wobei *Code for Europe* sich jedoch eher auf die Europäische Idee als etwa auf die EU als politische Institution zu beziehen scheint), andererseits hin zu den Städten und Agglomerationen verlagert, die zunehmend über den regionalen, in bestimmten Fällen auch nationalen Kontext hinausgehend Bedeutung erlangen.

Geht man von der Selbstdarstellung der verschiedenen *Code*-Bewegungen aus, wie sie sich etwa auf ihren Homepages präsentieren, so entsteht der Eindruck, dass sich diese meist an den organisatorischen Strukturen und dem Leitbild orientieren, die ursprünglich die Initianten von *Code for America* formuliert haben. Dies zeigt etwa das Beispiel *Code for Germany*. *Code for Germany* wurde im Februar 2014 – in Partnerschaft mit *Code for America* – von der *Open Knowledge Foundation* Deutschland initiiert, ein Verein, der sich für Informationsfreiheit, *Open Data*, offenes Regierungs- und Verwaltungshandeln, für mehr Transparenz und Partizipation sowie *Open Science* (das heißt ein einfacherer Zugang zur Wissenschaft) einsetzt.[10] *Code for Germany* umfasst mittlerweile 25 *Open Knowledge Labs*, was in etwa den Brigaden von *Code for America* entspricht. In diesem Netzwerk von mehr als 300 Freiwilligen engagieren sich Designer, Entwickler, Informatiker, Journalisten und viele mehr, die ihre Fähigkeiten einbringen wollen, um Applikationen zu entwickeln, die den Informationsfluss zwischen Regierung und Behörden und den Bürgern verbessern, und um allen Stakeholdern Zugang zu relevanten Informationen, die von Staat und Verwaltung gesammelt und bewahrt werden, zu verschaffen. Dies

---

[10] https://okfn.de.

soll dazu beitragen, den Alltag der Menschen zu vereinfachen, sie zur Wahrnehmung ihrer Partizipationsrechte bewegen und die Arbeit von Behörden und staatsnahen Institutionen transparenter gestalten.

Von diesem Rahmen abgesehen, gestalten sich Schwerpunktsetzungen und Ziele der Ableger von *Code for America* jedoch durchaus heterogen. Das zeigt sich etwa in der Frage, welche Funktionen von *Open Government Data* und *Open Governance* im Zentrum der Arbeit stehen: Für *Code for Germany* sind besonders die Aspekte politische Partizipation und Kontrolle von Politik und Behörden zentral. Dies dürfte auch auf die enge Verbindung mit der *Open Knowledge Foundation* zurückzuführen sein, deren Ziele zwar überparteilich, aber doch deutlich politisch gefärbt sind. Auch den Verantwortlichen von *Code for Pakistan* sind Transparenz und Stärkung der Rechte der Bürger auf politische Teilhabe mittels der Öffnung bestimmter Daten und Strukturen der politischen Entscheidungsfindung wichtig. Es geht ihnen jedoch auch darum, den Bürgern zunächst einmal das Vertrauen in die Handlungsfähigkeit von Staat und Verwaltung zurück zu geben und dort, wo deren Möglichkeiten versagen, zivilgesellschaftliche Prozesse zu initiieren. *Code for America* und daran anlehnend *Code for All* scheinen demgegenüber eher eine gewisse Distanz zu politischen Diskussionen zu suchen, vielleicht auch, um eine Instrumentalisierung durch einzelne Akteure zu vermeiden. Auf diese Weise wird die pragmatisch vermittelnde Rolle von *Code for America* als Plattform betont, die dazu beitragen soll, alle Personen und Gruppen an einem Tisch zu versammeln, die zur Entwicklung einfacher, schöner und nutzerorientierter Angebote beitragen könnten, die auf konkrete Anliegen im Verhältnis zwischen Stadt und Bürgern reagieren.

Ein neuer Ansatz, der dezidiert das Projekt *Open Smart City* verfolgt und sich zu diesem Zweck an *Code for America* orientiert, wird zurzeit in der Schweizer Bundeshauptstadt Bern erprobt. Ausgangspunkt war der erste *Berner Open Smart City Roundtable*, den das Institut für Wirtschaftsinformatik der Universität Bern (IWI)[11] im Januar 2016 durchgeführt hat und zu dem zahlreiche Vertreter aus Politik und öffentlicher Verwaltung, Wirtschaft und Wissenschaft erschienen.[12] Ziel war es zum einen, die Akteure kennen zu lernen, die sich in der Bundeshauptstadt Bern mit der Thematik *Smart City* befassen. Zum anderen galt es, Ideen für Projekte auszutauschen und abzuklären, wo sich Kooperationen ergeben könnten. Als Ausgangspunkt für den Meinungsaustausch präsentierte das IWI erstmals den Vorschlag, *Code for Bern* ins Leben zu rufen. Studierende der Universität Bern, so die Idee, arbeiten einige Monate in Vollzeit für die Stadtverwaltung beziehungsweise für die städtischen Unternehmen als Programmierer. Die Aufgabe dieser Fellows soll es sein, auf Basis von Daten, die ihnen von den beteiligten Institutionen zur Verfügung gestellt werden, *Civic Apps* zu erstellen, die zu einer effizienten und nachhaltigen Lösung klar benenn- und abgrenzbarer Probleme im urbanen Kontext beitragen. Mittlerweile konnte das IWI die Unterstützung der Impact Hub Bern gewinnen und das Projekt

---

[11] http://www.iwi.unibe.ch.

[12] http://www.digitale-nachhaltigkeit.unibe.ch/veranstaltungen/veranstaltungen_2016/roundtable_open_smart_city.

weiter konkretisieren[13]: Während der Projektphase von vier Monaten sollen die Fellows drei Tage pro Woche in ihrem Amt und zwei Tage im Impact Hub Bern verbringen, unterstützt vom Fachwissen der Mitarbeiter und gecoacht durch Dozierende des IWI. Eine erste Durchführung ist für das Jahr 2016/2017 vorgesehen.

Das Innovationspotenzial solcher und ähnlicher Initiativen ist groß, doch gibt es auch kritische Stimmen. Dies zeigte sich auch in der Diskussionsrunde des Berner *Open Smart City Roundtable*. Die Idee von *Code for Bern* wurde dort zwar insgesamt sehr positiv bewertet, geäußert wurde jedoch die Sorge, dass man sich in Einzellösungen verlieren könnte, wo übergreifende Strategien angebrachter wären. Dahinter steht letztlich die Frage, die sich generell auch für *Code for America* und ihre Ableger stellt, nämlich die Frage nach ihrem Verhältnis zum Oberthema *Smart City*. Hier gilt festzuhalten, dass der Grundgedanke, zeitnah kosteneffiziente und einfache Lösungen für punktuelle, klar beschreib- und abgrenzbare Probleme zu finden, als wichtiges, eigenständiges Element gelungener *(Open) Smart City*-Initiativen zu begreifen ist: Es ergänzt die breiter angelegte, leider häufig kosten- und zeitintensive Entwicklung „ganzheitlicher" *Smart City*-Strategien um ein Moment der Flexibilität, das notwendig ist, um auf Probleme zu reagieren, deren Behebung nicht auf die Implementierung einer Strategie warten kann oder muss. Der Sinn der Sache ist es jedoch nicht, langfristige strategische Planung gegen kurzfristige Einzellösungen auszuspielen: Beide Herangehensweisen haben ihre Berechtigung und lassen sich nicht vollständig ohne Qualitätsverlust durch das jeweils andere ersetzen. Die zentrale Herausforderung besteht darin, *Code*-Initiativen so mit *Smart City* als generellem Ansatz zu verknüpfen, dass sie miteinander ihr größtmögliches Potenzial entfalten, also: die Flexibilität des *Code*-Ansatzes zu nutzen, ohne den Nutzen von strategischer Planung aufzugeben, und umgekehrt.

3.3.2 Zwischen *Frag' den Bürgermeister* und *Honolulu Answers*: *Question-Answering-Systems* für städtische Services und Kommunikationskanäle

Generell hat sich in den vergangenen Jahren viel getan in den Bemühungen von Politik und Verwaltung, in Kontakt mit den Bürgern zu treten, in deren Auftrag und Interesse sie eigentlich handeln sollen, und sich dafür die Möglichkeiten der digitalen Welt zu Nutze zu machen. Mittlerweile pflegen die meisten Städte und Kommunen Informations- und Kommunikationskanäle wie Homepages, Twitter- und Facebook-Auftritte – je nach Bedarf und Haushaltslage mal mehr, mal weniger professionell und aufwendig. Insbesondere die Möglichkeiten, welche die Sozialen Medien als Mittel der Kommunikation eröffnen könnten, um Probleme und Wünsche der Stakeholder zu identifizieren, Meinungsbilder einzuholen und Gestaltungsmöglichkeiten aufzuzeigen, werden in der Forschung breit diskutiert

---

[13] www.bern.impacthub.net.

(Kalampokis et al. 2011; Yang und Kankanhalli 2013). Doch es werden auch neue Lösungsansätze entwickelt.

So besteht sowohl seitens der Bürger, als auch seitens der politischen und administrativen Institutionen der Wunsch nach Instrumenten, die Formen direkter Interaktion ermöglichen. Wegweisend sind hier Projekte wie *Ask the State Department*.[14] Dabei handelt es sich um ein interaktives Online-Forum, das vom *US Department of State* und in ähnlicher Form mittlerweile auch von anderen US-Regierungsinstitutionen betrieben wird. Das Forum ermöglicht den Nutzern, bei speziellen Gelegenheiten mit dem *Secretary of State*, US-Botschaftern oder anderen Vertretern des Departments in Kontakt zu treten. Wenn ein Chat angekündigt ist, können online Fragen eingereicht werden, die dann im Chat diskutiert und beantwortet werden. Fragen und Antworten werden anschließend auf der Website veröffentlich, sodass interessierte Nutzer über den Anlass hinausgehend die Möglichkeit haben, von der Diskussion und den Antworten zu profitieren. Der Zweck des Forums besteht damit vor allem in der Eröffnung eines Interaktions- und Kommunikationsangebotes gegenüber der Zivilgesellschaft. Ferner stellt es jedoch eine Quelle für Informationen über Bedürfnisse, Wünsche oder ganz konkreten Handlungsbedarf dar, die aus ihrer Artikulation durch die Bürger schneller und besser erschlossen werden können. *Ask the State Department* eröffnet damit Kommunikations- und Partizipationskanäle und zielt darauf, Prinzipien der *Responsivity* und *Accountability* im Regierungs- und Verwaltungshandeln zu stärken.

Der Ansatz wurde auch außerhalb der Vereinigten Staaten sowie von lokalen und viel kleineren politisch-administrativen Einheiten als dem State Departement aufgegriffen. Dies zeigen Initiativen wie *Frag' den OB der Stadt Boeblingen*, *Frag' den OB der Stadt Esslingen*, *Frag' den OB der Stadt Ludwigsburg* oder *Frag' den OB der Stadt Bonn*.[15] Diese mittelgroßen deutschen Städte versuchen auf diese Weise einen weiteren, die übliche Bürgersprechstunde oder -foren, Twitter- und Facebook-Auftritte ergänzenden Kommunikationskanal zwischen den Bürgern und den Oberbürgermeistern beziehungsweise Rathäusern zu etablieren. In der Regel können Interessierte online Fragen stellen, aus denen die Mehrheit der Nutzer dann jene auswählt, die ausführlich beantwortet werden. Eine Variante dazu hat die Stadt Heidelberg mit der Aktion *HolDenOberbürgermeister*[16] ins Leben gerufen. Als erste Stadt in Deutschland, so die Verantwortlichen, will Heidelberg den Bürgern die Möglichkeit geben, aktiv den Terminkalender des Oberbürgermeisters zu beeinflussen, um ihn an bestimmte Orte in der Stadt zu holen und damit seine Aufmerksamkeit auf spezielle Themen oder Projekte zu lenken. Wie bei *Frag' den Oberbürgermeister* werden auch bei *HolDenOberbürgermeister* online Vorschläge

---

[14] http://www.state.gov/r/pa/ei/ask/state.

[15] *Frag' den OB der Stadt Böblingen*: https://frag-den-ob.boeblingen.de; *Frag' den OB der Stadt Esslingen*: https://frag-den-ob.esslingen.de; *Frag' den OB der Stadt Ludwigsburg*: https://frag-den-ob.ludwigsburg.de; *Frag' den OB der Stadt Bonn*: https://bonn-macht-mit.de/dialog/frag-den-ob.

[16] http://holdenoberbuergermeister.de.

gesammelt und dann von den Nutzern entschieden, wo der Bürgermeister tatsächlich hingeht.

Dem Namen nach ähnlich präsentiert sich *FragDenStaat*,[17] ein weiteres Projekt der *Open Knowledge Foundation Deutschland*, das sich zum Ziel gesetzt hat, in der Bundesrepublik Deutschland eine Kultur der Informationsfreiheit zu etablieren und den Zugang zu Behördeninformationen zu erleichtern. *FragDenStaat* stellt hierzu ein Web-Formular zur Verfügung und leitet die Anfrage anschließend an die entsprechende Stelle weiter. Sowohl die Frage als auch die anschließende Antwort der Behörde werden auf *FragDenStaat* online zugänglich gemacht. Im Rahmen des Projektes soll eine Sammelstelle für amtliche Informationen etabliert werden, die zudem ermöglichen soll, die Antwortpraxis von Behörden zu kontrollieren. Im Unterschied zu *Ask the State Departement* und den ähnlich gestalteten Initiativen der Oberbürgermeister von Böblingen, Esslingen, Ludwigsburg und Bonn ist *FragDenStaat* jedoch kein Interaktions- und Kommunikationsangebot seitens der öffentlichen Verwaltungen oder der Regierenden, was die Stoßrichtung der Initiative erklärt, welche die Watchdog-Funktion ihres „Informationsfreiheit-Portals" deutlich herausstreicht.

Neben diesen vorwiegend auf Interaktion ausgelegten Initiativen steigt zunehmend das Interesse an ICT-basierten Kommunikationsangeboten für die Entwicklung pragmatischer Dienstleistungen, die auf alltägliche Anliegen, Probleme und Wünsche der Bürger reagieren. Ein gutes Beispiel hierfür ist *Fix My Street*.[18] Hierbei handelt es sich um eine Idee aus Großbritannien, welche die Non-Profit-Organisation *MySociety*[19] entwickelt hat, zunächst mit dem Ziel, ein Tool zu schaffen, um Straßenschäden zu melden. Das Ergebnis, *FixMyStreet.com*,[20] wurde 2007 in Betrieb genommen. Auf der Plattform oder via App können unter Angabe einer Postleitzahl, des Straßennamens oder mithilfe von Geolokalisierung Probleme gemeldet werden, die dann an die zuständige öffentliche Stelle weitergeleitet werden. Das Konzept fand und findet weltweit Anklang und Nachahmer, wobei es zum Teil auf andere Bereiche der städtischen Infrastruktur ausgeweitet wurde (z. B. Littering in Parks, defekte Ampeln, beschädigte Geräte auf Spielplätzen etc.). Die technische Grundlage ist die Software, die *MySociety* als *Open Source Software* frei zur Verfügung stellt und die dann an die jeweiligen Gegebenheiten angepasst wird. Ein Beispiel für eine Stadt, die *Fix my Street* verwendet, ist Zürich: Unter dem Namen *Züri wie neu*[21] betreibt die Stadtverwaltung eine Online-Plattform, über die die Einwohner der Stadt auf Schäden an der städtischen Infrastruktur in den Kategorien Abfall/Sammelstellen, Beleuchtung/Uhren, Brunnen/Hydranten, Graffiti, Grünflächen/Spielplätze, Straßen/Bürgersteige und den städtischen Verkehrsbetrieben hinweisen können. Meldungen sollen innerhalb eines Arbeitstages den zuständigen Fachstellen zugewiesen und innerhalb von fünf Arbeitstagen

---

[17] https://fragdenstaat.de.

[18] http://fixmystreet.org.

[19] https://www.mysociety.org.

[20] https://www.fixmystreet.com.

[21] https://www.zueriwieneu.ch.

abschließend bearbeitet werden. Auch in der Schweizer Bundeshauptstadt Bern gibt es Bestrebungen, sich im Rahmen von *Code for Bern* der Tools von *Fix my Street* zu bedienen, wobei die Stadtverwaltung es hier aktuell allerdings noch vorzieht, mit den bereits etablierten Instrumenten wie Twitter zu arbeiten, die offenbar auch gut frequentiert werden (Hunkeler 2016).

Ein weiteres Projekt, das auf *Fix my Street* beruht, aber noch in den Anfängen steckt, ist *Collideoscope*[22]: Hier können UK-weit Informationen zu Fahrradunfällen oder Gefahrenstellen für Radfahrer gemeldet werden, mit dem Ziel, die lokalen Verantwortlichen auf Basis der so gewonnen Informationen zu veranlassen, Maßnahmen einzuleiten, um besonders gefährliche Hotspots zu entschärfen. Darüber hinaus gibt es eine Reihe von Initiativen, die von *Fix my Street* inspiriert sind und teilweise nahezu identisch funktionieren, aber mit anderen Softwares arbeiten (z. B. *Fix My Street* Brüssel; *Fix Kairouan* für die tunesische Stadt Kairouan; *Mark-a-Spot*, das in einigen deutschen Städten verwendet wird; *Fix my Street* Canada; und *Verbeterdebuurt* in den Niederlanden).[23] Ebenfalls in eine sehr ähnliche Richtung geht *see-click-fix*[24]: Das gleichnamige Unternehmen, das 2008 in den USA gegründet wurde, unterhält eine Website und eine kostenfreie App, welche den Nutzern ermöglicht, anonym Kontakt mit Stadt- und Gemeindeverwaltungen aufzunehmen, um diese von Schäden in der lokalen Infrastruktur in Kenntnis zu setzen.

Ein weiteres, besonders eindrückliches Beispiel dafür, wie aus dem konstruktiven Zusammenspiel von öffentlichen Stellen und zivilgesellschaftlichem Engagement digitale, für den Alltag im Lebensraum Stadt nützliche Services entwickelt werden können, ist *Honolulu Answers*[25]. *Honolulu Answers*[25] ist eines der vielen spannende Projekte, die im Kontext von *Code for America* entstanden sind. Es handelt sich dabei um eine Website, die sich an die Bürger der Stadt und Gemeinde von Honolulu, Hawaii, wendet. In eine benutzerfreundliche, einfach und klar gestaltete Suchmaske können Fragen oder Schlagworte zu Themen aus dem Bereich *Municipal Government* eingegeben werden. Die User erhalten prägnante, gut verständliche und freundliche, natürlichsprachige Antworten auf ganz gewöhnliche Fragen, die sich im Umgang mit Behörden ergeben können. Doch nicht nur die Fragen, sondern auch die Antworten stammen von Bürgern: In sogenannten *Civic Writeathon's*, die regelmäßig veranstaltet werden, treffen sich interessierte Bürger mit städtischen Mitarbeitern, um gemeinsam Antworten auf Fragen zu finden und so zu formulieren, dass sie jeder versteht. Diese werden dann in die Datenbank eingespeist. Die dazugehörige Software wurde im Auftrag der Stadt und Gemeinde von Honolulu durch *Code for America*-Fellows erstellt, unterstützt von der örtlichen *Code for America*-Brigade, und im Jahr 2013 mit einem Award der *Interaction Design Association* ausgezeichnet. Auch andere Städte haben die Idee und die Software, die von den Entwicklern als *Open Source* zugänglich gemacht wurde, aufgegriffen.

---

[22] http://collideosco.pe.

[23] Brüssel: http://fixmystreet.irisnet.be; Kairouan: http://fixkairouan.org/; Kanada: http://www.fixmystreet.ca; *Mark-a-Spot*: https://www.markaspot.de; Niederlande: http://www.verbeterdebuurt.nl.

[24] http://de.seeclickfix.com.

[25] https://hnlgovanswers.herokuapp.com.

Hier ist vor allem *Oakland Answers*[26] zu erwähnen, ein Service der Stadt Oakland, California, der mittlerweile ähnlich gut etabliert ist wie die *Honolulu Answers*. In europäischen Städten scheint dieser sehr funktionale und effiziente Ansatz bisher keine Nachahmer gefunden zu haben. Mit *Open Smart City* Bern wurde eine Tür geöffnet, um dies nun zumindest für die Schweiz zu ändern.

In der Zukunft werden *Question-Answering*-Systeme immer gefragter sein und mittelfristig Suchmaschinen revolutionieren, wenn nicht ersetzen (Zadeh 2006). Informationen besitzen in erster Linie linguistische Werte (das heißt natürliche Sprache) und sind eine grundlegende Komponente für jede Form von Interaktion bzw. Kommunikation, so auch für die Kommunikation zwischen Staat und Bürger. Jedoch kann eine Information (bzw. die darin enthaltenen Werte) verschiedene Bedeutungen haben, so dass sie selbst mithilfe eines Computersystems von allen Parteien missverstanden werden kann. Deshalb ist es von hoher Bedeutung in der Gestaltung und Entwicklung von Systemen, sich der Herausforderung der natürlichen Sprache zu stellen. Die Entwicklung natürlichsprachiger Kalkulationsgegenstände ist ein zentrales, fachlich breit abgestütztes Forschungsfeld des Instituts für Wirtschaftsinformatik der Universität Bern, an dem Theorien, Konzepte und Ansätze von *Cognitive Computing* (vgl. D'Onofrio und Portmann 2015) entwickelt und angewendet werden. Dies erlaubt, ungenaue, unpräzise und vage Informationen in die Verarbeitung einer Anfrage miteinzubeziehen und somit eine bestmögliche Antwort für den Nutzer zu generieren (D'Onofrio und Portmann 2016). Ein spannendes Projekt in diesem Sinne wäre beispielsweise die Weiterentwicklung von *Honolulu Answers* mittels *Cognitive Computing*, um das System in die Lage zu versetzten, Rückfragen an den Nutzer zu richten, um auf Basis der so zusätzlich gewonnenen Informationen genau die Antwort(en) zu finden, die der Nutzer für sein Anliegen benötigt.

3.4 Anregungen für *Open Smart Cities*

Welche Schlüsse lassen sich nun ziehen aus den Erfahrungen, die in Projekten gesammelt wurden, die der *Open Smart City*-Thematik zugewiesen werden können, sowie aus den allgemeinen Überlegungen und Erkenntnissen zu *Open-*, *Smart City-* und *Good Governance*-Ansätzen für die weitere Verfeinerung des Konzepts *Open Smart City* und die Konkretisierung entsprechender Projekte, Initiativen und Strategien? Mit Blick auf die *Smart City* kann sich *Openness* also als „*Enabler*" von *Good Governance* erweisen. Dies kann jedoch nur dann gelingen, sofern auch die Kritik ernst genommen wird, die sich vor allem an dem Zielkonflikt zwischen Datenschutz, Schutz der Privatsphäre und dem Recht auf informationelle Selbstbestimmung einerseits und dem Anspruch auf Informationsfreiheit und Transparenz andererseits entzündet. Zwar besteht in Politik und Gesellschaft grundsätzlich Konsens darüber, dass beide Seiten höchst schützenswerte Güter repräsentieren. Jedoch kommt es immer wieder zu zum Teil heftigen Auseinandersetzungen in dem

---

[26] http://answers.oaklandnet.com.

breiten Spektrum zwischen diesen Polen, die aus der häufig heiß umstrittenen Frage resultieren, welches Gut in einem bestimmten Fall höher zu gewichten ist. Anders gesagt: Konflikte entbrennen üblicherweise nicht an einer Diskussion darüber, ob Wetterdaten veröffentlich werden dürfen, dass die Codes für Atombomben besser nicht allgemein zugänglich sein sollten oder dass ein normaler Bürger weder seine Gesundheitsdaten noch seine Steuererklärung öffentlich preisgeben muss. Streit entsteht eher bei einer Diskussion um die Frage, ob Politiker gezwungen sein sollten, ihre Einkommensverhältnisse offen zu legen, oder ob ihr Recht auf Privatsphäre schützenswerter ist als der ebenfalls berechtigte Anspruch der Öffentlichkeit, gegebenenfalls Abhängigkeiten der Volksvertreter nachvollziehen zu können; oder ob und in welchem Umfang Informationen zu Störfällen in Atomkraftwerken freigegeben werden müssen, um sowohl dem Anspruch der Bevölkerung auf Informationen als auch dem (vor allem angesichts des internationalen Terrorismus nicht von der Hand zu weisenden) Problem gerecht zu werden, dass es sich hierbei um hochsensible, sicherheitsrelevante Daten handeln kann.

Warum ist dies relevant für *Open Smart City*? Abgesehen davon, dass hiermit auch Fragen der Rechtssicherheit für die Daten öffnenden Institutionen verbunden sind, geht es wesentlich um Gesichtspunkte der Akzeptanz und Compliance, mit denen sich Stadtväter und -mütter auseinandersetzen müssen, wenn sie möglichst viele ihrer Bürger „mitnehmen" wollen auf dem Weg in die *(Open) Smart City*. Und das ist letztlich die zentrale Voraussetzung für ihr Gelingen. Aufbauend auf dem *Open Government Vorgehensmodell* der KDZ,[27] das nach den Gesichtspunkten Strategie, Datenschutz, Sicherheit, Datenqualität, externes Interesse und Aufwand fragt, können Bewertungsschemata entworfen werden, welche den Bedenken der Kritiker Rechnung tragen, wenn es gilt, eine transparente Entscheidungsgrundlage für die Freigabe von Daten zu schaffen (Stürmer 2016). Darüber hinaus hat die Praxis längst gezeigt, dass *open* versus *closed* zu einfach gedacht ist: Strenge Verfechter der *Open-* beziehungsweise *Privacy*-Bewegung mögen sich damit nicht zufriedenstellen lassen, aber letztlich läuft die Lösung des Problems auf die Etablierung verschiedener Grade von *Openness* hinaus, deren Spanne schon heute groß ist (Cole 2012). Eine (technische) Möglichkeit zur Adressierung dieser Grade wurde beispielsweise mit unscharfen Mengen von Bart Kosko bereits Mitte der 1990er-Jahre beschrieben (Kosko 1994). Um beiden Seiten des Meinungsspektrums gerecht zu werden, das heißt: um Akzeptanz und Kooperation möglichst vieler Bürger zu gewinnen, ist es dann jedoch wichtig, klare Kriterien zu erarbeiten, zu kommunizieren und ihre Anwendung transparent zu gestalten. Dies gilt für den Ansatz, dass sich die Verantwortlichen der politischen Führung und in der Administration im Rahmen der Entwicklung einer umfassenden *Open Government Data*-Strategie mit der Frage beschäftigen, welche Daten grundsätzlich offen zugänglich gemacht werden müssen oder sollten. Dies gilt auch, wenn seitens der Stakeholder konkrete Anliegen formuliert werden, für die es Daten gibt, die dazu dienen könnten, dem jeweiligen Anliegen nachzukommen, sodass diskutiert werden muss, ob es in funktionaler Hinsicht Sinn macht, die Daten offen zu legen, und ob

---

[27] https://www.kdz.eu/de/open-government-vorgehensmodell.

das Anliegen berechtigt genug ist, um die Öffnung der Daten zu rechtfertigen. Es geht also um die Frage, wann und warum welche Daten in welchem Umfang und in welcher Form geöffnet werden. Ferner: Wer macht was mit den geöffneten Daten – und ist das legitim?

Hinzu kommt ein weiterer, in seiner Bedeutung gerade seitens der Bürger oft unterschätzter Gesichtspunkt, der weniger mit Transparenz als vielmehr mit Ressourcen zu tun hat. Der Aufbau und die Pflege nachhaltiger digitaler Dateninfrastrukturen, insbesondere aber auch die gute Aufbereitung der Daten selbst, sind kostenintensiv und zum Teil mit erheblichem Personalaufwand verbunden, gleichzeitig jedoch zentrale Grundvoraussetzungen, die den Zugang zu Daten und ihre sinnvolle Verwendung erst ermöglichen. Vor allem kleinere Städte und Kommunen mit begrenzten Budgets und dünner Personaldecke im Bereich der Datenbetreuung stoßen hier rasch an ihre Grenzen (Cole 2012). Es stellt sich dann von Fall zu Fall die Frage, ob das zivilgesellschaftliche Prinzip beziehungsweise der Nutzen den Aufwand rechtfertigt. Auch hier erscheint ein gradueller Lösungsansatz zielführend: Welche Daten müssen für jeden kostenlos und gut zugänglich sein? In welchen Fällen ist die Erhebung von Gebühren durchaus angemessen und wie hoch dürfen diese in einem Spektrum zwischen „Unkostenbeitrag" und „Kostendeckung" ausfallen? Und wann ist eine gezielte Bewirtschaftung von Daten durchaus legitim (was dann allerdings ausdrücklich nicht mehr in den Bereich der *Open Government Data* fällt)?

Mit Blick auf *Open Smart City*-Projekte, die vorrangig darauf abzielen, Interaktions- und Kommunikationsangebote zu eröffnen, ist es wichtig, dass sich die Verantwortlichen auf Seiten der Stadt beziehungsweise stadtnaher Institutionen der Fallstricke bewusst sind, die dazu führen können, dass Projekte wie *Frag' den Bürgermeister* scheitern und letztlich sogar mehr Schaden als Nutzen stiften. Gewinnen Bürger, die sich auf derartige Interaktionsangeboten einlassen, den Eindruck, dass man ihre so kommunizierten Anliegen nicht ernst oder auch nur zur Kenntnis nimmt, obwohl dies versprochen beziehungsweise behauptet wird, oder dass es Politikern und Behörden nicht so sehr um sie, sondern in erster Linie um Außenwirkung geht, so ist der Vertrauensverlust schnell groß. Im Vorfeld sollten daher folgende Aspekte sorgfältig erwogen und bei der Umsetzung entsprechender Projekte berücksichtigt werden: Wie, in welcher Form und von wem wird das Kommunikationsangebot gemacht? Wie, in welcher Form und von wem wird dieser Kanal gepflegt? Wie geht man mit dem Kommunizierten um, damit Responsivität gelingt? Von großer Bedeutung ist auch hier der Faktor Transparenz. So muss zum Beispiel klar erkennbar und nachvollziehbar sein, welche Anregungen oder Beschwerden aufgegriffen werden, welche nicht und was die Gründe dafür sind. *Open Governance*-Portale ernsthaft und gut zu betreiben, ist aufwendig, kann jedoch eine echte Chance darstellen, die Bürger davon zu überzeugen, dass ihre Stimme zählt, dass es Sinn ergibt, sich für die Belange ihres Gemeinwesens zu engagieren und ihre Partizipationsrechte tatsächlich wahrzunehmen. Darüber hinaus, und dies ist ebenfalls zentral, werden auf diese Weise wichtige Quellen für Informationen über Bedürfnisse, Wünsche oder ganz konkreten Handlungsbedarf gepflegt.

Ein etwas paradoxes Problem stellt die Tatsache dar, dass die Öffnung von Daten ebenso wie die Eröffnung von (neuen) Möglichkeiten der politischen Teilhabe nicht automatisch dazu führt, dass die Stakeholder diese Möglichkeiten auch in Anspruch nehmen: *Open Governance* und *Open Government Data* können dazu beitragen, Korruption zu vermindern, Transparenz zu erhöhen und die Bedeutung der Zivilgesellschaft in Prozessen politischer Partizipation zu stärken. Ein Selbstläufer ist dies jedoch nicht, auch nicht in der smarten Stadt. Ähnliches gilt für den viel beschworen ökonomischen Mehrwert von *Open Government Data*. Diese können offenbar tatsächlich unter wirtschaftlichen Gesichtspunkten sehr interessant sein, weshalb es auch verfehlt ist, dass die Diskussion um ihr Potenzial dann doch sehr häufig und stark auf die Themen Partizipation, Transparenz und Kontrolle von Politik und Behörden fokussiert. Mit Ausnahme von Einzelprojekten scheint es jedoch nur wenige konzeptionelle Überlegungen dazu zu geben, was man konkret mit diesen Daten machen könnte (Chan 2013). Hier zeigt sich die Notwendigkeit, systematisch Strategien zu entwickeln, um die Stakeholder zu motivieren beziehungsweise die Bedingungen zu schaffen, damit sie sich beteiligen (Attard et al. 2015). Es gilt also, dass es nicht genügt, wenn die Verantwortlichen in Politik und Verwaltung beschließen, sich die Prinzipien und Ziele von *Open Governance* und *Open Government Data* zu eigen zu machen. Sie sind auch in der Pflicht, Angebote zu machen und Ideen aufzuzeigen, wie die daraus entstehenden Möglichkeiten zum Wohle des Gemeinwesens genutzt werden können, Engagement zu ermutigen und Innovationen anzustoßen. Und dies gilt auch für Initiativen im Bereich *Open Smart City*.

3.5 Schlussfolgerungen

Open Smart City stellt ein Konzept dar, das an der Schnittstelle zwischen *Smart City* und *Urban Governance* anzusiedeln ist. Es beruht auf der Grundannahme, dass zur Deckung des erhöhten Informations- und Kommunikationsbedarfs der *Smart City* gezielt und systematisch die Gesichtspunkte *Open Governance* und *Open Government Data* herangezogen werden können. Besonders großes Augenmerk gilt hierbei auch der Kommunikation zwischen der Stadt beziehungsweise stadtnahen Institutionen und den Stakeholdern. Das Potenzial dieser Konstruktion ist groß: Der facettenreiche Begriff *open* kann einerseits als normativer Anspruch beziehungsweise politisches Programm den Prinzipien einer demokratischen Staatsordnung und Forderungen nach mehr Transparenz, politischer Partizipation und Möglichkeiten für zivilgesellschaftliches Engagement Nachdruck verleihen; als vielschichtiges, pragmatisches Instrument kann er zur Lösung konkreter politischer, gesellschaftlicher, ökonomischer und ökologischer Probleme beitragen.

Generell muss berücksichtigt werden, dass die Stakeholder und die Kontexte, vor deren Hintergrund sie agieren, sehr verschieden sind. Entsprechend heterogen sind die Interessen, Erwartungen und Perspektiven, die an *Open Governance* und *Open Government Data* herangetragen werden und die zu ganz unterschiedlichen Gewichtungen etwa der Aspekte Technologie, Ökonomie, Politik und Administration führen können (Gonzales-Zapata und Heeks 2015): Dominiert die bürokratisch-administrative Sicht, steht die Steigerung der Effizienz städtischer Services und Infrastrukturen durch den richtigen Gebrauch von Daten im Vordergrund; der technologische Blickwinkel fokussiert auf die Verbesserung von Dateninfrastrukturen und Fragen der Zugänglichkeit von Daten; aus politischer Perspektive ist zentral, Transparenz und Partizipation zu steigern sowie die Machtverhältnisse zwischen Politik und Verwaltung und der Zivilgesellschaft in Balance zu halten; unter ökonomischen Gesichtspunkten geht es um die Förderung von Wirtschaft, Unternehmen und Investitionen sowie die Schaffung von Arbeitsplätzen. Das Zusammenspiel dieser Elemente, die soziopolitischen Machtverhältnisse sowie kulturelle, historische, ökologische und ökonomische Faktoren gilt es zu bedenken, wenn Strategien mit dem Ziel entworfen werden, systematisch die durch *Open Governance* und *Open Government Data* eröffneten Potenziale auszuloten und auch zu nutzen. Die frühzeitige Identifizierung und Einbindung der Stakeholder, so auch ein zentrales Ergebnis des *Berner Open Smart City Roundtables*, ist folglich essenziell für das Gelingen. Dabei kommt es sowohl darauf an, auf bereits artikulierte Interessen und Probleme zu reagieren, als auch darauf, vorausschauend Angebote zu machen. Eine große Chance von *Open Smart City* kann darin bestehen, dass es hier quasi zum Programm gehört, besonders dicht und individuell an den Bedürfnissen einer spezifischen Stadt entlang zu arbeiten – und zwar ausdrücklich unter Einbeziehung der Bürger, Organisationen, Unternehmen und sonstigen Interessengruppen.

Danksagung Die Autoren dieses Kapitels danken allen Kolleginnen und Kollegen am Institut für Wirtschaftsinformatik an der Universität Bern, die uns bei der Erstellung dieses Kapitels zur Seite standen, insbesondere Michelle Ballmer. Vielen Dank!

Literatur

Attard J, Orlandi F, Scerri S, Auer S (2015) A systematic review of open government data initiatives. Gov Inf Q 32(4):399–418
Barber BR (2013) If mayors ruled the world: dysfunctional nations. Yale University Press, Rising Cities
Benz A (2004) Einleitung: Governance – Modebegriff oder nützliches sozialwissenschaftliches Konzept? In: Benz A (Hrsg) Governance – Regieren in komplexen Regelsystemen. Eine Einführung. VS Verlag für Sozialwissenschaften, Wiesbaden, S 11–28
Bertot JC, Jaeger PT, Grimes JM (2010) Using ICTs to create a culture of transparency: e-government and social media as openness and anti-corruption tools for societies. Gov Inf Q 27:264–271
Chadwick A (2003) Bringing e-democracy back in: why it matters for future research on e-governance. Soc Sci Comput Rev 21:443–455
Chan CLM (2013) From open data to open innovation strategies: creating e-Services using open government data. In: 46th Hawaii international conference on system sciences (HICSS'13)
Chui M, Farrell D, Jackson K (2014) How government can promote open data and help unleash over \$3 trillion in economic value. In: Innovation in local government: open data and information technology, Bd 2. McKinsey & Company, New York, USA
Chun SA, Shulman S, Sandoval R, Hovy E (2010) Government 2.0: making connections between citizens, data and government. Inf Polity 15(1):1

Cole RC (2012) Some observations on the practice of open data as opposed to its promise. J Community Inform 8(2)

Curry E, Ojo A, Zeleti F (2016) Exploring the economic value of open government data. Gov Inf Q 33:535

Dapp M (2015) Code for Switzerland. Open Source Studie Schweiz 2015. http://www.ossdirectory.com/fileadmin/OSSStudieSchweiz2015.pdf. Zugegriffen am 22.08.2016

Davies T (2010) Open data, democracy and public sector reform. A look at open government data use from data.gov.uk. Masterarbeit an der University of Oxford, Practical Participation, London

Davis DE, Keating AM (2015) Development and urbanization. Int Encycl Soc Behav Sci 6:282–289

Dolzer R (2004) Good Governance: Neues transnationales Leitbild der Staatlichkeit? ZaoRV 64:535–546

D'Onofrio S, Portmann E (2015) Von Fuzzy-Sets zu Computing-with-Words. Informatik Spektrum 38(6):543–549

D'Onofrio S, Portmann E (Eingereicht, 2016) Cognitive computing in smart cities. Informatik Spektrum 6. Springer, S. 1–12

Fisher E (2012) E-governance and e-democracy: questioning technology-centered categories. In: Levi-Faur D (Hrsg) The Oxford handbook of governance. OUP, Oxford, S 569–583

Glasbergen P, Biermann F, Mol APJ (2007) Partnerships, governance and sustainable development: reflections on theory and practice. Edward Elgar, Cheltenham/Northampton

Gonzales-Zapata F, Heeks R (2015) The multiple meanings of open government data: understanding different stakeholders and their perspectives. Gov Inf Q 32(4):441–452

Hunkeler M (2016) Die App gegen Sprayereien und Schlaglöcher. Der Bund http://www.derbund.ch/bern/kanton/die-app-gegen-sprayereien-und-schlagloecher/story/30717106. Erstellt: 04.08.2016. Zugegriffen am 22.08.2016

Jacobs MJ (2015) Das Informationsfreiheitsgesetz. Proaktive Verwaltungstransparenz oder begrenzte Transparenz auf Nachfrage? GRIN Verlag, München

Kalampokis E, Hausenblas M, Tarabanis K (2011) Combining social and government open data for participatory decision-making. In: Tambouris E, Macintosh A, de Bruijn H (Hrsg) ePart2011. LNCS 6847. Springer, Berlin & Heidleberg, S 36–47

Kosko B (1994) Fuzzy thinking. Harper-Collins, London

Kutscha M (2010) Mehr Datenschutz – aber wie? Z Rechtspolit 43(4):112–114

Ladner A, Meier A (2014) Digitale politische Partizipation: Spannungsfeld zwischen MyPolitics und OurPolitics. HMD Prax Wirtschaftsinformatik 51(6):867–882

Levi-Faur D (2012) From „big government" to „big governance"? In: Levi-Faur D (Hrsg) The Oxford handbook of governance. Oxford University Press, Oxford, S 3–18

Meier A (2009) E-democracy & e-government. Springer, Berlin/Deutschland

Meijer A, Rodríguez Bolívar MP (2016) Governing the smart city: a review of the literature on smart urban governance. Int Rev Adm Sci 82(2):392–408

Molloy JC (2011) The open knowledge foundation: open data means better science. PLoS Biol 9(12)

Offe C (2009) Governance: an „empty signifier"? Constellations 16:550–562

Peters BG (2012) Governance as political theory. In: Levi-Faur D (Hrsg) The Oxford handbook of governance. Oxford University Press, Oxford, S 19–32

Pierre J (2011) The politics of urban governance. Palgrave Macmillan, Basingstoke

Portmann E, Finger M (2015) Smart Cities – Ein Überblick! HMD Prax Wirtschaftsinformatik 52(4):470–481

Rothstein B (2012) Good governance. In: Levi-Faur D (Hrsg) The Oxford handbook of governance. Oxford University Press, Oxford, S 19–32

Sack D (2012) Urbane Governance. In: Eckardt F (Hrsg) Handbuch Stadtsoziologie. Springer Vieweg, Wiesbaden, S 311–336

Stürmer M (2016) Governance bei der Freigabe von Open Data. http://jusletter-it.weblaw.ch/issues/2016/25-Mai-2016/governance-bei-der-f_e5e3b48b0b.html__ONCE. Zugegriffen am 22.08.2016

Terán L (2014) SmartParticipation – a fuzzy-based recommender system for political community building. Springer, Berlin

Tkacz N (2012) From open source to open government: a critique of open politics. Ephemera Theory Polit Organ 12(4):386–405

Townsend AM (2013) Smart cities. Big data, civic hackers, and the quest for a new utopia. W.W. Norton Inc, New York

United Nations, Department of Economic and Social Affairs, Population Division (2014) World urbanization prospects: the 2014 revision, highlights. ST/ESA/SER.A/352. http://esa.un.org/unpd/wup/Publications/Files/WUP2014-Highlights.pdf. Zugegriffen am 22.08.2016

United Nations, Department of Economic and Social Affairs, Population Division (2015) World population prospects: the 2015 revision, key findings and advance tables. ESA/P/WP.241. http://esa.un.org/unpd/wpp/Publications/Files/Key_Findings_WPP_2015.pdf. Zugegriffen am 22.08.2016

Yang Z, Kankanhalli A (2013) Innovation in government services: the case of open data. In: Grand successes and failures in IT. Public and private sectors. Springer, Berlin & Heidelberg, S 644–651

Zadeh LA (2006) From search engines to question answering systems – the problems of world knowledge. Relevance, deduction and precisiation. In: Sanchez E (Hrsg) Fuzzy logic and the semantic web. Elsevier, Amsterdam

Zumbansen P (2012) Governance: an interdisciplinary perspective. In: Levi-Faur D (Hrsg) The Oxford handbook of governance. Oxford University Press, Oxford, S 19–32

Teil II

Smart Partizipation

Privatsphäre in Smart Cities. Eine raumsoziologische Analyse

4

Martina Löw und Lea Rothmann

Zusammenfassung

In diesem Kapitel analysieren wir die Thematik Smart City aus raumsoziologischer Sicht und behandeln dabei Fragen, die sich mit Privatsphäre und Privatheit verbinden. Unser Beitrag beginnt mit einer Klärung der in diesem Aufsatz verwendeten Begriffe. An einem Beispiel der smarten Organisation von Elektromobilität in unternehmensübergreifenden Sharing-Systemen evaluieren wir die Chancen und Risiken eines spezifischen ‚smartifizierten' Interaktionsraums, entwickeln daraus die Argumentation zu einer positiv bewerteten Smart City-Praxis und kommen abschließend zu unseren Überlegungen, wie Privatsphäre in smarten Interaktionsräumen hergestellt oder bewahrt werden kann.

Schlüsselwörter

Privatsphäre • Privatheit • Vertrauen • Raumsoziologie • Smart City

Vollständig überarbeiteter und erweiterter Beitrag basierend auf Privatsphäre in smarten Interaktionsräumen? Von intelligenten Städten und der Hoffnung auf die gute Gesellschaft, HMD – Praxis der Wirtschaftsinformatik Heft 304 52(4):610–623.

M. Löw • L. Rothmann (✉)
TU Berlin, Berlin, Deutschland
E-Mail: Martina.Low@tu-berlin.de; Lea.Rothmann@tu-berlin.de

4.1   Smart Cities aus der raumsoziologischen Perspektive

Ob Creative-, Eco-, Green-, Responsive-, Digital oder Smart City, wir wollen unsere Städte nicht einfach nur ein kleines bisschen besser machen.[1] Die jeweiligen Konzepte und modischen Schlagworte propagieren auch ein anderes, besseres Zusammenleben, eine wirkliche Veränderung. Das heißt, diese Stadtkonzepte richten ihre Verbesserungsvorschläge nicht nur auf einzelne Stadtinfrastrukturen, sondern auf die gesamte (Stadt-)Gesellschaft. Es ist nicht überraschend, dass diese Konzepte oft unpräzise bleiben, sich darunter viel fassen und wenig scharf abgrenzen lässt – eine Smart City kann eben bspw. auch eine Responsive, Eco und Creative City sein. Für einen wissenschaftlichen Umgang mit dem Phänomen müssen wir jedoch eine begriffliche Setzung vornehmen.

Für die Analyse in diesem Beitrag verstehen wir Smart Cities als Städte, die sich durch einen besonders hohen Grad der Integration von Menschen – ihrem Handeln, ihren Routinen und Institutionen – über Informationsnetzwerke auszeichnen. Das heißt unsere Arbeitsplätze, unsere Häuser, Autos, schlussendlich unsere gesamte Lebenswelt Stadt, werden immer smarter.[2] Sie werden zunehmend von miteinander verbundenen Telekommunikationssystemen durchsetzt, die Daten generieren, versenden, kombinieren und auswerten, um unser Leben effizienter, umweltfreundlicher, einfacher, angenehmer und, so die Ankündigung, sicherer zu machen. Wobei durch die Integration in die Smart City über die elektronischen Netzwerke, verstanden als Distributionswerkzeuge der wichtigsten heute zum Leben und Arbeiten benötigten Dienstleistungen und Dinge, von der Energie, über die Kommunikation, bis hin zur Versorgung mit Büroartikeln und Lebensmitteln, neue Abhängigkeiten im Vergleich zur nicht-smarten Stadt erzeugt werden. Die Integration basiert auf der möglichst vollständigen Erfassung der Dienstleistungen, Dinge und Akteure (wie bspw. Nutzer, Produzenten, Verkäufer, Kunden). Dabei nehmen die Datenvolumen, die Durchlaufgeschwindigkeit und die Datenformate in einem Ausmaß und einem Tempo zu, die man sich als Laie kaum noch vorstellen kann.[3] Wir fragen deshalb insbesondere nach der Interpretation der elektronischen Vernetzung durch unterschiedliche Nutzergruppen und den Herausforderungen, die sich im Hinblick auf die Wahrung der Privatsphäre des Einzelnen in Smart City-Konzepten (oder smarten Interaktionsräumen) ergeben.

Datengrundlage des von uns gewählten Beispiels ist ein vom BMWT finanziertes Forschungsprojekt zu Privacy in unternehmensübergreifenden eCar-Sharing-Systemen: „eFahrung: Unternehmensübergreifende Nutzung von E-Fahrzeugen in Unternehmensflotten". Die Datenbasis besteht aus 90 qualitativen, leitfadengestützten

---

[1] Wir verwenden in diesem Artikel das generische Maskulinum, um die Lesbarkeit zu erleichtern. Bezeichnet sind aber immer Frauen und Männer, sofern nicht anders angegeben.

[2] Big Data vgl. Grimm 2013. Smart City vgl. Deakin 2014; Riva-Sanseverino et al. 2013. Smart Office vgl. Le Gal et al. 2001. Smart Home vgl. Chan et al. 2009. Smart Car vgl. Schmidt et al. 2014; Schuh und Stich 2013.

[3] Das globale Datenvolumen wurde 2012 auf 2,8 Zetabytes (10^{21} Bytes = 1 Zetabyte = 10^9 Terabytes) geschätzt, wobei man von einer Verdopplung alle zwei Jahre ausgeht (Grimm 2013, S. 134).

Experteninterviews zur Nutzung batterieelektrisch betriebener Fahrzeuge, gemeinschaftlich genutzter Fahrzeuge sowie anderer gemeinschaftlich genutzter Güter (beispielsweise Büroräume oder -materialien). Untersucht wurden vor allem drei Gruppen von Experten: Die Nutzer (Fahrer von Poolfahrzeugen und/oder Dienstwagen), deren Personalvertretung sowie das Fuhrparkmanagement. Ergänzend befragten wir in Hinblick auf die technische Ausstattung von Elektrofahrzeugen mit vernetzten Telekommunikationsmedien sowohl die Datenschutzbeauftragten der Unternehmen als auch unabhängige Datenschutzexperten. Ferner führten wir Interviews mit Experten aus dem Umfeld neuer Sharing-Initiativen (z. B. Carsharing-Unternehmen, sogenannten Maschinenringen in der Landwirtschaft und Co-Working-Spaces) durch, um den Aspekt des unternehmensübergreifenden Teilens näher zu beleuchten.

Die Relevanz des Projekts zu unternehmensübergreifend genutzten Elektrofahrzeugen ergibt sich daraus, dass die Umstellung des Individual- und Personenwirtschaftsverkehrs auf smart organisierte Mobilitätsstrategien, wie internetbasierte Sharing-Konzepte und „alternative" Antriebsformen, wie die Elektromobilität (vgl. Firnkorn und Müller 2014) wichtiger Bestandteil vieler Smart-City-Konzepte ist. Dabei geht es nicht nur um eine Veränderung des Fahrzeugs selbst, sondern auch um die Veränderung von Gewohnheiten. Nicht mehr besitzen, sondern teilen lautet immer häufiger die Devise.[4] Nicht mehr ein Fahrzeug für einen Mitarbeiter, sondern dem Bedarf gerecht werdende Mobilitätskonzepte sollen gefunden werden. Die Elektromobilität und die damit verbundene Optimierungsdebatte, in welcher in erster Linie auf smarte Fahrzeugverwaltungs-Systeme verwiesen wird, ist auch ein Kernelement der „Smartifizierung" der Städte. Denn Elektromobilität, die sich „rechnen" soll, basiert auf smarten Systemen, die den Zustand jedes Elektrofahrzeugs überwachen, für jedes Automobil passgenaue Routen für optimale Anwendungszwecke finden und diese Fahrzeuge in ein (Sharing-)System einbinden, das eine optimale Auslastung der Elektroautos gewährleistet (Vidačković und Weiner 2013). Dafür sind diese Systeme auf ein umfassendes Management der über die Informations- und Kommunikationstechnik (IKT) gewonnenen Daten angewiesen (vgl. Raabe et al. 2011). Ein Umstand, der brisante Fragen zum Datenschutz innerhalb der Unternehmen im Allgemein und der Wahrung der Privatsphäre der Mitarbeiter im Speziellen aufwirft (vgl. Böker und Demuth 2013; Polczyk 2013). Der Vorteil bei diesem Beispiel ist, dass sich dieser Aushandlungsprozess in actu analysieren lässt, da der Einsatz von IKT-Medien, die sich zur Kontrolle und Überwachung der Fahrzeuge und – wie wir zeigen werden – damit auch der Fahrer eingesetzt werden können, im Fuhrpark schon weit verbreitet ist.[5]

---

[4] „1,26 Millionen CarSharing-Kunden waren am 01.01.2016 in Deutschland registriert, 220.000 mehr als im Vorjahr. Ihnen standen 16.100 CarSharing-Fahrzeuge zur Verfügung. Die Zahl der Städte und Gemeinden mit einem CarSharing-Angebot erhöhte sich von 490 auf 537." Bundesverband CarSharing e.V. Pressemitteilung (29.02.2016) http://www.carsharing.de/sites/default/files/uploads/pm_carsharing-bilanz_2016_0.pdf. Zugegriffen am 24.05.2016 „Carsharing-Boom hält an" vgl. ebd. (2014): http://www.carsharing.de/presse/pressemitteilungen/carsharing-boom-haelt-an. Zugegriffen am 24.05.2016. In: Flottenmanagement 1/2011: 44–48.

[5] Dies zeigt die lebhafte Diskussion über Möglichkeiten und Hindernisse bei der Einführung von softwaregestützten Flottenmanagementsystemen in den einschlägigen Fachzeitschriften. Vgl.

Das Ziel ist dabei in der Regel gar nicht vordergründig die Überwachung oder Kontrolle des Einzelnen. Die Hoffnung auf Sicherheit, Effizienz, Wirtschaftlichkeit sowie ökologische Nachhaltigkeit, die sich mit Smart City-Konzepten verbindet, gründet vielmehr auf der angenommenen Berechenbarkeit und Planbarkeit von Menschen und sozialen Gütern in smarten Interaktionsräumen durch die Analyse möglichst vollständig erhobener valider Informationen sowie daraus abgeleiteten möglichst korrekten Prognosen und Handlungsempfehlungen. Die so en passant mit hergestellte smarte Kontrolle basiert auf den Möglichkeiten und dem Wissen über diese, zur Telepräsenz und Teleaktion der Akteure, d. h. Sachverhalte – Beziehungen von Menschen und Dingen – sind manipulierbar, einsehbar, akustisch und visuell übertragbar, die sonst in einem gegebenen Zeitraum, von einem bestimmten Ort aus unerreichbar wären.

Smarte Fahrzeugüberwachungs- und Flottenmanagementsysteme informieren nicht nur den Fahrer eines bestimmten Fahrzeuges über den Zustand seines Gefährts, sondern ermöglichen die Überwachung der Fahrzeuge einer ganzen Flotte (bestenfalls) in Echtzeit. Sie erlauben es gleichzeitig der Vertragswerkstatt und dem Fuhrparkmanagement die Inspektionstermine im Blick zu halten, dem Fahrer Rückmeldung über seinen Fahrstil zu geben, die Fahrprofile aller Mitarbeiter auszuwerten, um besonders kostensparendes oder umweltschonendes Fahren zu prämieren oder die Zuteilung der Mobilitätsoptionen noch bedarfsgerechter zu planen. Sie erhöhen somit die Anzahl der möglichen Interaktionsräume und Interaktionspartner (materieller oder nicht materieller, menschlicher oder nicht menschlicher Natur) und potenzieren die Wirkungskraft der einzelnen Handlung. Immer mehr und immer weiter voneinander entfernt liegende Interaktionsräume können mit einem System gleichzeitig überwacht und gesteuert werden.

Wenn es für das Funktionieren der Systeme notwendig ist, dass die Dienstleistungen, Dinge und Menschen im Netzwerk zu jeder Zeit sichtbar, lokalisierbar, beschreibbar, kategorisierbar und gegebenenfalls sogar individualisierbar sind, um sie effektiv in das System einzubinden und ihre Eigenschaften optimal zu nutzen, erwächst daraus ein quantitativ neues Ausmaß an ungleich verteilter Sichtbarkeit, die zu veränderten Sichtbarkeitserwartungen bei den Nutzern führt. Damit wächst die Macht gezielt und direkt einzelne Dienstleistungen, Dinge und Lebewesen nicht nur zu kontaktieren, sondern auch zu manipulieren, und zwar gegebenenfalls alleine durch die Erwartungen an die Sichtbarkeit der eigenen Person im System. Das Problem: Die Daten, die in diesem smarten Netzwerk generiert werden, sind nicht allen Akteuren in gleichem Maße zugänglich. Die unterschiedlichen Zugriffsrechte und Zugriffkompetenzen führen zu unterschiedlichen Möglichkeiten, das Netzwerk zum eigenen Vorteil zu nutzen. Auch wenn das Informationsnetzwerk zahlreiche Möglichkeiten zu neuen Partizipationsformen eröffnet, so ist die Kehrseite, dass Nutzer die unfreiwillige Sichtbarkeit persönlicher Informationen und damit eine legale Einschränkung ihrer Persönlichkeitsrechte[6] antizipieren, ihr Verhalten daran

---

exemplarisch: „Flottenoptimierung auf einen Klick". In: Flottenmanagement 3/2014: 70 ff.; „Digitalisiert". In: Flottenmanagement 4/2015: 76 ff.

[6]Einen Überblick darüber, was in unserer Gesellschaft mit Persönlichkeitsrecht gemeint ist oder darüber verhandelt wird, gibt die Rechtsprechung in Bezug auf das allgemeine Persönlichkeitsrecht nach Art. 2 Abs. 1 GG i.V.m. Art 1 Abs. 1 GG, vgl. dazu Fußnoten 13–17.

(auch vorsorglich) anpassen könnten und gegebenenfalls sogar Einschränkungen hinnehmen aus Angst, ihnen könnten sonst Nachteile entstehen.

Weiter verfügt der Einzelne als Laie nicht über ausreichendes Wissen und ausreichende Kompetenzen, um die Konsequenzen seiner Sichtbarkeit, seiner Verortungen, Beschreibungen und Kategorisierungen durch das System realistisch einschätzen zu können und damit die Folgen der eigenen Handlungen zu überschauen.

Die Risiken, die beispielsweise durch De-Kontextualisierung, Persistenz und Re-Identifikation entstehen, können dem Laien nicht in ausreichendem Maße bewusst sein und deshalb auch nicht eingeschätzt werden. De-Kontextualisierung bedeutet, dass die persönlichen Daten in Kontexten verwendet werden, von denen der Datenverursacher gar nichts weiß, denen er nicht zugestimmt hat oder niemals zugestimmt hätte, Persistenz bezeichnet die Langlebigkeit der Daten im Internet, Re-Identifikation ist die Zuordnung eigentlich anonymer Daten zu Personen durch fortgeschrittene Analysetechnik (vgl. acatech 2013). Geschweige denn, dass er über ausreichende Zugriffsmacht oder Zugriffsrechte verfügt, um darauf Einfluss zu nehmen und etwas daran zu verändern. Dies macht es dem Laien schwer, in smarten Interaktionsräumen vernünftig und selbstbestimmt zu agieren und die Integrität seiner Person zu schützen oder darauf zu vertrauen, dass diese geschützt bleibt.

Den großen Chancen, die sich für alle Bereiche unseres Lebens aus der Ausschöpfungen dieser gigantischen Ressource Information ergeben, steht also erstens das Risiko des Missbrauchs gegenüber, wobei zweitens gerade die das System nur nutzenden Laien sich unvernünftig zu verhalten scheinen. Das ist der Fall, wenn die Mehrheit der Nutzer einem Nachverfolgen ihres Nutzerverhaltens kritisch gegenüberstehen und gleichzeitig kostenlose Apps herunterladen und ihre Zustimmung geben, personenbezogenen Daten zu verwenden (vgl. Grimm 2013, S. 128). Es kommt zu paradoxen Situationen (privacy paradox), in denen auf den ersten Blick willkürliche Entscheidungen getroffen werden. Bei dieser Diagnose wird aber oft der Kontext des ‚widersprüchlichen‘ Verhaltens ungenügend berücksichtigt. So stehen sich verschiedene Wünsche der Nutzer gegenüber, beispielsweise einerseits kostenlose Kommunikation, Unterhaltung oder auch Unterstützung durch smarte Anwendungen (unter der Bedingung der Verwendung der personenbezogenen Daten durch den Kommunikationsdienstleister (sowie ggf. Dritte)) und andererseits der Wunsch nach Privatsphäre – also trotzdem selbst zu bestimmen, mit wem man kommuniziert, interagiert und welche Informationen man wem übermittelt. Wobei wiederum zu bedenken ist, dass eine Entscheidung zwischen diesen sich widersprechenden Wünschen auf Basis unvollständiger Informationen getroffen wird, das heißt die Entscheidung bei vollständiger Informiertheit auch anders ausfallen könnte und es weiter an der Kompetenz fehlt, die individuelle Präferenz bezüglich des Ausmaßes an Privatsphäre und Datenschutzstrategien auch tatsächlich umzusetzen (vgl. ebd.: 15).

Möchte man verstehen, wie es zu diesem widersprüchlichen Verhalten kommt, ist es sinnvoll Smart und City, also die vernetzten Telekommunikationsmedien und die Stadt, zusammen zu denken. Das bedeutet, damit aufzuhören einerseits das

‚Problem' der digitalen Vernetzung zu beschreiben und andererseits die Stadt dem gegenüberzustellen. Handlungen online haben offline Konsequenzen, beispiels-weise wenn ein Kreditinstitut, eine Versicherung oder der potenzielle Arbeitgeber auf die personenbezogenen Daten aus sozialen Medien, eigenen Webseiten etc. zugreifen und danach entscheiden, zu welchen Konditionen oder ob überhaupt eine Beziehung zustande kommt. Genauso wie mittlerweile Handlungen offline Konse-quenzen in der Dimension der vernetzten Telekommunikationsmedien haben, bei-spielsweise weil unsere Handlungen und Bewegungen im materiellen Stadtraum zunehmend aufgezeichnet und als Daten weiter verarbeitet werden. Dies geschieht wissentlich oder unwissentlich, gewollt oder ungewollt, etwa wenn unsere Bewe-gungen durch die verschiedenen GPS-fähigen Geräte, die wir bei uns tragen, oder durch die verschiedenartigen Überwachungssensoren unserer Smart City aufge-zeichnet werden. Deshalb ist der Raum der Smart City keine Metapher und kein Double des physischen Stadtraumes, sondern eine Dimension der durch uns ver-wirklichten Lebenswelt Stadt. Das heißt auch, dass neben den rechtlichen und poli-tischen Werkzeugen zur Wahrung der Persönlichkeitsrechte auf staatlicher Ebene auch auf zivilgesellschaftlicher, individueller und gemeinschaftlicher Ebene Kom-petenzen sowie immaterielle und materielle Ressourcen erworben werden müssen, um als aktiver Bürger an der Stadtgesellschaft weiter mitwirken zu können.

Wenn es um die Frage nach der Privatsphäre in der Smart City geht, schlagen wir deshalb vor, Offline-Strategien und Online-Strategien nicht getrennt zu betrachten, sondern über die Distinktion von Dimensionen als unterschiedliche Dimensionen des Smart City-Raumes und damit der Fragen, Probleme, schließlich auch Ant-worten und Lösungen zu behandeln.

Wir wollen dies an einem Modell veranschaulichen, welches Privatsphäre als relationalen Raum[7] konzipiert, der in der Praxis durch Spacing und Synthese herge-stellt wird (Löw 2001, S. 158). Der relationale Raum überdauert die aktuellen Handlungen einzelner Akteure als gleichzeitig materielle wie immaterielle Objekti-vation (das heißt, als institutionalisierte (An)Ordnung von Materiellem wird der Raum, als Produkt menschlicher Tätigkeit, in gesellschaftlichen Interaktionsprozes-sen mit Bedeutung aufgeladen und gleichzeitig als gegenständlich erlebt) (vgl. Löw 2001, S. 164). Spacing ist das Herstellen, Bauen, Transformieren, das Legen, Set-zen, Stellen, Verschieben von materiellen und immateriellen Objektivationen. Syn-these ist die Verknüpfung dieser – dadurch immer schon bedeutungsvollen – Objekte zu Räumen durch Wahrnehmungs-, Erinnerungs- und Vorstellungsleistungen der Subjekte. In der Synthese werden Menschen, Lebewesen und unbelebte Dinge zu einem Raum, in welchem sie zueinander in Beziehung oder „(An)Ordnung" (Löw 2001, S. 160) stehen, verstehend zusammengefasst. Das heißt, es wird Irrelevantes unbeachtet gelassen, die Beziehungen werden vereinfacht und kondensiert. Dieser Prozess des Zusammenfassens will gelernt sein. Wir greifen dabei auf einen großen, oft nicht bewusst realisierten, Wissensbestand zurück, um beispielsweise zu erfas-sen, was relevant ist. Spacing und Synthese bringen in einem dialektischen Prozess den relationalen Raum immer wieder hervor, wobei die (An)Ordnung über die

---

[7] „Raum ist eine relationale (An)Ordnung sozialer Güter und Menschen (Lebewesen) an Orten" (Löw 2001, S. 224).

Objektivationen eine relative Dauerhaftigkeit und Stabilität erreichen. Materielle Objektivationen sind in unserem Beispiel Infrastrukturen, Hardware, aber auch Anordnungen materieller Dinge und ihrer Eigenschaften im physischen Raum, beispielsweise Häuser, Automobile mit mehr oder weniger durchlässigen Wänden etc. Immaterielle Objektivationen nennen wir Daten, Informationen, Wissen, aber auch Institutionen und Routinen, die Regeln setzen und Ordnung herstellen.

Im Folgenden nehmen wir besonders die Praxis in den Blick und machen die Analyse der Herstellung der Privatsphäre – die Privatheit/Privacy – für die Beschreibung der vorgefundenen Konflikte nutzbar.

4.2 Privatheit als Modus der Konstitution von Privatsphäre

Privatsphäre bezeichnet einen herzustellenden geschützten Wissens-, Entscheidungs- und Handlungsraum. *Privatheit* bezeichnet den Modus der Herstellung dieses Raumes, das heißt, die Handlungen zur Kontrolle über die persönlichen Informationen und zur Regulierung des Zugangs zum Selbst.[8]

Individuelle oder kollektive Kontrolle, das heißt die Fähigkeit, in einem Beziehungsgefüge zu entscheiden, was zu welchem Grad privat und was öffentlich ist, setzt voraus, dieses Beziehungsgefüge einschätzen und beurteilen zu können. Das wiederum basiert darauf, über ausreichende Informationen zur Beschaffenheit des relationalen Raumes und der an ihm beteiligten Akteure und Aktanten (nichtmenschliche Dinge) zu verfügen. Das allerdings ist gerade im Umgang mit vernetzten informationsverarbeitenden Systemen kompliziert. Akteure können sich allein durch die Vielzahl der hoch spezialisierten Interaktionsräume, in denen sie sich als Laien im Alltag bewegen, nicht mehr mit der Struktur jedes Interaktionsfelds in ausreichendem Maße beschäftigen. Durch die Informationsasymmetrie (vgl. Goffman 2003, S. 12) entstehen Ungleichheit und Ungleichzeitigkeit, die zu schwer kontrollierbaren Machtverhältnissen und gegebenenfalls zu einem Scheitern der Interaktion oder einem Zusammenbruch des Beziehungsgefüges führen können. Eine Spielart der Probleme – Marktversagen – in Interaktionsräumen mit Informationsasymmetrie, in denen das Vertrauen derer, die nicht über ausreichend Informationen verfügen, um beispielsweise den Wert eines in der Interaktion ausgetauschten Guts einschätzen zu können, irgendwann ganz fehlt, beschreibt Georg Akerloff in seinem berühmten Aufsatz *The Market for „Lemons"*, am Beispiel des Gebrauchtwarenmarktes (Akerlof 1970).

Selbst wenn der Informationsvorsprung auf Seiten der Informations- und Kommunikationstechnologie-Hersteller, der Autohersteller, Leasingunternehmen, der Fuhrparkleitung oder Geschäftsführung nicht ausgenutzt würde, bleibt das ungute *Gefühl*, dass man selbst in diesem Bereich über kein ausreichendes Wissen und damit keine Kontrolle verfügt. Ausreichende Kontrolle wäre hier zu verstehen

---

[8] „[…] als privat gilt etwas dann, wenn man selbst den Zugang zu diesem „etwas" kontrollieren kann. Umgekehrt bedeutet der Schutz von Privatheit dann einen Schutz vor unerwünschtem Zutritt anderer" (Rössler 2001, S. 23). Wobei Rössler den Zutritt nicht nur konkret-physisch sondern auch symbolisch-virtuell versteht (ebd. ff.).

als das Ausmaß an Kontrolle, das zur Wahrung der eigenen Integrität benötigt wird. Dies bezieht sich sowohl auf die Person als Ganzes, aber auch auf die verschiedenen Aspekte, die sie hat, oder ‚Rollen', die sie spielt.[9] Dieses Gefühl des Kontrollverlustes kann zu Vermeidungsstrategien führen, die im ungünstigsten Fall gar keine Interaktion mehr ermöglichen oder sogar zur Destruktion von Aktanten im Interaktionsraum führen. Mit Vermeidungsstrategien ist nicht nur gemeint, dass sich einige wenige ganz raushalten, etwa bewusst keinerlei Telekommunikationsmedien verwenden, sondern – was das entscheidende Problem ist – zwar Telekommunikationsmedien verwenden, aber diese Dimension unseres (Stadt-)Raumes nicht mitgestalten; nicht nur weil sie dazu nicht über die Kompetenzen und das Wissen verfügen, sondern weil sie resignieren. Zur Destruktion kann es beispielsweise kommen, wenn die Kontrolle der IKT-Dimension unseres (Stadt-)Raumes in die ‚falschen' Hände gerät, z. B. Krankenhäuser in Geiselhaft genommen, Autos oder Flugzeuge während der Fahrt respektive während des Fluges gehackt und manipuliert werden, in Zukunft ganze Städte erpresst werden könnten durch die potenzielle oder tatsächliche (Cer-) Störung des Betriebes von smarten Diensten und Objekten.

Das sind wichtige Probleme, die besonders Datenschutz und Datensicherheit in der Smart City betreffen. Die Frage nach der Privatsphäre in der Smart City berührt aber noch eine andere Ebene, die nicht durch deskriptive Begriffe hinreichend erfasst und durch praktisch-technische Lösungen gesteuert werden kann, sondern zwangsläufig eine normative Fragestellung enthält. Wie schon angesprochen ist die Privatsphäre ein Schutzbereich für von uns für schützenswert befundene Werte, die unser Selbst- und Gesellschaftsbild betreffen. Diese Werte sind sozio-historisch kontigent, das heißt sie wandeln sich in der Geschichte und entstehen, werden und vergehen in Abhängigkeit der Kultur der jeweiligen Gesellschaft (vgl. Ochs 2015).

Wenn wir der Meinung sind, zu einer funktionierenden Demokratie gehöre das sich unversehrt, selbstbestimmt und frei (in den Grenzen der Selbstbestimmtheit, Freiheit und Unversehrtheit der anderen) entfaltende Individuum, dann haben wir, wenn auch vage, eine Idee, was wir damit alles verbinden. Zum Beispiel nehmen wir ganz selbstverständlich an, dass zu dem sich frei entfaltenden Individuum mehrere Persönlichkeitsaspekte gehören, die sich auch widersprechen dürfen und können, ohne die Identität und Integrität der Person in Frage zu stellen. Weil wir nicht nur sind, was wir in einem bestimmten Moment sein müssen (wenn wir etwa eine Funktion für die Gesellschaft als Politikerin ausfüllen) und nicht nur so sind, wie es eine ‚Rolle' (beispielsweise die Rolle Mutter) gerade von uns verlangt. Damit wir keine Angst davor haben müssen, dass die Verwirklichung von Eigenschaften und Aspekten unserer Person in einer Situation die Glaubwürdigkeit der Verwirklichung anderer Persönlichkeitsaspekte in einer anderen Situation gefährdet, bedarf es der Möglichkeit, sich gezielt von einem Außen abzugrenzen, das an dieser speziellen Situation nicht teilhaben soll.[10] Das setzt einen Schutzbereich voraus, der uns von

---

[9] Zur Definition der Rolle siehe Erving Goffman (2003, S. 18).

[10] „Es gibt Dinge, die den Eindruck, den eine Darstellung erweckt, diskreditieren, zerstören oder vereiteln würden, wenn die Aufmerksamkeit auf sie gelenkt würde. Sie liefern ‚destruktive Information'. Ein Grundproblem vieler Darstellungen ist infolgedessen die Informationskontrolle [...]. Mit anderen Worten: Ein Ensemble muß in der Lage sein, seine Geheimnisse zu bewahren und bewahrt zu wissen" (Goffman 2003, S. 129).

einem je anders definierten Außen abgrenzt und die in der Situation enthaltenden Aspekte unserer Persönlichkeit schützt (vgl. Goffman 2003, S. 126), damit wir uns frei entfalten können – ohne Furcht davor, dass uns daraus beispielsweise Nachteile oder eine Verletzung unserer Scham entstehen könnten –: die Privatsphäre.

Privatsphäre ist nicht einfach ein gegebener Raum, sondern sie wird *aktiv* hergestellt und reproduziert. Privatsphäre ist eine Verortung der Personen, Dinge und Dienstleistungen in Relation zu anderen Verortungen und zu dem handelnden Subjekt, die Austausch von Informationen und Zugriff regulierbar macht. Um ein ausreichendes Maß an Kontrolle über die Privatsphäre zu behalten, müssen die relevanten Verortungen der anderen (menschlichen und nicht menschlichen) Aktanten im Verhältnis zu mir bekannt sein. Dies setzt in Interaktionsräumen, die durch Telekommunikationsmedien aufgespannt werden, Informationen zu den virtuellen Grenzen eines digitalen Raumes und den Beteiligten in diesem voraus, die die Daten der direkten Sinneswahrnehmung übersteigen. Das ist umso mehr der Fall, als dass durch Telepräsenz und Telekation die Interaktionsräume, in denen der Einzelne – manchmal ohne es zu wissen – eingebunden ist, weit über das Hier und Jetzt seiner sinnlich-körperlichen Situiertheit hinaus reichen. Das mit ihm In-Beziehung-Stehende entzieht sich seiner körperlichen Wahrnehmung. In einem Zukunftsszenario sehe, höre, fühle ich beispielsweise nicht, wer oder was meine Bewegung im Straßenraum oder den Stromverbrauch in meinem Zuhause beobachtet, bewertet, mit anderen Informationen meine Person betreffend verknüpft und zum Ergebnis kommt, die Versicherungsprämie für mein Fahrzeug hochzusetzen, da ich immer ein wenig zu schnell fahre, manchmal abrupt bremse und stark beschleunige – obwohl ich seit Jahren unfallfrei fahre oder die Versicherungsprämie meiner Hausratsversicherung hochzusetzen, da ich die Spül- und Waschmaschine laufen lasse, während ich kurz zum Einkaufen gehe – obwohl ich noch nie einen Schaden im Haushalt hatte.

Spacing, das Herstellen, Weiterbauen, Verändern von Räumen durch die Manipulation von Gegenständen – das Setzen, Stellen, Legen, Schieben, Verformen etc. der Dinge – und die Syntheseleistung, die Zusammenfassung von Aktanten und sozialen Gütern durch Wahrnehmungs-, Vorstellungs- und Erinnerungsprozesse zu Räumen, gehen damit nicht mehr Hand in Hand, sondern werden entkoppelt (vgl. Ochs 2014, S. 4). Wir nehmen nicht mehr alle an der Raumkonstitution beteiligten Akteure und Aktanten wahr. Wir synthetisieren und damit deuten und verstehen den Raum, in dem wir interagieren, kommunizieren, uns bewegen, in dem wir planen, hoffen, uns auf die Zukunft ausrichten, auf inkompetente Weise. Synthese ist zwar immer auch Komplexitätsreduktion, ist immer mit einem Weglassen verbunden, jedoch war dies in einem ‚Offline'-Alltag noch ein sinnvoll-verständiges Weglassen von für unser Interagieren und Kommunizieren unwichtigen Komponenten. Das muss in smarten Interaktionsräumen nicht mehr der Fall sein. Ab diesem Moment verstehen wir als Laien nicht mehr hinreichend, in welchen Räumen wir uns bewegen und welche Konsequenzen dies für unser zukünftiges Interagieren und Kommunizieren hat.

Die Herstellung der Privatsphäre in diesen Räumen wird zu einer Aufgabe für Experten, die über das notwendige Wissen, die Kompetenzen, aber auch Zugriffsberechtigungen in diesen digitalen Räumen verfügen. Dies wiederum empfinden viele Betroffene als problematisch, da sie die Kontrolle über einen Bereich, der eng mit den grundlegenden, die Persönlichkeit konstituierenden Elementen und deshalb auch mit den Grundrechten einer Person verbunden ist, an andere abgeben müssen beziehungsweise die Kontrolle dem individuellen Einflussbereich entzogen ist.

Die Funktion der räumlichen Privatsphäre[11] ist es also, die Persönlichkeit(-srechte) zu schützen und sie ist weiterhin Teil dessen, was heute mindestens in der deutschen Gesellschaft als Voraussetzung einer „guten Gesellschaft" (vgl. Geuss 2013) gilt. Die „gute Gesellschaft", so die noch immer dominante Annahme westlicher Gesellschaften, basiert auf der Idee des freiheitlich-demokratischen Staates (vgl. Rössler 2001), der die Individualität, Autonomie, freie Entfaltung seiner Bürger,[12] deren Würde,[13] Ehre, Unversehrtheit schützt und ihnen die Mitwirkung und Teilhabe an der Gesellschaft ermöglicht.[14] Dafür scheint es notwendig, dass der Einzelne über genügend Informationen über seinen Interaktionsraum verfügt und auch den Informationsfluss in diesem bis zu einem gewissen Grad kontrollieren kann.[15]

Es gibt also im relationalen Raum verschiedene Dimensionen (erst einmal unabhängig von der ‚Smartness'), die Beziehungen ermöglichen. Mit den Dimensionen wächst die Anzahl der möglichen Relationen oder Beziehungen. An einem Ort können verschiedene Räume konstituiert werden, je nach physischem und virtuellem Standpunkt des Subjekts. Das heißt beispielsweise, dass man als Agnostiker im Kölner Dom stehend einen anderen Raum herstellt, vielleicht den eines interessanten historischen Denkmals, während direkt daneben ein gläubiger Christ einen heiligen Ort erfährt. Hat nun der Christ, der in sehr persönlicher, privater Kontemplation einen eher privaten Raum, sozusagen im Zwiegespräch mit Gott, verwirklicht, eine Smart Watch und sein smartes Diensthandy dabei, steht er in Beziehung zu anderen

---

[11] „[…] Der Schutz der räumlichen Privatsphäre besitzt im freiheitlichen Rechtsstaat überragendes Gewicht" BVerwG „Kohl IV", Urteil vom 23.06.2004, 20.

[12] „Vielmehr gebietet der hohe Rang des Rechts auf freie Entfaltung und Achtung der Persönlichkeit, der sich aus der engen Beziehung zum höchsten Wert der Verfassung, der Menschenwürde ergibt, daß dem aus einem solchen Interesse [Aufklärung von Straftaten] erforderlich erscheinenden Eingriff ständig das Schutzgebot des Art. 2 Abs. 1 in Verbindung mit Art. 1 Abs. 1 GG als Korrektiv entgegengehalten wird. (vgl. BVerfGE 27, 344 [353 f.]; 32, 373 [381]; 2 BvR 454/71 B II 5)" BVerfGE 35, 202 – „Lebach", Urteil vom 05.06.1973.

[13] Dass die Würde des Menschen unantastbar sei, ist die, für die Konstitution des Selbstverständnisses der sich als freiheitlich und demokratisch begreifenden Gesellschaften, nach dem Zweiten Weltkrieg, wichtigste Schutzgarantie und das angeborene, unveräußerliche Recht eines jedes Einzelnen. Mit ihr beginnt die Präambel der Allgemeinen Erklärung der Menschenrechte, sie ist festgehalten in den ersten zwei Sätzen des ersten Artikels der Charta der Grundrechte der Europäischen Union (Art. 1 Satz 1 und 2 EU-Charta), sowie des deutschen Grundgesetzes (Art. 1 Abs. 1 Satz 1 und 2 GG).

[14] „Das Wertsystem der Grundrechte geht von der Würde und Freiheit des einzelnen Menschen als natürlicher Person aus. Die Grundrechte sollen in erster Linie die Freiheitssphäre des Einzelnen gegen Eingriffe der staatlichen Gewalt schützen und ihm insoweit zugleich die Voraussetzungen für eine freie aktive Mitwirkung und Mitgestaltung im Gemeinwesen sichern" BVerGE 21, 362 – „Sozialversicherungsträger", Beschluss vom 02.05.1967.

[15] „Durch diese Ordnung soll die Eigenständigkeit, die Selbstverantwortlichkeit und die Würde des Menschen in der staatlichen Gemeinschaft gesichert werden. Die obersten Prinzipien dieser Wertordnung sind gegen Verfassungsänderungen geschützt (Art. 20, 79 Abs. 3 GG)" BVerfGE 6, 32 – „Elfes", Urteil vom 16.01.1957, vgl. auch BVerfG 65, 1 (43) – „Volkszählung", Urteil vom 15.12.1983, BerfGE 27, 1 – „Mikrozensus", Urteil vom 16.07.1969.

Menschen oder Kontexten, ohne sich zwangsläufig dessen bewusst zu sein. Trägt er also eine Smart Watch, die seine Vitalfunktionen überwachend errechnet, er sei gerade erregt und einen Statusbericht an seinen Arbeitgeber sendet, der dadurch gleichzeitig informiert wird, dass einer seiner Arbeitnehmer während der Arbeitszeit, ohne einen Auftrag, im Kölner Dom verweilt, dann befindet sich der in Kontemplation Versunkene gleichzeitig im eher öffentlichen Raum Arbeit, ohne es in diesem Moment zu realisieren.

Die Smart City, verstanden als relationaler Raum, wird in einem wechselwirkenden Prozess des Spacings und der Synthese hergestellt. Wir verwirklichen, externalisieren uns räumlich räumend und werden räumlich räumend sozialisiert, das heißt, wir internalisieren die Struktur des Raumes Smart City. Die Struktur des Raumes beeinflusst uns, unser Denken, Fühlen und Handeln. Wenn vernetzte Telekommunikationsmedien, als Dimension, hinzukommen, die die Akteure und Aktanten noch einmal in Beziehung setzt, wächst die Anzahl der Relationen. Das bedeutet auch, dass sich der Sozialisationsprozess verändert. Wir handeln unser Selbst- und Weltbild nicht mehr hauptsächlich mit Interaktionspartnern in unmittelbarer Umgebung unserer Reichweite aus (vgl. Schütz und Luckmann 2003, S. 71 ff.) oder Wirkzone (ebd.: 77), sondern immer häufiger mit Aktanten in (An) Ordnungen, die weit über unser sinnlich-leibliches Hier und Jetzt hinausgehen. Unsere Potenz, die Welt zu gestalten und neu zusammensetzend zu verstehen, wird durch smarte Räume gesteigert, aber nur, wenn wir aktiv weiter am Spacing und an der Synthese beteiligt bleiben beziehungsweise die Mittel und das Wissen bekommen, dies kompetent zu tun.

In unserem Beispiel, einer Studie zu intelligenten Fahrzeugen und Fahrzeugverwaltungssystemen, erwies sich gerade die Perspektive auf die Herstellung des Raums „Privatsphäre" als besonders bedeutsam, da sich an der Praxis die bestehenden Probleme, Lösungsansätze, Kompetenzbereiche und konkreten Maßnahmen unserer Interviewpartner beschreiben und analysieren lassen. Unser Beispiel behandelt nur einen sehr kleinen Ausschnitt der Smart City. Aber mit Hilfe des folgenden empirischen Beispiels wollen wir zeigen, dass die Herstellung der Privatsphäre in vernetzten Interaktionsräumen heute noch weniger als zuvor eine rein individuelle und individualisierende Leistung sein kann. Sie setzt vielmehr Standards, Reglungen und Verhaltensänderungen auf individueller, institutioneller und gesamtgesellschaftlicher Ebene voraus, damit der Einzelne vertrauensvoll räumlich und räumend teilhaben kann an der Verwirklichung der guten Stadtgesellschaft in seiner Lebenswelt der Smart City.

4.3 Privatsphäre schaffen im Auto – Privatheit unter Bedingungen elektronischer Vernetzung

Fragt man Mobilitätsexperten nach der Rolle von intelligenter Informationsgenerierung, -speicherung, -übertragung und -auswertung, so verweisen sie häufig auf die zentrale Bedeutung dieser für die Fahrzeuge in der zukünftigen Mobilitätsentwicklung (vgl. Schmidt et al. 2014; Schuh und Stich 2013; Lemke et al.

2006).[16] Der Nutzen, den die smarten Systeme allgemein für das Management des Interaktionsraums Fuhrpark haben, ist scheinbar offensichtlich und auch für die Arbeitswelt allgemein werden sie oft positiv bewertet. In einem Unternehmen sind sie beispielsweise schon längst wichtiger Bestandteil der Sicherheitssysteme, wenn es um die Minimierung physischer Risiken oder um die rechtliche Absicherung der Arbeitnehmer geht. Sie helfen das Fahren sicherer zu machen und vor allem schwere Unfälle zu vermeiden.[17] Die intelligenten Medien im Fahrzeug sind in einen allgemeinen Trend zur Vernetzung von IKT-Medien in der Arbeitsumwelt eingebettet, die große Potenziale zur Verbesserung des Managements von Mitarbeitern zu bergen scheinen (Zoche et al. 2015). Verhaltens- und spezieller leistungsbezogene Daten könnten durch eine umfängliche Verknüpfung bei der Entscheidungsfindung, der Umsetzung neuer Strategien sowie dem Begleiten und Moderieren von Veränderungsprozessen die Arbeit der Führungskräfte erleichtern sowie die erfolgreiche Weiterentwicklung, Motivation und Leistungsförderung der Arbeitnehmer verbessern und auf der anderen Seiten dabei helfen, für jeden Mitarbeiter passende Arbeitsbedingungen zu schaffen, Stress zu reduzieren und sogar die Gesundheit im Blick zu behalten beziehungsweise Überlastung und Burn-Out vorzubeugen (Vgl. Högl und Backmann 2015, S. 10).

In einer ‚guten‘ Gesellschaft könnte nun unsere gesamte Lebenswelt mit vernetzten IKT-Medien durchzogen sein, die uns helfen, die Welt besser, schneller, einfacher sowie sicherer zu bewältigen und dabei unseren Handlungsspielraum erweitern. Medien, die auf uns aufpassen, unseren Schlaf, den Klang unserer Stimme, unseren Gesichtsausdruck bei der Verarbeitung von Informationen, im Besonderen die Bewegung unserer Augen, die Formulierung unserer E-Mails, die Frequenz unserer Kommunikation überwachen, um uns zu warnen, wenn es Anzeichen auf Stress, Krankheit, Leistungsabfall oder Fehlentscheidungen etc. gibt, ohne dass dem Einzelnen dadurch Nachteile oder auch nur Sorgen entstehen müssten, dass diese Informationen gegen ihn verwendet werden. Doch so lange der ideale Zustand aller Beziehungen in einer Gesellschaft nicht realisiert ist, basiert der

---

[16] Vgl. auch Schlögl T 2014: Autos auf dem Weg ins Internet. Autobauer suchen nach immer neuen Möglichkeiten, ihre Fahrzeuge zu vernetzen – das bringt einen Kulturwandel in der Autobranche mit sich. In: autorevue.at vom 14.11.2014. http://autorevue.at/autowelt/autos-auf-dem-weg-ins-internet. Zugegriffen am 27.05.2016.

[17] Die fahrerunterstützenden Systeme wie etwa zur Kontrolle des Abstandes des Fahrzeugs zu anderen Objekten, der Spurhalteassistent, der Tempomat aber auch die Kommunikation zwischen Fahrzeugen oder zwischen Fahrzeugen und verfügbarer Kommunikationsinfrastruktur zur Registrierung des Verkehrsflusses, Erkennung von Staus, helfen das Fahren sicherer zu machen und vor allem schwere Unfälle zu vermeiden. Laut Statistischem Bundesamt gab es 414.362 Verkehrsunfälle mit Personenschaden im Jahr 1970, im Vergleich hierzu 291.105 Unfälle mit Personenschaden im Jahr 2013. Man kann den Rückgang dieser Unfälle als kontinuierlich bezeichnen. Als Grund hierfür wird nicht etwa die Verbesserung der Fähigkeiten der Fahrer oder ein Rückgang des Verkehrsaufkommens genannt, sondern allein die Verbesserungen auf dem Gebiet der Karosserie und Fahrzeugtechnik (siehe Statistisches Bundesamt 2013, S. 5; Scheuer 2013).

Einsatz dieser IKT-Medien auf einem fragilen Vertrauensverhältnis. Es ist fragil, da sowohl dem Management Vertrauen gegenüber den Mitarbeitern abverlangt wird – Vertrauen, das umso schwieriger ist, je mehr Informationen man über seine Mitarbeiter hat –, als auch dem Mitarbeiter gegenüber dem Management, da man schnell das Gefühl haben kann, dass all die intelligenten, vernetzten Systeme zum eigenen Nachteil genutzt werden könnten. Der Best-Practice-Fall in unserer Studie wird zeigen, dass der Grad der Vernetzung und die Ausweitung der IKT-Medien im Unternehmen nicht das Problem sind, sondern das Fehlen von Vertrauen zwischen den Akteuren im Raum Arbeit.

Smarte Medien der Arbeitsumwelt unterscheiden sich in Bezug auf die Rolle bei der Raumkonstitution. Das smarte Automobil ist, im Gegensatz zum Smartphone, nicht nur ein Gegenstand, mit dem man sich identifiziert und den man von außen bedient, sondern auch ein Raum, in dem man sich aufhalten und in dem man andere private Dinge aufbewahren kann, in dem man nicht vollständig sichtbar ist. Man kann Musik hören, Gespräche führen, ohne dass diese nach außen dringen müssen. Das Fahrzeug wird auch genutzt, um sich gezielt abzuschirmen, ganz banal vor Wind und Wetter, der Beschaffenheit der Umgebung und vor allem auch der unerwünschten Nähe fremder Menschen. Das Für-Sich-Sein wird regelmäßig als Vorteil, im Vergleich zu den öffentlichen Verkehrsmitteln, thematisiert, in denen man der Anwesenheit anderer ausgesetzt ist. Das Auto ist dadurch ein Instrument zur Herstellung von Privatsphäre durch die Unsichtbarkeit und Unerreichbarkeit von Platziertem in ihm. „Ich mache da drin, was ich will" (2014-01-10-LR-01: 1[18]), bringt es eine Nutzerin auf den Punkt.

Die Interessen des Managements und die Interessen der Mitarbeiter sind indes oft nicht kongruent. Das Fuhrparkmanagement beispielsweise will über die Verwendung der Fahrzeuge, den Verbrauch, Zustand und Standort möglichst gut informiert sein, gerade um die Nutzung der Fahrzeuge ökonomisch und ökologisch optimieren zu können. Deshalb werden Informationen über die jeweiligen Telekommunikationssysteme in den Fahrzeugen gesammelt, die dann aber in der Regel auch Rückschlüsse auf den Fahrer zulassen. Auch wenn es, wie eine Fuhrparkbeauftragte betont, nicht das Ziel des Einsatzes der Telematiksysteme sein könne, zu erfahren, ob die „Jungs an irgendeiner Pommesbude stehen oder nicht" (2013-11-18-LR-01: 3), kann mit dieser Technik genau das herausgefunden werden (ebd.).

Die Konflikte um die Frage, wie viel Information über die Fahrzeuge und damit die diese benutzenden Mitarbeiter der Arbeitgeber haben darf oder sollte, verschärfen sich, wenn nicht nur der Arbeitgeber mit den Daten arbeitet, sondern zum Beispiel auch die Versicherung des Arbeitgebers. Ein Interviewter, selbst IT-Fachmann und an der Entwicklung intelligenter Werkzeuge für die Fuhrparkorganisation beteiligt, antwortet auf die Frage, wie er die Entwicklung der Optimierungsmöglichkeiten im Fuhrpark, bis hin zum maßgeschneiderten Telematiktarif der

---

[18] Zitat aus einem Interview. Die Interviews wurden anonymisiert und nach dem Datum, dem Interviewer und der Anzahl der an diesem Tag von dem entsprechenden Interviewer durchgeführten Interviews benannt.

Fahrzeugversicherung, sehe: „Zu welchem Preis? Zum Preis der totalen Überwachung: Geschwindigkeit, Kühlwassertemperatur [...]" (2014-01-10-LR-02: 4). Selbst wenn mit solchen Systemen Einsparungen möglich seien, würde er niemals einen solchen Versicherungstarif abschließen, bei dem in diesem Umfang Daten weitergegeben werden müssen. Es sei ein „komisches Gefühl", dass jeder wisse, wer sich wann, wo und wie lange aufhält (ebd.). Für ihn sei es nur dann in Ordnung, Informationen weiterzugeben, wenn die Nutzer Einfluss darauf haben, welche Meldungen weitergeleitet würden und welche nicht. Die Informationsweitergabe müsse noch in ihrem eigenen Entscheidungsspielraum liegen. Als IT-Fachmann rät er, man müsse sich im Vorfeld mehr Gedanken darüber machen, was man wie wozu verwenden will oder können sollen darf, um dann nicht im Nachhinein das Rad wieder zurückdrehen zu müssen. Alle diese Systeme müssten auch ausgeschaltet werden können und vor allem müssten individuelle Lösungen gefunden werden.

Genau an diesem Punkt fängt unseres Erachtens die erfolgreiche Bewältigung der neuen Herausforderungen in den smarten Räumen an. Für manche beginnt der drohende Kontrollverlust über die Privatsphäre schon mit dem Fahrerassistenzsystem im Fahrzeug, für andere bei der Führerscheinkontrolle, für manche mit dem Auslesen der Daten durch den Arbeitgeber, für wiederum andere erst bei der Weitergabe der Daten an Dritte. Prinzipiell lassen sich, so ein Ergebnis dieser Studie, drei verschiedene Typen von Nutzern unterscheiden, für deren Erwartungen auf je unterschiedlichen Ebenen Vertrauen ermöglichende Mechanismen in die smarte Arbeitswelt eingebunden werden können:

Die Individuellen Den Individuellen ist Selbstbestimmung, Kontrolle über die eigenen Daten und Kontrolle über die Technik und den Wagen sehr wichtig. Sie brauchen im Auto keinen „technischen Schickschnack", sondern bezeichnen den Wagen als Arbeitsmittel, um von A nach B zu kommen. Sie wollen nicht, „dass irgendwelche Maschinen sagen, was sie zu tun haben". Inwieweit sie Aufgaben an den Wagen abgeben, möchten sie selbst bestimmen. Sie wollen das System kontrollieren und betonen, nicht von dem System kontrolliert werden zu wollen. Sie bezeichnen sich als „mündige Bürger" und lehnen Fahrerassistenzsysteme und umfassende Datensammlungen „kategorisch" ab. Sie bestehen darauf, keinen „Unterstützungskrempel" zu brauchen. Sie erwarten von ihrem Arbeitgeber Vertrauen und wenig Kontrolle, das heißt auch, dass sie selbstständig den Nachweis ihrer Leistung bringen wollen und müssen.

Die Kollektiven Die Kollektiven finden technische Hilfsmittel beim Fahren praktisch, aber nur solche, die sich schon gesellschaftlich etabliert haben beziehungsweise mit deren Umgang sie bereits vertraut sind. Technischen Neuerungen gegenüber sind sie pragmatisch, manchmal auch skeptisch eingestellt. Spezialisten sollen sie ausprobieren und wenn sie sich bewähren und einfach zu bedienen sind, wollen sie sie nutzen. Die Kollektiven wollen einen gewissen Grad an Komfort durch Hilfestellungen im Wagen, aber keine individuellen Herausforderungen. In Bezug auf Daten wünschen sie sich größtmögliche Transparenz darüber, welche

Daten gesammelt werden und was mit ihnen gemacht wird. Sie lehnen Datenweitergabe nicht ab, wenn sie sinnvoll für das Unternehmen ist, wollen dafür aber einen Beleg. Sie vertrauen auf institutionalisierte Bewertungen der Systeme, beispielsweise durch den Betriebsrat oder auch die Medien.

Die Techniker Die Techniker wollen so viele Aufgaben wie möglich an das Auto abgeben. Sie finden Hilfssysteme praktisch und hätten am liebsten, dass das Auto selbst fährt. Sie haben mehr Vertrauen in die Fähigkeiten des Fahrzeuges als in jene des Fahrers, da „keiner besser ist, als die Elektronik vom Auto". Folglich sind sie auch der Meinung, dass der Straßenverkehr durch mehr intelligente Technik im Wagen sicherer wird. Sie verstehen nur zu gut, dass der Arbeitgeber besser wirtschaften kann, wenn er Daten erhebt. Sie betonen, nichts zu verbergen zu haben und sorgen sich wenig um Datenmissbrauch. Vertrauen entsteht hier über die technischen Medien. Das heißt, dass auch der Schutz vor Datenmissbrauch durch die smarten Objekte selbst erfolgen soll, wobei die Techniker prinzipiell davon ausgehen, dass dies möglich und ausreichend ist.

Bei den *Individuellen* wie auch bei den *Kollektiven* wird das Nachdenken über die Gefahr des „gläsernen Menschen" (2014-01-07-MK-01: 3; 2014-01-22-MK-01: 6; 2014-01-30-LR-01: 4; 2014-03-13-LR-01: 4; 2014-03-25-LR-02: 7; 2014-04-28-LR-01: 3), des „gläsernen Fahrers" (2014-01-15-LR-01: 5) oder des „gläsernen Mitarbeiters" (2014-01-30-LR-01: 3) thematisiert. Allerdings ist die Sorge unterschiedlich stark ausgeprägt. Die *Individuellen* bestehen auf eigener Kontrolle. Sie wollen explizit entscheiden, was öffentlich und was privat ist. Die *Kollektiven* vertrauen auf kollektive Kontrolle. Sie wollen nicht selbst entscheiden, sondern angemessen informiert werden und reagieren im Krisenfall, das heißt wenn nicht mehr sichergestellt ist, dass die Konstitution ihrer Privatsphäre gewährleistet wird. Im Unterschied dazu erwarten die *Techniker* die Kontrolle nicht vom Kollektiv, sondern vom Objekt (in diesem Fall dem Auto) und der in ihm verbauten Technik.

Analysiert man die Privatheit, die Praxis der Herstellung der Privatsphäre, heißt das, dass sich die Art und Weise, im Interaktionsfeld Privates von Öffentlichem zu trennen, unterscheidet: durch größtmögliche Entscheidungsmöglichkeit bei den *Individuellen*, durch konventionelle Praxis bei den *Kollektiven* und durch technische Praxis bei den *Technikern*. Jede dieser Handlungsformen basiert auf der Annahme, dass Prozesse dann reibungslos verlaufen, wenn ausreichend Informationen auf beiden Seiten verfügbar sind (um selbst entscheiden zu können; um den Institutionen zu vertrauen; um der Technik zu vertrauen). Tauchen überraschende, das Vertrauen enttäuschende oder widersprüchliche Informationen auf, kommt es zur (Beziehungs-) Krise.

Im Umgang mit neuen informationsverarbeitenden Systemen tritt der Krisenfall insofern schnell ein, als dass trotz der Bemühungen auf institutioneller Ebene, das heißt durch einen engagierten Betriebsrat und auch ein kundiges Fuhrparkmanagement sowie einem regen Diskurs in der Fachwelt, festgestellt werden muss, dass der Grad an Informiertheit insgesamt schlecht ist (vgl. Ashkar 2014, S. 118).[19] Die fehlende Sensibilität zeigt sich, nach Ansicht der Experten, symptomatisch bereits beim Kauf von E-Fahrzeugen. Auf die Frage, welche Rolle Datenschutz und Datensicherheit für die Käufer von E-Fahrzeugen spiele, antwortete z. B. ein befragter Experte aus dem Vertrieb: „Überhaupt keine. Das spielt überhaupt keine Rolle bisher" (2013-11-19-LR-01: 2). Dass das Fahrzeug mit GPS ortbar sei, werde nicht zur Sprache gebracht (vgl. ebd.), obwohl jeder Käufer eines Fahrzeuges mit eingebautem GPS-fähigen Navigationssystem unterschreibe, dass er wisse, dass diese Daten abrufbar sind und dass er dem explizit widersprechen muss, um so etwas auszuschließen, denn vorhanden seien die Daten so oder so. Doch die Kunden lesen entweder die allgemeinen Geschäftsbedingungen und Bedienungsanleitungen nicht, verstehen sie nicht oder sie thematisieren sie – zumindest zunächst – nicht. Das „plötzliche" Bewusst werden von Gefahren und Risiken wirkt dann schnell verunsichernd.

Auch wenn die meisten Befragten wenig über Datenweitergabe und Datenschutz wissen, tritt immer wieder der Fall ein, dass Einzelne sich informieren und schließlich Bedenken sehr grundsätzlicher Art äußern. Bedenken, die sich auf den Persönlichkeitsschutz beziehen und Vorbehalte sind, die nicht nur in einzelnen Unternehmen aufgeworfen werden, sondern auch in den Medien[20] einen größeren Raum einnehmen. Durch Nachrichten, wie beispielsweise zum „Heartbleed Bug"[21] wird uns

---

[19] Die Fachzeitschrift Flottenmanagement stellt nach der Auswertung einer eigenen Onlineumfrage fest: „Dass das Thema Datenschutz in der Fuhrparkbranche nicht den höchsten Stellenwert genießt, war absehbar. Doch die Ergebnisse […] überraschen dann doch – in negativer Hinsicht." (Flottenmanagement 4/2015: 90 f.) Nicht nur sei die Beteiligung bei dieser Umfrage sehr viel geringer ausgefallen als üblich – nur hundert teilnehmende Fuhrparkleiter, sonst durchschnittlich fünfhundert, auch der Umgang mit den Datengenerierenden Geräten in den Fahrzeugen sei „lax" (vgl. ebd.: 90). In den wenigsten Fällen werden die Dienstwagennutzer zum Thema Datenschutz aufgeklärt, die Daten vor dem unbefugten Zugriff Dritter kaum geschützt, das Löschen/Entfernen der Daten im Fahrzeug werde oft dem Fahrer selbst überlassen, der aber über die Daten, die er im Fahrzeug verursacht selten aufgeklärt wird, gleichzeitig sehen 81 % der befragten Fuhrparkleiter die Zunahme von Car2Car und Car2X-Kommunikation kritisch (vgl. ebd.: 91).

[20] Telematik-Lösungen im Flottenmanagement häufig verzichtbar. http://www.datenschutzbeauftragter-info.de/gps-ueberwachung-von-fahrzeugen-telematik-loesungen-im-flottenmanagement-haeufig-verzichtbar/. Zugegriffen am 26.05.2016; siehe auch Datenschutznachrichten 2/2011. S 52, https://www.datenschutzverein.de/wp-content/uploads/2013/07/DANA_11_2.pdf. Zugegriffen am 26.05.2016.

[21] „Es ist so etwas wie der Super-GAU für die Sicherheit von Verschlüsselungen im Netz. Sicherheitsforscherhaben in der weit verbreiteten Software OpenSSL einen Fehler entdeckt, der Server dazu bringen kann, ihr größtes Geheimnis preiszugeben: Den privaten Schlüssel. […] Seit zwei Jahren schon schlummert der Fehler im Code von OpenSSL. So lange hätte er also schon ausgenutzt werden können. Ob das passiert ist, lässt sich im Nachhinein nicht mehr feststellen." Zeit Online vom 08.04.2014. http://www.zeit.de/digital/datenschutz/2014-04/openssl-sicherheitsluecke-webserver. Zugegriffen am 26.05.2016; „Das besondere am Heartbleed-Angriff ist, dass hier keine fremden Speicherbereiche überschrieben werden, was unter Umständen zu einem Programmabsturz führen könnte. Stattdessen schießt lediglich ein Lesezugriff etwas übers Ziel hinaus. Damit gefährdet der Angriff die Stabilität des Servers in keiner Weise und hinterlässt leider auch keinerlei

bewusst, wie fragil diese Systeme sind und dass einfache Programmierfehler[22] dazu führen, dass durch ein Verschlüsselungswerkzeug wie OpenSSL sensible Daten ausgelesen werden können (vgl. Grimm 2013, S.137). Das heißt, dass, ganz zu schweigen von willentlich eingebauten verborgenen „Backdoors" – Hintertüren – der Geheimdienste, auch Risiken entstehen durch kleine Fehler, deren Häufigkeit – so muss man als Laie annehmen –, wahrscheinlich in dem Ausmaße, in dem die Implementierungskomplexität von Internetanwendungen zunimmt, steigt. Bei der Nutzung dieser Anwendungen „muss man sich auf eine überragend große Menge von Eigenschaften verlassen und man muss einer großen Menge von Menschen und Organisationen vertrauen, ohne dass man dies im Einzelnen überprüfen könnte." (Grimm 2013, S.137)

Die Sorge, die sich mit der Vernetzung immer unterschiedlicherer Datenquellen wie Fahrzeuge, Smartphones oder anderer smarter Endgeräte, bis hin zur Integration der Daten aus verschiedenen Informationsquellen in Smart Grids oder gar ganzen Smart Cities verbindet, ist der Kontrollverlust des Einzelnen über seine persönlichen Daten und damit die Gefahr der Verletzung der in der Privatsphäre geschützten gesellschaftlichen Werte die freie Entfaltung seiner Person betreffend. Dabei muss es sich im Konfliktfall nicht unbedingt um einen tatsächlichen Kontrollverlust handeln, es kann genauso gut ein gefühlter, potenzieller Kontrollverlust sein.

Aufgrund der drohenden Konflikte um individuelle und kollektive Kontrolle, wie auch um Überforderungsproblematiken (bei der Bedienung der Geräte, in unüberschaubaren Situationen, bei der Entgrenzung von öffentlich und privat etc.) sowie vor dem Hintergrund einer gesamtgesellschaftlichen Sensibilität in Bezug auf die Risiken vernetzter Systeme, schätzen die von uns befragten Mobilitätsexperten die Innovationsbereitschaft in Flotten deutscher Unternehmen in Bezug auf den Ausbau intelligenter Informationsgenerierung, -speicherung, -übertragung und -auswertung als ambivalent ein. Sie sind ein wesentlicher Bestandteil derzeitiger Mobilitätspolitik, aber man stoße schnell an die Grenzen der Bereitschaft der Unternehmen, hier investieren zu wollen. Zu ungewiss scheint der Nutzen im Verhältnis zu den noch

---

Spuren.", heise online. http://www.heise.de/security/artikel/So-funktioniert-der-Heartbleed-Exploit-2168010.html. Zugegriffen am 26.05.2016; vgl. auch Süddeutsche online vom 09.04.2016, http://www.sueddeutsche.de/digital/heartbleed-bug-in-ssl-verschluesselung-sicherheitsluecke-im-herzen-des-internets-1.1932926. Zugegriffen am 26.05.2016; FAZ.Net vom 11.04.2014, http://www.faz.net/aktuell/feuilleton/debatten/ueberwachung/programmierer-nennt-heartbleed-bug-einen-fehler-12891134.html. Zugegriffen am 26.05.2016.

[22] „„Ich arbeitete an der Verbesserung von OpenSSL, beseitigte einige bugs und fügte neue Funktionen hinzu […] in einer der neuen Funktionen habe ich leider vergessen, eine Variable zu überprüfen" sagte der spätere IT-Experte der Telekom-Tochter T-Systems dem Blatt. Da ein weiterer Entwickler, der seine Codes überprüft habe, den Fehler ebenfalls nicht bemerkt habe, sei er von der Entwicklerin die veröffentlichte Version gelangt. Es sei ein kleiner Fehler mit enormen Folgen, räumte der Programmierer ein." Zeit online vom 10.04.2016, http://www.zeit.de/digital/datenschutz/2014-04/deutscher-programmierte-heartbleed. Zugegriffen am 26.05.2016.

unkalkulierbaren, sich vielleicht in Zukunft materialisierenden Problemen in Bezug
auf die – im eigenen Haus oder/und gesamtgesellschaftlich – geltenden Datenschutzbestimmungen.

Es gibt aber durchaus auch heute schon Beispiele gelingender Praxis. Kontrolle
über einen Interaktionsraum durch Informationstechnologie, die zu reibungslosen
Abläufen führt und hilft, die Arbeit leichter und besser zu machen, erfährt eine hohe
Akzeptanz.[23] Der Best-Practice-Fall in unserem Sample ist ein städtischer Infra-
strukturversorger, der sich als „Tester" stark an der Entwicklung innovativer Tele-
kommunikationstechnik beteiligt. Bei ihm sind alle Fahrzeuge mit GPS und viele
mit weiteren Informations- und Kommunikationsgeräten ausgestattet, jederzeit und
überall zu orten und der Arbeitsprozess der Angestellten größtenteils transparent.
Dennoch betonen die Arbeitnehmer, dass in einem Arbeitsfeld, in dem häufig mit
Beschwerden von Kunden zu rechnen ist, das System der Legitimierung der Arbeit
dient und als Entlastung erfahren wird. Dies gelingt, weil zugleich im Unternehmen
eine Kultur des Vertrauens etabliert wurde. Pausenzeiten werden beispielsweise
nicht kommentiert. Obwohl dies technisch möglich wäre, entsteht niemandem ein
persönlicher Nachteil aus den verfügbaren Daten. Für die Mitarbeiter überwiegen
die entlastenden Aspekte der Datenerfassung, weil kein Fall bekannt wurde, in dem
die Möglichkeit zur Beschränkung der Privatsphäre zur Anwendung gebracht
wurde. Für die Mitarbeiter sind der Zweck des Einsatzes von IKT und auch der
Nutzen oder Vorteil, den sie konkret dadurch gewinnen, klar erkennbar. Die interviewten Betriebsräte und die Datenschutzbeauftragte des Unternehmens sprechen
von einer offenen Kommunikation und von einer Transparenz der Kontrollsysteme
und Kontrollinstanzen selbst. Der Betriebsrat habe eine traditionell starke Position
im Unternehmen und die Mitarbeiter fühlten sich sehr gut vertreten. In diesem Fall
sind die Arbeitnehmer also bereit, die Einführung neuer intelligenter Technik in
großem Umfang zu akzeptieren, auch wenn diese theoretisch zur Leistungskon-
trolle geeignet wäre.

Vergleicht man den Fall des Infrastrukturversorgers mit den vielen konflikthaften
Beschreibungen von zum Teil erheblich weniger dramatischen Innovationen (z.B. Konflikte verursacht durch die Einführung eines Unfalldatenspeichers oder der softwaregestützten Führerscheinkontrolle), zeichnet sich ein wichtiger Bestandteil zur
Lösung für die Probleme der smarten Interaktionsräume ab. Dieser Bestandteil ist
die Kultur des Vertrauens, welche die Einführung von smarter Technologie erheblich erleichtert und vor allem die Beziehungsgefüge nicht destabilisiert. Dieses Vertrauen kann aber kein blindes Vertrauen sein, sondern beruht immer auf der
Nachvollziehbarkeit und Mitgestaltbarkeit der Interaktionen im Raum, das heißt in
unserem Fall der Erhebung, Übertragung, Verknüpfung, Auswertung und des Ver-
wendungszwecks der Daten in den eingesetzten smarten Systemen sowie dem Wissen über die beteiligten Akteure und deren Intention in Bezug auf die Nutzung der
Daten.

---

[23] Vgl. zur Debatte um gute Kontrolle vs. schlechte Kontrolle Marx und Muschert (2007) oder
Nissenbaum (2010).

4.4   Privatsphäre in smarten Interaktionsräumen

Privatheit als Praxis ist an Wissensbestände und Routinen gebunden mit denen wir, durch Spacing und Synthese, Räume konstituieren, deren Vorhandensein und deren Anwendung uns im Alltag oft nicht bewusst ist. Wir ziehen hinter uns einfach die Tür zu oder Kopfhörer auf, um Kollegen und Nachbarn zu signalisieren, dass wir gerade nicht zur Verfügung stehen. Wir schicken einem Freund über den Facebook-Messenger-Dienst eine Nachricht für ihn persönlich und ‚posten' sie nicht öffentlich, weil sie nur für ihn bestimmt ist. Wir stellen mit vielen uns selbstverständlich erscheinenden Handlungen Privatsphäre in Alltagssituationen, aber auch im beruflichen Kontext her. Handlungen, die uns sogar so selbstverständlich sind, dass es im Alltag schwer ist zu explizieren, wie genau man in diesem im Unterschied zu jenem Moment Privatsphäre herzustellen versucht. Oft macht man es ‚halt so', ohne weiter darüber nachzudenken. Deshalb eignen sich Krisenfälle, Angriffe auf die Privatsphäre oder ein Scheitern der Praxis für die Analyse. Durch Irritationen, Widerstände und Misserfolg wird ein Reflektionsprozess in Gang gesetzt. Als soziale Wesen versuchen wir dies nicht in einem monadisch-einsamen Nachdenken zu lösen. Im Gegenteil, wir beginnen, uns mit anderen über die entstandenen Probleme auszutauschen, wir beginnen Worte zu finden, zu beschreiben und uns bewusst zu werden, was eigentlich wann und warum nicht mehr wie gewohnt funktioniert. Meist lernt man so zunächst etwas darüber, wie es bisher war, wie man es bisher gehandhabt hat; das hilft aber auch die entstehenden oder potenziellen Konfliktherde früher und klarer zu identifizieren.

Um die aus der Studie zu smarten Flottenmanagementsystemen gewonnen Ergebnisse auf die Smart City zu übertragen, werden wir zunächst aus den drei identifizierten Nutzertypen drei Säulen zivilgesellschaftlicher Praxis entwickeln, die dazu dienen, praktische individuelle, kollektive und technische Maßnahmen, die man zur Etablierung eines Vertrauensverhältnisses in smarten Lebenswelten ergreifen kann, einzuordnen und die dadurch dabei helfen sollen, Zuständigkeiten der beteiligten Aktanten zu klären.

Die *Individuellen* bestehen wie beschrieben auf persönlicher, nicht übertragbarer Kontrolle und Selbstbestimmung beziehungsweise eigener Entscheidungsmöglichkeit. Sie wünschen möglichst umfangreich über die smarten Systeme informiert zu werden. Dafür müssen ihnen die Informationen über das Wann, Wie, Warum der Informationsaggregation, Weiterverarbeitung, Übertragung und der letztendlichen Verwendung zur Verfügung gestellt werden. Aus diesem Typ heraus können Maßnahmen zum Selbstdatenschutz entwickelt werden, die dann zwar nicht nur die Individuellen betreffen, aber mit höherer Wahrscheinlichkeit in besonderem Maße von ihnen angenommen und vielleicht sogar weiterentwickelt werden.

Die *Kollektiven* vertrauen auf gemeinsam ausgeübte, gesellschaftliche oder betriebliche Kontrolle. Sie wollen nicht selbst entscheiden, sondern angemessen informiert werden und reagieren im Krisenfall. Dafür wäre es notwendig, gesellschaftlich anerkannte Experten zu beauftragen, Bewertungskriterien zu entwickeln und daraus Gütesiegel abzuleiten, die es einem Laien ermöglichen, Entscheidungen auf der Basis dieser professionellen Bewertungen zu treffen. Ausgehend von den

Erwartungen dieses Typs können Bewertungsinstanzen institutionalisiert werden, die privatwirtschaftlicher oder öffentlicher Natur sein können, kleine Bürgerinitiativen genauso wie große international agierende Non-Profit-Organisation miteinschließen.

Die *Techniker* erwarten die Kontrolle vom smarten Objekt und der in ihm verbauten Technik. Sie vertrauen auf den technischen Fortschritt und rationale Lösungen. In diesem Fall muss die Technik selbst die Funktionen erfüllen, das heißt in der Materialität der Werkzeuge, die wir im privaten Alltag oder im beruflichen Kontext verwenden, muss die Erhaltung der Privatsphäre einprogrammiert sein. Aus den Erwartungen der Techniker lassen sich Maßnahmen – beispielsweise Standards oder Regeln der Hard- und Software-Produktion – entwickeln, die den Bereich der Herstellung der Smart Devices oder Smart City-Infrastrukturen betreffen.

Die Wahrung der Privatsphäre gründet, so lässt sich unser Befund generalisierend zusammenfassen, zivilgesellschaftlich auf drei Säulen: Der prinzipiellen Verfügbarkeit von Informationen über die smarten Systeme und der Mitgestaltbarkeit derselben für jeden Einzelnen, dem Vorhandensein kollektiv anerkannter Bewertungs-, Zertifizierungsinstanzen, die sich mit den komplexen Systemen auskennen, sie für den Laien verständlich, bewertbar und handhabbar machen und die Einführung technischer, materieller Standards, die es auch ermöglichen, individuelle Lösungen für den jeweiligen Bedarf und vor allem den jeweiligen Benutzertyp zu finden.

Nicht alles, was technisch möglich ist, muss zum Einsatz kommen. Der Einzelne (oder auch ein Unternehmen) sollte eine Entscheidung treffen können, in welchem Ausmaß er oder sie Informationen zu welchem Zweck freigibt. Es sollte klar sein, was er für wie viel Informationen bekommt beziehungsweise auf was er anderenfalls verzichten muss. Denn (persönliche) Informationen sind Währung und Ware in internetbasierten Interaktionsräumen – auch weil die Nutzer sich daran gewöhnt haben und den Umstand auch schätzen, dass viele Anwendungen im Internet kein Geld kosten (vgl. acatech 2013; Ashkar 2014, S. 109; Zoche et al. 2014, S. 3).

Wie lassen sich diese drei Säulen nun konkret auf der Ebene zivilgesellschaftlicher Praxis zur Herstellung des Raumes Privatsphäre mit Inhalt füllen? Inwieweit liegt die Umsetzung der verschiedenen Strategien im Ermessensspielraum und Einflussbereich des Einzelnen? Um diese Fragen zu klären, muss man sich die Informations- und Telekommunikationsmedien der Smart City genau ansehen und vier Ebenen unterscheiden, die in den analogen Dimensionen der Stadt anders angesteuert würden, als in der digitalen: Die Information selbst – oder der Dateninhalt, die Art der Übermittlung oder die Datensteuerung, die Interaktions- oder Kommunikationsbeziehungen und der Interaktions- oder Kommunikationsraum als Ganzes.

Das heißt, die in der Privatsphäre zu schützenden Güter (die Werte unsere Person und Gesellschaft betreffend) sind in der Smart City über Medien vermittelt. In unserem Beispiel sind das Informationsinhalte wie der Inhalt einer Mail, eines Gesprächs oder anderer Nachrichtenformen, (Such-)Bewegungen (Suchanfragen und Suchergebnisse im Internet), Stromverbrauch, GPS-Daten unserer Smart Devices etc. Hier gilt es zu verstehen, wer zu welchem Zweck darauf Zugriff hat und warum beziehungsweise inwiefern dem Einzelnen dadurch Vor- und Nachteile entstehen. Nicht immer ergibt es Sinn oder ist es notwendig, den Dateninhalt vor anderen zu verbergen; wenn es jedoch notwendig oder sinnvoll erscheint, muss man sich an dieser Stelle Gedanken über die Verschlüsselung des Inhalts machen. Die Art der Übermittlung in den Blick nehmend lässt sich nach der Steuerung der Beziehung zwischen den Aktanten fragen. In unserem Beispiel betrifft das die Datensteuerung wie Mail Header, http-Header, Adressen, Dringlichkeitsstufen, Sprachformate. Diese sind gegebenenfalls vor dem Zugriff eines unbefugten Dritten zu schützen. Beispielsweise möchte man vielleicht nicht, dass ein Kommunikationsdienstleister wie WhatsApp (um ein prominentes Beispiel anzuführen) auf alle Kontakte zugreifen kann, die auf dem Smartphone gespeichert sind, auf welchem die Applikation läuft, ob man den Kontakt einmal über WhatsApp angewählt hat oder nicht. Man will vielleicht auch nicht, dass sich ein Dienst merkt, wie oft man diesen Freund oder jenen anruft oder sich die Online-Lieferdienste für Essen merkt und beim nächsten Mal schon gleich vorschlägt oder es gar erschwert, neue, noch unbekannte Lieferdienste zu finden, weil man einem bestimmten Profil zugeordnet wurde. Auf dieser Ebene geht es darum, die Datensteuerung zu verstehen und nach Wunsch und Möglichkeit den eigenen Präferenzen anpassen zu können. Die nächste Ebene steht für die Beziehung selbst. In unserem Beispiel sind das vor allem die Kommunikationsbeziehungen, wie etwa Adressat, Absender, Zeitpunkt, Standtort, Dauer, Umfang der Kommunikation, die, im zutreffenden Fall, nicht öffentlich sein soll. Kommt man noch einmal auf das Beispiel des Kölner Doms zurück, so wären hier individuell steuerbare Möglichkeiten zu schaffen respektive weiter auszubauen, um die Kommunikationsbeziehungen mehr oder weniger vor Dritten abzuschirmen. Zum Schluss kann der Kommunikations- oder Interaktionsraum als ganzer analysiert werden. Dieser enthält alle relevanten Akteure und Aktanten, ihre Beziehung, die Steuerung der Beziehung und das ausgetauschte Gut. In unserem Beispiel wären das Zusammenhänge zwischen Akteur und Information, Zusammenhänge zwischen Informationsinhalten, Reihenfolgen, Häufigkeiten, genutzte Verweise und so weiter.

Bei diesen vier Ebenen sind je anderes Wissen, Handlungskompetenzen und Zugriffsrechte und somit gegebenenfalls auch ein anderer Akteur oder auch Aktant für Datenschutz, Datensicherheit und – darüber hinausgehend – die Aufrechterhaltung der Privatsphäre gefordert, um für den Schutz der in ihr bewahrten gesellschaftlichen Werte zu sorgen. Man unterscheidet die Aufgabenbereiche innerhalb der Kommunikationstechnologie in Schichten, in welchen die jeweils spezifischen Dienste die Aufgaben erbringen, die sie den Diensten der anderen Schichten über definierte Schnittstellen zur Verfügung stellen. Innerhalb dieser Schichten lassen sich Dateninhalte, -Steuerung, Kommunikationsbeziehung und -verhalten jeweils unterschiedlich schützen. Dabei können, wenn auch nicht immer, ganz konkret individuelle und autonome Lösungen gefunden werden. Angefangen von zwei Kommunikationspartnern, die sich offline auf eine gemeinsame geheime Sprache verständigen, über Ende-zu-Ende-Verschlüsselungen bis hin zum systemischem Datenschutz, der zur Anwendung kommt, etwa bei IP-Sec (Internet Protocol Security). Die Reichweite dieser Verschlüsselungen ist sehr unterschiedlich, genauso wie ihre Angreifbarkeit und auch ihre Durchführbarkeit – etwa im Hinblick auf eine routinierte und zu bewältigende Durchführung im Alltag (vgl. hierzu Grimm 2013). Der einzelne

Laien-Bürger der Smart City kann das nicht auf sich alleine gestellt bewältigen. Es braucht Experten für die Funktionsweise der IKT-Dimension, die erkennen, analysieren, verstehen, welche Akteure und Aktanten zu welchem Zweck legitimer oder illegitimer Weise am Aufbau eines Raumes beteiligt sind und die in diesem Raum die Beziehungen fachkundig gestalten helfen.

Der Laie steht zunächst einer unüberschaubaren und, von seiner Warte aus, unkontrollierbaren Vielzahl an materiellen und immateriellen Objekten und Menschen gegenüber. Es ist verständlich, dass das Vertrauen in ihre Fähigkeiten, ihr Wohlwollen und ihre Integrität in dieser Situation schwerfällt (vgl. Grimm 2013, S. 140). Die Nutzung der Infrastruktur, die das „Internet" sicherer machen soll, führt dabei in der Regel auch noch zu weiterem Datenaufkommen und weiteren Abhängigkeiten (vgl. Grimm 2013, S. 147). Nicht alles davon kann der Laien-Bürger persönlich mitgestalten, nicht für alles kann er verantwortlich gemacht werden; auch wenn Selbstdatenschutz und aktiver Einsatz für die eignen Persönlichkeitsrechte unabdingbar sind (vgl. Ashkar 2014, S. 107 ff.), brauchen wir vertrauenswürdige Instanzen, die die Verlässlichkeit der Systeme kontrollieren und immer wiederherstellen.

Entsprechend der drei von uns identifizierten zivilgesellschaftlichen Säulen müssen nun Werkzeuge geschaffen werden, die dem Einzelnen seiner Präferenz entsprechend ermöglichen, sich im Raum, der durch IKT-Medien eine neue Beziehungsdimension erhalten hat, zu orientieren, das heißt ihn wieder verstehend zu synthetisieren und ihn weiter mitzugestalten (spacing). Das ist entscheidend bei der Smart City, da die Stadt durch ihre Bürger, in diesem Fall ihre Smart Citizens, lebt.

Die erste Säule, die wir aus dem Typ der Individuelle generiert haben, ist die prinzipielle Informiertheit der einzelnen in dem Raum eingebundenen Akteure über die Beziehungen, in denen sie sich befinden und deren Eigenschaften. In diesem Bereich können Verbesserungen nur durch Bildung erreicht werden. Internetkompetenz muss gelehrt und gelernt werden.[24] Nicht mehr nur Englisch und Französisch respektive Latein sind wichtige Fremdsprachen. Auch Programmiersprachen sind von zentraler Bedeutung für die Teilhabe an der smarten (Stadt-)Gesellschaft. Das ist ein Bildungsauftrag für alle auch außer- und vorschulischen Bildungseinrichtungen. Die Smart Citizens können so über die Möglichkeiten, die sich jedem Einzelnen durch die smarten Medien in seiner Lebenswelt ergeben, informiert und aufgeklärt werden, genauso wie über die Risiken beziehungsweise möglichen Strategien, diesen Risiken zu entgehen (vgl. Ashkar 2014, S. 118). Als Smart Citizens müssen sie auch selbst ein Motiv entwickeln, sich auf diesem Gebiet weiterzubilden und die Räume, in denen sie leben, mitzugestalten. Nicht mehr nur Nutzer sein, sondern Bürger der Smart City werden lautet die Devise. Auf dieser Ebene geht es um mögliche Strategien zur Hilfe zur Selbsthilfe im Sinne von Selbstdatenschutz (detailliert behandeln das mit vielen konkreten Vorschlägen für Maßnahmen beispielsweise Zoche et al. 2014). Dem Selbstdatenschutz sind aber in einem globalen, komplexen Netzwerk, mit vielen verschiedenen Komponenten, ,Sprachen', die ver-

---

[24] Vgl. die Initiative des Berufsverbandes der Datenschutzbeauftragten Deutschlands (BvD) e.V. „Datenschutz geht zur Schule". Online Darstellung des Projekts zugänglich unter: https://www.bvdnet.de/dsgzs.html. Zugegriffen am 24.05.2016.

wendet werden etc. Grenzen gesetzt. Ein einzelner Mensch alleine kann in smarten Räumen nicht ausreichend für den Schutz seiner Persönlichkeitsrechte sorgen.

Die zweite Säule betrifft alle kollektiven Werkzeuge, von unabhängigen öffentlichen Bewertungsinstanzen, Verbraucherschutzverbänden, über den Betriebsrat und Datenschutzbeauftragen eines Unternehmens, bis hin zu marktwirtschaftlichen Zertifizierungs- und Bewertungswerkzeugen. Diese Werkzeuge existieren bereits, wenn sie auch teilweise noch sehr ausbaufähig sind: Datenschutzaudits durch unabhängige und zugelassene Gutachter, Datenschutz-Gütesiegel wie EuroPriSe oder die Zertifizierung öffentlicher Schlüssel (Public Key Certificates), die typischerweise von Trusted Third Parties angeboten werden, die allen anderen Anwendungen gegenüber neutral sein sollen. Nach dem Prinzip: „Der Partner vertraut der Authentizität des Schlüsselinhabers und seines öffentlichen Schlüssels (nicht unbedingt in Bezug auf seine anderen sozialen Eigenschaften), weil er der Zertifizierungsinstanz in Bezug auf das Zertifizierungsgeschäft vertraut." (Grimm 2013, S. 140). Privatsphäre aufrechtzuerhalten muss sich auch finanziell lohnen.

Die dritte Säule wird durch die Prinzipien angesprochen, die in den Begriffen Privacy by Design und Privacy by Default umrissen sind. Wie einer unserer Interviewpartner sagte, ist es wesentlich einfacher und sinnvoller, sich vorher zu überlegen, was ein smartes System oder auch nur eine Applikation alles können soll und darf, als im Nachhinein mit mehr Aufwand das Rad wieder zurückzudrehen; ganz zu schweigen davon, dass die Daten, die einmal generiert und in einem weit verzweigten Netzwerk geteilt wurden, auch nur mit sehr viel Aufwand vollständig gelöscht werden können. Vertrauen in die ‚Technik' gründet auf drei wesentlichen Eigenschaften der materiellen und immateriellen Objekte wie Grimm (2013, S. 139 f.) ausführt:

1. Fähigkeit oder Performance (das heißt die Fähigkeit eines Artefakts die Funktion zu erfüllen, für die es entworfen wurde)
2. Wohlwollen oder Zweckorientierung (die Zweckorientierung beispielsweise des Systemdesigns, etwa nicht mehr oder anderes zu tun, als ‚vereinbart')
3. Integrität (das was wir bei einem menschlichen Interaktionspartner vielleicht mit Ehrlichkeit, Unbestechlichkeit, Charakterstärke etc. belegen würden) oder Prozessangemessenheit (eines Systems, das heißt, die Integrität der konkreten und angemessenen Ausführung)

Die drei Säulen müssen selbstverständlich durch die entsprechenden politischen und rechtlichen Rahmenbedingungen begleitet werden. Die Wahrung der Persönlichkeitsrechte liegt auch innerhalb der Schutzpflichten des Staates, gerade dort, wo sie nicht durch den Einzelnen selbst geschützt werden kann (vgl. Ashkar 2014, S. 173), wobei in Bezug auf die Smart City die Notwendigkeit besteht, über nationalstaatliche Lösungen hinauszugehen. Mit der Datenschutzreform auf der Ebene der Europäischen Union, die im April 2016 vom EU-Parlament angenommen wurde, ist ein wichtiger Schritt getan. Nach vier Jahren der Überarbeitung der EU-Datenschutzvorschriften wird die bestehende Datenschutzrichtlinie aus dem Jahr 1995 ersetzt, allerdings haben die Mitgliedstaaten zwei Jahre Zeit (bis 2018), die Bestimmungen in nationales Recht umzusetzen. An diesem Beispiel wird deutlich, dass die Legislative durch die langen Vorlaufzeiten, die vom Vorschlag (die Europäische Kommission hatte ihren Vorschlag zur Reform schon 2012 vorgelegt) eines Gesetzes bis zur Implementierung vergehen, nicht in der Lage ist, ad hoc auf neue Fälle oder Situationen zu reagieren. Auch bleibt der Gültigkeitsraum selbst des supranationalen, europäischen Rechts zu begrenzt für das World Wide Web, genauso wie der Vollzugsbereich der Exekutive. Eine globale Perspektive bei der Analyse der Chancen und Risiken bei smarten Räumen ist deshalb notwendig (vgl. Ashkar 2014, S. 196 ff.)

4.5 Eine gute Handlungspraxis in der Smart City

Die Smart City ist ein Ausdruck der Hoffnung, dass durch die Erhebung, Übertragung, Verknüpfung und Auswertung riesiger Datenmengen unsere Lebenswelt und unsere Städte besser zu gestalten sein werden. Ihr haftet, bei allem wirtschaftlichen und machtpolitischen Begehren, immer noch ein Hauch der utopischen Suche nach der guten Gesellschaft in ihrer Heimat, der guten Stadt, an. Bei der Smartifizierung der Lebenswelt „Stadt" handelt es sich daher nicht nur um eine materiell-technische, sondern auch um eine sozial-praktische, leiblich-pathische und ideologische Innovation.

Mit hoher Geschwindigkeit, durch eine Vielzahl heterogener Verbindungen zwischen Dingen, Dienstleistungen, Menschen und Informationen, werden komplexe Interaktionsräume erzeugt, in denen der Einzelne weder über ausreichend Wissen, die entsprechenden Fähigkeiten noch die notwendigen Zugangsberechtigungen verfügt, um das für ihn relevante Beziehungsgefüge einschätzen und mitgestalten zu können. Daraus erwächst die gesellschaftliche Aufgabe, neue Übersichtlichkeit herzustellen, die es Akteuren erlaubt, in diesen komplexen Interaktionsräumen die Konsequenzen ihrer Handlung in ausreichendem Maße abschätzen zu können, um vernünftige Entscheidungen treffen zu können. Dabei lassen sich unterschiedliche Kontrollwünsche bei den Nutzer/-innen unterscheiden (individuelle, kollektive, technische), die in verschiedene rechtliche, praktische und technische Standards übersetzt werden können.

Wie zu Beginn ausgeführt, ist es die Funktion der Privatsphäre, jene Werte zu schützen, die wir mit der Integrität der Person verbinden. Sie ist weiterhin Teil dessen, was heute in vielen Gesellschaften als Voraussetzung einer „guten Gesellschaft" gilt. Die ‚gute Gesellschaft', so die noch immer dominante Annahme westlicher Gesellschaften, basiert auf der Idee des freiheitlich-demokratischen Staates, der die Individualität, Autonomie sowie freie Entfaltung seiner Bürger, deren Würde, Ehre, Unversehrtheit schützt und ihnen die Mitwirkung und Teilhabe an der Gesellschaft ermöglicht. Dafür scheint es notwendig, dass der Einzelne selber oder vermittelt durch Objektivationen über genügend Informationen seinen Interaktionsraum betreffend verfügt und auch den Informationsfluss in diesem bis zu einem gewissen Grad kontrollieren kann, um an der Gestaltung desselben mitzuwirken.

Durch die Perspektive auf Privatheit als Praxis konnte gezeigt werden, wo in der Bewältigung der neuen Lebenswelt Smart City Probleme auftauchen. Weiter wurde herausgearbeitet, auf welcher Ebene diese zu verorten sind. Je nachdem, ob sie das Handeln eines Einzelnen betreffen, auf institutioneller oder gesamtgesellschaftlicher Ebene vorliegen sind andere Maßnahmen geeignet, um Privatheit als erfolgreiche Praxis in smarten Räumen zu unterstützen. Ein letztes Mal sei auf die drei zivilgesellschaftlichen Säulen verwiesen, auf denen die individuellen, institutionellen aber auch technisch-materiellen Lösungen stehen. Wir hoffen, plausibel gemacht zu haben, dass eine einseitige Thematisierung der Chancen und Risiken, die sich durch die Smart City ergeben, nicht zu erfolgreichen Lösungsansätzen führen wird. Privatsphäre ist ein Raum, der immer wieder neu von den Akteuren hergestellt werden muss, und zwar in einer diesen Raum verstehenden, synthetisierenden und mitgestaltenden Praxis: der Privatheit.

Wie anhand der Studie zu smarten Fuhrparkverwaltungssystemen gezeigt wurde, gilt, dass smarte Systeme dann hohe Akzeptanz erfahren, wenn sie mit einer Kultur des Vertrauens einhergehen. Dieses Vertrauen ist immer ein auf die drei Säulen zu begründendes Vertrauen. Auf der individuellen Ebene setzt es ein Mindestmaß an Informiertheit und Entscheidungsmöglichkeiten voraus, auf der institutionellen setzt es die Kompetenz vertrauenswürdiger Vermittlungsinstanzen voraus, die die smarten Systeme überprüfen, verstehen und bewerten können und damit die Komplexität so weit reduzieren, dass eine Wahrung der Persönlichkeitsrechte des Einzelnen überhaupt möglich wird. Auf der Ebene der smarten Objekte kommt es auf ihre Gestaltung an – das heißt auch, dass nicht alles was technisch möglich ist, auch umgesetzt werden muss. Die Schaffung der Rahmenbedingungen für eine gelungene Smart City bleibt die herrschaftliche Aufgabe des Staates und seiner drei Gewalten.

Auf gesellschaftlicher Ebene setzt die gute smarte Stadt einen offenen Diskurs voraus, der sich mit den Fragen nach dem Stellenwert der Privatsphäre des Einzelnen und deren Bedeutung für die *gute Gesellschaft*, für uns hier und heute, auseinandersetzt. Denn die Werte, die im Bereich der Privatsphäre zu schützen sind, sind immer Werte einer bestimmten Gesellschaft zu einer bestimmten Zeit, die sich verändern oder ganz wegfallen können. Jedoch muss dies ein Aushandlungsprozess bleiben, an dem wir als Bürger teilnehmen sollten.

Danksagung Wir möchten uns an dieser Stelle herzlich bei Carsten Ochs bedanken, der uns mit seinem Wissen über Privatheitsfragen in Bezug auf Informations- und Telekommunikationsmedien wichtige Impulse für unseren Beitrag gegeben hat.

Literatur

Acatech (Hrsg) (2013) Privatheit im Internet. Chancen wahrnehmen, Risiken einschätzen, Vertrauen gestalten. Springer Vieweg, Berlin/Heidelberg
Akerlof GA (1970) The market for „Lemons": quality uncertainty and the market mechanism. Q J Econ 84(3):488–500

Ashkar D (2014) Datenschutz im Web 2.0. Dissertation an der Technischen Universität Chemnitz

Böker K-H, Demuth U (2013) IKT-Rahmenvereinbarung. Bund-Verlag, Frankfurt am Main

Chan M, Campo E, Estève D, Fourniols J-Y (2009) Smart homes – current features and future perspectives. Maturitas 64:90–97. doi:10.1016/j.maturitas.2009.07.014

Deakin M (2014) Smart cities. Governing, modelling and analyzing the transition. Routledge, London/New York

Firnkorn J, Müller M (2014) Free-floating electric carsharing-fleets in smart cities: the drawing of a post-private car era in urban environment? Environ Sci Policy 45:30–40. doi:10.1016/j.envsci.2014.09.005

Geuss R (2013) Privatheit. Eine Genealogie. (= suhrkamp taschenbuch wissenschaft, Bd 2093). Suhrkamp, Berlin

Goffman E (2003) Wir alle spielen Theater. Die Selbstdarstellung im Alltag. Piper, München

Grimm R (2013) Big Data aus Informatiksicht und die Wirkung von Verschlüsselung. In: Richter P (Hrsg) Privatheit, Öffentlichkeit und demokratische Willensbildung in Zeiten von Big Data, Nomos-Verlag, Baden-Baden, S 127–150

Högl M, Backmann J (2015) Die Bedeutung und Rolle von Führung im Zeitalter erhöhter Transparenz. In: Zoche et al (Hrsg) Privatheit und Datenflut in der neuen Arbeitswelt, Frauenhofer Institut für System und Innovationsforschung ISI, Karlsruhe, S 8–11

Le Gal C, Martin J, Durand G (2001) SmartOffice: an intelligent and interactive environment. In: Nixon P et al (Hrsg) Managing interactions in smart environments. Springer, London

Lemke K, Paar C, Wolf M (Hrsg) (2006) Embedded security in cars. Securing current and future automotive IT applications. Springer, Berlin/Heidelberg/New York

Löw M (2001) Raumsoziologie. (= suhrkamp taschenbuch wissenschaft, Bd 1506). Suhrkamp, Frankfurt am Main

Marx GT, Muschert GW (2007) Personal information, borders, and the new surveillance studies. Annu Rev Law Soc Sci 3:375–395

Nissenbaum HF (2010) Privacy in context. Technology, policy, and the integrity of social life. Stanford Law Books, Stanford

Ochs C (2014) Denn sie wissen nicht – wo sie sind? Prekäre Kodierung rechnender Räume. https://www.forum-privatheit.de/forum-privatheit-de/aktuelles/veranstaltungen/veranstaltungsdokumente/20140704_workshop_rechnende-raeume/Ochs_PrekaereKodierungenVortrag_20140704.pdf

Ochs C (2015) Die Kontrolle ist tot – lang lebe die Kontrolle! Ein Plädoyer für ein nach-bürgerliches Privatheitsverständnis. In: Mediale Kontrolle unter Beobachtung Ausgabe. 4.1, 2015

Polczyk M (2013) Modellierung ausgewählter Prozesse und Datenflüsse in der Elektromobilität aus datenschutzrechtlicher Perspektive. http://www.bfdi.bund.de/SharedDocs/Publikationen/Sachthemen/ElektromobilitaetPorzesseDatenfluesse.pdf?__blob=publicationFile&v=1

Raabe O, Lorenz M, Pallas F, Weis E (2011) Datenschutz im Smart Grid und in der Elektromobilität. Technical Report

Riva Sanseverino E, Riva Sanseverino R, Vaccaro V, Zizzo G (Hrsg) (2013) Smart rules for smart cities. Managing efficient cities in Euro-Mediterranean countries. Springer, Heidelberg/New York/Dorbrecht/London

Rössler B (2001) Der Wert des Privaten. Suhrkamp, Frankfurt am Main

Scheuer F (2013) Schutz der Privatsphäre in Ad-hoc-Fahrzeugnetzen. Dissertation. http://ediss.sub.uni-hamburg.de/volltexte/2013/6016/pdf/Dissertation.pdf

Schmidt G et al (Hrsg) (2014) Smart mobile in-vehicle systems. Next generation advancements. Springer, New York

Schuh G, Stich V (2013) Smart Wheels. Mobil im Internet der Energie. FIR e.V., Aachen

Schütz A, Luckmann T (2003) Strukturen der Lebenswelt. UKV, Konstanz

Statistisches Bundesamt (2013) Unfallentwicklung auf deutschen Straßen 2012. https://www. destatis.de/DE/Publikationen/Thematisch/TransportVerkehr/Verkehrsunfaelle/PK_ Unfallentwicklung_PDF.pdf?__blob=publicationFile

Vidačkovič K, Weiner N (2013) Anwenderstudie: Elektrofahrzeuge im Geschäftsumfeld. Potentiale der gemeinsamen Nutzung. Fraunhofer Verlag, Stuttgart

Zoche P, Ammicht-Quinn R, Lamla J, Roßnagel A, Trepte S, Waidner M (Hrsg) (2014) White Paper. Selbstdatenschutz. Stober GmbH Druck und Verlag, Eggenstein

Zoche P et al (Hrsg) (2015) White Paper. Privatheit und Datenschutz in der neuen Arbeitswelt. Chancen und Risiken einer erhöhten Transparenz. Stober GmbH Druck und Verlag, Eggenstein

Data-Driven Democracy – Chancen und Risiken datenbasierter Demokratien

5

Jan Fivaz und Daniel Schwarz

Zusammenfassung

Der Beitrag bringt zwei aktuelle Entwicklungen moderner Demokratien zusammen. Zum einen die Debatte über die Krise der Demokratie (sinkende Wahlbeteiligung, Erosion der Bedeutung der Parteien, Auseinanderdriften zwischen politischer Elite und Wählerschaft sowie genereller Vertrauensverlust der Bürger in die Politik) und zum anderen die wachsende Bedeutung, welche datenbasierten Anwendungen in modernen Demokratien zukommt. Anhand konkreter Beispiele wird aufgezeigt, inwiefern Online-Wahlhilfen, Monitoring-Websites oder auch Big Data- respektive Open Data-Projekte zu einer Stärkung zentraler Elemente repräsentativer Demokratien (Transparenz, Accountability und Responsiveness, politische Partizipation) beitragen können. Städte können dabei die Rolle von Laboratorien übernehmen, in denen solche neuen Instrumente in lokalen Anwendungen erprobt werden. Der Beitrag spricht neben den Chancen, die sich aus dem Einsatz datenbasierter Instrumente ergeben, auch gezielt mögliche Risiken an. Als wichtigste, bislang noch kaum beachtete Herausforderung identifiziert der Beitrag die ungenügende „data literacy" der Nutzer.

Schlüsselwörter

E-Democracy • Wahlen • Online-Wahlhilfen • Politische Repräsentation • Politische Partizipation • Demokratie

Vollständig überarbeiteter und erweiterter Beitrag basierend auf Fivaz und Schwarz (2015) Smart Democracy für Smart Cities – Online-Wahlhilfen und ihr Beitrag zu einer modernen Demokratie, HMD – Praxis der Wirtschaftsinformatik Heft 304, 52(4): 482–501.

J. Fivaz • D. Schwarz (✉)
Universität Bern, Bern, Schweiz
E-Mail: jan.fivaz@kpm.unibe.ch; daniel.schwarz@kpm.unibe.ch

© Springer Fachmedien Wiesbaden GmbH 2016
A. Meier, E. Portmann (Hrsg.), *Smart City*, Edition HMD,
DOI 10.1007/978-3-658-15617-6_5

5.1   Unterschätzte Rolle der Sozialwissenschaften

Sowohl das Konzept der Smart City wie auch das eng damit verbundene Thema Big
Data haben in den vergangenen Jahren deutlich an Beachtung gewonnen. Dies völ-
lig zurecht. Daten und der Umgang mit ihnen gehören zu den zentralen Themen, die
Politik, Wirtschaft und Gesellschaft in den nächsten Jahren prägen werden. Allerdings zeichnen sich die wissenschaftlich-theoretischen Debatten zu Smart Cities
und Big Data wie auch die entsprechenden Praxis-Projekte und Initiativen durch
einen starken Fokus auf rein technische Aspekte aus. Die Smart City-Konzepte
behandeln vor allem Fragen der Datensammlung, des effektiven Einsatzes von Sensoren, des Aufbaus von Datenbanken oder der Analyse gesammelter und gehorteter
Datenbestände (Vestergaard et al. 2015). Sozialwissenschaftliche Perspektiven und
Fragestellungen hingegen werden weitgehend ausgeblendet. Auch thematisch zeigt
sich eine stark verengte Perspektive auf einige wenige Bereiche. Debatten und Projekte konzentrieren sich vorzugsweise auf die Bereiche Stadtplanung, Energie oder
Verkehr und versuchen, diese durch den Einsatz moderner Technologien und mit
Hilfe umfassender Daten effizienter, umwelt- und ressourcenschonender, eben
intelligenter zu organisieren. Themenbereiche wie die Zivilgesellschaft oder Politik
und Demokratie werden hingegen oft ausgelassen oder nur am Rand tangiert.

Exemplarisch lässt sich die stiefmütterliche Behandlung zivilgesellschaftlicher
oder politischer Aspekte anhand des Smartest Cities Index 2014 aufzeigen. Dieser
Index gilt als umfassendstes Ranking für Smart Cities und beinhaltet unter anderem
einen Teilindex Governance. Im IESE-Bericht wird dieser Teilindex wie folgt
beschrieben (IESE 2014, S. 6):

> „The people are the point of convergence for solving all of the challenges which are faced
> by cities. ... [F]actors must be taken into account as the people's level of participation, the
> authorities' ability to get business leaders and local role-players involved, and the applica-
> tion of e-Governance plans."

So weit, so gut. Auch wenn aus politikwissenschaftlicher Warte sicherlich weitere
Faktoren für die Messung der Governance-Qualität einer Stadt heranzuziehen
wären, so werden immerhin zentrale Aspekte einer modernen Demokratie, wie z. B.
die Partizipation der Bürger in der IESE-Definition, berücksichtigt. In der konkreten Umsetzung allerdings zeigen sich gravierende Mängel, zumal lediglich zwei
Indikatoren zur Erfassung des Teilindex Governance berücksichtigt werden: der
Korruptionsindex von Transparency International sowie der Legal Rights Index der
Weltbank, der im Wesentlichen misst, wie stark die rechtlichen Rahmenbedingungen den für eine funktionierende Wirtschaft notwendigen Austausch zwischen
Gläubigern und Schuldnern begünstigen. Inwiefern diese Faktoren geeignet sind,
als Indikatoren für politische Partizipationsmöglichkeiten oder das Ausmaß von
E-Government-Aktivitäten zu dienen, die in der theoretischen Beschreibung noch
als zentrale Aspekte genannt werden, erschließt sich nicht.[1] Insgesamt erweckt der

---

[1] Zudem weisen die verwendeten Indikatoren gravierende methodische Mängel auf. So beziehen
sie sich auf Regelungen, die jeweils auf der nationalen Ebene der Länder und nicht in den

Teilindex Governance – zumindest in der vorliegenden Form und Ausführung – eher den Eindruck eines Feigenblattes und weniger den einer seriösen Integration zentraler demokratischer Aspekte in das Smart City-Konzept.

Die ungenügende Berücksichtigung zivilgesellschaftlicher und politischer Aspekte kann indes nicht einseitig den Promotoren von Smart City-Projekten angelastet werden. Fairerweise muss man vermerken, dass die Smart City-Thematik auch in den Sozialwissenschaften kaum Beachtung findet. Ein Austausch zwischen den Sozialwissenschaften und den technischen Wissenschaften findet diesbezüglich kaum statt. Ein Versäumnis, das generell bei der gesamten Big Data-Thematik zu beobachten ist.

Der vorliegende Beitrag möchte einen Schritt hin zu einer Stärkung eines solchen interdisziplinären Austauschs leisten und widmet sich der Governance- oder besser der Demokratie-Dimension des Smart City-Ansatzes. Als Ausgangspunkte dienen dabei zwei zentrale Entwicklungen, mit denen sich die modernen westlichen Demokratien zurzeit konfrontiert sehen und welche miteinander verknüpft werden sollen: Zum einen die Entwicklung hin zu einer Demokratie, die stark durch Daten bzw. datenbasierte Instrumente und Applikationen geprägt sein wird („Data-Driven Democracy"); zum anderen die in den vergangenen Jahren – sowohl in der Wissenschaft als auch in den Medien bzw. der breiten Öffentlichkeit – immer heftiger geführte Debatte über eine tiefgreifende Krise, in der sich die heutigen demokratischen Gesellschaften befinden. Dieser Beitrag widmet sich der Frage, ob datenbasierte Instrumente und Applikationen einen Beitrag zur Stärkung moderner Demokratien und somit auch zur Überwindung ihrer aktuellen Krise leisten können.

Der Beitrag liefert keine abschließende Antwort. Vielmehr geht es darum, anhand der genannten Fragestellung eine Auslegeordnung zu Chancen und Risiken von Daten und datenbasierten Anwendungen vorzunehmen. Dies soll anhand der Präsentation einiger Fallbeispiele aktueller oder auch zukünftiger Anwendungen geschehen. Zudem kann so aufgezeigt werden, wo bezüglich der Instrumente einer datenbasierten Demokratie noch Potenziale brachliegen, mit denen Smart City- oder Big Data-Konzepte ergänzt werden können.

5.2   Die Demokratie in der Krise?

Alle modernen Demokratien auf nationaler Ebene sind heutzutage als repräsentative Demokratien ausgestaltet. Auch die Schweiz mit ihrer oft zitierten direkten Demokratie verfügt neben den direktdemokratischen Instrumenten über ein voll entwickeltes repräsentatives System und ist somit korrekterweise als halb-direkte Demokratie zu bezeichnen (Linder 1999). Der grundlegende Mechanismus der repräsentativen Demokratie ist sehr einfach konstruiert. Die Bürger wählen eine

---

einzelnen Städten getroffen werden. Die Resultate und die Methoden des Legal Rights Index der Weltbank sind selbstkritisch zu hinterfragen. So platziert dieser bezüglich des Gläubigerschutzes tatsächlich ein Land wie Afghanistan noch vor Deutschland oder der Schweiz (vgl. http://data. worldbank.org/indicator/IC.LGL.CRED.XQ/countries).

bestimmte Anzahl Repräsentanten, die wiederum die Regierung wählen und während einer bestimmten Zeitdauer – meist vier oder fünf Jahre – im Parlament die Interessen ihrer Wähler in die politische Entscheidungsfindung einbringen sollen. Als Mittel der Kontrolle der Entscheidungsträger durch die Bürger sind die regelmäßig wiederkehrenden Wahlen vorgesehen. Sind diese mit dem Leistungsausweis eines Parlamentariers unzufrieden, können sie ihn dann abwählen und sich für einen anderen Kandidaten entscheiden (Pitkin 1967) – soweit dieser stark vereinfachte Grundriss einer repräsentativen Demokratie. Eine gut funktionierende repräsentative Demokratie zeichnet sich dadurch aus, dass sich zum einen die politischen Präferenzen der Wähler möglichst gut in der Zusammensetzung des Parlaments widerspiegeln und zum anderen, dass die politischen Entscheidungsträger durch die ständige Drohung einer allfälligen Abwahl bemüht sind, die Sorgen und Wünsche der Wähler aufzunehmen und in ihrer Tätigkeit zu berücksichtigen.

In den Medien sowie in großen Teilen der Öffentlichkeit herrscht nun seit einigen Jahren die Ansicht vor, dass sich die repräsentativen Demokratien der westlichen Länder in einer schwerwiegenden, ja existenziellen Krise befinden. Gemäß dieser Sichtweise haben die politischen Eliten den Kontakt zu den Bürgern verloren; sie kümmern sich kaum noch um deren Sorgen und Bedürfnisse und repräsentieren somit deren Interessen in den Parlamenten oder Regierungen ungenügend. Entsprechend haben die Bürger wiederum das Vertrauen in die Politik und die Politiker verloren, stehen den demokratischen Institutionen und Prozessen zunehmend skeptisch, desillusioniert oder im schlimmsten Fall gar ablehnend gegenüber und wählen vermehrt populistische oder extremistische Parteien. Der oft zitierte „Wutbürger" steht geradezu idealtypisch für diese Entwicklung.

Tatsächlich scheint angesichts der teils dramatischen Wahlniederlagen der etablierten Parteien in Verbindung mit den gleichzeitigen Wahlsiegen links- und rechtspopulistischer Parteien in vielen Ländern Europas einiges für die Sichtweise zu sprechen, dass die westlichen Demokratien aus dem Lot geraten sind. Aktuelle Ereignisse wie die Präsidentschaftskandidatur Donald Trumps in den USA oder die Art der Kampagnenführung der Brexit-Abstimmung in Großbritannien werden in den Medien oft als weitere Belege dafür angeführt. In der (politik-)wissenschaftlichen Diskussion hingegen fällt das Urteil weniger eindeutig aus. Forschungsergebnisse der vergangenen Jahre stützen die These einer tief greifenden Krise der Demokratie nur zum Teil (vgl. Merkel 2015).

So gibt es denn auch gute Gründe, die ganze Entwicklung etwas gelassener und nüchterner zu betrachten. Zunächst einmal ist die gesamte Krisendiskussion nichts Neues. Bereits seit den späten 1960er- und frühen 1970er-Jahren sprach man von einer Krise der Demokratie und diese Diskussion wurde seither – wenn auch unter wechselnden Vorzeichen – fast ununterbrochen weitergeführt.[2] Auch der Aufstieg rechtspopulistischer Parteien beschäftigt Europa bereits seit längerem, wie sich am

---

[2]In einem Artikel aus „Die Zeit" vom 2. Februar 1968 wird unter dem Titel „Krise der Demokratie? Resümee einer Diskussion" der Frage nachgegangen, ob die parlamentarische Demokratie angesichts des aktuellen rasanten technologischen Wandels noch in der Lage ist, ihre Funktionen wahrzunehmen (vgl. http://www.zeit.de/1968/05/krise-der-demokratie).

Aufstieg von Jörg Haider im Österreich der 1980er-Jahre oder Pim Fortuyns in der Niederlanden 2002 beispielhaft zeigen lässt. Nun ist aber eine Krise per Definition ein zeitlich beschränktes, sich aber sehr rasch entwickelndes Ereignis – zumindest, wenn man von einer akuten Krise ausgeht. Erstreckt sich eine Entwicklung aber über Jahre oder gar Jahrzehnte, handelt es sich um keine Krise, sondern um einen Transformationsprozess oder einen Strukturwandel. Weiter zeigen Umfragen, dass die bei weitem überwiegende Mehrheit der Bürger durchaus in einem demokratischen System mit gleichen Rechten für alle Bürger und einer funktionierenden Kontrolle der politischen Entscheidungsträger/Eliten durch die Bürger leben möchte (Schmitter 2015). Die Demokratie an sich hat somit zumindest als Ideal keineswegs ihren Wert und Reiz verloren.

Ist somit alles nur halb so schlimm und die Krise der Demokratie primär ein herbeigeredeter und -geschriebener Hype der Medien? Eine eindeutige Antwort fällt schwer. Denn auch wenn die Demokratie als System in den westlichen Ländern nicht Gefahr läuft, vollständig zusammenzubrechen, so lassen sich doch für einige der eingangs erwähnten Krisensymptome klare empirische Belege finden: Umfragen belegen einen Vertrauensverlust in Parteien, Parlamente und Regierungen in fast allen Demokratien, in vielen Ländern sinkt die Wahlbeteiligung oder verharrt auf einem tiefen Niveau, Parteien und andere etablierte Organisationen wie z. B. Gewerkschaften haben mit einem rasanten Mitgliederschwund zu kämpfen und gleichzeitig nehmen die Schärfe der politischen Auseinandersetzungen und die politische Polarisierung zu (Dalton 2007; Dalton und Wattenberg 2002; McCarty et al. 2016). Schließlich lässt oft auch der Wissensstand bzw. das Niveau der politischen Bildung der Bürger viel zu wünschen übrig. Sich umfassend zu informieren ist aufwendig und die Bürger sind immer weniger bereit, sich dafür Zeit zu nehmen (Lupia 2016). Somit lässt sich zeigen, dass sich die modernen Demokratien durchaus mit einer Reihe schwerwiegender Herausforderungen konfrontiert sehen.

Bezüglich der politischen Eliten liefert die Forschung gemischte Resultate. Studien zeigen, dass die Prozesse der repräsentativen Demokratie und die Kontrolle der politischen Entscheidungsträger durch die Bürger generell funktionieren: So spiegeln sich die Präferenzen und Wünsche der Wähler durchaus in der Zusammensetzung der Parlamente wider und Politiker reagieren auf die Meinungen bzw. Meinungsumschwünge in der Bevölkerung (McDonald und Budge 2005; Powell 2000). Hinzu kommt, dass die Mehrheit der Politiker wesentlich ehrlicher ist und sich stärker an Wahlversprechen gebunden fühlt, als ihnen dies sowohl die Medien als auch die Bürger zugestehen. Untersuchungen für die Schweiz haben ergeben, dass mehr als 80 % der gemachten Wahlkampfversprechen auch eingehalten werden und dass sich bei den nicht eingehaltenen Versprechen oft gute Gründe (wie z. B. ein mit zeitlichem Abstand zu den Wahlen verändertes internationales oder wirtschaftliches Umfeld) für Meinungsänderungen finden lassen (vgl. Fivaz et al. 2014; Schädel et al. 2016; Schwarz et al. 2010). Viele der Studien, die sich mit der Qualität der politischen Repräsentation befassen, messen die Kongruenz zwischen Wählern und Gewählten anhand der jeweiligen Position auf der bekannten Links-rechts-Skala. Es gibt aber Anzeichen dafür, dass die Links-rechts-Skala heute nicht mehr vollständig geeignet ist, die herrschenden politischen Konflikte abzubilden. Im Vergleich zu den vergangenen 20 oder 30 Jahren sind die heutigen Gesellschaften wesentlich vielfältiger und individualistischer geworden. Entsprechend lassen sich viele der heutigen Konflikte nicht mehr auf eine bloß eindimensionale Politik reduzieren. Thomassen (2012) äußert denn auch die Vermutung, dass die politische Repräsentation gut funktioniert, wenn man sie anhand der Positionen des groben Rasters der Links-rechts-Skala misst (das heißt, dass die Positionen der Wähler und der Gewählten nahe beieinanderliegen), dass sie aber weit weniger gut abschneidet, wenn man sie anhand der Position zu einzelnen, spezifischen Sachfragen misst.

Eine wachsende Anzahl Studien, die auf Positionsanalysen zu einzelnen Sachthemen basieren, zeichnen denn auch ein negativeres Bild vom Zustand der politischen Repräsentation. Gilens (2012) untersuchte für die USA, wie nahe sich Wähler und Gewählte bei nicht weniger als 2'245 politischen Entscheidungen zwischen 1964 und 2006 standen und kam zu dem Schluss, dass die Repräsentation ihrer Präferenzen im Parlament für die Reichen und Superreichen in der Gesellschaft sehr gut funktioniert, dass dies aber bereits für die Wünsche und Vorstellungen der Mittelklasse weit weniger zutrifft und noch weniger für die Unterschichten. Diese Resultate werden von einer ganzen Reihe weiterer Studien erhärtet und auch in andern Ländern nachgewiesen. Dies hat dazu geführt, dass zunehmend von einer „unequal democracy" gesprochen wird (Bartels 2008). In einer solchen Demokratie werden nicht mehr die Anliegen aller Bürger gleichwertig im politischen Prozess berücksichtigt. Solche Repräsentationslücken bestehen nicht nur im Bereich der Wirtschafts- oder Sozialpolitik und betreffen nicht nur untere Einkommensklassen. Die Studie von Gilens (2012) führte ebenso Repräsentationsmängel in einer Reihe zusätzlicher Politikbereiche zu Tage, die nichts mit der Umverteilung zwischen Arm und Reich zu tun haben. Zudem liefert die andauernde Flüchtlingskrise ein aktuelles Beispiel dafür, dass mitunter ganz generell größere Differenzen zwischen der Position der politischen Elite und den Ansichten von weiten Teilen der Bevölkerung – in diesem Fall bei der Flüchtlings- und Migrationspolitik – bestehen können.

Abschließend sind anhand der politikwissenschaftlichen Forschung die folgenden Schlüsse festzuhalten: Erstens, es ist übertrieben und nicht zutreffend, wenn man den westlichen Demokratien eine generelle Krise unterstellt, sofern damit eine existenzielle Gefährdung des ganzen Systems verstanden wird. Es gibt aber zweitens eine Reihe von Bereichen, in denen sich – zum Teil deutlich ausgeprägte – Krisensymptome nicht verleugnen lassen. Dazu gehören unter anderem ein verbesserungswürdiges Niveau des politischen Wissens und eine unzureichende politische Partizipation der Bürger, was sich in einer unbefriedigend tiefen Wahlbeteiligung niederschlägt. Die ungleiche Behandlung von bestimmten sozialen Gruppen und die ungenügende Repräsentation bestimmter Themen durch die politischen Eliten stellen die wohl gravierendsten Herausforderungen dar. Sie zeigen an, dass Kernfunktionen der repräsentativen Demokratie wie die wirkungsvolle Kontrolle der politischen Entscheidungsträger durch die Bürger oder die Anreize für die politischen Eliten, sich den Sorgen der Bürger anzunehmen, nicht wunschgemäß funktionieren.

Nachdem nun einige der gravierendsten Missstände und Herausforderungen, mit denen sich die modernen repräsentativen Demokratien konfrontiert sehen, benannt worden sind, stellt sich die Frage, inwiefern datenbasierte Anwendungen und

Instrumente, wie sie in den vergangenen Jahren im politischen Alltag immer stärker an Bedeutung gewonnen haben, geeignet sind, eine Verbesserung der Situation herbeizuführen.

5.3 Chancen und Risiken einer „Data-Driven Democracy"

5.3.1 Begriff und Instrumente einer datenbasierten Demokratie

Der Ausdruck der „Data-Driven Democracy" bzw. der „datenbasierten Demokratie" wird bislang nur gelegentlich verwendet und hat noch nicht als anerkannter und fest definierter Begriff Eingang in das wissenschaftliche Vokabular gefunden. Auch wir werden in diesem Beitrag bewusst auf eine Definition verzichten und stattdessen den Ausdruck als weitgefassten Sammelbegriff für eine Reihe unterschiedlicher Anwendungen verwenden. Als Instrumente einer datenbasierten Demokratie verstehen wir Anwendungen, die politischen Akteuren (z. B. Wähler, Kandidaten, Parteien, Regierungsstellen, die öffentliche Verwaltung oder die Medien) unter Einbezug von Datenbanken und moderner Kommunikations- und Informationstechnologien relevante Informationen in Form aufbereiteter Daten zur Verfügung stellen, um diese bei ihren politischen Arbeiten oder ihrer Meinungsbildung und Entscheidungsfindung zu unterstützen.

Nun sind Datenauswertungen in der Politik an sich nichts Neues. Auf Umfragen beispielsweise wird seit Jahrzehnten zurückgegriffen. Die Anwendungen der datenbasierten Demokratie weisen jedoch eine Reihe von neuen Eigenschaften und Ansätzen auf. So schöpfen sie die Möglichkeiten der neuen Kommunikations- und Informationstechnologien aus, indem sie Daten verschiedener Quellen miteinander verknüpfen und es sich in der Regel um webbasierte Anwendungen handelt, die somit auch interaktiv ausgestaltet sind. Auf diese Weise fließen Informationen in alle Richtungen und es erlaubt auch den verstärkten Einsatz von (interaktiven) Datenvisualisierungen. Zudem ermöglichen es die neuen Technologien, dass die Anwendungen ihre Auswertungen und Dienstleistungen den Nutzern in individualisierter Form und spezifisch auf ihre Bedürfnisse ausgerichtet zur Verfügung stellen. Schließlich zeichnen sich die Anwendungen oft durch einen basisdemokratischen Ansatz aus. Sie richten sich vermehrt direkt an die Bürger und stehen nicht nur einzelnen privilegierten politischen Akteuren zur Verfügung. Ein gutes Beispiel für diesen letztgenannten Aspekt stellen die zahlreichen Open Data-Projekte dar.

Im Rahmen dieses Beitrags werden wir in den folgenden beiden Abschnitten anhand von Fallbeispielen auf die Chancen und Risiken, die mit dem Einsatz solcher Anwendungen verbunden sind, eingehen. Dabei werden wir uns auf sogenannte Online-Wahlhilfen – oft auch als Voting Advice Applications (VAAs) bezeichnet – konzentrieren. Online-Wahlhilfen stellen idealtypische Beispiele für Anwendungen einer datenbasierten Demokratie dar und haben sich in den vergangenen Jahren bereits als wichtige Informationsquellen im Vorfeld von Wahlen etabliert. Die grundlegende Funktionsweise von Online-Wahlhilfen ist denkbar einfach und vergleichbar mit der Funktion von Online-Partnerbörsen: Ein Wähler erstellt sich mittels Beantwortung eines Fragebogens zu politischen Sachthemen ein politisches Profil und vergleicht dieses mit den gespeicherten Profilen der Parteien bzw. der Kandidierenden. Auf diese Weise erhält jeder Wähler eine individuelle Wahlempfehlung, die aufzeigt, welche Parteien oder Kandidierenden ihm politisch nahestehen.

Als erste Wahlhilfe überhaupt kann der niederländische Stemwijzer bezeichnet werden.[3] Eine erste Version wurde bereits 1989 entwickelt, damals noch in gedruckter Form für die Verwendung im Staatskundeunterricht an Schulen. Die Popularität ließ allerdings zunächst zu wünschen übrig, wurden doch gerade einmal 50 Kopien verkauft. 1994 wurde eine erste computerbasierte Version des Stemwijzers entwickelt, von der bereits mehrere tausend Disketten verkauft werden konnten. Im Hinblick auf die Parlamentswahlen 1998 wurde parallel zur Diskettenversion eine erste Online-Version eingeführt, die 6'500 Mal benutzt wurde. Bei den Wahlen 2006 wurde der Stemwijzer dann bereits über 5 Millionen Mal benutzt und das bei 9,8 Millionen Wählern, die sich insgesamt an den Wahlen beteiligt haben (Ladner und Fivaz 2012).

Heute finden sich Online-Wahlhilfen in nahezu allen europäischen Ländern. Oft werden im Vorfeld einer Wahl gleich mehrere verschiedene Online-Wahlhilfen angeboten, so beispielsweise bei den finnischen Parlamentswahlen 2007, als nicht weniger als 20 Online-Wahlhilfen zur Verfügung standen (Russuvirta 2010, S. 47–49). Zu den Ländern, in denen Online-Wahlhilfen am intensivsten genutzt werden, gehören neben den Niederlanden Deutschland und die Schweiz. So stellte anlässlich der deutschen Bundestagswahlen 2013 der Wahl-o-Mat[4] über 13 Millionen Wahlempfehlungen aus (Marschall und Garzia 2014). In der Schweiz besteht seit 2003 die Online-Wahlhilfe smartvote,[5] welche seither bei mehr als 150 Wahlen auf allen staatlichen Ebenen eingesetzt worden ist (Fivaz und Schwarz 2015).

Als smartvote anlässlich der Wahlen 2003 erstmals angeboten wurde, nutzten 50 Prozent der Kandidierenden die Plattform und erstellten sich ein politisches Profil. Bei den Wahlen 2007 waren es bereits sehr hohe 85 Prozent der Kandidierenden, ein Wert, der auch 2011 und 2015 wieder erreicht worden ist. Dieser Anteil entsprach 2015 rund 3'200 Kandidatenprofilen. Noch stärker verlief die Zunahme der Nutzung durch die Wähler. Ausgehend von etwa 92'000 Wählern bei den Wahlen 2003 konnte die Benutzung bis 2015 auf rund 480'000 Wähler gesteigert werden. 2015 haben somit ca. 18 Prozent der Wähler im Rahmen ihrer Wahlentscheidung smartvote konsultiert. Mit anderen Worten: Fast jeder fünfte Wahlteilnehmer hat sich eine Online-Wahlempfehlung erstellen lassen.

Neben dem direkten Nutzen für die Wähler im Rahmen ihrer Entscheidungsfindung vor Wahlen bieten Online-Wahlhilfen weitere Nutzungsmöglichkeiten, indem erstens die bei ihrer Nutzung anfallenden Daten mit anderen Datenbeständen und Anwendungen kombiniert werden können. Der vorliegende Beitrag wird im weiteren Verlauf auf diese zusätzlichen Nutzungsmöglichkeiten von Online-Wahlhilfen

---

[3] Vgl. http://www.stemwijzer.nl.

[4] Vgl. http://wahl-o-mat.de.

[5] Vgl. http://www.smartvote.ch.

eingehen. Als zweites, ergänzendes Fallbeispiel einer datenbasierten Anwendung wird der Beitrag den Einsatz umfassender Wähler-Datenbanken im Rahmen von Wahl- oder Abstimmungskampagnen näher beleuchten. Als Anschauungsobjekt dient hierzu das Projekt „Narwhal" aus U.S.-Präsident Obamas Wiederwahlkampagne von 2012.

Diese Beispiele stellen lediglich die offensichtliche Spitze des Eisbergs dar. Gerade bei Wahlkämpfen werden zahlreiche weitere datenbasierte Anwendungen eingesetzt. Als Beispiel kann der Schweizer Wahlkampf von 2015 dienen. Neben dem Einsatz der Online-Wahlhilfe smartvote wurden Online-Umfragen und Analysen der Social Media-Aktivitäten durchgeführt, Wahlbörsen wurden als unterhaltende Elemente und als Prognoseinstrumente verwendet und zahlreiche politische Ratings sowohl für Parteien als auch für einzelne Kandidaten wurden angeboten.[6] Hinzu kommt eine ganze Reihe weiterer Anwendungen wie z. B. die bereits erwähnten Open Data-Projekte. Nicht alle dieser neuen datenbasierten Instrumente sind bereits ausgereift und es gibt Beispiele, die weniger für seriöse Information als vielmehr für bloße Unterhaltung stehen (wenn z. B. Ratings betreffend der glamourösesten Politiker erstellt werden). Dennoch haben einige – insbesondere die Online-Wahlhilfen wie smartvote – ein beachtliches Standing erreicht. Viele sind nach wissenschaftlichen Kriterien konzipiert, können eine seriöse Umsetzung und hohe Qualitätsstandards garantieren und weisen bereits einen starken Einfluss auf die politischen Meinungsbildungsprozesse auf. Wird berücksichtigt, dass wir diesbezüglich erst am Anfang einer Entwicklung stehen, ist absehbar, dass datenbasierte Anwendungen die Politik und Demokratie weitaus stärker verändern werden, als sich dies viele heute bewusst sind. Dabei werden in Zukunft nicht mehr nur die politischen Profile und Daten der Kandidierenden und Parteien im Zentrum des Interesses stehen, sondern zunehmend auch diejenigen der Benutzer dieser Instrumente. Umso dringender stellt sich die Frage, welche Chancen und Risiken mit einer datenbasierten Demokratie einhergehen. Bevor in den nächsten beiden Abschnitten auf diese Frage eingegangen wird, soll zunächst in einem Exkurs die Funktionsweise der Online-Wahlhilfe smartvote im Detail erläutert werden. Dazu dient deren Einsatz bei den Wahlen 2014 in der Stadt Zürich als konkretes Anwendungsbeispiel.

5.3.1.1 Exkurs: Der Einsatz von smartvote bei den Wahlen in der Stadt Zürich 2014

Vielerorts werden Online-Wahlhilfen nur bei Wahlen auf nationaler Ebene angeboten, die Schweiz hingegen ist ein Beispiel dafür, in dem die Online-Wahlhilfe smartvote immer wieder auch bei Wahlen auf regionaler (kantonaler) oder gar kommunaler Ebene Anwendung findet. Auf kommunaler Ebene handelt es sich in der Regel um Wahlen in den großen Städten. Die Wahlhilfe wurde aber auch schon bei Wahlen in kleineren Städten wie Kreuzlingen (20'000 Einwohner) oder Wil (18'000 Einwohner) eingesetzt. Die intensivste Nutzung der Plattform überhaupt wurde bei den Wahlen 2013 in der Stadt Baden (18'000 Einwohner) erreicht, als smartvote 2'344

---

[6] Vgl. http://www.tagesanzeiger.ch/schweiz/standard/der-maechtigste-der-humorvollste-der-rede-gewandteste/story/31312337.

Wahlempfehlungen ausgestellt hat (bei 4'717 Wählern, die im Rahmen dieser Wahl ihre Stimme abgegeben haben). Dieser Hinweis ist insofern von Bedeutung, als dass damit aufgezeigt werden kann, dass Online-Wahlhilfen durchaus geeignet sind, auch in einem kleineren, recht überschaubaren und relativ bürgernahen Umfeld den Wählern einen wertvollen Service und eine sinnvolle Orientierungshilfe zu bieten.

In diesem Abschnitt wird anhand des konkreten Anwendungsbeispiels der Wahlen 2014 in der Stadt Zürich aufgezeigt, wie und unter welchen Rahmenbedingungen smartvote eingesetzt wird und wie Online-Wahlhilfen typischerweise von den verschiedenen Benutzergruppen verwendet werden. Zürich ist mit rund 400'000 Einwohnern im internationalen Vergleich zwar nicht besonders groß, aber dennoch die größte Stadt der Schweiz und deren wirtschaftliches Zentrum. Die Stadt bietet für einen Einsatz von Online-Wahlhilfen ideale Voraussetzungen: So werden sowohl das Stadtparlament mit 125 Sitzen als auch die Stadtregierung (bestehend aus neun Stadträten) direkt gewählt. Es besteht ein intensiver politischer Wettbewerb. Insgesamt traten 16 Parteien, die ein äußerst breites politisches Spektrum abdeckten, zu den Wahlen an. Die Internetdichte ist außerordentlich hoch und schließlich verfügt die Stadt sowohl über mehrere herausragende Print- und Online-Medien als auch über eine aktive Web 2.0-Community – beides günstige Voraussetzungen für einen intensiven Wahlkampf. smartvote wurde bei den Wahlen 2014 nach 2006 und 2010 bereits zum dritten Mal in Folge angeboten, so dass die Plattform sowohl bei vielen Kandidierenden als auch Wählern bereits bekannt war.

Eine zentrale Bedeutung kommt dem Wahlsystem der Stadt Zürich zu. Die Stadt ist in neun Wahlkreise unterschiedlicher Größe (zwischen neun und 22 Sitze) aufgeteilt. In Zürich (wie bei den meisten Wahlen in der Schweiz) verfügen die Wähler über jeweils so viele Stimmen, wie es Sitze in ihrem Wahlkreis zu besetzen gibt. Im Wahlkreis 6 der Stadt Zürich standen zehn Sitze zur Wahl und so hatte jeder Wähler zehn Stimmen zu verteilen. Diese Stimmen konnte er anhand vorgedruckter Wahlzettel den Kandidaten einer Partei geben oder er konnte sich einen eigenen Wahlzettel mit Kandidaten verschiedener Parteien zusammenstellen (das sogenannte Panaschieren). So konnte ein Wähler im Wahlkreis 6 seine zehn Stimmen z. B. auf fünf Kandidaten der Partei A, drei der Partei B und zwei der Partei C verteilen. Zudem stand ihm die Möglichkeit offen, einzelne Kandidaten, die ihm besonders wichtig waren, mit einer zweiten Stimme zu unterstützen (das sogenannte Kumulieren). Dieses zugegebenermaßen etwas komplizierte Wahlsystem eröffnet den Wählern deutlich größere Auswahlmöglichkeiten als in anderen Ländern üblich. Allerdings stellt es auch hohe Anforderungen an die Wähler beim Wahlentscheid. So reicht es nicht, nur über die Parteipositionen zu den wichtigsten Themen Bescheid zu wissen, man sollte sich auch über die einzelnen Kandidaten informieren. Zudem führt das Wahlsystem dazu, dass die Kandidierenden in einem zweifachen Wettbewerb stehen: Zum einen in einem Wettbewerb mit den Kandidierenden der anderen Parteien, zum anderen in einem mit den übrigen Kandidierenden der eigenen Partei. Auf Grund des Wahlsystems ist smartvote im Gegensatz zum deutschen Wahl-o-Mat eine kandidatenbasierte und keine parteibasierte Online-Wahlhilfe, das heißt als Datenbasis dienen die politischen Profile der einzelnen Kandidaten und nicht eine für alle geltende Antwort aus einer Parteizentrale.

Im Falle der Wahlen in der Stadt Zürich konnte die Unterstützung sämtlicher Parteien gewonnen werden. Diese Unterstützung war von zentraler Bedeutung, um die insgesamt 1'119 Parlaments- und 15 Regierungskandidierenden kontaktieren und zur Teilnahme auffordern zu können. Für sämtliche Kandidierende wurde auf der smartvote-Plattform ein Benutzerkonto eingerichtet, so dass sie ihre Profile erstellen und auch ergänzende Angaben zu ihrer Person, dem beruflichen Werdegang oder ihren politischen Prioritäten machen konnten.

Der Fragebogen ist das Kernstück einer jeden Online-Wahlhilfe und stellt das entscheidende Element für das Matching der politischen Präferenzen von Kandidierenden und Wählern dar. Ein zentrales Qualitätskriterium eines Fragebogens ist es, ob es diesem gelingt, zwischen den zur Wahl antretenden Parteien bzw. Kandidierenden genügend unterschiedliche politische Positionen herauszuarbeiten. Um zwischen einer relativ geringen Anzahl von Parteien zu differenzieren, reichen 20 bis 30 geschickt gewählte Fragen aus. Um aber bei über 1'000 Kandidierenden insgesamt und auch innerhalb der Kandidierenden einer Partei messbare Unterschiede erfassen zu können, bedarf es einer deutlich höheren Anzahl Fragen. Der Fragebogen für die Zürcher Stadtwahlen umfasste schließlich 61 Fragen, gruppiert nach zwölf Themenbereichen.[7] In einigen Bereichen dominieren Fragen zu Themen der nationalen Politikebene (z. B. die Frage nach der Haltung zum Atomausstieg), die aber dennoch gute Indikatoren für bestimmte politische Grundhaltungen auch für die kommunale Ebene darstellen. Bei kommunalen Wahlen stehen jedoch vor allem Fragen mit einem rein kommunalen Fokus im Vordergrund (z. B. ob die städtischen Spitäler fusioniert werden sollen, die Haltung zu konkreten Verkehrsprojekten, zur Stadtentwicklung oder zum kommunalen Haushalt). Der Fragebogen wird dabei jeweils von Politikwissenschaftlern des smartvote-Projekts in Zusammenarbeit mit Journalisten der involvierten Medienpartner entwickelt. Die Parteien werden jeweils eingeladen, Fragevorschläge einzureichen, ein direktes Mitspracherecht wird ihnen aus Gründen der Unabhängigkeit jedoch nicht zugestanden. Eine wissenschaftliche Evaluation von über 20 Online-Wahlhilfen hat unlängst dem smartvote-Fragebogen eine gute Qualität bescheinigt (Van Camp et al. 2014).

Als Antwortoptionen stehen den Kandidierenden „Ja", „Eher ja", „Eher nein" und „Nein" zur Verfügung (vgl. Anschauungsbeispiel eines smartvote-Fragebogens in Abb. 5.1). Eine Opting-Out-Möglichkeit bei einzelnen Fragen besteht nicht. Will ein Kandidat bei smartvote für die Wähler sichtbar sein, muss er sämtliche Fragen beantworten. Die Wähler beantworten für die Erstellung ihres Profils den identischen Fragebogen, sie verfügen jedoch bei jeder Frage über die Möglichkeit, auf die Beantwortung zu verzichten. Zusätzlich können sie noch jede Frage gemäß ihren Prioritäten gewichten. Die Kandidierenden wiederum können jede Antwort mit einem Kommentar versehen, der ihre Beweggründe darlegt und die Möglichkeit zur textlichen Differenzierung ihrer Antwort bietet.

---

[7] Im folgenden Blogbeitrag wird zudem beschrieben, wie die Entwicklung eines Fragebogens idealtypisch abläuft: http://blog.smartvote.ch/?p=2255.

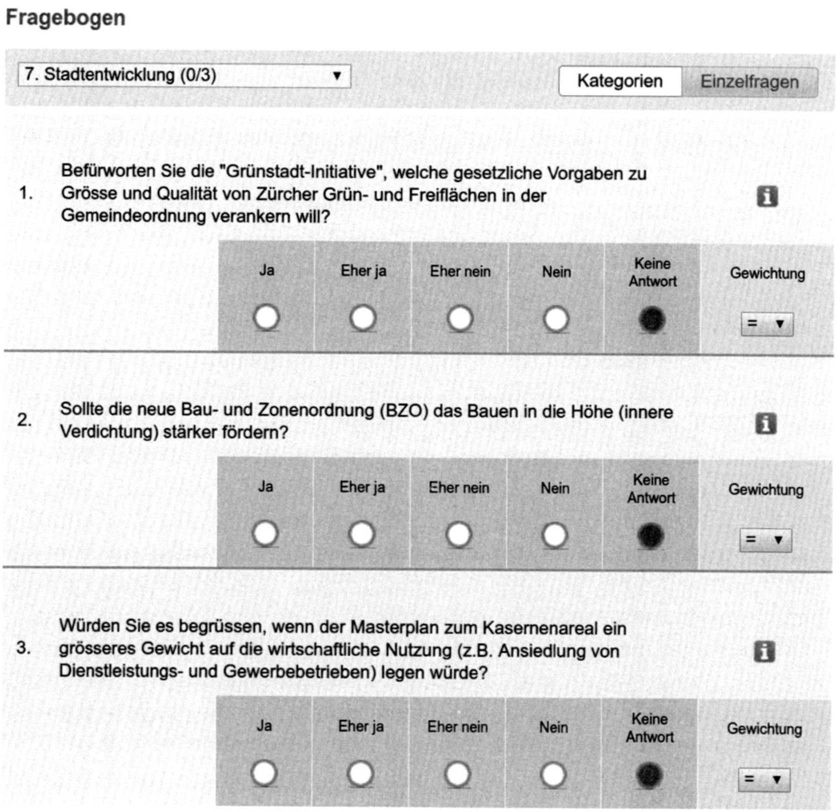

Fragebogen

Abb. 5.1 Auszug aus einem smartvote-Fragebogen

Von den 15 Kandidaten der Regierungswahl haben alle den smartvote-Fragebogen beantwortet. Die Beteiligung im Rahmen der Parlamentswahl erreichte hingegen nur 65 Prozent, was im Vergleich zu anderen Wahlen einen eher tiefen Wert darstellt. In der Regel beantworten 75 bis 80 Prozent aller Kandidaten den smartvote-Fragebogen. Dass dieses Niveau in der Stadt Zürich nicht erreicht werden konnte, lag vor allem am Umstand, dass verhältnismäßig viele Klein- und Kleinstparteien zur Wahl antraten, welche sich von Anfang an kaum eine Chance auf einen Parlamentssitz ausrechnen konnten. Entsprechend lag die Beteiligungsquote bei den sieben Parteien, die tatsächlich Parlamentssitze gewinnen konnten, bei rund 75 Prozent.

Selbst in Zeiten von Facebook und Twitter kommt den traditionellen Medien im Wahlkampf nach wie vor eine essenzielle Bedeutung zu. Für die Stadtwahlen 2014 konnte smartvote beide großen Zürcher Qualitätszeitungen, die Neue Zürcher Zeitung (NZZ) und den Tages-Anzeiger (TA), sowie das Schweizer Radio und Fernsehen (SRF) als Medienpartner gewinnen. Die Medienpartner integrierten die Online-Wahlhilfe direkt in ihre eigenen Websites und nutzten smartvote-Daten und -Analysen intensiv im Rahmen ihrer eigenen Wahlkampfberichterstattung. In rund 20 Artikeln verwendeten sie Auswertungen und Visualisierungen von smartvote, um die Positionsbezüge der Parteien und Kandidierenden darzustellen.[8] Noch am Wahltag, sobald die Zusammensetzung der neuen Regierung bzw. des neuen Stadtparlaments bekannt war, konnte mit hinreichender Präzision abgeschätzt werden, welche politischen Projekte im neuen Parlament und bei der neuen Regierung eine Mehrheit finden würden und welche eher zum Scheitern verurteilt wären. Auch solche Nachwahlanalysen wurden von den Medienpartnern aufgegriffen.

Die rege Nutzung durch die Kandidierenden und die Medien schlug sich nicht zuletzt in der Nutzung durch die wichtigste Zielgruppe überhaupt – die Wähler – nieder. Insgesamt stellte smartvote 29'800 Wahlempfehlungen aus, was bei rund 94'000 Wählenden einem Anteil von knapp 32 Prozent entspricht.[9] Für die Wahl der Stadtregierung wurden zusätzlich rund 15'000 Wahlempfehlungen ausgestellt (vgl. Anschauungsbeispiel einer smartvote-Wahlempfehlung in Abb. 5.2). Die geringere Intensität der smartvote-Benutzung bei den Regierungswahlen lässt sich primär mit der geringeren Anzahl Kandidaten erklären. Je kleiner und übersichtlicher das Kandidatenfeld ist, desto geringer fällt der Nutzen einer Online-Wahlhilfe für die Wähler aus, da ihnen die Orientierung leichter und ihr Informationsbedarf entsprechend geringer ausfällt.

Die Wahlhilfe wurde auch in Blogs, auf Facebook oder bei Twitter thematisiert. Kandidaten verlinkten und versendeten ihre smartvote-Profile, Wähler und Interessengruppen kommentierten diese und auch die Methodik und Qualität von smartvote selbst wurden auf diesen Kanälen diskutiert. Vereinzelt wurde smartvote auch an Schulen im Rahmen des Unterrichts zur politischen Bildung benutzt, allerdings gibt es diesbezüglich keine verlässlichen Nutzerzahlen.

5.3.2 Bestehender Nutzen und ungenutztes Potenzial

Datenbasierte Anwendungen im Allgemeinen und Online-Wahlhilfe im Besonderen weisen ein beachtliches Potenzial zur qualitativen Verbesserung der modernen westlichen Demokratien auf. Sie eröffnen insbesondere neue Perspektiven und Ansätze, um die bereits im Abschn. 5.2 angesprochenen Herausforderungen, mit denen sich die Demokratien heute konfrontiert sehen, anzugehen. Nachfolgend soll aufgezeigt werden, wie Online-Wahlhilfen den Bürgern neue Informationskanäle und Interaktionsmöglichkeiten eröffnen und zu einer Modernisierung der Demokratie beitragen können.

---

[8] Beispiele für solche Berichte finden sich im smartvote-Medienarchiv unter https://www.smartvote.ch/report/index.

[9] Generelle Informationen zu den Wahlen 2014 in Zürich: https://www.stadt-zuerich.ch/portal/de/index/politik_u_recht/abstimmungen_u_wahlen/vergangene_termine/140209.html. Details dazu, wie bei smartvote die Benutzer-Zahlen ermittelt werden, finden sich im folgenden Blogbeitrag: http://blog.smartvote.ch/?p=1005.

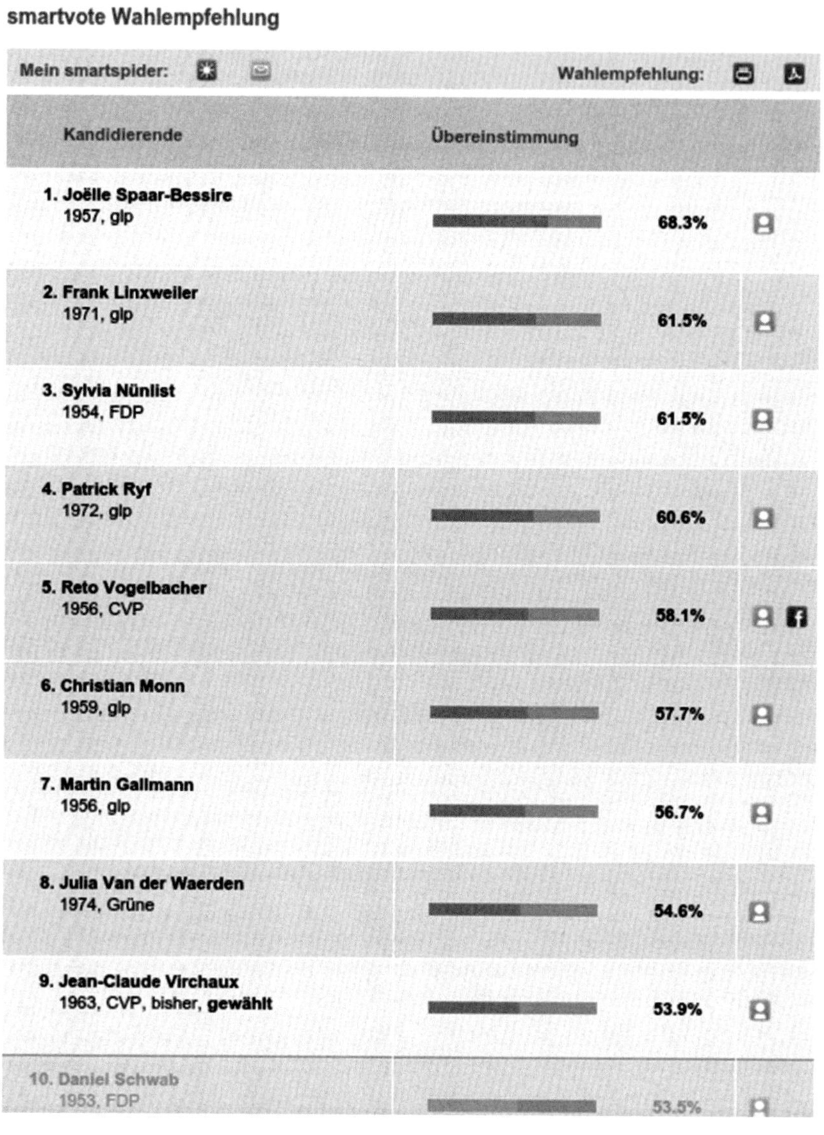

smartvote Wahlempfehlung

Mein smartspider: ✳ ✉		Wahlempfehlung: ▭ ⬛
Kandidierende	**Übereinstimmung**	
1. Joëlle Spaar-Bessire 1957, glp	▬▬▬▬▬ 68.3%	🔲
2. Frank Linxweiler 1971, glp	▬▬▬▬ 61.5%	🔲
3. Sylvia Nünlist 1954, FDP	▬▬▬▬ 61.5%	🔲
4. Patrick Ryf 1972, glp	▬▬▬▬ 60.6%	🔲
5. Reto Vogelbacher 1956, CVP	▬▬▬▬ 58.1%	🔲 📘
6. Christian Monn 1959, glp	▬▬▬▬ 57.7%	🔲
7. Martin Gallmann 1956, glp	▬▬▬▬ 56.7%	🔲
8. Julia Van der Waerden 1974, Grüne	▬▬▬▬ 54.6%	🔲
9. Jean-Claude Virchaux 1963, CVP, bisher, **gewählt**	▬▬▬▬ 53.9%	🔲
10. Daniel Schwab 1953, FDP	▬▬▬▬ 53.5%	🔲

Abb. 5.2 Anschauungsbeispiel der smartvote-Wahlempfehlung

5.3.2.1 Informiertere Wahlentscheide

In der politikwissenschaftlichen Literatur wird immer wieder auf den oft ungenügenden Wissensstand der Wähler verwiesen. Lupia (2016) sieht den Hauptgrund dafür in den zu hohen Informationskosten – vor allem in Form von Zeit, die aufgewendet werden muss. An diesem Punkt können Online-Wahlhilfen wie smartvote ansetzen. Kein anderes Informationsmittel bietet z. B. einem Wähler in der Stadt Zürich die Möglichkeit, sich mit einem vernünftigen Zeitaufwand ein ziemlich umfassendes Bild von den politischen Positionen der über 1'100 zur Wahl stehenden Kandidaten zu verschaffen. Selbstverständlich nimmt auch die Beantwortung möglichst vieler der 61 Fragen und die Analyse der bereitgestellten Wahlempfehlung Zeit in Anspruch. Dies stellt jedoch nur einen Bruchteil des Aufwandes dar, den ein Wähler zu leisten hätte, wenn er sich all die Informationen über die traditionellen Medien beschaffen müsste. Abgesehen davon, dass die Medien aus Platzgründen lediglich einen kleinen Teil der Kandidaten in ihrer Berichterstattung berücksichtigen. Somit zeigt sich deutlich, dass Online-Wahlhilfen nicht bloß eine Spielerei sind, sondern den Wählern einen echten und gefragten Service bieten.

Dies zeigt sich auch in Umfragen, die unter den Benutzern von Online-Wahlhilfen durchgeführt worden sind. Danach gefragt, ob sie durch die bereitgestellten Informationen der Online-Wahlhilfen in ihrer Wahlentscheidung „beeinflusst" worden sind, haben nicht weniger als 67 Prozent der smartvote-Benutzer mit „Ja" geantwortet. Vergleichbare Befragungen in den Niederlanden und in Deutschland können lediglich Werte zwischen sechs und 15 Prozent aufweisen (Ladner und Fivaz 2012). Diese enormen Unterschiede sind vor allem mit den unterschiedlichen Wahlsystemen zu erklären. In der Schweiz muss eine Beeinflussung der Wahlentscheidung nicht zwingend in einen komplett geänderten Wahlentscheid bzw. einen Wechsel der gewählten Partei münden. Es kann gut sein, dass die Wähler die Liste ihrer präferierten Partei nur an einigen wenigen Stellen anpassen, indem sie einzelne Kandierende streichen, kumulieren oder panaschieren (vgl. die Ausführungen zum Schweizer Wahlsystem im Abschn. 5.3.1).

Immer wieder werden Befürchtungen geäußert, dass die Benutzung von Online-Wahlhilfen die Entscheidungsfindung der Wähler negativ beeinflussen und zu einer Art „Instant Voting" führen könnte. Kritiker sehen die Gefahr, dass sich die Wähler nur noch hastig und oberflächlich mit den Parteien bzw. Kandidaten und ihren politischen Inhalten befassen würden. Anstelle des Kontakts und des Austausches mit anderen Menschen würden Informationen nur noch über den Computer bezogen und der Wahlentscheid selbst würde weitgehend an diesen delegiert (Buchstein 2004).

Erfreulicherweise konnte die Forschung diese Bedenken zerstreuen. So konnte nachgewiesen werden, dass die Benutzung von Online-Wahlhilfen das politische Wissen fördert und auch das Interesse an Politik generell stärkt. Weiter hat sich gezeigt, dass die Benutzer die ausgestellten Wahlempfehlungen keineswegs unreflektiert übernehmen. Vielmehr werden sie durch die erhaltenen Informationen animiert, vermehrt mit Freunden oder in der Familie über Politik und die anstehenden Wahlen zu diskutieren und sich auch zusätzliche Informationen zu suchen, um sich ein besseres Bild von den Parteien und Kandidierenden machen zu können (Fivaz und Nadig 2010).

Online-Wahlhilfen, welche sich an qualitative Mindeststandards halten (Marschall und Garcia 2014), bieten die Möglichkeit, die Informationsbasis der Wähler vor den Wahlen auch qualitativ zu stärken und nicht einfach die Masse der verfügbaren Information zu vergrößern. Online-Wahlhilfen bieten somit den Wählern eine Art der individuellen, auf ihre Bedürfnisse maßgeschneiderte und interaktive Informationsvermittlung, wie sie die klassischen Medien und Wahlkampfinstrumente nicht bieten können.

5.3.2.2 Verbesserte politische Partizipation

Die tiefe und teilweise auch noch sinkende Wahlbeteiligung in vielen westlichen Demokratien wird immer wieder als ein ernstes Krisensymptom der modernen repräsentativen Demokratien bezeichnet (Dalton 2007). Eigentlich sollte klar sein, dass die Einführung neuer Technologien allein nicht in der Lage sein wird, die Wahlbeteiligung markant zu erhöhen. Dennoch wurde im Zusammenhang mit der Einführung von Online-Wahlhilfen immer wieder die Hoffnung geäußert, dass diese zu einer spürbar höheren Wahlbeteiligung führen würden (Cedroni 2010). Eine Reihe von Forschungsprojekten hat sich der Frage angenommen, ob die Benutzung von Online-Wahlhilfen tatsächlich zu einer höheren Wahlbeteiligung führt. Die Studien konnten auch einen positiven Effekt auf die Wahlteilnahme nachweisen. Wie groß dieser ist, unterscheidet sich je nach Land und Studie deutlich. Im Fall der Schweiz konnte gezeigt werden, dass die Benutzung von smartvote die Wahrscheinlichkeit, dass der entsprechende Wähler auch wirklich an der Wahl teilnimmt, um rund 15 Prozent erhöht (Ladner und Pianzola 2010). Allerdings sollte beachtet werden, dass sich diese Analysen auf direkte Befragungen der Benutzer stützen. Diese wiederum tendieren dazu, den Einfluss einer Online-Wahlhilfe zu überschätzen. Viele Benutzer hätten auch ohne die Online-Wahlhilfe an den Wahlen teilgenommen. Vorsichtige Schätzungen kommen daher zum Schluss, dass smartvote bei den Nationalratswahlen 2007 die Wahlbeteiligung um 0.6 bis 1.0 Prozentpunkte gesteigert hat (Ladner und Pianzola 2010). Für die Wahlen 2011 konnten diese Zahlen durch eine weitere Studie bestätigt werden (Germann und Gemenis 2014).

Dieser Effekt ist nur scheinbar gering, entspricht er doch in etwa der gesamten Zunahme der Wahlbeteiligung zwischen den Wahlen 2007 und 2011. Eine wichtige Erklärung dafür, dass einige hochfliegenden Erwartungen eher enttäuscht wurden, dürfte darin liegen, dass mit Online-Wahlhilfen primär „Gläubige bekehrt" werden. Unter den Benutzern sind diejenigen Wählergruppen überrepräsentiert, die sich bereits durch ein überdurchschnittliches politisches Interesse und eine ebenso überdurchschnittliche Wahlbeteiligung auszeichnen. Wähler, die bislang nicht an Wahlen teilgenommen haben, lassen sich auch durch Online-Wahlhilfen nur schwer für die Politik begeistern. Einzig unter den Jung- und Erstwählern scheint es in nennenswertem Ausmaß möglich zu sein, unter Einbezug von Online-Wahlhilfen das Interesse an Politik und auch die Wahlbeteiligung zu steigern (Fivaz und Nadig 2010).

5.3.2.3 Einbezug der Bürger und Verknüpfung mit Social Media

Politische Partizipation sollte nicht ausschließlich an der Beteiligung an Wahlen gemessen werden. Aktives bürgerliches Engagement kann auch auf andere Art und Weise gezeigt werden. Auch diesbezüglich könnten Online-Wahlhilfen in Zukunft einen Beitrag leisten. Ein bislang nur ungenügend genutztes Potenzial besteht in der Verknüpfung von Online-Wahlhilfen mit Debatten in den sozialen Medien. Online-Wahlhilfen sprechen in ihren Fragebogen ein breites Spektrum an politischen Themen an. Es sollte daher vermehrt versucht werden, diese Fragen als Ausgangspunkt für weiterführende Debatten über die Ausgestaltung der zukünftigen Politik zu verwenden. Im Fall der Stadtzürcher Wahlen hätte man bei den 61 smartvote-Fragen jeweils Weblinks zu Online-Foren, Blogs oder speziellen deliberativen

Plattformen, wie sie zur Zeit getestet werden,[10] einbauen können, um so Diskussionen zwischen Politikern und Bürgern oder auch unter den Bürgern selbst zu fördern. Auf diese Weise könnten die Fragebogen von Online-Wahlhilfen zu weiterführenden Debatten animieren, die sich nicht nur auf ein stark verkürzendes „Ja" oder „Nein" beschränken.

Weiter könnten die Bürger via Social Media in die Ausgestaltung von Online-Wahlhilfen einbezogen werden. Im Hinblick auf die Schweizer Parlamentswahlen vom Herbst 2015 hat smartvote im Januar 2015 den Benutzern die Möglichkeit gegeben, über Social Media und eine Befragungsplattform eigene Vorschläge für den Fragebogen („Bürgerfragen") einzureichen. Insgesamt wurden über 1'400 Vorschläge eingereicht. Das Beispiel zeigt, welches Potenzial in einer „Demokratisierung" von Online-Wahlhilfen steckt. Allerdings sollte auch beachtet werden, dass sich damit das Problem der Qualitätssicherung zusätzlich verschärft. Viele der eingereichten Vorschläge konnten in dieser Form nicht verwendet werden, sondern benötigten eine redaktionelle Bearbeitung und Selektion. Bei einigen kantonalen Wahlen hat smartvote zudem mit einem zweistufigen Verfahren experimentiert. In einer ersten Phase konnten Vorschläge eingereicht werden, die anschließend redaktionell überarbeitet wurden. In einer zweiten Phase konnten dann die Benutzer in einer Online-Abstimmung bestimmen, welche dieser Fragen tatsächlich im smartvote-Fragebogen berücksichtigt werden sollten.

5.3.2.4 Stärkung von Transparenz und Accountability

Online-Wahlhilfen können Wählern jedoch nicht nur durch eine individualisierte Wahlempfehlung dabei helfen, ihre Rolle in einer funktionierenden Demokratie besser auszufüllen. Ein zentraler Aspekt einer repräsentativen Demokratie stellt das Konzept der Accountability dar, der Pflicht der Politiker, über ihr politisches Handeln gegenüber den Wählern Rechenschaft abzulegen. Um eine effektive Kontrolle der gewählten Politiker durch die Wähler zu gewährleisten, bedarf es umfassender Transparenz und Informationen zu den politischen Positionen von Politikern und Parteien. Daher bietet sich die Verknüpfung der Daten der Online-Wahlhilfen mit Abstimmungsdaten aus dem Parlament an (Fivaz und Schwarz 2007). Parteien und Kandidierende hinterlegen vor den Wahlen bei Online-Wahlhilfen ein detailliertes politisches Profil. Dieses kann nach den Wahlen als Bewertungsmaßstab beigezogen werden. Die gewählten Politiker können an den Positionen, die sie vor den Wahlen eingenommen haben, nach den Wahlen anhand der Parlamentsdaten direkt gemessen werden. Dies funktioniert freilich nur, wenn Medien und andere unparteiische Organisationen auch nach den Wahlen die intensive Beobachtung und Analyse des politischen Verhaltens der Mandatsträger beibehalten.

Die Daten der Online-Wahlhilfe smartvote wurden bereits verschiedentlich für solche Zwecke verwendet, allerdings hauptsächlich im wissenschaftlichen Kontext (Schwarz et al. 2010; Fivaz et al. 2014, Schädel et al. 2016) und nur vereinzelt und wenig systematisch durch Medien und Interessengruppen, welche die Politiker im

---

[10] Vgl. z. B. das Pilotprojekt „smartopinion" http://blog.smartvote.ch/?p=2886.

Zusammenhang mit einzelnen Parlamentsabstimmungen an ihre Vorwahlverspre-
chen erinnerten.

5.3.2.5 Stärkung der Responsiveness

Daten von Online-Wahlhilfen können auch zur Stärkung eines weiteren Grundpfei-
lers einer repräsentativen Demokratie – der Responsiveness – verwendet werden.
Darunter wird in der Politikwissenschaft die Fähigkeit der politischen Eliten verstanden, die Sorgen und Wünsche der Wähler aufzunehmen und im Rahmen ihrer
Parlaments- und Regierungsarbeit zu berücksichtigen. Wie im Abschn. 5.2 aufgezeigt, läuft ein Strang der Kritik an den heutigen Demokratien gerade darauf hinaus,
dass die politischen Eliten zusehends den Kontakt zu den Wählern verloren haben
und sich zumindest ein großer Teil der Bevölkerung durch das politische System
nicht mehr repräsentiert fühlt.

Nun muss aber eine ungenügende Berücksichtigung der Wünsche der Wähler
nicht zwingend am mangelnden Willen der politischen Eliten liegen. Denn der
Wille dazu allein reicht nicht aus. Es ist gar nicht so einfach, die Wünsche und
Sorgen der Bevölkerung im Detail und aufgeschlüsselt nach bestimmten Wähler-
segmenten zu erfassen. Daher ist es gut möglich, dass ein Teil der ungenügenden
Responsiveness auf eine ungenügende Informationsbasis zurückzuführen ist. An
diesem Punkt können Daten von Online-Wahlhilfen ansetzen.

Bei der Benutzung durch die Wähler fallen bei den Online-Wahlhilfen enorme
Datenmengen an. Alle Benutzer hinterlegen durch das Beantworten des Fragebogens ihre detaillierten politischen Profile. Diese Daten sind zwar anonym, können
jedoch mit Angaben aus Online-Umfragen ergänzt werden, die auf freiwilliger
Basis unter den Wahlhilfe-Benutzern durchgeführt werden. Dies erlaubt, auf kostengünstige Weise einen Datensatz bereitzustellen, der als Stimmungsbarometer für
ein sehr breites Spektrum an Themen dienen kann. Dies erlaubt z. B. Parteien oder
auch städtischen Planungsbehörden, den Puls der Bevölkerung zu fühlen und ihr
Handeln entsprechend auszurichten. Die Behörden der Stadt Zürich – um bei unserem Fallbeispiel zu bleiben – könnten auf die Antworten der rund 30'000 Benutzer
zurückgreifen, um die Haltung der Bevölkerung zu zentralen Fragen der lokalen
Politik und zur Stadtentwicklung zu eruieren. Es ließe sich zeigen, welche Themen
der Bevölkerung besonders wichtig oder besonders umstritten sind. Schließlich
können diese Daten auch noch weiter aufgeschlüsselt werden, beispielsweise auf
einzelne Wahlkreise oder bestimmte Bevölkerungsgruppen (z. B. nach Alter, Ein-
kommen oder Geschlecht). Die Wahlhilfe wird pro Jahr bei rund 10–20 Wahlen in
der Schweiz angeboten. Die dabei anfallenden Benutzerdaten wären miteinander
verknüpfbar, was den Nutzen der Daten weiter steigern würde.

Bevor solche Anwendungen realisiert werden können, müssen jedoch noch
einige methodische Herausforderungen gemeistert werden. Selbstverständlich
handelt es sich bei diesen Daten um keine repräsentativen Datensätze, was deren
Verwendung stark einschränkt. Neuere wissenschaftliche Studien konnten jedoch
zeigen, dass mittels geeigneter Gewichtungsmodelle und weiterer komplexen statistischen Verfahren die Datenqualität so weit verbessert werden kann, dass sich
aus den Daten verlässliche Schlüsse ziehen lassen (Pianzola 2014a, b). Zwar

müssen die entwickelten statistischen Verfahren noch verfeinert werden, grundsätzlich stehen aber keine unüberwindbaren Hindernisse mehr im Weg. Auf diese Weise könnten Regierungen und Parteien sehr kostengünstig – da keine speziellen Meinungsumfragen erstellt werden müssten – die Präferenzen der Bevölkerung erheben und im Rahmen ihrer politischen Arbeit so weit wie möglich berücksichtigen. Dies könnte zu einer deutlichen Verbesserung der repräsentativen Prozesse beitragen.

Zu Beginn des Beitrages wurde bereits auf Wähler-Datenbanken verwiesen, die im Rahmen von US-Wahlkämpfen erstellt werden. Das diesbezüglich bekannteste Beispiel ist das Projekt „Narwhal", der zentralen Datenbank von U.S.-Präsident Obamas Kampagne von 2012. Um bestimmte Wähler(–gruppen) gezielt angehen zu können, wurde eine Datenbank aufgebaut, die anhand von rund 500 Variablen detaillierte Profile (von politischen Einstellungen bis hin zum Einkaufs- und Freizeitverhalten) von über 250 Millionen Wählern enthielt. In einer umfassenden Studie hat Hersh (2015) zahlreiche Aspekte dieser Datenbanken analysiert. Unter anderem konnte er positive Effekte beobachten, die auch bei Anwendungen basierend auf Daten von Online-Wahlhilfen zu erwarten wären. Die Datenbanken erlauben es den Kampagnen, im Rahmen des sogenannten „micro-targeting" gezielt spezifische Wählergruppen (und sogar einzelne Wähler) anzugehen und ihnen maßgeschneiderte Informationen bereitzustellen. Dies ist nur möglich, weil die Datenbanken enorm detaillierte Informationen über die Wähler beinhalten. Traditionelle Kampagnen haben dazu tendiert, sich inhaltlich auf die Themen der großen Wählergruppen zu fokussieren. Die nun enorm verbesserte Verfügbarkeit von Informationen ist dabei der Schlüssel, dass sich die modernen Kampagnen auch den Nischenthemen oder den Anliegen von Minderheiten widmen können (Hersh 2015, S. 205–207). Dies ist mit Blick auf die Qualität bzw. die Verbesserung der Qualität der repräsentativen Prozesse von enormer Bedeutung und es gibt keinen Grund zur Annahme, dass die gleichen Effekte nicht auch mit Daten von Online-Wahlhilfen möglich wären.

5.3.2.6 Verknüpfung mit E-Voting-Systemen

Bislang ist sowohl in der Forschung als auch in der Praxis nur selten die Möglichkeit thematisiert worden, Online-Wahlhilfen mit E-Voting-Systemen zu verknüpfen (Ladner und Fivaz 2012). Anlässlich der Wahlen 2005 für den StudentInnen-Rat der Universität Bern wurde diese Verknüpfung einer Online-Wahlhilfe mit einem E-Voting-System einem Testlauf unterzogen. Die Wahlen wurden als reine Online-Wahlen durchgeführt. Den Studierenden standen zwei Möglichkeiten zur Stimmabgabe offen. Sie konnten direkt die E-Voting-Plattform aufsuchen, sich dort ihren Wahlzettel gemäß den geltenden gesetzlichen Bestimmungen zusammenstellen, danach mussten sie sich authentifizieren und konnten dann ihren Wahlzettel an die elektronische Wahlurne senden. Die zweite Möglichkeit bestand darin, sich auf der smartvote-Website eine Wahlempfehlung erstellen zu lassen und diese mit einem Mausklick in die E-Voting-Plattform zu exportieren. Nun konnten die Studierenden diese wiederum gemäß ihren Wünschen weiter anpassen (z. B. Kandidierende dem

Wahlzettel hinzufügen, die bei smartvote nicht teilgenommen hatten) und danach ihre Stimme abgeben.

Der Testlauf verlief äußerst positiv: Technisch und bezüglich der Benutzer-freundlichkeit verlief die Implementierung des kombinierten Systems problemlos. Zudem hat die kombinierte Plattform dazu beigetragen, dass sich die Wahlbeteili-gung gegenüber früheren Wahlen verdreifacht hat. Schließlich hat noch eine rechts-wissenschaftliche Studie den Testlauf untersucht und kam zum Schluss, dass die Verknüpfung zwischen Online-Wahlhilfe und E-Voting im vorliegenden Fall mit dem Verfassungsrecht und dem Wahlrecht grundsätzlich vereinbar war. Allerdings hält die Studie auch fest, dass den involvierten Online-Wahlhilfen strikte Auflagen und klare Qualitätsstandards gesetzt werden müssen, die durch den Staat erlassen und kontrolliert werden (z. B. mittels einer Zertifizierung), um Missbräuche zu ver-hindern (Rütsche 2008).

In vielen Ländern wird an der Entwicklung sicherer und zuverlässiger E-Voting-Systeme gearbeitet oder wurden solche bereits eingeführt. Diese Systeme sollen den Akt des Wählens bzw. der Stimmabgabe für die Wähler vereinfachen und attraktiver machen. Eine Verknüpfung mit dem Akt des Auswählens (Online-Wahlhilfe) würde aus einer prozessorientierten Sichtweise Sinn ergeben und könnte zu einer zusätzlich verbesserten Wahlbeteiligung beitragen. Allerdings müsste man sich zuvor noch wesentlich stärker als bisher mit den durchaus vorhandenen Risiken befassen, die ein solches kombiniertes Wahlsystem mit sich bringen würde.

5.3.3 Risiken einer datenbasierten Demokratie

Der vorangehende Abschnitt hat anhand des Beispiels von Online-Wahlhilfen gezeigt, dass datenbasierte Anwendungen ein großes Potenzial aufweisen, die heu-tigen demokratischen Prozesse zu stärken und zu bereichern. Dabei sollten jedoch die Risiken, die mit dem wachsenden Einfluss solcher Anwendungen auf die Politik und Demokratie einhergehen, nicht vergessen werden. Darauf wird in diesem Abschnitt eingegangen.

5.3.3.1 Ungenügende „data literacy"

Um einen möglichst reibungslosen Ablauf der Prozesse einer repräsentativen Demokratie zu gewährleisten, sind Transparenz sowie eine verlässliche und mög-lichst umfassende Informationsbasis unerlässlich. Noch bis vor wenigen Jahren war oft ein Mangel an Informationen eines der gravierendsten Probleme. Heute ist oft das Gegenteil der Fall. Bürgern in den etablierten, westlichen Demokratien standen wohl noch nie so viele Informationen zur Verfügung wie heute. So bieten Daten und Auswertungen von Online-Wahlhilfen den Wählern neue Möglichkeiten bei ihrer Wahlentscheidung wie sie die klassischen Medien und Wahlkampfinstrumente nicht bieten können, und in Kombination mit Informationen zu parlamentarischen Abstimmungen erlauben diese Daten eine demokratische Kontrolle der politischen Entscheidungsträger in einem bislang nicht gekannten Ausmaß (Fivaz und Schwarz 2007; Fivaz et al. 2014; Lau und Redlawsk 2006). Digitale Medien oder auch in einem immer stärker werdenden Umfang Open Data-Projekte stellen eine wahre Flut an Informationen zu allen Bereichen der Politik zur Verfügung.

Allerdings zeigt sich immer deutlicher, dass sich die Probleme der modernen Demokratien nicht einfach durch mehr Informationen lösen lassen. So sprechen Strøm et al. (2003, S. 741) von Bürgern, die „over-newsed but under-informed " seien und Peters (2016) vertritt die Ansicht, dass sich trotz der verbesserten Offenheit und Transparenz der politischen Prozesse der Grad an Informiertheit der Bürger nicht verbessert hat. Angesichts dieser paradoxen Ausgangslage, dass mehr Daten nicht zwingend zu besser informierten Bürgern führen, steht die Frage im Raum, ob die Bürger überhaupt über die notwendigen Ressourcen und Fähigkeiten verfügen, um aus der riesigen Menge an Daten die wirklich relevanten Informationen herauszufiltern und auch korrekt zu interpretieren (Silver 2012). Mit anderen Worten, ob die Bürger über eine ausreichende „data literacy" verfügen. „Data literacy" beinhaltet die Fähigkeit, Daten und daraus entwickelte Analysen zu verstehen, Grafiken und Abbildungen korrekt lesen zu können, zu wissen, was Daten leisten können und was nicht, oder in der Lage zu sein, irreführende oder falsche Auswertungen zu erkennen. Im Zeitalter von Big Data stellt die „data literacy" eine Schlüsselkompetenz dar und es darf bezweifelt werden, dass diese Fähigkeiten bereits in ausreichendem Maß vorhanden sind.

Verschärfend kommt hinzu, dass die Bürger dabei sowohl von Medien als Informationsvermittler als auch von technischen Hilfsmitteln wie Suchmaschinen teilweise im Stich gelassen werden, wenn es darum geht, die Probleme der ungenügenden „data literacy" zu umgehen. Die Medien sind immer stärker gezwungen, der heute vorherrschenden Logik der Medienökonomie zu folgen, die anstelle einer vertiefenden Berichterstattung immer häufiger auf eine Berichterstattung hinausläuft, die auf Vereinfachungen, Zuspitzungen und Personalisierungen setzt. Bei technischen Hilfsmitteln wie Suchmaschinen oder auch Social Media wie Facebook, die einen Überblick über die verfügbaren Informationen bieten und diese sortieren und filtern sollen, droht die sogenannte „filter bubble" (Pariser 2011). Die Algorithmen der Suchmaschinen berücksichtigen unsere früheren Abfragen und unser Klickverhalten. Sie sind so angelegt, dass sie uns als Trefferliste Resultate liefern, bei denen sie basierend auf bisherigen Suchanfragen davon ausgehen, was unseren Interessen und Wünschen entspricht. Auf diese Weise geht die Varianz und Vielfalt der grundsätzlich verfügbaren Informationen verloren. Wir erhalten bloß mehr vom Gleichen. Was für Freizeit- oder Konsumentscheiden durchaus als Vorteil gesehen werden kann, ist für Wahlentscheidungen oder sachpolitische Debatten verheerend, da man statt umfassende nur noch kanalisierte Informationen vorgesetzt bekommt. Der Verständigung unterschiedlicher politischer Lager dürfte dies kaum dienlich sein.

5.3.3.2 Transparenz als zweischneidiges Schwert
Wie bereits ausgeführt, führen Online-Wahlhilfen zu einer deutlich verstärkten Transparenz, was eine Grundvoraussetzung für die verbesserte demokratische Kontrolle der politischen Mandatsträger darstellt. Bei der Transparenz handelt es sich allerdings um ein zweischneidiges Schwert. Sie kann beispielsweise die oft notwendige Kompromisssuche zwischen den Akteuren erschweren, indem sie die

Angst der Politiker vor einer negativen Reaktion der Wählerschaft schürt, wenn ein Wahlversprechen nicht vollständig eingehalten werden kann. Aufgrund verstärkter Transparenz kann sich zudem der Druck auf die Parteien erhöhen, stets Geschlossenheit zu demonstrieren, die Parteidisziplin zu verstärken und dadurch einen gesunden innerparteilichen Pluralismus zu unterbinden. Ein Mehr an Information und Transparenz birgt somit das Risiko, dass demokratiepolitisch erwünschte Verhaltensweisen und verantwortungsvolles politisches Handeln plötzlich als politische Schwäche ausgelegt werden. Gefordert sind an dieser Stelle vor allem die Medien, welchen die wichtige Aufgabe einer sachgerechten Vermittlung der Politik obliegt. Allerdings besteht dabei wiederum das Risiko einer unsachgemäßen Darstellung. Unzureichende Kenntnisse im Umgang mit Daten auf Seiten der Journalisten (vgl. die Ausführungen zur „data literacy") oder auch die Realität der heutigen Medienökonomie mit ihrer Tendenz zur Vereinfachung und Zuspitzung können zu unsachlichen oder gar falschen Darstellungen führen. Wer Daten zur Verfügung stellt – wie es die Betreiber von Online-Wahlhilfen tun – kann dieses Risiko teilweise eindämmen, indem die aktive Zusammenarbeit auf seriöse Medienpartner beschränkt und bei Kenntnis einer unsachgemäßen Verwendung der Daten versucht wird, korrigierend einzugreifen. Eine Garantie für eine stets verantwortungsvolle Nutzung aller verfügbaren Daten gibt es in einer offenen Mediengesellschaft allerdings nie.

Transparenz kann auch noch aus einem weiteren Grund gefährlich sein. In der bereits erwähnten Studie zu den US-amerikanischen Wählerdatenbanken hat Hersh (2015) einerseits als positiven Effekt darauf verwiesen, dass die verbesserte Informationslage es den Kampagnen ermöglicht hat, sich gezielt auch den Anliegen von Minderheiten zu widmen (vgl. Abschn. 5.3.2). Er verweist aber zu Recht darauf, dass die genau gleichen Informationen auch dazu benutzt werden können, um Minoritäten, die als irrelevant beurteilt werden, gezielt auszuschließen und die Ressourcen einer Kampagne auf die Bevölkerungsgruppen zu konzentrieren, von denen man sich einen Nutzen verspricht. Hersh (2015, S. 207–209) konnte zeigen, dass in Wahlkämpfen, in denen die Kampagnen über eine gute Datenbasis verfügten, die Wähler oft nur von einer Partei Unterlagen zugestellt bekommen haben, während bei Wahlen, in denen den Kampagnen keine umfassenden Wählerdaten zur Verfügung standen, die Wähler von mehreren Parteien Informationen erhielten und somit besser informiert waren. Der Grund dafür lag darin, dass, wenn es die verfügbaren Daten erlaubten, eindeutig selektiert wurde, auf welche Wählergruppen sich die Kampagnen ausrichten würden. Dieses Beispiel zeigt, dass eine verbesserte Transparenz nicht immer zu positiven Resultaten führt.

5.3.3.3 Ungleiche Nutzung und digitale Spaltung

Eines der am häufigsten genannten Risiken beim Thema E-Democracy ist die Gefahr einer digitalen Spaltung der Gesellschaft in „Onliner" und „Nonliner". Dieser sogenannte Digital Divide existiert auch bei Online-Wahlhilfen. Deren Benutzung ist nicht über alle Bevölkerungsgruppen gleichverteilt. Der typische Benutzer ist jung, männlich und gut ausgebildet. Allerdings konnte eine Reihe von Studien zeigen, dass es eine Normalisierungs-Tendenz gibt (Ladner und Fivaz 2012). Der Anteil der Frauen, die eine Online-Wahlhilfe benutzen, steigt und auch die älteren Bevölkerungsgruppen nutzen sie immer häufiger. Es scheint, als würde sich das Problem des Digital Divides im Lauf der Zeit weitgehend von selbst lösen. Anhand eines konkreten Beispiels möchten wir aber aufzeigen, dass es dennoch notwendig ist, sich stets der Tatsache bewusst zu sein, dass ein Teil der Bürger auch heute nicht im Internet zu Hause ist.

Vestergaard et al. (2015) beschreiben den an sich löblichen Versuch des verstärkten Einbezugs der Bürger in ein typisches Smart City-Projekt. Den Bürgern soll dabei die Möglichkeit gegeben werden, bei der Einführung einer intelligenten Straßenbeleuchtung direkt mitzuwirken. Über eine Online-Plattform („Vote a Lamppost") können sie Vorschläge einreichen, wie die Parameter der Straßenbeleuchtung in ihrem Quartier festgelegt werden sollen (z. B. wann die Lampen voll, wann gedimmt oder wann gar nicht leuchten sollen). Anhand eines E-Voting-Systems stimmen dann die Quartierbewohner ab und entscheiden sich für einen Vorschlag. Auf diese Weise legen die direkt betroffenen Bürger und nicht mehr die Stadtverwaltung fest, wie ein Quartier beleuchtet wird. Dass aber dabei diejenigen Bürger, die über keinen Online-Zugang verfügen, übergangen werden, wird von den Promotoren des Projekts verschwiegen. Dies scheint uns ein treffendes Beispiel dafür zu sein, wie Smart City-Promotoren mit einer gewissen Unbeschwertheit die demokratische bzw. politische Dimension ihrer Projekte ausblenden – und sich vielleicht am Ende über ein Scheitern wundern.

5.3.3.4 Unzureichender Datenschutz

Ein weiteres Risiko besteht in einem ungenügenden Datenschutz. Online-Wahlhilfen sammeln zum Teil sehr sensible Daten (z. B. die E-Mails und privaten Adressen von Tausenden von Kandidierenden und Wählern plus ihre politischen Standpunkte), die es ohne Wenn und Aber zu schützen gilt. Eine strikte Implementierung der geltenden Datenschutzgesetze gehört daher zu den verpflichtenden Qualitätskriterien, die eine Online-Wahlhilfe einzuhalten hat.

5.3.3.5 Mangelhafte Einhaltung der Qualitätsstandards

Die mangelhafte Einhaltung von minimalen Qualitätsstandards ist ein weiteres Risiko. Insbesondere wenn man die Möglichkeit einer Verknüpfung von Online-Wahlhilfen mit E-Voting-Systemen bedenkt, scheint es unumgänglich, sich verstärkt mit der Qualität der Online-Wahlhilfen zu befassen. Die Wissenschaft hat erste Anläufe unternommen, Qualitätsstandards aufzustellen, die im Sinne einer Selbstverpflichtung für Online-Wahlhilfebetreiber wirken sollen (Marschall und Garzia 2014). Zu den wichtigsten gehören: eine umfassende Transparenz bezüglich der Betreiber, der Finanzierung und der angewandten Methoden sowie die Gleichbehandlung aller zur Wahl antretenden Parteien und Kandidierenden. Ursprünglich bestand die Erwartung, dass gegenseitig konkurrierende Online-Wahlhilfen einen positiven Einfluss auf die Qualität der Angebote ausüben und so zu einer Art Selbstregulierung führen würden. Inzwischen muss man zugeben, dass diese Erwartung wohl zu optimistisch gewesen ist. Es stellt sich daher die Frage, ob die Einhaltung grundlegender

Qualitätsstandards, wie sie genannt worden sind, nicht von staatlichen Stellen vorgeschrieben und kontrolliert bzw. zertifiziert werden sollte (Rütsche 2008) (vgl. auch Abschn. 5.3.2).

5.4 Fazit

Die Ausgangspunkte dieses Beitrags bilden zwei aktuelle Entwicklungen, denen sich heutige Demokratien ausgesetzt sehen: zum einen der wachsende Einfluss von Daten und datenbasierten Anwendungen in der Politik und zum anderen die laufende Debatte über eine Krise der Demokratie. Der Beitrag verknüpft die beiden Entwicklungen mit der übergeordneten Frage, ob datenbasierte Anwendungen – wie sie in den Smart City- und Big Data-Konzepten vorgesehen sind – in der Lage sind, einen Beitrag zur Stärkung und Verbesserung der demokratischen Prozesse zu leisten. Der Frage selbst wird anhand des Beispiels sogenannter Online-Wahlhilfen nachgegangen, wobei die Wahlen 2014 in der Stadt Zürich als illustratives Fallbeispiel dienen.

Auch wenn die Politikwissenschaft – im Gegensatz zu den Medien und der öffentlichen Meinung – die Existenz einer systembedrohenden Krise der Demokratie mehrheitlich verneint, so zeigt ein Blick in die entsprechende Forschung, dass sich moderne Demokratien mit einer Reihe von Krisen oder stark verbesserungswürdigen Zuständen in Teilbereichen konfrontiert sehen. Insbesondere die wachsende Entfremdung der politischen Eliten von der breiten Bevölkerung stellt ein gravierendes Problem dar, das dringend angegangen werden sollte. Neben diesem generellen Befund werden ein zu tiefes Niveau des politischen Wissens und der politischen Partizipation, eine ungenügende Berücksichtigung der Wünsche und Sorgen der Wähler (Responsiveness) – insbesondere der Mittelklasse oder der ärmeren Bevölkerungsschichten – sowie eine ausbaufähige Kontrolle (Accountability) der politischen Mandatsträger als Ansatzpunkte für demokratische Reformen identifiziert.

Der Beitrag zeigt auf, dass datenbasierte Anwendungen wie Online-Wahlhilfen ein enormes und zu großen Teilen noch ungenutztes Potenzial aufweisen, um gerade bei den oben identifizierten Problemen einen Beitrag zur Verbesserung zu leisten. Verschiedene Studien konnten zeigen, dass Online-Wahlhilfen das Informationsniveau ihrer Benutzer steigern oder diese dazu animieren, sich vertieft mit Politikern und politischen Themen zu befassen. Auch leisten sie einen Beitrag zu einer höheren Wahlbeteiligung. Der Beitrag zeigt jedoch ebenfalls auf, dass das Potenzial von Online-Wahlhilfen im Allgemeinen und von smartvote im Besonderen zur Verbesserung der Demokratiequalität sowie für die Modernisierung der demokratischen Prozesse erst in Ansätzen umgesetzt und noch längst nicht ausgereizt ist. Durch eine Verknüpfung mit Daten zu Abstimmungen in den Parlamenten könnten die Möglichkeiten der Bürger zur demokratischen Kontrolle der politischen Mandatsträger deutlich ausgebaut werden. Zusätzlich könnten durch eine Vernetzung der Online-Wahlhilfen mit Social Media, Diskussions- und Deliberationsplattformen oder E-Voting-Systemen die vorgängig genannten positiven

Effekte zusätzlich verstärkt werden. Eine systematische Auswertung der anfallenden Benutzerdaten würde schließlich die Möglichkeit bieten, ein thematisch umfassendes und detailliertes Stimmungsbarometer der Wähler bereitzustellen, was vor allem Parteien, Regierungen und Verwaltungen in die Lage versetzte, die Wünsche der Bevölkerung besser in ihre Arbeit zu integrieren und insbesondere auch die Meinungen von Minderheiten oder die Einstellungen zu speziellen Nischenthemen zu berücksichtigen.

Neben diesen positiven Effekten und verheißungsvollen Potenzialen bringen datenbasierte Anwendungen aber auch Risiken und ungewollte Nebenwirkungen mit sich. Probleme könnten aus einer ungenügenden Qualität der Anwendungen, einem mangelhaften Datenschutz oder dem Ausschluss derjenigen Bürger, die nicht im Internet zuhause sind, entstehen. Auch zeigen erste wissenschaftliche Ergebnisse, dass es nicht ausreicht, einfach Daten und Informationen bereitzustellen. Diese werden oft falsch oder in irreführender Art und Weise interpretiert und kommuniziert. Bezüglich der Ressourcen und Fähigkeiten mit Daten umzugehen ("data literacy") bestehen bei den Wählern noch deutliche Lücken. Schließlich konnte auch gezeigt werden, dass ein Mehr an Informationen zu negativen Effekten, wie dem gezielten Ausschluss von als irrelevant betrachteten Minderheiten in politischen Prozessen, führen kann.

Welche Schlüsse für zukünftige Handlungsoptionen lassen sich nun daraus ziehen? Für den wissenschaftlichen Bereich zeigt sich deutlich, dass der interdisziplinäre Austausch zwischen den technischen und den sozialwissenschaftlichen Disziplinen verstärkt gesucht werden muss. Zu sehr wurden und werden immer noch Smart City- oder Big Data-Projekte bei den technischen Wissenschaften einseitig ohne Berücksichtigung der sozialwissenschaftlichen Perspektive angegangen und in den Sozialwissenschaften gar nicht beachtet. Gerade die Hinweise auf eine ungenügende "data literacy" sowie darauf, dass die neuen technischen Möglichkeiten auch das politische und soziale Entscheidungsverhalten verändern oder auch die mögliche Diskriminierung von Minderheiten machen deutlich, dass es sich bei den neuen Informations- und Kommunikationstechnologien nie um eine rein technische Revolution gehandelt hat. Leider werden sie aber heute zu oft als eine solche behandelt. Wie genau sich die immer besser verfügbaren Daten und datenbasierten Auswertungen auf das politische Verhalten auswirken, ist noch unerforscht. Es wäre dringend nötig, dass sich die Wissenschaft zukünftig vermehrt diesem Aspekt widmen würde.

Mit Blick auf praxisorientierte Smart City-Projekte gilt ebenfalls, dass es wünschenswert wäre, sozialwissenschaftliche Perspektiven stärker zu berücksichtigen – eine Einsicht, die gemäß Vestergaard et al. (2015) langsam auch den Promotoren solcher Projekte bewusst wird. Gerade mit Blick auf die nicht unerheblichen Risiken, die mit dem Einsatz von datenbasierten Anwendungen verbunden sind, ist es wenig sinnvoll und auch politisch unwahrscheinlich, dass solche Projekte primär auf nationaler Ebene initiiert werden. Mittlere und größere Städte würden sich hingegen hervorragend als Laboratorien für Pilotprojekte und Testläufe eignen. Zum einen könnten die Projekte in einem überschaubaren Rahmen realisiert und evaluiert werden. Zum anderen bieten Städte mit ihrer oft hervorragenden technischen

Infrastruktur sowie einer tendenziell jungen, gut ausgebildeten und technikaffinen Bevölkerung ideale Voraussetzungen für solche Testläufe. Zudem verfügen sie im Gegensatz zu ländlichen Gebieten über sämtliche demokratischen Institutionen (Parteien, Parlamente), ausgebaute Verwaltungen, die in der Lage sind, umfangreiche Datensätze zur Verfügung zu stellen, und lokale Medien. Städte können somit eine Art Mikrokosmos zur Verfügung stellen, der einerseits groß genug ist, um alle benötigen Eigenschaften und Infrastrukturen aufzuweisen, und andererseits so klein ist, dass politische Risiken limitiert werden können. Es wäre wünschenswert, wenn Städte bzw. Smart City-Initiativen vermehrt die Chance ergreifen und politische Projekte wie in diesem Beitrag beschrieben angehen würden. Die bislang unterentwickelte Governance-Dimension des Smart City-Konzepts würde so an Format und Inhalt gewinnen.

Literatur

Bartels LM (2008) Unequal democracy. The political economy of the new gilded age. Princeton University Press, Princeton

Buchstein H (2004) Online democracy. Is it viable? Is it desirable? Internet voting and normative democratic theory. In: Kersting N, Baldersheim H (Hrsg) Electronic voting and democracy. A comparative analysis. Palgrave, New York, S 39–60

Cedroni L (2010) Voting advice applications in Europe: a comparison. In: Cedroni L, Garzia D (Hrsg) Voting advice applications in Europe. The state of the art. Scripta Web, Neapel, S 247–257

Dalton RJ (2007) Democratic challenges, democratic choices. The erosion of political support in advanced industrial democracies. Oxford University Press, Oxford

Dalton RJ, Wattenberg MP (Hrsg) (2002) Parties without Partisans. Political change in advanced industrial democracies. Oxford University Press, Oxford

Fivaz J, Nadig G (2010) Impact of Voting Advice Applications (VAAs) on voter turnout and their potential use for civic education. Policy Internet 2(4):167–200

Fivaz J, Schwarz D (2007) Nailing the pudding to the wall – E-democracy as catalyst for transparency and accountability. In: International conference on direct democracy in Latin America, Buenos Aires, 14–5 März 2007

Fivaz J, Schwarz D (2015) Smart Democracy für Smart Cities – Online-Wahlhilfen und ihr Beitrag zu einer modernen Demokratie. HMD – Praxis der Wirtschaftsinformatik 52(4):482–501

Fivaz J, Louwerse T, Schwarz D (2014) Keeping promises: voting advice applications and political representation. In: Garcia D, Marschall S (Hrsg) Matching voters with parties and candidates: voting advice applications in a comparative perspective. ECPR Press, Colchester, S 197–216

Germann M, Gemenis K (2014). Online Gimmick or participation promoting tool? Smartvote and its effect on electoral turnout. In: Annual convention of the swiss political science association, Bern, 30–31 Januar 2014

Gilens M (2012) Affluence and influence: economic inequality and political power in America. Princeton University Press, Princeton

Hersh ED (2015) Hacking the electorate. How campaigns perceive voters. Cambridge University Press, New York

IESE Center for Globalization and Strategy (2014) IESE cities in motion index 2014. IESE Business School. University of Navarra, Navarra

Ladner A, Fivaz J (2012) Voting advice applications. In: Kersting N (Hrsg) Electronic democracy. Barbara Budrichs Publisher, Opladen, S 177–198

Ladner A, Pianzola J (2010) Do voting advice applications have an effect on electoral participation and voter turnout? Evidence from the 2007 Swiss Federal elections. In: Tambouris E, MacIntosh A, Glassey O (Hrsg) Electronic participation. Springer, Berlin, S 211–224

Lau RR, Redlawsk DP (2006) How voters decide. Information processing during election campaigns. Cambridge University Press, Cambridge

Linder W (1999) Schweizerische Demokratie: Institutionen, Prozesse, Perspektiven. Haupt, Bern

Lupia A (2016) Uninformed. Why people know so little about politics and what we can do about it. Oxford University Press, New York

Marschall S, Garzia D (2014) Voting advice applications in a comparative perspective. In: Garcia D, Marschall S (Hrsg) Matching voters with parties and candidates: voting advice applications in a comparative perspective. ECPR Press, Colchester, S 1–10

McCarty N, Poole KT, Rosenthal H (2016) Polarized America. The dance of ideology and unequal riches. MIT Press, Cambridge

McDonald MD, Ian Budge I (2005) Elections, parties, democracy. Conferring the median mandate. Oxford University Press, Oxford

Merkel W (Hrsg) (2015) Demokratie und Krise. Zum schwierigen Verhältnis von Theorie und Empirie. Springer VS, Wiesbaden

Pariser E (2011) The filter bubble: what the internet is hiding from you. Penguin Press, New York

Peters GB (2016) Governance and the media: exploring the linkages. Policy Politcs 44(1):9–22

Pianzola J (2014a) Selection biases in voting advice application research. Elect Stud 36:272–280

Pianzola J (2014b) Swing voting due to smartvote use? Evidence from the 2011 Swiss Federal Elections. Swiss Polit Sci Rev 20(4):651–677

Pitkin HF (1967) The concept of representation. University of California Press, Berkeley

Powell GB (2000) Elections as instruments of democracy. Majoritarian and proportional visions. Yale University Press, New Haven

Russuvirta O (2010) Much ado about nothing? Online voting advice applications in Finland. In: Cedroni L, Garzia D (Hrsg) Voting advice applications in Europe. The state of the art. Scripta Web, Neapel, S 47–63

Rütsche B (2008) Elektronische Wahlhilfen in der Demokratie. Beurteilung im Lichte der Wahl- und Abstimmungsfreiheit, Spannungsverhältnis zu den politischen Parteien, Fragen staatlicher Regulierung. Helbing Lichtenhahn, Basel

Schädel L, Schwarz D, Ladner A (2016) Promises and lies: an empirical comparison of Swiss MPs' pre- and post-electoral positions. In: Bühlmann M, Fivaz J (Hrsg) Political representation: roles, representatives and the represented. Routledge, London/New York, S 68–84

Schmitter PC (2015) Crisis and transition, but not decline. J Democr 26(1):32–44

Schwarz D, Schädel L, Ladner A (2010) Pre-election positions and voting behaviour in parliament: consistency among Swiss MPs. Swiss Polit Sci Rev 16(4):533–564

Silver N (2012) The signal and the noise. Why so many predictions fail – but some don't. Penguin Press, New York

Strøm K, Müller W, Bergman T (2003) Challenges to parliamentary democracy. In: Strøm K, Müller W, Bergman T (Hrsg) Delegation and accountability in parliamentary democracies. Oxford University Press, Oxford, S 707–750

Thomassen J (2012) The blind corner of political representation. Representation 48(1):13–27

Van Camp K, Lefevere J, Walgrave S (2014) The content and formulation of statements in voting advice applications: a comparative analysis of 26 VAAs. In: Garcia D, Marschall S (Hrsg) Matching voters with parties and candidates: voting advice applications in a comparative perspective. ECPR Press, Colchester, S 11–32

Vestergaard LS, Fernandes J, Presser MA (2015) Towards smart city democracy. Geoforum Perspect 14(25):38–43

Von der Hand in den Kopf in die Stadt – Konzept für eine Plattform zur partizipativen und nachhaltigen Gestaltung von Lebensräumen

6

Susanne Robra-Bissantz, Pascal Abel, Linda Eckardt und Felix Becker

Zusammenfassung

Von der Hand in den Kopf in die Stadt: So beteiligen sich zukünftig Bürger an der Gestaltung ihrer Stadt oder ihres Quartiers. Dies gelingt über eine IT-gestützte Plattform, die in einer Kombination von virtuellen und Vor-Ort-Aktivitäten jeweils fundiert ausgestaltete Interaktionsmöglichkeiten – sogenannte Kooperationsmechanismen – anbietet. Was vorher in dem Projekt „Sandkasten – selfmade campus" an der Technischen Universität Braunschweig erprobt wurde, soll nun auf die Smart City transferiert werden. Hand-Kopf-Stadt lässt Bürger selbst Hand anlegen, fördert durch gezielte Informationen das Wissen der Bürger über Möglichkeiten der Lebensraumgestaltung (Kopf) und trägt so zu einer nachhaltigen Gestaltung der Stadt bei. Die praktischen Erfahrungen für Hand-Kopf-Stadt, die im Sandkasten-Projekt gesammelt wurden, werden hier mit theoretischen Grundlagen der Bürgerpartizipation angereichert.

Schlüsselwörter

Partizipation • Lebensraumgestaltung • Quartiersentwicklung • Innovation • Urbanisierung

6.1 Motivation

Eine Smart City strebt heute danach, das Bedürfnis ihrer Bürger nach sozialer Teilhabe und Partizipation mit der Weiterentwicklung der Lebensqualität in der Stadt zu verbinden. Der Anspruch ist dabei, der Stadt zu einer nachhaltigen

---

Vollständig neuer Original-Beitrag

S. Robra-Bissantz • P. Abel (✉) • L. Eckardt • F. Becker
Technische Universität Braunschweig, Braunschweig, Deutschland
E-Mail: s.robra-bissantz@tu-bs.de; p.abel@tu-braunschweig.de; linda.eckardt@tu-bs.de; felix.becker@tu-bs.de

Weiterentwicklung zu verhelfen, die gleichzeitig aus ökonomischer Sicht beispielsweise finanzstarke, gebildete und oder kreative Bürger gewinnt und hält, aus ökologischer Sicht beispielsweise wertvolle, ressourcenschonende Werkstoffe in der Gestaltung von Außenflächen nutzt und aus sozialer Sicht darauf achtet, dass alle Gruppierungen in gleichem Umfang an einer Verbesserung der Lebensqualität partizipieren. Dabei bezieht sich das „smarte", die digitale Unterstützung in diesem Szenario einer Smart City weniger auf die Sammlung, Verarbeitung und sinnhafte Nutzung von Daten über beispielsweise Bürger, Verkehrs- und Energieflüsse, sondern vielmehr auf die Möglichkeit der Vernetzung dezentraler Stakeholder sowie auf die Potenziale zur gemeinsamen Ideen- und Entscheidungsfindung sowie der gemeinsamen Gestaltung, die sich aus dieser Vernetzung ergeben.

Mit Hand-Kopf-Stadt besteht in diesem Sinne ein Konzept, das der nachhaltigen und partizipativen Gestaltung von Lebensräumen dient. Dabei bezeichnen Lebensräume hier öffentliche Räume in Außenbereichen für unterschiedliche Lebenssituationen: Unterhaltung, Warten, private Treffen, Spielen etc.

Damit eine partizipative Gestaltung dieser Räume gelingt, müssen eine Reihe von Voraussetzungen erfüllt sein. So sind beispielsweise motivierte Bürger vonnöten und deren Ideen müssen in irgendeiner Weise gut oder zumindest untereinander abgestimmt sein.

Daher wird im Folgenden als Basis für Hand-Kopf-Stadt das Projekt „Sandkasten" der Technischen Universität Braunschweig (vgl. Abschn. 6.2) vorgestellt. Sandkasten dient dazu, gemeinsam mit Studierenden die Ideen aller Universitätsmitglieder zur besseren Gestaltung des Campus umzusetzen. Dazu existiert eine Internetplattform zusammen mit dem notwendigen organisatorischen Rahmen nach dem Prinzip einer Open Innovation. Das Konzept ist eingeführt und empirisch geprüft.

Ausgehend von weitergehenden, stadtspezifischen theoretischen Ansätzen des Ehrenamts, der politischen Partizipation sowie des Tactical Urbanism wird in Abschn. 6.3 mit Hand-Kopf-Stadt ein Konzept entwickelt, das Bürger eine nachhaltige Gestaltung selbst erleben lässt („Hand"). Damit sind diese Bürger zunehmend besser in der Lage, Vorschläge für eine nachhaltige Gestaltung ihrer Stadt zu entwickeln („Kopf"). Eine elektronische Internet-Plattform unterstützt die Partizipation dieser Bürger an der Gestaltung von Orten in der „Stadt".

6.2 Sandkasten: Ein Projekt der TU Braunschweig zur partizipativen Campusgestaltung

6.2.1 Open Innovation und Customer Integration

In immer mehr Unternehmen wird, seit dem Aufkommen sozialer Medien (Nambisan 2002), die Innovation nicht mehr als geschlossener, den Unternehmensmitarbeitern vorbehaltener Prozess gesehen. Vielmehr wird der Innovationsprozess geöffnet, insbesondere für Kunden, um hier das vorhandene Innovationspotenzial abzuschöpfen. Kunden sollen, ganz naheliegend, ihre Bedürfnisse, Bedarfe und Präferenzen (Bedürfnisinformationen) beitragen, darüber hinaus aber auch ganz konkrete Lösungsinformationen, wie beispielsweise Ideen für neue Produkte oder Dienstleistungen, entwickeln (Shipton et al. 2006; Tsai 2001).

Man sieht Chancen der Offenen Innovation (Open Innovation) darin, dass Unternehmen vor einem Scheuklappendenken („thinking inside the box", Neyer et al. 2009) bewahrt werden, dass Kunden ihre Bedürfnisse am besten kennen und diese, statt sie nur zu formulieren, auch direkt in eigene Vorschläge umsetzen können (Chesbrough 2003; Robra-Bissantz und Lattemann 2005). Dabei vertrauen Kunden einander häufig mehr als dem Unternehmen. Dieses stellt sich zudem als offen und kundenorientiert dar und Kunden empfinden es als Nutzen, in der Produktentwicklung mitwirken zu können. Insbesondere wird der Kunde daher in das sogenannte „Fuzzy Front End" des Innovationsprozesses integriert, und zwar in die Phase, in der Ideen gesammelt werden, und in der es schwer fällt, einen klaren, rationalen Prozess zu beschreiten (Brun und Saetre 2008; Jörgensen et al. 2011). Unternehmen setzen hier unterschiedliche IT-basierte Plattformen ein: Ideenwettbewerbe (z. B. Henkel), Innovations-Toolkits (z. B. Swarowksy), Innovationsmärkte (z. B. Innocentive) etc.

Die wesentlichen Probleme in der Open Innovation sind, Kunden nachhaltig zu motivieren, sie zu kreativen Lösungen zu bewegen und ihnen zu vermitteln, dass sie kooperativ für das Unternehmen sowie für andere Kunden Verantwortung übernehmen (Lattemann und Robra-Bissantz 2016).

6.2.1.1 Motivation

In einer Analyse zur Motivation externer Partner zeigt sich, dass Handlungen grundsätzlich in intrinsischer und extrinsischer Motivation sowie im Altruismus begründet sind (Deci und Ryan 2000). Letzterer zeichnet sich dadurch aus, dass eine Leistung ohne Belohnung erfolgt (Franck und Jungwirth 2003). Bei der intrinsischen Motivation ist die Ausführung der Handlung an sich Belohnung genug (z. B. Neugier, Spaß, Anerkennung). Als extrinsisch motiviert bezeichnet man dagegen Verhalten, bei welchem äußere Belohnungen angestrebt werden (Becker 1990).

Tab. 6.1 stellt mögliche Motivkategorien in der Open Innovation dar. Sie sind zum Teil abgeleitet aus den Motiven, sich an einem Open-Source-Software-Entwicklungsprojekt zu beteiligen: Aspekte der intrinsischen Motivation, wie Spaß oder Wissensdrang, sowie extrinsische Motive nicht monetärer Art, wie Reputation, Identifikationsprozesse in Gruppen (O'Reilly 2000; Hertel et al. 2003), Karrieregedanken (Lerner und Tirole 2000) oder die Möglichkeit zur Weiterbildung (Ye und Kishida 2003).

Wichtig zu berücksichtigen ist dabei, dass sich, wie im verwandten Gebiet der Open-Source-Softwareproduktion, die Motivation zur Mitarbeit in einem Innovationsprozess im Laufe der Zeit ändert und dass dabei insbesondere eine intrinsische Motivation auch durch externe Anreize zum Erliegen kommen kann (Wynn 2003).

6.2.1.2 Kooperation

Neuere Ansätze der Open Innovation bauen auf *kooperative Beziehungen* zwischen Kunden und Unternehmen, sodass gegebenenfalls opportunistisches oder nur auf den individuellen Nutzen ausgerichtetes Verhalten der externen Partner vermieden

Tab. 6.1 Motivkategorien der Open Innovation

Motivkategorie	Motive	Beispiel	Ausgewählte Literatur
Quasi altruistisch	Werte, Ideologien	Teilnahme, um gewisse Werte zu vermitteln, z. B. freie Software-Philosophie.	Raymond 1999
Quasi intrinsisch, prod.-bezogen	Bedürfnis nach dem Produkt	Teilnahme, um das Produkt zu erstellen oder zu verbessern.	Raymond 1999 Franke und Hippel 2003
Intrinsisch, Ich-bezogen	Spaß, „etwas bewirken"	Teilnahme, aufgrund von Spaß und Interesse, Dinge zu entwickeln.	Torvalds 1998
Extrinsisch, sozial (Anerkennung)	Reputation und Status in einer Gruppe	Teilnahme, um in einer Gruppe Reputation aufzubauen oder zu erhalten.	Haring 2002 Raymond 1999
Extrinsisch, sozial (Einbindung)	Zugehörigkeit	Teilnahme, um mit Gleichgesinnten in Kontakt zu treten.	Haring 2002 Raymond 1999
Extrinsisch, Ich-bezogen	Unterhaltung, Neugier	Teilnahme, um sich selbst zufriedener zu fühlen.	Raymond 1999
Extrinsisch, Selbstverwirklichung	Training, Lernen, Karriere	Teilnahme, um die eigenen Fähigkeiten zu erweitern.	Lerner und Tirole 2000 Haring 2002
Extrinsisch, materiell	Geld, Vergünstigungen	Teilnahme, um das Produkt kostenlos zu erhalten	

werden kann. Dies bedingt, dass Kunde und Unternehmen ein *gemeinsames Ziel* abgestimmt haben, dass Kunden *gleichberechtigt* behandelt werden und dass das Unternehmen sie mit *Respekt* behandelt. Eine Kooperation basiert zudem auf freiwilliger Mitarbeit – die Motivation der Kunden muss daher gestärkt werden. Insbesondere im Verhältnis zu anderen Kunden sollten die Kunden das Gefühl haben, dass zwar ihre Ideen gefragt sind (jeder kann beitragen), dass sie aber auch Verantwortung dafür übernehmen müssen, dass gute Lösungen dauerhaft entstehen (der Einzelne muss beitragen). (Lattemann und Robra-Bissantz 2016)

6.2.1.3 Kreativität

Kreative Lösungen sind neuartig, aber trotzdem sinnhaft und umsetzbar. Dies bedingt *divergentes Denken* – häufig durch die Vernetzung unterschiedlicher Menschen oder sonstige Kreativitätstechniken. Daneben ist jedoch auch ausreichend *Wissen* notwendig, um sinnhafte Lösungen erarbeiten zu können. (Sonnenburg 2007)

Aus Sicht der Wirtschaftsinformatik sind die Chancen der Open Innovation insgesamt dadurch zu bergen, dass IT-basierte Plattformen sogenannte Kollaborationsmechanismen bieten, die Probleme der Open Innovation lösen. (Lattemann und Robra-Bissantz 2016)

Beispielsweise können IT-gestützte Spielmechaniken, wie Wettbewerbe oder Punktvergabe, die Motivation steigern. Eine multimedial präsentierte Hintergrundgeschichte fördert das Wissen aller Beteiligten sowie die gemeinsame Vision und

Zielstellung. Standardisierte und mit beispielsweise persönlichen Informationen angereicherte Profile führen zu sozialer Nähe und heterarchischen Beziehungen. Für erhöhte Kreativität sorgen beispielsweise IT-gestützte, gefundene oder erarbeitete, weiterführende Assoziationen.

6.2.2 Situation der TU Braunschweig

Die Technische Universität befindet sich seit einiger Zeit in einem länger angelegten Strategieprozess. Eine sogenannte Arbeitsgruppe Universität der Menschen hat hier die Notwendigkeit identifiziert, das Campusleben angenehmer zu gestalten, um mit dem dann entstehenden lebhafteren Campus die Universität zu einem Ort zu machen, dem man sich verbunden fühlt. Dies soll Mitarbeitern ebenso wie Studierenden dienen. Neben einer räumlichen Verschönerung wurde hier auch ein möglichst kooperatives Campusleben angeregt, das sich beispielsweise darin zeigen kann, dass man in diesem Bereich Innovationsprozesse nicht aus der Universitätsleitung, sondern gemeinsam anstößt.

Im Bereich Studienqualität, als Teilstrategie der Universität, wird seit 2015 von gewünschten Eigenschaften eines zukünftigen Absolventen ausgegangen, die gezielt über Maßnahmen und Angebote gefördert werden sollen. Dazu gehören beispielsweise die Verbundenheit des jungen Menschen mit der Universität, mit der Stadt und der Gesellschaft, die Eigenständigkeit, die dazu führt, dass man auch selbst Verantwortung für Veränderungen übernimmt, die Kooperation, im gemeinsamen Schaffen, sowie die Allgemeinbildung, die den Wissenserwerb nicht an Fachgrenzen enden lässt.

Grundsätzlich ist es auf dieser Basis naheliegend, für das Campusleben den Ansatz einer Offenen Innovation zu starten. Dieser jedoch findet unter den besonderen Rahmenbedingungen einer Universität und des Campuslebens statt (s. Tab. 6.2).

6.2.3 Sandkasten: Konzept

Abb. 6.1 stellt dar, wie unser Konzept der Offenen Innovation für das Campusleben funktioniert. Wir nennen es „Sandkasten – selfmade campus" bestehend aus, entsprechend der aus der Kundenkommunikation bekannten Cross Channel-Konzepten (Heinemann 2011), einer Internetplattform (sandkasten.tu-braunschweig.de) sowie begleitenden Teilprozessen. In jedem Schritt finden sich Besonderheiten, ebenso wie besondere IT-gestützte Kooperationsmechanismen, die sowohl die Motivation, Kreativität und kollaborative Haltung der Beteiligten fördern sollen, als auch die speziellen Rahmenbedingungen berücksichtigen.

6.2.3.1 Ort

Ideen für das Campusleben entstehen an Orten (RB4): Eben genau in dem Moment, in dem man irgendwo entlangläuft und sich wünscht, dass dort ein paar Sitzbänke stehen oder ein Flohmarkt stattfindet. Aber auch, wenn Ideen für den Campus nicht

Tab. 6.2 Rahmenbedingungen der Universität

RB1	Die Universität hat, vielleicht sogar mehr als das privatwirtschaftliche Unternehmen, vielfältige Restriktionen zu berücksichtigen. Brandschutz, Denkmalschutz, regelkonforme Ausgabe von verfügbaren Mitteln etc. Die innovierenden Universitätsmitglieder können diese Restriktionen nicht kennen und nicht prüfen.
RB2	Universitäten sind häufig dezentral und über Gremienarbeit organisiert. Das bedingt zum einen vielfältige isolierte Aktivitäten und Ideen, zum anderen häufig langfristige Entscheidungswege. Beides ist einer kreativen Campusgestaltung nicht förderlich.
RB3	Universitäten wandeln sich mit ihrer, häufig rasch wechselnden, Führungsebene ebenso wie mit den Studierenden, die nur relativ kurz an ihr verweilen.
RB4	Das Campusleben findet an Orten statt. Hier können Veränderungen an Bauten oder Flächen (z. B. Bepflanzungen) vorgenommen werden, es kann in Ausstattung (z. B. Sitzgruppen) investiert werden oder es finden Events statt. Ein Ort ist dabei häufig nicht mehrmals zu vergeben.
RB5	Universitäten leiden an Unterfinanzierung. Im Zentrum von Finanzzusagen steht im Zuge der Exzellenzinitiative meist eher eine forschungsnahe Investition als ein Kooperationsexperiment zur Verschönerung des Campuslebens mit noch ungewissem Ausgang.
RB6	Studierende der Universität sind in ihr Leben, mit hohen Anforderungen an ihr Studium und ihr derzeitig häufig geringes Engagement für die Universität, eingebunden und daran gewöhnt. Auch Mitarbeiter und Lehrende der Universität kennen die partizipative Gestaltung nicht – jedenfalls nicht in Bezug auf das Campusleben. Zumindest für eine Startphase ist nicht mit erhöhter Motivation für die eigenständige Gestaltung des Campus zu rechnen

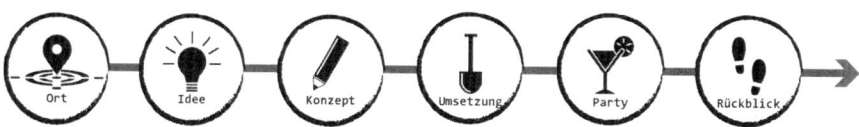

Abb. 6.1 Der Sandkastenprozess (Abel 2016)

an Orten entstehen, so benötigen sie doch einen Ort zur Umsetzung. Daher bietet die IT-gestützte Plattform für Sandkasten auf oberster Ebene eine kartenbasierte Darstellung der Universität (Abb. 6.2).

Hier wird direkt zum Ort die erste Verschönerungsidee eingetragen. Man weiß nie, ob nicht jemand anders zur gleichen Zeit eine Idee zur Verschönerung desselben Ortes hat. Ein erster IT-gestützter Kooperationsmechanismus sorgt daher dafür, dass sich alle Interessierten an Orten finden und sich anschließend direkt „vor Ort" treffen. Hier können auch unterschiedliche Ideen diskutiert und dann als gemeinsame Idee wieder in die Plattform eingetragen werden. Ideen aus Gruppen mit mehreren Mitgliedern sind potenziell kreativer als die eines Einzelnen. Ideen können von jedem kommen, egal ob es sich um den Präsidenten, einen Studierenden oder einen Mitarbeiter handelt. Denn die Heterarchie auf einer Kooperationsplattform ist aus Sicht der Kooperation ein wichtiges Kriterium (Schmalz 2007). Wichtig ist weiterhin, dass es sehr einfach möglich ist, eine Idee einzubringen (RB6) und dass die Idee keine zu lange Umsetzungsdauer bedingt (RB3). Dies erhöht zudem das Gefühl, etwas bewirken zu können – als wesentliche Grundlage der Motivation (vgl. Tab. 6.1).

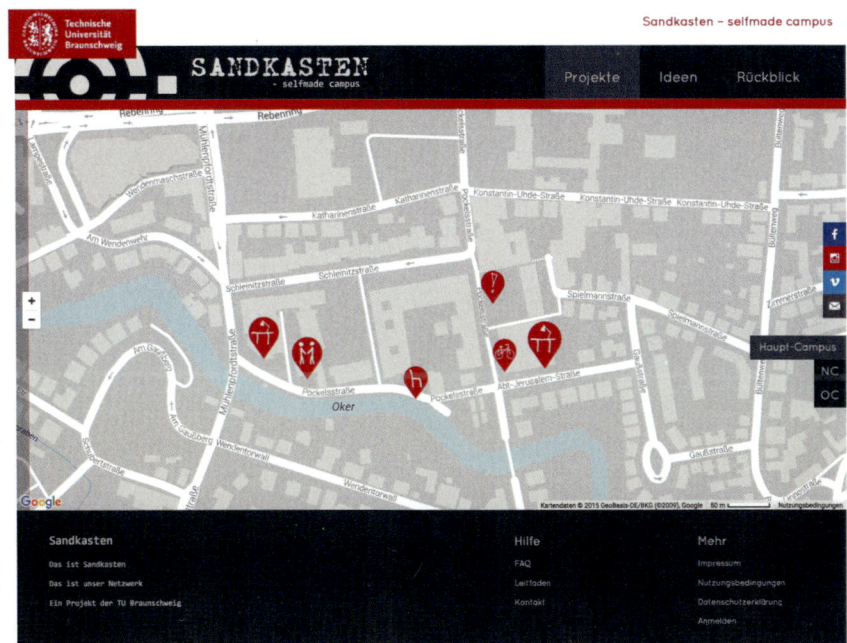

Abb. 6.2 Startseite Sandkasten – selfmade campus, Kartenansicht (Robra-Bissantz et al. 2015)

6.2.3.2 Idee

Nun gilt es, Fans für die Idee zu finden. Hier wird als Kooperationsmechanismus eine Art spielerischer Wettbewerb gewählt, der potenziell die Bereitschaft, sich einzusetzen, stärkt (Cronk 2012). Alle Mitglieder der TU Braunschweig können mit Mausklick teilnehmen und der Idee, bei knappen Ressourcen, zur Umsetzung verhelfen: Als Unterstützer („gefällt mir"), Mitmacher („bin dabei") oder Sponsor („ich trage bei"). Ab einer bestimmten Anzahl von Fans, die eben für die Realisierung der Idee notwendig sind, wird die Idee zum Projekt. Um eine gewisse Verbindlichkeit der Unterstützung der Idee zu erwirken und gleichzeitig das Verantwortungsbewusstsein der „Fans" für die Idee zu stärken, loggt man sich ein, bevor man Unterstützer etc. werden kann. Gleichzeitig ergibt sich hieraus ein Gefühl der Zugehörigkeit zu einer Gruppe, was wiederum die Motivation stärken kann (siehe Tab. 6.1).

Mit dem Start als Projekt beginnt das Team Sandkasten (zwei bis vier Mitarbeiter der Vizepräsidentin für Studium und Kooperation), die Campusgestaltung organisatorisch zu unterstützen. Beispielsweise wird zur extrinsischen Motivation der Studierenden (siehe Tab. 6.1) ein Seminar zum „Service Learning" angeboten, das mit Leistungspunkten in den Studiengang eingebracht werden kann. Diese Leistungspunkte gibt es für die aktive Projektteilnahme über das ganze Semester. Das Seminar ermöglicht es, Kompetenzen für alle wesentlichen Rollen in einem Projekt zu erwerben – vom Mitarbeiter, der handwerkliches Geschick benötigt, bis zum Projektmanager. Ein Team für ein Sandkastenprojekt kann beispielsweise ein solches Seminar belegen bzw. sein. Natürlich ist es auch erlaubt, sich als

Abb. 6.3 Detailansicht Sandkasten – selfmade campus, Projektansicht (Robra-Bissantz et al. 2015)

ehrenamtlicher Mitarbeiter in einem Umsetzungsteam zu beteiligen. Jeder Schritt, die Gründung des Umsetzungsteams, die Erstellung von Konzepten oder die Diskussion von einzelnen Schritten, wird mit einem über die Plattform kommunizierten „Vor-Ort"-Termin begleitet, um die persönliche Nähe zu stärken. Ebenso stellt die Plattform durchgehend den aktuellen Stand des Projektes dar – sodass man auch jederzeit später dazustoßen kann (Abb. 6.3).

6.2.3.3 Konzept
Die Konzepterstellungsphase beginnt mit einem Projektvorschlag an das Sandkasten-Gremium. Im Sandkastengremium sind Vertreter der verschiedenen Interessensgruppen versammelt: Die Leitung des Gebäudemanagements, Mitarbeiter der Arbeitssicherheit, Lehrende aus der Architektur, die Vizepräsidentin als Vertretung des Präsidiums sowie die Pressestelle und nicht zuletzt Studierende. Um rasch zu einer gemeinsamen Umsetzung des Konzepts zu gelangen (RB2), ist das Gremium gehalten, zu dem Projektvorschlag anzugeben, welche Restriktionen aus der jeweiligen Sicht potenziell bestehen. Das Umsetzungsteam wiederum zeigt im endgültigen Konzept auf, wie diese Restriktionen berücksichtigt wurden. Sind alle Bedenken aus dem Weg geräumt, so kann das Gremium nur noch mit eindeutiger Mehrheit ein Konzept ablehnen. Denn aus den Grundlagen der Kooperation verlangt das Prinzip der Kohärenz (Hackert 1999), dass Aufgabenträger potenziell eher die Verantwortung dauerhaft übernehmen, wenn sie in ihrer Zielerreichung deterministisch eigenverantwortlich agieren können. Alle zu berücksichtigenden Restriktionen, die sich auf

komplexe Gesetzmäßigkeiten etc. beziehen (RB1), werden zusammen mit dem Team Sandkasten mit den entsprechenden Abteilungen, Gremien und Behörden abgeklärt. So kann einer sinkenden Motivation des Umsetzungsteams entgegengewirkt werden (RB6).

6.2.3.4 Umsetzung

Die Umsetzung beginnt nach Konzeptgenehmigung und steht unter dem Leitsatz der partizipativen, eigenständigen und gemeinsamen Realisierung. Jeder kann/soll beitragen. Dazu wird das neue Projekt auf der Plattform sowie über soziale Medien (z. B. facebook.com/sandkasten.tubs) beworben. Die Geschichte des Projektes wird erzählt, ebenso wie das, was man sich an Verschönerung der Campussituation verspricht. Wiederum wird über die Plattform ein Termin „vor Ort" zur gemeinschaftlichen Umsetzung ausgemacht. Hinsichtlich der Finanzierung (RB5) gilt für jedes Umsetzungsprojekt, dass die zentralen Mittel der Universität nur im Notfall greifen. Jedes Projekt sucht auch eigene Sponsoren und Spender. Auch hier findet sich ein spezieller Kooperationsmechanismus, da aus der Theorie der Motivation bekannt ist, dass finanzielle Anreize eine altruistische Beteiligung potenziell stören (vgl. Abschn. 1.2.1).

6.2.3.5 Party

Im Fokus der vorhergehenden Phasen steht die Arbeit am Projekt. Ist das Ziel dann erreicht, ist es wichtig, gemeinsam den Erfolg zu feiern. Dies macht Sandkasten an der Universität sichtbar und man kann vielleicht gleich neue Mitmacher für weitere Projekte oder neue Ideen gewinnen. Das Team Sandkasten hat mit vielfältigen Projektteams seit dem Beginn des Projektes eine Vielzahl von Projekten realisiert:

- Sitzgelegenheiten aus Europaletten
- Büchertauschschränke aus alten Telefonzellen
- Grillwagen zum Ausleihen
- Open-Air-Kino
- Mittagsbeats
- Studierendengarten
- Pflanzsäulen zum Urban Gardening
- Studentisch organisiertes Lernhaus

6.2.4 Erfahrungen: Sandkasten

Das Projekt Sandkasten ist an der TU Braunschweig insgesamt sehr gut angelaufen. Neben vielfältigen Projekten wird es auch in der Presse gut aufgenommen und konnte den dritten Platz der Hochschulperle 2015 des Stifterverbandes für die Deutsche Wissenschaft e. V. erzielen.

Allerdings sind das Projektteam sowie ein relativ kleiner Kreis von Studierenden und Lehrenden der TU Braunschweig, die dem Institut für Wirtschaftsinformatik verbunden sind, die Keimzelle des Projektes.

Nur selten stammen Ideen direkt von Studierenden, und wenn Aktivität notwendig wird, dann entsteht rasch die Anspruchshaltung, dass das Team diese erbringen möge. Die erwartete Grundhaltung der Partizipation, im Sinne einer freiwilligen, eigenverantwortlichen Beteiligung, einer Kooperation oder auch gemeinsamen Leistung, ist nur bei wenigen zu finden.

Auf der Suche nach den Gründen für das beobachtbare Verhalten wird auf Basis wohl getesteter Items eine kleinere empirische Studie durchgeführt. Analysiert werden dabei zum einen abhängige Variablen, wie die Absicht, Ideen in Sandkasten einzubringen, zum anderen potenzielle Gründe hierfür, wie beispielsweise die Wichtigkeit der Campusveränderung oder die persönliche Relevanz des Projektes. Eine Faktoranalyse zeigt im Wesentlichen, dass die Variablen geeignet sind, die gewählten Konstrukte zu beschreiben.

Zentrale Konstrukte sind daher die Verhaltensabsicht, bei einem Projekt mitzumachen (VerhPr) oder eine Idee einzubringen (VerhId). Beide Konstrukte gehen auf Szymanski (2001) zurück. Die Wichtigkeit der Campusveränderung (WCV) an der TU Braunschweig wurde in einem Konstrukt beruhend auf Priester et al. (2004) gemessen. Das Konstrukt der Verhaltensabsicht, einer ehrenamtlichen Arbeit nachzugehen (VerhEhr), beruht auf Szymanski (2001). Das Wissen (Wiss) über Sandkasten beruht als Konstrukt auf Gürhan-Canli (2003). Das Konstrukt der Zufriedenheit mit Sandkasten (ZufS) misst die Einstellung gegenüber den bisherigen Projektergebnissen (hier am Beispiel der Palettenbänke auf dem Forumsplatz) und wird nach Crosby und Stephens (1987) verwendet. Die persönliche Relevanz des Sandkastenprojektes wurde mithilfe des Konstruktes Involvement (Inv) gemessen, welches sich auf Miller und Marks (1992) bezieht. Die Markenpersönlichkeit (Mpers) ist das Konstrukt, welches die eher positive oder negative Valenz assoziierter Attribute gemessen hat. Es beruht auf Aaker (1997). Ein weiteres Konstrukt beschreibt nach Maxham und Netemeyer (2002) die Weiterempfehlungsabsicht (WA), bei Sandkasten mitzuwirken. Das letzte Konstrukt der eigenen positiven Berichterstattung über Sandkasten (Word-of-Mouth: PWoM) geht auf Arnett et al. (2003) zurück.

Auf Basis von 141 vollständig ausgefüllten Fragebögen, Mittelwertberechnung und anschließenden Korrelations- sowie überprüfenden Regressionsanalysen können Erkenntnisse über den Zusammenhang zwischen den Konstrukten erarbeitet werden (Tab. 6.3).

Anhand der Mittelwerte zeigt sich auf der einen Seite ein Unterschied zwischen der hohen Wichtigkeit, den Campus zu verändern, der hohen Zufriedenheit mit den Projektergebnissen des Sandkastens und auch der hohen Wahrscheinlichkeit, sich ehrenamtlich zu engagieren – und auf der anderen Seite der im Vergleich geringeren Wahrscheinlichkeit, eigene Ideen in Sandkasten einzubringen und bei Sandkasten mitzumachen, aber auch das vergleichbar geringe Wissen über Sandkasten.

Am deutlichsten konnte ein Zusammenhang zwischen dem Mitmachen und der persönlichen Relevanz des Sandkastenprojektes, also dem Involvement, gezeigt werden. Das Projekt selbst, also die Idee einer gemeinschaftlichen, partizipativen Campusgestaltung, hat damit viel mit dem eigenen Engagement zu tun – zunächst unabhängig vom eigenen konkreten Nutzen. In dieselbe Richtung weist die Korrelation zwischen der Verhaltensabsicht, eine ehrenamtliche Tätigkeit wahrzunehmen, und

Tab. 6.3 Korrelationsmatrix der verwendeten Konstrukte (Abel 2016)

		WCV	VerhEhr	Wiss	ZufS	Inv	Mpers	Verhld	VerhPr	WA	PWoM
WCV	Pearson-Korrelation	1,000									
	Sig. (2-seitig)										
VerhEhr	Pearson-Korrelation	,078	1,000								
	Sig. (2-seitig)	,407									
Wiss	Pearson-Korrelation	,077	,217*	1,000							
	Sig. (2-seitig)	,485	,047								
ZufS	Pearson-Korrelation	–,217*	–,153	,017	1,000						
	Sig. (2-seitig)	,021	,105	,878							
Inv	Pearson-Korrelation	,458**	,277**	,118	–,568**	1,000					
	Sig. (2-seitig)	,000	,003	,285	,000						
Mpers	Pearson-Korrelation	,150	,142	–,016	–,399**	,544**	1,000				
	Sig. (2-seitig)	,110	,131	,889	,000	,000					
Verhld	Pearson-Korrelation	,359**	,367**	,158	–,333**	,669**	,426**	1,000			
	Sig. (2-seitig)	,000	,000	,152	,000	,000	,000				
VerhPr	Pearson-Korrelation	,224*	,388**	,206	–,330**	,626**	,351**	,787**	1,000		
	Sig. (2-seitig)	,017	,000	,060	,000	,000	,000	,000			
WA	Pearson-Korrelation	,151	,142	,038	–,460**	,589**	,554**	,431**	,435**	1,000	
	Sig. (2-seitig)	,108	,132	,731	,000	,000	,000	,000	,000		
PWoM	Pearson-Korrelation	,157	,124	,291**	–,323**	,598**	,564**	,379**	,431**	,592**	1,000
	Sig. (2-seitig)	,095	,187	,007	,000	,000	,000	,000	,000	,000	

**. Korrelation ist bei Niveau 0,01 signifikant (zweiseitig)
*. Korrelation ist bei Niveau 0,05 signifikant (zweiseitig)

der Verhaltensabsicht, bei einem Projekt mitzuwirken. Das Mitmachen bei Sandkasten wird als ehrenamtliche Tätigkeit wahrgenommen, was so etwas wie die Bereitschaft zu altruistischem Handeln der Engagierten impliziert. Auch die Assoziation des Sandkastens mit positiven Attributen trägt zum Mitmachen oder wenigstens zur Absicht mitzumachen bei. Dabei spielt das Wissen eine zwar nicht hohe, aber doch signifikante Rolle: Höheres Wissen über Sandkasten koinzidiert mit einer erhöhten Absicht, mitzuwirken und auch positiv zu kommunizieren.

Nicht ganz so deutlich korreliert die Zufriedenheit mit den Ergebnissen der bisherigen Projekte. Hier wurde eine mittlere Korrelation mit der Verhaltensabsicht, bei einem Projekt mitzumachen, gemessen. Verstärkt wird dieser nicht so stark ausgeprägte Fokus auf den persönlichen Nutzen des Sandkastens als Motivator durch die – ebenfalls schwache – Korrelation zwischen der Wichtigkeit der Campusveränderung und der Absicht, eine Idee zu entwickeln und zu teilen.

Gelingt es jedoch, jemanden für Sandkasten und seine Projekte zu begeistern, so zeigt die relativ hohe Korrelation mit Weiterempfehlungsabsicht und positivem Word-of-Mouth, dass dies auch weitergesagt wird.

Das Projekt Sandkasten und die Interpretation einer empirischen Analyse dazu zeigen, dass das Projekt es bislang nicht schafft, die Mitglieder der TU Braunschweig ausreichend zu eigenen Aktivitäten zu bewegen, obwohl die Einstellung zu der Ausrichtung des gesamten Projektes durchaus positiv ist. Daneben kann jedoch auch abgeleitet werden, dass weniger der persönliche Nutzen als die Grundstimmung, gemeinsam, selbstwirksam und ehrenamtlich etwas zu bewegen, diese Motivation steigern kann. Dies führt zu Anpassungen von Sandkasten ebenso wie zu den im Folgenden dargestellten Ansätzen für Hand-Kopf-Stadt.

6.3   Hand-Kopf-Stadt: Das Konzept zur partizipativen und nachhaltigen Entwicklung von Lebensräumen in der Stadt

Für Hand-Kopf-Stadt, das Konzept zur partizipativen und nachhaltigen Entwicklung von Lebensräumen in der Stadt, kann auf die Erfahrungen und Erkenntnisse von Sandkasten zurückgegriffen werden. Dabei werden, auf Basis der empirischen Ergebnisse, zunächst die Konzepte der ehrenamtlichen Tätigkeit und der Partizipation genauer betrachtet, um Erkenntnisse über die Möglichkeit der Aktivierung von Menschen aus eher altruistischen oder kooperativen Motiven zu erlangen. Ansätze der Tactical Urbanism tragen die Erfolgsfaktoren einer Bottom-up-Stadtgestaltung bei.

6.3.1   Ehrenamtliche Tätigkeit, Partizipation und Tactical Urbanism

6.3.1.1 Ehrenamt
Das Ehrenamt ist durch die Merkmale der Schaffung eines gesellschaftlichen Mehrwertes und die damit einhergehende unentgeltliche Arbeit beschrieben. Dazu tritt, in der sogenannten Freiwilligenarbeit, ein drittes Merkmal: Die Autonomie

(Wehner und Güntert 2015). Sie bedeutet dabei nicht eine Unabhängigkeit (z. B. von anderen Personen), sondern Selbstbestimmung und sich als Ursprung des eigenen Handels zu erleben (Wehner und Güntert 2015, S. 84).

Ehrenamt und Freiwilligenarbeit haben nach Clary und Snyder (1999) sechs Funktionen, welche als Anreiz im Sinne der Motivationstheorie gelten können. Die *Wertefunktion* stellt das Interesse am Wohlergehen anderer Menschen dar – geprägt durch altruistisches Handeln als Motiv. Die *Erfahrungsfunktion* umfasst das Lernen von Neuem und das Bedürfnis, Wissen oder gelernte Fähigkeiten anzuwenden. Die *Selbstwertfunktion* entwickelt das eigene Ich im Sinne der Selbstverwirklichung (siehe Tab. 6.1). Mit der *Karrierefunktion* wird, extrinsisch motiviert, das Bedürfnis nach Vorteilen für die berufliche Laufbahn verbunden. Die *soziale Anpassungsfunktion* vereint zwei Aspekte der Bedürfnisse in Bezug auf Dritte im sozialen Umfeld. Helfen kann einerseits bedeuten, dass es wichtig ist, Zeit mit Freunden zu verbringen. Andererseits wird geholfen, weil dies Freunden wichtig ist. Wichtig ist hier wiederum, dass die Beteiligten sich eben als Gruppe mit gleichen Werten empfinden (Gruppenidentität) (Chen und Li 2009) und sich, gefördert durch häufige persönliche Kommunikation (z. B. hinsichtlich der positiven Einstellung zur Gruppe), dieser auch zugehörig fühlen. Die *Schutzfunktion* bezieht sich stark auf die eigenen Gefühle. Zu helfen kann bedeuten, dem „schlechten Gewissen" etwas entgegenzusetzen. (Clary und Snyder 1999)

Menschen engagieren sich dann als Freiwillige, wenn sich ihre Motive mit dem Angebot der Freiwilligenarbeit decken (Wehner und Güntert 2015). Ein Konzept zur partizipativen Gestaltung der Stadt kann dabei auf Erfahrungs-, Selbstwert- und soziale Anpassungsfunktion bauen.

Insbesondere in einer Stadt weist letztere Funktion häufig die Merkmale eines besonderen sozialen Dilemmas auf: Des Beitragsdilemmas, des Konfliktes beim Beitrag zu öffentlichen Gütern (Kollock 1998). So ist der Park einer Gemeinde beispielsweise der Selbstverwaltung der Bürger überlassen. Jeder kann darin joggen, die Natur genießen oder am Wochenende mit der Familie grillen. Um den Park so schön zu erhalten, ist jedoch einiges notwendig: Der Rasen sollte regelmäßig gemäht, das Laub von Eiche, Birke und Ahorn im Herbst geharkt und die Mülltonnen alle paar Tage geleert werden. Wer nimmt diese Aufgaben wahr? Niemand ist verpflichtet, doch tut keiner seinen Dienst an der Harke, wird es den Park nicht mehr lange geben.

Das Beitragsdilemma mildert sich im Sinne Axelrods (1984) dann, wenn der sogenannte „lange Schatten" des Einzelnen im Sinne eines „Wie du mir, so ich Dir" sein kooperatives Verhalten widerspiegelt. Die damit beschriebene sogenannte Gruppenreziprozität stellt sich ein, wenn die Individuen sich mehrmals treffen, sich identifizieren können und damit eine Beziehung aufbauen – und zudem das vergangene Verhalten jeweils bekannt ist.

6.3.1.2 Partizipation und Bürgerbeteiligung

Grundsätzlich entstammen Partizipation und Bürgerbeteiligung der politischen Pflicht, die aktive Teilnahme der Bürger am politischen Leben zu fördern und für eine ständige, lebendige Verbindung zwischen dem Volk und den Staatsorganen zu sorgen ((§ 1 Abs. 2, PartG): § 1 Verfassungsrechtliche Stellung und Aufgaben der

Parteien). Dabei kennt Bürgerpartizipation formelle und informelle Formen. Formell haben Bürger einer Kommune das Recht, direktdemokratische Bürgeranträge zu stellen sowie mithilfe eines Bürgerbegehrens (Volksinitiative) Bürgerentscheide (Volksentscheid) zu bewirken. Ist die Partizipation, wie beispielsweise in der Bauleitplanung, gesetzlich festgehalten (§ 3 Baugesetzbuch (BauGB)), so zeugt dies zunächst von der Überzeugung des Gesetzgebers, dass eine möglichst frühzeitige Bürgerbeteiligung die Akzeptanz und die Qualität der entsprechenden Entscheidungen erhöht. Trotzdem steht in allen formalen Verfahren der Bürger allein der Verwaltung und damit einer „Obrigkeit" gegenüber, was nicht ausreichend dem postulierten Beteiligungswillen entspricht.

Mit informellen Verfahren (wie z. B. Bürgerforen, Bürgerpanels, Planungszellen, Zukunftswerkstätten) soll daher ein Diskurs zwischen den Bürgern gefördert werden, um damit tatsächlich flexibel und bürgernah alle Interessensgruppen in Entscheidungen einzubinden und diesen dann – über den Willen einer großen Gruppe – auch Gewicht zu verleihen. Denn zunehmend zeigt beispielsweise das Phänomen des Wutbürgers, dass die Konfliktbereitschaft von Teilen der Gesellschaft steigt, gerade wenn es um ein Durchsetzen gegenüber einer Obrigkeit geht. Dabei spielt regelmäßig eine Rolle, ob Partizipation lediglich der Information oder Konsultation der Öffentlichkeit dient, oder ob tatsächlich eine Kooperation, im Sinne einer gleichberechtigten Partnerschaft oder eines sogenannten Empowerments – eine Ermächtigung zur Entscheidung durch die Bürger stattfindet. (Wilk und Sahler 2014)

Die Analyse von Formen der informellen Bürgerbeteiligung zeigt, dass die Transparenz in Form des offenen Diskurses, die tatsächliche Ermächtigung in der Entscheidungsfindung, der Einbezug aller (und nicht nur einer kleinen bevorzugten Gruppe) – jedoch in übersichtlichen Gruppen, die Ermächtigung dieser Gruppe zur eigenständigen Durchführung des Plans, die regelmäßige Information über den Fortschritt des Projektes, die Sichtbarkeit von Ergebnissen, sowie die Beteiligung auch an der Gestaltung des Beteiligungsverfahrens zu potenziell erfolgversprechenden Formen führt. (Wates 2014)

Dabei argumentieren Befürworter der Bürgerbeteiligung, dass eine frühzeitige Einbindung von Bürgern Konflikte vermeidet, während die Kritiker darauf hinweisen, dass Entscheidungen von Bürgern aufgrund ihres mangelnden Wissens häufig nicht gut genug sind. Grundsätzlich steht im Kontakt zur Verwaltung (der Stadt) deren funktionale Gliederung den über Funktionsgrenzen existierenden Problemen gegenüber.

6.3.1.3 Tactical Urbanism

Tactical Urbanism beschreibt als Oberbegriff eine eher kostengünstige und häufig auch temporäre Gestaltung von Lebensräumen in der Stadt. Im Vordergrund steht dabei die Freiwilligkeit und Selbstverantwortung von Bürgern – jenseits von Aufrufen der Verwaltung, wie sie in der Partizipation bekannt sind, sondern allein deswegen, weil den Bürgern ihr eigenes Stadtviertel wichtig ist. Lokale Planungsprobleme sollen durch lokale Aktivitäten gelöst werden – mit geringem Risiko, realistischen Erwartungen, aber potenziell großen Auswirkungen und vor allem einer sozialen Bindung der Bürger an die Stadt. (Lydon et al. 2012)

Die Idee des Tactical Urbanism beruht auf der Entwicklung von zeitgenössischer Architektur, die den Menschen in den Mittelpunkt der Planung stellt (Gehl 2010), über partizipative Architektur, die die Mitentscheidung des Raumnutzers im Entwurf fordert (Hofmann 2013), hin zu selbstverantwortlicher Lebensraumgestaltung. Zum Teil entsteht diese aus einer Not, z. B. nach dem Erdbeben in Neuseeland (Stanley 2014), häufig spiegelt sie den Protest der Bürger bei mangelnden Veränderungen wider, zum Teil jedoch wird sie auch aktiv von Städten als Beteiligungsformat für Plätze genutzt, die hierzu freigegeben werden (Lydon und Garcia 2015).

6.3.2 Implikationen

Aus den Erkenntnissen des Ehrenamts, der Bürgerbeteiligung und des Tactical Urbanism ergeben sich Implikationen für ein Konzept zur Beteiligung von Bürgern an der aktiven Gestaltung der Stadt.

Hinsichtlich einer Motivation von Bürgern zeigt das Ehrenamt auf, dass die Möglichkeit zu lernen und Erfahrungen zu erwerben ebenso wie eine Dokumentation dieser Erfahrungen wertvolle Anreize einer freiwilligen Mitwirkung sind. Die Bürgerbeteiligung trägt dazu bei, dass die Wissensvermittlung parallel auch die Qualität von Entscheidungen und Aktivitäten erhöht. Die Möglichkeit, sein eigenes Wissen zu erweitern, ist damit ein potenziell erfolgversprechender Ansatz für Hand-Kopf-Stadt.

Allerdings weisen Untersuchungen zu Social Dilemata darauf hin, dass nur Gruppenreziprozität, gewährleistet durch längere und auch persönliche Beziehungen in einer Gruppe, dazu führt, dass der Eigennutz hinter das gemeinsame Interesse gestellt wird. Bürger sollten daher, in Hand-Kopf-Stadt, die Möglichkeit haben, sich als Gruppe kennen zu lernen, und gegenseitig davon auszugehen, dass Fehlverhalten langfristig geahndet werden kann. Die Bürgerbeteiligung entspricht auch diesem Ansatz, wenn sie Transparenz sowie die Möglichkeit der Gruppenbildung als Gegenpol der „Obrigkeit" empfiehlt.

Für eine Bürgerpartizipation ist es wichtig, das Gefühl des Empowerments zu haben – tatsächlich Entscheidungen treffen zu können. Im Tactical Urbanism steht die Aktivität im Vordergrund – sie leitet folgende Planungsprozesse. Tatsächlich, Hands-on und unter Umständen auch rasch und nur temporär etwas zu gestalten, kann damit ein Ansatz für Hand-Kopf-Stadt sein, der das Empowerment vor andere Ansätze der Partizipation, wie Information oder Konsultation, stellt – und damit die Motivation zur Mitwirkung erhöht.

Tactical Urbanism baut dabei darauf, dass die Gestaltung des eigenen Lebensraums, des eigenen Umfelds, des Stadtviertels, in dem man wohnt, potenziell einen starken Anreiz darstellt – stärker vielleicht, als die Gestaltung einer Universität. Dies scheint insbesondere dann zu gelten, wenn man mit der derzeitigen Gestaltung und mit dem Fortschritt einer Verbesserung der Situation nicht zufrieden ist. Dem entspricht auch die Erkenntnis der Bürgerpartizipation, dass Beteiligung häufig einem Konflikt entspricht. Hand-Kopf-Stadt kann daher potenziell erfolgreich Problemorte im Sinne des aktiven Tactical Urbanism zur Gestaltung frei geben. Allerdings weist die Bürgerpartizipation auch darauf hin, dass unabdingbar auch potenzielle nicht zu einer kleinen privilegierten Gruppe gehörende Bürger in kleineren Gruppen in derartige Gestaltungsprozesse einbezogen sein müssen. Hierfür soll in Hand-Kopf-Stadt gesorgt sein.

6.3.3 Konzept: Hand-Kopf-Stadt

Hand-Kopf-Stadt baut auf Sandkasten auf und berücksichtigt in allen Phasen Besonderheiten der Gestaltung einer Stadt, die erfahrungsgemäß gleichzeitig die Motivation möglicher Beteiligter erhöhen können.

6.3.3.1 Ort

Ebenso wie in Sandkasten entsteht die partizipative Stadtgestaltung an Orten in der Stadt. Um an den Erkenntnissen zur höheren Motivation aus Partizipation und Tactical Urbanism anzusetzen, ist jedoch der Eingabe von Ideen an Orten eine Phase vorgeschaltet, die sogenannte Problemorte identifiziert. Dabei sieht die kooperative Stadtgestaltung vor, dass bereits in dieser Phase die Bürger partizipieren – das aus der Verwaltung stammende Partizipationsverfahren sieht damit einen Anstoß auch aus den Reihen der Bürger vor. Ergänzend zu einer Plattform, die an die Sandkasten-Plattform angelehnt ist, erfolgen Kommunikation und Partizipation in Hand-Kopf-Stadt insbesondere auch über soziale Plattformen wie Facebook oder Plattformen der Stadt oder über Smartphone-Applikationen. Derartige Kanäle weisen eine hohe Diffusion in geradezu allen Teilgruppen der Bevölkerung auf und sind damit geeignet, Projektfortschritt sowie die jeweiligen Ergebnisse darzustellen.

6.3.3.2 Idee

Bereits zur Ideenentwicklung werden Gruppen von Bürgern gezielt angesprochen, die aufgrund von räumlicher Nähe oder aufgrund besonderen Interesses an diesem Ort beteiligt sein sollten, insbesondere wenn sie nicht den Gruppen entstammen, die potenziell einer Partizipation eher zugeneigt sind. Dies geschieht zwar über elektronische Medien, insbesondere aber auch durch Markierung des Orts, leichter Zugänglichkeit über Smartphone-App und Barcode, Einladung zu einem Treffen vor Ort sowie über ausgewählte Vereine und Vereinigungen als Mediatoren zur Verwaltung und potenziellen Vertrauenspersonen. Denn nicht alle Gruppen der Stadt sind medienaffin genug, als dass eine elektronische Ansprache genügt. Die Gruppe der potenziell Interessierten fügt sich persönlich vor Ort, die Beteiligten kennen sich entweder bereits vorab, da sie aus gleichen Vereinen oder Quartieren stammen, oder sie finden sich vor Ort in Formaten, die ein gegenseitiges Kennenlernen ermöglichen. In Zusammenarbeit mit einzelnen Stakeholdern aus verschiedenen funktionalen Gruppen der Verwaltung beginnt hier die Wissensvermittlung sowie der Diskurs, indem eine gemeinsame Vision für die Gestaltung des Orts erarbeitet wird.

6.3.3.3 Konzept

Die Konzeptionsphase in Hand-Kopf-Stadt wird begleitet von Vorträgen, geführten Diskussionen und Formaten, die interessierten Bürgern einen Einblick in

Umsetzungsmöglichkeiten gewähren und gleichzeitig erforderliches Wissen vermitteln. So werden beispielsweise für eine nachhaltige Stadtgestaltung besonders nachhaltige Materialien vorgestellt. Ebenso wie in der Ideenentwicklung wird hier im Diskurs auch auf die Erfahrungen und Kenntnisse der Bürger eingegangen. Zur gemeinsamen Erarbeitung von Grundwissen bietet sich das Team des Hauses der Wissenschaft in Braunschweig an, das Erfahrung im Diskurs zwischen Wissenschaft und Bürgern in Braunschweig aufweist. Auch Weiterbildungsorganisationen können eingebunden werden und gleichzeitig potenzielle Zertifikate für Lernerfolge vergeben. Eine Selbstwirksamkeitserfahrung entsteht dadurch, dass die Partizipation an der Ideenentwicklung die typische Beteiligung der Öffentlichkeit erfüllt. Engagement schlägt sich in Auszeichnungen der jeweiligen Bürger nieder, die auf der Plattform, in einer App sowie in typischen sozialen Medien festgehalten sind. Allerdings endet die Wissensvermittlung nicht mit Vorträgen und Diskussionen – der wesentliche Aspekt ist die direkt anschließende gemeinsame Aktivität in der Gestaltung des Lebensraums.

6.3.3.4 Umsetzung

Der Lebensraum wird gemeinsam und Hands-on gestaltet. Dies erhöht das Gefühl des Empowerments, gleichzeitig jedoch gelingt eine Kompetenzentwicklung genau dann, wenn vermittelte Konzepte auch direkt in Gestaltungsaktivitäten umgesetzt und alle Erkenntnisse auf einer elektronischen Plattform (Projektplattform oder sonstige soziale Medien) für eine gemeinsame Weiternutzung gesammelt werden. Die gemeinsame Vision, beispielsweise der Nachhaltigkeit, wird damit von den beteiligten Bürgern als Erfahrungswissen verankert. Von der Hand in den Kopf in die Stadt.

6.3.3.5 Party

Das abschließende Feiern von Erfolgen bietet die Möglichkeit, den Zusammenhalt zwischen Bürgern weiter zu fördern: Man sieht sich wieder, man lernt die Nachbarn kennen und kann sich über das Projekt hinaus austauschen. Der eigene Lebensraum zeigt, dass es sich lohnt, sich für ihn einzusetzen und damit eigentlich das Grundbedürfnis zu befriedigen, sich in seiner Nachbarschaft wohlzufühlen. Weiterhin stellt sich bei der gemeinsamen Feier mit den ortsansässigen typischen Restaurants oder Cafés, z. B. über Pressearbeit und Kommunikation, ein Stadtteil auch dem Rest der Stadt vor und ist für Menschen aus einem anderen Stadtteil eine Möglichkeit dort „hineinzuschnuppern": Man lernt die Menschen kennen und „läuft" nicht nur durch und aneinander vorbei. Genauso lernt man, was eine gemeinsame Gestaltung der Stadt bewirken kann.

6.4 Fazit

Hand-Kopf-Stadt soll das Konzept des Sandkastens auf die Stadt übertragen. Dazu finden derzeit erste Gespräche statt: das Interesse der Stadt Braunschweig konnte bereits geweckt werden. In Kooperation des Sandkasten-Teams und der

Stadtverwaltung entstand dabei beispielsweise ein von Tomás Saraceno, Bernd Schulz und Studierenden im Raum der Stadt geschaffenes Kunstwerk als Teil des Braunschweiger Lichtparcours (http://www.braunschweig.de/lp16/).

Die Erfahrungen mit Sandkasten stellen bei der Gestaltung unterschiedlicher Quartiere, Reviere oder Teile jeglicher Stadt eine solide Basis dar. Denn Parallelen zwischen der Gestaltung von Lebensräumen und der Campusgestaltung existieren.

Ausgehend davon wird höchstwahrscheinlich, wie typisch für Kooperationsplattformen und -konzepte, die Gestaltung von Hand-Kopf-Stadt auch ein iterativer Prozess bis hin zum funktionierenden Konzept sein. Das derzeitige, an Sandkasten angelehnte Konzept ist ein potenziell erfolgreicher Ausgangspunkt. Die genauen Ausprägungen von Rahmenbedingungen und Mechanismen werden im laufenden Betrieb untersucht und angepasst werden müssen.

Dieses Experiment der Stadtgestaltung jedoch kann sich, mit großer Wahrscheinlichkeit, lohnen. Bereits Sandkasten bewirkt deutliche Veränderungen im Campusleben – im Sinne einer Smart City, die Ideen, Wissen und Aktivitäten der dezentral vernetzten Stakeholder einbezieht und damit das Gemeinschaftsgefühl stärkt sowie gemeinsame Ziele verwirklicht. Das Grundbedürfnis nach selbstverantwortlicher Lebensraumgestaltung könnte dabei bei Hand-Kopf-Stadt sogar noch größer als bei Studierenden oder Mitarbeitern der Universität sein. Bürger sind „ansässig" und das räumliche Umfeld ist im Privatleben von höherer Bedeutung als auf der Arbeitsstelle oder wenn man diesen Ort bald wieder verlässt.

Wie an der TU Braunschweig hat Hand-Kopf-Stadt damit das Potenzial, eine Lücke zu schließen, über deren Größe wir erst mit der Zeit ein Gefühl entwickeln. Sicherlich ist sie da. Lebensräume können ebenso „smart" mit ihren Stakeholdern gestaltet werden, wie Unternehmen bereits seit langem ihre Produktentwicklung „smart" unter Einbindung der Kunden erledigen. Hand-Kopf-Stadt ist hier, abgesehen von singulären Beteiligungs- und Ehrenamtsangeboten oder von allein auf Problem- und Ideensuche ausgerichteten Kommunikationsangeboten, ein bislang konkurrenzloses, umfassendes Konzept.

Erst die Smart City mit ihrer elektronischen Plattform, dem elektronisch gestützten kontinuierlichen Prozess und den virtuell-realen Kooperationsmechanismen als Grundlage, bietet derartige groß angelegte und einfach skalierbare (in Bezug auf Häufigkeit, Anzahl und Aktivitätsgrad der Mitwirkenden) Partizipationsmöglichkeiten – die von politischen Entscheidungsprozessen der Stadtverwaltung ausreichend unabhängig, aber gleichzeitig von diesen für eine Steigerung der Lebensqualität in Städten gefördert sein können.

Literatur

Aaker JL (1997) Dimensions of brand personality. J Market Res 34(3):347–356. http://www.ssrn. com/abstract=945432. Zugegriffen am 26.10. 2016

Abel P (2016) Selbstverantwortliche Gestaltung des Lebensraumes Universität mit institutioneller Unterstützung: Beschreibung, Evaluation und konzeptionelle Weiterentwicklung des Sandkasten – selfmade campus. Masterarbeit, Technische Universität Braunschweig, Institut für Wirtschaftsinformatik

Arnett DB, German SD, Hunt SD (2003) The identity salience model of relationship marketing success: the case of nonprofit marketing. J Market 67(2):89–105. doi:10.1509/jmkg.67.2.89.18614. Zugegriffen am 26.10.2016

Axelrod RM (1984) The evolution of cooperation. Basic Books, New York

Becker F (1990) Anreizsysteme für Führungskräfte. Schäffer-Poeschel Verlag, Stuttgart

Brun E, Saetre AS (2008) Ambiguity reduction in new product development projects. Int J Innov Manag 12:573–596

Chen Y, Li SX (2009) Group identity and social preferences. Am Econ Rev 99(1):431–457. doi:10.1257/aer.99.1.431. Zugegriffen am 26.10.16

Chesbrough HW (2003) The era of open innovation. MIT Sloan Manag Rev 44:35–42

Clary EG, Snyder M (1999) The motivations to volunteer: theoretical and practical considerations. Current directions in psychological science 8(5):156–159. doi:10.1111/1467-8721.00037. Zugegriffen am 26.10.16

Cronk M (2012) Using gamification to increase student engagement and participation in class discussion. In: Amiel T, Wilson B (Hrsg) Proceedings of EdMedia: world conference on educational media and technology 2012. Association for the Advancement of Computing in Education (AACE), Waynesville, NC, USA, S 311–315

Crosby LA, Stephens N (1987) Effects of relationship marketing on satisfaction, retention, and prices in the life insurance industry. J Market Res 24(4):404–411. http://www.jstor.org/stable/3151388?origin=crossref. Zugegriffen am 26.10.2016

Deci EL, Ryan RM (2000) The „what" and „why" of goal pursuits: human needs and the self-determination of behavior. Psychol Inq 11(4):227–268. doi:10.1207/S15327965PLI1104_01. Zugegriffen am 26.10.2016

Franck E, Jungwirth C (2003) Reconciling investors and donators – the governance structure of open source. J Manag Gov 7(4):401–421

Franke N, von Hippel E (2003) Satisfying heterogeneous user needs via innovation tool-kits: the case of Apache security software. MIT Sloan School Working Paper #4341-02, Cambridge, MA

Gehl J (2010) Cities for people. Island Press, Washington, DC

Gürhan-Canli Z (2003) The effect of expected variability of product quality and attribute uniqueness on family brand evaluations. J Consum Res 30(1):105–114. doi:10.1086/374695. Zugegriffen am 26.10.16

Hackert B (1999) Kooperation in Arbeitsgruppen: Bausteine einer ökonomischen Analyse, Bd 8, Personal organisation management. Erich Schmidt Verlag, Berlin, S 181 ff

Haring K (2002) Technical identity in the age of electronics. History of Science Department, Harvard University, Cambridge, MA

Heinemann G (2011) Cross-Channel-Management. Integrationserfordernisse im Multi-Channel-Handel. Gabler Verlag Springer Fachmedien Wiesbaden GmbH, Wiesbaden

Hertel G, Niedner S, Herrmann S (2003) Motivation of software developers in open source projects: an internet-based survey of contributors to the Linux kernel. Res Policy 32:1159–1177

Hofmann S (2013) Atmosphäre als partizipative Entwurfsstrategie. Technische Universität Berlin, Selbstverlag, Berlin

Jörgensen JH, Bergenholtz C, Goduscheit RC, Rasmussen ES (2011) Managing inter-firm collaboration in the fuzzy front-end: structure as a two-edge sword. Int J Innov Manag 15:145–163

Kollock P (1998) Social dilemmas: the anatomy of cooperation. Annu Rev Sociol 24(1):183–214. doi:10.1146/annurev.soc.24.1.183. Zugegriffen am 26.10.2016

Lattemann C, Robra-Bissantz S (2016) Customer-oriented strategies and gamification – the example of open customer innovation. In: Gamification. Using game elements in serious contexts. Springer International Publishing (im Veröffentlichungsprozess), Berlin & Heidelberg

Lerner J, Tirole J (2000) The simple economics of open source. The National Bureau of Economic Research, Inc. http://papers.nber.org/papers/W7600

Lydon M, Garcia A (2015) Tactical urbanism. Washington, DC: Island Press/Center for Resource Economics. http://link.springer.com/10.5822/978-1-61091-5670. Zugegriffen am 26.10.2016

Lydon M, Bartman D, Garcia T, Preston R, Woudstra R (2012) Tactical urbanism short-term action long-term change Volume 2. The Street Plans Collaborative. https://issuu.com/streetplanscollaborative/docs/tactical_urbanism_vol_2_final?e=4528751/2585800. Zugegriffen am 26.10.2016

Maxham JG, Netemeyer RG (2002) Modeling customer perceptions of complaint handling over time: the effects of perceived justice on satisfaction and intent. J Retail 78(4):239–252. http://linkinghub.elsevier.com/retrieve/pii/S0022435902001008. Zugegriffen am 26.10.2016

Miller DW, Marks LJ (1992) Mental imagery and sound effects in radio commercials. J Advert 21(4):83–93. doi:10.1080/00913367.1992.10673388. Zugegriffen am 26.10.2016

Nambisan S (2002) Designing virtual customer environments for new product development: toward a theory. Acad Manage Rev 27:392–413

Neyer AK, Bullinger AC, Moeslein KM (2009) Integrating inside and outside innovators: a socio-technical systems perspective. R&D Manag 39:410–419

O'Reilly T (2000) Open source: the model for collaboration in the age of the internet. In: Computers, freedom and privacy, Toronto

Priester JR et al (2004) The A 2 SC 2 model: the influence of attitudes and attitude strength on consideration and choice. J Consum Res 30(4):574–587. doi:10.1086/380290. Zugegriffen am 26.10.2016

Raymond ES (1999) The cathedral and the bazaar. http://www.unterstein.net/su/docs/CathBaz.pdf. Zugegriffen am 26.10.2016

Robra-Bissantz S, Lattemann C (2005) Customer integration und customer governance – Neue Konzepte für die Anbieter-Kunden-Beziehung im B2C-E-Business. Presented at the GeNeMe, Dresden, S 25–38

Robra-Bissantz S, Abel P, Gallandt G et al (2015) Sandkasten – selfmade campus. http://sandkasten.tu-braunschweig.de. Zugegriffen am 23.11.2015

Schmalz JS (2007) Zwischen Kooperation und Kollaboration, zwischen Hierarchie und Heterarchie; Organisationsprinzipien und -strukturen von Wikis. In: kommunikation @ gesellschaft 8 (21 pages). http://nbn-resolving.de/urn:nbn:de:0228-200708083. Zugegriffen am 26.10.2016

Shipton H, West MA, Dawson JF, Birdi K, Patterson M (2006) HRM as a predictor of innovation. Hum Resour Manag J 16(1):3–27

Sonnenburg S (2007) Kooperative Kreativität. Theoretische Basisentwürfe und organisationale Erfolgsfaktoren. Springer Verlag, Berlin

Stanley J (2014) Gap filler, a creative urban regeneration initiative. http://www.gapfiller.org.nz/gap-filler-is/. Zugegriffen am 26.10.2016

Szymanski DM (2001) Modality and offering effects in sales presentations for a good versus a service. J Acad Mark Sci 29(2):179–189. http://link.springer.com/10.1177/03079459994542. Zugegriffen am 26.10.16

Torvalds L (1998) First Monday interview with Linus Torvalds: what motivates free-software developers? First Monday 3(3)

Tsai W (2001) Knowledge transfer in intraorganizational networks: effects of network position and absorptive capacity on business unit innovation and performance. Acad Manag J 44(5):996–1004

Wates N (2014) The community planning handbook: how people can shape their cities, towns & villages in any part of the world. Routledge, London

Wehner T, Güntert ST (2015) Psychologie der Freiwilligenarbeit. Springer, Berlin/Heidelberg. http://link.springer.com/10.1007/9783-642-55295-3. Zugegriffen am 26.10.2016

Wilk M, Sahler B (2014) Strategische Einbindung: Von Mediatoren, Schlichtungen, runden Tischen… und wie Protestbewegungen manipuliert werden. Edition AV, Lich, Deutschland

Wynn DE (2003) Organizational structure of open source projects: a life cycle approach. In: Abstract for 7th Annual Conference of the Southern Association for Information Systems, Georgia

Ye Y, Kishida K (2003) Toward an understanding of the motivation open source software developers. In: Proceedings of the 25th international conference on software engineering, Portland

Teil III

Smart Living

Intelligentes Leben in der Stadt der Zukunft

7

Aliaksei Andrushevich, Rolf Kistler, Kerstin Wessig, Martin Biallas und Alexander Klapproth

Zusammenfassung

Um demografischen Herausforderungen in der Schweiz wie Bevölkerungszuwachs zwischen 10–25 % bis zum Jahr 2030, einer steigenden Lebenserwartung, Pflegekraftmangel, Platzmangel und wachsenden Ansprüchen an Individualität und Selbstbestimmung auch im hohen Alter gerecht zu werden, aber gleichzeitig umweltschonend mit natürlichen Ressourcen umzugehen, sind neue Lösungen für intelligentes Wohnen gefragt. Die Miniaturisierung als Basis technologischer Entwicklungen ermöglicht die nahtlose Integration von Sensoren, Aktoren, Steuerungskomponenten und mikroelektronischen Systemen in Assistenzsysteme und Geräte. Ermöglicht durch Gebäudeautomatisierung sind einerseits geschickte und flexible Aufteilung und Nutzung von Räumen und andererseits energieeffiziente Regelungen ohne Komforteinbußen in Häusern der Zukunft durch Zusammenarbeit verteilter Systeme realisierbar. Erfassung der Gewohnheiten eines Benutzers, sowie Verknüpfung von Daten aus verschiedenen Lebensbereichen außerhalb eines Gebäudes sollen die Lebensqualität weiter erhöhen und primär zur Senkung der Kosten zur Gesunderhaltung beitragen.

Schlüsselwörter

Assistenzsysteme • Sicherheit • Intelligentes Wohnen • Ambient Assisted Living • selbstbestimmtes Leben • Internet der Dinge

Überarbeiteter Beitrag basierend auf Andrushevich et al. (2015) Intelligentes Leben in der Stadt der Zukunft, HMD – Praxis der Wirtschaftsinformatik Heft 304, 52(4):597–609.

A. Andrushevich (✉) • R. Kistler • K. Wessig • M. Biallas • A. Klapproth
iHomeLab – Hochschule Luzern, Horw, Schweiz
E-Mail: Alexey.Andrushevich@ihomelab.ch; Rolf.Kistler@iHomeLab.ch; kerstin.wessig@iHomeLab.ch; Martin.Biallas@iHomeLab.ch; alexander.klapproth@iHomeLab.ch

7.1   Einführung

In 2020 werden 20 % der Weltbevölkerung über 65 Jahre alt sein (Börsch-Supan und Mariuzzo 2005). Gesellschaften mit hohem Altersdurchschnitt führen zu einem reduzierten Anteil von Erwerbstätigen. Bei einem gleichzeitigen kontinuierlichen Anstieg der Lebenserwartung erhöht sich zudem für die Hochalten das Risiko der Pflegebedürftigkeit (Doblhammer et al. 2005). Insbesondere in ländlichen Regionen der westlichen Welt findet sich bereits heute eine deutliche Ausdünnung der Bevölkerung bei gleichzeitiger Zunahme des relativen Anteils der Älteren. Ein an sich prosperierendes Wirtschaftswachstum – auch im Gesundheitswesen – wird hierdurch erheblich eingedämmt oder geht zurück, da die Zahl der in einer Region kulturell und strukturell integrierten Arbeitskräfte – ebenfalls im Gesundheitswesen – kontinuierlich abnimmt (Wessig 2012).

In Deutschland steigt die Zahl der Kleinsthaushalte immer noch deutlich. Hingegen nimmt die Zahl der Haushaltsmitglieder ab. Lebten 2010 noch durchschnittlich 2,03 Personen in einem Haushalt, so werden es 2030 nur noch 1,88 Personen sein (Statistisches Bundesamt 2011). Diese Veränderung bringt einen Anstieg der Ein- bzw. Zweipersonenhaushalte mit sich. Stirbt in einem Zweipersonenhaushalt ein Bewohner, bleibt die andere Person zumeist weiterhin in der Wohnung wohnen. Langjährig bestehende Haushalte werden somit typischerweise beibehalten, auch wenn die Größe für die aktuelle Lebenssituation nicht mehr unbedingt benötigt wird. Eine Veränderung erfolgt erst, wenn finanzielle oder gesundheitliche Restriktionen so stark werden, dass ein Umzug zwingend wird. Die steigende Zahl an Kleinsthaushalten ist aber nicht nur auf die Zunahmen von allein lebenden Personen im Alter, sondern auch auf Individualisierung und die Zunahme an Singles zurückzuführen.

Durch die fortschreitende Individualisierung und den gesellschaftlichen Wandel sind gesellschaftliche und soziale Bindung nicht mehr gegeben bzw. selbstverständlich. Die Bestimmung der eigenen Position in der Gesellschaft wird zum zentralen Thema im Alter. Die soziale Verortung verweist auf den Ort, an dem sich eine Person aufgehoben fühlt. Für die Teilnahme am gesellschaftlichen Leben spielen die Kommunikation und der gegenseitige Austausch eine entscheidende Rolle. Die Wahl der Kommunikationsmittel wie persönliche Treffen, Telefon und Internet unterliegen gleichermaßen den persönlichen Präferenzen. Die Häufigkeit des Austausches mit Familienangehörigen, Freunden und Nachbarn bestimmt die soziale Verortung. Somit kommt der Kommunikation und den technischen Kommunikationsmitteln eine sehr große Bedeutung zu (Sayago et al. 2011). Treten im höheren Alter Einschränkungen in der Mobilität auf, werden die technischen Kommunikationsmittel Grundvoraussetzung für die soziale Verortung.

Andererseits bewies Gampe, J. (Maier et al. 2010), dass sich trotz stetiger Zunahme von erreichten Lebensjahren körperliche und geistige Gebrechen ins hohe Lebensalter verschieben und sich unsere Gesellschaft trotz Alterung eher verjüngt, da die derzeit jungen Alten viele gesunde Lebensjahre bis zum Eintritt von Pflegebedürftigkeit vorweisen, insbesondere, wenn diese zeitlebens körperlich und vor allem geistig aktiv waren. Groß angelegte Studien in Japan in über Jahrzehnte aufgebauten Silver Human Ressource Centers zeigen, dass soziale Teilhabe, Lebensqualität, geistige und körperliche Gesundheit bis ins hohe Alter durch koordinierte, angeleitete und aktive Einbindung in sinnvolle und für sie zu bewerkstelligende Arbeitsaufgaben positiv beeinflusst werden können (Naganawa 1997).

Um diesen demografischen Entwicklungen und wachsenden Ansprüchen an Individualität und Selbstbestimmung auch im hohen Alter gerecht zu werden, aber gleichzeitig umweltschonend mit natürlichen Ressourcen umzugehen, sind neue Lösungen für intelligentes Wohnen gefragt. Ermöglicht durch Gebäudeautomatisierung sind einerseits geschickte und flexible Aufteilung und Nutzung von Räumen und andererseits energieeffiziente Regelungen ohne Komforteinbußen in Häusern, Quartieren und Städten der Zukunft durch Zusammenarbeit verteilter Systeme realisierbar.

7.2   Altersbedingte Besonderheiten der Bevölkerung

Im Zusammenhang mit den letzten gesellschaftlichen Entwicklungen ist es wichtig zu bemerken, dass im Alter auch der Erhalt bzw. die Steigerung der Lebensqualität ein wichtiges Thema ist. Wurden in jungen Jahren noch Einschränkungen bei der häuslichen Lebensqualität in Kauf genommen, werden Faktoren wie Komfort und Sicherheit im Alter immer wichtiger. Erst mit zunehmendem Alter werden die Themen wie finanzielle Absicherung, Luxus, Gesundheitsförderung und Bildung immer wichtiger. Grundsätzlich ist die Tendenz zu beobachten, dass im Alter die Früchte der eigenen Arbeit und des persönlichen Engagements geerntet werden möchten. Dies gilt gleichermaßen für die berufliche Tätigkeit, die eigenen Interessen, die Hobbys sowie für die Freizeitgestaltung. Die Steigerung des Komforts beginnt oftmals mit kleinen Veränderungen in der eigenen Wohnung. Dies begründet sich dadurch, dass schon mit relativ geringen finanziellen Mitteln eine deutliche Steigerung möglich ist (z. B. Anschaffung eines größeren Fernsehers).

Mit zunehmendem Alter wird die Wohnung immer mehr zum Lebensmittelpunkt (Speziell im hohen Alter wird die Wohnung zum Lebensmittelpunkt). Ältere Personen leben oftmals seit vielen Jahren in der gleichen Wohnung und haben eine starke emotionale Verbindung zu dieser. Das gewohnte Quartier sowie die Nachbarn sind weitere Faktoren, welche die emotionale Bindung erhöhen. Die Wohnung wird zum Symbol für Intimität, individuelle Freiheit, Sicherheit und Erfolg. Die Wohnung verleiht den Bewohnern einen positiven Status. Erinnerungen an viele schöne Stunden, emotionale Momente und die persönliche Gestaltung geben Sicherheit und ein Gefühl des Wohlbefindens.

7.3   Mehrwert durch technische Vernetzung

Allein durch den technischen Fortschritt ist das Potenzial zur Steigerung der Lebensqualität noch nicht ausgeschöpft. Technischer Fortschritt führt erst dann zu einer Steigerung der Lebensqualität, wenn die Technik an sich in den Hintergrund tritt. Die Funktion eines Gerätes muss sich in den alltäglichen Tagesablauf der Bewohner nahtlos einpassen. Häusliche Assistenzsysteme werden die größte Akzeptanz erreichen, wenn diese einfach und hilfreich sind. Simplizität drückt sich dadurch aus, dass nicht die Technik, sondern nur die gewünschte Funktionalität wahrgenommen wird.

Ein großer Mehrwert entsteht in einem Haushalt zum Beispiel, wenn die Geräte untereinander intelligent vernetzt sind. Die Vernetzung von Sensoren und Geräten sowie die Einführung neuartiger Informationsquellen mit den Möglichkeiten, ein Smart Home zu realisieren, scheinen heute schon beinahe endlos zu sein. In der Theorie lässt sich alles mit allem vernetzen. Die Realität in den Wohnungen sieht jedoch anders aus. Die Infrastruktur in bestehenden Gebäuden ist auf einem veralteten Stand und bis heute weitgehend unsaniert. Selbst bei Neubauten werden in den Wohnungen kaum intelligente Geräte mit integrierten Netzwerkschnittstellen verbaut. Einzig im Bereich der Energieeinsparung bei Heizungen und Beschattung kommen Gebäudeautomatisierungssysteme zum Einsatz. Berücksichtigt man, dass der Renovationszyklus eines Hauses bei circa 40 Jahren liegt, bedeutet dies, dass Gebäude, welche heute saniert werden, in Zukunft weiterhin keine Infrastrukturvorteile bieten. Assistenzsysteme der zukünftigen Generation können folglich keine leistungsfähige Infrastruktur im Wohnumfeld erwarten. Als Konsequenz sollten häusliche Assistenzsysteme zukünftig derart gestaltet werden, dass sie nachträglich und für einen bestimmten Zeitraum in eine Wohnumgebung eingebaut werden können. Erschwerend kommt hinzu, dass zu viele technische Standards für eine häusliche Vernetzung existieren (IFA stellt Smart Homes in den Mittelpunkt). Verschiedene häusliche altersgerechte Assistenzsysteme, welche Wohnstil, Lifestyle und Unterstützung der Einwohner nahtlos kombinieren, sollen künftig zur Lösung der mit dem demografischen Wandel verbundenen Herausforderungen beitragen.

7.4   Vorteile der Gebäudeintelligenz

Die heutigen Automatisierungssysteme der Gebäudesteuerung bieten vielfältige Möglichkeiten, Raumklima, Beleuchtung und die Präsentation von multimedialen Inhalten zu steuern. Die Steuerung der sogenannten Raumparameter erfolgt meist nach festen Regeln, welche einmal programmiert werden. Eine typische Regel ist die Nachtabsenkung der Heizung. Solche Regeln lassen sich zumeist nicht oder nur bedingt von den Bewohnern einer Wohnung an die individuellen Bedürfnisse anpassen. Besonders im Krankheitsfall oder z.B. bei Schlafproblemen wäre es sinnvoll, dass die Raumparameter wie Heizung an die aktuelle Situation angepasst werden könnten. Einige wenige Systeme bieten inzwischen Funktionen an, welche die Steuerungsregeln an die Lebensgewohnheiten der Bewohner anpassen. Diese Systeme erkennen die Lebensgewohnheiten und steuern Beleuchtung oder Heizung entsprechend. Die vom Bewohner als komfortabel empfundenen Raumparameter werden nur dann eingestellt, wenn der Raum auch genutzt wird. Solche Systeme benötigen eine Grundmasse an Daten für die Entscheidungen. Solche Daten können der aktuelle Strombedarf, Wasserverbrauch oder Daten von anderen Raumsensoren sein.

Da oftmals diese Informationen in einer Wohnung nicht zur Verfügung stehen, benötigt es andere Datenquellen. Heutige Funktechnologien ermöglichen es, dass Signale von bestehenden Schaltern nutzbar gemacht und einem intelligenten System zur Verfügung gestellt werden. Diese Funkmodule lassen sich problemlos in jede Art von Schalter nachträglich einbauen. Mit den Signalen von den Schaltern wird der Lichtbedarf einer Person ermittelt. Nach einer gewissen Lernphase kann das Steuerungssystem automatisch die Beleuchtung entsprechend der Lebensgewohnheiten einstellen. Dies ist nur ein mögliches Beispiel, wie Gebäudeintelligenz mit einer intuitiven, einfachen und nahtlosen Bedienbarkeit in bestehenden Stadtquartieren, Gebäuden und Wohnungen nachgerüstet und genutzt werden kann. Werden möglichst viele Raumparameter intelligent gesteuert, steigt der Wohnkomfort nachhaltig an. Dank der Gebäudeintelligenz steigt aber nicht nur der Komfort in der eigenen Wohnung, es erhöht sich zusätzlich die Lebensqualität in der Stadt der Zukunft, bestehend auch aus anderen Parametern wie z. B. einer optimalen Raumplanung, einer niedrigen Lärmbelastung oder einer guten Luft- und Wasserqualität.

7.5 Mobile Revolution

Sogenannte „Digital Natives" oder Personen, die in der digitalen Welt aufgewachsen sind, sind heute nicht mehr ausschließlich in der jüngeren Generation zu finden, sondern nehmen insbesondere auch in der sehr heterogenen Gruppe der Älteren stark zu. Die Einschätzung, Ältere eindimensional aufgrund ihres Alters einfach den digitalen Immigranten zuzurechnen, ist veraltet. Vielmehr wird heute dem Umstand Rechnung getragen, dass Technikaffinität nicht ausschließlich altersabhängig, sondern eher bildungs- und geschlechtsabhängige Faktoren aufweist.

Durch den gezielten Einsatz mobiler Anwendungen können durch den Alterungsprozess abnehmende kognitive und physische Fähigkeiten teilweise kompensiert werden (Sayago et al. 2011). Ferner können die auf Berufserfahrung und die auf besonderen Fertigkeiten der Älteren basierenden Leistungen durch die Bereitstellung mobiler internetbasierter Technologien gesteigert werden.

Insbesondere in strukturschwachen Räumen können Informationen auf mobilen Geräten, intelligent ausgewertet, die Versorgung (z. B. Lebensmittel) und die Mobilität durch Verbesserung des Zugangs zu Versorgungssystemen erhöhen und den Zugang zum Gesundheitssystem sichern und so die Infrastruktur der Region verbessern (Schaible et al. 2007).

Hierdurch können sozial verträgliche familiäre Strukturen, Humanvermögen und wirtschaftliche Leistungsfähigkeit in den Regionen erhalten werden und ein großes Wertschöpfungspotenzial für Unternehmen, die solche Lösungen als Produkte, Services bzw. komplexe soziotechnische Systeme anbieten, kann entstehen (Sundín 2009).

Ein möglicher Lösungsansatz bei der Erhaltung der Selbstständigkeit, geistigen und körperlichen Aktivität und Selbstbestimmtheit älter werdender Menschen in ihrem Lebensumfeld wird durch mobile, technische und gleichzeitig sozial integrierte Internet-Applikationen und Systeme gesehen (Mattern 2007), wobei der Mensch bei diesen Systemen immer im Zentrum steht. Zudem können intelligent vernetzte Sensoren und entsprechende Mobilitätskomponenten und deren Einbindung in innovative Geschäftsmodelle wesentlich zur Förderung und zum Erhalt von gesundheitsfördernden Lebensumgebungen, sowie zur Förderung der Autonomie und der nahtlosen Mobilität beitragen.

Viele Ältere managen heute nicht selten Blogs oder Wikis und entwickeln selbst Anwendungen des Web 3.0. Daher wächst der Markt für die Nutzung und die Zusammenführung mobiler, strukturierter Daten, Anwendungen und Umgebungsinformationen in der mobilen Anwendung insbesondere im persönlichen, Gesundheits- und im Dienstleistungsbereich rasant (Mattern 2007).

Durch Vernetzung und Integration vorhandenen technischen Wissens, handwerklicher Fähigkeiten, und gewachsener Unternehmensstrukturen können mobile Produkt-Dienstleistungssysteme angeboten werden, die es älter werdenden Menschen ermöglichen, ihre Selbstständigkeit im gewohnten Umfeld zu erhalten und trotz abnehmender physischer und kognitiver Leistungsfähigkeit die Teilhabe am Familienleben, in der Gesellschaft und eventuell sogar am Arbeitsleben (beispielsweise durch Heimarbeit) zu gewährleisten (Voelcker-Rehage und Staudinger 2010).

Mobile, sensorgestützte Informations- und Kommunikationssysteme unterstützen durch die Bereitstellung – an den Bedarf und die Einschränkungen der jeweiligen Benutzer individuell angepasste – technische Servicefunktionen und helfen gleichzeitig, durch ihren Betrieb Energie einzusparen.

Hierzu gehören mobile Smart Home-Anwendungen genauso wie mobile Gesundheitsapplikationen, aber auch mobile Einkaufs-, Logistik- und Arbeitssysteme, die Heimarbeit ermöglichen und die durch empirische Untersuchungen, Nutzerstudien, Benutzbarkeitstests und Wohnraumstudien evaluiert werden müssen (Erdt et al. 2011).

Insbesondere Technologien und Produkte für das häusliche Wohnumfeld werden bereits heute und zukünftig vermehrt nachgefragt:

- Von Notrufsystemen über Tele Monitoring-Systeme bis hin zu mobil steuerbaren Anlagen für Energie und Haushaltsgeräte, soziotechnische Dienstleistungen und Technologien und Systemlösungen für die Versorgung mit Gütern des täglichen Gebrauchs.
- Technologien zur Sicherung sozialer Kontakte, Kommunikation, Entwicklung sozialer Organisationen; zur Sicherung sorgender Gemeinschaften; zum vereinfachten Umgang mit Behörden (z. B. Minimierung von Behördengängen) und insgesamt der Verbesserung der Teilhabe am kulturellen Leben.

Die Befriedigung dieser Bedürfnisse und die Deckung dieses Bedarfs ist Voraussetzung dafür, dass Ältere in ihrer gewohnten Umgebung bleiben und damit die Entwicklung ihrer Kommunen stützen. Wenn es gelingt, diesen Bedarf aus der Region heraus zu decken, ergibt sich zugleich ein neuer Beschäftigungseffekt in der Region, der die regionale Entwicklung zusätzlich stützt. Wenn es darüber hinaus gelingt, auch einen Teil der erforderlichen (technischen) Innovationen in der Region zu erzeugen, erhöht sich der Entwicklungsimpuls für die Region (Schaible et al. 2007); (Mattern 2007).

7.6   Fallbeispiel: Autonomie im Alter

Autonomie im Alter ist ein erstrebenswerter Zustand unserer älter werdenden Gesellschaft. Vor allem der Bereich medizinische Sicherheit ist häufig ein Grund, warum alleinstehende ältere Menschen das eigene Heim verlassen und sich in die Obhut eines Pflegeheims begeben müssen. Mit dem Projekt iHomeRescue wird ein Sicherheitssystem demonstriert, welches Unfälle im häuslichen Umfeld erkennt und darauf intelligent reagiert. Der Vernetzung mit einer Rettungsleitstelle eines Notfalldienstes kommt bei diesem Sicherheitskonzept eine besondere Bedeutung zu. Die dazu am iHomeLab entwickelten und demonstrierten Techniken umfassen einen Sturzsensor, die Indoor-Personenlokalisierung und eine Webcam, die ein Live-Video der Situation übermittelt. In der Rettungsleitstelle kommt ein Multiuser und multitouchfähiges Display zum Einsatz.

7.7   Sicherheitsrisiko Sturz

Ein Sturz stellt – und dies nicht nur im Alter – ein erhebliches Unfallrisiko dar. In der Schweiz werden mehr Personen durch Sturzunfälle verletzt als durch Verkehrsunfälle. Dabei passieren die meisten Unfälle im häuslichen Umfeld. Ein mehrstufiges Sicherheitskonzept, genannt iHomeRescue, soll helfen, den Sturz zu erkennen und notfalls eine Notfallversorgung durchzuführen Die Hilfeleistung umfasst die Benachrichtigung nahestehender Personen, Unterstützung der Kontaktaufnahme, sowie bei Bedarf die Einleitung der Rettungsmaßnahmen durch Kontaktierung einer Notfall-Leitstelle.

7.8   Eingesetzte Technologien

Da die Funktion des iHomeRescue am Beispiel einer gestürzten Person verdeutlicht werden soll, kommen hier die nachfolgend beschriebenen Basiskomponenten zum Einsatz. Zum einen ein zu diesem Zweck entwickelter Sturzsensor, das Lokalisierungssystem eLoc und der iHomeTable, eine interaktive, multitouchfähige Bildschirmschnittstelle.

Um den Sturz zu erkennen, wurde der Sturzsensor iCare entwickelt [Abb. 7.1], welcher mit der Low-power-Drahtlostechnologie, basierend auf IEEE802.15.4/ ZigBee, im ISM Band auf 2.4 GHz kommuniziert, und gegebenenfalls einen Sturzalarm auslöst (Andrushevich et al. 2009). Auf der Anwendungsschicht wird ein proprietäres Protokoll verwendet. Das neue, von ZigBee für solche Anwendungen vorgeschlagene Profil wird jedoch noch von keinem Hersteller offiziell eingesetzt. Durch den niedrigen Strombedarf wird mit einer Lithium-Ionen-Batterie (160 mAh) eine Betriebszeit des Sensors von bis zu vier Jahren erreicht.

Der Sturz wird dabei aufgrund einer Kombination von Luftdruckveränderung (Höhenmessung) und Beschleunigungsmustern ermittelt und durch einen Mustererkennungsalgorithmus zuverlässig detektiert. Der Luftdrucksensor hat einen

Abb. 7.1 Der Sturzsensor
iCare

Messbereich von 0 bis 2000 hPa und eine relative Messgenauigkeit von ca. 20 cm
bei einer Messdauer von 1 Sekunde. Der Beschleunigungssensor arbeitet mit drei
Achsen und bis 8 g.

Zusätzlich ist auf dem Modul ein Temperatursensor integriert, der ohne Kalibrierung auskommt und eine absolute Genauigkeit von 1 Grad aufweist. Bei Bedarf
kann das Modul mit weiteren Sensoren, zum Beispiel für Biomonitoring, ausgerüstet werden.

Bei einem Einsatz eines öffentlichen notärztlichen Dienstes ist zudem an eine
Zutrittsmöglichkeit zu den Räumlichkeiten der verunfallten Person zu denken.
Türsysteme werden immer einbruchssicherer und ohne Hausmeisterservice ist eine
automatische Türöffnung von Vorteil. Hier kommt der Sprachsteuerung im Bereich
der Human-Building-Interaction – von der verunfallten Person zum System bzw.
vom Notfalldienst zum System, beispielsweise mit einem zuvor übermittelten
Codewort – eine besondere Bedeutung zu. Diese Art der Sprachsteuerung ist bereits
heute ein Bestandteil des iHomeLabs und kann auf die entsprechenden Erfordernisse
angepasst werden.

Eine weitere Neuerung, die hier Anwendung in einer Notfallzentrale findet, stellt
die Art der Nutzung neuer interaktiver Technologien, wie beispielsweise die des
Microsoft Surface Tables [Abb. 7.2], dar.

Unsere Evaluationen haben ergeben, dass der Surface vor allem durch die von
Microsoft verfügbare Entwicklungsumgebung, den Support und die Fähigkeit, mit
Geräten auf dem Tisch zu interagieren, die ideale Plattform für das iHomeRescue
Projekt bietet. So ist er fähig, per LAN oder Bluetooth mit der Umwelt zu kommu-
nizieren. Zudem wird eine touchsensitive Bildschirm- und Tischfläche geboten, die
von allen Seiten und von mehreren Personen gleichzeitig genutzt werden kann.

Die Idee eines Bedientisches (mit und ohne Multitouch-Fähigkeit) existiert bereits
seit einiger Zeit, doch erst kürzlich ist solche Hardware kommerziell erhältlich.
Diese Erweiterung zur Rundumnutzung (multipersonelle Bedienung) erfordert neue
Ansätze bei der Gestaltung und Nutzung von Benutzeroberflächen, damit diese ihre
Vorteile wie bei einer Einsatzplanung in einer Notrufzentrale entfalten können.

Abb. 7.2 Einsatz des multitouchfähigen iHomeTable in der Notrufzentrale

Hier – wie auch bei dem gesamten Projekt – zeigt sich, dass eine einfache, intuitive Benutzerschnittstelle maßgeblich zur Akzeptanz eines technischen Systems oder einer Applikation bei den Anwendern beiträgt.

7.9 Sicherheitskonzept zur Unterstützung der Autonomie im Alter

Ein Softwaresystem, welches verschiedene Szenarien kennt und so auch Fehlalarme erkennen kann, hat daraufhin mehrere Möglichkeiten, entsprechend zu reagieren. Zunächst muss der Alarm bekannt – also weitergeleitet – werden. Dies geschieht im Allgemeinen über Telefon an eine vorgegebene Person einer Notfallliste. Ist diese nicht erreichbar oder reagiert sie nicht, so wird jeweils versucht, die nächste Person der Liste zu benachrichtigen. Zusätzlich kann auch eine SMS zur Benachrichtigung versendet werden. Für eine Kontaktaufnahme mit der verunfallten Person können Lautsprecher und Mikrofone der Umgebung genutzt werden.

Besonders interessant ist sicher auch die Aufnahme von Versorgungsakteuren in die persönliche Notfallliste, wie z. B. die Sanitätsnotrufzentrale, die in der Schweiz unter der Nummer 114 erreichbar ist. Ein Modellversuch ist bereits in Planung. Diese erhalten die Meldung innerhalb ihres Softwaresystems [Abb. 7.3].

Um Position der Personen im Notfall (z. B. beim Sturz) automatisch zu identifizieren, kommen zwei Lokalisierungssysteme in Gebäuden zum Einsatz. Dabei wird zwischen einem stationären und einem mobilen System unterschieden. Stationär wird Ultraschall eingesetzt und zur mobilen Unterstützung ein Roboter verwendet.

Eine genaue Lokalisierung kann über das am iHomeLab entwickelte und auf Ultraschall basierende System eLoc geschehen (Knauth et al. 2009). Hierbei handelt es sich um ein System zur automatischen Positionsbestimmung von Geräten der

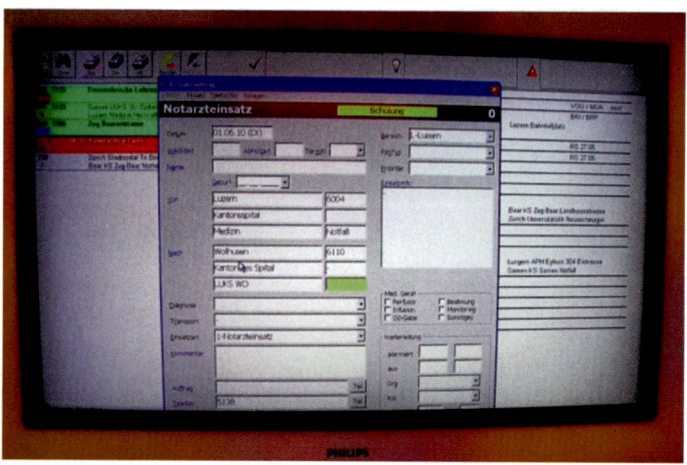

Abb. 7.3 Sturzdetektion in der Notrufzentrale

Gebäudeautomation und somit auch von Personen, die mit einem solchen Sender ausgestattet sind. Die Sender können sich bei der Kenntnis ihrer Position und des räumlichen Kontexts in das System einbinden und aktuelle Positionsdaten senden sowie Aktionen auslösen. Der entstandene Prototyp (siehe Abb. 7.4a und b) hat gezeigt, dass es mit Hilfe von IEEE802.15.4 Funk- und Ultraschallwellen möglich ist, die Sender auf bis zu 10 cm genau (gegenüber im besten Fall 1 m Genauigkeit bei heutigen Lösungen, die auf WLAN und Beacons basieren) zu lokalisieren. Dabei können zurzeit bis zu 10 Objekte in einem Gebäude gleichzeitig verfolgt werden.

Zudem wird im Showcase des iHomeLabs der Hochschule Luzern bereits auf einen Roboter (siehe Abb. 7.5) gesetzt, der über ein Webinterface zum Unfallort gesteuert werden und über seine Web-Kamera Informationen über den Unfallort und die Situation liefern kann. Diese Information kann von den verständigten Vertrauenspersonen, aber auch vom Rettungsdienst verwendet werden. Der Roboter arbeitet zu seiner Orientierung neben der Anbindung an das eLoc-System mit einer Umgebungskarte sowie zurzeit mit einer auf Infrarot basierenden Steuerung zum Auffinden seiner Ladestation.

Die gesammelten Informationen werden, zusammen mit den Daten zu Kontaktaufnahme (Adresse, Straßenkarte, Wegbeschreibung) und eventuell der zu Hause gespeicherten medizinischen Information (Patientenakte) an die Kontaktstelle übermittelt.

Das entwickelte Alarmsystem ist dabei so ausgelegt, dass die übermittelte Information den Anforderungen der Situation und der gewählten Kontaktstelle gerecht wird. Eine umfassende, aber dennoch intuitive Oberfläche (siehe Abb. 7.6) soll es den Operateuren erlauben, jederzeit den Überblick zu behalten, bei Bedarf in die Tiefe zu gehen und in Alarmsituationen gemeinsam schnell zu reagieren. Denkbar ist hier auch die Übermittlung aktueller Vitaldaten der verunfallten Person durch ein Tele-Monitoring-System, dessen Anbindung sich noch in der Konzeptphase befindet.

Das entwickelte Konzept des iHomeRescue ermöglicht leider nicht die Sturzprävention, kann aber die Folgen eines Sturzes durch ein zur Verfügung stehendes

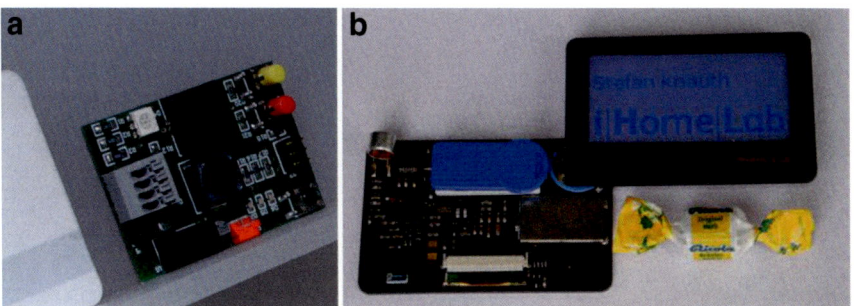

Abb. 7.4 **a** Lokalisierung mit Ultraschall: Empfänger **b** Lokalisierung mit Ultraschall: Vorder- und Rückseite – hier in ein Batch integriert – mit einem Ricola als Vergleich

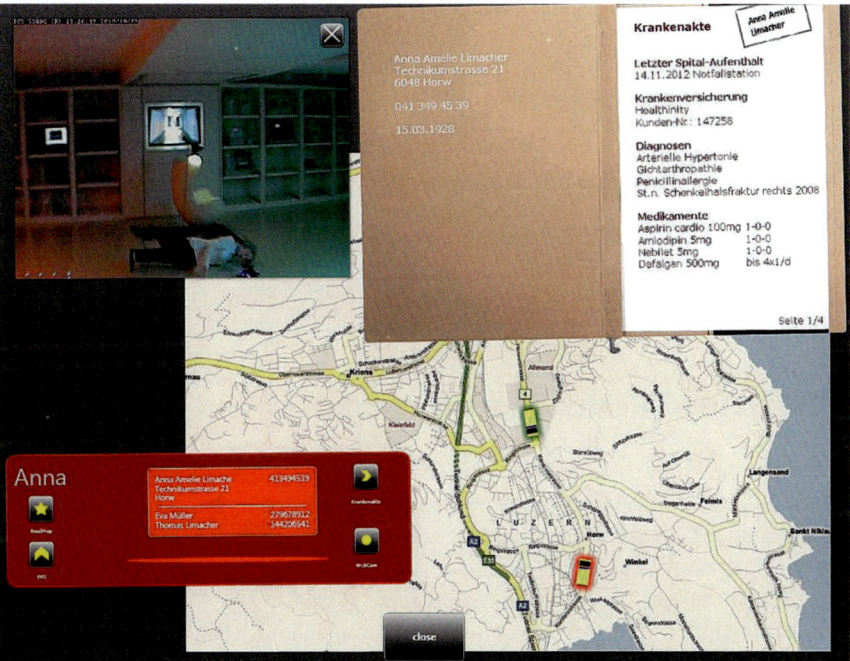

Abb. 7.5 Roboter mit Webcam am Unfallort

Rettungssystem mildern. Dies ist für ältere Menschen ein wichtiger Sicherheitsaspekt, der zu mehr Lebensqualität und einem längeren selbstbestimmten Leben in der gewohnten Umgebung führen kann. Im iHomeLab der Hochschule Luzern konnte gezeigt werden, wie praxisnah ein solches System zum Einsatz kommen kann und welche technologischen Konzepte notwendig sind, um ein multimediales Sicherheitskonzept zu realisieren.

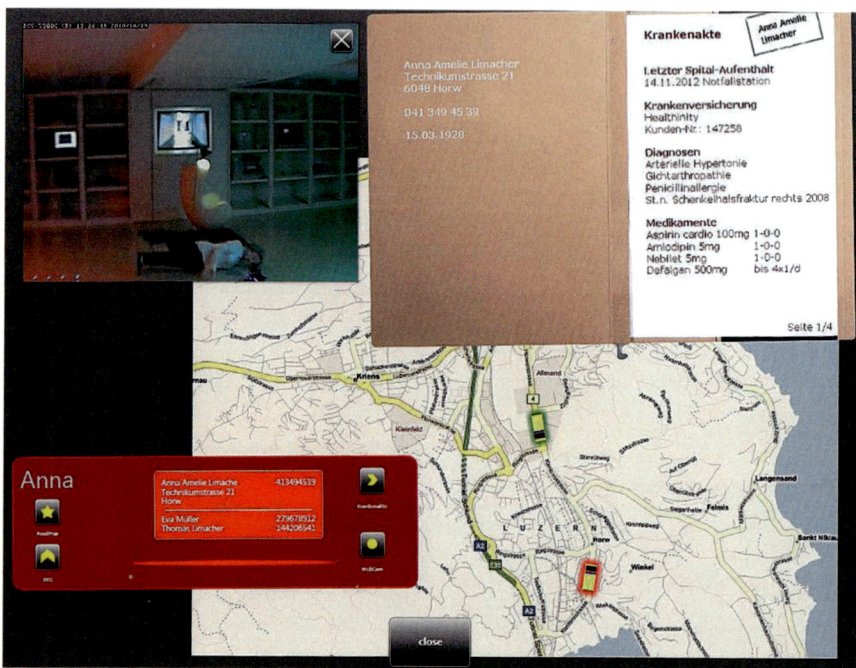

Abb. 7.6 iHomeTable Screenshot bei der Einsatzplanung in der Notrufzentrale mit relevanten Informationen wie z. B. der Krankenakte

7.10 Zusammenfassung und Ausblick

Zusammenfassend bleibt zu bemerken, dass technologische Entwicklungen der letzten Jahre, wie Vernetzung und Miniaturisierung durchs Internet der Dinge, eine umfassende Basis für die Lösung der vielen gesellschaftlichen Herausforderungen in der Stadt der Zukunft anbieten.

Hierbei sollen die neuen intelligenten Systeme als Anforderung an eine Gestaltung einer Stadt der Zukunft einen signifikanten Mehrwert erzielen: Sie sollen in der Lage sein, sowohl zur Intensivierung der Partizipation der Bürger innerhalb der Smart City durch Human-Building-Interaction, zur Erhaltung und Förderung von Mobilität, zur Senkung des Energieverbrauchs als auch zur Senkung der Gesundheitskosten beizutragen.

Desweiteren soll die Erfassung der Gewohnheiten eines Benutzers, sowie Verknüpfung von Daten aus verschiedenen Infrastruktursystemen (Transport, Energie, Kommunikation, etc.) künftig nicht nur die Lebensqualität in der Stadt erhöhen, sondern bei möglichst minimalem Ressourcenverbrauch, ökonomisch, ökologisch und gesellschaftlich zur wirklichen Nachhaltigkeit beitragen, um sich von einer zunehmend konsumorientierten Wachstumsgesellschaft abzuwenden.

Literatur

Andrushevich A, Kistler R, Bieri M, Klapproth A (2009) ZigBee/IEEE 802.15.4 Technologies in ambient assisted living applications. In: 3rd European ZigBee Developers' Conference (EuZDC) 2009, Munich

Börsch-Supan A, Mariuzzo F (2005) ‚Our sample: 50+ in Europe' [research report] survey of health. Ageing Retirement Eur 2, S 30-34

Doblhammer G, Scholz RD, Maier H (2005) Month of birth and survival to age 105+: evidence from the age validation study of German semi-supercentenarians. Exp Gerontol 40:829

Erdt S, Linner T et al (2011) Systematische Entwicklung eines komplexen Assistenzsystems zur Gesundheitsförderung am Beispiel des GEWOS-Bewegungssessels, Bd 5. Deutscher AAL Kongress, Berlin

IFA stellt Smart Homes in den Mittelpunkt. http://www.enbausa.de/lueftung-klima/aktuelles/artikel/ifa-stellt-smart-homes-in-den-mittelpunkt-3024.html. Zugegriffen am 01.12.2016.

Knauth S, Jost CH, Klapproth A (2009) Range sensor data fusion and position estimation for the iLoc indoor localisation system. In: ETFA 2009, WiP-1 – Intelligent robots and systems, Palma de Mallorca, September 2009

Maier H, Gampe J, Vaupel JW, Jeune B (2010) Supercentenarians. Springer, Berlin/Heidelberg

Mattern F (2007) Die Informatisierung des Alltags: Leben in smarten Umgebungen. Springer, Berlin/Heidelberg

Naganawa H (1997) The work of the elderly and the silver human resources centers. Jpn Labour Bull 36(6):5–7

Sayago S, Sloan D, Blat J (2011) Everyday use of computer-mediated communication tools and its evolution over time: an ethnographical study with older people. Interact Comput 23:543–554

Schaible S, Kaul A, Lührmann M, Wiest B, Breuer P (2007) ‚Wirtschaftsmotor Alter' [Studie]. Bundesministerium für Familie, Senioren, Frauen und Jugend, Berlin

Speziell im hohen Alter wird die Wohnung zum Lebensmittelpunkt, Francois Höpflinger. http://www.derbund.ch/bern/stadt/Speziell-im-hohen-Alter-wird-die-Wohnung-zumLebensmittelpunkt/story/13675491?track. Zugegriffen am 01.12.2016.

Statistisches Bundesamt (2011) Entwicklung der Privathaushalte. In: Statistisches Jahrbuch für die Bundesrepublik Deutschland mit „Internationalen Übersichten". Herausgeber/Publisher: Statistisches Bundesamt/ Federal Statistical Office, Wiesbaden

Sundín E (2009) Life-cycle perspectives of product service systems. In: Sakao T, Lindahl M (Hrsg) Introduction to product/service-system design. Springer, London

Voelcker-Rehage BG, Staudinger UM (2010) Physical and motor fitness are both related to cognition in old age. Eur J Neurosci 31:167–176

Wessig K (2012) Integrierte Versorgungskonzepte und Technologien in „Pflege 2020". Fraunhofer Instituts für Arbeitsorganisation IAO, Stuttgart

Smarte Logistik- und Mobilitätslösungen für die Stadt der Zukunft: Entwicklungsbeispiele der Schweizerischen Post

8

Claudia Pletscher, Stefan Regli, Roman Cueni, Thierry Golliard und Edy Portmann

Zusammenfassung

Dieser Artikel zeigt anhand eines Praxisbeispiels – der Schweizerischen Post –, wie in der Smart City Informations- und Kommunikationstechnologien zielgerichtet für die nachhaltige soziale und ökologische Gestaltung von Logistik und Mobilität genutzt werden können. Insbesondere in den Bereichen Logistik und Mobilität werden unter anderem mithilfe von Robotik und Internet of (Postal) Things Innovationen vorangetrieben, um sich den zukünftigen urbanen Herausforderungen stellen zu können. Smarte Systeme können künftig dazu beitragen, individuellere und kundenfreundlichere Dienstleistungen zu erbringen.

Schlüsselwörter

Automatisierung • CH Post • Digitalisierung • Innovation • Internet of Postal Things • Multimodale Mobilität • Robotik • Smart City • Smart Logistics • Smart Mobility • Smart Shuttles • Systemlösungen

Vollständig überarbeiteter und erweiterter Beitrag basierend auf Pletscher et al. (2015) Smart Cities sind auch Yellow Cities: Der Beitrag der Schweizerischen Post zur Stadt der Zukunft, HMD – Praxis der Wirtschaftsinformatik Heft 304, 52(4):531–561.

C. Pletscher • T. Golliard
Post CH Ltd, Bern, Schweiz
E-Mail: claudia.pletscher@post.ch; thierry.golliard@post.ch

S. Regli
PostLogistics Ltd, Bern, Schweiz
E-Mail: stefan.regli@post.ch

R. Cueni
PostAuto Management Ltd, Bern, Schweiz
E-Mail: roman.cueni@postauto.ch

E. Portmann (✉)
Universität Bern, Bern, Schweiz
E-Mail: edy.portmann@iwi.unibe.ch

© Springer Fachmedien Wiesbaden GmbH 2016
A. Meier, E. Portmann (Hrsg.), *Smart City*, Edition HMD,
DOI 10.1007/978-3-658-15617-6_8

167

8.1 Neue Herausforderungen: Die „Smartifizierung" urbaner Logistik und Mobilität

Globalisierung, Digitalisierung und eine rasante Urbanisierung sind charakteristische Entwicklungen der Gegenwart und Zukunft (Caragliu et al. 2009; Chourabi et al. 2012; Nam und Pardo 2011a, b; Portmann und Finger 2015). Besonders deutlich wird dies in Megametropolen wie Peking, Rio de Janeiro, Manila oder Mumbai, in denen auch die zum Teil katastrophalen Auswirkungen (z. B. Luftverschmutzung, Entstehung von Slums, Verkehrskollaps) zu beobachten sind, die mit diesem Prozess einhergehen können. Von derartig gravierenden Problemen sind insbesondere die meisten westeuropäischen Städte zwar weit entfernt, doch der Trend zur städtischen Verdichtung und die damit verbundenen Probleme sind auch hier greifbar: Auch hier werden Städte größer und komplexer, was sie vor immense Herausforderungen stellt. So führt das permanente Wachstum des städtischen Raumes dazu, dass die stark genutzten Infrastrukturen zunehmend an ihre Belastungsgrenzen geraten. In kaum einem anderen Bereich sind die Folgen dieser Entwicklung so augenfällig wie im Bereich der städtischen Mobilität, des Verkehrs und der Logistik von Gütern und Menschen. Dies kann jeder Pendler bestätigen, der zu den Stoßzeiten des Feierabendverkehrs den Heimweg antreten muss – nicht nur in Großstädten, sondern auch bereits in mittelgroßen Städten, und ganz gleich, ob man sich mit dem eigenen Auto, Bus und Bahn oder auch auf dem Fahrrad durch den urbanen Raum bewegt.

Lösungen für die Probleme moderner Städte zu entwickeln, um diese als attraktive Lebensräume zu erhalten beziehungsweise auch erst dazu zu machen, ist das zentrale Anliegen von Smart City. Der Begriff steht für die Idee, Informations- und Kommunikationstechnologien zielgerichtet für die nachhaltige soziale und ökologische Gestaltung des städtischen Raumes nutzbar zu machen. Dabei setzen die zahlreichen Smart City-Projekte, die mittlerweile in vielen europäischen Städten ins Leben gerufen wurden (Manville et al. 2014), bei Problemen an, die zum Teil so unterschiedlich sind wie die Städte selbst. Allerdings gibt es ein Set an Themen, mit denen sich jede Stadt auseinandersetzen muss und für die smarte Lösungen zum Einsatz kommen können. Besonders deutlich wird dies im Bereich der Mobilität, der alle Stadtbewohner tagtäglich in irgendeiner Form beschäftigt. Die Güte von Mobilitätsangeboten und der Grad der Effizienz, mit der Probleme im städtischen Verkehr angegangen werden, gilt daher als ein Faktor, der in der Wahrnehmung der Bewohner wie auch auswärtiger Besucher besonders großen Einfluss auf die Attraktivität einer Stadt hat. Der große Stellenwert des Themas bei der Entwicklung smarter Konzepte zeigt sich nicht zuletzt in der Vielzahl der Schlagworte (z. B. Shared Mobility, Smart Mobility, Smart Logistics, Smart Traffic Management etc.), die auf Formen der „Smartifizierung" in Fragen der urbanen Mobilität und Logistik fokussieren.

Die Themen Logistik und Mobilität bieten sich daher an, sowohl einige der Herausforderungen, die aus dem neuen Lebensstil der Stadtbewohner resultieren (wobei diese Probleme in der Regel nicht auf den urbanen Raum beschränkt, dort aber von überdurchschnittlich großer Bedeutung sind), als auch smarte Ansätze zur

Bewältigung dieser Herausforderungen zu erörtern. Die Schweizerische Post AG stellt hierbei ein interessantes und vielseitiges Beispiel dafür dar, wie mit der gezielten Entwicklung und Markteinführung smarter Produkte und Dienstleistungen als Teil der Unternehmensstrategie die neuen Anforderungen nicht nur bewältigt, sondern auch dazu genutzt werden, neue, gewinnversprechende Geschäftsfelder zu erschließen. In diesem Sinne hat sich die Schweizerische Post in vielen Bereichen des Unternehmens jenen Ideen und Geschäftsfeldern zugewendet, in denen smarte Technologien zum Zuge kommen beziehungsweise entwickelt werden. In der strategischen Ausrichtung des Unternehmens, zu dessen Geschäftsfeldern traditionell die Beförderung von Gütern und Menschen zählt, spielen smarte Logistik und Mobilität eine wichtige Rolle, insbesondere in den innovationsintensiven Geschäftsbereichen E-Commerce und Mobilitätslösungen, die im Folgenden mit Blick auf die Smart City erörtert werden sollen. Dazu werden zunächst die Ausgangslage, vor die sich die Schweizerische Post gestellt sieht, und allgemeine Innovationsstrategien des Unternehmens im Bereich der Digitalisierung diskutiert (Abschn. 8.2). Anschließend werden Anwendungsbeispiele von Smart Logistics im Bereich E-Commerce (Abschn. 8.3) sowie von neuen Dienstleistungsformaten im Bereich der Personenmobilität betrachtet (Abschn. 8.4). Am Ende steht ein kurzes Fazit (Abschn. 8.5).

8.2 Die Schweizerische Post: Ausgangslage und Entwicklungsstrategien

8.2.1 Die Ausgangslage

Unter dem Dach des Konzerns sind im Wesentlichen drei Konzerngesellschaften versammelt, welche die Kerngeschäfte des Unternehmens repräsentieren und bedienen: Die Post CH AG ist ein wichtiger Akteur auf dem Schweizerischen Kommunikations- und Logistikmarkt, die PostFinance AG operiert als systemrelevante Bank im Finanzsektor und die PostAuto Schweiz AG ist ein auf nationaler Ebene marktführender Anbieter im Bereich Personenverkehr. Als Unternehmen, dessen alleinige Eigentümerin die Schweizerische Eidgenossenschaft ist, hat die Schweizerische Post einen gesetzlich geregelten Grundversorgungsauftrag: Sie soll für alle Bevölkerungsgruppen und in allen Landesteilen der Schweiz eine ausreichende, zuverlässige, qualitativ hochstehende und preiswerte Grundversorgung mit Postdiensten sowie mit Dienstleistungen des Zahlungsverkehrs gewährleisten und den Betrieb eines flächendeckenden Poststellen- und Postagenturnetzes sicherstellen. Gleichzeitig und zu diesem Zweck, so die Vorgaben der Politik, spielt die nachhaltige Sicherung der Wettbewerbsfähigkeit und, wenn möglich, die Steigerung des Unternehmenswertes in den strategischen Zielen der Schweizerischen Post eine wichtige Rolle (UVEK 2016).

Um diese Vorgaben zu erfüllen, muss die Post mittelfristig neue, innovative Produkte und Dienstleistungen anbieten. Das betrifft besonders den Bereich der digitalen Technologien: Der gegenwärtige beschleunigte Wandel von Technologie und Gesellschaft hat innerhalb weniger Jahrzehnte den Alltag der Menschen massiv verändert. Dies hat auch für die Kerngeschäfte der Post spürbare Konsequenzen. So sinkt das Briefvolumen seit dem Jahr 2000 jährlich um ca. 2 %, die Poststellen werden immer weniger frequentiert. Zudem führen die Möglichkeiten des digitalen Zeitalters zu einer neue Anspruchshaltung der mobilen, technologieaffinen Menschen – eine rasant wachsende Bevölkerungsgruppe, die vor allem in Städten und Agglomerationen lebt –, was wiederum den Prozess der Digitalisierung zusätzlich befeuert. Die klassischen physischen Dienstleistungen werden hierbei zwar nur selten komplett abgelöst, doch ihre Nachfrage verändert sich. Entsprechend passt die Schweizerische Post ihre Produkte und Dienstleistungen an, indem sie einerseits ihre traditionellen physischen Dienstleistungen mit digitalen Komponenten anreichert, andererseits aber auch Überlegungen anstellt, wie Kerngeschäfte rein digital erbracht werden können. Ein Beispiel für Letzteres sind digitale Infrastrukturdienstleistungen (z. B. in den Bereichen E-Government oder E-Health), bei denen eine Postgesellschaft wie die Schweizerische Post den sicheren Transport von vertraulichen Informationen in der digitalen Welt sicherstellen kann (Pletscher 2016).

Die Erwartungen an das Unternehmen sind hoch. Das Spannungsverhältnis, das aus den unterschiedlichen Anforderungen resultiert, vereinfacht diese Situation nicht: Einerseits soll die Schweizerische Post ein rentables, profitorientiertes Wirtschaftsunternehmen sein, das dem Steuerzahler einen Mehrwert oder zumindest keine Verluste beschert, andererseits soll sie als Staatskonzern eben nicht nur rein wirtschaftlichen Interessen, sondern auch politischen und sozialen Aspekten Rechnung tragen. Je nach Außenperspektive sieht sich die Schweizerische Post in der öffentlichen Diskussion immer wieder entweder dem Vorwurf ausgesetzt, als primär wirtschaftlich agierender Akteur den Grundversorgungsauftrag zu vernachlässigen oder aber als Staatskonzern die Wirtschaftlichkeit und Wettbewerbsfähigkeit nicht ausreichend ins Zentrum des unternehmerischen Handelns zu rücken. Soll das Unternehmen auch zukünftig in der Lage sein, den verschiedenen Anspruchsgruppen gerecht zu werden und ihren Grundversorgungsauftrag zu erfüllen, so bedarf es der Entwicklung innovativer, nachhaltiger und effizienter Dienstleistungen. Im Moment bedeutet das vor allem, den Anschluss an die Digitalisierung der Welt nicht zu verpassen und diesen Prozess, wenn möglich, entscheidend mitzugestalten.

8.2.2 Unternehmensstrategie

Die Schweizerische Post hat in der Unternehmensstrategie sechs Entwicklungsschwerpunkte definiert: E-Commerce, E-Post, Mobilitätslösungen, digitale Finanzdienstleistungen, Direct Marketing und Business Process Outsourcing. Der gemeinsame Nenner all dieser Felder ist die strategische Ausrichtung hin zu digitalen beziehungsweise digitalisierten Dienstleistungen und die Verbindung ebendieser mit der physischen Welt. Dies setzt voraus, dass bestehende Technologien ausgebaut und neue entwickelt werden. Vor allem zwei Themen liegen hier im Fokus der technischen Entwicklung: Robotik und das Internet of (Postal) Things (IoPT).

Der Einsatz autonomer Technologien ist sowohl im Bereich der Logistik als auch der Mobilität ein Thema (siehe Abschn. 8.3.2 und 8.4.1). Der Begriff „Internet of Things" (IoT) beschreibt ein Netzwerk von Objekten, das in Elektronik, Software, Sensoren und Netzwerk-Konnektivität eingebettet ist und den Objekten ermöglicht, äußerst kosten- und energieeffizient Daten zu sammeln und weiterzuleiten sowie autonom untereinander auszutauschen (Atzori et al. 2010). Die Schweizerische Post hat hier den Vorteil, dass sie (noch umfassender als andere Postunternehmen im internationalen Vergleich) bereits eine flächendeckende Infrastruktur aus stationären und mobilen Objekten unterhält oder bedient. Busse, Leihfahrräder und weitere Fahrzeuge, Bushaltestellen, Poststellen, Briefkästen, Geld- und Paketautomaten, Gebäude, Lager und mobile Geräte der Postmitarbeitenden – diese „Postal Things" ließen sich mit Sensoren, Internetkonnektivität und weiterer Technologie leicht zu einem IoPT ausbauen (Portmann und Metzger 2016). Seit Anfang 2016 baut die Post im Rahmen eines Pilotprojekts mit einem auf LoRaWAN (Long Range Wide Area Network) basierenden Netzwerk die notwendige Infrastruktur auf. Ein weiteres Projekt ist das Thema Mobile Sensing, das die Post in Zusammenarbeit mit der Fachhochschule Sierre verfolgen wird: 1300 Fahrzeuge von PostAuto sind derzeit mit Internetkonnektivität (WiFi, 3G und 4G) sowie Rechenkapazität ausgestattet. Durch den Ausbau dieser Infrastruktur könnte eine mobile Plattform für Echtzeit-Sensorik und -Monitoring geschaffen werden, auf der Basis jener Daten, welche die Postautos tagtäglich auf ihren Fahrten durch die ganze Schweiz sammeln, zum Beispiel zu Wetter, Straßenzustand und Verkehrssituation.

Auf Basis solcher Infrastrukturen könnten in Zukunft Daten gesammelt werden, die auch den Städten helfen, effizienter zu werden. Generell gilt hierbei, dass die bisherigen Innovationen der Schweizerischen Post oft noch nicht explizit auf die Smart City bezogen waren. Dies wird jedoch in Zukunft immer häufiger der Fall sein: Die Anforderungen von Stadt und Land entwickeln sich in vielen Bereichen in unterschiedliche Richtungen. Entsprechend müssen für ähnliche Bedürfnisse unterschiedliche Lösungen ausgestaltet werden, wobei auch hier Kooperationen eine wichtige Rolle bei der Entwicklung und der Umsetzung spielen werden. So fehlt beispielsweise älteren Menschen in der Stadt das soziale Netzwerk einer unterstützenden Nachbarschaft, die auf dem Land oft ganz selbstverständlich kleine Besorgungen erledigt. In der Smart City, so eine Idee, könnte die Post in Kooperation mit geeigneten Partnern in ähnlicher Weise Assisted-Living-Dienstleistungen erbringen, zeitgenau und teilweise voll automatisiert. Dazu könnten die Zustellung von Medikamenten und weitere Dienstleistungen rund um die Betreuungsarbeit gehören, aber auch Concierge-Services und nicht zuletzt Mobilität on demand. Diese Dienstleistungen könnten dazu beitragen, dass die älteren Einwohner der Smart City weniger Zeit und Ressourcen auf die Bewältigung des Alltags verwenden müssen, der aufgrund ihrer spezifischen Bedürfnisse oft mit besonders zeitraubenden, komplizierten oder lästigen Aufgaben verbunden ist: Vieles könnte im Hintergrund von smarten Systemen erledigt werden, es bliebe mehr Energie für jene individuellen Interessen, an denen dem Menschen tatsächlich etwas liegt (Nam und Pardo 2011a, b; Portmann und Finger 2015).

Abb. 8.1 „Entwicklung und Innovation"

Generell gilt, dass die Entwicklung und Umsetzung komplexer Innovationen an der Schnittstelle von gesellschaftlichen Bedürfnissen und technologischen Möglichkeiten nur in Kooperationen nachhaltig und erfolgreich geleistet werden können. Ein Unternehmen allein kann nicht mehr über alle erforderlichen Kompetenzen und Ressourcen verfügen, die für die weitreichenden in den nächsten Jahren anstehenden Entwicklungen benötigt werden (vgl. Chourabi et al. 2012; Nam und Pardo 2011b). Die strategische Zusammenarbeit mit externen Partnern wird daher immer mehr Bedeutung gewinnen. Ziel ist, Innovationen durch geschickte Kooperationen voranzutreiben, in denen sich Interessen, Know-how und Ressourcen der kooperierenden Partner (z. B. Unternehmen, Städte und Gemeinden, Forschungseinrichtungen) gut ergänzen.

Die Schweizerische Post hat dem in unternehmensstruktureller Hinsicht Rechnung getragen, indem sie die bestehenden Kräfte gebündelt und den Stellenwert der Thematik innerhalb des Konzerns erhöht hat: Das Innovationsmanagement wurde in der Einheit „Entwicklung & Innovation" zusammengefasst und direkt der Konzernleiterin unterstellt. Eine wesentliche Aufgabe dieses Bereiches ist es, Wissen und Partner von außen in das Unternehmen zu bringen und umgekehrt (s. Abb. 8.1). Dort wird auch die Zusammenarbeit mit Hochschulen koordiniert. Zurzeit bestehen Kooperationen mit der ETH Lausanne (Professur für Management of Network Industries) sowie mit der Universität Bern, mit der sie gemeinsam eine Assistenzprofessur geschaffen hat, die sich schwerpunktmäßig mit dem Thema Big Data und Cognitive Computing befasst. In der Vernetzung mit Wissenschaftsinstitutionen ergeben sich zudem Möglichkeiten, Doktoranden mittels Scholarships zu unterstützen (z. B. die Swiss Post PhDs on „Smart Cities" und „City Logistics" an der EPF Lausanne). Darüber hinaus strebt die Post an, dass Start-ups sie als Partnerin in Betracht ziehen. So wären etwa die Tests mit den Smart Shuttles (siehe Abschn. 8.4.1) ohne eine enge Kooperation zwischen einem Start-up der EPFL, das in diesem Fall die Steuerungssoftware entwickelt, und der Post nicht zustande gekommen. Das

Unternehmen ist zudem sowohl national als auch international vernetzt (z. B. mit der International Post Corporation oder mit Schweizer Großunternehmen).

Es gibt mittlerweile eine ganze Reihe von Projekten und auch erste Institutionen beziehungsweise Verbünde, welche den Nutzen, die Bedeutung und die Umsetzbarkeit von Kooperationen sowie den Willen dazu verdeutlichen. So hat die Post in Sion mit Partnern aus Politik (Kanton Wallis, Stadt Sion) und Wissenschaft (ETH Lausanne, HES-SO Valais-Wallis) ein virtuelles Mobilitätslabor gegründet, mit dem Ziel, Mobilitätsangebote zu entwickeln, die Angebot und Nachfrage für verschiedene Verkehrsmittel im öffentlichen Verkehr der Agglomeration der Stadt Sion optimal aufeinander abstimmen. Die Post will dabei die Mobilitätsangebote ihrer Tochterunternehmen besser miteinander verknüpfen und die Kooperation mit externen Partner ausbauen, um multimodale Mobilitätslösungen aufzubauen (z. B. durch die Verzahnung von Mitfahrgelegenheiten und ÖV im Angebot PubliRide). Ferner ist auf das Projekt „Netzwerk Infrastrukturen: Auf dem Weg zur Smart Capital Region" zu verweisen, das von fünf Kantonen (Bern, Fribourg, Neuenburg, Wallis, Solothurn), drei Hochschulen (HES-SO, ETH Lausanne, Universität Bern) und sechs Unternehmen (Swisscom, SBB, BLS, Groupe E, BMK, Post) gestartet wurde. Ziel ist eine intelligente Nutzung von Netzwerk-Infrastrukturen nicht lediglich in einer einzigen Smart City, sondern in der sogenannten Hauptstadtregion der Schweiz mit insgesamt 12 Städten, dazugehörigen Agglomerationen und ländlichen Gebieten rund um die Bundeshauptstadt Bern.

Wie eingangs erörtert, stellen Logistik und Mobilität wichtige Entwicklungsfelder der Post dar, die außerdem in enger Beziehung zur Smart City stehen. In diesem Sinne soll im Folgenden auf die Themen E-Commerce/Smart Logistics und Mobilitätslösungen eingegangen werden, mit denen sich das Unternehmen mit Blick auf die Stadt der Zukunft befasst.

8.3   E-Commerce und Smart Logistics

8.3.1   Von E- zu Everywhere-Commerce

Tatsächlich ist im Bereich der Güterlogistik gerade aufgrund der zunehmenden Digitalisierung der Bedarf an neuen Dienstleistungsformaten in den letzten Jahren massiv angestiegen: Die Anzahl beförderter Pakete der Schweizerischen Post betrug 2015 115 Millionen (+3 % gegenüber 2014). Immer öfter kaufen Konsumenten in Onlineshops ein und lassen sich die Ware von der Schweizerischen Post liefern. Allerdings ist tagsüber oft niemand zu Hause, der Pakete persönlich entgegennehmen kann. Auch Nachbarn, bei denen Sendungen früher hinterlegt werden konnten, stehen häufig nicht mehr zur Verfügung, sei es, dass sie selbst unterwegs sind, sei es, dass die Kontakte innerhalb einer Nachbarschaft zu lose für derartige Gefälligkeiten sind. Gleichzeitig geben einzelne Privatpersonen in hoher Regelmäßigkeit Pakete auf, zum Beispiel mit Artikeln, die sie über Auktionsplattformen verkaufen, oder Retouren von online erworbenen Gütern. Diese Kunden können beziehungsweise wollen häufig nicht gezwungen sein, sich nach den Öffnungszeiten der klassischen Poststelle zu richten. Alle erwarten von moderner Logistik ein „Jetzt und Überall". Feste Adressen und fixe Anwesenheitszeiten an einem bestimmten Ort werden zunehmend als unzeitgemäße Konzepte der Vergangenheit betrachtet. Die Menschen verlangen nach Lösungen, die besser zum neuen (individualisierten) Lebensstil und -rhythmus der Gegenwart passen.

Die Wirtschaft – geballt in Städten und Agglomerationen – will auf diese anspruchsvollen Kundenwünsche reagieren, woraus ebenfalls radikal neue Anforderungen an Logistikunternehmen erwachsen (Caragliu et al. 2009): Bis ins Detail individualisierte Produkte trotz großer Fertigungsmengen (Mass Customization) und On-Demand-Produktion sind bereits in vielen Bereichen verfügbar. Auch andere Trends – wie etwa die immer dezentralere Produktion bis hin zum 3D-Druck vor Ort – werden weiter an Bedeutung gewinnen. Das IoT und Big Data stellen eine wichtige Grundlage für diese immer individueller produzierende Industrie dar (McAfee und Brynjolfsson 2012). Smart Factories im Sinne einer Industrie 4.0 benötigen eine smarte Wertschöpfungskette und damit eine smarte Logistik (Portmann und Regli 2015). Diese wiederum soll nicht nur ökologischer, lokaler und partnerschaftlicher, kurz: nachhaltiger sein als in der Vergangenheit, sondern auch dazu beitragen, dass Hersteller und Dienstleister weiterhin ihre hoch gesteckten Effizienzziele erreichen und allenfalls noch steigern können. Die Schweizerische Post reagiert darauf mit der Entwicklung smarter Dienstleistungen: individualisierte und prädiktive Empfangs- und Versandoptionen, gesamtheitliche Übernahme von E-Commerce-Prozessen von Unternehmen.

8.3.2 Systemlösungen für Unternehmen

Für Kunden bieten Systemlösungen den Vorteil von Synergien. Die intelligente und gesamtheitliche Verknüpfung von Dienstleistungen führe zu einer einfacheren Handhabung des Systems. Unter Systemlösung versteht die Schweizerische Post ein Leistungsportfolio, das eine möglichst vollständige Wertschöpfungskette abdeckt. Es besteht aus verschiedenen Einzelelementen, welche im Baukastenprinzip kombinierbar sind. Im Bereich E-Commerce kann dies zu einer Vereinfachung der Prozesslandschaft beitragen, sodass sich ein Handelsunternehmen nur noch um sein Kerngeschäft kümmern muss. Die Post unterstützt oder übernimmt hierbei die Promotion, den Onlineshop, die Bezahlung, die Kundenbetreuung, das Retouren- und Debitorenmanagement und die Produktelogistik, angefangen bei der Beschaffung des Rohmaterials über die Lagerung der Waren und die Konfektionierung bis hin zur Auslieferung an den Endabnehmer.

Basis dieser Systemdienstleistungen ist die Zusammenarbeit der verschiedenen Konzernbereiche, die aus verschiedenen Branchen unterschiedliche Kernkompetenzen mitbringen. So bietet beispielsweise PostMail Unterstützung beim Direct Marketing, während Online-Zahlungslösungen von der PostFinance zur Verfügung gestellt werden und die digital bestellte Ware von PostLogistics gelagert, konfektioniert, zugestellt und retourniert wird. Ein aktuelles Beispiel für einen Baustein innerhalb einer Systemdienstleistung ist TWINT. Mit diesem digitalen Portemonnaie können Nutzer sowohl an den physischen Verkaufsstellen als auch in Onlineshops per Smartphone bezahlen. Den Geschäften eröffnet sich hingegen eine Zahlungslösung, die von (teuren) Kreditkarteninstituten unabhängig ist.

Die Outsourcing-Dienstleistungen der Schweizerischen Post sind skalierbar und werden nach einer detaillierten Analyse an die Bedürfnisse des Kunden angepasst. Hinter den ausgelagerten Aufgaben stehen stets standardisierte Prozesse, die Economies of Scale aus vielen weiteren Kundenbeziehungen nutzbar machen. Das bietet Chancen für kleine, mittlere und spezialisierte Unternehmen. Das Angebot der Post kann hierbei dazu beitragen, Firmengründungen zu vereinfachen und Betriebskosten zu senken beziehungsweise niedrig zu halten. Dieses Vorgehen unterstützt ein schnelles Wachstum ohne großen Kapitaleinsatz. So werden auch Unternehmen mit regionaler Ausrichtung konkurrenzfähig gegenüber großen, internationalen Anbietern.

Die Post entwickelt ihre E-Commerce-Dienstleistungen beständig weiter. So nutzt sie etwa Big Data und Sensor-Technologie, um das Geomarketing-Angebot für ihre Kunden zu verfeinern. Unter dem Namen YellowCube betreibt sie eine hoch automatisierte Logistiklösung, die Onlinehändlern die Lagerung, Konfektionierung, Verpackung und das Retourenmanagement der Ware abnimmt: Roboter bewirtschaften 32'000 Behälter für Kleinartikel, und an zehn Kommissionierungsstationen werden Pakete und Briefe mit Zusatzleistungen je nach Kundenwunsch versandbereit gemacht. Das Unternehmen betrachtet diese Anlage als einen strategischen Schritt hin zur Smart Factory (Produktion/Sortierung) und als Schnittstelle zu Smart Logistics und Smart Mobility (Transport/Zustellung).

8.3.3 Paketlogistik: Flexible Empfangs- und Versandoptionen

Ubiquitous Computing, vor wenigen Jahren noch eine Zukunftsvision, ist definitiv im Alltag angekommen (vgl. Anthopoulos und Fitsilis 2010). Das Internet hat hier viele Beschränkungen aufgehoben: Einkaufen, kommunizieren, sich informieren kann heute jeder rund um die Uhr, und das Smartphone hat dafür gesorgt, dass fast jeder Mensch nahezu überall auf Informationssysteme zugreifen kann. Mit „Wearables" – von der Smartwatch, über den Computer in der Brille bis hin zur intelligenten Kleidung – steht ein weiterer Sprung des allgegenwärtigen Netzzugriffs bevor. Insbesondere Menschen, die oft unterwegs sind, wünschen sich diese Allgegenwärtigkeit auch bei physischen Dienstleistungen wie der Paketzustellung. Hier zeigt sich, wie die Schweizerische Post die Verbesserung physischer Dienstleistungen mit der Entwicklung smarter Produkte, die als Schnittstellen zwischen physischer und digitaler Welt konzipiert und vermarktet werden, kombinieren will, um die Lebensqualität der Bürger zu steigern.

Die Post hat in den letzten Jahren Dienstleistungen entwickelt, die Paketempfängern mehr Flexibilität bieten: Mit der Samstags- und Abendzustellung lässt sich die klassische Zustellung an der Haustür in einen für mobile Empfänger günstigeren Zeitabschnitt oder an einen anderen Ort verschieben. Ein Beispiel für diese Art der

Zusammenarbeit stellt das Geschäftsmodell von LeShop dar, dem größten Schweizer Online-Supermarkt: Die Post konfektioniert Lebensmittel und weitere Artikel des täglichen Bedarfs in einem eigenen Logistikzentrum und liefert sie an die Besteller aus. Die Lieferung erfolgt am Folgetag oder auch samstags. An Wochentagen wählt der Kunde zwischen der normalen Tageszustellung und der Abendzustellung. Er kann im Bestellformular auch direkt angeben, bei welchem Nachbarn die Artikel in seiner Abwesenheit abgegeben werden können.

Auch mit dem Konzept der Gleichtagszustellung soll der Paketempfang flexibilisiert werden. Im Rahmen des Projekts Kaloka, ein lokaler Online-Marktplatz, der seit 2016 in der Stadt Bern im Rahmen eines Pilotversuchs betrieben wird, testet die Post unter anderem das Bedürfnis der Bevölkerung nach Same-Day-Delivery. Die Kunden des Marktplatzes können nach ihrer Präferenz die klassische Zustellung oder die Gleichtagszustellung wählen. In Zusammenarbeit mit einem Start-up-Partner soll die Same-Day-Delivery per Velokurier durch einen intelligenten Routenalgorithmus effizient und günstig gestaltet werden. Mit Kaloka können lokale Anbieter, die oft keinen eigenen Webshop betreiben, ihre Angebote auf einer gemeinsamen E-Commerce-Plattform publizieren. Die Post trägt hier mit der Same-Day-Delivery dazu bei, den Empfang der Waren noch stärker an die Bedürfnisse der Kunden anzupassen. Dieses Beispiel verweist auf eine Facette des Themas Logistik, das generell eine wichtige Rolle spielt bei der Entwicklung neuer Postdienstleistungen, nämlich Konzepte der Paketlogistik, die auf das Bedürfnis der Empfänger nach Unabhängigkeit reagieren.

In dieselbe Richtung geht der Service PickPost, mit dem sich ein Empfänger sein Paket an eine alternative Abholstelle liefern lassen kann, zum Beispiel an ein nahegelegenes Geschäft oder einen Bahnhof. Noch flexibler sind die Paketautomaten, die unter dem Namen My Post 24 an gut frequentierten Orten installiert werden. Sie ermöglichen eine Paketabholung und -aufgabe rund um die Uhr. Die Automatendichte befindet sich in einem fortlaufenden Ausbau. Mitte 2016 waren schweizweit siebzig Paketautomaten in Betrieb. Sowohl bei PickPost als auch bei My Post 24 werden die Empfänger wahlweise per SMS oder per E-Mail über die erfolgte Zustellung informiert. Am Paketautomat lassen sich auch Sendungen aufgeben: Die Frankatur kann der Absender direkt am Automaten, über das Web oder per SMS kaufen. Auch der Service pick@home flexibilisiert die Paketaufgabe. Über die Post-App auf dem Smartphone können private Versender eine Abholung des Pakets bei sich zu Hause, am Arbeitsplatz oder an einer anderen Adresse ihrer Wahl veranlassen.

Als logische Konsequenz der technischen Möglichkeiten hat die Schweizerische Post auch die klassische Sendungsverfolgung in einen digitalisierten Service umgewandelt: Brauchte man bisher eine Sendungsnummer, um den aktuellen Status eines Pakets abzurufen, erhält man die Information künftig als Push-Nachricht. Sobald ein Paket erstmals im Informationssystem der Post erfasst wird (z. B. bei der Aufgabe oder im Sortierzentrum), erhält der Empfänger per SMS oder E-Mail den errechneten Zustelltag. Er weiß so nicht nur, dass ein Paket zu ihm unterwegs ist, sondern kann bei Bedarf auch eine der genannten alternativen Zustellungsarten auswählen.

Die hier beschriebenen Dienstleistungen der Schweizerischen Post sind bereits heute miteinander verbunden und in digitale Technologien integriert. Vor allem das Smartphone spielt als Schnittstelle zwischen den Kunden und diesen Dienstleistungen eine wichtige Rolle. Big Data, das IoT und kostengünstige Sensoren werden die Paketlogistik und -zustellung künftig noch smarter machen (Portmann und Metzger 2016). Dies trägt zu einem zielgerichteten Einsatz von Ressourcen (Zeit, Arbeitskraft, Material, Energie etc.) und damit zur Verringerung von Kosten – für den Endverbraucher wie für die Post – sowie zu mehr Nachhaltigkeit bei, sowohl in ökonomischer als auch in ökologischer Hinsicht. Momentan dienen diese Technologien in erster Linie der internen Prozessoptimierung. Gesammelte Daten erlauben etwa die realitätsnahe Simulation und Modellierung des Annahme- und Zustellnetzes. Während solche Optimierungen wichtig bleiben, werden Technologien der Industrie 4.0 weitere funktionale Erweiterungen der Paketlogistik mit sich bringen.

Künftig könnten Personenmobilität (siehe Abschn. 8.4) und Warenlogistik enger zusammenspielen. Dabei handelt es sich nicht um ein grundsätzlich neues Konzept, war doch die Schweizerische Post früher bekannt für den gemeinsamen Transport von Personen und Waren. Der grundlegende Unterschied liegt jedoch in den dahinterliegenden Informationssystemen. Während der Waren- und Personentransport früher regelmäßig und nach strengen Fahrplänen erfolgte, ist die Zukunft individuell und flexibel: Für das Paket wird der optimale Weg vom Sender zum Empfänger ermittelt. Die Menschen können diese Paketinformationen über passende Informationssysteme abrufen. Wenn eine Synergie nutzbar ist, können Paket und Mensch einen Teil ihres Weges gemeinsam zurücklegen. Konkret heißt das, dass auch Taxifahrer Pakete transportieren könnten. Beispielsweise hat Uber eine solche Dienstleistung in den USA lanciert (UberRUSH). In eine ähnliche Richtung gehen Collaborative-Economy-Ansätze auf der letzten Meile. So wäre es möglich, dass Privatpersonen Pakete zustellen, etwa wenn sie auf dem Weg zur Arbeit oder nach Hause bei einem Empfänger vorbeikommen. Diese neue Konkurrenz ist eine Herausforderung für die klassischen Postgesellschaften und zwingt sie, sich mit der Frage zu befassen, ob sie solche Ansätze in ihre Angebote integrieren sollen.

In der Logistik werden autonome Technologien wie Drohnen an Bedeutung gewinnen. Diese werden nicht, so viel ist bereits klar, die traditionelle Paketlieferung ersetzen, da sie das Breitengeschäft nicht komplett erbringen können. In dicht besiedelten Gebieten ist der Pöstler bei der Zustellung von Briefen und Paketen weiterhin viel effizienter als eine Drohne. Hingegen gibt es eine Reihe von Nischenanwendungen, bei denen Drohnen Nutzen stiften können: Materialtransporte in Notsituationen, die effiziente logistische Bedienung abgelegener Gebiete oder zeitkritische Sonderlieferungen. Seit 2015 führt die Schweizerische Post daher Tests mit verschiedenen Drohnentypen unterschiedlicher Hersteller durch. Einerseits geht es hierbei darum zu eruieren, wie reif die Technologie ist: Es muss ausgeschlossen sein, dass sie eine Gefahrenquelle für Mensch und Natur darstellt. Insbesondere müssen Drohnen auch unter schwierigen geografischen und meteorologischen Bedingungen autonom klar definierten, sicheren Flugrouten folgen können und dürfen den Flugverkehr nicht beeinträchtigen. Auch gilt es abzuschätzen, wo die technischen Grenzen der zurzeit verfügbaren Drohnenmodelle liegen, etwa bei Batterielaufzeit und Traglast. Dies beeinflusst nicht zuletzt die Wirtschaftlichkeit der Technologie, die es zum anderen auszuloten gilt, vor allem da schon jetzt klar ist, dass der Einsatz von Drohnen in der Paketlogistik bis auf Weiteres eine Nischenanwendung bleiben wird. Die unternommenen Tests verliefen bis jetzt jedoch durchaus positiv: Die bisher untersuchten Drohnenmodelle waren leicht gebaut und dennoch stark genug, um mit einer einzigen Batterieladung 1 Kilogramm über 10 Kilometer hinweg zu befördern. Auch war das Gerät in der Lage, einer Flugroute zu folgen, die mittels einer Cloudsoftware definiert wurde. Geplant sind weitere Tests mit Modellen, die größere Lasten zu tragen vermögen. Generell bleibt festzuhalten, dass weiterhin viele Fragen zu klären sind, bis ein kommerzieller Einsatz realistisch ist. Neben den technischen Aspekten, die es weiterhin zu explorieren gilt, betrifft dies insbesondere auch die gesetzlichen Rahmenbedingungen, etwa im Bereich der Luftverkehrssicherheit, dem Schutz der Privatsphäre, dem Datenschutz etc.

Eine weitere Idee, die im Zusammenhang mit automatisierten Logistiktechnologien geprüft wird, sind Lieferroboter zur Erschließung der letzten Meile. Hierfür gibt es zurzeit noch keine oder zumindest keine effizienten Lösungen. Die Post plant zu diesem Zweck, den Einsatz selbstfahrender Roboter für Warentransporte zu testen. Ähnlich wie die Drohnen soll auch der Lieferroboter eine komplementäre, die bestehende Logistikkette ergänzende Zustellmethode bieten. Auch hier geht es also nicht darum, eine Konkurrenzsituation zu bestehenden Lösungen aufzubauen. So wird seitens der Post nicht davon ausgegangen, dass die Roboter beispielsweise den Pöstler überflüssig machen können, da sie auf ein anderes Service-Segment abzielen: Der Paketroboter fokussiert auf On-Demand- und ad-Hoc-Logistik, also auf Sendungen, die flexibel, schnell und günstig in einer lokalen Umgebung befördert werden müssen (z. B. die direkte Zustellung von Medikamenten von einer Apotheke zum Patienten oder von Waren im Rahmen des Berner Kaloka-Projektes). Bevor der Service zur Serienreife gelangen kann, bedarf es jedoch weiterer Abklärungen der technologischen Möglichkeiten und Grenzen: Die Roboter sollen auf Gehsteigen und in Fußgängerzonen im Schritttempo fahren, autonom zu ihrem Ziel navigieren und beweglichen Hindernissen und Gefahrenstellen automatisch ausweichen können. Ferner sind – wie im Fall der Drohnen – die gesetzlichen Rahmenbedingungen abzuklären, bevor an eine Markteinführung gedacht werden kann.

8.4   Mobilitätslösungen

8.4.1   Heutige Ausgangslage in der Personenmobilität

Ein wichtiger Aspekt in der Smart City ist das Thema Personenmobilität (Caragliu et al. 2009; Nam und Pardo 2011a; Portmann und Finger 2015). Wie eingangs bereits erläutert, bringt die zunehmende Konzentration der Bevölkerung in den wachsenden Städten und Agglomerationen die Infrastrukturen für den motorisierten Individualverkehr zunehmend an ihre Grenzen. Staus sind in großen Städten an der

Tagesordnung. Um die Lebensqualität der Bevölkerung zu verbessern – und das ist das Ziel jeder Smart City –, wird es sich mittel- und langfristig als unumgänglich erweisen, in der städtischen Mobilität die Kapazitäten des motorisierten Individualverkehrs zugunsten von mehr ÖV, Fuß- und Fahrradverkehr zu verlagern: Parkplatzflächen müssen verringert und intelligenter bewirtschaftet, fußgänger- und fahrradfreundliche Zonen geschaffen werden. Autos mit Verbrennungsmotor werden im dicht besiedelten Raum künftig durch Elektromobile ersetzt. Themen wie Mobility Pricing und autofreie Siedlungen finden sich in den politischen Agenden vieler europäischer Städte (Manville et al. 2014). Die Abkehr von fossilen Treibstoffen kann hierbei zwar das Klima schonen, sie hilft aber nicht, das Platzproblem in den Städten zu beheben. Sogar der Fahrradverkehr kann zu Platzproblemen führen, wie die Situation am Hauptbahnhof der Schweizer Bundeshauptstadt Bern zeigt: 1500 Stellplätze für Fahrräder genügen hier nicht, um die Nachfrage nach Abstellflächen zu decken.

Dem motorisierten und unmotorisierten Individualverkehr steht vielerorts der öffentliche Verkehr als dichotome Alternative gegenüber. Doch auch hier sind die Kunden anspruchsvoller geworden. Sie wünschen, überall und jederzeit die für sie nützlichen Mobilitätsinformationen zu erhalten. Sie wollen die beste Verbindung wählen, flexibel und unabhängig bleiben und ihre Zeit unterwegs effizient nutzen. Dazu benötigen sie einen flächendeckenden, breitbandigen Internetzugang, generell eine wichtige Voraussetzung für die effiziente Kommunikation in der Smart City, und die richtigen Dienstleistungen – vor, während und nach der Reise (Anthopoulos und Fitsilis 2010; Nam und Pardo 2011a, b). PostAuto hat deshalb weite Teile der Busflotte mit kostenlosen WiFi-Hotspots ausgerüstet. In gewisser Weise wird damit auch dazu beigetragen, Infrastrukturgrundlagen für eine smarte Mobilität zu schaffen, nämlich eine gute und zuverlässige mobile Internetverbindung.

Auch ein sehr gut ausgebauter öffentlicher Nahverkehr kann nicht alle Bedürfnisse nach Flexibilität und Individualität der Bevölkerung abdecken. Sharing-Konzepte stoßen entsprechend auf Interesse, obschon sie oft noch als Insellösung konzipiert sind. Das Bedürfnis nach flexiblen, effizienten und vor allem intelligent kombinierbaren Verkehrsangeboten wächst jedenfalls ständig.

8.4.2 E-Ticketing, Smart Shuttles und Mobilitätsplattformen

Mehrere Unternehmenseinheiten und Tochterunternehmen der Schweizerischen Post betreiben Mobilitätsangebote. Hauptsächlich sind das PostLogistics mit der Flottenmanagerin Mobility Solutions sowie PostAuto mit dem Bereich Mobilitätslösungen. Zu den Angeboten von PostAuto gehören etwa PubliRide und PubliBike. PostAuto bietet auch anderen Transportunternehmen ihre Technologien und Dienstleistungen an. Die Palette reicht von Kontrollgeräten für E-Tickets über die Einführung von Mitfahrnetzwerken bis hin zum Test digitaler Fahrscheine. Die meisten Fahrgäste nehmen im Alltag jedoch vor allem wahr, ob und wie gut die Schweizerische Post zur Flexibilisierung und Individualisierung der Mobilität beiträgt. Hier spielen smarte Technologien eine große Rolle, wie neue Entwicklungsansätze zur Optimierung von Fahrplanauskünften zeigen.

Das Teilprojekt mit der größten Außenwirkung sind die Smart Shuttles (siehe auch Abschn. 8.2.2). Darunter werden elektrisch angetriebene und ferngesteuerte Fahrzeuge verstanden, die gemeinschaftlich von mehreren Kunden genutzt werden. Der Vorteil besteht vor allem in der Erhöhung der Mobilität, die auf die individuellen Bedürfnisse der Kunden abgestimmt werden kann, ohne dass sie dazu ein (motorisiertes) Privatfahrzeug benötigen. So ist denkbar, dass die Smart Shuttles die Kunden direkt an der Haustüre abholen. Die digitale Vernetzung und eine intelligente Verkehrssteuerung ermöglichen eine optimale Auslastung der Transportkapazitäten der Shuttles. Dies kann dazu beitragen, die Anzahl motorisierter Fahrzeuge im Stadtverkehr zu senken und so der Verkehrsüberlastung, die sich beispielsweise in den Staus im Berufsverkehr zeigt, entgegenzuwirken. Auch verringert sich die CO_2- und Feinstaubbelastung, wenn weniger Motorfahrzeuge unterwegs sind. Smart Shuttles können so zum Schutz des Klimas und der Umwelt beitragen.

Mit der Entwicklung von Transportlösungen auf der Basis von autonomen Fahrzeugen folgt die Post einem Trend, den Unternehmen wie Google oder Tesla bereits seit einiger Zeit vorantreiben. In diesem Sinne führt PostAuto in Sion zusammen mit ihren Partnern ein Pilotprojekt mit selbstfahrenden Kleinbussen durch, deren Fahrtstrecken mithilfe von 3-D-Karten programmiert werden. Ziel ist es herauszufinden, welche Bedeutung Smart Shuttles für den öffentlichen Nahverkehr in Schweizer Städten haben könnten und welche Anwendungsmöglichkeiten es gibt. Zudem sollen Gefährdungsszenarien identifiziert werden. Insbesondere stellt sich die Frage, ob der Einsatz von Shuttles im städtischen Raum – etwa in Fußgängerzonen und autofreien Ortschaften – oder auf Firmengeländen möglich ist. Auch soll erkundet werden, wie groß die Akzeptanz von selbstfahrenden Shuttles im Walliser Hauptort ist, sowohl bei potenziellen Fahrgästen als auch bei den anderen Verkehrsteilnehmern. Die ersten Ergebnisse sind vielversprechend: Seit Beginn der Tests Ende Juni 2016 wurden in Sion bereits 2'500 Personen in den Shuttles transportiert und in Biasca anlässlich des Gotthard-Eröffnungsfestes sogar über 4'000 Personen innerhalb von 2 Tagen befördert. Bis zu einer flächendeckenden Einführung von Smart Shuttles in den Schweizer Städten ist es jedoch noch ein weiter Weg. Wie für das Drohnen- und das Lieferroboter-Projekt gilt es auch hier zu beachten, dass die fortgeschrittene Technologie, die hinter den Smart Shuttles steht, ihre Grenzen hat, die zunächst ausgelotet werden müssen. Zudem ist der Gesetzgeber in der Pflicht, einen rechtlichen Rahmen, den es momentan noch nicht in befriedigender Form gibt, für den Einsatz autonomer Fahrzeuge zu schaffen. Auch die bürokratischen Hürden wie Bewilligungsverfahren sind nicht zu unterschätzen.

Ein zentrales, von der Kundschaft auch immer wieder eingefordertes Element tragfähiger Mobilitätslösungen stellt die Zugänglichkeit möglichst benutzerfreundlicher Fahrplanauskünfte für den öffentlichen Nahverkehr dar. PostAuto hat in einem Pilotversuch geprüft, ob die Fahrplanaushänge an den Haltestellen durch eine elektronische Variante namens DynPaper ersetzt werden könnten. Das DynPaper besteht aus einem E-Ink-Bildschirm und einer Solarzelle zur Stromversorgung. Die Daten werden via DAB+ übermittelt. Mit dem DynPaper würde PostAuto künftig über einen Kommunikationskanal zum wartenden Fahrgast verfügen. Der in der Regel nur jährlich wechselnde Fahrplan könnte dynamischer angepasst werden, etwa bei Großveranstaltungen oder bei ungeplanten Unterbrechungen und Einschränkungen aufgrund von Stau und Fahrzeugausfällen. Das DynPaper würde auch die Benutzerfreundlichkeit von Fahrplänen erhöhen, indem nur die tagesaktuellen Daten angezeigt werden. Die Anwendungsmöglichkeiten der Technologie könnten sogar über die reine Bereitstellung von Fahrplaninformationen hinausgehen: Das DynPaper ist autark von der Stromversorgung. In Katastrophenfällen, die zu großflächigen Stromausfällen führen, könnte es daher als Informationskanal für die Bevölkerung dienen. Es finden derzeit verschiedene Gespräche statt, um diese Möglichkeit zu prüfen.

Zurzeit baut PostAuto eine umfassende Mobilitätsplattform auf, die als digitaler One-Stop-Shop für die Kunden dienen soll. Sie richtet sich sowohl an Privatkunden wie auch an Geschäftskunden. PostAuto plant, mit der Mobilitätsplattform Dienstleistungen entlang einer kompletten Reisekette anzubieten. Dazu gehören klassische Reisefunktionen wie Fahrplan, Buchung, Störungsmeldungen und Alternativrouten. Die Kunden sehen eine Auswahl an verschiedenen Transportmöglichkeiten und entscheiden sich dann für eine. Darüber hinaus kann die Plattform aber auch Informationen über weitere Dienstleistungen wie Paketdienstleistungen, Velo- und Autoverleih, Sehenswürdigkeiten oder Veranstaltungen am Reiseziel anbieten. Durch die Nutzung dieser Plattform werden große Mengen an Daten und Informationen generiert. Das heißt, die Interaktion zwischen Nutzer und Plattform ermöglicht die Bildung von neuem Wissen (d. h. akquirierte Informationen). Wird nun Cognitive Computing – eine neue Ära des Computing – eingesetzt, so wird die Mobilitätsplattform mit kognitiven Modulen ergänzt. Das bedeutet, die Plattform versteht nicht nur die Bedeutung der Informationen, sondern kann sie kognitiv miteinander verbinden (vgl. D'Onofrio und Portmann 2016). Dies wiederum verbessert die Interaktion zwischen Nutzer und Plattform, wodurch die Dienstleistung stetig personalisiert optimiert werden kann.

8.4.3 Integrierte Sharing-Modelle für Unternehmen und Gemeinden

Ein weiteres Segment auf dem Markt der ökologisch und ökonomisch nachhaltigen Mobilität stellt die Entwicklung und Umsetzung von Sharing Mobility-Konzepten dar, in dem sich die Schweizerische Post positionieren will. Die Post-Tochter Mobility Solutions AG ist die größte herstellerunabhängige Flottenmanagerin der Schweiz. Sie betreibt und optimiert die Fuhrparks aller Post-Konzerngesellschaften und weiterer externer Kunden. Im Rahmen von Mobilitätsmodellen zur Verbesserung der ökologischen Nachhaltigkeit bietet sie Sharing-Lösungen für Unternehmen an, die hier ihren Beitrag zum Schutz von Umwelt und Klima leisten wollen. Diese können ihren Mitarbeitern mittels der Online-Plattform Mos Move Centers, das Carsharing, Mitfahrzentrale und öffentlichen Verkehr miteinander kombiniert, multimodale Mobilitätslösungen anbieten. Vor Reiseantritt kann eine Person im MoS Move Center eine bestehende Mitfahrgelegenheit suchen. Findet sie keine, reserviert sie ein Fahrzeug aus dem Fahrzeugpool und gibt die freien Plätze als Mitfahrgelegenheit für andere Mitarbeitende frei. Anschlüsse des öffentlichen Verkehrs werden angezeigt, um die Reise bei Bedarf fortzusetzen. Über mobile Geräte funktioniert die Mitfahrzentrale auch in Echtzeit: Mitfahrgelegenheiten können selbst dann genutzt werden, wenn der Fahrer bereits unterwegs ist. Gemeinsam Reisende bewerten sich nach der Fahrt gegenseitig, sofern sie dies wünschen. Damit verbessern sie die Datengrundlage und machen das System für die anderen Nutzer intelligenter. Es ist zu erwarten, dass sich künftig gerade in urbanen Räumen mit hoher Unternehmensdichte immer mehr Firmen ihre Fahrzeuge teilen werden, um Kosten und Platz zu sparen. Gute Sharing Mobility-Konzepte könnten sich daher nicht nur in finanzieller Hinsicht für Anbieter wie die Schweizerische Post lohnen, sondern auch einen echten Beitrag zu mehr Nachhaltigkeit leisten.

Vergleichbare Modelle entwickelt PostAuto auch für Städte, Gemeinden und große Firmen. Ziel ist es, die Einwohner für eine gewohnheitsmäßige Nutzung des öffentlichen Nahverkehrs beziehungsweise von Sharing-Angeboten zu gewinnen, indem ihnen vor Augen geführt wird, dass es reelle Alternativen zum eigenen Fahrzeug gibt, die ihnen eine individuell gestaltbare Mobilität ermöglichen. Konkret in diese Richtung geht das Mitfahrnetzwerk PubliRide, ein Angebot von PostAuto und dem deutschen Anbieter flinc, das in Baden, Blauen, Lienne-Morges, Vionnaz, im Bucheggberg sowie für das Kantonsspital Baden existiert. Eine App zeigt für gewünschte Verbindungen sowohl ÖV-Angebote wie auch private Mitfahrgelegenheiten an, sofern solche existieren. Regionen, die der öffentliche Verkehr nicht optimal abdeckt, können so ergänzend erschlossen werden. Ein Incentive-Programm aufzubauen, das von PostAuto, Mobility Solutions und PostFinance entwickelt wird und ein nachhaltiges Mobilitätsverhalten finanziell belohnt, ist ein weiterer Ansatz, der das Ziel verfolgt, die Anzahl der Fahrgemeinschaften zu erhöhen, um so die Anzahl der Autofahrer zu senken, die alleine unterwegs sind. Die Erkenntnisse, die aus diesem vorläufig in ländlichen Regionen stattfindenden Projekt entstehen, sollen aber auch auf die Stadt übertragen werden, in der verhältnismäßig viele Menschen schon heute ohne eigenes Verkehrsmittel leben – ein Trend, der mit der Verdichtung der Schweizer Städtelandschaft noch weiter zunehmen dürfte.

Neben den Sharing-Angeboten im Bereich der motorisierten Mobilität bietet die Post auch Bikesharing an. PubliBike bietet in vielen Schweizer Städten ein Netz von Leihfahrrädern und E-Bikes an. Dieses Angebot stellt eine gute Ergänzung zu privaten und öffentlichen Verkehrsmitteln im Kurzstreckenbereich dar, das den Kunden die „letzte Meile" erschließt. Als Element in einem zukünftigen, eng verzahnten modularen Tür-zu-Tür-Angebot durch den ÖV kann dies dazu beitragen, die Attraktivität des ÖVs zu erhöhen und auf diese Weise die Verkehrsbelastung in den Innenstädten nachhaltig zu verringern.

8.5   Schlussfolgerungen

Immer mehr Menschen leben in immer mehr und immer größeren Städten. Dieser unbestreitbar anhaltende, sich stetig beschleunigende Trend hin zur Urbanität wird nicht nur die Menschen, sondern auch das Konzept „Stadt" sowie die Beziehung zwischen Mensch und Stadt tiefgreifend verändern. Dabei wird das System Stadt zur Zeit vorwiegend aus dem Blickwinkel betrachtet, dass es aufgrund des Ineinandergreifens von Urbanisierung und Globalisierung – ein Prozess, dessen Eigendynamiken zunehmend unkontrollierbar erscheinen – vielerorts an seine Grenzen stößt, immense Probleme kreiert oder gar kurz vor dem Kollaps steht. Für diese Sichtweise gibt es sehr gute Gründe, die nicht ignoriert werden können oder sollten. Doch sind einige der fraglos bestehenden Schwierigkeiten vielleicht besser als Herausforderungen zu begreifen, die es so zu meistern gilt, dass Menschen gerne und gut in der Stadt leben. Smart City, also der Ansatz, Informations- und Kommunikationstechnologien zielgerichtet für die nachhaltige soziale und ökologische Gestaltung des urbanen Raumes nutzbar zu machen, kann hierzu in ganz unterschiedlichen Bereichen des städtischen Lebens beitragen.

Besonders deutlich wird dies bei den Themen Mobilität und Logistik. In Westeuropa und darüber hinaus ist die Qualität von Mobilitätsangeboten und der Grad der Effizienz, mit der die zunehmende Überlastung der Verkehrsinfrastrukturen – das sprichwörtliche Verkehrschaos – angegangen wird, für viele Menschen ein wichtiger Gradmesser dafür, ob sie das Leben in einer Stadt als gut oder attraktiv wahrnehmen oder eben nicht. Erwartet wird ein personalisierbares „Jetzt und Überall", das kostengünstig sowie sozial, ökonomisch und ökologisch nachhaltig ist. Moderne Logistik soll den Menschen nicht durch feste Lieferadressen oder fixe Anwesenheitszeiten fesseln, smarte Verkehrsangebote sollen flexibel, effizient und vor allem intelligent kombinierbar sein. Die Schweizerische Post stellt in diesem Zusammenhang ein interessantes und vielseitiges Beispiel dafür dar, wie ein Logistik- und Mobilitätsunternehmen mit der Entwicklung smarter Produkte und Dienstleistungen dazu beitragen kann, das Leben in der Stadt positiver zu gestalten.

Generell zeigt sich hierbei, dass gerade mit Blick auf die Smart City die Entwicklung und Umsetzung komplexer Innovationen kaum mehr allein, sondern nur noch in Kooperationen nachhaltig und erfolgreich geleistet werden kann, in denen sich Interessen, Know-how und Ressourcen der kooperierenden Partner – Unternehmen, Städte und Gemeinden, Forschungseinrichtungen und nicht zuletzt der Bürger – ergänzen. Grundlegend für den Erfolg ist auch der beständige Ausbau bestehender und die Entwicklung neuer Technologien sowie die Anwendung von Cognitive Computing, die ihrerseits wiederum dazu beitragen können, neue Ideen zu generieren. Namentlich trifft dies insbesondere auf die Forschungs- und Produktentwicklungsfelder Robotik und des Io(P)T zu, deren Bedeutung stetig und rasch wachsen. Viele innovative Ideen und Projekte zeigen auf, wie zumindest Verkehr und Logistik in der Stadt der Zukunft aussehen könnten.

Danksagung Die Autoren dieses Kapitels danken den Kollegen bei der Schweizerischen Post, allen voran Benjamin Blaser, Sarah Camenisch, Simon Oswald und Urs Bloch, sowie den Kolleginnen am Institut für Wirtschaftsinformatik der Universität Bern, Astrid Habenstein, Michelle Ballmer, Sara D'Onofrio und Simone Franzelli für ihre wertvollen Inputs. Ohne sie hätte dieses Kapitel in dieser Form nicht geschrieben werden können. Besten Dank!

Literatur

Anthopoulos L, Fitsilis P (2010) From digital to ubiquitous cities: defining common architecture for urban development. In: 6th international conference on intelligent environments 2010, Kuala Lumpur, S 301–306

Atzori L, Iera A, Morabito G (2010) The internet of things: a survey. Comput Netw 54(15):2787–2805

Caragliu A, Del Bo C, Nijkamp P (2009) Smart cities in Europe. In: 3rd central European conference in regional science, Kosice, S 65–82

Chourabi H, Gil-Garcia RJ, Pardo TA, Nam T, Mellouli S, Scholl HJ, Walker S, Nahon K (2012) Understanding smart cities: an integrative framework. In: 45th Hawaii international conference on system sciences, Manoa, S 2289–2297

D'Onofrio S, Portmann E (2016) Cognitive computing in smart cities. Informatik Spektrum 6/2016. Springer, Berlin & Heidelberg

Manville C, Cochrane G, Cave J, Millard J, Pederson JK, Thaarup RK, Liebe A, Wissner M, Massink R, Kotterink B (2014) Mapping smart cities in the EU. European Parliament, Brussels

McAfee A, Brynjolfsson E (2012) Big data: the management revolution. Harv Bus Rev 90:60–66

Nam T, Pardo TA (2011a) Conceptualizing smart city with dimensions of technology, people, and institutions. In: Proceedings of the 12th annual international digital government research conference: digital government innovation in Challenging Times 2011, New York, S 282–291

Nam T, Pardo TA (2011b) Smart city as urban innovation: focusing on Management, policy, and context. In: Proceedings of the 5th international conference on theory and practice of electronic governance, Tallinn, S 185–194

Pletscher C (2016) Die Post bringt ihr Kerngeschäft in die digitale Welt. eGov Präsenz 1/16. https://www.wirtschaft.bfh.ch/fileadmin/wgs_upload/wirtschaft_und_verwaltung/6_forschung/eGov-Praesenz/eGov_01_2016defini.pdf. Zugegriffen am 10.07.2016

Portmann E, Finger M (2015) Smart Cities – Ein Überblick! HMD – Praxis der Wirtschaftsinformatik 52(4):470–481

Portmann E, Metzger S (2016) PostGrid: Das smarte Netzwerk der Schweizerischen Post für eine intelligentere Stadt. Informatik Spektrum 6/2016. Springer, Berlin & Heidelberg

Portmann E, Regli S (2015) Smart-Logistics für Everywhere-Commerce: Wie die Post smarter logistische Dienstleistungen bereitstellen will. In Paradigmenwechsel in der Logistik und im SCM. Verein Netzwerk Logistik, Zürich

UVEK. Eidgenössisches Department für Umwelt, Verkehr, Energie und Kommunikation (2016) Strategische Ziele des Bundesrates für die Schweizerische Post AG 2013–2016. https://www.uvek.admin.ch/uvek/de/home/uvek/bundesnahe-betriebe/post/strategische-ziele.html#331033931. Zugegriffen am 04.07.2016

Selbstbestimmtes Leben trotz Demenz

9

Cornelia Schneider, Siegfried Reich,
Manfred Feichtenschlager, Viktoria Willner
und Stefan Henneberger

Zusammenfassung

Durch den sich in vielen europäischen Ländern abzeichnenden demografischen Wandel steigt der Anteil jener Menschen in der Bevölkerung, die an altersassoziierten Krankheiten leiden. Dies führt zwangsläufig zu einem erhöhten Bedarf an Assistenz und Betreuung. Gleichzeitig wollen ältere Menschen trotz Erkrankungen möglichst lange selbstbestimmt im eigenen (Wohn-)Umfeld leben und am sozialen Leben (Austausch mit Mitmenschen, Inanspruchnahme von Hilfestellungen usw.) ihrer Heimatgemeinde/-stadt teilnehmen.

In den letzten Jahren wurden nicht zuletzt im Kontext von „Smart Homes, Smart Services und Smart Cities" eine Vielzahl von Technologien und Services für ältere und/oder pflegebedürftige Menschen entwickelt, die den konkreten Einsatz und Nutzen für alle Beteiligte (ältere Menschen, informelle und formelle Pflege) zeigen.

In diesem Beitrag stellen wir Erfolgsfaktoren eines mobilitätssichernden Assistenzsystems für Demenzkranke dar. Dabei werden Erfahrungen in der Einbindung von EndanwenderInnen in den gesamten Prozess der Entwicklung und des nachhaltigen Betriebs, sowie über die daraus resultierenden

Unveränderter Original-Beitrag Schneider et al. (2015) Selbstbestimmtes Leben trotz Demenz, HMD – Praxis der Wirtschaftsinformatik Heft 304, 52(4):572–584.

C. Schneider (✉) • S. Reich • V. Willner • S. Henneberger
Salzburg Research Forschungsgesellschaft mbH, Salzburg, Österreich
E-Mail: cornelia.schneider@salzburgresearch.at; cornelia.schneider@salzburgresearch.at;
cornelia.schneider@salzburgresearch.at; cornelia.schneider@salzburgresearch.at

M. Feichtenschlager
Hilfswerk Salzburg, Salzburg, Österreich
E-Mail: cornelia.schneider@salzburgresearch.at

© Springer Fachmedien Wiesbaden GmbH 2016
A. Meier, E. Portmann (Hrsg.), *Smart City*, Edition HMD,
DOI 10.1007/978-3-658-15617-6_9

Technologieanforderungen berichtet. Die Schlussfolgerung lautet, dass oft einfache und flexible, das heißt dem jeweiligen Anwendungskontext angepasste Lösungen in Verbindung mit partizipativen Prozessen große Perspektiven ermöglichen. Der Erfolg des Einsatzes einer Technologie ist daher weniger eine Frage der Technologie selbst, sondern vielmehr eine Frage ihrer kontextualisierten Einbettung ins Umfeld. Des Weiteren muss sichergestellt werden, dass diese Technologien bei Bedarf in größere Ambient bzw. Active and Assisted Living-Lösungen, wie man sie in Smart Cities entwickelt, integriert werden können.

Schlüsselwörter
Ambient Assisted Living • Active and Assisted Living • Assistenzsystem • Assistenzservice • Smart City

9.1   Smart Services für eine alternde Gesellschaft

Sinkende Geburtenzahlen und steigende Lebenserwartung prägen die demografische Entwicklung in vielen Ländern Europas. Eine Folge dieser Entwicklung ist eine steigende Prävalenz bei altersassoziierten Krankheiten wie Diabetes Typ 2 oder Demenz und damit einhergehend ein steigender Bedarf an Pflege- und Betreuungsdienstleistungen. Parallel dazu ist mit einer Abnahme des familiären als auch professionellen Pflege- und Betreuungspotenzials zu rechnen. Vor allem im familiären Bereich wirken sich steigende Frauenerwerbsquoten, ein wachsender Anteil von Alleinlebenden sowie die Abwanderung von Jungen in strukturschwachen Regionen negativ auf das Pflege- und Betreuungspotenzial und in weiterer Folge auf die soziale Einbindung Älterer aus. Indes müssen Pflegeorganisationen in den nächsten Jahren ebenfalls aufgrund der demografischen Entwicklung mit Nachwuchsschwierigkeiten rechnen. Die Gesundheitssysteme in vielen europäischen Ländern sehen sich daher mit neuen Herausforderungen konfrontiert (Giannakouris 2008; Raos 2006).

Vor diesen Hintergründen wurde in den letzten Jahren eine Vielzahl von Technologien und Services für ältere und/oder pflegebedürftige Menschen entwickelt. Diese sogenannten Ambient bzw. Active and Assisted Living (kurz AAL)-Technologien zielen darauf ab, die NutzerInnen in ihren alltäglichen Handlungen bestmöglich und nahezu unmerklich zu unterstützen, um ihnen ein selbstbestimmtes Leben im Alter zu ermöglichen (Sahin et al. 2008). AAL unterstützt daher sowohl zu Hause als auch unterwegs durch unterschiedliche Smart Home- und Smart Service-Komponenten und trägt dadurch zu mehr Lebensqualität, Unabhängigkeit, Sicherheit und Mobilität bei (Van Den Broek et al. 2010).

9.2   Vom Notrufknopf zum persönlichen Helfer

Ein selbstbestimmtes Leben zu Hause in den eigenen vier Wänden wird wesentlich von der Möglichkeit, aktiv und mobil sein zu können, beeinflusst (Mollenkopf et al. 2005; Gabriel und Bowling 2004). Zur Unterstützung der individuellen Mobilität von älteren Menschen werden künftig sogenannte mobilitätssichernde Assistenzsysteme an Bedeutung gewinnen (Van Den Broek et al. 2010). Im Unterschied zu elektronischen Notrufsystemen, wie beispielsweise der Rufhilfe,[1] beschränken sich mobilitätssichernde Assistenzsysteme nicht auf die Alarmierung durch aktives Betätigen des Alarmknopfes im Notfall, sondern bieten darüber hinaus weitere Funktionen wie beispielsweise automatische Lokalisierung, Möglichkeit zur Definition von Bewegungs- bzw. Restriktionszonen, automatische Alarmierung im Notfall über Alarmierungsketten bzw. Möglichkeit des Aufbaus einer bidirektionalen Sprachverbindung. Erste am Markt verfügbare mobilitätssichernde Assistenzsysteme weisen jedoch noch deutliche Defizite auf. So ist zwar das Angebot an einfachen elektronischen Notrufsystemen, die lediglich über einen Alarmknopf zur aktiven Alarmierung verfügen bzw. Systemen, die zusätzlich eine Lokalisierungs- und/oder Telefonfunktion anbieten, vorhanden, ihr Funktionsumfang ist jedoch meist auf die genannten Funktionen beschränkt, nicht erweiterbar und lässt sich auch nicht auf die individuellen Bedürfnisse von Menschen mit Demenz anpassen: Das Kollektive (also der Vernetzungsaspekt) von Smart Cities ist somit gegeben, jedoch wird die kognitive (= intelligente) Komponente weitgehend außer Acht gelassen (Portman und Finger 2015). Generell muss auch festgehalten werden, dass bei diesen Systemen meist nicht die Bedürfnisse der tatsächlichen EndbenutzerInnen (Menschen mit Demenz), sondern jene der Angehörigen im Vordergrund stehen. Anstatt Bewegungszonen auf die täglichen Bewegungsmuster/-gewohnheiten von EndbenutzerInnen abzustimmen, werden diese von Angehörigen oder Pflegekräften willkürlich festgelegt. Dies führt in vielen Fällen zu häufigen Fehlalarmen, da das System jedes Mal, wenn sich eine Person außerhalb dieser Zone aufhält, Alarm auslöst – im Ernstfall wird dann oft nicht mehr reagiert. Auch die Telefonfunktion, die einige dieser Systeme aufweisen, wird meist nur im Notfall genutzt, sodass diese wenig zu einem Austausch mit Angehörigen oder Freunden beiträgt.

Die skizzierten Fragestellungen wurden im europäischen Projekt „Confidence"[2] explizit adressiert und generell daher ein partizipativer Ansatz (Human-centred design[3]) verfolgt. Durch die Einbindung von EnbenutzerInnen in alle Projektphasen wurden Services umgesetzt, die den Bedürfnissen der Zielgruppe entsprechen bzw. individuell auf diese abgestimmt werden können.

9.3 Confidence

Ziel von Confidence ist die Entwicklung von Services, die assistive Technologien und persönliche Hilfe kombinieren, um die bestmögliche Unterstützung von Menschen mit leichter bis mittlerer Demenz sicherzustellen. Vor allem die Komponente „persönliche Hilfe" spielt im Fall von Demenz eine große Rolle, da die Betroffenen durch die Krankheit im Alltag häufig verunsichert sind und dadurch zunehmend ihre Mobilität und Selbstständigkeit verlieren. Besonders in der Anfangsphase der

---

[1] z. B. www.rufhilfe.at – andere Begriffe sind „Hausnotruf" oder „Seniorenalarm".

[2] http://www.confidence4you.eu.

[3] http://www.iso.org/iso/home/store/catalogue_ics/catalogue_detail_ics.htm?csnumber=52075.

Erkrankung können Informationstechnologien, wie beispielsweise ein mobilitätssi-
cherndes Assistenzsystem, Unterstützung und Hilfestellung bieten, wenn dies von
Personen im engeren Umfeld vermittelt wird. Neben der technischen Entwicklung
werden in Confidence neue Servicemodelle, die als persönliche Helfer nicht nur
Angehörige und MitarbeiterInnen der mobilen Hauskrankenpflege vorsehen, sondern auch verstärkt Freiwillige miteinbeziehen, erprobt. Zum einen soll damit
einem drohenden Pflegekräftemangel entgegengewirkt werden und zum anderen
soll der Eintritt des Systems in Märkte, in denen professionelle Pflege zu Hause
nicht in einem so hohen Ausmaß wie in Mitteleuropa vorzufinden ist, erleichtert
werden.

9.3.1 Das Endgerät

Eine Akzeptanzstudie mit 33 Befragten hat gezeigt, dass die Mehrheit (62 %) ein
Assistenzsystem in Form einer Uhr bzw. eines Medaillons (29 %) bevorzugen würden (Schneider und Häusler 2011). Erfahrungen (Schneider et al. 2013) zeigen
jedoch, dass diese Lösungen hinsichtlich Tragekomfort und Funktionsumfang noch
nicht für die Umsetzung eines komplexen mobilitätssichernden Assistenzsystems
geeignet sind. Des Weiteren wurden sie aufgrund ihrer Größe und ihres Designs von
den TesterInnen als stigmatisierend empfunden. Smartphones hingegen haben sich
aufgrund ihrer weiten Verbreitung und ihrer „Alltäglichkeit" bewährt. Nichtsdestotrotz kam von den TesterInnen die Rückmeldung, dass, falls es künftig anspre-
chende, nicht stigmatisierende Uhrensysteme wie etwa Smartwatches geben sollte,
sie diese bevorzugen würden. Aufgrund der gesammelten Erfahrungen und den zu
Projektstart wenig geeigneten Wearables am Markt wurde das Confidence Softwaresystem speziell für Smartphones entwickelt.

9.3.2 EndbenutzerInneneinbindung

In Anlehnung an den Human-centred Design-Ansatz und dem darauf aufbauenden
Framework von Robinet, Picking & Grout (Robinet et al. 2008) wurden die Endbe-
nutzerInnen in alle Projektphasen eingebunden (vgl. Abb. 9.1). In einem ersten
Schritt wurden die Anforderungen und das Systemdesign gemeinsam mit den End-
benutzerInnen (Menschen mit leichter bis mittlerer Demenz, formelle und infor-
melle Pflegende) erarbeitet. Um eine möglichst hohe Gebrauchstauglichkeit der
Lösung zu erreichen, wurden während der ersten Entwicklungsphase zwei Usability-
Tests mit ausgewählten EndnutzerInnen durchgeführt. Nach Abschluss der ersten
Entwicklungsphase fand ein sechswöchiger Feldtest mit je 50 EndnutzerInnen in
Österreich und Rumänien sowie 25 EndnutzerInnen in der Schweiz statt. Rückmel-
dungen und Anregungen zu Systemverbesserungen wurden gesammelt und in einer
weiteren Iteration eingearbeitet. Abschließend wurde das System in einem weiteren
sechswöchigen Feldtest erneut von EndnutzerInnen erprobt (Ergebnisse der Feldtests siehe Abschn. 3.5).

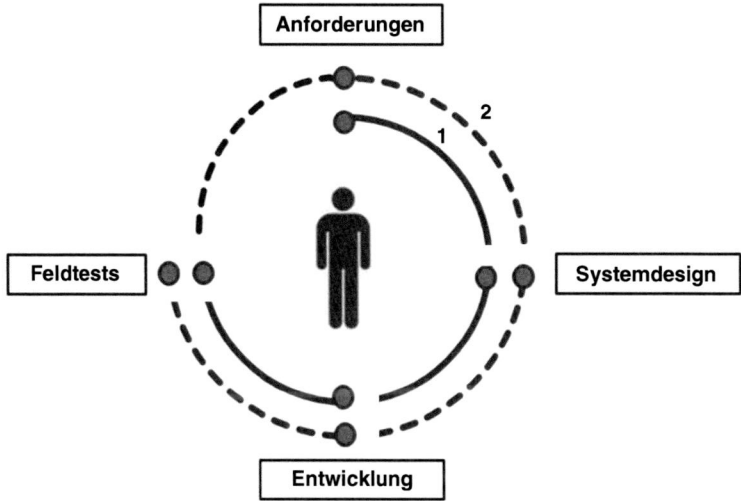

Abb. 9.1 Entwicklung der Lösung in zwei Iterationen

9.3.3 Ethische und rechtliche Fragestellungen

Das Projekt wurde in Österreich, der Schweiz und Rumänien der jeweils zuständigen Ethikkommission vorgelegt. In Österreich erfolgte des Weiteren eine Meldung beim Datenverarbeitungsregister. Alle TeilnehmerInnen wurden vor den Feldtests von einer/einem MitarbeiterIn der mobilen Hauskrankenpflege über das System aufgeklärt und konnten nur nach Unterzeichnung eines sogenannten „Informed Consent" (= „informierte Zustimmung" gemäß Helsinki-Deklaration) teilnehmen.

9.3.4 Formen der Hilfestellung

Basierend auf den Ergebnissen der Anforderungsanalyse wurden in Confidence unterschiedliche Formen der Hilfestellung umgesetzt, welche angepasst an die jeweiligen Bedürfnisse der EndbenutzerInnen in Anspruch genommen werden können. Folgende Services stehen zur Verfügung (vgl. Abb. 9.2):

- *Assistance (Anruf)*: Benötigen NutzerInnen Hilfe bei der Bewältigung von täglichen Herausforderungen, können sie über Sprach- oder Videotelefonie Kontakt mit Angehörigen/Pflegepersonen aufnehmen.
- *Emergency (SOS)*: Bei einem Notfall wird von den NutzerInnen der SOS-Knopf gedrückt. Im Hintergrund wird die Alarmierungskette angestoßen und eine verfügbare Pflegeperson verständigt.
- *Daily schedule/reminder (Kalender)*: Dieses Service stellt Informationen über Aufgaben und Termine bereit. Erinnerungen an Aufgaben und Termine werden automatisch angezeigt und zu einer vordefinierten Zeit laut vorgelesen.

Abb. 9.2 Confidence
System am mobilen
Endgerät

- *Navigation (Karte)*: Benötigt der/die NutzerIn Hilfe auf dem Nachhauseweg, kann er/sie den Karten-Knopf drücken und wird nach Hause navigiert.
- *Environmental service (Wetter)*: Aktuelle Wetterinformationen und entsprechende Bekleidungstipps werden dem/der NutzerIn über diesen Service zur Verfügung gestellt.

Diese Services adressieren Grundbedürfnisse von Demenzkranken (Erinnerungsvermögen, Unabhängigkeit, zeitliche und räumliche Orientierung, Aktivität und Wohlbefinden), die nach Bjorneby (Bjorneby 2010) mit Hilfe von Informationstechnologien unterstützt werden sollten. Neben den unterschiedlichen Formen der Hilfestellung sind gerade bei Demenzkranken sogenannte „Hintergrundservices", die nahezu unmerklich assistieren und Kontroll- und Steuerungsleistungen übernehmen – also als „smart" bezeichnet werden können – interessant. Sie erlauben es, Risikosituationen frühzeitig zu erkennen bzw. Fehlalarme zu vermeiden.

Die in Confidence umgesetzten *Hintergrundservices* basieren auf der Idee selbstlernender Systeme, die auf Grund unterschiedlichster Sensordaten Entscheidungen treffen. Hierzu extrahieren die Services komplexes Wissen über die SensorträgerInnen, was wiederum einen ersten Schritt in Richtung der Ideen des Cognitive Computings darstellt.

Sturzerkennung Die Sturzerkennung in Confidence erfolgt zweistufig am mobilen Endgerät. In einem ersten Schritt werden mit Hilfe eines schwellwertbasierten Verfahrens die Beschleunigungssensordaten nach bestimmten Signaleigenschaften, die einen Sturz kennzeichnen, gescannt (Sposaro und Tyson 2009; Steidl et al. 2012). Wird ein Sturz erkannt, werden die Daten in einem nächsten Schritt mit Hilfe eines Mustererkennungsverfahrens, basierend auf der Richtungsänderung der

Zwangskräfte, weiter analysiert (Steidl et al. 2012). Erst wenn auch dieses Verfahren die vom Beschleunigungssensor übermittelten Werte als Sturz klassifiziert, wird ein Alarm ausgelöst. Durch die Kombination dieser Verfahren sollen die Sturzerkennung verbessert und Fehlalarme reduziert werden.

Schwellwertbasiertes Verfahren Es wird davon ausgegangen, dass sich ein Sturz wie folgt charakterisieren lässt (vgl. Abb. 9.3):

- Freier Fall – Beschleunigungswerte fallen unter einen bestimmten Schwellwert (a_{min})
- Beschleunigungsspitze (a_{max}) – ausgelöst durch die Zwangskraft, die der Boden beim Aufprall auf den Körper ausübt
- Schwingung nach dem Aufprall – bedingt durch die Elastizität des Körpers
- Ruhephase
- Positionsänderung ($\Delta\alpha$) – es wird angenommen, dass ein Sturz in eher aufrechter Position beginnt und in senkrechter Position endet (vgl. auch Abb. 9.4)

Am Smartphone wurden Beschleunigungssensordaten mit einer Abtastrate von 16 Hz aufgezeichnet. Dem Nyquist-Shannon-Abtasttheorem folgend ergibt dies eine Maximalfrequenz von 8 Hz. Basierend auf im Vorfeld aufgezeichneten und analysierten Testdaten (108 Stürze und 56 Nicht-Stürze) ist ein typischer Sturz bandbegrenzt bei 5 Hz. Es muss festgehalten werden, dass Abtastraten am Smartphone nicht konstant sind. Es ist mit Abweichungen von 0,5 bis 1 Hz zu rechnen.

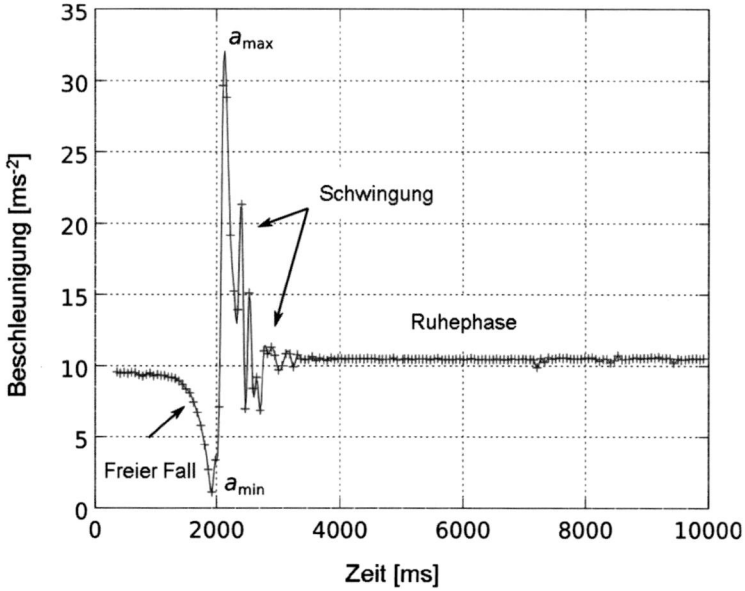

Abb. 9.3 Beschleunigung während eines Sturzes (Quelle: Steidl et al. 2012)

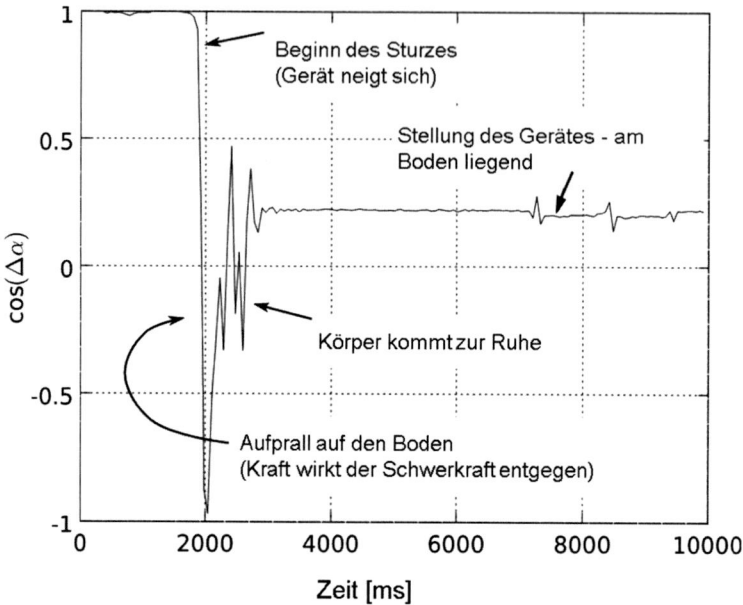

Abb. 9.4 Richtungsänderung der Zwangskräfte während eines Sturzes. (Quelle: Steidl et al. 2012)

Des Weiteren hat die Analyse der mit zwei unterschiedlichen Smartphones (Samsung Galaxy S, LG Optimus P990) aufgezeichneten Testdaten gezeigt, dass unterschiedliche Beschleunigungssensoren unterschiedliche Werte liefern. Tests mit anderen Geräten (Galaxy Xcover 2 und Google Nexus 5) haben das ebenfalls bestätigt. Um vergleichbare Ergebnisse zu erzielen, müssten daher für unterschiedliche Smartphones unterschiedliche Schwellwerte definiert werden. Aufgrund der Gerätevielfalt am Markt wäre dies nicht zielführend. Es wurde daher beschlossen, mit generalisierten (gröberen) Schwellwerten zu arbeiten und ein zusätzliches von absoluten Beschleunigungswerten unabhängiges Verfahren nachzuschalten. Als initiale Schwellwerte wurden folgende Werte festgelegt:

- $a_{min} \leq 7.5$ m/s² während des freien Falls
- $a_{max} \geq 13.5$ m/s² beim Aufprall auf den Boden
- $\Delta\alpha \geq 72°$ Winkeländerung (Richtung vor und nach dem Sturz)

Verfahren basierend auf der Richtungsänderung der Zwangskräfte Auch dieses Verfahren geht davon aus, dass ein Sturz einem bestimmten Muster folgt. Im Gegensatz zum schwellwertbasierten Verfahren werden bei diesem Verfahren die eigentlichen Sensorwerte außer Acht gelassen, lediglich die Richtungen, in die die Kräfte im Falle eines Sturzes wirken, werden berücksichtigt. Die Berechnung der Richtungsänderung der Zwangskräfte erfolgt mit Hilfe des Skalarprodukts der (normierten) Richtungsvektoren von Schwer- und Zwangskraft (= Kosinus des eingeschlossenen Winkels). Anschließend erfolgt eine Zerlegung der Serie in ihre

Wavelet-Komponenten und eine weitere Verarbeitung mit Hilfe der Theorie der Support Vector Machine (SVM_{light}). Die Support Vector Machine wurde mit Testdaten des LG Optimus P990 trainiert und mit Testdaten des Samsung Galaxy S getestet.

Intelligente Bewegungszonen Wie bereits in Abschn. 9.2 beschrieben, führen bei vielen GPS-basierten Assistenzsystemen fix festgelegte Bewegungszonen zu Fehlalarmen und in weiterer Folge zur Nicht-Nutzung des Systems. Confidence bietet hier zwei Ansätze. Zum einen werden manuell (z. B. durch Betreuungspersonen) festgelegte Bewegungszonen automatisch den realen Bewegungsmustern einer Person angepasst (automatische Zonenerweiterung). Zum anderen können Bewegungszonen automatisch auf Basis von täglichen Bewegungsmustern erstellt werden (automatische Generierung einer Bewegungszone). Beide Verfahren bedingen eine gewisse Lernfähigkeit des Systems. Zudem liegt ihnen eine Regelbasis zu Grunde, die sicherstellt, dass nicht sofort nach einem Zonenübertritt oder einer fehlerhaften GPS-Messung ein Alarm ausgelöst wird. Ein Alarm wird beispielsweise erst nach einer bestimmten Zeit außerhalb der Zone (zeitlicher Rahmen – z. B. 15 Minuten) sowie einer gewissen Anzahl von GPS-Punkten außerhalb der Zone (z. B. 180 GPS-Punkten) ausgelöst. Bewegt sich eine Person wieder in Richtung der Zone bzw. betritt diese wieder innerhalb des festgelegten Zeitfensters, wird kein Alarm ausgelöst. Verlässt eine Person eine Bewegungszone und hält sich dort länger als 15 Minuten bzw. 180 GPS-Punkte auf, so wird ein Alarm ausgelöst. Wird dieser Ort jedoch künftig öfter besucht, so wird die Zone erweitert und es kommt in weiterer Folge zu keinen Alarmen mehr. Die nachfolgend detaillierter beschriebenen Mechanismen können Fehlalarme nicht gänzlich vermeiden, sie tragen jedoch dazu bei, diese einzudämmen. Da es im Leben immer wieder Situationen gibt, die auch von Menschen nicht eindeutig klassifiziert werden können, wird es auch künftig nicht möglich sein, Fehlalarme gänzlich zu vermeiden. Durch lernfähige Systeme ist man jedoch in der Lage, diese bestmöglich in den Griff zu bekommen.

Automatische Zonenerweiterung GPS-Trajektorien einer Person, die innerhalb eines bestimmten Zeitraumes (z. B. 2 Wochen) eine Zonengrenze überschreiten, werden vom System kontinuierlich ausgewertet. In einem ersten Schritt wird ermittelt, an welcher Stelle die Person eine Zone häufig verlässt. Hierfür werden die Schnittpunkte der Trajektorien mit der Zonengrenze bestimmt und an dieser Stelle versucht, mittels DBSCAN (Density-Based Spatial Clustering of Applications with Noise) (Kisilevich et al. 2010) mit einer Nachbarschaftslänge von 15 Metern und einer Mindestpunktanzahl von 15 GPS-Punkten Cluster zu bilden. Trajektorien, welche Teil eines Clusters sind, werden zur weiteren Verarbeitung aufbereitet, indem alle GPS-Punkte, welche innerhalb der Zone liegen, entfernt werden. In einem nächsten Schritt werden die verbleibenden Teile der Trajektorien mittels des DBSCAN-Verfahrens und unter Zuhilfenahme der Hausdorff-Metrik (Ähnlichkeitsmaß für Geometrien) als Nachbarschaftslänge geclustert (Braga Bezerra et al. 2012). Abschließend werden die als ähnlich erkannten Geometrien mit der bestehenden Bewegungszone zusammengeführt (vgl. Abb. 9.5). Um die Bewegungszone auf die täglichen Bewegungsmuster einer Person anzupassen, wird diese zwei Mal

Abb. 9.5 Automatische
Zonenerweiterung (blauer
Rand) nach mehrmaligen
Übertritten (grüner Rand)

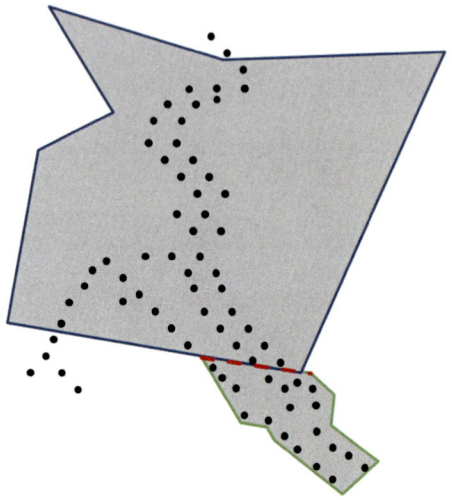

pro Stunde neu berechnet. Gefährliche Bereiche (Restriktionszonen), die von einer Person nicht betreten werden dürfen, sind von dieser Erweiterung ausgenommen.

Automatische Generierung einer Bewegungszone Nachdem das System die Bewegungsdaten einer Person über einen bestimmten Zeitraum (z. B. zwei Wochen) erfasst hat, wird der Prozess der automatischen Generierung einer/mehrerer Bewegungszonen gestartet. Mit Hilfe des DBSCAN-Verfahrens werden mit einer Nachbarschaftslänge von 20 Metern und einer Mindestpunktanzahl von 400 GPS-Punkten Cluster gebildet (vgl. Abb. 9.6). Die einzelnen Cluster werden mit einer konvexen Hülle versehen. Abschließend wird rund um die konvexe Hülle noch ein Sicherheitspuffer gelegt. Die so gewonnene Clustergeometrie dient in weiterer Folge als Bewegungszone. Um die Zone(n) auf die täglichen Bewegungsmuster anzupassen, werden diese regelmäßig neu berechnet.

9.3.5 Feldtests

Im Anschluss an die beiden Entwicklungsphasen wurde jeweils ein sechswöchiger Feldtest in Österreich, der Schweiz und Rumänien durchgeführt. In Hinblick auf die weitere Systementwicklung wurden in jedem Feldtest Schwerpunkte gesetzt. Während der erste Feldtest vor allem auf Usability und Systemakzeptanz abzielte, standen im zweiten Feldtest die Effekte des Systems auf das tägliche Leben der EndnutzerInnen (z. B. Unterstützung im Alltag, Mobilität, Sicherheit, Autonomie) bzw. die Einbeziehung von Freiwilligen im Vordergrund.

Basierend auf den Ergebnissen des ersten Feldtests wurde vor allem die Assistance (Call)-Funktion verbessert. Um die Benutzerfreundlichkeit zu steigern, wurde hierzu eine neue Oberfläche für die Sprach- und Videotelefonie entworfen und umgesetzt sowie die Qualität der Videofunktion verbessert. Zudem wurden

Abb. 9.6 Automatische
Generierung einer
Bewegungszone (brauner
Rand)

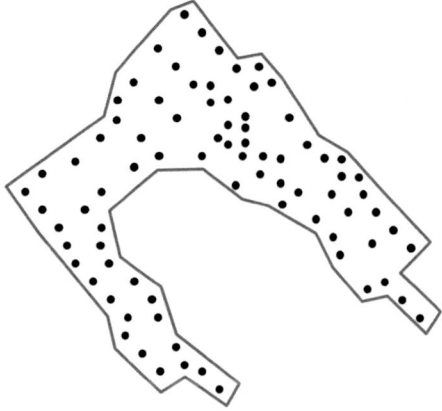

Verbesserungen an der Sprachwiedergabe der Daily Schedule/Reminder (Calendar)-Funktion vorgenommen. Auch das Web-Portal, welches die mobile Hauskrankenpflege für die Systemkonfiguration nutzt, wurde basierend auf dem NutzerInnen-Feedback adaptiert.

Erste Ergebnisse des zweiten sechswöchigen Feldtests, basierend auf der Auswertung der zwei österreichischen Testregionen (städtischer Raum n = 19 und ländlicher Raum n = 22) zeigen, dass sich vor allem das Sicherheitsgefühl sowie das Gefühl der sozialen Einbindung (durch Sprach- und Videotelefonie) bei den Testpersonen verbessert haben (vgl. Abb. 9.7).[4] 37 % gaben an, dass sich ihr Sicherheitsgefühl durch das System erhöht hat, bei 59 % blieb es unverändert und zwei Prozent fühlten sich unsicherer. Bei 37 % der Testpersonen führte das System zu vermehrter Kommunikation, 63 % haben keine Veränderung in ihrem Kommunikationsverhalten festgestellt. Immerhin sieben Prozent der TeilnehmerInnen gaben an, durch das System mehr unterwegs zu sein, drei Prozent waren weniger unterwegs und bei 90 % hat sich das Mobilitätsverhalten nicht verändert. Des Weiteren fanden sich 12 % der TeilnehmerInnen außer Haus mit dem System besser zurecht, bei 81 % blieb die Orientierung unverändert und zwei Prozent gaben an, dass sich diese verschlechterte. Bei 27 % der Testpersonen führte das System dazu, dass sie gefühlt weniger vergaßen, 73 % konnten keine Auswirkungen feststellen.

9.4 Künftige Herausforderungen

Generell kann festgehalten werden, dass Confidence von den einzelnen BenutzerInnengruppen angenommen wird und der Mehrwert in den Feldtests trotz einiger technischer Schwierigkeiten klar bestätigt werden konnte. Schwierigkeiten gab es unter anderem bei der Sturzerkennung, welche vor allem während des ersten

---

[4]Die Ergebnisse beruhen auf strukturierten schriftlichen Befragungen vor Testbeginn und nach Testende.

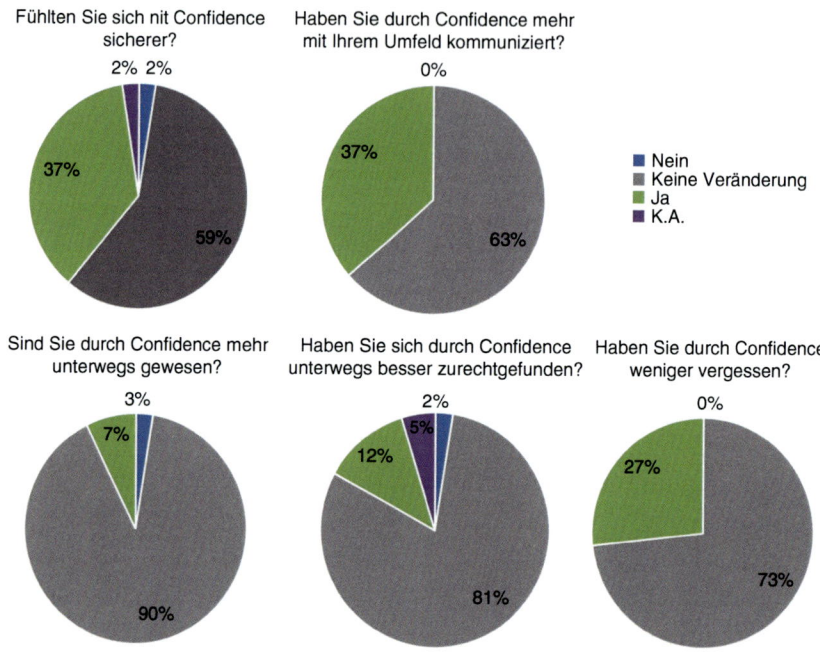

Abb. 9.7 Effekte von Confidence (n = 41)

Feldtests auf schlechte bzw. eine zu geringe Anzahl an Trainingsdatensätzen für die Support Vector Machine zurückzuführen waren. Aus diesem Grund wurde die Support Vector Machine für den zweiten Feldtest zusätzlich mit Nicht-Stürzen, die im ersten Feldtest als Stürze klassifiziert wurden, trainiert, dies trug zu einer Verbesserung bei. Aufgrund der Tatsache, dass es während des gesamten Testzeitraums nur einen wirklichen Sturz gab, welcher vom System auch als Sturz erkannt wurde, können keine validen Aussagen über die Zuverlässigkeit des zweistufigen Verfahrens im Echtbetrieb getroffen werden. Des Weiteren kam es immer wieder zu Problemen aufgrund von schlechter Mobilfunkabdeckung in ländlichen Gebieten (zu geringe Bandbreite bzw. gar kein Mobilfunkempfang). Der Ansatz der intelligenten Bewegungszonen hat sich bewährt und gezeigt, dass ein weiterer Ausbau der Bewegungsdatenanalyse (z. B. Berücksichtigung von unterschiedlichen Wochentagen, Tages- oder Jahreszeiten) zu noch besseren Ergebnissen hinsichtlich der Vermeidung von Fehlalarmen führen würde.

Diese Beispiele zeigen, dass der Erfolg von AAL-Lösungen unter anderem von der Intelligenz des Systems im Umgang mit Fehlern abhängt. Die Ergebnisse des ersten Feldtests haben zudem gezeigt, dass Personen im Stadium leichter bis mittlerer Demenz mit dem System nur mehr schwer bis gar nicht umgehen können. Aus diesem Grund wurde der zweite Feldtest mit Personen mit beginnender Demenz bzw. leichten kognitiven Einschränkungen durchgeführt. Obwohl sich die Rekrutierung von Freiwilligen für die zweite Feldtestphase schwierig gestaltete, waren diese eine Bereicherung für das Projekt und haben sicherlich dazu beigetragen, dass die EndbenutzerInnen ein stärkeres Gefühl der sozialen Einbindung hatten. Es hat sich auch gezeigt, dass vor allem die MitarbeiterInnen der mobilen Hauskrankenpflege, die den NutzerInnen das System näher bringen, einen wesentlichen Anteil am Gelingen oder Nichtgelingen des Feldtests haben. Der Erfolg des Systems war daher weniger eine Frage der Technologie selbst, sondern vielmehr eine Frage ihrer Einbettung ins Umfeld.

Hinsichtlich Design und technischer Ausstattung sind in den vergangenen Monaten einige vielversprechende Modelle von Smartwatches auf den Markt gekommen. Folglich ist die Umsetzung von Confidence Services auf Smartwatches geplant. Weiterhin werden Teile des Projektes, wie das Aufzeichnen von Bewegungsdaten, die Erinnerungs- oder Assistenzfunktion, in einem größeren Pilottest in Kombination mit anderen AAL-Lösungen eingesetzt und weitergenutzt.

Danksagung Dieser Beitrag ist im Rahmen des Projektes „Confidence – Mobility Safeguarding Assistance Service with Community Functionality for People with Dementia" entstanden. Das Projekt wird mit Mitteln des Ambient Assisted Living Joint-Programme gefördert. Spezieller Dank geht an alle Projektpartner, die zum Gelingen des Projektes beigetragen haben.

Literatur

Bjorneby S (2010) Encouraging user involvement of older people in technology: end-user groups and how to involve them. In: Geyer G, Goebl R, Zimmermann K (Hrsg) Proceedings of the AAL Forum 09 Vienna. Österreichische Computer Gesellschaft, S 74–75

Braga Bezerra R et al (2012) Clustering user trajectories to find patterns for social interaction applications. In: Di Martino S, Peron A, Tezuka T (Hrsg) Web and wireless geographical information systems. Springer, Berlin/Heidelberg, S 82–97

Van Den Broek G, Cavallo F, Wehrmann C (2010) AALIANCE ambient assisted living roadmap. ISO Press, Amsterdam

Gabriel Z, Bowling A (2004) Quality of life from the perspectives of older people. Ageing Soc 24(5):675–691. http://www.journals.cambridge.org/abstract_S0144686X03001582. Zugegriffen am 23.01.2014

Giannakouris K (2008) Ageing characterises the demographic perspectives of the European societies. eurostat, Luxembourg

Kisilevich S et al (2010) Spatio-temporal clustering. In: Maimon O, Rokach L (Hrsg) Data mining and knowledge discovery handbook SE – 44. Springer, New York, S 855–874. http://dx.doi.org/10.1007/978-0-387-09823-4_44. Zugegriffen am 01.12.2016.

Mollenkopf H et al (Hrsg) (2005) Enhancing mobility in later life. ISO Press, Leiden. http://www.iospress.nl/book/enhancing-mobility-in-later-life. Zugegriffen am 01.12.2016.

Portman E, Finger M (2015) Von Smart zu Cognitive Cities? – Eine Evolution! HMD-Praxis der Wirtschaftsinformatik 52(304):572

Raos J (2006) Salzburg altert: Trends, Ursachen, Konsequenzen. Amt der Salzburger Landesregierung, Salzburg. http://www.salzburg.gv.at/statistik_daten_kf_salzburg-altert.pdf. Zugegriffen am 01.12.2016.

Robinet A, Picking R, Grout V (2008) A framework for improving user experience in ambient assisted living. In: Proceedings of the fourth collaborative research symposium on security, E-learning, internet and networking (SEIN 2008). Glyndwr University, Wrexham, S 111–121

Sahin A et al (2008) VDE-Positionspapier: Intelligente Assistenz-Systeme. Frankfurt am Main. http://www.vde.com/de/fg/dgbmt/arbeitsgebiete/intelligente_assistenzsysteme/documents/vdepositionspapier intelligente assistenzsysteme 2008.pdf. Zugegriffen am 01.12.2016.

Schneider C, Häusler E (2011) Mobilitätssichernde Assistenzsysteme – Ergebnisse einer Akzeptanzstudie. In: Schneider C (Hrsg) Demographischer Wandel – Assistenzsysteme aus der Forschung in den Markt (AAL 2011). VDE VERLAG GMBH, Berlin, S 6

Schneider C, Willner V, Henneberger S (2013) Elektronische Assistenz für Demenzkranke – Ergebnisse eines ersten Feldtests. In: Strobl J et al (Hrsg) Angewandte Geoinformatik 2013. Wichmann Verlag, Salzburg, S 267–272

Sposaro F, Tyson G (2009) iFall: an android application for fall monitoring and response. In: Proceedings of the 31st annual international conference of the IEEE engineering in medicine and biology society: engineering the future of biomedicine, EMBC 2009. S 6119–6122. http://www.ncbi.nlm.nih.gov/pubmed/19965264. Zugegriffen am 12.01.2015

Steidl S, Schneider C, Hufnagl M (2012) Fall detection by recognizing patterns in direction changes of constraining forces. In: Elske A et al (Hrsg) Tagungsband der eHealth2012. Österreichische Computer Gesellschaft, Vienna, S 27–32

Teil IV

Smart Education

Smart Education durch Computational Thinking in der Primarschule

10

Alexander Repenning

Zusammenfassung

Dieses Kapitel führt den Begriff Computational Thinking in einer praxisorientierten Weise ein und legt dessen eminente Bedeutung für Smart Education dar. Smart Education bedeutet, dass Schülerinnen und Schüler auf motivierende Weise zu mündigen und kreativen Smart Citizens ihrer digitalen, vernetzten städtischen Welt ausgebildet werden. In der digitalen und hochgradig vernetzten Welt der Smart Cities spielen Informationstechnologien und der Umgang mit ihnen eine zentrale Rolle. Informatische Bildung, also die Vermittlung der Grundlagen und Konzepte von Informatik, sollte deshalb ein zentraler Bestandteil der Schulbildung aller sein. Obwohl viele Kinder eine hohe Affinität zur Computertechnologie haben und Computerspiele konsumieren oder mit ihren Freunden über soziale Webseiten kommunizieren, sind sie im Allgemeinen verblüffend wenig am Programmieren interessiert. Viele Schüler und Schülerinnen beschreiben Informatik mit den vernichtenden Worten: „Programmieren ist schwierig und langweilig." Der Autor dieses Kapitels hat das Scalable Game Design-Curriculum entwickelt, um Kinder und Jugendliche an die Informatik heranzuführen. Das Scalable Game Design-Curriculum beinhaltet eine Kombination aus pädagogischen Ansätzen, Werkzeugen und Aktivitäten, die es Lehrpersonen bereits in der Primarschule ermöglichen, ihre Schülerinnen und Schüler auf motivierende Art und Weise mit der Denkweise des Computational Thinkings vertraut zu machen und ihnen so gezielt die Grundlagen der informatischen Bildung zu vermitteln.

Überarbeiteter Beitrag basierend auf dem Aufsatz des gleichen Autors „Computational Thinking in der Lehrerbildung". Schriftenreihe der Hasler-Stiftung zur informatischen Bildung 04. 2015. 12 pp.

A. Repenning (✉)
Fachhochschule Nordwestschweiz FHNW, Windisch, Schweiz
E-Mail: alexander.repenning@fhnw.ch

© Springer Fachmedien Wiesbaden GmbH 2016   201
A. Meier, E. Portmann (Hrsg.), *Smart City*, Edition HMD,
DOI 10.1007/978-3-658-15617-6_10

Schlüsselwörter
Smart Education • Computational Thinking • Informatische Bildung • Primarschule • Project First-Pädagogik

10.1 Einleitung

In diesem Kapitel geht es uns darum, unsere Idee von *Smart Education* vorzustellen, die wir als grundlegende, ja unabdingbare Voraussetzung für die nachhaltige Entwicklung von und in *Smart Cities* erachten. Unsere Vorstellung von dem, was *Smart Cities* sind, basiert auf der einschlägigen Definition von Anthony Townsend:

> [Smart Cities sind] Orte, an welchen Informationstechnologie mit Infrastruktur, Architektur, Alltagsgegenständen oder sogar mit unserem Körper verbunden wird, um dadurch soziale, ökonomische und ökologische Probleme anzugehen. (Townsend 2014)

„Smarte Menschen", so Norbert Ender, „zieht es in smarte Städte" (2015). Im Gegenzug, so betonen dies Edy Portmann und Matthias Finger (2015), seien smarte Städte undenkbar ohne „Smart People, welche sich relativ frei im Internet-/Webumfeld bewegen und vollen Zugang zu (kontinuierlicher Weiter-)Bildung genießen". Diese *Smart People* erachten Portmann und Meier „für die Realisierung von *Smart Cities* als unentbehrliche Bestandteile" (2015). Wir stimmen dieser Haltung uneingeschränkt zu und führen die Argumentation einen Schritt weiter, indem wir postulieren: Keine *Smart People* ohne *Smart Education*!

Smart Education bedeutet, dass Schülerinnen und Schüler auf motivierende Weise zu mündigen und kreativen Bürgern ihrer digitalen, vernetzten städtischen Welt ausgebildet werden. Um dies leisten zu können, so unsere Überzeugung, muss *Smart Education* der informatischen Bildung, das heißt der Vermittlung von grundlegenden Konzepten der Informatik, eine zentrale Rolle in der Schulbildung einräumen. Und sie muss dies möglichst schon in der Primarschule tun.

Durch ihre Stiftung der ersten Professur für Informatische Bildung auf der Primarstufe an der Pädagogischen Hochschule der Fachhochschule Nordwestschweiz leistet die Hasler Stiftung einen immensen Beitrag zur Förderung von Smart Education an Schweizer Primarschulen. Die Initiative der Hasler Stiftung ist umso zukunftsweisender und innovativer, als dass sie mit der personalen Entscheidung nicht nur informatische Bildung fördert, sondern im Rahmen der informatischen Bildung den Fokus auf die Einführung von *Computational Thinking* legt.

10.2 Wieso *Computational Thinking*?

Was genau ist *Computational Thinking* und wer braucht es? Wenn es um informatische Bildung geht, scheiden sich die Geister, denn vielen ist nicht klar, was dieser Begriff genau beinhaltet. Die einen denken, informatische Bildung bedeutet

Tastaturschreiben oder das Anwenden von Textverarbeitungs- oder Gestaltungsprogrammen. Andere weisen der informatischen Bildung ‚Hardcore'-Informatik zu, also eine sehr programmierfokussierte Ausbildung, welche die nächste Generation von ‚Super-Programmierern' und Mega-Firmengründern wie Bill Gates (Microsoft) oder Mark Zuckerberg (Facebook) hervorbringt.

In der Schweiz wurde die zukunftsträchtige Relevanz einer möglichst frühzeitigen Einführung von informatischer Bildung nun im Rahmen des neuen Lehrplans 21 Rechnung getragen. Dieser Modul-Lehrplan für die deutschsprachigen Kantone sieht vor, dass informatische Bildung als Teil des Moduls „Medien und Informatik" schon in der Primarstufe eingeführt wird.[1] Diese Vorgabe trifft jedoch auf große Skepsis und die Gemüter erhitzen sich: Was genau soll unterrichtet werden und wie können die neuen Inhalte mit bereits vollen Stundenplänen in die Lehrpraxis umgesetzt werden?

10.2.1 Was, wann und ob

Statistiken zur Arbeitssituation deuten darauf hin, dass die Schweiz tatsächlich Informatikerinnen und Informatiker braucht. Bedeutet dies aber zwangsläufig, dass Schulen ‚Hardcore'- Informatik im obigen Sinne unterrichten müssen? Die Forschung zeigt, dass auch Länder wie die USA, die schon mehr Erfahrung mit Informatischer Bildung gemacht haben, nur mühsam traditionelles Programmieren erfolgreich in den Unterricht integrieren konnten. Wie so oft liegt die Lösung in einem Kompromiss.

Computational Thinking ins Zentrum der informatischen Bildung zu stellen ist ein Ansatz, der bewusst auf Konzepte und Problemlösungsstrategien allgemeiner Relevanz fokussiert. Es geht unter anderem darum, den Zusammenhang zwischen sequenziellen und parallelen Prozessen zu verstehen. Das klingt zwar kompliziert, ist es aber nicht. Ein konkretes Beispiel ist die Großmutter, die einen Kuchen backen will. Sie weiß, dass sie den Zuckerguss schon vorbereiten kann, während der Kuchen im Ofen ist.

Was, wann und ob, das ist *Computational Thinking*. Die Inhalte von *Computational Thinking* sind nicht nur für die Informatik relevant, sondern auch für andere Wissenschaften wie Mathematik und Naturwissenschaften oder auch Sprachen, Kunst und Design. Wer zum Beispiel in Naturwissenschaften durch Programmieren die Simulation eines Ökosystems eigenständig erstellt, erfährt Wissen wie ein Wissenschaftler: Er lernt Sachverhalte, Phänomene und Zusammenhänge verstehen, indem er sie selbstständig erkundet, anstatt Vorgegebenes auswendig zu lernen. Diese Art des Lehrens und Lernens ist, was ich als Inbegriff von Smart Education erachte. Sie ist zukunftsweisend, insbesondere auch für alle Bürger von Smart Cities, denn diese sind idealerweise eigenständige, vernetzte Denker – ‚Computational Thinkers' – und keine ‚Memorysticks'.

---

[1] Informationen zum Lehrplan 21: http://v-ef.lehrplan.ch/index.php?code=b|10|0&la=yes.

10.2.2 Erfahrungen aus den USA

Das klingt alles sehr akademisch. Kann das wirklich klappen? In den USA begann ich vor vielen Jahren, systematisch zu untersuchen, wie man *Computational Thinking* in Schulen fördern könnte (Repenning et al. 2015). Mit den Inhalten des *Scalable Game Design*-Curriculums beginnen Schülerinnen und Schüler schon in der dritten Klasse, eigenständig Videospiele zu bauen, um *Computational Thinking* zu entwickeln. Sie spielen nicht, sondern entwerfen und lernen damit *Computational Thinking* – durch Programmieren. Das Verblüffende ist nicht nur die unglaubliche Motivation, sondern auch der Schwierigkeitsgrad, an den sich die Schülerinnen und Schüler freiwillig trauen. So wollen beispielsweise zehnjährige Diffusionsgleichungen begreifen, die sie benötigen, um künstliche Intelligenz in ihrem Spiel einzubauen. Medizin muss nicht bitter sein. Mit der richtigen Motivation kann Lernen Spaß machen.

In der größten Studie dieser Art in den USA hat sich nicht nur gezeigt, dass Knaben und Mädchen gleichermaßen an diesen Konzepten interessiert sind und diese umsetzen können, sondern auch, dass selbst Lehrpersonen ohne Vorkenntnisse im Bereich der Informatik *Computational Thinking* vermitteln können (Repenning et al. 2015). Ziel ist es nun, das Programm zur Förderung von *Computational Thinking* in der Schweiz umzusetzen.

10.3 Wie funktioniert *Computational Thinking*?

Die berühmte Informatikerin Jeanette M. Wing definiert *Computational Thinking* wie folgt (1973):

> Computational Thinking sind kognitive Prozesse, die sowohl bei der Formulierung eines Problems als auch bei der Darstellung von Lösungen involviert sind, und es ermöglichen, dass diese von Menschen und Maschinen gleichermaßen effektiv ausgeführt werden können.[2]

Diese Definition impliziert in den meisten Fällen einen dreistufigen Prozess:

1. *Problemformulierung*: In der einfachsten Form eine präzise Fragestellung basierend auf einer Problemanalyse.
2. *Repräsentation einer Lösung*: Eine Darstellung basierend auf einer Kombination von Text und Diagrammen, zum Beispiel eine Möbelmontageanleitung, ein Rezept, oder ein Computerprogramm.
3. *Ausführung und Bewertung der Lösungsrepräsentation*: Zum Beispiel die Umsetzung eines Kuchenrezeptes und die darauffolgende Überprüfung der Qualität des gebackenen Kuchens.

---

[2] Ins Deutsche übersetzt vom folgenden Originalzitat: „Computational thinking is the thought processes involved in formulating a problem and expressing its solution(s) in such a way that a computer – human or machine – can effectively carry out."

Im Beispiel mit der Großmutter besteht die Problemformulierung aus dem Erkennen der spezifischen Fragestellung beim Kuchenbacken. Zum Beispiel beinhaltet dies die Erkenntnis, dass der Zuckerguss erst ganz am Schluss auf den gebackenen Kuchen gegossen werden kann. Die Repräsentation einer Lösung kann das Kuchenrezept sein, also die detaillierte Beschreibung von zeitlich aufeinanderfolgenden oder parallelen Arbeitsschritten. Die Lösungsrepräsentation kann durch die Großmutter selbst oder zum Beispiel von den Enkeln, für welche die Großmutter das Rezept geschrieben hat, ausgeführt werden. Großmutter bzw. Enkel können anschließend überprüfen, wie gut das Ergebnis ausgefallen ist, indem sie den Kuchen essen.

Wieso braucht man *Computational Thinking*? Es gibt viele Zwecke, aber dieses Dokument fokussiert auf folgende zwei Aspekte:

- *Wissenserwerb*: Der einmalige und geradlinige dreistufige Prozess funktioniert nicht wirklich, wenn die Lösung eines Problems nicht offensichtlich ist. Dies ist typischerweise der Fall, wenn es um Wissenserwerb geht. Im Kontext von Bildung ist gerade diese Anwendung von *Computational Thinking* aber sehr interessant. Der allgemeine *Computational Thinking*-Prozess ist iterativ (siehe Abb. 10.1) und wird unten anhand eines Beispiels beschrieben.
- *Delegation und Automation*: Die Repräsentation einer Lösung kann dazu benutzt werden, einen Arbeitsprozess entweder an andere Personen oder an einen Computer zu delegieren. Das Kuchenrezept, wenn es detailliert, präzise und verständlich genug ist, kann von beliebigen Personen in einen Kuchen umgesetzt werden. Auch ein Computerprogramm ist eine Lösungsrepräsentation. Ein sehr einfaches

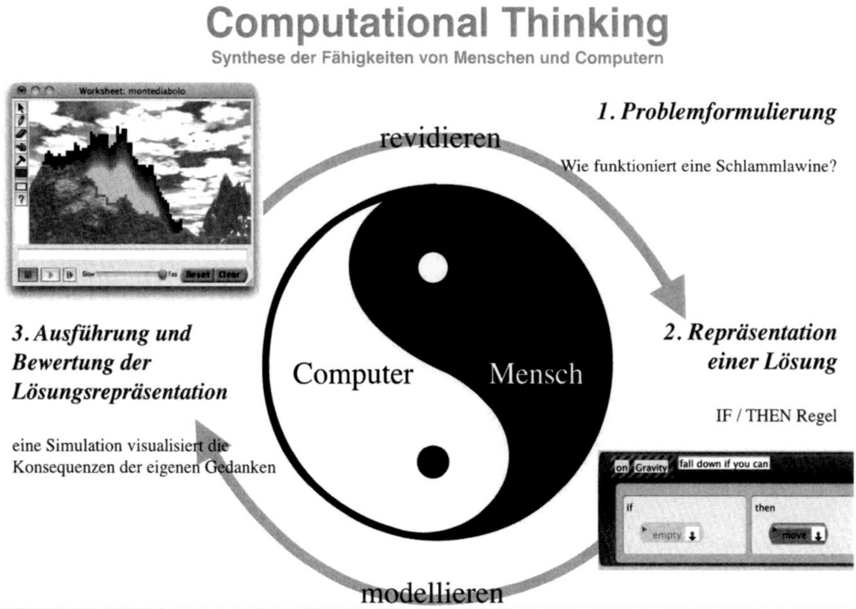

Abb. 10.1 Der *Computational Thinking*-Prozess

Beispiel einer Automation ist die von einer Benutzerin „programmierte" Aufzeichnung einer Fernsehsendung.

Computational Thinking bietet beim aktiven Wissenserwerb eine ideale Synthese der Fähigkeiten von Menschen und Computern. Der Prozess beginnt 1) mit einer Fragestellung wie zum Beispiel: „Wie funktioniert eine Schlammlawine?" Zu diesem Zeitpunkt X kennen wir die Lösung noch nicht und können sie folglich nicht als fertige Repräsentation, also als fertiges Programm, darstellen. Aber wir können eine erste Annäherung einer Lösung erstellen. Eine Schlammlawine kann man sich z. B. als eine Anhäufung von Schlammblöcken vorstellen. Diese Blöcke könnten aufeinander und nebeneinander gestellt werden. Mit einem *Computational* Thinking Tool wie AgentSheets (Repenning und Ambach 1996) können diese Blöcke visualisiert und als Objekte – auch Agenten genannt – organisiert in einer Tabelle repräsentiert werden. Als Schritt 2) drückt der Anwender bzw. die Anwenderin Zusammenhänge zwischen Agenten rechnerisch aus. Diese Zusammenhänge werden im Falle von AgentSheets oder ähnlichen Werkzeugen als Programmierregel ausgedrückt. Die Regel stellt eine einfache Approximation von Gravitation dar: „IF" (dt. wenn) ein Schlammblock „empty below" ist (dt. sich nichts unter ihm befindet), „THEN" (dt. dann) führt der Block die Aktion „move down" aus (dt. er bewegt sich bzw. fällt nach unten). Der Mensch hat somit eine Idee rechnerisch erfasst. Nun ist es die Aufgabe des Computers, 3) die Konsequenzen dieser Idee zu visualisieren. Es ist nicht die Aufgabe des Computers, die Idee zu finden, denn darin ist der Mensch wesentlich besser. Der Computer kann aber dank seiner rechnerischen Fähigkeiten solche Konzepte in einer Art und Weise visualisieren, die für den Menschen schwierig oder sogar unmöglich ist.

Wie verbindet *Computational Thinking* den menschlichen Denkprozess mit dem Computer? Es geht nicht darum zu *denken wie ein Computer*. *Computational Thinking* ist gemeinsames **Denken mit dem Computer**. Das heißt, *Computational Thinking* ist eine Denkweise, die den Computer als Instrument benutzt, um den Denkprozess zu unterstützen. Als Instrument ist der Computer vergleichbar mit einem Mikroskop – er hilft, schwer verständliche Zusammenhänge sichtbar zu machen und unterstützt damit die Entwicklung von *Computational Thinking*.

10.4   Computational Thinking ≠ Programmieren

Computational Thinking ist nicht das Gleiche wie Programmieren. Es bezieht sich vielmehr auf das konzeptuelle Verständnis von allgemeinen Programmierkonzepten, die verschiedenen Programmiersprachen zugrunde liegen und auf diese anwendbar sind. Jede Programmiersprache ist hingegen durch eine eigene Syntax gekennzeichnet, die Benutzerinnen und Benutzer beherrschen müssen, um funktionierende Programme schreiben zu können. Syntaktische Details einer Programmiersprache sind aber nicht so wichtig wie das konzeptuelle Verständnis von Programmierkonzepten. Das heißt nicht, dass die Kenntnis unterschiedlicher Programmiersprachen nicht von Bedeutung wäre für *Computational Thinking*, aber

Computational Thinking bevorzugt pädagogische Ansätze, die sich am Spracherwerb einer Muttersprache anlehnen. Beim Erlernen der Muttersprache fokussiert ein Kleinkind auf relevante, zielorientierte Kommunikation und nicht auf grammatische Regeln. Ganz ähnlich fokussiert *Computational Thinking* auf Ziele, wie zum Beispiel das Ziel, eine Simulation zu bauen, um Wissen über ein real existierendes Phänomen zu erwerben. Wer einen Waldbrand simuliert, ist beispielsweise interessiert am Zusammenhang zwischen der Baumdichte mit der Wahrscheinlichkeit, dass der Wald komplett abbrennen könnte und nicht daran, ob eine „Loop"-Anweisung (dt. Schleife) zur Implementation dieser Simulation verwendet wurde. Programmierkompetenz ist zwar nötig und auch erwünscht, aber wie das korrekte Befolgen einer IKEA Montageanleitung einen Benutzer/eine Benutzerin nicht automatisch zum Schreiner macht, ist die theoretische Kenntnis einer Programmiersprache nicht gleichzusetzen mit dem grundlegenden Verständnis und der Anwendung von *Computational Thinking*.

Computational Thinking bedeutet, sich in einer eleganten Weise auf das Wesentliche zu konzentrieren, um das Interesse eines möglichst breiten Publikums für Informatikkonzepte zu wecken. Aber gerade dieses Publikum empfindet traditionelles Programmieren häufig als „schwierig und langweilig". Nicht selten sind nämlich Programme, die eine relativ einfache Idee ausdrücken, verblüffend lang und kompliziert, bis zu einem Punkt, an dem man die eigentliche Idee im Code kaum mehr erkennt. Hier wäre weniger mehr und könnte, wenn richtig gemacht, sogar Programmieren „einfach und interessant" werden lassen. Hitchcock hat einmal das Konzept von Drama in Filmen definiert als das reelle Leben, aus dem die langweiligen Sequenzen entfernt wurden. Ganz in diesem Sinne habe ich in den letzten 20 Jahren Programmierumgebungen gebaut, die man als *Computational Thinking Tools* bezeichnen kann, weil sie den Fokus auf das Wesentliche richten. Mit Agent-Cubes kann beispielsweise ein Pac-Man-Spiel inklusive künstlicher Intelligenz mit nur gerade zehn Regeln gebaut werden.

10.5 Smart Education durch Computational Thinking Tools

Ein *Computational Thinking Tool* ist ein Werkzeug, das mehr ist als nur eine Programmierumgebung. Es wendet die Prinzipien von *Computational Thinking* auf den Programmierprozess selbst an. Ein *Computational Thinking Tool* soll auf eine möglichst effektive Art die Konsequenzen des eigenen Denkens visualisieren. Vor allem bei Anfängern führt die Verzögerung zwischen dem Zeitpunkt, an dem ein Programmierfehler gemacht wird und der ersten Manifestation dieses Fehlers, zu extremer Frustration. Je länger diese Verzögerung ist, desto wahrscheinlicher wird es, dass der/die Programmierende während dieser Zeit zusätzliche Entscheidungen trifft und im Code einbaut. Mit zunehmender Verzögerung wird es daher immer schwieriger, den Ursprung des Fehlers zu finden. Ganz extrem war dies bei der Programmierung mit Lochkarten. Oft dauerte es Stunden, bis man das Resultat des Programms einsehen konnte. Leider basieren auch heute immer noch viele Programmierumgebungen auf diesen Ansätzen. Zwar muss man sich nicht mehr mit einem Stapel von Lochkarten herumschlagen, aber ein Programm muss komplett sein, bevor man es kompilieren (dt. übersetzen) und dann endlich laufen lassen kann. *Live Programming* geht in die richtige Richtung, indem es seinen Benutzern erlaubt, ein Programm inkrementell, während es läuft, zu verändern, ohne das Programm neu starten zu müssen. Dadurch können die Benutzer schnell sehen und verstehen, was eine Veränderung wirklich bewirkt. Noch weiter geht das sogenannte *Conversational Programming* in AgentCubes, wo das Programm einen Schritt in die Zukunft ausführt, um dem Benutzer zu zeigen, was es machen wird. Schlussendlich geht es bei *Computational Thinking Tools* darum, eine sinnvolle Symbiose der Fähigkeiten von Menschen und Computern zu finden. Gerade mit den heutigen Computern, die über enorme Rechenleistungen verfügen, soll endlich der Programmierprozess des Menschen aktiv unterstützt werden.

Auf den Bereich der informatischen Bildung bezogen sind *Computational Thinking Tools* in erster Linie Denkinstrumente, mit denen man IF-THEN-Szenarien ohne tiefe Programmierkenntnisse entwerfen und untersuchen kann – beispielsweise bei dem Erstellen von Simulationen. Im Gegensatz zu traditionellem Lernen beinhaltet der *Computational Thinking*-Ansatz selbstständige empirische Untersuchungen, die von den Lernenden durchgeführt werden. Das heißt, dass sie nicht einfach Fakten auswendig lernen, sondern komplexe, dynamische Zusammenhänge durch Modellierung untersuchen.

10.5.1 Das „TrafficSim"-Projekt – Ein Beispiel für Smart Education mit *Computational Thinking Tools*

Die Simulation „TrafficSim" ist ein Beispiel eines solchen Lern-Projekts. Unter Verwendung des *Computational Thinking Tools* „AgentCubes" haben zwei Studenten den Einfluss von „Smart Traffic Lights" (dt. intelligente Verkehrsampeln) auf den Verkehrsfluss untersucht haben. Konkret haben sie zwei Modelle verglichen: Das sogenannte italienische Modell wurde von den Studenten so gestaltet, dass die einzelnen Verkehrsampeln autonom und ohne die Verwendung von Sensoren funktionieren. Für das sogenannte Schweizer Modell modellierten die Studenten hingegen ein Ampelsystem, das intelligent auf den Verkehr reagiert. Ihre Hypothese war, dass das Schweizer Modell besser funktionieren würde, indem es einen flüssigeren Verkehr ermöglicht. Ist das wirklich der Fall und, falls ja, kann man den Vorteil auch quantifizieren?

Um ihre Hypothese zu überprüfen und den von ihnen angenommenen Vorteil des Schweizer Systems zu quantifizieren, mussten die Studenten zwei Aufgaben lösen. Einerseits mussten sie zunächst beide Modelle implementieren. Andererseits, und diese Aufgabe war nicht einfacher, mussten sie einen Weg finden, Verkehrsfluss zu quantifizieren. Das Implementieren der beiden Modelle, insbesondere des italienischen Modells, war gar nicht so aufwendig. Mit AgentCubes bauten sie eine Stadt mit Straßen, auf denen Autos fahren. Um die fahrenden Autos an jeweils unterschiedliche Ziele zu steuern, erstellten sie einen Zufallsgenerator. Zudem programmierten sie die Autos so, dass sie den kürzesten Weg suchen und die Ampeln berücksichtigen.

Weniger klar war hingegen, wie genau man den Verkehrsfluss messen könnte. Eine relativ simple Lösung ergab sich durch die Benutzung von autonomen „agent-based"-Ansätzen (Gilbert und Troitzsch 2005), die sich leicht in AgentCubes umsetzen lassen. Die Straße im Stadt-Modell in AgentCubes besteht aus zahlreichen einzelnen Straßenteilen, die jeweils individuelle Agenten (Objekte) im Stadtmodell sind. Während die Simulation läuft, beobachtet jeder einzelne Straßen-Agent, ob sich ein Fahrzeug auf ihm befindet. Dieser Test wird periodisch wiederholt und falls sich ein Fahrzeug auf diesem Stück Straße, befindet wird ein Zähler hochgezählt. In Abb. 10.2. wird diese Zahl widergespiegelt als 3D-Plot, der die Verteilung von Wartezeiten in der Stadt visualisiert. So lassen sich schnell Engpässe finden, das heißt Orte mit hohen roten Werten. Gleichzeitig kann man auch die durchschnittliche Zeit, die Fahrzeuge für die Erreichung ihrer Ziele benötigen, als quantitativen Wert interpretieren. Dieser Wert zeigt auf, wie gut respektive schlecht der Verkehrsfluss wirklich ist. Abb. 10.3. zeigt, dass man auch individuelle Fahrzeuge selektieren kann, um die Fahrt aus der Sicht des Fahrzeuglenkers zu verfolgen.

Das „TrafficSim"-Projekt ist ein Beispiel, wie die konkrete Anwendung von *Computational Thinking* Lernenden ein tief greifendes Verständnis realer Phänomene und Prozesse in ihrer städtischen Welt ermöglicht und sie darüber hinaus langfristig dazu befähigt, ihre Welt als *smart citizens* positiv mitzugestalten.

10.6   *Computational Thinking* spielerisch lehren: Das *Scalable Game Design*-Curriculum

Das *Scalable Game Design*[3]-Projekt unter meiner Leitung untersucht, wie man Informatische Bildung basierend auf *Computational Thinking* systematisch in Schulen integriert. Ziel ist es, Schülerinnen und Schüler für Informatik zu

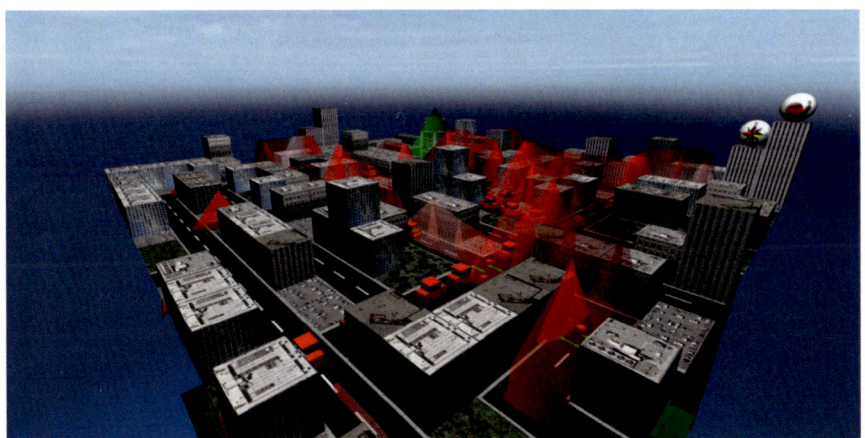

Abb. 10.2 Das „TrafficSim"-Projekt mit 3D-Plots der Wartezeiten bzw. Verkehrsdichte

---

[3] www.scalablegamedesign.ch; http://scalablegamedesign.cs.colorado.edu/.

Abb. 10.3 Dank der First Person-View Camera-Funktion können Benutzer Fahrten von individuellen Autos aus der Lenkerperspektive mitverfolgen

motivieren und durch die Benutzung von Game Design an die Grundkonzepte der Informatik heranzuführen. Der Ansatz wurde im Rahmen einer der größten Studien zur Informatischen Bildung in den USA mit weit über 10'000 Teilnehmerinnen und Teilnehmern erprobt (Repenning et al. 2015). Das *Scalable Game Design* Curriculum basiert auf einer vier Punkte-Strategie:

- *Durchdringung*: Leicht adaptierbare Lernmodule sollen in existierende Klassen früh integriert werden, so dass große und diverse Gruppen von Kindern mit *Computational Thinking* in Berührung kommen. Informatische Bildung inklusive Programmieren soll nicht beschränkt werden auf Begabtenförderung, Sommerkurse oder Wahlfächer. *Computational Thinking* kann bereits im Kindergarten beginnen – mit oder ohne Computer. Ziel ist es, allen Schülerinnen und Schülern die Möglichkeit zu bieten, *Computational Thinking* zu entwickeln. *Computational Thinking* kann in verschiedenste Gebiete integriert werden – in MINT-Fächer (Mathematik, Informatik, Naturwissenschaften und Technik), aber auch in Sprachen, Gestalten und Kunst, Musik oder sogar Sport. *Resultate:* Diese Art Informatische Bildung ist universell einsetzbar mit Lehrpersonen und Schüler/innen aus einem weiten Spektrum von Schulen. In den USA gab es Schulprojekte, die sowohl in ländlichen Gegenden als auch in Großstadtschulen durchgeführt wurden – Pilotprojekte fanden sogar in Indianerreservaten statt. Durchschnittlich beteiligten sich 45 % Mädchen an der Studie (Repenning et al. 2015).
- *Motivation*: Die Grundidee besteht darin, dass Motivation die Voraussetzung ist, um Kompetenz zu erwerben. Umgekehrt führt die Aneignung von Kompetenzen nicht unbedingt zu Motivation. Das *Scalable Game Design*-Curriculum beinhaltet eine Reihe von sorgfältig auf Alter und Lernenden-Niveau abgestuften Game- und Simulationsprojekten. Die Schülerinnen und Schüler bauen schon nach kurzer Zeit selbst Computerspiele, die unterschiedliche

Schwierigkeitsniveaus aufweisen und sich stufenweise von einfachen zu komplexen Programmierinhalten entwickeln. Programmiererfahrungen werde zu keinem Zeitpunkt vorausgesetzt. *Resultate*: Obwohl das *Scalable Game Design*–Curriculum bei den meisten Schülerinnen und Schüler in obligatorischen Kursen eingeführt wurde, wollen 74 % der Jungen und 64 % der Mädchen in den USA freiwillig weitermachen (Repenning et al. 2015).

- *Kompetenz*: Mit computerunterstützten Instrumenten können die Projekte und Programme der Lernenden analysiert werden, so dass Kompetenzen objektiv messbar sind. Diese Ergebnisse beinhalten Lernkurven und den Wissenstransfer verschiedener *Computational Thinking Patterns* – von Computerspielen bis hin zu wissenschaftlichen Simulationen. *Resultate*: Auswertungen anhand eines Analyse-Werkzeugs namens *Computational Thinking Pattern Analysis* haben gezeigt, dass Schülerinnen und Schüler Ideen wie Kollision und Diffusion als abstrakte Konzepte erkennen und in verschiedenen Kontexten anwenden können; dies nicht nur, um Spiele zu bauen, sondern auch, um Simulationen erstellen.

- *Pädagogik*: Die Weiterbildung für Lehrpersonen beinhaltet unter anderem neue pädagogische Konzepte, die das stufenweise Erlernen von Programmierinhalten fördert und schnelle Lernerfolge auch für jene ohne Programmiererfahrung ermöglicht. Ziel ist es, eine möglichst breit gefächerte Teilnahme bei den Schülerinnen und Schülern zu fördern und das Vermitteln von Programmierkenntnissen sowie eigenständiges Arbeiten in Einklang zu bringen. *Resultate*: Es hat sich gezeigt, dass die Verwendung einer geeigneten Pädagogik ein Hauptfaktor ist, um das Interesse von Mädchen und Knaben gleichermaßen zu wecken.

10.6.1 Lerntheoretische Grundlagen

Der renommierte russische Entwicklungspsychologe Lev Semyonovich Vygotsky, der viel zum Thema soziales Lernen forschte, prägte den Begriff „Zone of proximal development" (Zone der proximalen Entwicklung). Folgt man Vygotsky, so gelangt ein Lernender in die Zone der proximalen Entwicklung, wenn er an die Grenze des eigenen Verständnisses stößt und Hilfestellung benötigt. Wenn genau dann eine Lehrperson dem Lernenden hilft, so die Annahme, lernt dieser am besten.[4] Die hier vorgestellte Theorie der „Zones of Proximal Flow" stellt eine Kombination von Vygotskys „Zone" der proximalen Entwicklung mit der einflussreichen „Flow"-Theorie des Psychologen Mihályi Csíkszentmihályi dar. Die Theorie „Zones of Proximal Flow" (Basawapantna and Repenning 2013) definiert verschiedene Lernzonen (vgl. Abb. 10.4).

Die zentrale Frage ist dabei, wie jemand in idealer Weise dazulernt. Ein Lernender im Punkt A, mit wenig Kompetenz und niedrigen Herausforderungen, möchte zum Punkt B kommen. Traditionell folgte man einem indirekten Weg (roter Pfad): Zuerst werden den Lernenden Grundlagen, zum Beispiel im Bereich der linearen Algebra, ohne Bezug zu projektorientierten Herausforderungen vermittelt.

---

[4] Vygotsky 84.

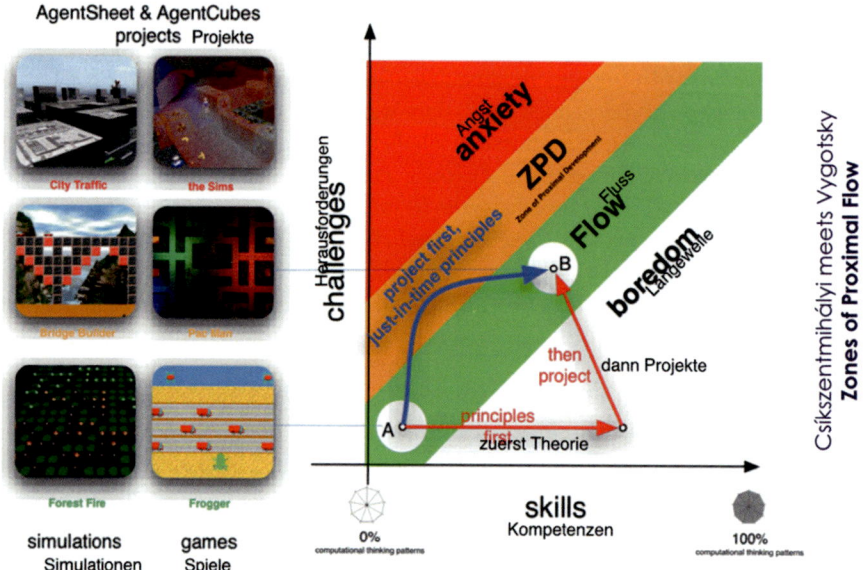

Abb. 10.4 Grafik zum „Project First"-Ansatz

So lernen Schülerinnen und Schüler beispielsweise, wie man mit Matrizen umgeht, ohne deren konkrete Anwendungen zu verstehen. Erst viel später, möglicherweise im Studium, werden sie vielleicht im Rahmen eines Computer Graphics-Kurses mit Anwendungen linearer Algebra konfrontiert und begreifen nun deren Zweck. Leider mussten sie Jahre lang den Umweg durch die Zone der Langeweile machen.

Der „Project First, just-in-time Principles"-Ansatz, der im Rahmen des *Scalable Game Design* Curriculums verwendet wird, ist grundlegend anders. Er beginnt unmittelbar mit einem Spielprogrammierungsprojekt, ohne dass Schülerinnen und Schüler irgendwelche Programmierkompetenzen haben müssen. Er bringt die Lernenden sehr schnell an die Grenze ihrer Kompetenzen, aber navigiert sie mit entsprechender pädagogischer Unterstützung sorgfältig durch die Zone der proximalen Entwicklung wieder zurück in die Zone des *flows* für eine optimale Lernerfahrung.

Das *Scalable Game Design*-Curriculum besteht aus zwei abgestuften Pfaden, die die Lernenden Schritt für Schritt neuen Herausforderungen aussetzen. Der erste Pfad fokussiert auf Spiele und beginnt mit einer einfachen Version der 1980 Arcade-Style-Spielen wie „Frogger". Aufwendigere Spiele wie Pac-Man führen bereits Konzepte von künstlicher Intelligenz ein, zum Beispiel wie finden die Geister den Weg durch das Labyrinth zum Pac-Man. In noch aufwendigeren Spielen werden sogar psychologische Modelle wie Maslows Bedürfnispyramide umgesetzt. Der zweite Pfad fokussiert auf Simulationen. Die unterschiedlichen Herausforderungen dieser Spiele und Simulationen können als Kompetenzprofile verstanden werden, die auf abstrakten, in unterschiedliche Kontexte übertragbaren *Computational Thinking Patterns* basieren. Diese *Patterns* beschreiben typischerweise die Interaktionen zwischen Objekten auf einer Ebene, unabhängig von den Details irgendwelcher Programmiersprachen, aber auch unabhängig von spezifischen Anwendungen wie Computerspielen oder Simulationen. Ein einfaches Beispiel für ein solches *Computational Thinking Pattern* ist eine Kollision von zwei Objekten. Wenn der Frosch im „Frogger"-Spiel beispielsweise versucht, die befahrene Straße zu überqueren, bedeutet die Kollision zwischen dem Frosch und einem Auto den Tod für den Frosch. Das gleiche *Computational Thinking Pattern* kommt auch in Simulationen sehr häufig vor. So ist zum Beispiel die Kollision von Molekülen sehr wichtig in der Chemie und die Kollision von Menschen, die mit einem ansteckenden Virus aufeinander treffen, kann benutzt werden, um das Phänomen einer Epidemie zu simulieren.

10.6.2 Computational Thinking Patterns

Die explizite Benutzung von *Computational Thinking Patterns* ist sehr wichtig für eine Wissensvermittlung, die kognitive Transferleistungen durch *Computational Thinking* einschließen soll. Generell gilt, dass Transfer von Wissen nicht einfach passiert, auch wenn aus der Sicht der Lehrperson eine Analogie von Ideen zu existieren scheint. Anders gesagt: Wenn ein Schüler oder eine Schülerin ein Spiel bauen kann, bedeutet dies noch lange nicht, dass dieselbe Schülerin eine Simulation kreieren könnte, auch wenn die grundsätzlichen Strukturen des Spieles und der Simulation ähnlich sind. Werden abstrakte Objektinteraktionen innerhalb von Modellen aber aktiv mit Lernenden erarbeitet und Anregungen gegeben, wie solche *Patterns* sowohl in anderen Modellen als auch in der realen Welt wiedererkannt oder neu entdeckt werden können, so erleichtert dies die Prozesse des Verstehens und des Wissenserwerbs erheblich.

Die Liste der *Computational Thinking Patterns* beinhaltet relativ einfache abstrakte Objektinteraktionen:

- *Kollidieren*: Zwei oder mehrere Objekte prallen aufeinander, z. B. wenn im „Frogger"-Spiel der Frosch von einem Auto überfahren wird.
- *Stoßen/Schieben*: Eine Person schiebt eine Schubkarre.
- *Ziehen*: Ein Zug zieht mehrere Waggons.
- *Generieren*: Etwas Neues entsteht bzw. wird generiert. Der Geldautomat generiert Geldscheine.
- *Absorbieren*: Ein Staubsauger absorbiert Krümel vom Boden.
- *Transportieren*: Ein Skateboard transportiert einen Teenager.

Daneben existieren komplexere und somit anspruchsvollere *Computational Thinking Patterns*, die in Spielen und Simulationen anwendbar sind. Ein sehr mächtiges *Computational Thinking Pattern* ist beispielsweise *Diffusion*. Schon 1952 definierte der berühmte Mathematiker und Informatiker Alan Turing *Diffusion* als die

Bewegung von [chemischen] Agenten (Teilchen) aus Regionen hoher Konzentration hin zu Regionen geringerer Konzentration. Er nutzte Computer, um die *Diffusion* zu berechnen. In einem zweidimensionalen Gitter kann man *Diffusion* durch die in Abb. 10.5 gezeigte Gleichung darstellen.

Diese auf den ersten Blick sehr komplexen Konzepte können Schülerinnen und Schülern zugänglich und verständlich gemacht werden, so dass sie in der Lage sind, komplizierte Probleme elegant zu lösen. In einem Pac-Man-Spiel kann *Diffusion* verwendet werden, damit die Geister den Pac-Man mittels künstlicher Intelligenz überall im Labyrinth finden können. *Diffusion* kann in diesem Beispiel erklären, wie Pac-Man einen Geruch verbreitet, dem die Geister folgen. Schon zehnjährige Kinder können dies verstehen und auch umsetzen. Dies bedeutet, dass einerseits der Einfluss von Motivation auf die Bereitschaft, komplexe Dinge zu lernen, nicht unterschätzt werden darf: Die Motivation beim Erstellen von Computerspielen ist oft so groß, dass Kinder, die sich nicht für Computer oder Programmieren interessieren, plötzlich mathematisch analytische Fähigkeiten zeigen, die niemand für möglich gehalten hätte. Grund dafür ist, dass sie Probleme lösen, die sie tatsächlich interessieren und damit Mathematik als fantastisches Werkzeug erkennen.

Andererseits spielt ein *Computational Thinking Tool* wie AgentCubes eine entscheidende Rolle: Es unterstützt durch Visualisierung die Problemlösung (Repenning et al. 2014; Ioannidou et al. 2009). In AgentCubes kann man zum Beispiel 3D-Plots einblenden, welche die Geruchsverteilung in der Spielwelt als Wert der Diffusion aufzeigen. Eine bergähnliche Erhebung über dem Pac-Man zeigt in diesem Fall die Verteilung der Diffusion und so kann der Anwender den Suchalgorithmus als Konzept verstehen, das von den Geistern eingesetzt wird, um Pac-Man zu finden (Abb. 10.6).

10.7   Ein Schweizer Schulmodell

Wie lässt sich *Computational Thinking* mit dem Schweizer Schulmodell vereinen? Der Fokus liegt vor allem auf der Primarstufe. Als Kernkompetenz muss *Computational Thinking* hier eingeführt werden. Auch aus einer pädagogischen Perspektive,

$$u_{0,t+1} = u_{0,t} + D \sum_{i=1}^{n} (u_{i,t} - u_{0,t})$$

where:

n = number of neighboring agents used as input for the
diffusion equation

$u_{0,t}$ = diffusion value of center agent

$u_{i,t}$ = diffusion value of neighbor agent (i > 0)

D = diffusion coefficient [0..0.5]

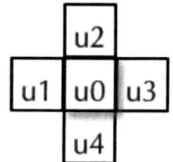

Abb. 10.5 Die Anwendung der Diffusionsgleichung auf ein zweidimensionales Gitter

Abb. 10.6 3D-Plot als
Visualisierung der
Diffusion von Pac-Mans
‚Geruch' in AgentCubes

die der Motivation eine essenzielle Rolle im Lernen zuschreibt, ist die Ausbildung auf Primarstufe (1. bis 6. Klasse) der Knackpunkt. Im Alter von etwa 11 Jahren entscheiden schon viele Kinder, oft irrtümlich, dass sie nicht geeignet sind für Mathematik oder Informatik. Wer diese Schlussfolgerung einmal gezogen hat, ist später kaum mehr bereit, sich diesen Bereichen wieder zuzuwenden.

10.7.1 Primarschule (1. bis 6. Klasse)

Wenn man *Computational Thinking*, wie vorne beschrieben, in die Kategorien Problemformulierung, Repräsentation einer Lösung und Ausführung der Lösungsrepräsentation einteilt, sieht man, dass diese oder zumindest sehr ähnliche Konzepte in vielen Lehrplänen schon existieren und erfolgreich umgesetzt werden. Das ist wichtig, denn Primarlehrpersonen sind keine Fachlehrpersonen und müssen mit wenigen Ausnahmen mehrere Fächer unterrichten, von Lesen bis Sport. Folglich soll das Konzept von Smart Education integrativ und nicht exklusiv sein. Informatische Bildung auf Primarstufe soll also nicht isoliert stehen, sondern in die anderen Fächer integrierbar sein, um von den Lehrpersonen nicht als Konkurrenz zu andern Unterrichtsfächern betrachtet zu werden. Es handelt sich also um ein „übergreifendes" Unterrichtsprinzip. Als Kernkompetenz des 21. Jahrhunderts, ähnlich wie Lesen und Schreiben, kann *Computational Thinking* dazu benutzt werden, verschiedene Bereiche zu unterstützen (vgl. Abb. 10.7):

- *Sprachen/Gestalten/Musik*: Der Designprozess eines Spiels benutzt die grammatikalische Analyse von Spiel- respektive Simulationsbeschreibungen bezüglich Hauptwörtern und Verben, um so die Objekte und ihre Interaktionen zu verstehen. Das ist sehr nützlich im Sprachunterricht inklusive Fremdsprachen. Das Kreieren von 2D- oder 3D-Spiel- und Simulationsobjekten beinhaltet Elemente, die für den Gestaltungsunterricht relevant sind. Durch die Kombination von computerunterstützter Musiksynthese (z. B. durch

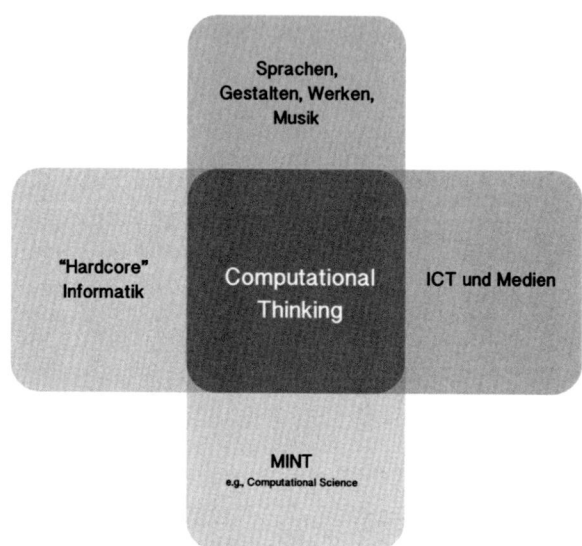

Abb. 10.7 *Computational Thinking* als fächerübergreifende Kompetenz

MIDI) und Programmierkonzepten, entsteht das synergetische Konzept von *Computational Music Thinking.*

- **MINT (Mathematik, Informatik, Naturwissenschaften, Technologie)**: Schon einfache Spiele verbinden wichtige mathematische Konzepte mit Spielkonzepten: In einem „Frogger"-Spiel soll ein Frosch eine befahrene Straße überqueren, ohne mit den Autos zu kollidieren. Der Schwierigkeitsgrad des Spiels hängt direkt mit der Frequenz und der Wahrscheinlichkeit zusammen, mit der neue Fahrzeuge auftauchen. Simulationen, wie zum Beispiel die Simulation eines Waldbrandes oder einer Schlammlawine lassen Schüler naturwissenschaftliche Prinzipien erfahren, anstatt sie nur auswendig zu lernen.
- **Informatik**: *Computational Thinking* ist auch kompatibel mit traditionellem Programmierunterricht. *Computational Thinking Patterns* können von den Lernenden in verschiedenen Programmiersprachen angewandt werden. AgentSheets und AgentCubes online schlagen zudem auch eine Brücke zum imperativen Programmieren, indem sie eine Funktion anbieten, die der Anwender verwenden kann, um sich den Quellcode (Java bzw. JavaScript) anzusehen.
- **ICT und Medien**: Durch das Erstellen von Spielen und Simulationen, die *Computational Thinking* einführen und trainieren, werden auch viele Punkte der Medienbildung, insbesondere der selbstständige und kreative Umgang mit Medien abgedeckt. Durch das Programmieren erhalten die Kinder nicht zuletzt auch die Gelegenheit, von einer passiven Konsumhaltung wegzukommen, indem sie selbst kreieren. Ganz wichtig ist dabei die Vorstellung, dass der *Computational Thinking*-Teil von ICT und Medien das Programmieren explizit einschließt und sich nicht auf Tastaturschreiben oder Textverarbeitung beschränkt.

10.7.2 Sekundarstufe 1 (7. bis 9. Klasse)

Die Inhalte auf der Sekundarstufe 1 (Sek 1) sollen auch bezüglich *Computational Thinking* eine Weiterführung der Inhalte der Primarschule sein. So erlaubt beispielsweise das Verständnis von Maslows Bedürfnispyramide die Erstellung von sehr anspruchsvollen Spielen wie etwa „The Sims". Der Schwerpunkt sollte jedoch hier stärker auf Simulationen gelegt werden, die vor allem in naturwissenschaftlichen Fächern zum Zug kommen. Zudem gilt es, die Anwendungskompetenzen für Werkzeuge, die in den Naturwissenschaften eingesetzt werden, erheblich zu erweitern. Kalkulationstabellen, die typischerweise von selbst programmierten Simulationen produziert werden, können z. B. als Werkzeug für die Analyse und Visualisierung von großen Datenmengen benutzt werden. Das Gesamtkonzept auf dieser Stufe soll immer noch integrativ sein. Dies kann aber erweitert werden durch Kurse, die auf Informatik und konkrete Programmiersprachen fokussieren und von Fachlehrpersonen unterrichtet werden können.

10.7.3 Sekundarstufe 2 (ab 10. Klasse)

Viele Schweizer Schulen der Sekundarstufe 2 (Sek 2) unterrichten bereits das Ergänzungsfach Informatik durch qualifizierte Lehrpersonen mit formalen Informatikkenntnissen. Die Anzahl Teilnehmender, vor allem von Schüler*innen*, ist jedoch sehr gering. So lange eine flächendeckende Informatische Bildung auf Primar- und Sek 1-Stufe nicht existiert, müssen Schulen der Sek 2 obligatorische Informatikkurse anbieten, die für die große Mehrheit der Schülerinnen und Schüler geeignet sind. Diese Kurse sollten den Fokus setzen auf die Motivation der Schülerinnen und Schüler durch spannende und genderneutrale Ansätze wie etwa Game Design.

10.8   Fazit

Smart Education durch *Computational Thinking*, das heißt der Übergang von Lernmodellen, die vor allem auf Auswendiglernen basieren, zu Ansätzen, die aktives und gleichzeitig motivierendes Lernen in den Vordergrund stellen, ist enorm wichtig für *Smart Citizens*, i.e. die Einwohnerinnen und Einwohner der *Smart City*. In der *Smart City* ist der Zugriff auf Fakten zwar jederzeit und überall gewährleistet, aber der Mehrwert der *Smart City* ist schlussendlich nicht die Infrastruktur, sondern das Potenzial ihrer *Smart Citizens*. Ausgerüstet mit *Computational Thinking* sind diese *Smart Citizens* der kreative Rohstoff, der Innovation ermöglicht und langfristig sicherstellt.

Computational Thinking passiert nicht einfach, es muss schon in der Primarschule systematisch unterrichtet werden. Es ist nicht nur ein neues Lernmodell, sondern generell eine neue Denk- und Handelsweise. Logisches Denken, analytisches Denken, das Verständnis, wie man komplexe dynamische Systeme untersuchen und verbessern kann, all das ist *Computational Thinking*. Um diese Art von *Smart*

Education zu ermöglichen, braucht es nicht nur neue pädagogische Konzepte, sondern auch eine aufgeschlossene Gesellschaft, die offen ist für neue Ansätze. Die Schweiz hat zwar ein ausgezeichnetes Bildungssystem, aber man ist beispielsweise im Gegensatz zu den USA oft nicht intrinsisch begeistert von Technologie. Andererseits, und im Gegensatz zu vielen Drittweltländern wie Indien und Mexico, sieht man Technologie generell und Programmieren im Speziellen nicht als Unterrichtspriorität. Daraus ergibt sich eine gefährliche Informatik-Apathie, die der Schweiz langfristig schaden könnte.

Um dieser Informatik-Apathie vorzubeugen, hat die Halser-Professur eine dreiphasige Strategie entwickelt:

1. *Kennenlernen*: Mit der Swiss Computer Science Education Week (csedweek.ch) ist eine niederschwellige, webbasierte Scalable Game Design-Aktivität entwickelt worden, die Teilnehmern erlaubt, ein 3D Frogger-Spiel in einen Browser zu bauen. 2015 haben über 13'000 Teilnehmerinnen und Teilnehmer in 25 Kantonen mitgemacht. Das Hauptziel ist Stereotypen wie „Programmieren ist schwierig und langweilig" vorzubeugen.
2. *Weiterbildung*: Kurse für Lehrpersonen werden angeboten, um sie in das Computational Thinking via Scalable Game Design einzuführen.
3. *Bildung*: Ab Herbst 2017 werden alle neuen Studentinnen und Studenten des Bachelor-Studiengangs Primarstufe an der Pädagogischen Hochschule FHNW obligatorisch zwei Kurse zu dem Thema *Computational Thinking* besuchen.

Literatur

Ender N (2015) Smarte Menschen zieht es in smarte Städte. In: Meier A, Portmann E (Hrsg) Smart City. HMD Praxis der Wirtschaftsinformatik, Bd 52. S 467–469. Springer, Berlin & Heidelberg

Gilbert N, Troitzsch KG (2005) Simulation for the social scientist, 2. Aufl. Open University Press, Maidenhead

Ioannidou A, Repenning A, Webb DC (2009) Agent cubes: incremental 3D end-user development. J Vis Lang Comput 20:236–251

Portmann E, Finger, M (2015) Smart Cities – Ein Überblick! In: Meier A, Portmann E (Hrsg) Smart City. HMD Praxis der Wirtschaftsinformatik, Bd 52. Springer, Berlin & Heidelberg, S 470–481

Repenning A, Webb DC, Koh KH, Nickerson H, Miller SB, Brand C, Many Horses IH, Basawapatna A, Gluck F, Grover R, Gutierrez K, Repenning N (2015) Scalable game design: a strategy to bring systemic computer science education to schools through game design and simulation creation. Trans Comput Educ 15:1–31

Repenning A, Webb DC, Brand C, Gluck F, Grover R, Miller S, Nickerson H, Song M (2014) Beyond minecraft: facilitating computational thinking through modeling and programming in 3D. IEEE Comput Graph Appl 34:68–71

Repenning A (2013) Making programming accessible and exciting. IEEE Comput 18:78–81

Repenning A, Ambach J (1996) Tactile programming: a unified manipulation paradigm supporting program comprehension, composition and sharing. In: Presented at the 1996 IEEE symposium of visual languages. IEEE: Piscataway, New Jersey, USA, S 102–109

Townsend AM (2014) Smart Cities: big data, Civic Hackers, and the quest for a new Utopia. Norton & Company, New York

Turing AM (1952) The chemical basis of morphogenesis. Philos Trans R Soc Lond 237:37–72

Wing JM (1973) Computational thinking benefits society. In: 40th Anniversary Blog on the publication of social issues in computing. http://socialissues.cs.toronto.edu/index.html%3Fp=279.html. Zugegriffen am 10.01.2014

Grenzgänge zwischen Fiktion und Wirklichkeit – Technologien für eine partizipative Raumplanung

11

Martin Guggisberg und Helmar Burkhart

Zusammenfassung

Smart Cities wollen „smart" geplant werden. Dieser Text zeigt neue Möglichkeiten im Bereich der räumlichen Planung und diskutiert technologische Anwendungen einer modernen Stadtentwicklung anhand verschiedener Beispiele. Dank einer intuitiven Benutzerführung können Bürgerinnen und Bürger in die Expertenrolle von Architekten und Raumplanern schlüpfen und mit Hilfe von Informatikanwendungen eigene Stadtteile betrachten, planen und gestalten. Neue digitale Werkzeuge ermöglichen insbesondere auch Laien ein rasches Lernen im Sinne einer aktiven Partizipation wie auch eines Erkundens einer in drei Dimensionen sichtbar gemachten Planung.

Schlüsselwörter

Digitale Werkzeuge • Virtual Reality • Augmented Reality • 3D-Welten • Smart City • Raumplanung

11.1 Visionen werden Wirklichkeit

Bereits 1945 formulierte der US-Ingenieur Vannevar Bush seine Vision für die Unterstützung des Menschen mittels informationsverarbeitenden Systemen (Bush 1946). Er nannte seine Maschine *Memex* (Buckland 1992), die auf Mikrofiche-Basis die Vernetzung von Informationen und Querverbindungen unterstützt und bei

Vollständig neuer Original-Beitrag

M. Guggisberg (✉) • H. Burkhart
Universität Basel, Basel, Schweiz
E-Mail: martin.guggisberg@unibas.ch; helmar.burkhart@unibas.ch

221

der sich ein Nutzer quasi von Ort zu Ort bewegen kann. Entdeckungen sowie die Bewegung durch den virtuellen Raum von Memex können gespeichert und anderen zugänglich gemacht werden. Memex ist nie gebaut worden; die technologischen Möglichkeiten waren zu dieser Zeit nicht genügend vorhanden, um die Vision Realität werden lassen zu können.

Auch Alan Kay's *Dynabook* (Press 1992) war seiner Zeit zu weit voraus. Zu Beginn der 70er-Jahre des vorigen Jahrhunderts war es nicht nur als Prototyp eines mobilen Computers geplant, sondern es sollte alle sensomotorischen Fähigkeiten des Menschen bedienen. Immerhin entstand in der Denkschmiede XEROX (Hiltzik 1999) dann das Pioniersystem des persönlichen Computers, der Alto (Thacker et al. 1979).

Siebzig Jahre nach Vannevar Bush können dank des rasanten technologischen Fortschritts auf den Gebieten der Prozessorgeschwindigkeit, der Speicherkapazität, der hochauflösenden Displays und der 3D-Entwicklungsumgebungen interaktive 3D-Welten in verschiedenen Kontexten verwirklicht werden. Internationale Firmen wie z. B. Google, Apple oder ESRI stellen zahlreiche Werkzeuge und Geoweb-Produkte (wie z. B. weltweite Landkarten, hochauflösende Luftaufnahmen und 3D-visualisierte Städte) frei zur Verfügung. Damit lassen sich lokale urbane Planungen eingebettet in bereits existierenden 3D-Stadtmodellen visualisieren.

Computergesteuerte 3D-Brillen ermöglichen ein immersives Erleben von virtuellen Lebenswelten durch ein direktes Einbezogensein. Die Spielewelt greift dies heute bereits massiv auf, aber das Potenzial dieser neuen Benutzerschnittstellen ist viel größer. Insbesondere der Bereich Architektur ist zurzeit in einem Wandlungsprozess. Geplante Bauvorhaben können so aus beliebigen Perspektiven betrachtet werden. Einsatz und Nutzung von Laufzeit- und Entwicklungsumgebungen für interaktive 3D-Lebenswelten ermöglichen eine Gestaltung von virtuellen Lebenswelten, in welchen sich eine Vielfalt von Ideen realisieren und simulieren lassen.

Am Beispiel von fünf Projekten werden die neuen Möglichkeiten in Bezug auf Planung und Lernen und die bis zum heutigen Zeitpunkt erreichte Qualität und Präzision von 3D-Welten aufgezeigt.

11.2   VR- und AR-Technologien, 3D-Rendering-Technik und 3D-Brillen

Wir leben in einer dreidimensionalen Welt. Seit dem Beginn der Personal Computer-Ära in den 80er-Jahren gab es zahlreiche Bestrebungen, um ein dreidimensionales Benutzererlebnis zu ermöglichen. In den Anfängen waren dies dreidimensionale Polygone, die mit Hilfe der Vektorrechnung in den ersten 3D-Spielen wie z. B. Elite 1984, einer virtuellen Welt bestehend aus 8 Galaxien und 256 Sternen (Ian Bell und David Braben (Dahlskog und Togelius 2012)), genutzt worden sind. Die rasante Entwicklung der Grafikkarten wie auch der Displaytechnologien ermöglichten es in den folgenden Jahren, den Realitätsbezug laufend zu steigern.

Virtuelle Welten können in verschiedenen Formen in Erscheinung treten. Es gibt zahlreiche Versuche, den Begriff „Virtuelle Welt" zu definieren; Axel Bruns versucht dies über eine Auflistung von Eigenschaften (Bruns 2008):

- Eine Welt mit räumlichen Strukturen und der Möglichkeit für die Speicherung von Objekten und Zuständen
- Austauschmöglichkeiten mit weiteren Nutzern
- Echtzeitinteraktionen mit Nutzern und Objekten innerhalb der Virtuellen Welt
- Ähnlichkeiten zu der realen Welt, wie z. B. Bewegungsformen mit realistischen physikalischen Eigenschaften (Beschleunigung und Trägheit)

Die Kombination von virtuellen Objekten mit realen Objekten wird als „Mixed Reality" bezeichnet. Paul Milgram hat dazu bereits 1994 eine eindimensionale Taxonomie entwickelt (siehe Abb. 11.1) (Milgram und Kishino 1994).

An einem Ende der kontinuierlichen Skala befindet man sich in der Realität, am anderen Ende in einer vollständigen virtuellen Realität. Zum Beispiel begibt man sich beim kommerziellen Rollenspiel „Second Life" in eine vollständig Virtuelle Welt (Warburton 2009). Eine künstliche Welt, bei welcher der Hauptteil aller Elemente virtuell ist, wird als „Augmented Virtuality" bezeichnet. Beispiele dafür stammen aus Fernsehstudios, insbesondere bei Wettervorhersagen, bei welcher häufig nur die Sprecherin und vielleicht ein Tisch real ist. Bei „Augmented Reality"-Szenarien existieren wenig virtuelle Objekte, die mit Hilfe spezieller Displays und mit einer hohen Präzision im realen Raum verortet und sichtbar gemacht werden können.

Augmented Reality-Anwendungen stellen hohe Anforderungen an die Darstellungstechnologie (elektronische Brillen und mobile Displays). Einerseits müssen in der Realität präsente Objekte mit virtuellen Objekten ergänzt, respektive mit einer hohen Präzision überlagert werden. Andererseits muss dies in Echtzeit erfolgen, das heißt innerhalb von weniger als 20 Millisekunden, damit das System genügend Zeit hat, um 50 Einzelbilder je für das linke und rechte Auge zu erzeugen. Auf Grund dieser hohen technischen Anforderungen steht der Markt für AR-Brillen im Gegensatz zum Markt für VR-Brillen noch am Anfang. Das ambitionierte Augmented-Reality-Projekt „Google Glasses" wurde etwa 2015 nach einer mehrjährigen Entwicklung gestoppt. Für AR-Forschungsprojekte werden häufig noch selbstentwickelte Brillen in „Rapid Prototyping"-Verfahren eingesetzt. Dank der hochauflösenden Displays, integrierten Kameras und modernen Positions- und Beschleunigungssensoren etablierten sich Smartphones zu einem Zweig von Augmented-Reality-Anwendungen, bei welchen einem Echtzeit-Video-Stream virtuelle Objekte überlagert werden können (Yovcheva et al. 2012). Bekanntestes Beispiel dafür ist das Spiel „Pokémon GO"; in diesem werden virtuelle Charaktere (Taschenmonster) irgendwo im öffentlichen Raum eingesammelt. Es wird in Abschn. 11.3. genauer beschrieben.

Abb. 11.1 „Mixed Reality"-Taxonomie nach Paul Milgram

Die im Weiteren ausgewählten Beispiele nutzen unterschiedliche „Mixed Reality"-Technologien. Bis auf das Pionierbeispiel „Second Life" verbinden alle Projekte eine Virtuelle Welt mit real existierenden urbanen Orten. Innerhalb der Virtuellen Welten haben die Nutzer unterschiedliche Möglichkeiten zur Beobachtung oder Partizipation.

11.3 Pokémon GO – eine virtuelle Spielwelt mit Bezug zu geografischen Standorten

Pokémon GO ist ein frei erhältliches Spiel für Smartphones und Tablets, das von den Firmen Nintendo und Niantic Labs (einem Google Spin-Off) entwickelt wurde. Innerhalb der ersten Wochen nach der Veröffentlichung des Spiels im Juli 2016 stieg die Nutzerzahl auf über 30 Millionen. Das Spielprinzip orientiert sich an den bisherigen Pokémon-Spielen von Nintendo: Spielerinnen und Spieler sammeln Pokémons (aus *pocket* und *monster*, auf deutsch Taschenmonster), welche trainiert und entwickelt werden können.

Pokémon GO ist ein positionsbezogenes Spiel. In einer Spiegelwelt, auf einer Landkartenansicht, welche die Daten von Google Maps nutzt, werden Interaktionszonen, sogenannte Poké-Stops und Pokémon-Arenen, in der Nähe angezeigt. Darüber hinaus können sich überall Pokémons verstecken. Erst wenn sich die Spielerinnen und Spieler genügend angenähert haben, werden diese sichtbar und können mit Spielbällen (sogenannte Poké-Bälle) eingefangen werden. Die Spielerinnen und Spieler bewegen sich in der Realität zu diesen Orten, um einerseits Poké-Bälle zu erhalten oder um ihre virtuellen Spielfiguren in den Pokémon-Arenen gegeneinander kämpfen zu lassen. Die Interaktionszonen sind häufig an interessanten Örtlichkeiten wie z. B. Kirchen, Brunnen oder in der Nähe von Kunstobjekten zu finden.

Neben einer rein virtuellen Kartenansicht kann auch eine Augmented Reality-Ansicht gewählt werden. Dabei wird dem Videostream der Kamera ein eventuell vorhandenes Pokémon überlagert. Das Spiel kann auch als eine moderne Form von Geocaching angesehen werden, mit dem Unterschied, dass alle zu entdeckenden „Schätze" rein virtuell sind. Als einzige kollaborative Elemente können die Einteilung in drei Teams (gelb, rot, blau) oder die Möglichkeit eines örtlichen Zusammentreffens in der Realität angesehen werden. Ein direktes Miteinander, respektive Gegeneinander findet beim Spiel Pokémon GO im Moment noch nicht statt. Auch gibt es keine Möglichkeit für einen Austausch von virtuellen Objekten untereinander.

Dieses Spielprinzip ermöglicht ein Erfassen von Positions- und Bewegungsdaten aller Teilnehmerinnen und Teilnehmer durch die betreibende Firma. Die auf diese Weise erfassten Daten können als Basis für Monitoring-Systeme verwendet werden, wie dies Bernd Streich in seinem Kapitel mit dem Titel „Menschen als smarte Sensoren – Neue Möglichkeiten für die Stadtplanung" beschreibt (Streich et al. 2013).

11.4 Second Life

In der virtuellen Welt von „Second Life" können sich mehrere Benutzer gleichzeitig aufhalten und miteinander kommunizieren. Benutzer werden dabei durch individuelle Avatare repräsentiert. Im Jahre 2007 verdoppelte sich die virtuelle Bevölkerung des Spiels *„Second Life"* (Warburton 2009). Zu diesem Zeitpunkt hatte die Virtuelle Welt mehr Nutzer als das damals junge Social Media-Unternehmen Facebook. Zahlreiche Institutionen ließen sich von Agenturen eine virtuelle Repräsentation innerhalb von Second Life erstellen. Aus heutiger Perspektive ist der damalige Hype schwierig nachzuvollziehen. Einerseits waren die 3D-Werkzeuge zur Erstellung von Objekten und Interaktionen bescheiden, andererseits hielten sich trotz der gigantischen Zahl eingetragener Nutzer wenige Nutzer online auf, so dass die Welt zwar verbaut, jedoch sehr dünn besiedelt war. Scheinbar haben sich zahlreiche Nutzer einen Avatar erstellt, um nur einmal zu schauen und danach die Virtuelle Welt „Second Life" nie mehr zu besuchen. Nischen, wie zum Beispiel Sprachschulen, scheinen aber auch nach mehr als zehn Jahren seit dem Start von „Second Life" noch Nutzerinnen und Nutzer anziehen zu können. Kristi Hislope weist in ihrem Artikel aus dem Jahr 2009 darauf hin, dass dem Sprachunterricht in einer 3D-Welt eine breitere Palette von Konversationsmöglichkeiten als im traditionellen Klassenzimmer zur Verfügung gestellt wird (Hislope 2009). Kommerzielle Sprachkursangebote werben damit, dass sich Sprachinteressierte rund um die Uhr mit „Native Speakers" direkt austauschen können und sich in Alltagssituationen innerhalb der interaktiven 3D-Umgebung die Sprachkenntnisse besser vertiefen lassen als in realen Klassenräumen.

In den letzten Jahren sind Virtuelle Welten mit hochauflösender Grafik und zahlreichen Nutzern zu einem wichtigen Zweig der Computerspielindustrie geworden. Dieses Genre wird als „Massively Multiplayer Online Role-Playing Game" (MMORPG) bezeichnet. Spielerinnen und Spieler bilden Gruppen, sogenannte Gilden, um gemeinsam die virtuellen Herausforderungen meistern zu können.

11.5 Outdoor Augmented Reality: vom Kunstprojekt zum virtuellen Lift

Jan Torpus (Torpus und Bühlmann 2005) konzipierte 2004 einen erlebbaren Augmented Reality Rundgang in der Basler Altstadt. Mit einfachen Mitteln (GPS-Sensor, einem *Head Mounted Display* der ersten Generation und der Multimedia-Entwicklungsumgebung Max/MSP) erschienen dem Betrachter an vorbestimmten geografischen Standorten Bilder, welche teilweise von Geräuschen begleitet wurden. Sein Kunstprojekt LifeClipper war ein „proof of concepts" für das zeitlich nachfolgende interdisziplinäre Forschungsprojekt mit dem Namen LifeClipper2 (Torpus 2008). Bei LifeClipper2 wurden Outdoor Augmented Reality-Szenarien für die Gebiete Architektur, Tourismus und Archäologie untersucht und entwickelt. In Szenarien von LifeClipper2 wurden Zeitreisen ermöglicht, indem einerseits geschichtliche Zusammenhänge rekonstruiert und andererseits Simulationen und Vorhersagen künftiger Ereignisse erlebbar gemacht wurden.

Die an der Universität Basel entwickelte Software überlagerte hochpräzise und fließend virtuelle Objekte mit der realen Umgebung. Ein differenzielles GPS mit einer lateralen Genauigkeit von weniger als einem Zentimeter lieferte exakte Positionsdaten. Weitere Sensoren bestimmten die Blickrichtung sowie die momentane Beschleunigung des Nutzers.

Eine selbstentwickelte elektronische Brille, bestehend aus zwei Kameras, einem integrierten Display und einem Orientierungs- und Beschleunigungssensor (siehe Abb. 11.2) reagierte auf jede Bewegung des Kopfes (Neigung oder Drehung). Dabei wurden entsprechend der momentanen Blickrichtung virtuelle Objekte mit dem Videosignal der Kameras überlagert. Dies bewirkte ein Gefühl der Immersion, des direkten Einbezogenseins in die Umgebung.

Ziel des interdisziplinären Forschungsprojekts LifeClipper2 war es, das zu diesem Zeitpunkt technologisch Mögliche an vier Szenarien im öffentlichen Raum zu erproben. Das Projekt wurde noch vor der „Revolution" durch Smartphones im Mobilgerätemarkt durchgeführt, so dass die Nutzer schwere Lasten bestehend aus Hardwarekomponenten auf dem eigenen Rücken herumtragen mussten (siehe Abb. 11.3). Sie wurden dafür durch das damals einmalige Erleben von interaktiven und immersiven Zonen im öffentlichen Raum rund um das Gebiet des Novartis Campus in Basel belohnt.

Die Mehrheit der Nutzer bezeichnete in der erfolgten Auswertung den virtuellen Lift als das Element, bei welchem sie sich am meisten in die Szene einbezogen fühlten. Beim virtuellen Lift konnten die Teilnehmer innerhalb einer örtlich

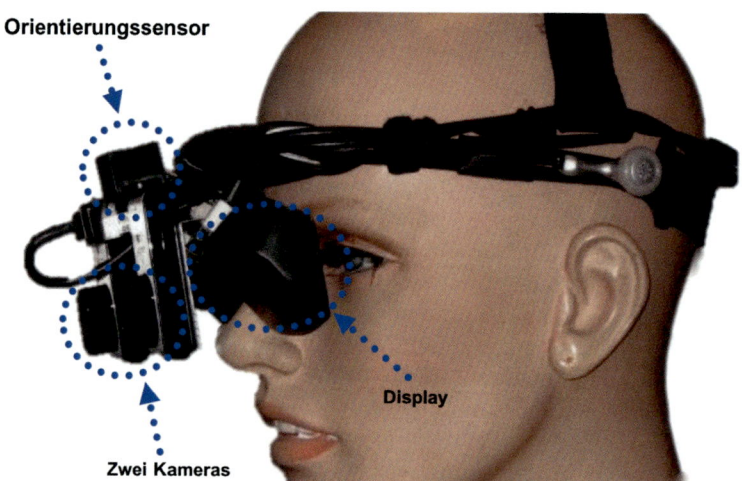

Abb. 11.2 Erster Prototyp einer selbstentwickelten elektronischen Brille für das Forschungsprojekt LifeClipper2

Abb. 11.3 links: Überlagerung eines virtuellen 3D-Modells mit einem Echtzeit-Bild des Lifeclipper2 Systems (2006); rechts: Benutzer, welcher das Lifeclipper2-System (ca. 12 kg) auf seinem Rücken transportiert

begrenzten Zone, vor dem Eingang zum Novartis Campus-Gelände, eine Taste betätigen und wurden anschließend virtuell um 30 Meter in die Höhe gehoben. Bei dieser virtuellen vertikalen Bewegung wechselte die überlagernde Ansicht zu einer vollständigen virtuellen Ansicht. Dabei wurden die geplanten zukünftigen Gebäude, wie auch das umgebende Parkareal aus einer Vogelperspektive sichtbar gemacht. Kopfbewegungen veränderten ohne zeitliche Verzögerung die virtuelle Perspektive, so dass sich die Betrachter schwebend wie in einem Fesselballon füllten.

Die technische Realisierung des Lifeclipper2-Systems basiert auf zahlreichen Sensoren zur Bestimmung von Position, Beschleunigung und Blickrichtung, sowie einem Kamerasystem, welches einen Video-Livestream aufnimmt und mit überlagerten virtuellen Objekten auf den integrierten Displays ausgibt (Müller 2012). Die einkommenden Signale werden von einem modular aufgebauten Echtzeitsystem verarbeitet. Nachfolgende Augmented Reality-Projekte ab dem Jahre 2010 konnten direkt von den technischen Entwicklungen durch die Miniaturisierung und die Steigerung der Displayauflösung profitieren.

11.6 CityEngine

CityEngine ist eine kommerzielle Modellierungssoftware für urbane Entwicklung und Planung vertrieben von der Firma ESRI. Raumplanungsszenarien lassen sich damit flexibel und rasch umsetzen. Nichtsdestotrotz ist eine Integration wie auch eine Aktualisierung von 3D-Städte-Modellen eine zeitaufwendige und kostenintensive Angelegenheit, weil diese Arbeiten nur zu einem geringen Anteil automatisiert werden können. CityEngine richtet sich gezielt an größere Architekturbüros oder an Raumplanungsämter. Ein normaler Nutzer kann erste Schritte mit einer 30-tägigen

Testversion tätigen und mit Hilfe zahlreicher Tutorials eigene Planungs- und Visualisierungs-Projekte starten.

Die 3D-Modellierungs Software CityEngine wurde ursprünglich an der ETH Zürich am Computer Vision Lab von Pascal Müller entwickelt (Müller et al. 2006). Der Kern basiert auf einem prozeduralen Modellierungsansatz. Mit Hilfe eines Regel- und Parametersatzes lassen sich urbane Stadtgebiete automatisiert umgestalten oder neu erstellen. Zusätzlich unterstützt die Software die Simulation von zeitbasierten Phänomenen, wie z. B. die Veränderung der Verkehrsdichte oder der Nutzungsfläche (Weiter 2013). Erzeugte 3D-Modelle können mit Hilfe von WebGL direkt in einem Browser visualisiert und betrachtet werden. Damit ist es möglich, geplante Vorhaben aus beliebig wählbaren Perspektiven zu betrachten; insbesondere lässt sich die Tageszeit und damit der Sonnenstand einstellen.

ArcGIS, der öffentliche Web-Cloud-Dienst der Firma ESRI ist vergleichbar zu Google Earth, welcher weltweit Geoinformationen, Karten und 3D-Modelle via Webtechnologien zugänglich macht. Der Workflow, um eigene 3D-Modelle publizieren zu können, umfasst mehrere Schritte, welche wegen der benötigten Handarbeit sehr zeitintensiv sind. In einem ersten Schritt müssen die Geo-Daten, häufig aus 2D-Karten, importiert werden. Durch Extrusion, das Erweitern von zweidimensionalen Flächen zu 3D-Objekten wie Quader oder Prismen, können daraus einfache 3D-Modelle geschaffen werden. Das entstandene 3D-Modell kann durch weitere vordefinierte 3D-Objekte wie z. B. Fahrzeuge, Sträucher oder Bäume verfeinert werden.

CityEngine ermöglicht virtuelle Kameraflüge. In der aktuellen Version wird jedoch die Flugbahn nicht nach den physikalischen Gesetzen, sondern nur als geometrische dreidimensionalen Kurve modelliert. Rein geometrisch festgelegte räumliche Kurven können dabei unrealistisch wirken. Die Möglichkeit, zusätzliche Daten in verschieden Schichten (Layer) zu integrieren, sowie Lichtsimulationen, z. B. den Schattenwurf in Abhängigkeit des Sonnenstands zu berechnen (siehe Abb. 11.4), sind Stärken der Entwicklungssoftware.

Abb. 11.4 Öffentlich erhältliches 3D-Modell mit Schattenwurf des Campus der Universität Rochester, links zur Mittagszeit, rechts gegen Abend (Weblink: http://www.arcgis.com/home/item.html?id=3c05337b752544c1a2364aa7b8de9346)

11.7 Digitale Werkzeuge für die Raumplanung

Die Raumplanung ist eine gezielte Einwirkung auf die räumliche Entwicklung der Gesellschaft, der Wirtschaft und der sozialen Umwelt. Zentrale Themen der Raumplanung sind räumliche Anforderungen in Bezug auf unterschiedliche Aspekte (wie z. B. Verkehr, Bevölkerung, Wirtschaft) abzustimmen und Vorsorge für die zukünftige Raumnutzung zu treffen.

Die klassische Arbeitsweise bei der Stadtentwicklung und Raumplanung liegt mehrheitlich in den Händen von Expertinnen und Experten. Erst fertig gestellte Lösungen werden den politischen Gremien zur Ratifizierung übergeben. Mit der Hilfe neuer digitaler Werkzeuge können aber Bürgerinnen und Bürger bereits während der Planungsphase mit einbezogen werden.

Vor allem in Bereichen der Geisteswissenschaften wurden im 20. Jahrhundert Bürgerinnen und Bürger im Rahmen von „Citizen Sciences"-Projekten mit einbezogen. Bei aktuellen „Citizen Science"-Projekten werden typischerweise wissenschaftliche Aktivitäten, wie zum Beispiel das Sammeln oder das Bearbeiten von Datensätzen ausgeführt (Bonney et al. 2009). Eine treibende Kraft für diese Art von Projekten sind die mittlerweile für die Allgemeinheit einfach zugänglichen IKT-Werkzeuge. Dank sensorbezogenen Erhebungsverfahren können für Raumplanungsexpertinnen und -experten dynamische und kontextsensitive Daten zur Verfügung gestellt werden. In einem Artikel aus dem Jahr 2013 beschreibt Bernd Streich mögliche Crowdsourcing-Verfahren, bei welchen Individuen auf freiwilliger Basis Geo-Daten erzeugen und diese zur Verfügung stellen(Streich et al. 2013).

Der Automobilkonzern BMW sammelte mit Hilfe eines Ideenwettbewerbs („Tomorrow's Urban Mobility Services") auf einer eigenen Crowdsourcing-Plattform innovative Möglichkeiten zu Themen wie dem Parkieren, der Vernetzung und Kommunikation im Auto oder Mobilität im Allgemeinen. Innerhalb von weniger als sechs Wochen nahmen über 500 Teilnehmer aus der ganzen Welt teil. Daraus entstanden mehr als 300 Ideen und Konzepte, welche von den Crowd-Teilnehmern bewertet und eingestuft wurden (rating). Dieser Erfolg veranlasste das Entwicklungsteam weitere kollaborative Crowdsourcing-Projekte durchzuführen (Bartl et al. 2010) Am Fallbeispiel Hybrid Urban Visualization (HUVis) wird nachfolgend das Potenzial einer aktiven Partizipation bei der Entwicklung neuer Quartiere aufgezeigt.

11.8 Hybrid Urban Visualization (HUVis) – Visualisierung im Kontext der Raumplanung

Eine Aufnahme basaler Fragestellungen zur Raumplanung führte zum Forschungsprojekt Hybrid Urban Visualization (HUVis). Nach einem positiv verlaufenden Vorprojekt gemeinsam mit dem Planungsamt des Kantons Basel-Stadt startete das Forschungsprojekt im November 2014. In einem interdisziplinären Team, zusammengestellt aus Architekten, Raumplanern, 3D-Visualisierungs-Spezialisten und Web-Frontend-Entwicklern wurden in einem ersten Schritt die funktionalen Anforderungen definiert. Von Projektbeginn an lag der Fokus auf einer flexiblen Nutzung von HUVis für unterschiedliche Zielgruppen. Einerseits soll HUVis Experten auf einfache Weise statische Visualisierungen von zukünftigen Bauten aus verschiedenen Perspektiven liefern können, andererseits sollen geplante Überbauungen mit Hilfe von neuen 3D-Brillen für den normalen Bürger erlebbar gemacht werden.

Neben einer hochauflösenden 2D-Visualisierung auf großflächigen OLED-Displays können auch gleichzeitig zwei Bilder für das linke und rechte Auge erzeugt werden. Durch den Einsatz einer 3D-Brille kann damit ein dreidimensionaler Eindruck für den Betrachter geschaffen werden.

Für einen ruckelfreien Einsatz müssen die beiden Bilder alle 20 Millisekunden, respektive 50mal pro Sekunde erzeugt und an das entsprechende Display der Brille ausgeliefert werden. Diese Rechenleistung wie auch der Datentransfer sind dank heutiger Hardware technologisch möglich.

HUVis nutzt das 3D-Rendering und die Physics Engine der 3D-Entwicklungsumgebung Unity (Indraprastha und Shinozaki 2009). Unity kann bis zu einem kommerziell erworbenen Umsatz von bis zu 100'000 Dollar weitgehend frei genutzt werden. Nach einem Überschreiten dieser Umsatzschwelle wird eine kostenpflichtige Pro-Lizenz erforderlich. Die Entwicklungsumgebung Unity unterstützt visuelle Programmierung. Zahlreiche mächtige Werkzeuge können dazu per „Drag und Drop"-Technik eingesetzt werden. Für tiefer eingreifende, spezifische Aufgaben kann die Programmierschnittstelle für die Sprachen JavaScript und C# genutzt werden. Visuelle Spezialeffekte, wie z. B. gasförmige Phänomene (Feuer oder Rauch), lassen sich mit Hilfe einer integrierten Modellierung für Partikelsysteme erzeugen.

Unity unterstützt die meisten Zielplattformen im Bereich PC-Betriebssysteme (WIN, MAC, Linux), Mobilgeräte (IOS, Android), Spielkonsolen und Webbrowser mit WebGL. Ein erster HUVis-Prototyp konnte im Verlauf von sechs Monaten mit

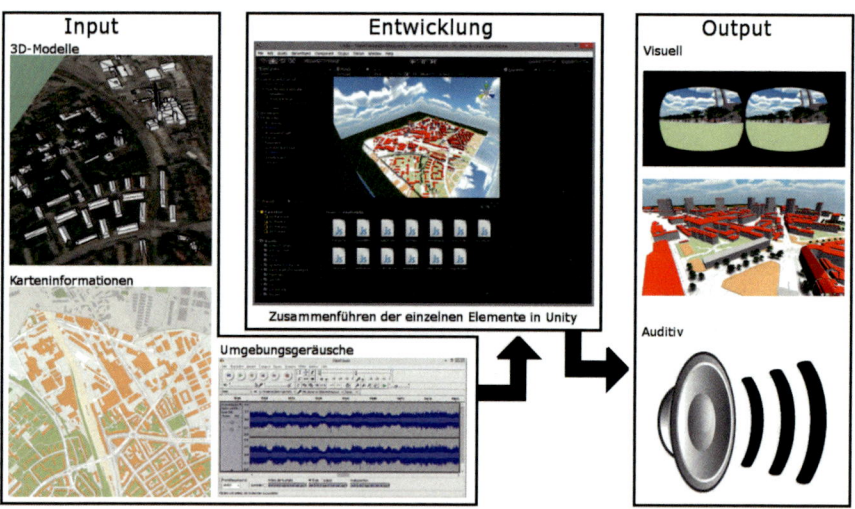

Abb. 11.5 Technische Realisierung von HuVis im Zusammenspiel mit der Entwicklungsumgebung Unity

Hilfe von Unity nach dem im folgenden aufgelisteten Ablauf (siehe Abb. 11.5) implementiert werden:

- Import des 3D-Stadtmodells,
- Import des Geländemodells,
- Kalibrierung des 3D-Stadtmodells in Bezug auf eine detaillierte Karte, welche auf das Geländemodell orthogonal projiziert wurde,
- Festlegung der möglichen (physikalisch korrekten) Kamerabewegungen,
- Festlegung des virtuellen Sehwinkels für die verschiedenen Ausgabenformate,
- Verfeinerung durch Bäume und Einbau von typisch urbanen Umgebungsgeräuschen.

In Abgrenzung zum Arbeitsfeld der Architektur, welche einen hohen Wert auf fotorealistische 3D-Visualisierung mit hoher Detailtreue legt, liegt der Fokus bei der Raumplanung auf einer nach einer Bauklötzchen-Metapher vereinfachten Sichtweise bestehend aus Quadern mit leichtem farbigen Kontrast. In den meisten raumplanerischen Fragestellungen, bei welchen momentan digitale Werkzeuge eingesetzt werden, geht es um die Sichtbarkeit zukünftiger Bauten aus verschiedenen Standpunkten.

In der Virtuellen Welt von HUVis können sowohl Positionen wie auch Blickrichtungen beliebig gewählt werden. Damit wird ein kontinuierlich verlaufender Perspektivenwechsel möglich. Beginnend aus einer Vogelperspektive kann die Höhe kontinuierlich verringert werden, bis das gleiche Objekt aus einer Froschperspektive betrachtet werden kann (siehe Abb. 11.6). Im Unterschied zum realen Raum können Städteplaner eine Horizontlinie aus beliebigen Höhen über dem Boden untersuchen.

HUVis bieten verschiedene Möglichkeiten, geplante Bauprojekte in das 3D-Geländemodell zu integrieren (siehe Abb. 11.7). Ausgehend von einem klassischen Plan können quaderförmige Gebäude mit den entsprechenden Dimensionen an entsprechender Stelle positioniert werden. Ein integrierter interaktiver Baumodus, welcher sich an der Funktionsweise des 3D-Computerspiels „Minecraft" orientiert, ermöglicht ein direktes Bauen in der 3D-Ansicht.

Die Bewegungen des Betrachters verlaufen auf physikalisch realistischen Bahnen. Intern wird dazu eine Physik-Engine verwendet. Beim Einsatz einer 3D-Brille wird der Nutzer vollständig vom 3D-Stadtmodell umgeben.

Eine Gestenerkennung dient als Benutzerschnittstelle, mit welcher die Bewegung durch die Virtuelle Welt gesteuert werden kann. Erst dieses Zusammenspiel

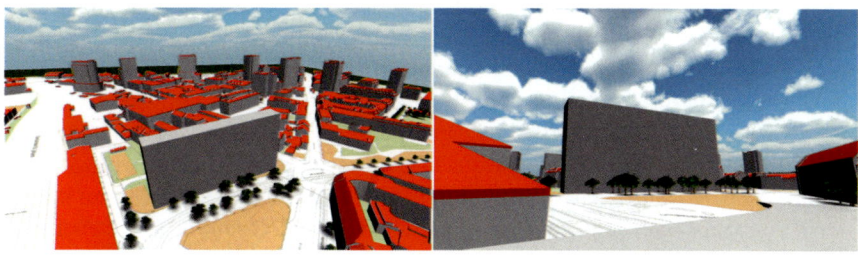

Abb. 11.6 3D-Visualisierung eines westlichen Stadtgebiets Basels, Vogelperspektive (links), Froschperspektive (rechts) auf einen fiktiven überdimensionierten Quaderbau

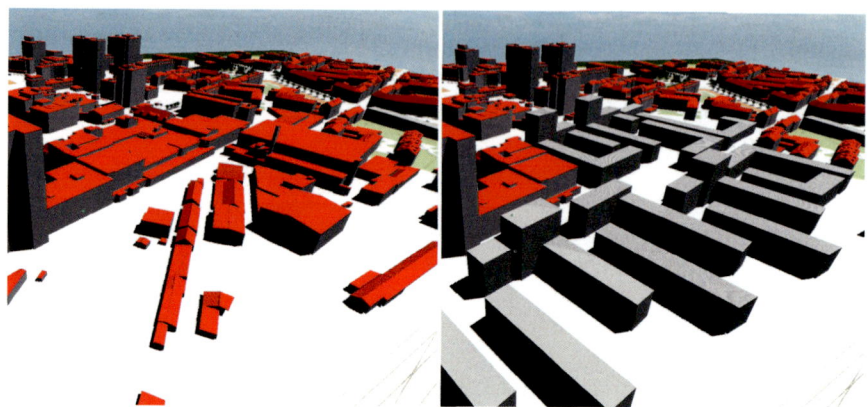

Abb. 11.7 links: 3D-Visualisierung einer brach stehenden Industriefläche, rechts: Visualisierung der geplanten Gebäudeeinheiten mit Hilfe von grauen Quadern

Abb. 11.8 Immersives Erleben eines 3D-Stadtmodells durch einen physikalisch realistischen virtuellen Flug

zwischen der Gestenerkennung, einem Leap-Motion-Sensor (Weichert et al. 2013) und der 3D-Brille ermöglicht ein immersives Eintauchen in das 3D-Stadtmodell. Durch Gesten mit den Händen kann der Betrachter vorwärts fliegen, links und rechts drehen, sowie nach oben und unten fliegen (siehe Abb. 11.8). Gleichzeitig kann er den Kopf drehen oder neigen und in die entsprechen Richtung blicken. Dies liefert in Bewegung einen vergleichbaren Eindruck (Parallax-Effekte), wie wenn man seitlich aus einem Verkehrsmittel wie z. B. einem Bus oder der Bahn schaut.

HUVis ermöglicht es Bürgerinnen und Bürgern, von individuellen Standpunkten zukünftige Bauten zu betrachten. Es braucht dazu kein Expertenwissen, um aus Plänen sich den entsprechenden zukünftig überbauten Raum vorstellen zu können.

Virtuelle 3D-Welten ermöglichen entdeckendes Lernen im Sinne eines individuellen selbständigen Erkundens. Nutzerinnen und Nutzer bewegen sich dabei virtuell durch 3D-Welten und messen oder beobachten Sachverhalte in dieser Welt. Im Rahmen von HUVis und der urbanen Raumplanung sind dies zum Beispiel Horizontlinien. Bei einer 3D-Welt zur Zellbiologie könnte der Beobachtungsgegenstand dynamische Prozesse, wie zum Beispiel das Öffnen und Schließen von Poren auf einer Zellmembran, sein. Die Kosten für einen Einsatz einer 3D-Welt entsprechen den Kosten eines leistungsstarken PCs, einer kommerziellen 3D-Brille, sowie den zeitlichen Ressourcen für die Integration der 3D-Objekte.

11.9 Fazit und Ausblick

Das öffentlich zugängliche, hochauflösende, weltweit verfügbare Kartenmaterial von Firmen und *open source*-Projekten mit immer präziseren Geländemodellen und in 3D visualisierten Zonen (häufig Stadtgebiete) ermöglicht bereits heute ein vollständig virtuelles Erkunden städtischer Gebiete. Der Wunsch, dass als Grundlage einer demokratischen Meinungsfindung bei Stadtentwicklungsprojekten Bürgerinnen und Bürger neu zu erschließende Gebiete selbstständig virtuell erkunden können, bevor sie darüber entscheiden müssen, wird immer stärker.

Großprojekte wie zum Beispiel der Stuttgarter Bahnhof haben gezeigt, dass ab einer gewissen Projektgröße die Übersicht bei der Planung verloren gehen kann. Anstelle einer statischen Infrastrukturplanung kann eine Simulation des geplanten Betriebs unmittelbar aufzeigen, dass ein so projektiertes Vorhaben nicht überall operativ funktionieren wird und Projektanpassungen nötig werden.

Verschiedene 3D-Entwicklungswerkzeuge, welche ein fotorealistisches 3D-Rendering und kinematische Simulationen mit Hilfe von 3D-Engines ermöglichen, wurden in den letzten Jahren für die Entwicklung nicht-kommerzieller Projekte frei zugänglich gemacht. Diese Werkzeuge können von interessierten Personen größtenteils frei genutzt werden. Damit lassen sich virtuelle 3D-Welten von immer höherer Komplexität erstellen. Ein großes Potenzial steckt in Vorhersagemodellen für sich zeitlich verändernde Größen wie zum Beispiel lokale Besiedelungsdichten oder Verkehrsflüsse. Die über Jahrzehnte entwickelten 3D-Entwicklungsumgebungen, so wie die frei verfügbaren Geoinformationen ermöglichen es kleinen Teams oder Einzelpersonen, eigene urbane, virtuelle Räume zu erschaffen und diese mit modernen 3D-Brillen immersiv zu erleben.

Der zeitliche Aufwand ist zu einem Hauptteil durch die Erstellung des 3D-Modells gegeben. Falls aktuelle 3D-Modelle von urbanen Gebieten durch die Planungsämter öffentlich zugänglich gemacht werden, wird es ein kleiner Schritt sein, dass zukünftige Projekte bereits in den ersten Planungsphasen virtuell zugänglich gemacht werden können. Bereits in der Ausschreibungsphase eines neuen Zonenplans könnten sich die angrenzenden Anwohner selbst ein Bild machen, wie eine zukünftige Horizontline aussehen kann, und zwar in Abhängigkeit der zulässigen Bauhöhe eines neuen Zonenplans. Die Automobilindustrie hat als erste gezeigt, dass „Planung by Crowd" ein unverzichtbares Element ist, um Benutzerbedürfnisse abzudecken. Eine partizipatorische „Raumplanung by Crowd" ist technologisch möglich und kann ein Schritt in Richtung mehr Demokratie sein.

Weitere Themen, die „smarte" Raumplanung adressieren kann, sind Nachhaltigkeit (z. B. Energie und Verkehr), soziales Umfeld (Nachfrage- und Angebotssysteme), Beiträge zum Generationenproblem (Rollstuhl- und Kinderwagenfreundlichkeit, Vereinsamung), Bürgernutzen (weniger Lärm, Warteschlangen) sowie – ganz wichtig – Sicherheit (z. B. Lichtsimulation). Ob wir uns zuerst virtuell eine Smart City erdenken, die auf Lebensqualität optimiert ist und die erst danach als reale Smart City gebaut wird, mag für die dicht besiedelte Schweiz als Fiktion erscheinen. Das Städtebau-Pionierprojekt Masdar Development im Wüstengebiet in der Nähe von Abu Dhabi konnte bereits zeigen, dass mit Hilfe von Simulationen, wie z. b. der Berechnung von Luftströmungen und des Schattenwurfs ein angenehmes Mikroklima innerhalb eines zukünftigen Stadtgebiets geplant werden kann (Cugurullo 2013). Aber auch Planungsprozesse im Kleinen (das Quartier) können das technologische Potenzial ebenso nutzen und so inkrementell eine Verbesserung der städtischen Lebensqualität bewirken.

Danksagung Das in diesem Text vorgestellte Forschungsprojekt HUVis (Nr. 16064.2 PFES-ES) konnte dank der finanziellen Unterstützung durch die Schweizer Kommission für Technologie und Innovation (KTI) durchgeführt werden. Wir danken dem Baudepartement der Stadt Basel für die Bereitstellung von Geländemodellen, sowie unserem Industriepartner Vanamco für die Softwareunterstützung. Besonderer Dank gilt Maurus Dähler. Er hat sich im Verlauf seiner Arbeit, der Implementierung von HuVis, zu einem Unity-Experten entwickelt. Ebenso danken wir Anne Keser für Ihre wertvollen Kommentare aus Sicht der Raumplanung.

Literatur

Bartl M, Jawecki G, Wiegandt P (2010) Co-creation in new product development: conceptual framework and application in the automotive industry. In: Conference proceedings R&D management conference–information, imagination and intelligence, Bd 9, Manchester

Bonney R, Ballard H, Jordan R, McCallie E, Phillips T, Shirk J, Wilderman CC (2009) Public participation in scientific research: defining the field and assessing its potential for informal science education. A CAISE Inquiry Group Report. Online Submission

Bruns A (2008) Blogs, Wikipedia, second life, and beyond: from production to produsage, Bd 45. Peter Lang: New York

Buckland MK (1992) Emanuel Goldberg, electronic document retrieval, and Vannevar Bush's Memex. J Am Soc Inf Sci (1986–1998) 43(4):284

Bush V (1946) As we may think. Atl Mon 176(1):101–108

Cugurullo F (2013) How to build a sandcastle: an analysis of the genesis and development of Masdar City. J Urban Technol 20(1):23–37

Dahlskog S, Togelius J (2012) Patterns and procedural content generation: revisiting Mario in world 1 level 1. In: Proceedings of the first workshop on design patterns in games. ACM, S 1

Hiltzik MA (1999) Dealers of lightning: xerox PARC and the dawn of the computer age. HarperCollins Publishers, New York

Hislope K (2009) Language learning in a virtual world. Int J Learn 15(11): 51–58

Indraprastha A, Shinozaki M (2009) The investigation on using Unity3D game engine in urban design study. J ICT Res Appl 3(1):1–18

Milgram P, Kishino F (1994) A taxonomy of mixed reality visual displays. IEICE Trans Inf Syst 77(12):1321–1329

Müller F (2012) Remembering in the metaverse: preservation, evaluation, and perception. Doctoral dissertation, University of Basel

Müller P, Wonka P, Haegler S, Ulmer A, Van Gool L (2006) Procedural modeling of buildings. In: ACM transactions on graphics (Tog), Bd 25, No. 3. ACM, S 614–623

Press L (1992) Dynabook revisited – portable computers past, present and future. Commun ACM 35(3):25–32

Streich B, Zeile P, Höffken S, Exner JP (2013) Menschen als „smarte Sensoren" – Neue Möglichkeiten für die Stadtplanung. In: Räume im Wandel. Springer Fachmedien, Wiesbaden, S 51–72

Thacker CP, MacCreight EM, Lampson BW (1979) Alto: a personal computer. Xerox, Palo Alto Research Center, Palo Alto

Torpus JL (2008) Lifeclipper2 project page. http://www.lifeclipper2.idk.ch. Zugegriffen am 10.08.2016

Torpus J, Bühlmann V (2005) LifeClipper. In: VSMM 2005 proceedings of the eleventh international conference on virtual systems and multimedia

Warburton S (2009) Second Life in higher education: assessing the potential for and the barriers to deploying virtual worlds in learning and teaching. Br J Educ Technol 40(3):414–426

Weichert F, Bachmann D, Rudak B, Fisseler D (2013) Analysis of the accuracy and robustness of the leap motion controller. Sensors 13(5):6380–6393

Weiter J (2013) Erstellen von 3D-Stadtmodellen aus nutzergenerierten, frei verfügbaren Geodaten in Kombination mit der Esri CityEngine. Doctoral dissertation, Hochschule Karlsruhe–Technik und Wirtschaft

Yovcheva Z, Buhalis D, Gatzidis C (2012) Smartphone augmented reality applications for tourism. e-Rev Tour Res (eRTR) 10(2):63–66

Teil V

Smart Mobility

Networked Logistic Hub – eine geschäftspartnerübergreifende Lösung zur intelligenten Steuerung von Transport-Logistik-Prozessen

12

Uwe Kürsten und Roland J. Peters

Zusammenfassung

Mit Networked Logistic Hub (NLH) bietet die SAP eine Plattform um Transport-Prozesse geschäftspartnerübergreifend in Echtzeit zu verfolgen und aktiv zu steuern. Ein produzierendes Unternehmen als Betreiber eines solchen Hubs kann durch die intelligente Nutzung verfügbarer Daten wie z. B. seiner Logistikdienstleister oder der umgebenden Infrastruktur (Straßen, Parkplätze) eine aktive Steuerung der Check-in/Check-out an seinen Werkstoren umsetzen. Dies wiederum führt zu höheren Auslastungsquoten an den Beladestationen und verringerten Wartezeiten für die Frachtführer. Durch die Einrichtung von „Geo-Fences" werden erwartete Transporte erst zu einem vom Hub-Betreiber vorgegebenen „Ankunftszeit – x" sichtbar. Generell ermöglicht die NLH-Lösung eine effizientere Nutzung einer bestehenden und evtl. auch begrenzten Infrastruktur durch die Nutzung verfügbarer Daten.

Schlüsselwörter

Logistik • Logistic • Netzwerk • Network • LoT • Cloud • Smart City

Vollständig neuer Original-Beitrag

U. Kürsten
SAP SE, Walldorf, Deutschland
E-Mail: uwe.kuersten@sap.com

R.J. Peters (✉)
SAP Deutschland SE, Ratingen, Deutschland
E-Mail: roland.peters@sap.com

© Springer Fachmedien Wiesbaden GmbH 2016
A. Meier, E. Portmann (Hrsg.), *Smart City*, Edition HMD,
DOI 10.1007/978-3-658-15617-6_12

12.1 Aktuelle Herausforderungen

Quer durch alle Industrien haben Unternehmen in den vergangenen Jahren zur Reduktion von Kosten kontinuierlich Lager reduziert und setzen auf eine zeitnahe Anlieferung sowohl von Roh-, Hilfs- und Betriebsstoffen, als auch den Abtransport von Fertigprodukten. Um Produktions- bzw. Abverkaufsausfälle durch die verringerten Lagerkapazitäten zu vermeiden gewinnt die Transportlogistik daher an immer größere Bedeutung.

Die Erfüllung dieser gestiegenen Anforderungen an die Transportlogistik wird durch verschiedene, limitierende Rahmenbedingungen zunehmend erschwert. Hierzu zählt insbesondere die gesamte Infrastruktur, die vielfach nur sehr beschränkt oder gar nicht weiter ausgebaut werden kann. Dies umfasst die gesamte Infrastruktur außerhalb des Werktors (insbesondere Straßen und LKW-Parkplätze), als auch die für die Transportlogistik notwendige Infrastruktur am Werk (z. B. LKW-Parkplätze, Anzahl Tore, Check-In-Kapazitäten).

Dieses Netzwerk aus Zulauf, Check-In, Be-/Entladung, Abtransport aber auch Berücksichtigung von Lenk- und Ruhezeiten der Transportführer ist einer Vielzahl unterschiedlicher Störungen ausgesetzt. Unfälle führen zu Verkehrsbehinderungen, welche zu einer verspäteten Ankunft des LKW und damit zum Verpassen eines Beladefensters führen können. Umgekehrt können aber auch zu früh ankommende LKW den werkseigenen Parkplatz blockieren und damit dieses sensible Netzwerk zusätzlich belasten.

Kommt es nun z. B. durch den Bau einer neuen Produktionsanlage zu einem erhöhten Transportaufkommen (Anlieferung von Rohstoffen und Abtransport der Fertigprodukte), wird dieses Netzwerk zusätzlich belastet. Ein Ausbau der Infrastruktur durch z. B. zusätzliche Parkplätze oder Check-In-Kapazitäten ist vielfach allein aus räumlichen Gründen nicht mehr möglich.

Diese Herausforderung ist generell nicht neu und es wurden in den vergangenen Jahren verschiedene Anstrengungen unternommen, hierfür Lösungen anzubieten. Diese Ansätze betrachteten oft aber nur einen Ausschnitt dieses Netzwerks, z. B. die Hofsteuerung (auch: Yard Management) oder konnten nur einen Teil der heute zur Verfügung stehenden Daten nutzen.

Ein umfassenderer Ansatz zur Lösung dieses Problems ist die effizientere Nutzung der Daten des gesamten Transport-Netzwerks. Dies erfordert im Wesentlichen zwei Dinge:

- eine massive Ausweitung der Bereitstellung von aktuellen Daten (möglichst Echtzeit)
- eine starke Vernetzung/Integration dieser Daten

Hierdurch wird es den Unternehmen möglich,

- zeitnah/in Echtzeit Störungen zu erkennen und diese
- aktiv zu managen,

um eine hohe Auslastung des Netzwerks und eine störungsfreie Produktion aufrecht zu erhalten.

Dabei spielen neue Technologien wie insbesondere das „Internet der Dinge" (oder auch „Internet of Things" oder „IoT") eine wesentliche Rolle. Durch vernetzte Sensoren kann nahezu jede Information in Echtzeit bereitgestellt werden. Derzeit sprießen überall Projekte unterschiedlicher Betreiber aus dem Boden, die sich diese Möglichkeiten zu Nutze machen und aktuelle Informationen bereitstellen. Die Stadt Stuttgart bietet beispielsweise eine Online-Karte freier Park-and-Ride-Parkplätze entlang der S-Bahn-Linien an.

Die SAP stellt seit vielen Jahren moderne Lösungen für das Transport- und Logistik-Segment bereit. Mit der Lösung „Networked Logistic Hub" (NLH) stellt die SAP eine Plattform für die Zulaufsteuerung bereit und schließt damit eine entscheidende Lücke in der Digitalisierung zusammenhängender Transportnetzwerke. Durch Networked Logistic Hub wird

- die Nutzung unterschiedlicher Datenquellen in Echtzeit, insbesondere auch sensorgesteuerte Datenquellen (IoT), ermöglicht und
- diese für eine effizientere Nutzung des gesamten Transport-Netzwerks bereitgestellt.

12.2   Networked Logistics Hub

„Networked Logistic Hub" ist eine reine internetbasierte Lösung und Bestandteil der SAP „Supply Chain Execution Platform".[1] Das Ziel dieser Lösung ist es, durch Bereitstellung von Echtzeiten eine Optimierung über das gesamte Transportnetz-Werk zu ermöglichen.

Dazu werden mit NLH

- die Positionsdaten der LKW oder abhängig von der Verfügbarkeit entsprechender Sensoren der Transport-Einheiten erfasst (Echtzeit),
- die grafische Verfolgung der LKW bzw. Transport-Einheiten bereitgestellt,
- die Möglichkeiten gegeben, frei definierbare Zonen zu kreieren (sogenannte „geo fences"), die eine Aktion auslösen können, wenn ein LKW oder eine Transporteinheit diese erreicht oder verlässt und
- es wird eine offene Plattform bereitgestellt, die es Drittanbietern ermöglicht, diese Daten zu nutzen und eigene Informationen bereitzustellen.

Abb. 12.1 zeigt das Netzwerk aus Teilnehmern und Daten, welches durch NLH gebildet wird. Die Rollen der einzelnen Teilnehmer sowie die Nutzenpotenziale werden in folgenden Kapiteln beleuchtet.

---

[1] http://go.sap.com/germany/solution/lob/supply-chain/logistics-network.html. Über die Homepage der (der? siehe oben) SAP können insbesondere alle Informationen zur Lösung „Networked Logistic Hub" recherchiert werden.

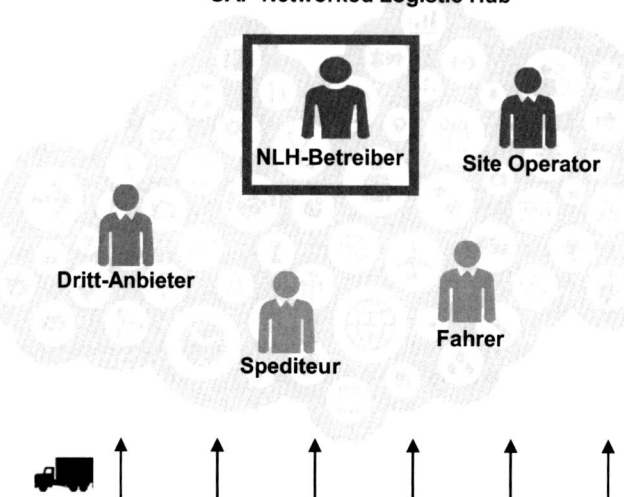

Abb. 12.1 NLH-Beteiligte und Daten

NLH kombiniert verschiedene Daten, um daraus Transparenz in die eingehenden und ausgehenden Transporte (Inbound- und Outbound-Logistik) zu bekommen und eine aktive Steuerung z. B. bei unerwarteten Ereignissen zu ermöglichen.

Daten:
- Telemetrie-Daten
  - Positionsdaten
  - Ereignisse
- Geschäftsdaten
  - frei definierte Zonen
  - Geschäftspartner
  - Touren
  - ETA
  - KPI
- Nachrichten
  - Benachrichtigungen
  - Unfälle
- Daten von Dritt-Anbietern
  - strukturierte und unstrukturierte Daten
  - Verkehrssituation
  - Parkplatz-Belegung
  - Reinigungsanlagen
  - Wetter

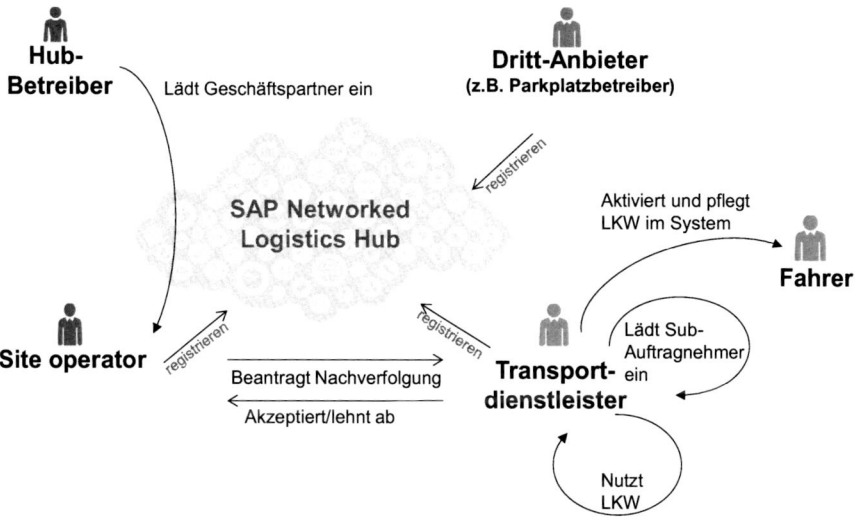

Abb. 12.2 Aufgaben und Rollen bei der Aktivierung eines NLH

Abb. 12.2 zeigt den Ablauf beim Aufsetzen eines Logistic Hubs. Die gesamte Abwicklung erfolgt webbasiert. Der Fahrer kann zur Bereitstellung seiner Positionsdaten entweder eine bereits vorhandene Onboard Unit (OBU) oder eine zur Lösung gehörende App nutzen.

- Im ersten Schritt richtet der Betreiber des Hubs diesen online ein.
- Danach lädt er seine relevanten Geschäftspartner ein. Diese registrieren sich dann am Hub des Betreibers.
- Daraufhin beantragt er bei seinen Transportdienstleistern die Nachverfolgung der für ihn relevanten Transporte.
- Der Transportdienstleister registriert die LKW und lädt gegebenenfalls Sub-Auftragnehmer ein.
- Infrastrukturbetreiber (z. B. Betreiber von Parkplätzen oder Reinigungsanlagen) oder Anbieter zusätzlicher Informationen können sich ebenfalls am Hub anmelden und dort Dienste und Daten anbieten.

Nach diesen wenigen Schritten ist ein Logistic Hub aufgesetzt und kann durch die Beteiligten genutzt werden. Die Lösung ist zu 100 % internet-basiert und wird ausschließlich als Cloud-Lösung angeboten.

12.3   Beteiligte

Das Ziel von NLH ist, die In- und Outbound-Logistik transparenter und besser steuerbar zu machen. Dies wird vor allem dadurch erreicht, dass verschiedene Beteiligte Informationen auf einer Plattform teilen. Die Lösung ist dabei so ausgelegt, dass sie für verschiedene Anwendungsfälle und damit Hub-Betreiber genutzt werden kann. Im Folgenden werden die möglichen Betreiber beschrieben und die Unterschiede erläutert.

12.3.1 Hub-Betreiber

Als Betreiber eines NLH kommen primär die Betreiber einer Infrastruktur in Frage. Dies können sein:

- Unternehmen mit Ihrem Betriebsgelände, wie z. B. produzierende Unternehmen,
- Betreibergesellschaften, die die Infrastruktur nicht selber besitzen, wie z. B. Hafenbetreiber oder
- Städte/Regionen.

Als Verantwortliche für Ihre jeweilige Infrastruktur sind sie an einer effizienten Nutzung dieser Infrastruktur interessiert. Allen gemein ist, dass die eigentliche Infrastruktur (Straßen, Betriebsgelände) nur gering oder gar nicht erweitert werden können. Um aber weiteres Wachstum in der gegebenen Infrastruktur zu ermöglichen, ist daher eine gezielte Steuerung der In- und Outbound-Logistik erforderlich.

Beispiele:

- Chemie-Unternehmen: eine neue Produktionsanlage führt zu täglich ca. 100 zusätzlichen Transporten (Outbound; RHB werden durch Schiffe zur Produktionsanlage gebracht). Aktuell kommen nur 30 % der LKW zum geplanten Zeitpunkt. Da weder ein neues Tor noch zusätzliche Parkplätze erstellt werden können, muss dieses zusätzliche Volumen mit der bestehenden Infrastruktur abgewickelt werden.
- Hafen: Um weiteres Wachstum in einem Hafen zu gewährleisten, muss auf den bestehenden Flächen ein höherer Umschlag erfolgen. Ein flächenmäßiges Wachstum ist insbesondere bei Häfen in Stadtnähe nicht möglich. Um die Attraktivität des Hafens für Reedereien und Unternehmen zu erhöhen, muss daher die Betreibergesellschaft eine effizientere Nutzung ermöglichen. Die Betreibergesellschaft betreibt den NLH, um für Ihre Geschäftspartner eine effiziente Infrastruktur zur Verfügung zu stellen.
- Städte/Regionen: Hier gelten die Ausführungen zu Betreibergesellschaften sinngemäß. Auch Städte bzw. Regionen stehen im Wettbewerb um die Ansiedlung von Unternehmen. Um die Stadt/Region attraktiver zu machen und nicht gleich in sehr kostspielige Infrastrukturprojekte investieren zu müssen, können diese durch die intelligente Nutzung vernetzter Daten die Attraktivität erhöhen.

12.3.2 Site Operator

Eine Unterscheidung von NLH-Betreiber und Site Operator ist nur im Fall von Betreibergesellschaften oder Städten/Regionen erforderlich. Ein Site Operator ist dabei ein Unternehmen, welches ein abgegrenztes Betriebsgelände mit eigenen In- und Outbound-Transporten betreut.

Ist also eine Stadt oder Region der Betreiber des NLHs, so können sich darin eine Vielzahl von Unternehmen aus diesem geografischen Gebiet anmelden, die Interesse an dem reibungslosen Zu- und Ablauf Ihrer Transporte haben. Informationen zu Verkehrsstörungen oder Parkplatzbelegungen sind für diese Unternehmen nahezu gleichermaßen relevant.

12.3.3 Transportdienstleister

Der Transportdienstleister leistet die Transportdienstleistungen für Unternehmen. Dabei ist es für den Transportdienstleister unerheblich, ob das Unternehmen selber als NLH-Betreiber oder als Site Operator agiert. Er leistet die Dienstleistungen mit eigenen LKW und Fahrern oder durch beauftragte Sub-Unternehmer.

Als Teilnehmer an einem NLH pflegt er die LKW-Stammdaten und gibt relevante Touren für die Nachverfolgung frei. Von ihm beauftragte Sub-Unternehmen pflegen diese Informationen jeweils selbst.

12.3.4 Fahrer

Der Fahrer liefert kontinuierlich seine Positionsdaten an den NLH. Dies erfolgt durch die Nutzung der zugehörigen App oder einer evtl. bereits vorhandenen OBU.

Allerdings ist dies keineswegs eine uni-direktionale Kommunikation. Über die gleichen Kanäle kann der Fahrer Informationen z. B. hinsichtlich Verkehrsstörungen, Parkplatzbelegung, Check-in-Zeiten oder Angebote von Dritt-Anbietern bekommen.

12.3.5 Dritt-Anbieter/Infrastruktur-Betreiber

Die Lösung NLH bietet zudem einer weitgehend neuen Gruppe die Basis für neue Geschäftsmodelle. Hierbei kann es sich um Anbieter von Dienstleistungen oder Infrastruktur-Objekten (Reinigungsanlagen, Parkplätze, Tankstellen) handeln, die Ihre Leistungen kostenpflichtig anbieten können.

Durch die Information, welche LKW sich gerade im relevanten Bereich aufhalten, können Dritt-Anbieter diese gezielt und zeitgerecht kontaktieren.

12.4 Nutzen-Potenziale

Die Einrichtung und der Betrieb eines NLH erfordern nur geringe Investitionen für alle Beteiligten sowie einen geringen Aufwand für die laufende Pflege von Informationen. Trotzdem ist es wichtig, dass greifbare Verbesserungen die Investition in angemessener Zeit amortisieren.

Da es sich um eine cloudbasierte Lösung handelt, können die in Abschn. 12.2 beschriebenen Schritte zum Aufsetzen eines NLH sowie zur Pflege der notwendigen Daten sehr zügig erledigt werden. Eine Analyse oder Aufnahme von Anforderungen sowie eine Konfiguration des Systems entfallen. Die Lösung kann in seiner Grundausprägung daher in wenigen Tagen aufgesetzt werden und bereits ab dann produktiv genutzt werden. Zusätzlicher Aufwand kann dann notwendig werden, wenn weitere Datenquellen, z. B. von Dritt-Anbietern, in die Lösung integriert werden.

Der konkrete Nutzen für die verschiedenen Beteiligten hängt insbesondere davon ab, ob die NLH-Lösung als separate Lösung betrieben wird oder mit anderen Lösungen des Transportnetzwerkes integriert ist.

- Der **Betreiber** des NLH – egal ob Unternehmen, Infrastruktur-Betreiber oder Stadt/Region – steigert die Attraktivität der von ihm verwalteten Infrastruktur für dort ansässige Unternehmen. Mittels Echtzeitdaten hat er jederzeit ein aktuelles und umfassendes Bild über die relevanten Transporte in seinem Gebiet. Dies kann er nutzen, um Transportdienstleister oder auch Fahrer über besondere Vorkommnisse zu informieren. Dadurch erreicht er eine höhere Auslastung seiner Infrastruktur und eine höhere Zufriedenheit bei seinen Kunden.
- Die **Transportdienstleister** bekommen eine hohe Transparenz in Ihre laufenden Transporte und können auf unvorhergesehene Ereignisse schnell reagieren. Sie können mittels NLH direkt mit den Fahrern kommunizieren und somit zu einer höheren Auslastung seiner LKW-Flotte gelangen. Bei besonderen Vorkommnissen können Fahrzeuge leichter umdisponiert und somit z. B. Vertragsstrafen bei Verspätung vermieden werden.
- Auch die **Fahrer** profitieren erheblich von der Bereitstellung von Echtzeitdaten. Bei notwendigen Abweichungen von der Planung kann der Fahrer z. B. aktiv die Planung seiner Lenk- und Ruhezeiten einbringen. Zudem wird es möglich, aktiv Wartezeiten zu verringern.
- **Dritt-Anbieter/Infrastruktur-Anbieter** können gezielt ihre Dienste an die Hub-Teilnehmer anbieten. Dabei können z. B. Parkplatzbetreiber die Fahrer kontaktieren, die sich gerade in einer definierten Entfernung befinden. Sie können aber auch die Bereitstellung spezieller Daten an den Betreiber des NLH verkaufen, der damit wiederum die Attraktivität seiner Infrastruktur erhöht.

Die Nutzen-Potenziale erstrecken sich aber auch auf weitere Gruppen, die selbst gar nicht Teilnehmer oder Beteiligter am NLH sein müssen. Hierzu gehören insbesondere **Städte/Regionen und die Bevölkerung**:

- Zum einen führt ein erhöhter Transportbedarf (bezogen sowohl auf Einzelunternehmen, als auch eine Region) durch die intelligente Steuerung der Transporte nicht mehr automatisch zu einer steigenden Anzahl von Transporten. Ein erhöhter Transportbedarf kann durch eine höhere Auslastung der bestehenden Transporte zumindest teilweise abgefangen werden.
- Hierdurch reduzieren sich direkt Lärmbelästigung und Ausstoß von Schadstoffen.

- Des Weiteren können durch eine intelligente Steuerung des Zu- und Ablaufs Verkehrsbehinderungen insbesondere in Ballungsgebieten vermieden werden. Dies führt zu einer Entlastung des gesamten Verkehrs und somit zu einer Entlastung der Bevölkerung.
- Bisher wurde einem gestiegenen Transportaufkommen vielfach mit Infrastruktur-Maßnahmen begegnet, z. B. durch den Bau neuer Abbiegespuren, Straßen, Parkplätze oder neuer Gewerbeflächen. Dieser Maßnahmen können evtl. ganz vermieden werden oder kleiner ausfallen. Städte, Regionen und die Bevölkerung profitieren damit indirekt von der intelligenten Nutzung von Echtzeitdaten zur Steuerung von Transporten.

Daher ist die NLH-Lösung so ausgelegt, dass diese auch für Städte und Regionen als Betreiber attraktiv ist.

Eine erhebliche Steigerung des Nutzens ergibt sich dann, wenn das gesamte Transportnetzwerk digitalisiert und die NLH-Lösung vollständig darin integriert wird. Dann besteht die Möglichkeit, über alle Teilbereiche des Transportnetzwerks, inklusive der Be- oder Entladung, ungeplante Vorkommnisse aktiv zu managen und Leerlaufzeiten oder Ineffizienzen in größerem Umfang gänzlich zu vermeiden oder zu verringern.

Abb. 12.3 zeigt eine Bewertung ausgewählter Nutzen-Potenziale hinsichtlich „Dauer der Umsetzung" und „Wert" des erwarteten Nutzens, differenziert nach verschiedenen Rollen.

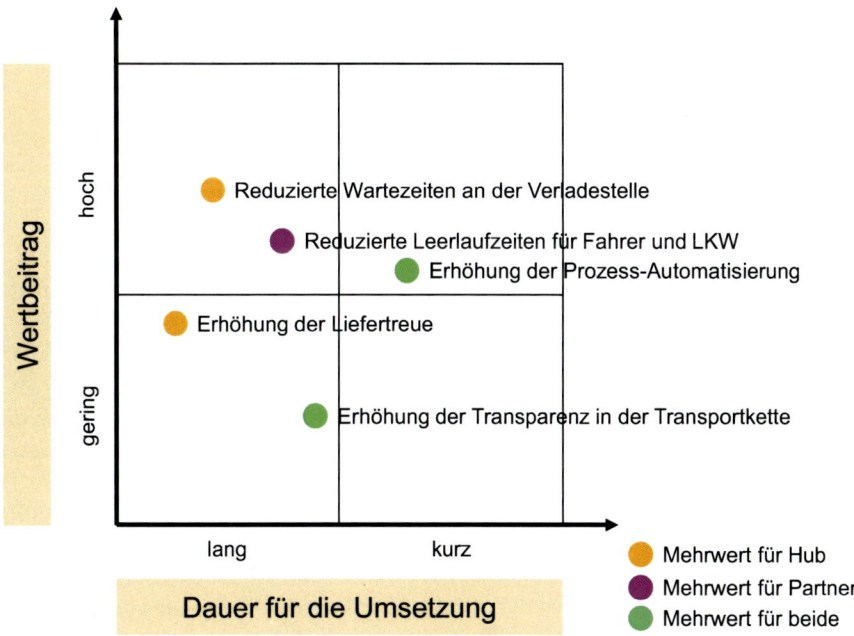

Abb. 12.3 Nutzen-Potenziale

Beispiel: Die Verladung einer bestimmten Chemikalie dauert ca. 4 Stunden, da diese nur langsam fließen darf. Die Beladung ist für 14 bis 18 Uhr vorgesehen. Der dafür vorgesehene LKW wird sich aufgrund von Verkehrsbehinderungen erheblich verspäten. Er könnte voraussichtlich erst um 16 Uhr mit der Beladung beginnen und könnte danach nicht weiterfahren, weil er seine vorgeschriebenen Ruhezeiten einhalten muss.

Nun kann der Transportdienstleister reagieren und prüfen, ob ein alternativer LKW in der Nähe und verfügbar ist. Er schickt dem Fahrer die neuen Auftragsdaten und kündigt dies beim Unternehmen an. Der Check erhält die Daten des geänderten LKW (KFZ-Kennzeichen, Fahrername etc.) und plant eine bevorzugte Abfertigung ein. Hierdurch kann das ursprünglich geplante Verladefenster beibehalten werden.

Sollte der Transportdienstleister allerdings keine Alternative finden, so kann diese Information genutzt werden, um das Ladefenster neu zu vergeben. Gegebenenfalls können andere LKW vorgezogen werden. Der Check-in-Bereich weiß, wer sich bereits im Wartebereich befindet und kann diesen umgehend zum Check-in beordern.

In jedem Fall können durch die Verfügbarkeit von Echtzeitinformationen aktiv die Auswirkungen des ungeplanten Ereignisses gesteuert und eine hohe Auslastung des Transportnetzwerks gewährleistet werden. Unvorhergesehene Ereignisse führen somit nicht notwendigerweise zu Produktions- oder Lieferausfällen.

12.5 Datenschutzrechtliche Aspekte

Die Lösung NLH arbeitet nach dem Grundsatz:

„Jeder Teilnehmer ist Eigentümer seiner Daten und bestimmt selbst, welche Daten von ihm im NLH verfügbar sind."

Warum ist dies so wichtig?

Nicht jeder LKW, der sich in der Nähe eines Hub-Betreibers aufhält, hat auch einen Transport für diesen. In vielen Beispielen sind konkurrierende Unternehmen in räumlicher Nähe angesiedelt. Wenn nun der Wettbewerber die Transporte des Konkurrenz-Unternehmens verfolgen könnte, wären dadurch diverse Rückschlüsse möglich. Es muss also vermieden werden, dass Unbefugte sich durch die Nutzung der Daten einen Vorteil verschaffen.

Daher gibt der Transportdienstleister im NLH jeden Transport für das Tracking frei. Damit wird sichergestellt, dass nur die für den Hub-Betreiber relevanten Transporte sichtbar sind. Transporte für Wettbewerbs-Unternehmen können in derselben Region durchgeführt werden, ohne dass diese dem jeweiligen anderen Unternehmen sichtbar werden.

Diese Transparenz kann auch auf Teilstrecken einer Tour eingeschränkt werden. So ist ein LKW für ein Unternehmen A vom Zulauf bis zum Verlassen des Werksgeländes sichtbar. Wenn dieser LKW dann beim Wettbewerbsunternehmen B seinen nächsten Stopp hat, ist dieser nach Verlassen des Werksgeländes für A nicht mehr sichtbar. Für Unternehmen B wird es wegen des beginnenden Zulaufs dann erst sichtbar.

12.6   Praxisbeispiele

Hinweis

Der Einsatz des NLH stellt für viele Unternehmen, Betreiber, Stadt oder Region eine Innovation dar, von der sie sich einen Wettbewerbsvorteil versprechen. Aus diesem Grund gewähren sie nur ungern oder gar keine Einblicke in diese Vorhaben.

12.6.1 Chemie-Unternehmen

Ein Chemie-Unternehmen hat sein Werksgelände am Rande einer großen deutschen Stadt. Ein flächenmäßiges Wachstum des Betriebsgeländes ist auf der einen Seite durch einen Fluss und auf der anderen Seite durch die Stadt begrenzt. Die Zufahrt zum Betriebsgelände steht für die folgenden Verkehrsträger offen:

- Binnenschifffahrt
- Eisenbahn
- LKW

Für die über 1.000 LKW pro Tag steht ein Zugangstor zum Betriebsgelände zur Verfügung. Vor dem Werksgelände befindet sich ein LKW-Parkplatz mit begrenzten Kapazitäten. Da es sich in vielen Fällen um Gefahrgut handelt, sind neben den Waagen auch Stellplätze für die ADR-Prüfung direkt hinter dem Tor vorhanden. Die Prüfungen sind beim Check-in zeitlich zu berücksichtigen. Auf dem Betriebsgelände sind weite Teile der Produktion konzentriert und ein Ausbau der Produktionsanlagen ist geplant und zum Teil schon realisiert. Es wird mit einem Anstieg des Transportvolumens von 10 % gerechnet.

Aktuell kommen weniger als 30 % der LKW zum geplanten Zeitpunkt an. Nur in den wenigsten Fällen ist das Tor über die veränderte Ankunftszeit informiert. Dass es keine Integration mit den Verladestellen gibt, kommt es dort häufig zu Stillständen und Leerlaufzeiten. Diese Problematik wird sich durch das erhöhte Transportaufkommen erheblich verschärfen.

Nur durch eine vollständige Digitalisierung und Integration des Transportnetzwerks kann diese Situation nachhaltig verbessert werden. Ausgangsbasis werden Echtzeitdaten über die im Zulauf befindlichen LKW sein. Basierend auf diesen Informationen können ungeplante Ereignisse bis hin zur Verladestelle und dem Abtransport aktiv gemanaged werden. Hierbei bildet NLH einen wesentlichen Baustein.

12.6.2 Unternehmen der Lebensmittel-Industrie

Ein Unternehmen der Lebensmittel-Industrie wird täglich mit einer großen Menge Rohmilch beliefert. Hinzu kommen eingehende Transporte für Geschmacksstoffe, Verpackungen und Reinigungsprodukte für die Produktionsanlagen. Da die Milch als Naturprodukt zeitnah verarbeitet werden muss, kommen ausgehende Transporte für die Fertigprodukte hinzu. Die Anlieferung insbesondere der Rohmilch erfolgt ohne konkrete Terminplanung und Avis mit zwei Stoßzeiten am Tag. Die bisherigen Kapazitäten am Tor und den Entladestraßen können das aufkommende Transportvolumen gut bewältigen.

Probleme entstehen bei unerwarteten Ereignissen, die sich dann bis auf die Transporte auswirken. Hierzu gehören z. B. extreme Regenfälle. Diese führen dazu, dass die werkseigene Kläranlage vollläuft und keine weiteren Kapazitäten hat. Dadurch muss die Reinigung von Tanks eingestellt werden, was dazu führt, dass in sehr kurzer Zeit keine weiteren Anlieferungen entgegengenommen werden können. Da man aber weder die genauen Anlieferzeiten kennt, noch eine Möglichkeit hat, mit den Fahrern zu kommunizieren, führen diese Ereignisse sehr schnell zu erheblichen Problemen.

Durch die Nutzung von NLH würde Transparenz in den Zulauf der LKW geschaffen werden. Zudem könnten durch die bi-direktionale Kommunikation mit dem Fahrer dies im Bedarfsfall an andere Werke weitergeleitet werden.

Die tatsächlichen Überlegungen gehen in diesem Beispiel aber einen Schritt weiter. Noch größere Effekte könnten erzielt werden, wenn nicht das Unternehmen, sondern die Region als Hub-Betreiber agieren würde. In diesem Fall würde die Region als Ganzes attraktiver für die Ansiedlung weiterer Unternehmen werden. Die Zuläufe der Transporte in die Region würden transparent und steuerbar werden (z. B. durch Verkehrsleitsysteme).

12.7 SAP NLH-Lösung

In Abb. 12.4 ist eine grafische Darstellung des Logistic Hubs gezeigt. Dem Betreiber des Hubs werden verschiedene Informationen, wie z. B. Verkehrsstörungen etc., angezeigt.

Abb. 12.5 zeigt eine Ansicht eines Site Operators. Dieser hat mittels grafischer Werkzeuge eine für ihn relevante Zone definiert (rotes Viereck). Relevante Transporte, die in die Zone einfahren (oder diese verlassen), können dann verschiedene Aktionen auslösen.

Im „Truck Arrival Dashboard", Abb. 12.6, werden beispielsweise verschiedene Informationen für den Verantwortlichen eines Tores (Zugang zu einem Werksgelände) aufbereitet. Dies können Informationen wie „Truck Status" (Pünktlichkeit), Belegung der Waagen oder der Stellplätze für die ADR-Prüfung sein.

12.8 Ausblick

Die Erfassung von (1) mehr Daten und dies in (2) Echtzeit ist ein Trend, der alle Bereiche des industriellen Sektors und des öffentlichen Lebens erfasst hat.[2] Die vielen Initiativen belegen dies sehr nachhaltig. Dies geht von der Erfassung des

---

[2] http://scn.sap.com/community/travel-and-transportation. Die SAP Community für „Travel and Transportation" hält eine Vielzahl von Informationen rund um das Thema Logistik bereit.

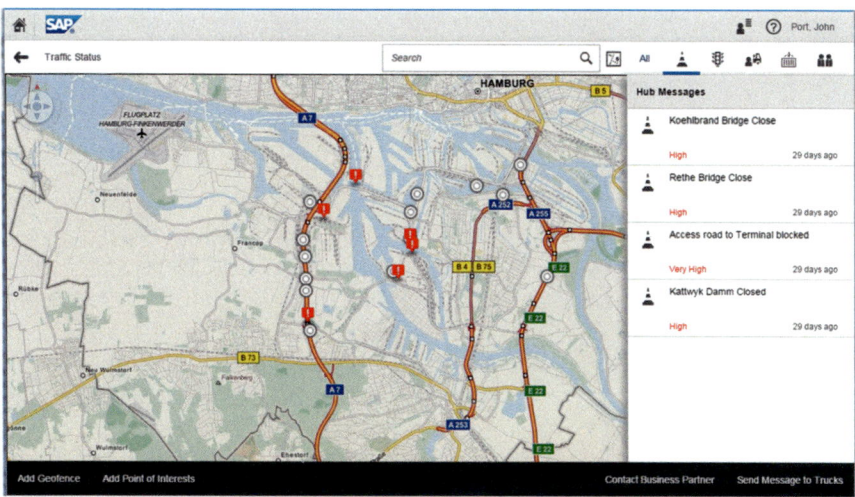

Abb. 12.4 Grafische Darstellung für NLH-Betreiber

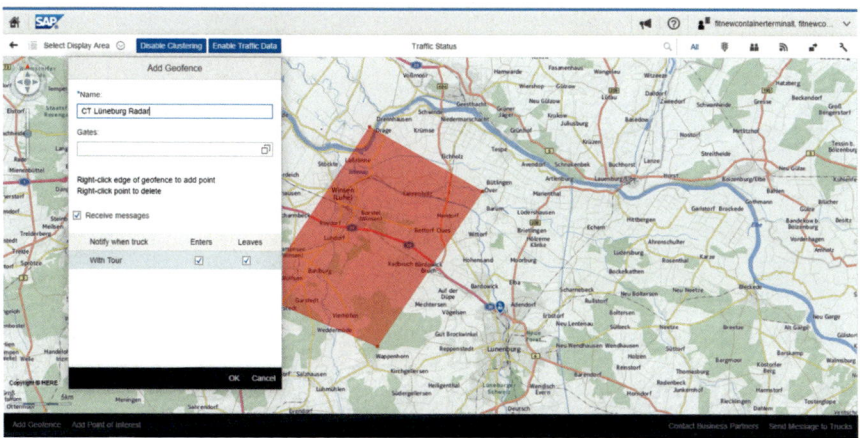

Abb. 12.5 Grafische Darstellung mit Geo-Fence

Verschleißes von Maschinen („Predictive maintenance") aus dem industriellen Sektor bis hin zur Erfassung der Belegung von Park & Ride-Parkplätzen in Städten.

Abb. 12.7 verdeutlicht die erwartete Entwicklung und den Nutzen im Bereich der Logistik.[3,4,5]

Durch diese Echtzeit-Datenbasis wird eine immer breitere Grundlage geschaffen, Herausforderungen insbesondere in der Logistik mit innovativen und

---

[3] Gartner – Top 10 Tech Trends.

[4] McKinsey – Unlocking the value of the Internet of Things Report, June 2015.

[5] DHL/Cisco – Internet of Things in Logistics Trend Report, April 2015.

Abb. 12.6 „Truck Arrival Dashboard"

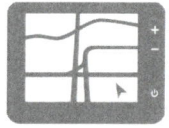

50 Milliarden

Geräte werden bis 2020 mit dem Internet verbunden sein (IoT)[1]

< 1%

Der "konnektierbaren" Geräte sind bereits mit dem Internet verbunden[2]

> $1.9 Billionen

Zusätzlicher Wert durch Nutzung von IoT im Bereich Supply Chain/ Logistics[3]

Abb. 12.7 Prognosen zu IoT im Bereich Logistik

intelligenten Ansätzen anzugehen. Bestehende Infrastruktur kann dabei ohne Investitionen höher ausgelastet werden.

Die Möglichkeiten und erzielbaren Vorteile dieses Trends sind heute nur schwer überschaubar. Allerdings zeigen die bereits heute absehbaren Verbesserungen, die sich alleine aus der intelligenten Nutzung einer erweiterten Echtzeit-Datenbasis ergeben, dass der Nutzen in einem attraktiven Verhältnis zum Aufwand steht, insbesondere dann, wenn als Alternative kostspielige und langwierige Infrastruktur-maßnahmen warten. Dieses Verhältnis wird sich umso mehr verbessern, je preiswerter die Sensortechnologie wird und je mehr Datenquellen verfügbar sind.

SAP bietet bereits heute eine Palette von Lösungen und Plattformen an, die sich dieser erweiterten Datenbasis bedienen und damit innovative Lösungen und Plattformen für verschiedene Aufgabenstellungen anbieten:

- Networked Logistic Hub
- Vehicle Insights
- Intelligent Traffic Management
- Predictive Maintenance
- Smart Cities

Darüber hinaus laufen viele weitere Initiativen und Entwicklungen, zum Teil auch in gemeinsamen Co-Innovation-Teams mit Kunden und Partnern zur Entwicklung neuer Lösungen.

Stay tuned.

Digitale Mehrwertdienste in Smart Cities am Beispiel Verkehr

13

Werner Schmidt, Stephan Borgert, Albert Fleischmann,
Lutz Heuser, Christian Müller und Max Mühlhäuser

Zusammenfassung

Dieses Kapitel skizziert nach einer Einführung zunächst die Architektur einer offenen urbanen Informations- und Service-Plattform, welche Daten aus Domänen wie Energie, Verkehr, Umwelt etc. aus städtischen und privatwirtschaftlichen Quellen integrieren, auswerten und für Dienste nutzbar machen kann. Anschließend liegt der Betrachtungsschwerpunkt mit Smart Mobility Services auf der Domäne des städtischen Verkehrs. Ausgewählte Beispiele für solche Dienste in mehreren Städten illustrieren die Wirkungsweise in Verbindung mit der Plattform und die Beiträge, die diese Infrastruktur liefern kann, um Städte „smart" zu machen.

Schlüsselwörter

Smart City • Smart Mobility • Open Urban Platform • Service • Mehrwertdienst • Cockpit

Vollständig überarbeiteter und erweiterter Beitrag basierend auf Schmidt et al. (2015) Smart Traffic Flow, HMD – Praxis der Wirtschaftsinformatik, Heft 304, 52(4):585–596.

W. Schmidt (✉)
Technische Hochschule Ingolstadt, Business School, Ingolstadt, Deutschland
E-Mail: werner.schmidt@thi.de

S. Borgert • A. Fleischmann • L. Heuser • C. Müller
The urban institute®, Chemnitz, Deutschland
E-Mail: stephan.borgert@the-urban-institute.de; albert.fleischmann@the-urban-institute.de;
info@the-urban-institute.de; christian.mueller@the-urban-institute.de

M. Mühlhäuser
TU Darmstadt, Darmstadt, Deutschland
E-Mail: max@informatik.tu-darmstadt.de

© Springer Fachmedien Wiesbaden GmbH 2016
A. Meier, E. Portmann (Hrsg.), *Smart City*, Edition HMD,
DOI 10.1007/978-3-658-15617-6_13

13.1   Einführender Kontext

Der United Nations Population Fund (UNFPA) schätzt, dass im Jahr 2030 etwa 5 Mrd. Menschen in Städten leben. In der EU gilt dies bereits jetzt für etwa zwei Drittel der Menschen.

Zusammen mit anderen Entwicklungen, wie Klima- und demographischem Wandel, stehen Städte aus diesem Urbanisierungstrend vor eine Reihe von Herausforderungen, um ihren Bürgern auch künftig attraktive Lebens- und Arbeitsbedingungen bieten zu können; sowohl als Individuen als auch in Gemeinschaften (z. B. Unternehmen). Dies umfasst unter anderem eine entsprechende Gestaltung von Energieerzeugung, -verteilung und -nutzung, Mobilität und Verkehr, Umweltbedingungen, Bürgerservices sowie von Informations- und Kommunikationstechnik (IKT). In politischer Hinsicht gehören dazu vor allem adäquate Führungs- und Managementkonzepte in den Kommunen, Bürgerpartizipation an Entscheidungen sowie Transparenz bezüglich Information und Verwaltungshandeln.

Zur Begegnung dieser Herausforderungen verfolgen Städte und hier überwiegend Großstädte seit geraumer Zeit Konzepte und treiben Initiativen und Projekte voran, die sich unter dem Begriff *Smart City* subsumieren lassen (vgl. Kap. 1).

Mit dem Thema und seine vielfältigen Facetten befassen sich mittlerweile viele Projekte und Aktivitäten im Rahmen von diversen Förderprogrammen auf Bundes- und EU-Ebene wie etwa Horizon 2020, von Initiativen wie der European Innovation Partnership on Smart Cities and Communities (EIP SCC) (EC 2015a) sowie der Forschung und Entwicklung in vielen Branchen. Alle diese Entwicklungen tragen dazu bei, die Anforderungen an die Technologien in diesem Kontext zu konkretisieren. Es kristallisiert sich heraus, dass die Verfügbarkeit von Informationen und die Fähigkeit, daraus Mehrwerte zu generieren, wie die Reduktion von Schadstoffemissionen oder Verkehrsstaus, essenzielle Voraussetzungen dafür sind, eine Stadt oder Gemeinschaft smart zu machen.

Als Mosaiksteine für erfolgreiche Smart-City-Projekte können gelten (siehe z. B. Fraunhofer 2015):

- Interdisziplinäre Integration und inhaltliche Vernetzung verschiedener, ursprünglich isolierter Domänen zum Heben von Synergien und Ermöglichen neuer Dienstleistungen (z. B. Routenplanung für Elektromobil-Fahrer unter Berücksichtigung von Ladestationen).
- Bessere Nutzung vorhandener Infrastruktur durch eine integrative IKT-Plattform zur Vernetzung von Aktuatoren, Sensoren, Geräten und Benutzern über verschiedenste Kommunikationsnetze im Sinne des Internet of Things.
- Offener Zugriff auf nicht schutzwürdige Daten, die beispielsweise von städtischen Anwendungen erzeugt und gesammelt werden (Open Data) und durch Bürger direkt oder für die Gestaltung von Services durch Dritte genutzt werden können (z. B. Navigations-Apps).

Vor diesem Hintergrund werden derzeit intensiv Fragen diskutiert, wie Informationen innerhalb einer Stadt integriert und an unterschiedliche Interessenten verteilt werden können, und welche Services in einer Smart City angeboten werden sollten.

Ein Ansatz dafür wird unter dem Begriff „Offene Urbane Plattform" zusammengefasst. Eine solche Plattform führt die Daten von unterschiedlichen Datenquellen einer
Stadt zusammen und bietet darauf basierende Services an. In diesem Zusammenhang
haben mehr als 30 Organisationen, vor allem aus der Software-, Telekommunika-
tions-, Energie- und Transportbranche das Memorandum of Understanding – Towards
Open Urban Platforms for Smart Cities and Communities unterzeichnet (EC 2015b).
Ziel ist es, im Dialog mit den Städten und Gemeinden deren Bedürfnisse aufzunehmen und den Markt für Open Urban Platforms zu entwickeln.

Im weiteren Verlauf dieses Kapitels stellen wir eine solche Plattform vor und
beschreiben konkrete Beispiele für darauf aufsetzende Mehrwertdienste aus der
Domäne Verkehr.

13.2 Offene Urbane Informations- und Service-Plattform (OUISP)

13.2.1 Ausgangslage

Städte müssen beispielsweise wegen des Anfalls von Sensordaten oder der Bürger-
kommunikation über soziale Netzwerke ein stark und schnell wachsendes Datenvolumen bewältigen. Auch der Druck zur Verfügbarmachung von Open Data aus
öffentlichen und teilweise auch privaten Quellen wächst. Einer urbanen Plattform
als grundlegende Infrastruktur für bessere Services in Smart Cities wird deshalb
eine hohe strategische Priorität zugemessen. Dennoch verfügt die große Mehrheit
der Städte in der EU einer im ersten Quartal 2015 durchgeführten Untersuchung
zufolge noch nicht über eine solche Plattform (EC 2015c).

Wesentliche Gründe dafür sind Restriktionen bei Ressourcen wie Budget und
Personal sowie Silodenken bezüglich existierender Systeme und Dienste. Die Verbesserung dieser Situation und die vorher mangelnde Zusammenarbeit von Städten
und Gemeinden auf diesem Gebiet sind das Hauptmotiv für die Aktivitäten der EIP-
SCC, die in Ergebnissen wie dem oben erwähnten Memorandum of Understanding
oder der Anforderungsspezifikation für urbane Plattformen münden (EC 2015c).

Beide Dokumente beschreiben den ersten Entwurf einer Referenzarchitektur,
welche folgende Eigenschaften aufweisen bzw. fördern soll:

- Interoperabilität urbaner Infrastrukturen
- Übertragbarkeit von für eine Stadt entwickelten Plattformen und Services auf andere Städte
- Kostengünstige und technisch nicht beschränkte Skalierbarkeit
- Unterstützung von Standards und Bereitstellung offener Schnittstellen (APIs) mit dazugehörigen Software Development Kits (SDKs), so dass beliebige Anbie-ter auf der Plattform basierende Dienste entwickeln können
- Erfüllung von Echtzeitanforderungen
- fachliche Funktionen gemäß städtischer Anforderungen, gegliedert nach Anwen-dungsfällen

Diese bilden den Rahmen für die nachfolgend dargestellte konkrete Ausprägung einer offenen urbanen Informations- und Service-Plattform.

13.2.2 Logische Konzeption

Basis für die Nutzung städtischer Informationen zur Gestaltung von Services für Verwaltung, Bürger und Unternehmen ist die Zusammenführung bisher isolierter Datenbestände aus unterschiedlichen Quellen in Echtzeit. Nur auf Basis von aktuellen Informationen ist es möglich, die innerstädtischen Prozesse und Bürgerdienste zu optimieren.

Abb. 13.1 zeigt das Prinzip, das auch der von der EIP SCC in seiner Anforderungsspezifikation für urbane Plattformen definierten Stack für deren Entwicklung widerspiegelt (EC 2015c): Einwohner, Unternehmen und Ämter bilden die Stakeholder einer Stadt, die durch ihr Handeln Einfluss auf die Bereiche Umwelt, Energie, Mobilität und Medien ausüben. Die Zustände dieser Bereiche wirken sich wiederum auf das Handeln der Stakeholder aus. Um nun das Handeln und die Prozesse der Stakeholder zu optimieren, müssen Daten aus unterschiedlichen Domänen wie Energie, Mobilität etc. und dafür spezifischen Systemen wie Verkehrsleitsystemen oder Smart-Grid-Anwendungen in einer *Offenen Urbanen Informations- und Service-Plattform (OUISP)* aufbereitet, angereichert und unter Berücksichtigung von Zugriffsberechtigungen verschiedenen Interessengruppen wie Verwaltung, Bürgern und Unternehmen als Information bereitgestellt werden. Die Information ist die Basis für Services und Geschäftsmodelle, die geeignet sind, individuelle und gesellschaftliche Bedürfnisse der Stakeholder zu befriedigen. Wichtig ist in diesem Zusammenhang nicht nur, dass die Daten gesammelt

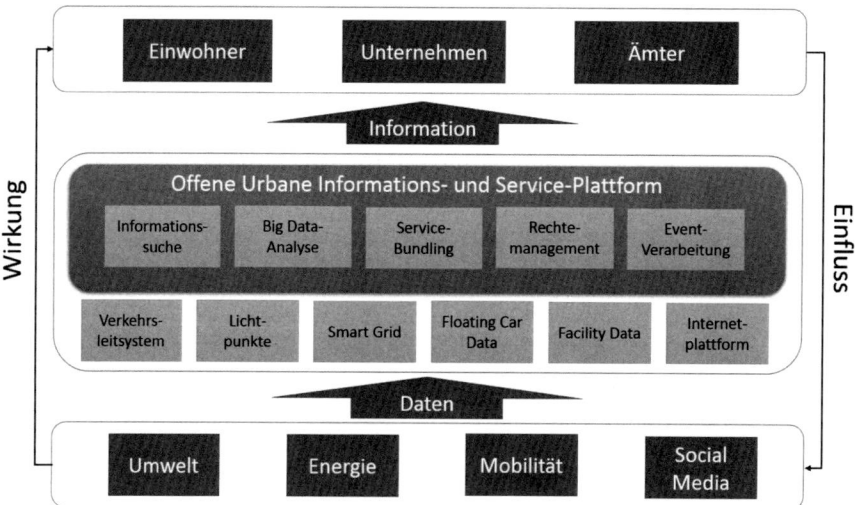

Abb. 13.1 Logisches Konzept einer Offenen Urbanen Informations- und Service-Plattform

werden, sondern auch mit geringer Latenzzeit den Services zur Verfügung stehen. Werden die Daten lediglich für Planungsaufgaben genutzt, sind solche Echtzeitanforderungen nachgeordnet.

Die Integration von Datenbeständen kann dabei schrittweise erfolgen. Beispielsweise wurde in einem Referenzprojekt bei der Stadt Darmstadt zunächst das Verkehrsleitsystem angebunden, das unter anderem Sensordaten über die Anzahl von an den Ampelanlagen registrierten Fahrzeugen liefert. Aus einer anderen Datenquelle stammen Informationen über Baustellen im Stadtgebiet. Mit der öffentlichen Bereitstellung solcher Informationen können die Transparenz über die Verkehrssituation gesteigert und Mehrwertdienste beispielsweise zur Routenoptimierung angeboten werden. Damit lässt sich sowohl der Verkehrsfluss als auch die individuelle Reisezeit z. B. von Pendlern verbessern.

13.2.3 Technische Architektur

Eine tragfähige technische Architektur für eine OUISP wird am Beispiel der bereits in mehreren Städten produktiv eingesetzten konkreten Ausprägung *UrbanPulse* erläutert (UI 2016). Sie gliedert sich in die vier in Abb. 13.2 dargestellten Schichten.

Der *Data Source* Layer enthält die verschiedenen, isolierten Datenquellen wie z. B. Fachverfahren von Ämtern oder Sensornetzwerke innerhalb der Stadt. Letztere verbinden Multisensorsysteme, welche z. B. via Mobilfunknetz Werte für Umweltbedingungen wie Temperatur, Feuchtigkeit, Lärm, Atmosphärendruck, CO_2 und Feinstaub liefern.

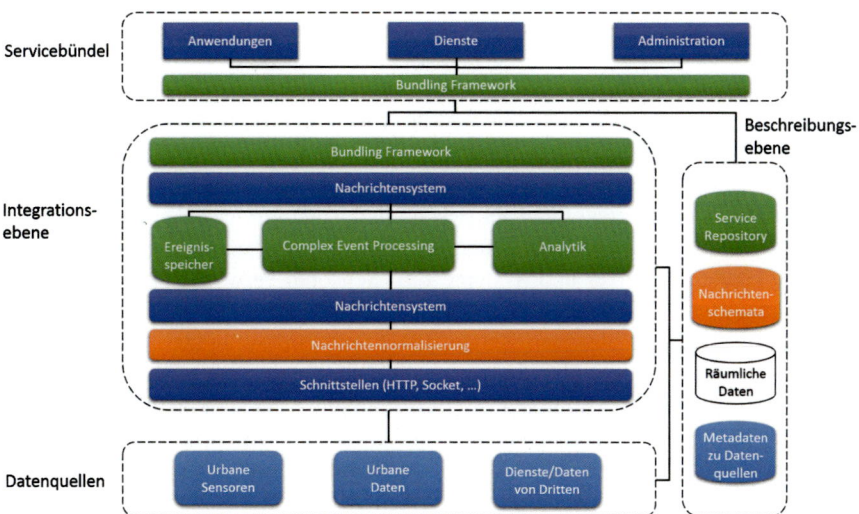

Abb. 13.2 Technische Architektur der Offenen Urbanen Informations- und Service-Plattform

Im *Integration and Fusion Layer* als Kern der OUISP stellen sogenannte Micro-services (Lewis und Fowler 2014, 2015) ihre Funktionalität zur Verfügung:

- Über *Event Interfaces*, Konnektoren für offene und proprietäre Schnittstellen, gelangen die Daten vom Data Source Layer in den Integration and Fusion Layer. Über solche Konnektoren lassen sich weitere Datenlieferanten einfach anbinden.
- Der *Event Processor* ist für die Verarbeitung der von den urbanen Datenquellen eingehenden Ereignisse zuständig. Als Complex Event Processing (CEP) Engine kommt eine bewährte marktübliche Lösung zum Einsatz, die Einzelereignisse analysiert und sie gegebenenfalls mithilfe von Ereignismustern aggregiert. Zum Beispiel kann das Zusammentreffen von hohem Verkehrsaufkommen auf einer Straße (z. B. Überschreitung einer bestimmten Zahl an Sensormeldungen pro Zeiteinheit) und einsetzender Dämmerung (z. B. Unterschreiten eines Hellig-keitsschwellwertes) ein Muster erfüllen und zur Beschränkung der Geschwin-digkeit auf einer Schilderbrücke führen.
- Im *Event Storage* sammelt und speichert das System die heterogenen Ereignisse, um so einen Vorrat an historischen Daten zu schaffen, der für weitere Analysen verwendet werden kann. Da es sich hierbei nicht um personenbezogene Daten, sondern um Daten aus den urbanen Infrastrukturen handelt, ist eine Speicherung unter Berücksichtigung aktueller Datenschutzbestimmungen einfach möglich.
- Das *Analytics-Modul* wertet aggregierte aktuelle Ereignisse der CEP-Engine aus und kombiniert sie mit historischen Verkehrsdaten, um so zum Beispiel Anomalien zu erkennen. Misst beispielsweise eine Ampelkamera an einer Kreuzung zu einer bestimmten Zeit geringen Fahrzeugdurchfluss (geringe Zahl eintretender Ereignisse pro Zeiteinheit), vergleicht die Analytik dieses Ergebnis mit in der Vergangenheit aufgezeichneten Werten für dieselbe Stelle zur selben Zeit. Ist der Vergleichswert z. B. wesentlich höher, kann das auf einen Stau hindeuten und Maßnahmen auslösen wie eine alternative Verkehrslenkung durch das Leitsystem auf eine staufreie Route.
- Ein *Message Bus System* ermöglicht die asynchrone Kommunikation zwischen den Modulen.

Die *Service Bundles* umfassen alle Anwendungen und Services, welche sowohl his-torische Daten als auch Echtzeit-Ereignisse aus dem vorgelagerten Integration and Fusion Layer verwerten.

Der *Description Layer* dient der Beschreibung der Services, der Nachrichten und der Metadaten für die angebundenen Datenbestände. Über entsprechende Schnitt-stellen können Benutzer und Systeme z. B. Sensoren verwalten oder Straßennetz-pläne integrieren.

Technisch basiert die Plattform auf JEE7 und wird auf einem hochverfügbaren und hochperformanten Cloud-Dienst mit beliebigen Skalierungsmöglichkeiten gehostet. Zum Einsatz kommen offene Protokolle und Schnittstellen wie JSON/REST, SOAP/WDSL oder Open Communication Interface for Road Traffic Control Systems – Center to Center (OCIT-C), eine Schnittstelle zur Kommunikation zwi-schen zentralen Verkehrssteuerungs- und Verkehrslenkungssystemen (z. B. Ampeln).

Mit der Bereitstellung solcher offener Programmier- und Datenschnittstellen ermöglicht die offene urbane Informations- und Service-Plattform die Integration vorher isolierter Datenbestände aus öffentlichen und privaten Quellen sowie deren öffentlicher Verfügbarmachung (Open Data). Sie bildet damit die Grundlage für die Realisierung eines offenen kommunalen Informations- und Service-Marktplatzes im Sinne einer *Multi-sided Platform*, auf der die Stadt selbst und andere Anbieter Dienste für vielfältige Zielgruppen wie Bürger und Unternehmen anbieten können. Der Netzwerkeffekt solcher Plattformen trägt dazu bei, schnell eine kritische Masse an Benutzern zu erreichen und damit die Attraktivität zu steigern.

Mit den skizzierten Eigenschaften weist die vorgestellte Plattform einen hohen Abdeckungsgrad der im Abschn. 13.2.1 aufgeführten Anforderungen des EIP SCC auf. Wenngleich im Folgenden Services aus dem Bereich Verkehr im Vordergrund stehen, ist ihr Einsatzgebiet nicht auf eine bestimmte Domäne von Smart Cities wie Mobilität beschränkt.

13.3 Beispiele für Smart Mobility Services in Städten

13.3.1 Herausforderungen und Lösungsansätze

Mobilität und Verkehr ist eine der in Abschn. 13.1 genannten Gestaltungsdomänen, in denen Städte aktiv werden müssen, um folgenden wesentlichen verkehrsbezogenen Herausforderungen im Sinne nachhaltiger urbaner Mobilität zu begegnen:

- Erreichung der Kapazitätsgrenzen der Verkehrsinfrastruktur (vor allem Straßen, Parkplätze)
- Schadstoffemission (Feinstaub, CO_2)
- Lärmbelästigung
- Indirekte Betriebs- und volkswirtschaftliche Konsequenzen (Zeitverlust durch Staus, Krankheit etc.)

Solche Bedingungen gelten nicht nur für Metropolen wie München oder Köln, sondern auch bereits für Großstädte wie Darmstadt mit folgenden verkehrsrelevanten Eckdaten (Stand 2014): ca. 150.000 Einwohner, davon etwa 85.000 im Zentrum, mehr als 84.000 registrierte Kraftfahrzeuge, 55.900 Einpendler aus umliegenden Gebieten, 7.800 durchfahrende Fahrzeuge täglich (Darmstadt 2014).

Städtische Konzepte zur Begegnung der Herausforderungen im Bereich Verkehr werden meist unter dem Begriff Smart Mobility gefasst (Fraunhofer 2015). Sie basieren auf fortschrittlicher IKT und beziehen sich vorwiegend auf

- Smart Traffic (optimale Verkehrsflusssteuerung bei hoher Verkehrssicherheit und ökologischer Nachhaltigkeit)
- Intermodalen Verkehr und Transport (optimale Kombination verschiedener Verkehrsmittel unter Einbeziehung von Car-Sharing, Mitfahrgelegenheiten, öffentlichem Nahverkehr usw.).

Entsprechende Lösungen, sogenannte *Smart Mobility Services*, sollen helfen, die bestehende Infrastruktur intelligenter zu nutzen und neue Elemente wie Ladestationen für Elektroautos einzubeziehen. Sie sollen in Echtzeit flexibel die aktuelle Situation berücksichtigen (z. B. Unfall), und sowohl die Verwaltung unterstützen, z. B. bei der Verkehrsplanung oder Ampelsteuerung, als auch den Einzelnen, beispielsweise bei der Routenwahl.

Im Folgenden stellen wir entsprechende Dienste vor, die auf Basis der im Abschn. 13.2 vorgestellten Plattform in verschiedenen Städten im Rahmen von Referenz- und Pilotprojekten bereits implementiert wurden, derzeit entwickelt werden oder sich noch im Erforschungsstadium befinden.

13.3.2 Urban Traffic Service

Urban Traffic Service wurde in einem Referenzprojekt mit der Stadt Darmstadt entwickelt und umfasst eine ganze Reihe von Funktionalitäten sowohl für die städtische Administration als auch für die Öffentlichkeit. Als Quellen für verkehrsrelevante Daten wurden zunächst das Traffic Management System SWARCO und das Verkehrskamerasystem FLIR angebunden. Damit gelangen in die Plattform Daten von 272 Kreuzungen mit über 2.000 an den Ampelkreuzungen installierten Verkehrskameras und Induktionsschleifen (ca. 1 Mrd. Datensätze in über zwei Jahren). Über ein ca. 60 km langes Lichtwellenleiternetz geschieht dies nahezu in Echtzeit.

Ein erstes Beispiel für einen realisierten Dienst ist die Sensoradministration. Damit kann das Verkehrsamt CAD-Pläne der Kreuzungen und Daten zu Verkehrserkennungseinrichtungen (Sensoren, Detektoren, Induktionsschleifen etc.) hochladen und damit z. B. neue Sensoren registrieren und mit dem zugrundeliegenden Straßennetzplan verknüpfen. Die CAD-Dokumente sind Open Data. Sie werden hier für einen neuen Zweck verwendet, nämlich für die Erzeugung von Kontext- und Metainformation für die Verkehrsdetektoren. Ab dem Zeitpunkt dieser sogenannten Georeferenzierung sendet etwa ein Sensor von ihm registrierte Ereignisse, gegebenenfalls basierend auf einem definierten Muster, z. B. eine Meldung, wenn ein bestimmter Schwellwert überschritten ist (z. B. eine bestimmte Zahl erkannter Fahrzeuge). Die Abb. 13.3 zeigt, wie die Detektoren einer Lichtsignalanlage (Ringe in der Abbildung) mit einer Georeferenz versehen und einer Straße zugeordnet werden können.

Ein weiteres Beispiel für eine städtische Anwendung ist die Integration von Verkehrssensoren und Emissionsanalysen mit Prozessautomation. Diese Lösung hilft der Stadt, den Schadstoffausstoß in den unterschiedlich farbig ausgewiesenen Klimazonen zu überwachen. Hierzu wertet das System die Emissionswerte aus, welche die in der Regel an Straßenlaternen angebrachten Multisensoren liefern. Falls eine Grenzwertüberschreitung z. B. für die grüne Zone droht, können die Verkehrsleitanlagen den Verkehr automatisch umsteuern, so dass sich Strafzahlungen für die Stadt vermeiden lassen. Generell besteht die Möglichkeit, Messwerte und eventuelle Grenzwertüberschreitungen in Karten zu visualisieren.

Dieselben Detektorwerte, welche den Diensten für die Verwaltung zugrunde liegen, werden im Sinne eines Open Data Service öffentlich zur Verfügung gestellt. In einer Webanwendung können Bürger beispielsweise in Echtzeit Informationen über das aktuelle Verkehrsaufkommen erhalten (Darmstadt 2015). Alle Detektoren, die Live-Daten liefern, werden im Stadtgebiet durch pulsierende Punkte visualisiert. Da dies in einer statischen Darstellung nicht sichtbar ist, wurden in Abb. 13.4 einige ausgewählte pulsierende Stellen umrandet. Bei den übermittelten Daten handelt es sich um die Anzahl der Detektionen und die Auslastung des Detektors in einem

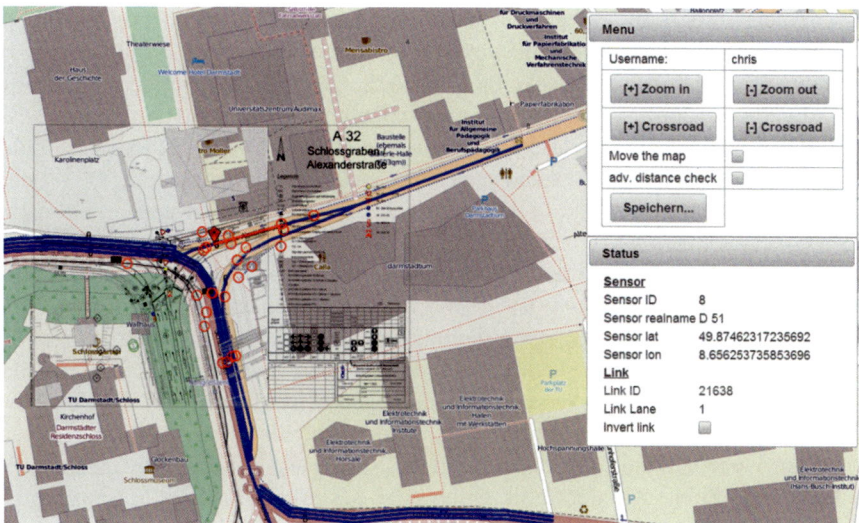

Abb. 13.3 Sensor-Administration

Abb. 13.4 Verkehrsmonitor

Intervall von einer Minute. In einem Administrationsbereich können Grenzwerte definiert werden, um nur Detektoren zu zeigen, deren Messwerte bestimmte Grenzwerte überschritten haben. So ist es zum Beispiel möglich, Staus oder zäh fließenden Verkehr zu signalisieren. Zusätzlich können Benutzer die Verkehrsbelastung der Straßenzüge der letzten Stunden betrachten.

Andere mögliche Auswertungen betreffen Lautstärke, Luftfeuchtigkeit, Temperatur und Helligkeit im Stadtgebiet, wie in Abb. 13.5 gezeigt. Die Bewegung der Maus über eines der Sechsecke führt zur Anzeige des dazugehörigen Messwertes. Der Farbcode der Sechsecke erlaubt eine schnelle Übersicht (rot = laut; grün = leise). Durch Filtereinstellungen lassen sich dabei etwa die Daten für bestimmte Zeiträume und Kreuzungen selektieren und auch als Datei zur Weiterverarbeitung exportieren. Damit werden auch Dritte in die Lage versetzt, die Daten zu nutzen, um eigene Services zu kreieren und anzubieten.

Ein Beispiel für die Verknüpfung von Information aus öffentlichen und privaten Quellen durch die Plattform ist in Abb. 13.6 zu erkennen (Darmstadt 2016). Eine Karte weist zunächst durch Farbcodierung von Straßen das Verkehrsaufkommen aus, das sich zusätzlich in Form einer Heatmap darstellen lässt. Symbole für Baustellen, Sperrungen und sonstige Verkehrsbehinderungen liefern beim Anklicken detaillierte Angaben zum jeweiligen Sachverhalt, in der Abbildung zu einer Straßensperre wegen Wohnhausbaus. Zusätzlich zeigt die Karte beispielsweise Einkaufsmöglichkeiten und Points of Interest an, liefert dazu auf Wunsch nähere Information und verlinkt zur Website des Angebots, im Screenshot zu einem Einkaufszentrum.

13.3.3 Signalphasenvorhersage

Neben Verkehrsaufkommen und -behinderungen wie Baustellen spielt für den optimalen Verkehrsfluss auch das Thema der Signalphasenvorhersage eine wichtige Rolle.

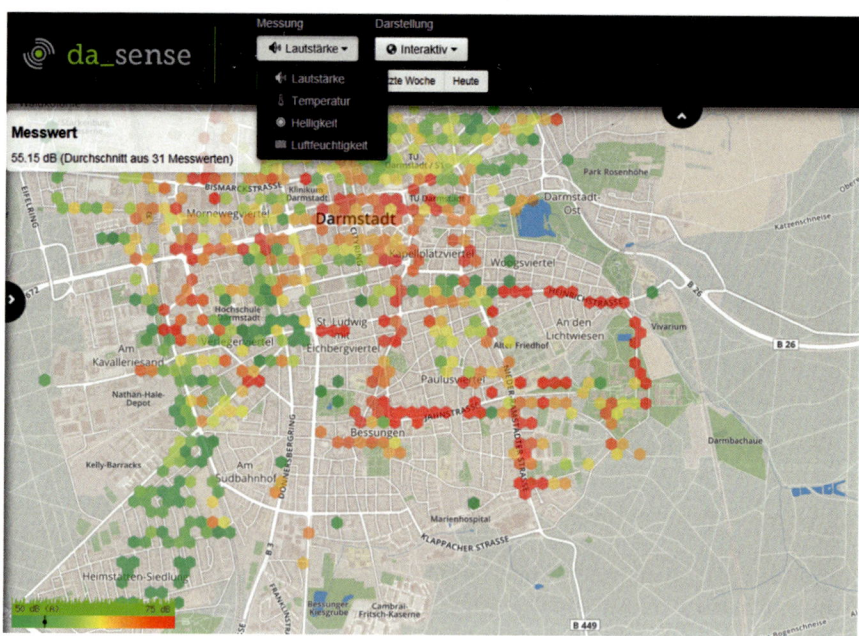

Abb. 13.5 Diverse Messwerte als Open Data

Versuche, Informationen über Signalsteuerungen an Fahrzeuge zu übermitteln, um den Fahrern ein vorausschauendes und effizientes Fahrverhalten zu ermöglichen, gibt es bereits seit den 1980er-Jahren mit der „Wolfsburger Welle". Aber erst die inzwischen verfügbaren Technologien für Echtzeit-Kommunikation und -Datenverarbeitung machen eine breite Anwendung mit spürbarem Nutzen auch für den Verkehrsfluss und damit sowohl für die Fahrzeugführer als auch für die Stadt erreichbar.

In Deutschland hat sich das von 2006 bis 2008 in Ingolstadt durchgeführte Projekt Travolution als erstes einer Reihe prominenter Forschungsprojekte intensiv mit der Vorhersage von Signalverläufen an Knotensteuerungen beschäftigt (Braun et al. 2009). Dabei ging es vor allem darum, diese Daten für Assistenzsysteme und Anzeigen in Fahrzeugen nutzbar zu machen. International, vor allem in den USA, gibt es vergleichbare Unternehmungen. Die Aktivitäten sind Teil der inzwischen weltweiten Initiativen zu C2I (Car-to-Infrastructure) oder C-ITS (Cooperative Intelligent Traffic/Transport Systems).

Auch in Darmstadt laufen derzeit diesbezügliche Forschungen. Sie untersuchen Verbesserungsmöglichkeiten der Signalphasenvorhersage vor folgendem Hintergrund:

In der Praxis sind für die Prognose der Signalzustände von Lichtsignalanlagen (LSA) die nächsten 10 bis 30 Sekunden relevant, was in etwa der typischen Fahrzeit zwischen solchen Anlagen entspricht.

Abb. 13.6 Interaktive Karte mit Information zu Verkehr und kommerziellen Angeboten

Zwei wesentliche technische Herausforderungen sind dabei:

- Die Sammlung und Verarbeitung einer großen Zahl von Ereignissen aus den LSA-Daten eines Stadtgebiets in idealerweise weniger als einer Sekunde sowie die Berechnung der Prognosen von verkehrsabhängigen Signalanlagen. Dies wird erst durch die mittlerweile verfügbaren Technologien des Cloud Computings und des Event Processings ermöglicht.
- Die Echtzeitanforderungen umfassen die komplette Verarbeitungskette vom Schaltbefehl im Steuergerät über die Weitergabe der Daten in den Verkehrsrechner, die Übergabe in eine (i. d. R. cloudbasierte) Plattform, die Prognose selbst und abschließend die Weitergabe an Fahrzeuge über ein Backend des jeweiligen Automobilherstellers.

Die Voraussetzungen in Deutschland sind hierfür vielerorts noch nicht durchgehend gegeben, weil entweder nicht alle notwendigen Daten aus den Steuergeräten in die Verkehrszentralen übertragen werden oder die Latenzzeiten für diese Übertragung zu hoch sind (4 bis 15 Sekunden bei Verwendung aktueller, für die Verkehrstechnik standardisierter Kommunikationsprotokolle wie OCIT-C). Die Verwendung von eigens für C2X-Funktionen entwickelten Kommunikationsprotokollen zwischen Signalanlagen und Verkehrsrechner kann Latenzzeiten allerdings auf die notwendige Größenordnung von ca. einer Sekunde reduzieren. In Darmstadt wird in Kombination mit dem Verkehrsrechner-System von SWARCO eine Latenzzeit über die Cloud-Plattform bis zur Weitergabe an das Backend eines Automotive-Partners von 0,6 bis 1,1 Sekunden erreicht.

Obwohl also die technischen Herausforderungen mittlerweile lösbar sind, bleibt das Verhalten von Lichtsignalanlagen grundsätzlich nur schwer prognostizierbar, da diese vielfältige Anforderungen erfüllen müssen. So bevorrechtigen neuere Signalanlagen, in Darmstadt sind dies über 90 % der LSA, in der Regel Straßenbahnen oder Busse, um deren Verlustzeiten an Signalen zu reduzieren. Gleichzeitig sind die Grünzeiten für den Individualverkehr in jedem Signalumlauf verschieden, um die Leistungsfähigkeit aller Zufahrten an die Verkehrsnachfrage anzupassen. Oft kommen bestimmte Signale außerdem nur auf Anforderung, wenn entsprechende (Fußgänger-)Taster gedrückt oder Induktionsschleifen in der Fahrbahn durch Fahrzeuge belegt werden.

Aktuelle Prognoseansätze verwenden meist Algorithmen aus dem Machine Learning, etwa Implementierungen von Support Vector Machines (SVM). Allerdings können selbst solche theoretisch optimalen Prognosealgorithmen Unsicherheiten oder Bandbreiten bei der Prognose von Schaltzeitpunkten in der Größenordnung von 5 bis 20 Sekunden nicht verhindern, wenn die zu prognostizierende Lichtsignalanlage stark ausgeprägte Verkehrsabhängigkeiten hat. Dagegen bewertet die Automobilindustrie im Hinblick auf die Verwendung in Fahrzeug-Assistenzsystemen einen Prognosefehler von maximal 1 bis 3 Sekunden für die letzten 30 Sekunden bis zum prognostizierten Schaltvorgang als akzeptabel. Dieses Dilemma hat die Forschung lange Zeit beschäftigt, ohne dass tragfähige Lösungen gefunden werden konnten. Aktuelle Forschungsarbeiten wie

z. B. in Darmstadt verfolgen deshalb den Ansatz, statt eines einzelnen prognostizierten Schaltzeitpunkts ein Set an Kenngrößen zu schätzen und an Fahrzeuge zu
übermitteln. Dieses Set enthält unter anderem zuverlässig geschätzte untere und
obere Schranken für jeden Schaltzeitpunkt, die dann im Fahrzeug je nach Anwen-
dungsfall bzw. Assistenzfunktionalität situativ verwendet werden. Gegenstand der
Forschung ist dabei neben der verlässlichen Schätzung der Schranken bei komplexen Signalsteuerungen auch die geeignete Nutzung durch die Assistenzsysteme.
Erste Versuche und Evaluierungen im Darmstädter Projekt deuten darauf hin, dass
die aus dem oben beschriebenen Dilemma entstehenden Probleme signifikant
abgeschwächt werden und Prädiktionen von Signalstellungen zukünftig in erheblichem Umfang in Fahrzeugsystemen genutzt werden können.

Den Fahrer könnten solche Lösungen dann im Zusammenspiel mit dem Navigationssystem in zweierlei Hinsicht unterstützen. Eine Möglichkeit besteht darin, ihm
unter Berücksichtigung geltender Limits die optimale Geschwindigkeit anzuzeigen,
die auf seiner geplanten Route zu möglichst geringen Wartezeiten vor Lichtsignalen
führt. Die zweite Variante ist, Information über Signalphasen auf der geplanten und
auf alternative Routen zu liefern und dem Lenker so gegebenenfalls assistenzge-
steuert eine andere Streckenführung vorzuschlagen. Abb. 13.7 gibt Aufschluss darüber, wie die Information aus der Signalphasenvorhersage verwertet werden könnte.
Sie zeigt ein Foto der Kreuzung, welcher man sich momentan nähert, sowie die

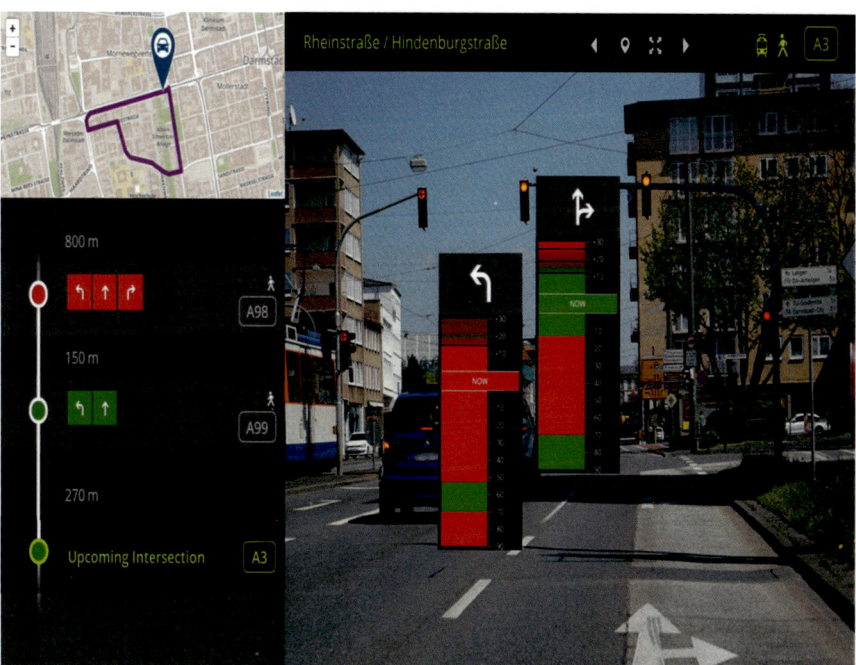

Abb. 13.7 Prototypische Anzeige von Signalphasen

aktuelle Signalphase und die vorausberechneten Umschaltzeiten. Links ist eine Vorschau auf die nächsten Kreuzungen eingeblendet.

13.3.4 Parkraum-Services

Studien zeigen, dass Autofahrer in deutschen Städten durchschnittlich 10 Minuten nach einem freien Parkplatz suchen, dabei durchschnittlich 4,5 km zurücklegen und je Suche unnötig 1,3 kg CO_2 ausstoßen, wodurch etwa 30 % des gesamten Verkehrsaufkommens und der damit verbundenen Umweltbelastung ausgelöst werden (Siemens 2015). Unter dem Stichwort Smart Parking können hier verschiedene Dienste in Verbindung mit geeigneten Infrastrukturmaßnahmen Abhilfe schaffen. Echtzeiterkennung freier Parkplätze und deren Abgleich mit der aktuellen oder im Voraus bekannten Nachfrage können den Parksuchverkehr und die damit einhergehenden Nachteile für Fahrer, Stadt und Allgemeinheit signifikant reduzieren.

Als erstes Beispiel kann die Lösung von *Cleverciti Systems* dienen, die bereits in Rotterdam, Bad Hersfeld und Köln im Einsatz ist (Cleverciti 2016). Dabei überwachen am Boden, an Laternenmasten oder Gebäuden installierte Sensoren mit einer Erfassungsreichweite von bis zu 400 m bis zu 100 Parkplätze mit einer Aktualisierungsfrequenz von drei Sekunden. Erfasste Daten wie Größe, genaue Lage, Belegung und deren Dauer überträgt der Sensor per Mobilfunk- oder WLAN-Verbindung praktisch in Echtzeit an ein zentrales System. Die Information kann z. B. durch REST-Schnittstellen an eine städtische Plattform und andere private Dienstanbieter übertragen und für Parkleit-, Parkraummanagement- und Navigationssysteme genutzt werden. So bietet der Hersteller selbst eine App an, die es dem Endanwender erlaubt, schnell einen passenden freien Parkplatz zu finden, ihn dorthin navigiert und einfache bargeldlose Bezahlung ermöglicht.

Auf die Zusammenführung von Nachfrage nach Parkplätzen und Mietangeboten für private Stellplätze und Einfahrten stellt der Online-Marktplatz *Ampido* ab (Ampido 2016). Anbieter legen auf der Plattform für ihren zeitweise nicht genutzten privaten Parkraum dessen Verfügbarkeit und die Parkgebühr fest. Mit der entsprechenden App kann sich der Nachfrager freie Parkplätze in der Nähe oder an einem gewählten Ort anzeigen lassen und einen gewählten Platz mit Angabe der Parkdauer buchen. Die Bezahlung erfolgt automatisch vom vorher über die App aufgeladenen Guthaben. Die Integration in eine städtische Plattform ist denkbar.

Bereits in einer größeren Zahl deutscher Städte kombiniert *Evopark* die Ermittlung freier Plätze in Parkhäusern und die app-gestützte Navigation dorthin unter anderem mit einer RFID-basierten Karte zur bequemen Öffnung der Zufahrtsschranke, mit der Registrierung der Parkdauer, mit monatlicher Abrechnung und Bezahlung sowie mit digitalen Parkgebührengutschriften durch Partner (Evopark 2016). Auch hier bestehen Integrationsmöglichkeiten in eine offene urbane Plattform.

Aus Sicht des Autofahrers wäre es sicher wünschenswert, solche verschiedenen Möglichkeiten und Angebote zu bündeln. Dem Parkraumsucher dürfte es lediglich darauf ankommen, einen für ihn geeigneten Platz möglichst bequem finden, nutzen und bezahlen zu können, unabhängig davon, wer ihn anbietet. Hier bietet sich die Integration in eine offene urbane Informations- und Service-Plattform an, die zum einen eher eine kritische Masse an Benutzern erreicht als einzelne Dienste. Zum anderen bietet sich so auch die Möglichkeit, weitere Information und Funktionalität dazu zu kombinieren, wie etwa den Ausweis von Parkplätzen mit Ladeinfrastruktur für Elektrofahrzeuge (vgl. auch Abschn. 13.3.5).

Nutzeffekte von Parkraum-Services wie den erläuterten Beispielen für Städte und Bürger sind vielfältig. Vorteile bringt zunächst die bereits erwähnte Verminderung des Verkehrs und der Umweltbelastung. Der Autofahrer spart Zeit und Kosten und gewinnt Bequemlichkeit, insbesondere bezüglich der Suche und Zahlungsabwicklung. Der Stadt fällt es leichter, Schadstoffgrenzwerte einzuhalten und damit Strafzahlungen zu vermeiden. Sie spart sich außerdem künftig zumindest teilweise die Ausweisung von Parkraum durch Schilder und Markierungen. Sowohl öffentliche als auch private Parkraumbewirtschafter können aber auch die Auslastung und damit ihre Einnahmen optimieren und erhalten durch dynamische Festsetzung der Parkgebühren die Möglichkeit, Parkverkehrsströme besser zu steuern.

13.3.5 Smart Environment Services

Bei der Stadt Wiesloch ist die offene Plattform im Zusammenspiel mit zukunftsweisender Infrastruktur für die Erfassung und Gestaltung von Umweltbedingungen im Einsatz. Dort wurden im Rahmen eines Pilotprojektes hochmoderne Multifunktionsmasten mit bedarfsorientiert dimmbaren LED-Straßenleuchten (Lichtpunkten) installiert. Sie sind zusätzlich unter anderem mit Sensoren zur Messung von Emissionen (CO_2, Lärm) und zur Erfassung des Verkehrs sowie mit Ladestationen für Elektrofahrzeuge und Komponenten für flächendeckendes offenes WLAN ausgestattet (Sm!ght 2016; CW 2016). Die OUISP führt die von der Infrastruktur gelieferten Daten zusammen und bildet damit das Rückgrat einer intelligenten, integrierten Gesamtinfrastruktur. Konkretes Beispiel für einen darauf realisierten Dienst ist die automatische Steuerung der Straßenbeleuchtung nach Verkehrsaufkommen. Der Multifunktionsmast erkennt, ob sich Fahrzeuge nähern, leuchtet entsprechend dynamisch einen bestimmten Bereich vor und nach seinem Standort anforderungsgerecht aus und dimmt danach gegebenenfalls seine Leuchten wieder. Positive Konsequenz ist eine Verminderung des Energieverbrauchs unter Aufrechterhaltung der Verkehrssicherheit.

13.3.6 Benutzerindividuelle Bündelung von Services

Die von der OUISP bereitgestellten Daten schaffen auch die Basis für ein umfassendes Portfolio an Diensten, die ein Anwender selbst nach seinen Bedürfnissen bündeln kann. Das Potenzial hierfür lässt sich durch einen momentan noch im Forschungsstadium befindlichen Demonstrator aufzeigen. Der

Demonstrator VASEC ist im Verbundprojekt SINNODIUM „Softwareinnovationen für das digitale Unternehmen" des Software-Clusters entstanden (SINNODIUM 2015). Die Abkürzung steht für Value Added Security Services (VASEC 2015). Zur Erläuterung soll folgendes Szenario dienen:

Ein Unternehmensberater möchte mit seinem Elektroauto vom Wohnort in der Nähe von Darmstadt möglichst rasch und sicher zu einem Geschäftstermin in die Stadt fahren. Für die Routenplanung möchte er vor allem Wetterbedingungen, Baustellen und Staus berücksichtigt wissen. Da er davon ausgeht, dass er seine Fahrzeugbatterie aufladen muss, um wieder nach Hause zu kommen, interessieren ihn auch freie Ladestationen für Elektroautos in der Nähe seines Ziels.

Mit der VASEC-Anwendung kann er interaktiv entsprechende Dienste kombinieren. Hierfür wählt der Anwender zunächst Start- und Endpunkt seiner Fahrt auf einer Karte. Der Demonstrator schlägt ihm Dienste zur Auswahl vor, die er selektieren kann. Sobald er eine Auswahl getroffen hat, wird die Karte um entsprechende Informationen angereichert. Wählt er beispielsweise die Symbole für Baustellen und Staus, visualisiert das System diese auf der Karte. Analog gilt dies für Batterieladestationen (vgl. Abb. 13.8). Damit kann der Berater seine Route planen.

Der Demonstrator basiert auf Verkehrsdaten der Stadt Darmstadt. Mittlerweile konnten auch weitere Städte für die Bereitstellung von Verkehrsdaten zur Verwendung und Weiterentwicklung von VASEC gewonnen werden.

13.3.7 Smart City Cockpit

Die vorangegangenen Ausführungen haben eine Reihe von atomaren und kombinierten Smart Mobility Services unterschiedlichen Reifegrads in verschiedenen

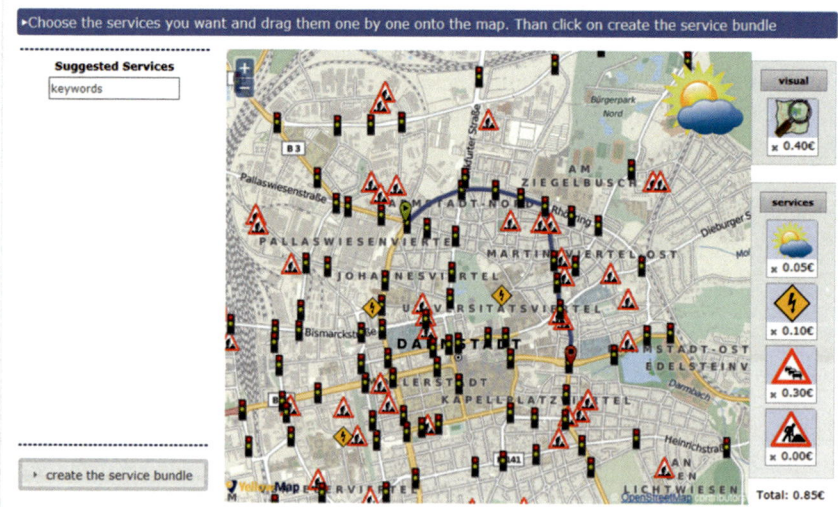

Abb. 13.8 Bündelung von Services

Feldern vorgestellt. Sie erzeugen und verarbeiten eine Vielzahl von kommunalen und privatwirtschaftlich gesammelten Daten, um Benutzern Mehrwert zu bieten.

Mit der OUISP als Grundlage liegt es nahe, die Datenbasen der verschiedenen Dienste auch zusammenzuführen und zu nutzen, um den aktuellen Zustand einer Stadt bezüglich unterschiedlicher Kenngrößen zu bewerten und zu visualisieren. In Analogie zu Cockpits von Managementinformationssystemen in Unternehmen werden deshalb Ansätze zur Gestaltung von Smart City Cockpits verfolgt, zunächst insbesondere mit der Aufbereitung von Informationen zu Verkehrs- und Umweltbedingungen. Abb. 13.9 zeigt, wie ein solches interaktives Cockpit aussehen könnte. Dabei handelt es sich um ein Mock-up der denkbaren konkreten Ausgestaltung am Beispiel der Stadt Köln (Cologne Dashboard 2016).

In der Darstellung vereint das Cockpit beispielsweise folgende Informationen: Unter „Verkehr" stehen Angaben wie Auslastung der Infrastruktur oder durchschnittlich gefahrene Geschwindigkeit der gemessenen Fahrzeuge. Im Bereich „Umwelt" sind die von den entsprechenden Sensoren erfassten Werte für Helligkeit, Luftdruck, Luftfeuchtigkeit, Temperatur, Feinstaub- und CO_2-Belastung und Geräuschpegel sichtbar. „Angebot KVB" gibt Auskunft über fahrende S-Bahnen und Busse, Netzauslastung und verfügbare Leihräder der Kölner Verkehrsbetriebe. Bei „Parkplätze" ist angedeutet, dass Informationen bzw. Dienste beliebiger Anbieter (hier derzeit nur Ampido) integriert und kombiniert werden können. Ausgewählt ist im Beispiel die Anzahl verfügbarer Parkplätze in Parkhäusern. Auch unter „Car Sharing" können diverse Angebote auftauchen (hier derzeit nur Cambio), für die im Beispiel die Anzahl insgesamt verfügbarer Fahrzeuge angezeigt wird. Bei „Adaptive Crossing" wird derzeit die durchschnittliche Dauer der Grünphase der Fußgängerampeln angegeben.

Abb. 13.9 Entwurf für ein Smart City Cockpit

Die Kreissegmente und die Angabe von Beats per Minute (BPM) auf der linken Seite der Abbildung stellen eine Metapher für den „Puls" der Stadt dar. Er soll anzeigen, wie „gestresst" die Stadt ist. Ein hoher Puls würde sich etwa ergeben, wenn zum Betrachtungszeitpunkt hohes Verkehrsaufkommen, hohe Umweltbelastungswerte und ein geringer Anteil der Energieerzeugung aus alternativen Quellen registriert werden. Die letztgenannte Information könnte möglicherweise ebenfalls aus in die Plattform integrierte Datenquellen der Energieversorger stammen – eine Domäne, die hier nicht weiter betrachtet wird. Das Beispiel zeigt aber, dass das Cockpit bezüglich der darzustellenden Kenngrößen themen- und zielgruppenspezifisch ebenso flexibel gestaltbar ist wie für verschiedene Städte.

Die im unteren Bereich des Screenshots sichtbare Zeitreihe deutet schließlich an, dass historische Werte ebenso abrufbar sein sollen wie Zukunftsvorhersagen.

13.4 Fazit und Ausblick

UrbanPulse als konkrete Ausprägung einer offenen urbanen Informations- und Service-Plattform ist in den Städten Darmstadt, Köln, Bad Hersfeld und Wiesloch im Pilot- oder produktiven Einsatz. Projekte mit weiteren Städten wie Kaiserslautern und Saarbrücken befinden sich in der Anbahnungsphase.

Die vorangegangen Abschnitte konnten die gesamte Bandbreite möglicher darauf aufsetzender Dienste nur exemplarisch an ausgewählten Beispielen aufzeigen. Mit der Signalphasenvorhersage und Übermittlung der Ergebnisse an Fahrzeuge wurde beispielsweise eine zukunftsträchtige Anwendung aus dem Bereich der Car-to-Infrastructure-Kommunikation vorgestellt. Die Bedeutung dieser Domäne wird ebenso wie Car-to-Car im Zuge von Elektromobilität und autonomem Fahren zunehmen. Die OUISP kann diese Entwicklung fördern. Sie vernetzt Daten, die aus den beweglichen Fahrzeugen in Echtzeit in die Plattform gelangen, mit solchen über die Verkehrs- und sonstige Infrastruktur, womit sich Möglichkeiten für die Bereitstellung vieler weiterer Dienste eröffnen. Wenn etwa eine im Elektromobil vorhandene On Board Unit Werte zum Ladezustand der Batterie sowie laufend Standortdaten sendet, können dem Fahrer umfangreiche Dienstleistungen angeboten werden. Eine Anwendung kann ihn dann etwa zur nächstgelegenen Akku-Tauschstation oder einem Parkplatz mit Ladesäule leiten. Damit können Akzeptanzhürden, wie nach wie vor geringe Reichweite aufgrund der Batterietechnik, überwunden werden – neben der Wirtschaftlichkeit eines der Haupthindernisse für die umfassendere Nutzung von Elektroautos. Auch für die Stromnetzbetreiber werden solche Informationen zukünftig eine große Rolle spielen, wenn es etwa darum geht, den Strombedarf der Elektroautos zu jeder Zeit prognostizieren zu können, um die Netzstabilität gerade bei gleichzeitigem Schnelladen zu gewährleisten. Entsprechende Möglichkeiten, Daten aus den Elektroautos für die Flottenoptimierung zu verwenden, werden im Projekt „eFahrung – Flottenübergreifende Nutzung von Elektrofahrzeugen" im Rahmen des internationalen Schaufensters Elektromobilität Berlin-Brandenburg untersucht (eFahrung 2016).

Aus den Forschungsprojekten und den Praxiseinsätzen gewonnene Erkenntnisse und Ergebnisse werden, wie von EIP SCC angestrebt, an interessierte Städte kommuniziert, insbesondere im Rahmen der EIP SCC Invitation for Commitments, der EU Stakeholder Plattform für Smart Cities and Communities (EC 2015a) und dem German Roundtable „Smart City Forum".

Solche Gremien sind möglicherweise auch geeignete Foren, in denen (Geschäfts-) Modelle für die ‚data commercialisation' entwickelt werden können. Diese wird in der Anforderungsspezifikation der EIP SCC als noch nicht erforscht angesehen (EC 2015c). Es ist etwa zu klären, ob und wie die Nutzung von Daten auf der urbanen Plattform bzw. über sie z. B. durch Lizenzierung oder Abonnements zu vergüten ist. Dies gilt sowohl für Daten aus kommunalen Quellen, z. B. bei deren kommerzieller Nutzung durch einen Dienstanbieter, als auch für Daten aus privatwirtschaftlichen Quellen. Es wird interessant sein zu beobachten, welche Konzepte für die Datenkommerzialisierung entstehen und sich durchsetzen.

Entsprechende Modelle beeinflussen auch die Kosten für die Anbieter von Services und damit ggf. auch den Preis für die Servicenutzung, z. B. beim Kauf einer App oder bei einem Abonnement durch den Endbenutzer. Kommunen dürften einerseits daran interessiert sein, Dienste wie eine App mit aktueller Verkehrsinformation als kostenlosen Bürgerservice anzubieten. Andererseits könnten sie sich etwa mit der gebührenpflichtigen Werbung oder Platzierung von Einkaufsmöglichkeiten im Verkehrsmonitor und einer Rolle als Daten-Broker neue Einnahmequellen erschließen. Privatwirtschaftliche Unternehmen als Service Provider müssen tragfähige Erlösmodelle entwickeln. Denkbar sind etwa bekannte Beispiele wie Werbung, das Freemium-Geschäftsmodell oder Provisionen. Auch hier darf man gespannt sein, welche Formen sich herauskristallisieren und letztlich etablieren.

Literatur

Ampido (2016) http://www.ampido.com. Gesehen 28.06.2016
Braun R, Busch F et al (2009) TRAVOLUTION – Netzweite Optimierung der Lichtsignalsteuerung und LSA-Fahrzeug-Kommunikation. Straßenverkehrstechnik 6(2009):365–374
Cleverciti (2016) http://www.cleverciti.com/en/. Zugegriffen am 28.06.2016
Cologne Dashboard (2016) https://nmw.urbanpulse.de/CologneDashboard/. User: demo, Passwort: review, Zugegriffen am 28.06.2016
CW (2016) Straßenlaternen als Smart-City-Enabler. http://www.computerwoche.de/a/strassenlaternen-als-smart-city-enabler,3312691. Zugegriffen am 29.06.2016
Darmstadt (2014) Wissenschaftsstadt Darmstadt: Statistische Berichte 1. Halbjahr 2014, 60. Amt für Wirtschaft und Stadtentwicklung, Statistik und Stadtforschung
Darmstadt (2015) Staumonitor Darmstadt. https://darmstadt.urbanpulse.de. Zugegriffen am 27.02.2015
Darmstadt (2016) Traffic Darmstadt. https://darmstadt.ui-traffic.de/. Zugegriffen am 28.06.2016
EC (2015a) European innovation partnership on Smart Cities and Communities (EIP SCC). http://ec.europa.eu/eip/smartcities/index_en.htm. Zugegriffen am 19.06.2016
EC (2015b) European innovation partnership on Smart Cities and Communities (EIP SCC): memorandum of understanding – towards open urban platforms for smart cities and communities. https://ec.europa.eu/digital-single-market/en/news/memorandum-understanding-towards-open-urban-platforms-smart-cities-and-communities/. Zugegriffen am 19.06.2016

EC (2015c) European Innovation Partnership on Smart Cities and Communities (EIP SCC) – integrated infrastructure action cluster – urban platform: requirements specification for urban platforms. https://eu-smartcities.eu/urbanplatforms/EIP_Requirements_Specification_Urban_Platforms.pdf. Zugegriffen am 19.06.2016

Evopark (2016) http://www.evopark.de. Zugegriffen am 28.06.2016

eFahrung (2016) Flottenübergeifende Nutzung von Elektrofahrzeugen. http://www.efahrung.de/. Zugegriffen am 27.06.2016

Fraunhofer Zentrum für Smart Cities (2015) http://www.ict-smart-cities-center.com/?page_id=37. Zugegriffen am 20.06.2016

Lewis J, Fowler M (2014) Microservices. http://martinfowler.com/articles/microservices.html. Zugegriffen am 27.02.2015

Lewis J, Fowler M (2015) Microservices: Nur ein weiteres Konzept in der Softwarearchitektur oder mehr? Objektspektrum. Januar/Februar 2015 1(2015): 14–20

Siemens (2015) Schluss mit der Parkplatzsuche. http://www.siemens.com/press/pool/de/feature/2015/mobility/2015-02-smart-parking/hintergrundpapier-schluss-mit-der-parkplatzsuche-d.pdf. Zugegriffen am 28.06.2016

SINNODIUM – Softwareinnovationen für das digitale Unternehmen (2015) Software-Cluster. http://www.software-cluster.com/de/forschung/projekte/verbundprojekte/sinnodium. Zugegriffen am 28.06.2016

Sm!ght (2016) http://smight.com/. Zugegriffen am 29.06.2016

UI (2016) http://urban-software-institute.de/de/solutions/ui-urbanpulse.html. Zugegriffen am 28.06.2016

VASEC (2015) Software-Cluster. http://vasec.software-cluster.com:8080/UrbanPulse/index.html. Zugegriffen am 19.06.2016

Teil VI

Smart Energy

Crowd Energy – das Kooperationskonzept für Smart Cities

14

Mario Gstrein, Yves Hertig, Bernd Teufel
und Stephanie Teufel

Zusammenfassung

Smart Cities werden an der Beantwortung der Elektrizitätsfrage gemessen. Entscheidend ist die optimale Technologienutzung, um lokal Elektrizität zu produzieren, zu verbrauchen und zu speichern. Endverbraucher werden zu Prosumer. Dies verändert den Energiemarkt radikal mit der Notwendigkeit für neue Konzepte wie das Crowd Energy (CE)-Konzept als Bottom-up-Ansatz: Durch kollektive Anstrengung ist eine größere Effizienz in der Energienutzung möglich.

Das Buchkapitel beschreibt zuerst die Grundlagen einer CE-Kooperation sowie die Einbindung von CE-Kooperationen in das Wertschöpfungsnetz. Die Analyse der Akteure und Wertegenerierung zeigt, dass Prosumer das Rückgrat einer Crowd sind und entscheidenden Einfluss auf Informations- und Stromaustausch haben. Das in Bezug stehende Entscheidungsverhalten von Prosumern basiert dabei neben wirtschaftlichen hauptsächlich auf sozialen Faktoren. Es wird erläutert, welche Faktoren in Zukunft ausschlaggebend sind. Neben Stromaustausch basiert eine CE-Kooperation auf einem erhöhten Informationsaustausch, mit den bekannten Risiken bzgl. Cyber-Attacken. Neben rein technischen Abwehrmaßnahmen muss ein umfassendes Informationssicherheitsmanagement installiert sein, um Funktion und Erfolg einer Crowd zu gewährleisten. Mit der Beleuchtung dieses Themenbereichs schließt der Beitrag.

Vollständig neuer Original-Beitrag

M. Gstrein (✉) • Y. Hertig • B. Teufel • S. Teufel
Universität Fribourg, Fribourg, Schweiz
E-Mail: mario.gstrein@unifr.ch; yves.hertig@unifr.ch; bernd.teufel@unifr.ch; stephanie.teufel@unifr.ch

© Springer Fachmedien Wiesbaden GmbH 2016
A. Meier, E. Portmann (Hrsg.), *Smart City*, Edition HMD,
DOI 10.1007/978-3-658-15617-6_14

Schlüsselwörter

Crowd Energy • Wertschöpfungsnetzwerk • Wertegenerierung • Entscheidungsfindung • Prosumer • Selbstorganisation • Kooperation • Informationssicherheitskultur

14.1 Die Chance für einen Paradigmenwechsel

Energie ist die Lebensgrundlage der heutigen Gesellschaft und die zuverlässige
Energieversorgung ist eine Voraussetzung des Wohlstandes. Da Energie ein
Gebrauchsgut (Commodity) für uns geworden ist, besteht eine Sensibilität bezüglich Veränderungen und den daraus möglichen Konsequenzen. Eine derzeit stattfin-
dende Rollenveränderung, welche durch technologische Entwicklungen unterstützt
wird, führt zu einem Paradigmenwechsel in der Energieversorgung von „TO YOU"
zu „WITH YOU" (Teufel und Teufel 2014). Dabei sollen Einschnitte in Wohlstand
und Komfort vermieden werden. Die Relevanz spiegelt sich in unterschiedlichen
Szenarien für die zukünftige Energieversorgung wider (EU 2015). Eine wechselsei-
tige Abhängigkeit zwischen Gesellschaft und Energieversorgung besteht; gemeinsam
setzen sie Rahmenbedingungen, bieten Entfaltungsmöglichkeiten und beschreiben
Restriktionen. Folglich ist die Entwicklung der Energieversorgung eine Frage der
Entwicklung der Gesellschaft und umgekehrt.

Ein Aspekt der gesellschaftlichen Entwicklung fokussiert sich auf Städte, insbe-
sondere Großstädte, welche vor großen Herausforderungen bezüglich der Verbes-
serung des Ressourcenverbrauchs stehen. Mit sogenannten Smart City-Konzepten
sollen Städte effizienter im Umgang mit Ressourcen werden. Die Schonung von
Ressourcen und die Nachhaltigkeit im Umgang mit diesen stehen im Vordergrund.
Die nachhaltige Entwicklung einer Smart City beschreibt unter anderem den
Verzicht auf Atomkraft und fordert die Verwendung von erneuerbarer Energie.
Daher spielen Smart Cities eine zentrale Bedeutung in der Umsetzung von
Energiestrategien (BFE 2013). Das Wort „smart" beschreibt dabei *„meeting chal-
lenges to improve sustainable welfare"* und umfasst soziale, ökonomische, politi-
sche und ökologische Anpassungen (Vasauskaite et al. 2016). Anpassungen werden
ausgelöst durch veränderte Lebensweisen, z.B. gesteigerte Mobilität und daraus
resultierende Herausforderungen, jederzeit und unabhängig Energie bereitzustellen
(Mahnke et al. 2014). Technologische Ansätze wie das induktive Laden spielen eine
Rolle (Schwarzer 2015). Die Energieplanung in puncto Produktion, Verbrauch und
Speicherung in Smart Cities wird vornehmend zu einem zentralen Diskussionspunkt
in Energiekonzepten (Calvillo et al. 2016).

Ein neuer Konzeptansatz ist Crowd Energy (CE), welcher ein Smart Grid auf der
Niederspannungsebene beschreibt (Teufel und Teufel 2014). Crowd Energy
beschreibt die Verfügbarkeit von Elektrizität, egal aus welcher Energieform Strom
gewonnen wird. Daher wird der Begriff Energie im Zusammenhang mit CE verwendet. Der wesentliche Unterschied zu anderen Konzepten liegt im Bottom-up-
Ansatz, der eine Kooperation von Prosumern und der Bündelung ihrer Ressourcen

mit Hilfe von Informations- und Kommunikationstechnologie (IKT) vorsieht. Prosumer sind das zentrale Element einer Crowd und ermöglichen durch ihre Eigenständigkeit, Strom zu produzieren, zu speichern und an andere Mitglieder der Crowd abzugeben, eine Effizienzsteigerung anhand eines lokalen Produktion-Verbrauch-Prinzips. Dabei werden Themen wie Kooperation, Ressourcenteilung und Beitrag zur Gesellschaft vermehrt angesprochen und reichen weit über rein technische und wirtschaftliche Betrachtungen hinaus. Ähnliche Konzepte finden sich in anderen Bereichen wie das Car-Sharing anhand des Shared Economy-Ansatzes (Botsman und Rogers 2010).

Das CE-Konzept ist nicht losgelöst vom gesamten Elektrizitätsnetzwerk zu betrachten. Es beinhaltet unter anderem grundsätzliche infrastrukturelle Punkte wie Micro-Grid-Strukturen (Driesen und Katiraei 2008), neue Baustandards (Kylili und Fokaides 2015), technische Lösungen zur Einbindung von Konsumenten in das Netzwerk durch Smart Home (Chan et al. 2009) oder zukunftsweisende Datenverarbeitung zur Bewältigung des erhöhten Koordinationsaufwandes (Felden 2013).

Zurzeit werden technische und ökonomische Aspekte besonders in Energiediskussionen hervorgehoben. Bezüglich CE ist dies zu kurz gegriffen. Das CE-Konzept bietet ein umfassenderes Verständnis von Energie und integriert nebst dem eigentlichen wirtschaftlichen Gut weitere Aspekte wie ökologische Ressource, strategisches Mittel und soziale Notwendigkeit (Stern und Aronson 1984). Für die Beschreibung der Kooperation definiert das CE-Konzept den letzten Aspekt des interpersonellen Konstrukts.

Dieser Beitrag beschäftigt sich zuerst mit der allgemeinen Integration von Crowd-Strukturen in den gesamten Wertschöpfungsprozess. Besprochen werden die neue Konstellation, die Charakteristiken von Akteuren und die Wertegenerierung innerhalb des Netzwerkes. Darauf aufbauend findet eine vertiefende Beschreibung und Diskussion des Kooperationsverhaltens der Akteure (unter anderem Prosumer) innerhalb einer Crowd statt. Insbesondere wird auf die Entscheidungsfindung des Prosumers über selbst produzierten Strom und das einhergehende Kooperationsverhalten mit anderen Mitgliedern eingegangen. Dieser Aspekt ist ausschlaggebend, da Entscheidungen nicht mehr ausschließlich über das Gut Elektrizität, sondern auch über Informationen, die im Zusammenhang mit dem Elektrizitätsmanagement stehen, getroffen werden. Da Informationen zunehmend wichtiger werden für die Kooperation, ist ein adäquater und sicherer Umgang notwendig, um eine reibungslose Kommunikation zu garantieren. Der letzte Teil beschreibt einen Crowd Energy-Leitfaden zur Informationssicherheit (CEIS). Der Leitfaden ermöglicht eine Integration der Dimension Mensch in das Sicherheitsmanagement und der Schaffung einer Informationssicherheitskultur.

14.2 Crowd Energy-Aspekte

Der Paradigmenwechsel erfordert und bedingt ein klareres Verständnis davon, was eine Gesellschaft unter Energie versteht. Daraus resultiert ein humanzentrierter Forschungsansatz, welcher die Breite des sozio-technischen Verständnisses der

Gesellschaft aufzeigt. Folglich werden kurz unterschiedliche Sichtweisen auf Energie geschildert, welche das breite Energieverständnis der zukünftigen Entscheidungsträger widerspiegelt.

Energie als Ware integriert Energie in ein ökonomisches und betriebswirtschaftliches Verständnis. Diese soziale Konzeption charakterisiert Energie als ein durch einen „Hersteller" produziertes, durch Dritte verteiltes und übermitteltes sowie durch den Abnehmer konsumiertes Gut. Energie wird als ein dem Angebot und der Nachfrage zugrunde liegenden Marktmechanismus konzipiert. Sich gegenseitig beeinflussend, haben diese Sichtweise wie auch das zentralisierte Stromnetzwerk dazu geführt, dass das Verantwortungsbewusstsein, das Wissen über und das Interesse an Energiethemen seitens der Konsumenten nur minimal ausgeprägt ist (Devine-Wright 2007).

Die Sichtweise *Energie als ökologische Ressource* betont den Einfluss von Energieproduktion und Energiekonsum auf den Menschen und die Umwelt. Dieses Energieverständnis betont die Konsequenzen von Ressourcenabbau, Produktion, Verteilung, Übermittlung und Konsum von Energie auf nicht energierelevante Bereiche wie etwa Luft-, Wasser-, Boden- und Umweltqualität, Landbeanspruchung, Gesundheit, Landschaftsverschandelung und Klima. Die Sichtweise unterscheidet unter anderem zwischen erneuerbaren/nicht-erneuerbaren und umweltschädlichen/umweltfreundlichen Energieressourcen.

Energie als strategisches Mittel. Diese Sichtweise betont die außerordentliche Rolle von Energie zur Erlangung von nationaler Sicherheit, ökonomischer Vitalität, sozialer Kohäsion und militärischer Stärke. Netzwerkstörungen, Ressourcenknappheit und Cyberangriffe auf Produktionsanlagen haben weitreichende Folgen, welche Bereiche jenseits des eigentlichen Energiesystems tangieren. Unter diesem Aspekt erhält Energie einen strategischen und schutzbedürftigen Aspekt.

Energie als soziale Notwendigkeit betont die soziale Notwendigkeit des gerechten Stromzugangs, wie auch den gerechten Schutz vor den Folgen der Energieproduktion und des Energiekonsums. Ein minimaler Zugang zur Ware Energie ist hinsichtlich der wirtschaftlichen und sozialen Entwicklung eines Landes nicht nur in Entwicklungsländern von essenzieller Bedeutung, sondern auch hinsichtlich demografischer Veränderungen oder energiestrategischer Überlegungen (z. B. Atomausstieg) auch für entwickelte Länder eine große Herausforderung.

Energie als interpersonelles Konstrukt. In Folge des technologischen Wandels erweitert sich die Konzeption von Energie hin zu einem stärkeren sozialen und kollektiven Gebilde. In einem dezentralen Energienetzwerk erfährt „Strom" eine zusätzliche interpersonelle Konzeption, welche nicht alleine auf die soziale Notwendigkeit der Strombereitstellung abzielt, sondern unter anderem die Stromversorgung in einem dezentralen System als Resultat einer auf interpersonellen und sozialen Normen basierenden Konzeption darstellt. Diese Sichtweise charakterisiert die Produktion, Speicherung, Verteilung und den Konsum von Strom als ein lokales auf Kooperation zwischen Mitgliedern ausgelegtes Produktion-Verbrauch-Prinzips. Zwischenmenschliche Beziehungen, individualisiertes Energieverständnis, Gemeinschaftssinn und soziale Normen zur Kooperation beeinflussen nicht nur die Entscheidungsfindung der Mitglieder, sondern auch das gesamte System und die Konzeption von Energie.

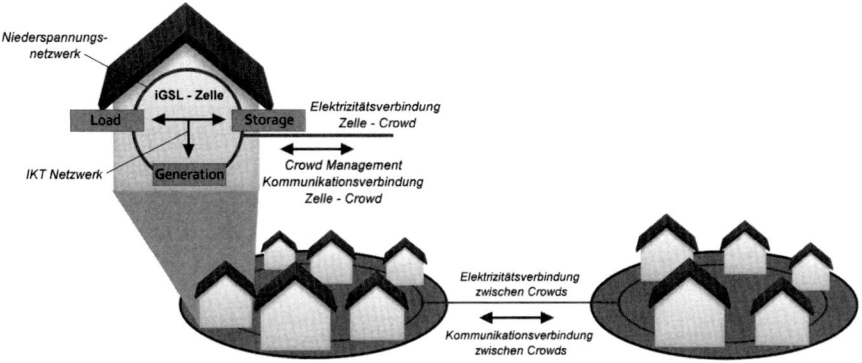

Abb. 14.1 Crowd Energy-Konzept

14.2.1 Das Crowd Energy-Konzept

Crowd Energy basiert auf eigenständigen, intelligenten Verbrauchs-, Erzeugungs- und Speicherungssystemen (siehe Abb. 14.1). Eine iGSL-Zelle[1] ist die kleinste Einheit und kann z. B. ein Gebäude repräsentieren. Gebäude und deren Nutzung sind verschieden und erzeugen eine unterschiedliche Ausprägung der drei genannten Funktionalitäten. Crowd Energy entsteht dann, wenn diese einzelnen Zellen miteinander kooperieren, indem sie Informationen und Strom austauschen. Das hervorgerufene lokale Produktion-Verbrauchs-Prinzip definiert eine Verteilungsfrage zwischen Zellen mit Stromüberschuss und Zellen mit Stromdefizit. Ausfälle in der internen Stromverfügbarkeit werden von externen Lieferanten sichergestellt. Im Idealfall erzeugt die Crowd eine temporäre Unabhängigkeit zum externen Netzwerk.

Prosumer bilden den Kern einer Crowd, wobei auch Konsumenten Mitglied einer Crowd sein können; beide sind jeweils einer bestimmten Crowd zugeordnet. Eine Crowd besteht aus mindestens zwei Zellen, wobei ein Prosumer als Mitglied notwendig ist. Die Größe von Crowds ist unterschiedlich und hängt vor allem von Faktoren der Produktions- und Verbrauchsprofile der Gebäude ab. Die lokale Begrenztheit einer Crowd führt dazu, dass eine Vielzahl an Crowds auf der Niederspannungsebene entsteht. Diese wiederum kommunizieren untereinander und tauschen Energie und Informationen aus. Die stufenweise Struktur (Zelle – Crowd) entspricht dem Micro-Grid-Konzept, wobei auf die Zelle als kleinste Einheit gesetzt wird. Die Anzahl der Crowds im Niederspannungsnetzwerk variiert und wird beeinflusst von den Fähigkeiten der Zellen. Im Allgemeinen können zwei Eigenschaften beschrieben werden. Erstens die Stärke: Sie beschreibt die Zusammenarbeit zwischen den Mitgliedern. Zweitens das Potenzial: Dies beschreibt die Fähigkeit, genügend Strom für den Austausch zu produzieren. Dieser Beitrag wird sich auf die Stärke einer Crowd konzentrieren.

---

[1] ist die englische Bezeichnung der drei Funktionalitäten: (intelligent) generation, storage and load.

Die Zellstruktur verfolgt einen Bottom-up-Ansatz und eine kooperative Haltung. Die Bereitschaft Strom zu teilen benötigt das Mitwirken aller Beteiligten, wobei intrinsische und extrinsische Motivationspunkte adressiert werden. Folglich definiert Crowd Energy eine kollektive Anstrengung von Individuen, Profit- und Non-Profit-Organisationen, welche ihre Ressourcen mit Hilfe von IKT-Instrumenten bündeln, um den Energiewandel voranzutreiben (Teufel und Teufel 2014). Das CE-Konzept verfolgt einen humanzentrierten Ansatz zur Bewältigung zukünftiger energiebezogener Herausforderungen.

Das Management eines CE-Netzwerkes beruht auf einem integrierten Prozess, gemeinsamen Werten und Zielen sowie einer gemeinsamen Verantwortung bezüglich der Risiken, aber ebenso der Aufteilung von Vorteilen (Gstrein und Teufel 2015). Die Gegenseitigkeit stellt neue Anforderungen an das Management des Netzwerkes und erweitert bestehende Aufgaben. Ein Crowd Energy Management Framework umfasst Infrastruktur (Ausbau und Instandhaltung), Verwaltung von Technologien, ein klassisches und crowdspezifisches Lastmanagement sowie ein soziales Elektrizitätsmanagement (Gstrein und Teufel 2015). Ein soziales Elektrizitätsmanagement berücksichtigt die Fähigkeiten, Fertigkeiten und sozialen Aspekte der relevanten Akteure und integriert diese in ein Wertschöpfungsnetzwerk. Dies bedeutet, Informationen, die eine Crowd bzw. deren Mitglieder produzieren, sinnvoll in den Gesamtprozess einzubauen, um eine nachhaltige Wertschöpfung zu generieren. Impliziert ist damit einerseits die Dezentralisierung von Produktion und Speicherung und andererseits die substanzielle Veränderung in Gesellschaft, Wirtschaft und Politik durch das Aufgreifen der verschiedenen Energie-Aspekte.

Das Konzept ermöglicht den CE-Mitgliedern finanzielle Vorteile, welche direkt aus der Eigenproduktion der Ware Strom und dessen lokalen Austausch resultieren: Kosteneinsparungen, zusätzliche Einnahmemöglichkeiten, eine stärkere Verhandlungsposition, erweiterte Handlungsspektren und tiefere Solidaritäts- und Netzausbaubeiträge. Mit der Lokalisierung von Stromproduktion und Stromspeicherung eignen sich CE-Mitglieder zudem neues Wissen über das Gut an. Neben den finanziellen Vorteilen, welche mit CE einhergehen, mindert das lokale Produktion-Verbrauch-Prinzip die Auswirkungen bisheriger Produktionsprinzipien auf die lokale Umwelt-, Luft-, Wasser- und Bodenqualität. Das CE-Konzept führt des Weiteren zu einer geringeren Landbeanspruchung durch Produktionsstätten, weniger Eingriffen in die Landschaft, Minderung der Klimaerwärmung sowie zu einer ressourcenschonenderen Produktion. Aus strategischer Sicht ermöglicht CE eine gewisse Unabhängigkeit zum Gesamtnetzwerk. Gerade für Länder mit regelmäßigen Netzwerkstörungen oder energiesensitiven Einheiten, wie Spitäler, Gefängnisse oder Kühlräume, bietet die lokale Energieautarkie wichtige strategische Vorteile.

Aus sozialer Sicht ermöglicht CE, in Entwicklungsländern Energiearmut effizienter und dezentraler zu bekämpfen. In entwickelten Ländern ermöglicht CE einkommensschwachen Haushalten den Bezug von grüner Energie, ohne dass diese selbst produzieren müssen. Mit dem CE-Konzept erhalten altruistische Mitglieder die Möglichkeit, Nachbarn gezielt mit Energie zu versorgen. Andererseits profitieren egoistische Mitglieder ebenfalls von der Struktur, da sie keine oder tiefere

Solidaritätsbeiträge für den Netzausbau zahlen müssen. Die unterschiedlichen Sichtweisen ermöglichen eine breitere Schilderung der möglichen Vorteile für die CE-Mitglieder. Es ist zudem anzunehmen, dass der Zusammenschluss von iGSL-Zellen zu einer Crowd weitere soziale, nicht energie-relevante Vorteile, welche sich aus der kooperativen Strombereitstellungsstruktur ergeben, ermöglichen: Wenn CE auf interpersonellen Beziehungen beruht, dann ermöglichen die Erfahrungen mit dem CE-Konzept die Förderung des sozialen Austausches zwischen Mitgliedern, mindert sozio-ökonomische Gräben, verstärkt den Austausch anderer lokal produzierter Güter, steigert möglicherweise die Freiwilligenarbeit und ermöglicht die Anwendung weiterer „Sharing Economy"-Modelle innerhalb der Gruppe.

14.3 Ein crowdbasiertes Wertschöpfungsnetzwerk

Die technische Entwicklung im Umfeld eines Smart Grids führt zur Veränderung des gesamten Elektrizitätsnetzwerkes (von der Produktion bis zum Konsum). Das technische System beschreibt den Kontext, in welchem Akteure eines Smart Grids Artefakte anwenden und gegebenenfalls Artefakte abändern und wieder in das Smart Grid-System integrieren. Die Dynamik zwischen dem technischen System und den beteiligten Akteuren in diesem sozio-technischen System (Geels 2004) verändert zugrunde liegende Eigenschaften des Marktes. Die Elektrizitätsindustrie wandelt sich von einem monopolistischen zu einem kompetitiv-orientierten Markt. Eine solche Veränderung der Eigenschaften hat sich zuletzt in der Telekommunikationsbranche vollzogen (Peppard und Rylander 2006). Wesentliche Merkmale eines kompetitiv-orientierten Marktes sind unter anderem ein anspruchsvolles Produkt- und Service-Sortiment, Business of Excellence, Einnahmen pro Kunde sowie ein integrierter Wertschöpfungsprozess.

Es ist notwendig, in diesem angepassten Wertschöpfungsprozess alle beteiligten Stakeholder zu betrachten und damit eine ganzheitliche Betrachtungsweise der Wertschöpfungskette einzunehmen (Mentzer et al. 2001). Zusätzlich beruht das Zusammenspiel innerhalb der Wertschöpfungskette auf integrierender Philosophie, physisch integriertem Prozess, gemeinsamen Werten und Zielen und gemeinsamer Verantwortung bezüglich der Risiken und der Aufteilung von Vorteilen (vgl. (Mentzer et al. 2001; Gstein und Teufel 2015). Es fordert von den jeweiligen Beteiligten, Vertrauen und Hingabe aufzubauen und zu pflegen (Morgan und Hunt 1994). Erst daraus lassen sich notwendige langfristige Partnerschaften und folglich Stabilität für die Wertschöpfung bilden (Mentzer et al. 2001). Das Endprodukt des Wertschöpfungsnetzwerkes wird durch mehrere Stakeholder gewährleistet und erfordert rechtliche Rahmen wie Verträge.

Das CE-Konzept, mit den eingeführten Sichtweisen auf Energie, trägt dem Aufbrechen und der Neuausrichtung der bestehenden Wertschöpfungsstruktur und des zugehörigen Prozesses Rechnung. Abb. 14.2 beschreibt mit Hilfe der value network analysis (Allee 2008) ein mögliches Wertschöpfungsnetzwerk mit den beteiligten Akteuren und den Arten des Werteaustauschs (Gstein 2016). In einem

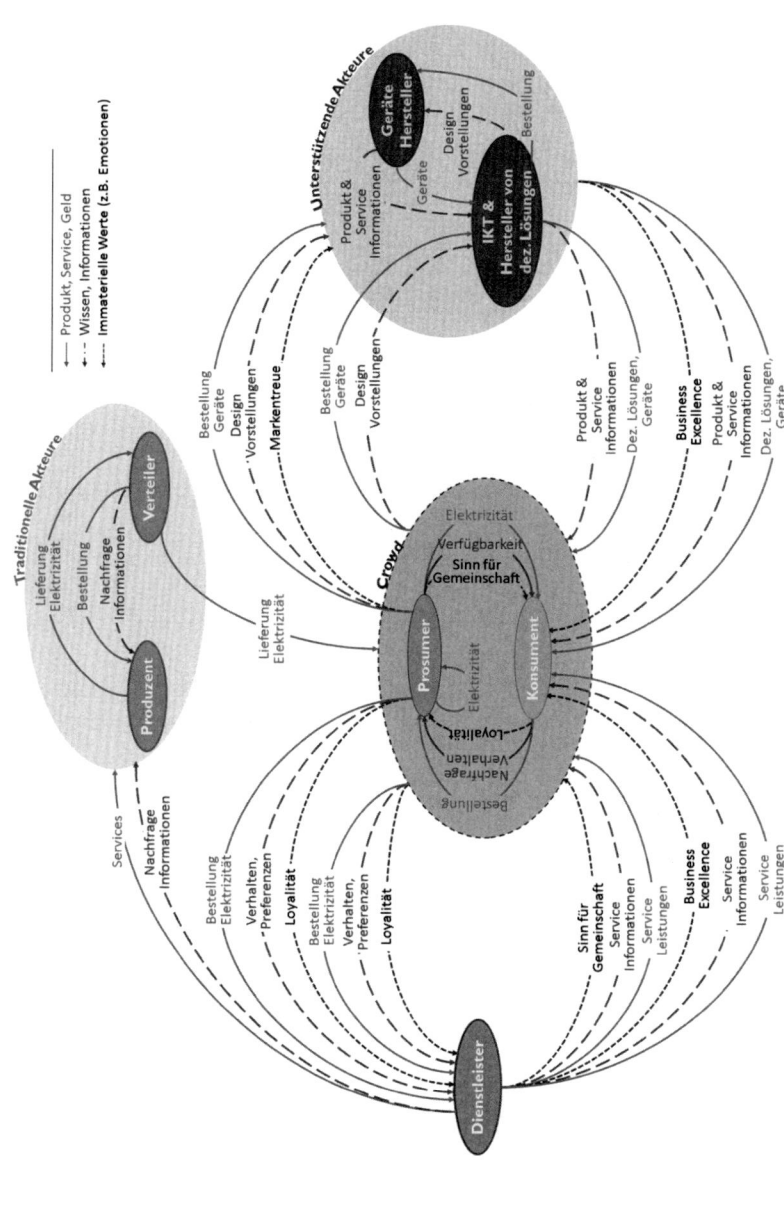

Abb. 14.2 Wertschöpfungsnetzwerk unter einem Crowd Energy-Paradigma (Gstrein 2016)

CE-Netzwerk werden neben traditionellen Akteuren wie Stromproduzenten und Stromverteilern oder Konsumenten ebenso neue Akteure wie Prosumer und Service Provider sowie unterstützende Akteure wie Gerätehersteller, IKT-Unternehmen berücksichtigt. Im Zentrum steht der Prosumer einer iGSL-Zelle, der mit anderen Zellen eine Crowd bildet. Durch Kooperation mit anderen Zellen erzeugt die Gemeinschaft Werte für sich selbst und kann sich im Idealfall aus Lastmanagement-Sicht temporär vom gesamten Elektrizitätsnetzwerk entkoppeln. Daher ist die Crowd ein eigenständiges Netzwerk in einem übergeordneten Netzwerk. Wenn daher von einer Crowd im Zusammenhang mit einem Wertschöpfungsnetzwerk gesprochen wird, werden sowohl die Ansicht der Crowd mit ihrem eigenen Wertschöpfungsprozess, als auch die Wertschöpfung im gesamten Netzwerk, das heißt die Crowd in Verbindung mit anderen Stakeholdern, thematisiert.

Die Abhängigkeit der Crowd zu externen Stakeholdern liegt in der Qualität der internen Wertschöpfung und steht im Zusammenhang mit der Stärke, also der Zusammenarbeit innerhalb einer Crowd, und dem Potenzial, das heißt der erzeugten Strommenge einer Crowd. Das Potenzial hängt von den installierten Anlagen und dem physischen Austausch von Strom und Informationen ab. Die Stärke hingegen bezeichnet die Bereitschaft zur Kooperation und umfasst immaterielle Werte wie Vertrauen, Hingabe oder Loyalität. Die Ausprägung dieser immateriellen Werte ist die Grundlage für eine starke Crowd. Dennoch, eine höhere Crowd-Eigenständigkeit und daher höhere -Unabhängigkeit bedeutet, dass die Crowd sich mitsamt ihren Mitgliedern früher im Prozess des Elektrizitätsmanagement positioniert und somit alle Prozessschritte von der Produktion bis zum Konsum abdeckt. Eine Verminderung des Werteaustausches zwischen Stromverteiler und Crowd ist die Folge. Im Umkehrschluss muss sich die Crowd mit der Aufgabe des Lastmanagements befassen. Aus dieser Sicht muss sich eine Crowd an den Zielen eines Elektrizitätsnetzwerkes orientieren: technologische Sicherheit, Nachhaltigkeit, Wirtschaftlichkeit, technische Leistungsfähigkeit und Qualität (Rui et al. 2012). Dies soll nicht nur die eigene, sondern auch die gesamte Netzwerkstabilität unterstützen. Ob die Kompetenzen des Lastmanagements an Crowds oder andere Stakeholder abgegeben werden, ist abzuwarten, jedoch zeigen bereits heutige IKT-Unternehmen ein Interesse an der Steuerung von Elektrizitätslasten.

Der Grund für dieses Interesse ist der Zugang zu einem breiteren Angebotsportfolio ausgehend vom Gut Elektrizität. Darauf aufgesetzte Services können umfassendere Bedürfnisse im Zusammenhang mit Strom, wie Komfort oder Mobilität, abdecken. Die Fokussierung auf Serviceleistungen lässt auf eine strategische Sichtweise schließen. Daher werden Aufgaben hinsichtlich des Lastmanagements notwendig sein. Erweiterte Serviceleistungen wie umfangreiches Elektrizitätsmanagement in einem Smart Home werden den entscheidenden kompetitiven Vorteil bringen. Die daraus entstehende Rolle des Serviceproviders nimmt im gesamten Wertschöpfungsnetzwerk für die Crowd eine interessante und wichtige Position ein. Es erlaubt der Crowd Kompetenzen einzukaufen, ohne kostspielige Aufwendungen für ein umfängliches Elektrizitätsmanagement bereitzustellen. Daher bilden und pflegen Serviceprovider und die Crowd eine enge Beziehung. Als Konsequenz bilden Prosumer und Konsumenten den Crowd-Kern, wobei der

Serviceprovider als erweiterte Crowd angesehen werden kann. Eine enge Zusammenarbeit zwischen Crowd und Serviceprovider ist ausschlaggebend und bedingt einen ungestörten Informationsfluss, welcher ebenso in der vertraglichen Festlegung von Rechten und Pflichten berücksichtigt werden muss.

Eine verstärkte Aufmerksamkeit und Profitabilität im gesamten Wertschöpfungsnetzwerk erfahren jene Stakeholder, die die Grundlage für die Crowd-Funktionalität bereitstellen (Gstrein 2016). Solche unterstützenden Akteure (z. B. IKT-Unternehmen, Hersteller von PV-Anlagen, Gerätehersteller) mit ihren Produkten und Services sind entscheidend für den Aufbau des CE-Netzwerks. Sie bieten Möglichkeiten zur Stromeinsparung bzw. Stromproduktion sowie zur Verteilung an. Einzeln betrachtet definiert der Funktionsumfang eines Produktes die Wirkungsweise einer Crowd. Erst das Zusammenwirken der einzelnen Produkte und Services ist ausschlaggebend für die Eigenständigkeit einer Crowd (Gstrein 2016). Daher wird der Begriff „unterstützend" gewählt. Eine dementsprechende Bereitschaft der Crowd, mit unterstützenden Akteuren zusammenzuarbeiten, ist aus strategischen Gesichtspunkten wichtig, um eine stetige Verbesserung voranzutreiben. Dies bedingt einen beiderseitigen Austausch von Informationen, wie zum Beispiel die Funktionsweisen eines Produktes durch die Hersteller und auf der anderen Seite die Designwünsche durch den Anwender (Gstrein 2016).

14.3.1 Wie Kooperation entsteht

Eine Kooperation in einem crowdbasierten Netzwerk entsteht durch die Bereitstellung von Leistungen, die in Transaktionen ausgetauscht werden (Allee 2008). Die Art der Leistung wird von der zugewiesenen Rolle im Wertschöpfungsnetzwerk bestimmt, wobei die Qualität der Leistung abhängig ist von der Fähigkeit, immateriell und materiell Assets zu realisieren und anzuwenden (siehe Abb. 14.3). Die Qualität eines Netzwerkes ist jedoch mehr als die Summe aller bereitgestellten Leistungen und beinhaltet zusätzlich die Fähigkeit, Leistungen miteinander zu

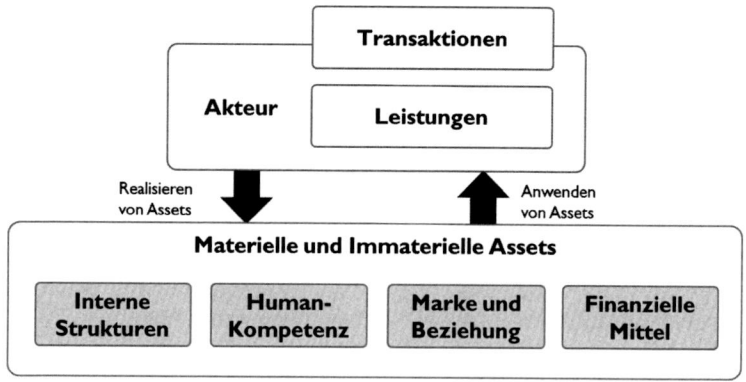

Abb. 14.3 Leistungserbringung durch materielle und immaterielle Assets (Allee 2008)

verbinden. Die Berücksichtigung aller Akteure in der Leistungserbringung, insbesondere der neuen Rolle des Prosumers und der Crowd, haben Auswirkungen auf die Bereitschaft zur Zusammenarbeit sowie den Kontext, in dem ein Austausch stattfindet.

Den wirtschaftlichen und regulativen Akteuren ist es möglich, ihren Teil der Leistung beizutragen; sie sind in der Lage, ihre Assets dementsprechend einzusetzen. Die Leistungserbringung und Kooperation findet unter altbekannten Bedingungen statt. Die Rolle der Prosumer ist hingegen anders. Sie verfolgen wirtschaftliche und politische Werte gleichzeitig und bringen neue Aspekte wie soziale Verträglichkeit mit sich. Die Rolle des Prosumers bildet nicht unbedingt ein Gegenstück zu den wirtschaftlichen und regulativen Akteuren, vielmehr werden multiple Werte gleichzeitig verfolgt. Die Vielfältigkeit in der Erfüllung von Werten ist entscheidend für einen Prosumer und bedeutet erst überhaupt eine Kooperation in Betracht zu ziehen. Zum Beispiel soll Elektrizität wirtschaftlich günstig sein, aber nicht auf Kosten der Natur gehen. In der nachhaltigen Business-Modellierung ist die Berücksichtigung von unterschiedlichen Werten bereits ein fester Bestandteil (Breuer und Lüdecke-Freund 2014).

Die Bereitschaft, eine Transaktion durchzuführen, muss gegeben sein; sie besteht aus einer Kombination aus sozialen und wirtschaftlichen Faktoren (Morgan und Hunt 1994). Punkte wie Vertrauen, Belohnung oder Bestrafung spielen eine erhebliche Rolle und sind durch den Prosumer individuell bestimmt (Morgan und Hunt 1994). Die Entscheidung, einen Austausch vorzunehmen, hängt entscheidend von zwei Faktoren ab: Erstens, die Transaktion ist zwingend mit Vorteilen für die Beteiligten verbunden und zweitens, der dafür erhaltene Gegenwert für den Austausch übertrifft den Gegenwert der nächstbesten Alternative (Lepak et al. 2007). Die wirtschaftlich geführten Diskussionen für ein Smart Grid befassen sich hauptsächlich mit der traditionellen Transaktion Elektrizität gegen Geld. Der niedrige Elektrizitätspreis führt zu einem mäßigen Erfolg für Kooperationen. Traditionelle Transaktionen sind Bestandteil eines crowdbasierten Netzwerkes, haben jedoch eine untergeordnete Bedeutung. Die Bereitschaft zur Kooperation besticht in einer vollumfänglichen Dienstleistungserbringung und wird mit einer finanziellen Gegenleistung erbracht.

Eine Kooperation in einem CE-Netzwerk berücksichtigt weitere Zahlungsmittel. Ein weiteres Zahlungsmittel sind Informationen, diese werden als soziale Notwendigkeit für die Funktionalität des Netzwerkes angesehen. Dies würde eine freiwillige Informationsbereitstellung beinhalten, was seine Berechtigung haben mag, jedoch können Informationen ebenso als strategisches Mittel oder als Gut seitens des Prosumers und der Crowd eingesetzt werden. Der Austausch unter den erweiterten Sichtweisen würde anderen Spielregeln unterliegen, zum Beispiel könnte eine finanzielle Gegenleistung erwartet werden. Finanzielle Kompensation ist ein Gegenwert, um den Zugang zu Informationen zu gewährleisten. Ein anderer Gegenwert für die Bereitstellung von Informationen können immaterielle Werte wie Loyalität oder Sinn für Gemeinschaft sein. Dieses Zahlungsmittel bezieht sich auf das Verhältnis zwischen den Beteiligten einer Kooperation und ist eng verbunden mit moralischen Wertvorstellungen. Immaterielle soziale Werte sind entscheidend für den Kontext einer Kooperation. Sie besitzen spezielle Eigenschaften: Die Bestimmung eines adäquaten Gegenwerts ist kompliziert, begrenzt verfügbar und sehr schwer zu verändern.

Eine Crowd wird innerhalb der Gruppe alle drei Zahlungsmittel (Geld, Informationen und immaterielle Werte) verwenden und verändert folglich den Kontext einer Transaktion. Kooperationen werden daher inhaltlich anspruchsvoller, sind sehr subjektiv, werden ausschließlich definiert zwischen den unmittelbar Beteiligten und für jeden Austausch eigens erstellt. Zusätzlich wird ein CE-Netzwerk vermehrt immaterielle Transaktionen durchführen und diese werden keinen greifbaren, messbaren Gegenwert besitzen, das heißt finanzielle oder alternative Einheiten. Die höhere Komplexität des Kontextes führt zu einem größeren Aufwand, was sich auch wirtschaftlich niederschlägt. Die Position einer Crowd und deren Mitglieder zu limitieren und dadurch den Aufwand zu reduzieren, greift zu kurz. Vielmehr ist es die Aufgabe des gesamten Wertschöpfungsnetzwerkes, alle drei Zahlungsmittel einzubinden, denn erst dann können die auszutauschenden Leistungen und die geforderte Menge entsprechend festgelegt werden (Allee 2008), z. B. die Diskussion der Informationsbereitstellung durch den Prosumer: Werden der Kontext und die damit verbundenen Sichtweisen künstlich beeinflusst oder sogar missachtet, ist eine Ablehnung zur Kooperation die Folge. Zusätzlich ermöglicht der größere Kontext eine Steuerung über meist effektivere, nicht finanzielle Mittel. Schlussendlich ist die lokale Stärkung einer Crowd eine Stärkung für eine Smart City.

14.3.2 Wie Prosumer Assets einsetzen

Die Qualität der Leistungserbringung wird durch vier Assets realisiert und *umfasst Marke und Beziehung, finanzielle Mittel, interne Strukturen* sowie *Human-Kompetenz* (Allee 2008). Die Leistungserbringung durch wirtschaftliche und politische Akteure folgt bekannten Vorgehens- und Denkweisen. Individuelle Anpassungen werden anhand der Entwicklung des Elektrizitätsnetzwerkes vorgenommen. Interessanter und derzeit noch wenig erforscht ist der Einsatz von Assets durch Prosumer.

Marke und Beziehung definiert einerseits die individuelle Vorstellung der Marke Prosumer und andererseits die Beziehung des Prosumers zu einer Crowd (oder anderen externen Stakeholdern). Der Prosumer hat eine besondere Position in der Crowd, da sie das Rückgrat einer Crowd Energy ist. Von einem erhöhten Stellenwert kann ausgegangen werden. Die Beziehung zu einer Crowd beschreibt die Einschätzung der Sinnhaftigkeit von Crowds und ist maßgeblich von der Charakteristik und der Wertvorstellung der Person bestimmt. Die Sinnhaftigkeit reicht von Ablehnung bis zu Akzeptanz einer Crowd. Auf der anderen Seite ist der Wille, *finanzielle Mittel* für Investitionen in PV-Anlagen oder Speicher einzusetzen, vorhanden (Gährs et al. 2015). Die Finanzkraft unterliegt der allgemeinen Einkommensstruktur bzw. steht in Konkurrenz zu anderen Investitionen und ist somit begrenzt. Beide Assets bieten eine breite Variation an Ausprägungen und werden stark beeinflusst von Faktoren außerhalb von Crowd Energy.

Interne Strukturen beschreiben alle zur Verfügung stehenden Produktions- und Speicheranlagen innerhalb einer Zelle. Die Leistungserbringung durch die Zelle hängt von der technischen Leistungsfähigkeit der Anlagen ab, die sich in den vergangenen Jahren stark verbessert hat (Gstrein 2016). Gleichzeitig hat sich die Stromeffizienz von elektrischen Geräten erhöht; durch entsprechende Sensibilisierungskampagnen wird ein bewussterer Umgang mit Strom gefördert (Gstrein 2016).

Die Verwendung des Speichers ist in erster Linie zur Befriedigung des Eigenbedarfs der Zelle gedacht. Verfügbare Speicher werden durch Austausch mit anderen Crowd-Mitgliedern gefüllt. Sollte die Crowd insgesamt kein Tauschpotenzial mehr haben, wird von externer Stelle Elektrizität bezogen. Speicher werden zu einem gewissen Grad dem externen, temporären Lastmanagement des Netzwerkes zur Verfügung gestellt. Gleichzeitig ist die Erwartung für die Freigabe der Kapazitäten mit einer Entschädigung verbunden – in erster Linie mit finanziellen oder alternativen Gegenwerten (z. B. gleiche Menge an Strom). Solche Kapazitäten abzukaufen seitens einer EVU unterliegt einem neuen Preisverständnis. Der finanzielle Wert der Kapazität orientiert sich nicht an dem aktuellen Marktpreis während der Ladezeit des Speichers, sondern vielmehr am zukünftigen Preis, der während der Entladungszeit anfällt. Der Bezug des Stromes ist ausschlaggebend, was durch dynamische markttechnische Preismechanismen berücksichtigt werden muss.

Das Asset der *Human-Kompetenz* bezieht sich auf die Fähigkeit des Prosumers, Entscheidungen über selbst produzierten Strom zu treffen. Die Entscheidungsfindung ist eine Risikobeurteilung zwischen verschiedenen Optionen, um einen zukünftigen Status quo zu mindern oder zu steigern (Kahneman 2012). Auf die *Human-Kompetenz* im Rahmen einer Crowd Energy übertragen bedeutet dies, Entscheidungen zu treffen, wenn zusätzlicher Strom vorhanden ist, um zukünftig Eigenbedarf zu decken. Ein Stromüberschuss beinhaltet, dass eigener Verbrauch bereits vollständig gedeckt ist und mögliche Optionen die Speicherung oder die Abgabe an externe Stellen sind, wobei Speicherung die Deckung der zukünftigen Verbrauchsmengen repräsentiert. Die erzielten Stromüberschüsse werden nur zu bestimmten Zeitpunkten erzielt und sind abhängig von den Verbrauchs- und Produktionsprofilen. Wird von einer volatilen Produktion anhand einer PV-Anlage ausgegangen, so kann ein allgemeines Bild von Stromüberschuss während der Mittagszeit und Nachmittagszeit sowie Stromdefiziten während der Nacht und Morgenstunden gezeichnet werden. Verfolgt ein Prosumer das Prinzip der Selbstversorgung, kann ein dominantes Entscheidungsverhalten anhand der Verbrauchs-/Produktionsprofile festgestellt werden (Gstrein und Teufel 2014).

Zur Überprüfung eines dominanten Entscheidungsverhaltens wurden in einer Umfrage Fragen hinsichtlich der Entscheidungsfindung gestellt (Gstrein 2016). Für einen Teil der Prosumer trifft das dominante Entscheidungsverhalten gemäß (Gstrein und Teufel 2014) zu. Während der Überschussphasen wird daher der Prosumer ein risikovermeidendes Entscheidungsverhalten verfolgen. Dies beinhaltet, dass jegliches Risiko vermieden wird, um zukünftig den Eigenbedarf decken zu können, z. B. durch Speicherung von Überschuss. Das bedeutet ebenfalls, dass während eines Stromüberschusses vorwiegend Kooperationen seitens des Prosumers eingegangen werden, die das Risiko eines Ausfalls der iGSL verringern oder vermeiden, z. B. Notfallreparaturdienst. Hingegen kommt der Verkauf von selbst produzierter Elektrizität eher nicht in Frage. Im Gegenzug können Stromdefizitphasen, ein geringer Speicherstand und minimale oder keine Stromproduktion ein risikosuchendes Verhalten hervorrufen. Darin manifestiert sich, dass der Prosumer weitere Optionen wie Kauf von externer Elektrizität berücksichtigt. Das gezeichnete Entscheidungsverhalten stellt eine allgemeine Grundstimmung in bestimmten Situationen dar und beschreibt den Kontext für Transaktionen.

14.4   Prosumerverhalten in einer Crowd

Smart Cities und das CE-Konzept definieren sich unter anderem mit einer erhöhten Partizipation seitens der Bürger bzw. Stromkonsumenten am System (Giffinger et al. 2007). Die Partizipations- und Mitgestaltungsmöglichkeiten von Endkonsumenten am traditionellen Stromnetzwerk sind, aufgrund zentralisierter Produktion und staatlichem Einfluss, marginal (Devine-Wright 2007). Aufgrund neuer technischer Möglichkeiten zur dezentralen Stromproduktion und -speicherung werden sich Kompetenzen einerseits und Verantwortung andererseits zunehmend auch auf iGSL-Zellen und Crowds verschieben. Diese wiederum werden aufgrund neuer Mitgestaltungsmöglichkeiten ein breiteres Stromverständnis entwickeln und die Individualisierung von „Strom" vorantreiben. Abhängig davon, wie breit Prosumer und die Crowd ihr Energieverständnis auslegen, kann das Crowd Energy-Konzept unterschiedliche Vorteile generieren und gleichzeitig neue Sichtweisen auf Strom ermöglichen. Umso dringlicher stellt sich somit die Frage, wie sich Prosumer angesichts neuer technischer Möglichkeiten und individualisiertem Energieverständnis in einer Gruppe verhalten und organisieren werden. Hat sich die Verhaltensforschung im Energiebereich während der vergangenen Jahrzehnte mit dem Energiekonsum in einem System zentralisierter Energieproduktion befasst, muss sich die Forschung zukünftig mit Aspekten der sozialen Normen, Beitrags- und Kooperationsverhalten von CE-Mitgliedern, Selbstorganisation von Crowds, Entscheidungsfindung und dem Verhalten von Prosumern auseinandersetzen. Das Prosumerverhalten, welches sich mit den neuen individuellen Möglichkeiten zur Stromproduktion, -speicherung, -konsum, -verkauf und -teilen von Prosumern in einer Crowd befasst (Hertig und Teufel 2016), wird im Rahmen der Dezentralisierung für alle Beteiligten im Wertschöpfungsnetzwerk eine wichtige Rolle spielen.

14.4.1 Kooperation und kollektive Ziele

Das Crowd Energy-Konzept bietet den einzelnen Mitgliedern eine Vielzahl an unterschiedlichsten Vorteilen. Die meisten Vorteile bedingen allerdings auch das zwingende Mitwirken anderer Community-Mitglieder. Der Bezug von günstiger

Energie, eine umweltschonende Energieproduktion, verbesserte Luftqualität oder wirtschaftliche Entwicklung im ländlichen Raum bedingen, analog zum zentralisierten System, einen gewissen Grad an kollektiver Zusammenarbeit. Im Gegensatz zum zentralen System beschränkt sich die kollektive Zusammenarbeit der Haushalte in einer Crowd nicht mehr alleine auf den Stromkonsum, sondern erweitert die Konzeption von kollektiver Zusammenarbeit auf Bereiche der Stromproduktion, -speicherung und dem -austausch innerhalb der Crowd. Somit hängt die Stärke von Crowd Energy nicht nur von technischen Elementen ab, sondern vom Kooperationsverhalten der einzelnen Mitglieder, um sowohl individuelle als auch kollektive Ziele zu erreichen.

Die Theorie des kollektiven Handelns der Gruppe besagt, dass ein kollektives Ziel und die daraus resultierenden Vorteile für die Gruppenmitglieder nicht ausreichen, um Individuen zu einem angemessenen Beitrag zum kollektiven Ziel zu motivieren (Olson 1971). Als möglicher Grund wird gerne das Trittbrettfahrer-Problem angeführt. Individuen haben keinen Anreiz, zu einem kollektiven Ziel beizutragen, wenn andere Mitglieder selber nicht beitragen, aber trotzdem in den Genuss des kollektiven Ziels bzw. Gutes oder Vorteils kommen, da sie nicht von der Community ausgeschlossen werden können (öffentliches Gut-Problem). Dieses Problem führt dazu, dass das Gut suboptimal bereitgestellt wird. Für Crowd Energy bedeutet dies ebenfalls eine suboptimale Bereitstellung durch die einzelnen Mitglieder: Einzelne Mitglieder können somit von Bemühungen anderer profitieren, z. B. eine energieautarke Community zu bilden, ohne selbst beitragen zu müssen. Die Stärke von Crowd Energy entfaltet sich erst, wenn die Community das öffentliche Gut-Problem überwinden und die Kooperationsrate zwischen den einzelnen Teilnehmern erhöhen kann.

Olsons Theorie lehnt sich an das traditionelle Bild des homo oeconomicus an, welches einen eigennützigen und rational denkenden Menschen porträtiert. Neuere Verhaltensforschung aus der Ökonomie und Psychologie revidieren jedoch dieses Bild. Verhaltensforscher stellten in monetären Experimenten zu öffentlichem Gut fest, dass nicht alle Teilnehmer eine Nullbeitrag-Strategie verfolgten. Nebst individuellen haben auch soziale Präferenzen und eine soziale Norm zur Kooperation Einfluss auf das Kooperationsverhalten (Ostrom 2000; Fehr und Gächter 2000; Fehr und Fischbacher 2004). Anhand einer Vielzahl an solchen Experimenten konnten viele Erkenntnisse über das menschliche Kooperationsverhalten gewonnen werden: 40–60 % der individuellen Geldbeträge werden in das öffentliche Gut investiert, wobei die Kooperationsrate mit der Zeit tendenziell sinkt (Ostrom 2000). Je länger die Gruppe zusammen ist, desto mehr lernen die Mitglieder zu kooperieren (Isaac et al. 1994). Erlaubt es der Rahmen des Experiments, so sind Menschen auch bereit, individuelle Kosten zu tragen, um andere Mitglieder, welche vom durchschnittlichen Kooperationsverhalten der Gruppe abweichen, zu bestrafen/belohnen (Ostrom 2000). Der Großteil der Teilnehmer, welche nicht dem traditionellen ökonomischen Kanon folgen, sondern bewusst mit anderen Teilnehmern kooperieren, konnte als konditionelle Kooperatoren identifiziert werden. Das individuelle Kooperationsverhalten von konditionellen Kooperatoren hängt stark vom durchschnittlichen Kooperationsverhalten der Gruppe ab. Nebst kontrollierten Laborexperimenten konnten Forscher auch in reellen Situationen nachweisen, dass Gruppen, unter bestimmten Bedingungen, sehr wohl das öffentliche Gut zu einem angemessenen Grad bereitstellen können (Ostrom 1990, 2000; Henrich et al. 2001).

Die Erkenntnisse der modernen Verhaltensökonomie bieten ein wertvolles theoretisches und praktisches Fundament, wie Menschen kooperieren und vor allem wie Menschen unter den richtigen Settings Vorteile durch Crowd Energy in Selbstorganisation erzielen können. Die Notwendigkeit der Kooperationsbereitschaft unter Prosumern ist auch unter dem Gesichtspunkt des optimalen Ressourceneinsatzes von tragender Bedeutung. Kooperation zwischen Menschen zu stromrelevanten Punkten besitzt Neuheitswert und bedarf mit „Energie als interpersonelles Konstrukt" eine neue Sichtweise auf Strom.

14.4.2 Förderung von kooperativem Verhalten in Crowd Energy

Wenn Strom als interpersonelles Konstrukt angesehen wird und das breite Potenzial von Crowd Energy stark von der Kooperationsbereitschaft der Mitglieder abhängt, müssen gezwungenermaßen auch neue nicht-technische Prinzipien, unter anderem zur Gewährleistung/Deckung der Stromnachfrage, im Stromsektor angewendet werden. Werden die Resultate experimenteller Public Good Games auf Crowd Energy übertragen, so entsteht ein (unvollständiger) Anforderungskatalog (siehe Tab. 14.1), welcher Kooperation unter Prosumern fördert (Fehr und Fischbacher 2004; Fehr et al. 2002; Ostrom 1990, 2000).

Tab. 14.1 Kooperationsfördernde Faktoren (Auswahl)

Bewusstsein und Dringlichkeit	Je höher das Bewusstsein zur Problematik und je höher die Notwendigkeit des öffentlichen Gutes, desto höher ist die Kooperationsrate.
Soziale Norm zur Kooperation	Je stärker die Ausprägung der sozialen Norm zur Kooperation, desto höher ist die Kooperationsrate.
Individueller Nutzen aus dem öffentlichen Gut	Je größer der individuelle Nutzen aus dem öffentlichen Gut, desto höher ist die Kooperationsrate.
Individuelle Kosten	Je kleiner die relativen individuellen Beiträge, welche benötigt werden, um das erwünschte Bereitstellungslevel zu erreichen, desto höher ist die Kooperationsrate.
Kommunikation	Kommunikations- und Austauschmöglichkeiten zwischen den Teilnehmern erhöhen die Kooperationsrate.
Information	Information zum Gruppenverhalten als auch zu einzelnen Teilnehmern fördern die Kooperation.
Sanktionsmechanismen	Haben Teilnehmer die Möglichkeit, andere Teilnehmer, wie etwa Trittbrettfahrer, für ihr Verhalten zu bestrafen, erhöht dies das allgemeine Kooperationslevel.

14.4.3 Die Crowd Energy-Selbstorganisation

Einerseits ist in Crowd Energy das Problem des öffentlichen Guts zu finden, welches die grundlegenden Schwierigkeiten zur Kooperation aufzeigt, andererseits muss die Gemeinschaft auch einen nachhaltigen Umgang mit Allmendegütern (Commons) organisieren. Konsumenten von Allmendegütern können nur mit großem Aufwand ausgeschlossen werden. Der Konsum des Gutes ist rivalisierend; der Konsum einer Einheit des Gutes mindert die Gesamtmenge des Gutes. Im Crowd Energy-Konzept sind temporär anfallende Stromüberschüsse ein Allmendegut: Ohne Regelwerk rivalisieren sich CE-Mitglieder beim Bezug von Stromüberschüssen, wobei kein CE-Mitglied ausgeschlossen werden kann. Infolgedessen findet eine Überbeanspruchung von Stromüberschüssen statt. Das Individuum hat zudem selber wenig Anreize, die Abhängigkeit von Stromüberschüssen anderer Mitglieder zu reduzieren oder gar Beiträge zum Gut „Stromüberschuss" zu leisten, da andere Mitglieder auf den Bemühungen des Individuums Trittbrett fahren können (Öffentliches-Gut-Problem). Elinor Olson beschreibt grundlegende Designprinzipien, welche trotzdem die Selbstorganisation in Crowd Energy ermöglichen können (siehe Tab. 14.2). Auch sie stützt sich auf ein Menschenbild, welches Individuen mit individuellen und sozialen Präferenzen porträtiert.

Die Stärke des Crowd Energy-Konzepts bedingt einen gewissen Grad an Kooperation zwischen den einzelnen Mitgliedern. Um das Potenzial der Kooperation innerhalb der CE voll ausschöpfen zu können, müssen jedoch zuerst die Kooperationsprobleme bei öffentlichen und Allmendegütern überwunden werden. Diese neuartige Struktur von individueller und lokaler Produktion, Speicherung und Konsum von Strom basieren auf einer ebenfalls neuen Sichtweise auf Strom, welche Strom als interpersonelles Konstrukt konzipiert. Diese zusätzliche Sichtweise auf Strom scheint notwendig zu sein, um das zukünftige Stromsystem konzipieren und verstehen zu können. Das Kooperationsverhalten und die zwischenmenschlichen Beziehungen der Mitglieder werden Einfluss darauf haben, wie und in welchem Umfang Mitglieder ihre Assets zu ihrem eigenem, aber auch zum kollektiven Wohl einsetzen werden. Tatsächliche Erkenntnisse „wie Prosumer untereinander kooperieren, um sowohl kollektive als auch individuelle Ziele zu erreichen", sind noch nicht bekannt.

14.5 Informationssicherheit in einer Crowd

Smart Cities charakterisieren sich unter anderem durch die starke Konvergenz von Informations- und Kommunikationstechnologie (IKT) und der Energieinfrastruktur, insbesondere der Elektrizitätsversorgung. Diese ist heute ohne intensiven IKT-Einsatz nicht mehr denkbar; für crowdbasierte Netzwerke ist der IKT-Einsatz notwendige Voraussetzung. Die Informationsbereitstellung für alle Stakeholder ist für die Sicherstellung des Gutes Elektrizität und das Funktionieren einer Crowd essenziell. Dabei müssen die allgemeinen Sicherheitsziele Vertraulichkeit, Verfügbarkeit,

Tab. 14.2 Designprinzipien für Crowd Energy nach Ostrom (Ostrom 1990)

Designprinzipien	Anwendung auf Crowd Energy	Neue Erkenntnisse des Mitglieds
Klar definierte Grenzen und Abgrenzung	Crowd Energy muss klar definierte geografische Grenzen aufweisen, um Mitglieder von Nicht-Mitgliedern unterscheiden zu können.	Als Crowd Energy-Mitglied ist mir klar, um welche Ressourcen ich mich kümmere und mit wem ich das tue. Die Crowd ist das, was wir gemeinsam herstellen, und was den Mitgliedern der Crowd zur Verfügung gestellt wird.
Kongruenz zwischen Verwendung und Beitragsregeln unter Berücksichtigung lokaler Gegebenheiten	Crowd Energy muss klare Regeln zu Beiträgen und Verwendung (von/zu Stromüberschüssen) unter Berücksichtigung des Technologieeinsatzes, der Zeit und der individuellen Situationen definieren.	Wir nutzen die Vorteile der Crowd, die wir schöpfen, pflegen und erhalten. Wir verwenden die Mittel (Zeit, Raum, Technik und Menge der Ressource), die jeweils verfügbar sind. Als Crowd Energy-Mitglied habe ich das Gefühl, dass mein Beitrag und mein Nutzen in einem fairen Verhältnis stehen.
Kollektive Entscheidungen	Crowd Energy-Mitglieder sollen selbst operationelle Regeln einführen und ändern können.	Wir treffen und verändern unsere eigenen Vereinbarungen. Jedes Crowd Energy-Mitglied kann sich daran beteiligen. Unsere Vereinbarungen dienen dazu, jene Ressourcen zu schöpfen, zu pflegen und zu erhalten, die wir brauchen, um unsere Bedürfnisse zu befriedigen und unsere Ziele zu erreichen.
Monitoring	Die individuelle Verwendung und Beiträge von/zu Stromüberschüssen sollen kontrolliert werden.	Wir achten selbst darauf oder beauftragen jemanden, Serviceprovider, dass die Vereinbarungen eingehalten werden. Wir überprüfen, ob die Vereinbarungen ihren Zweck erfüllen und unseren Zielen entsprechen.
Abgestufte Sanktionen	Mitglieder, welche sich nicht an die Crowd Energy-Regeln oder Empfehlungen halten, sollen durch andere Mitglieder oder durch ein dafür beauftragtes Organ verhältnismäßig abgestraft werden.	Wir vereinbaren, wie wir mit Missachtung von Vereinbarungen umgehen. Wir entscheiden, ob und welche Sanktionen erforderlich sind, je nach dem, in welchem Kontext und Ausmaß die Vereinbarung missachtet wurde.
Konfliktlösungs-mechanismen	Crowd Energy-Mitglieder sollen bei Konflikten mit anderen Mitgliedern oder einem Crowd Energy-Dienstleister einen Zugang zu einer Schlichtungsstelle erhalten. Konfliktlösungsmechanismen müssen schnell, günstig zugänglich sein.	Wir wollen Konflikte unter uns möglichst auf direkte Art schlichten.

(Fortsetzung)

Tab. 14.2 (Fortsetzung)

Designprinzipien	Anwendung auf Crowd Energy	Neue Erkenntnisse des Mitglieds
Minimale Anerkennung der Selbstorganisation	Die Crowd Energy-Gemeinschaft soll das Recht haben, bis zu einem gewissen Grad sich selbst organisieren zu können. Die Selbstorganisation soll von externen Elementen (Staat, Netzbetreiber, EVU's) anerkannt werden.	Wir regeln unsere eigenen Angelegenheiten selbst, und externe Autoritäten respektieren das.
Eingebettete Institutionen	Die Crowd Energy-Gemeinschaft muss sich als Institution in einem polyzentrischen System wahrnehmen.	Wir wissen, dass unsere Crowd Teil eines größeren Ganzen ist. Deswegen sind verschiedene Institutionen auf unterschiedlichen Ebenen nötig, die ihre Verantwortung und ihre Aktivitäten für die Pflege und Erhaltung koordinieren und gut miteinander kooperieren.

Integrität und Authentizität von Information Beachtung finden, das heißt Versorgungssicherheit bezüglich Elektrizität ist eng gekoppelt mit einer entsprechenden Informationssicherheit. Der bewusste Umgang mit Gefahren und Bedrohungen, die sich aus dem IKT-Einsatz ergeben, das heißt das Thema Informationssicherheit, ist entscheidend für Erfolg oder Misserfolg des Konzeptes von Smart Cities und mithin der Crowd Energy. Die oben eingeführten Sichtweisen von Crowd Energy wie ökologische Ressource, strategisches Mittel und soziale Notwendigkeit sind ohne Informationssicherheit bedeutungslos.

Für Crowd Energy sind IKT-Komponenten wie z. B. Smart Meter, Smart Devices und Maschinen-Maschinen-Kommunikation einerseits fundamental, andererseits sind es genau die Komponenten, welche auf unterschiedliche Art und Weise verwundbar sind: durch technischen Systemausfall, intendierten und/oder nicht intendierten Missbrauch sowie durch Cyber-Angriffe (Aldabas und Teufel 2016). Technische wie auch strategisch-operative Maßnahmen sind nötig, um zu verhindern, dass das ganze System zum Nachteil der Crowd zum Erliegen kommt. Daher darf die Wichtigkeit des Themas Informationssicherheit in crowdbasierten Netzwerken nicht unterschätzt werden.

Die Ansätze zur Erreichung der Informationssicherheit lassen sich prinzipiell in zwei Kategorien unterteilen: (1) technische Ansätze und (2) soziokulturelle, den Menschen in den Mittelpunkt stellende Ansätze. Im Fokus der derzeitigen Forschung stehen vor allem die technischen Lösungen, der Einfluss des Menschen (Prosumers) wird immer noch zu wenig betrachtet. Daher wird im Folgenden auf den soziokulturellen Aspekt fokussiert.

14.5.1 Informationssicherheitskultur

Die IKT-Nutzung stellt ein Risikofaktor dar, der bei Unterschätzung existenzbedro-
hend sein kann (BSI 2012). So verursacht beispielsweise Cyberkriminalität für die
Weltwirtschaft jährliche Kosten in Höhe von ca. 445 Milliarden US-Dollar (Allianz
Global Corporate & Specialty 2016), mit steigender Tendenz. Sichere und zuverlässige Technik ist ebenso wichtig wie der bewusste und vertrauenswürdige Umgang
des Menschen mit dieser Technik. Der Mensch (z. B. als Mitglied einer Crowd) ist
damit ein nicht zu vernachlässigender Faktor in der Risikobewertung von Systemen,
hier crowdbasierte Netzwerke. In der Forschung wurde vielfältig aufgezeigt, dass
die Integration der Dimension Mensch in das Sicherheitsmanagement äußerst wichtig ist, da der Mensch als schwächstes Glied anzusehen ist (Schlienger und Teufel
2002; Da Veiga und Eloff 2010; Talib et al. 2010; AlHogail und Mirza 2014). So
wird auch im 2014 Cyber Security Index von IBM vermerkt, dass in über 95 % aller
untersuchten Sicherheitsvorfällen „menschliches Versagen" eine Rolle gespielt hat
(IBM 2014). Kritische Situationen im Sinne der Informationssicherheit werden in
Unternehmen und Organisationen unter anderem dadurch hervorgerufen, dass der
Einsatz und die Anwendung von Sicherheitstechnologie mit der Implementierung
einer Kultur zur Schaffung eines Sicherheitsbewusstseins verwechselt werden.
Informationssicherheitskultur beschreibt ein proaktives und ganzheitliches Vorgehen, um das Sicherheitsverständnis in Gemeinschaften (wie Unternehmen, Organi-
sationen oder Verbänden) zu etablieren und beständig zu verankern.

In Unternehmen und Organisationen beinhaltet die Informationssicherheitskultur
die Förderung des Bewusstseins im Hinblick auf Sicherheitsprobleme und Cyber-
Risiken, um jede Art von Informationen zu schützen (Schlienger und Teufel 2002).
Dieser Ansatz, bei welchem der Mensch im Mittelpunkt steht, berücksichtigt
Verhaltensweisen und Einstellungen involvierter Personen, aber auch das zugrunde
liegende System von Normen und Werten.

Die Verhaltensweisen und Einstellungen der Akteure (Prosumer und weitere
Stakeholder) einer Crowd können positive wie negative Auswirkungen auf die
Crowd insgesamt haben, was wiederum bedeutet, dass auch in einer lose gekoppel-
ten Gemeinschaft, wie es eine Crowd darstellt, der reine Einsatz von Technologie
nicht ausreichend erscheint. Vielmehr geht es gerade in einer Crowd um den
bewussten und vertrauenswürdigen Umgang mit Information sowie der notwendigen
Informations- und Kommunikationstechnologie. Ein Schutz vor Cyber-Attacken
und damit eine Risikominderung ist nur möglich durch einen ganzheitlichen
Ansatz, der das Bewusstsein sowie kulturelle Faktoren einbezieht. Das heißt ein
soziokultureller, akteurzentrierter Ansatz, welcher auf Vertrauen, Kooperation und
Partnerschaft basiert, ist zusammen mit geeigneter Sicherheitstechnik notwendig.
Ein solcher Ansatz zielt darauf ab, das Bewusstsein bezüglich real existierender
Cyber-Risiken zu schärfen, das Verhalten der Akteure betreffend Sicherheit positiv
zu verändern und damit eine dauerhafte Informationssicherheitskultur zu imple-
mentieren.

Es ist zu berücksichtigen, dass es keine hundertprozentige Sicherheit gibt, das
heißt eine Crowd muss mit einem Restrisiko umgehen können. Nicht zuletzt müssen

die Kosten für entsprechende Maßnahmen jeweils mit der erzielten Reduzierung des Risikos in Einklang gebracht werden, woraus sich ein akzeptierbares Restrisiko ableiten lässt. Die Akzeptanz von Risiken in einer offenen Umgebung, in der das Crowd Energy-Konzept etabliert ist und in welcher die Akteure mehr oder weniger lose gekoppelt sind, unterscheidet sich von einer formalen Organisationsstruktur. Daher müssen neue Wege zur Etablierung einer Informationssicherheitskultur in solchen Umgebungen gefunden werden. Vertrauen kann ein Ansatz hierfür sein.

Anette Baiers (1986) vielzitierte Definition von Vertrauen lautet wie folgt: *„One leaves others an opportunity to harm one when one trusts, and also shows one's confidence that they will not take it. Reasonable trust will require good grounds for such confidence in another's good will, or at least the absence of good grounds for expecting their ill will or indifference. Trust, then, on this first approximation, is accepted vulnerability to another's possible but not expected ill will (or lack of good will) toward one."* Daraus können zwei wichtige Punkte abgeleitet werden. Erstens: Eine vertrauende Partei akzeptiert bereitwillig das Risiko der Arglist oder Böswilligkeit, welches durch eine andere Partei gegeben ist bzw. sein könnte. Zweitens: Die vertrauende Partei ist dabei zuversichtlich, dass die andere Partei dies nicht ausnutzen wird. Diese Gegebenheit ist nur in einem Klima, einer Atmosphäre von Integrität, Korrektheit und Transparenz mit allgemein akzeptiertem Wertesystem möglich. Dies ist deshalb in einer Crowd mit stark vernetzten Akteuren ein möglicher (nicht-technischer) Ausgangspunkt für den Umgang mit zunehmenden Cyber-Risiken und deren Verteidigung.

14.5.2 Sicherheitsaspekte in einer Crowd

Die Sicherheitsfrage muss wie oben aufgezeigt ganzheitlich, also in beiden Kategorien (technisch & soziokulturell), betrachtet werden. Der Einsatz von technischen Maßnahmen muss dabei auf der Grundlage eines Sicherheitsbewusstseins und somit einer entsprechenden Kultur definiert werden (vgl. hierzu z. B. (AlHogail und Mirza 2014; Solms 2006)). Forschung in diesem Bereich findet hauptsächlich im Rahmen von Unternehmen und Organisationen statt (siehe z. B. (Da Veiga und Martins 2015; Lopes und Oliveira 2016; Schlienger und Teufel 2002)). Je smarter jedoch das Umfeld wird (Smart Home, Smart City, etc.), desto wichtiger wird das Sicherheitsbewusstsein für solche Umgebungen, die durch Individuen gekennzeichnet sind, wie zum Beispiel die Akteure einer Crowd. Ferraz und Guimarães Ferraz zeigen in ihrem Beitrag, dass die Informationssicherheit gerade in diesem Bereich noch wenig ausgeprägt ist (Ferraz und Ferraz 2014).

Crowd Energy-Informationssicherheit betrifft kritische Situationen, welche die Crowd selbst, aber insbesondere auch die gesamte zugehörige Infrastruktur, negativ beeinträchtigen. Cyber-Attacken in diesem Bereich können gemäß Li et al. (2012) in vier Typen unterschieden werden: Attacken auf Geräte, Daten, Privatsphäre und Netzwerk. Stichworte sind hier unter anderem Gerätemanipulation (insbesondere Steuereinheiten), Datenverlust oder Datenmanipulation, Erfassung und Analyse von Prosumer-Profilen zum Zwecke der schädlichen Einflussnahme, oder Social

Engineering die Prosumer betreffend, aber auch Angriffe auf das vernetzte IKT-System einer Crowd, um die Kommunikation und damit die Kontrolle des Systems zu stören (denial of service). Die Akteure einer Crowd sehen sich im Wesentlichen mit den gleichen Cyber-Risiken konfrontiert, wie sie auch für Energieversorgungsunternehmen zu finden sind, und müssen folglich auch vergleichbare Maßnahmen zur Risikoreduzierung treffen.

Somit besteht die Herausforderung in einer nachhaltigen Etablierung eines Sicherheitsbewusstseins und damit einer Informationssicherheitskultur in einer Gruppe von Akteuren. Zur Reduzierung des Restrisikos auf ein Minimum muss neben den aktuellen technischen Maßnahmen gezielt auch das Sicherheitsbewusstsein der Akteure auf breiter Ebene gefördert werden, z. B. durch Aufklärung und Schulung. Nachhaltigkeit kann durch regelmäßige Überprüfung und erneute Schulungsmaßnahmen erreicht werden. Die energiespezifischen Ziele einer Crowd basieren wie auch die Ziele im Bereich der Informationssicherheit auf Kooperation zwischen den einzelnen Akteuren der Crowd. Die optimale Gewährleitung von Informationssicherheit für eine Crowd, welche die energiespezifischen Ziele absichern soll, wird von Trittbrettfahrern herausgefordert und in theoretischer Hinsicht (homo oeconomicus) gar verhindert. Analog zu den experimentellen Erkenntnissen von Verhaltensökonomen und Psychologen werden auch im Bereich der Informationssicherheit Mitglieder konditionell kooperieren und zur optimalen Bereitstellung des Gutes beitragen. Neben den erwähnten kooperationsfördernden Faktoren unterstützen crowdspezifische Richtlinien die Informationssicherheit der Crowd und ihrer Akteure.

14.5.3 CEIS-Leitfaden

Eine wesentliche Erkenntnis aus der bisherigen Forschung kann auf eine Crowd-Umgebung übertragen werden. In allen Strukturen – egal wie lose gekoppelt sie sind – existiert eine Art von Gemeinsamkeit – der Grund, warum Menschen kooperieren. In einer Crowd Energy-Umgebung gibt es ebenfalls solche Gemeinsamkeiten und Ziele. Um diese Ziele sicher und nachhaltig erreichen zu können, ist es notwendig, dass sich alle Akteure konform verhalten. Dies kann in einem Leitfaden festgehalten werden (analog zu einer Information Security Guideline in Unternehmen). Ein solcher CEIS-Leitfaden (Crowd Energy-Leitfaden zur Informationssicherheit) muss alle Akteure ansprechen und für alle gleichermaßen gelten, um das Bewusstsein und das Verständnis für Fragen der Sicherheit ganzheitlich zu fördern. Letztendlich führt dies zu einer Informationssicherheitskultur.

Ein sinnvoller CEIS-Leitfaden beinhaltet praktische Verhaltensregeln, welche die sichere Nutzung von Sensoren und IKT durch die Akteure einer Crowd ermöglichen. Dieser Kodex muss an den gesunden Menschenverstand appellieren und zu einem sicheren Verhalten motivieren. Dabei müssen bei der Definition des CEIS-Leitfadens die Randbedingungen berücksichtigt werden: kritische Infrastrukturen, heterogene IKT-Umgebungen, unterschiedliche soziale und kulturelle Hintergründe und damit Verhaltensweisen der Akteure einer Crowd, insbesondere deren Individualismus.

Vor diesem Hintergrund empfiehlt es sich, die Richtlinien der Organisation für wirtschaftliche Zusammenarbeit und Entwicklung (OECD) zur Etablierung einer Sicherheitskultur entsprechend zu adaptieren (OECD 2002, 2015):

- Sensibilisierung, Sachkenntnis und Kompetenz (Awareness, Skills and Empowerment):
  Alle Akteure einer Crowd sollten sich der digitalen Sicherheitsrisiken ihres Mikro-Grid-Energiesystems bewusst sein und mit der Problematik zurechtkommen.
- Verantwortung (Responsibility):
  Alle Akteure einer Crowd sind für die Sicherheit ihres Mikro-Grid-Energiesystems und damit für das gesamte Energiesystem verantwortlich.
- Reaktion (Response):
  Alle Akteure einer Crowd sollten zeitnah und in kooperativer Art und Weise handeln, um Sicherheitsvorfälle zu verhindern, zu erkennen und gegebenenfalls darauf zu reagieren.
- Menschenrechte und Grundwerte (Human Rights and fundamental Values):
  Alle Akteure einer Crowd sollten transparent handeln und die berechtigten Interessen der anderen respektieren: Vereinbarkeit mit den grundlegenden Werten einer demokratischen Gesellschaft.
- Kooperation (Cooperation):
  Alle Akteure einer Crowd (Individuen, Organisationen und Behörden) sollen über alle Grenzen hinweg kooperieren.
- Risikobewertung und Evaluationszyklus (Risk Assessment and Treatment Cycle):
  Alle Akteure einer Crowd sollten kontinuierlich Risikobewertungen durchführen und darauf basierend die Sicherheitsrichtlinien, Maßnahmen und Verfahren fortschreiben.
- Sicherheitsmaßnahmen (Security Measures):
  Alle Akteure einer Crowd sollten gewährleisten, dass die Sicherheitsmaßnahmen angemessen sind.
- Innovation (Innovation):
  Für alle Akteure einer Crowd sollte Innovation integraler Bestandteil der Risikominderung sein, das heißt Einbeziehung topaktueller Entwicklungen in allen Dimensionen.
- Notfallvorsorge (Preparedness and Continuity):
  Auf Basis der ständigen Risikobewertung sollte von allen Akteuren einer Crowd ein Notfallplan zur Reduzierung der negativen Auswirkungen von Sicherheitsvorfällen angenommen werden, um die Kontinuität und Stabilität des Mikro-Grid-Energiesystems sicherzustellen.

Diese komplementären Punkte im CEIS-Leitfaden gelten für alle Akteure einer Crowd, wie z. B. reine Verbraucher, Prosumer mit oder ohne Intention zum Handel von Elektrizitätsüberschüssen, Technologieanbieter, Dienstleister, Behörden. Dabei muss natürlich jeder einzelne Grundsatz entsprechend der Rolle des jeweiligen Akteurs ausgelegt und umgesetzt werden. Hervorzuheben ist hier nochmals, dass eine Crowd durch Prosumer, also Individuen, geprägt ist, womit folgende Aussage im OECD-Bericht an Bedeutung gewinnt (OECD 2015): „*Digital security risk management should be implemented in a manner that is consistent with human rights and fundamental values recognized by democratic societies, including the freedom of expression, the free flow of information,*[2] *the confidentiality of information and communication, the protection of privacy and personal data, openness and fair process.*"

14.5.4 Etablierung und Nachhaltigkeit der CEIS

Der CEIS-Leitfaden bildet die Basis und Voraussetzung zur Umsetzung der Informationssicherheit und einer entsprechenden Kultur. Der Aufbau und die ständige Verfeinerung einer entsprechenden Kultur stellt einen dynamischen Prozess dar, welcher ein signifikanter Teil eines Crowd-Sicherheitskonzeptes ist. Dieser Prozess ist charakterisiert durch eine Situationsanalyse, basierend auf der Spezifikation technischer und politischer Maßnahmen, deren Umsetzung und schließlich der regelmäßigen und/oder ereignisgesteuerten Evaluierung. Dies ist ein klassischer kontinuierlicher Verbesserungsprozess, wie er auch aus dem Qualitätsmanagement (ISO9001) bekannt ist. Im Allgemeinen wird ein solcher Prozess durch den sogenannten PDCA-Zyklus (Plan-Do-Check-Act-Zyklus) beschrieben (Deming 2000). Folgende Schritte sind erforderlich:

- In Anlehnung an den Ansatz zur Entwicklung einer Informationssicherheitskultur in Organisationen (Schlienger und Teufel 2005) sind eine Reihe von Methoden erforderlich, um die Sicherheitskultur innerhalb einer Crowd zu bewerten und zu etablieren. Die Akteure einer Crowd müssen gemeinsam im Sinne des CEIS-Leitfadens Vereinbarungen und Prinzipien festlegen. Durch Unterzeichnung verpflichten sich die Akteure, sich nach diesen Prinzipien zu verhalten. Dies ist ein Zeichen für die gewünschte Kultur.
- Im zweiten Schritt muss eine Situationsanalyse durchgeführt werden, um die aktuelle Kultur und ihre Schwächen zu identifizieren. Geeignete Maßnahmen zur Umsetzung und Einhaltung der festgelegten Grundsätze müssen definiert werden. Dies kann beispielsweise bedeuten, dass jeder Akteur einer Crowd an entsprechenden Schulungen teilnehmen bzw. den Nachweis einer Teilnahme durch Zertifikat erbringen muss.
- Die Umsetzung der geplanten Maßnahmen ist wie jedes andere Projekt organisiert. Ein entsprechendes Angebot zur „Schulung des Sicherheitsbewusstseins" muss installiert sein. Dabei können externe Anbieter unterstützend wirken. Dies bedeutet, dass für Sicherheitsunternehmen aber auch für die bestehenden Energieversorger neue Geschäftsfelder entstehen.

---

[2] Hier ist im übertragenen Sinne auch Energie zu verstehen.

- Der vierte Schritt liefert wertvolle Informationen über die Effizienz und Wirksamkeit der geplanten und umgesetzten Maßnahmen. Die Situation, das heißt die Bewertung des Sicherheitsbewusstseins der Akteure muss regelmäßig überprüft werden, was natürlich mittels Ereignissteuerung überlagert werden kann. Dies kann in der Crowd selbst erfolgen, kann aber auch als Dienstleistung über externe Quellen bezogen werden. Ziel ist es, so Schwachstellen aufzudecken und Verbesserungspotenziale zu identifizieren, um gegebenenfalls den CEIS-Leitfaden anzupassen. Neue Marktmöglichkeiten werden damit eröffnet.

In Umgebungen mit einer Organisationsstruktur kann dies leicht umgesetzt werden und es ist anzunehmen, dass wenn Schritt 1 erfolgreich implementiert werden kann, auch die Schritte 2 bis 4 in einer Crowd anwendbar sind. Dennoch muss geklärt werden, wie Individuen ohne starke zentrale Steuerung zu einem gemeinsamen Handeln und Verhalten motiviert werden können. Die Implementierung eines vertrauenswürdigen CEIS-Leitfadens ist von entscheidender Bedeutung. Des Weiteren wird die Installation eines Moderators empfohlen, vergleichbar der gängigen Praxis in sozialen Online-Netzwerken. Nach Frazier et al. (2004) ist ein Moderator eine *„variable that alters the direction or strength of the relation between a predictor and an outcome"*. In diesem Sinne kann ein allgemein akzeptierter Moderator das Sicherheitsbewusstsein und die individuelle Motivation dafür bei den Crowd-Akteuren wecken.

Die Bereitstellung und Verfügbarkeit von geeigneten Informationen ist für die Einführung und Festlegung von Vorgehensweisen und wirksamen Sicherheitszielen von entscheidender Bedeutung. Wenn ein Sicherheitsbewusstsein mit entsprechendem Verhalten geschaffen werden soll, müssen für die Akteure relevante Informationen jederzeit bereitstehen, es muss eine offene Informations- und Kommunikationspolitik etabliert und es müssen vor allem logisch motivierte Sicherheitsziele definiert sein.

Literatur

Aldabas M, Teufel B (2016) Human aspects of smart technologies' security: the role of human failure. J Electron Sci Technol 14(4):311–318

AlHogail A, Mirza A (2014) A proposal of an organizational information security culture framework. In: 2014 international conference on information, communication technology and system (ICTS), S 243–250

Allee V (2008) Value network analysis and value conversion of tangible and intangible assets. J Intellect Cap 9(1):5–24

Allianz Global Corporate & Specialty (2016) Allianz risk barometer: top business risks 2016. http://www.agcs.allianz.com/insights/white-papers-and-case-studies/allianz-risk-barometer-2016/. Zugegriffen am 13.06.2016

Baier A (1986) Trust and antitrust. Ethics 96(2):231–260

BFE (2013) Energieperspektiven 2050: Zusammenfassung, Bern. http://www.bfe.admin.ch/php/modules/publikationen/stream.php?extlang=de&name=de_280919633.pdf&endung=Annahmen%20und%20Methoden%20diverser%20Studien%20zu%20Energieperspektiven. Zugegriffen am 21.08.2014

Botsman R, Rogers R (2010) What's mine is yours: the rise of collaborative consumption. Harper Business, New York

Breuer H, Lüdecke-Freund F (Hrsg) (2014) Normative innovation for sustainable business models in value networks

BSI (2012) Leitfaden Informationssicherheit: IT-Grundschutz kompakt, Bonn. https://www.bsi. bund.de/DE/Themen/ITGrundschutz/ITGrundschutzUeberblick/LeitfadenInformations-sicherheit/leitfaden_node.html. Zugegriffen am 01.12.2016

Calvillo CF, Sánchez-Miralles A, Villar J (2016) Energy management and planning in smart cities. Renew Sustain Energy Rev 55:273–287

Chan M, Campo E, Estève D, Fourniols J-Y (2009) Smart homes – current features and future perspectives. Maturitas 64(2):90–97

Da Veiga A, Eloff J (2010) A framework and assessment instrument for information security culture. Comput Secur 29(2):196–207

Da Veiga A, Martins N (2015) Information security culture and information protection culture: a validated assessment instrument. Comput Law Secur Rev 31(2):243–256

Deming WE (2000) Out of the crisis. MIT Press, Cambridge, MA

Devine-Wright P (2007) Energy citizenship: psychological aspects of evolution in sustainable energy technologies. In: Murphy J (Hrsg) Governing technology for sustainability. Earthscan, London/Sterling, S 63–86

Driesen J, Katiraei F (2008) Design for distributed energy resources. IEEE Power Energy Mag 6(3):30–40

EU (2015) Energie: Nachhaltige, sichere und erschwingliche Energie für die Bürger Europas. Publications Office, Luxembourg

Fehr E, Fischbacher U (2004) Social norms and human cooperation. Trends Cogn Sci 8(4):185–190

Fehr E, Gächter S (2000) Fairness and retaliation: the economics of reciprocity. J Econ Perspect 14(3):159–181

Fehr E, Fischbacher U, Gachter S (2002) Strong reciprocity, human cooperation, and the enforcement of social norms. Hum Nat (Hawthorne, NY) 13(1):1–25

Felden C (Hrsg) (2013) IT für Smart Grids: Smart Data Centers; Datenschutz durch Pseudonymität; IT-Architekturen für Smart Grids; IT-Servicekonzepte für dezentrale Energieversorgung; Mobile Lernanwendungen für Smart Home. dpunkt.-Verl., Heidelberg

Ferraz FS, Ferraz CAG (2014) Smart city security issues: depicting information security issues in the role of an urban environment. In: 2014 IEEE/ACM 7th international conference on utility and cloud computing (UCC), S 842–847

Frazier PA, Tix AP, Barron KE (2004) Testing moderator and mediator effects in counseling psychology research. J Couns Psychol 51(1):115–134

Gährs S, Mehler K, Bost M, Hirschl B (2015) Acceptance of ancillary services and willingness to invest in PV-storage-systems. Energy Procedia 73:29–36

Geels FW (2004) From sectoral systems of innovation to socio-technical systems: insights about dynamics and change from sociology and institutional theory. Res Policy 33(6–7):897–920

Giffinger R, Fertner C, Kramar H, Kalasek R, Pichler-Milanovic N, Meijers E (2007) Smart cities: ranking of European medium-sized cities. Centre of Regional Science, Vienna UT

Gstrein M (2016) SVEN – smart value energy networks. Dissertation, Fribourg

Gstrein M, Teufel S (2014) The changing decision patterns of the consumer in a decentralized smart grid. In: 2014 11th international conference on the European energy market (EEM), S 1–5

Gstrein M, Teufel S (2015) Crowd energy management: new paradigm for the electricity market. J Electron Sci Technol 13(3):165–205

Henrich J, Boyd R, Bowles S, Camerer C, Fehr E, Gintis H, McElreath R (2001) In search of homo economicus: behavioral experiments in 15 small-scale societies. Am Econ Rev 91(2):73–78

Hertig Y, Teufel S (2016) Prosumer involvement in smart grids: 35th international conference on organizational science development. Sustainable Organization

IBM (2014) IBM security services 2014. Cyber security intelligence index

Isaac RM, Walker JM, Williams AW (1994) Group size and the voluntary provision of public goods. J Public Econ 54(1):1–36

Kahneman D (2012) Thinking, fast and slow. Penguin, London

Kylili A, Fokaides PA (2015) European smart cities: the role of zero energy buildings. Sustain Cities Soc 15:86–95

Lepak DP, Smith KG, Taylor SM (2007) Introduction to special topic forum: value creation and value capture: a multilevel perspective. 32(1):180–194

Li X, Liang X, Lu R, Shen X, Lin X, Zhu H (2012) Securing smart grid: cyber attacks, counter-measures, and challenges. IEEE Commun Mag 50(8):38–45

Lopes I, Oliveira P (2016) Architecture of information security policies: a content analysis. In: Rocha Á, Correia AM, Adeli H, Reis LP, Mendonça Teixeira M (Hrsg) New advances in information systems and technologies. Springer International Publishing, Cham, S 493–502

Mahnke E, Mühlenhoff J, Lieblang L (2014) Strom Speichern, Berlin. https://www.unendlich-viel-energie.de/media/file/382.75_Renews_Spezial_Strom_speichern_Dez2014_online.pdf. Zugegriffen am 01.12.2016

Mentzer JT, DeWitt W, Keebler JS, Min S, Nix NW, Smith CD, Zacharia ZG (2001) Defining supply chain management. J Bus Logist 22(2):1–25

Morgan RM, Hunt SD (1994) The commitment-trust theory of relationship marketing. J Mark 58(3):20–38

OECD (2002) OECD guidelines for the security of information systems and networks: towards a culture of security. OECD Publiching,Paris

OECD (2015) Digital security risk management for economic and social prosperity: OECD recommendation and companion document. OECD Publishing, Paris

Olson M (1971) The logic of collective action: Harvard economic studies. Harvard University Press, Cambridge, MA

Ostrom E (1990) Governing the commons: the political economy of institutions and decisions. Cambridge University Press, New York

Ostrom E (2000) Collective action and the evolution of social norms. J Econ Perspect 14(3):137–158

Peppard J, Rylander A (2006) From value chain to value network. Eur Manag J 24(2–3):128–141

Rui H, Arnold M, Wellssow WH (2012) Synthetic medium voltage grids for the assessment of smart grid techniques. In: 2012 3rd IEEE PES innovative smart grid technologies Europe (ISGT Europe), S 1–8. Berlin: IEEE PES

Schlienger T, Teufel S (2002) Information security culture. In: Ghonaimy MA, El-Hadidi MT, Aslan HK (Hrsg) Security in the information society. Springer US, Boston, S 191–201

Schlienger T, Teufel S (2005) Tool supported management of information security culture. In: Sasaki R, Qing S, Okamoto E, Yoshiura H (Hrsg) Security and privacy in the age of ubiquitous computing. Springer US, Boston, S 65–77

Schwarzer CM (2015) Dieser Flitzer tankt Strom im Fahren

Solms B (2006) Information security – the fourth wave. Comput Secur 25(3):165–168

Stern P, Aronson E (1984) Energy use. National Academies Press, Washington, DC

Talib S, Clarke NL, Furnell SM (2010) An analysis of information security awareness within home and work environments. In: 2010 international conference on availability, reliability, and security (ARES), S 196–203

Teufel S, Teufel B (2014) The Crowd Energy concept. J Electron Sci Technol 12(3):263–269

Vasauskaite J, Teufel S, Teufel B (2016) SMART: what does it really mean? Submitted for publication

Induktive Datenvisualisierung für Smart Energy: Fallstudie enersis suisse AG

15

Michael Kaufmann, Thomas Koller, Daria Balkende, Matthias Hemmje und Kilian Stoffel

Zusammenfassung

Die graduelle Zugehörigkeit, das Kernkonzept der unscharfen Logik, kann in der Datenvisualisierung genutzt werden, um Zusammenhänge zwischen Merkmalen und Zielklassen darzustellen. Solche Zugehörigkeitsfunktionen können mit der IFC-Filter-Methode direkt aus den Daten extrahiert werden. Die Visualisierung dieser Zusammenhänge leuchtet ein, und präsentiert den Entscheidungsträgern eine leicht verständliche Darstellung. In Smart Energy-Systemen kann diese angewendet werden, um komplexe Vorhersagemodelle nachvollziehbar zu machen, und fördert somit die Datenintelligenz. An einem Fallbeispiel einer Datenanalyse in der Energiewirtschaft wird aufgezeigt, wie die Datenvisualisierung mit dem IFC-Filter in der Praxis aussehen kann. Dieses Kapitel stellt zudem den Bezug zu Big Data Management her, indem es die Datenvisualisierung für Smart Energy im größeren Zusammenhang eines Referenzmodells einordnet.

Überarbeiteter Beitrag basierend auf Kaufmann et al. (2013) Induktive unscharfe Datenassoziierung – Fallstudie enersis suisse AG, HMD – Praxis der Wirtschaftsinformatik Heft 393, 50(5), 45–55.

M. Kaufmann (✉)
Hochschule Luzern, Luzern, Schweiz
E-Mail: m.kaufmann@hslu.ch

T. Koller • D. Balkende
enersis suisse AG, Bern, Schweiz
E-Mail: thomas.koller@enersis.ch; info@runknown.com

M. Hemmje
FernUniversität in Hagen, Hagen, Deutschland
E-Mail: Matthias.Hemmje@FernUni-Hagen.de

K. Stoffel
Universität Neuenburg, Neuenburg, Schweiz
E-Mail: Kilian.STOFFEL@unine.ch

© Springer Fachmedien Wiesbaden GmbH 2016
A. Meier, E. Portmann (Hrsg.), *Smart City*, Edition HMD,
DOI 10.1007/978-3-658-15617-6_15

Schlüsselwörter

Smart Energy • Datenvisualisierung • Entscheidungsunterstützung • Fallstudie •
Fuzzylogik • IFC-Filter

15.1 Big Data Management und Datenvisualisierung

Eine neue Dimension an Volumen, Geschwindigkeit und Vielfalt an verfügbaren
Daten, auch bekannt als *Big Data*, bietet Chancen für die Entscheidungsunterstützung
im Geschäftsalltag. Der *OECD Data Value Lifecycle* (OECD 2015, S. 33) sieht in
der Analyse von Big Data und in der daraus entstehenden Wissensbasis die
Grundlage für eine verbesserte *Entscheidungsunterstützung,* die Wertschöpfung,
Wachstum und Wohlfahrt in der Gesellschaft fördert. Wenn Entscheidungen von
Menschen und nicht von Maschinen getroffen werden, ist eine nachvollziehbare
Aufbereitung der Analyseresultate ein wesentlicher Faktor der Entscheidungsgrundlage. Hierzu trägt die *Datenvisualisierung* bei. Auch die *NIST Big Data
Reference Architecture* (NIST 2015, S. 12) sieht in der Datenvisualisierung den
höchsten Wert für den Datenkonsumenten, sowohl in der Informations- als auch in
der Technologiewertschöpfungskette.

Darauf aufbauend definiert Kaufmann (2016) *Big Data Management* als den
Prozess der Steuerung von Big Data im Sinne des *5 V-Modells* von Demchenko
et al. (2013), um daraus einen Mehrwert zu generieren, und beschreibt das Big
Data Management Meta-Modell BDMcube. Darauf aufbauend sieht eine weitere
Iteration dieses Referenzmodells für die Anwendung und Nutzung von Daten die
Handlungsfelder Datafication, Integration, Analyse, Interaktion, Effektuierung
und Datenintelligenz vor. Während die Integration, die Analyse und die Interaktion
mit Daten, insbesondere auch die Datenvisualisierung, in State-of-the-Art-Model-
len wie denjenigen des OECD und des NIST vorgesehen sind, erweitert BDMcube
den Fokus des Big Data Managements im Sinne von Davenport (2013) auch auf
die Frage nach dem effektiven Nutzen von Big Data, also nach der *Effektuierung
von Analyseresultaten* in der Anwendung für die Praxis. Zudem führt BDMcube
ein wissensbasiertes Handlungsfeld ein: die *Datenintelligenz,* definiert als die
Kompetenz der Organisation und der Mitarbeitenden, sich Wissen und Fähigkeiten
anzueignen, um Daten verwertbar zu machen. Die Datenintelligenz beinhaltet
sowohl das Wissen, das aus den Daten extrahiert wird (die Analyseresultate), das
Wissen, das über die Daten besteht (Quellen, Metadaten und Semantik, Prozesse,
Archivierung etc.), als auch das Wissen, welches für die Datenanalysen und deren
Transfer in die Praxis notwendig ist (Data Science-Kompetenzen). Für den
Abgleich mit der Fallstudie enersis suisse AG kommt beim BDMcube die Frage
nach der gezielten *Datafizierung* von Signalen durch geeignete Sensoren und Ein-
gabegeräte hinzu.

Da für jedes dieser sechs Handlungsfelder von BDMcube sowohl fachliche als
auch technische Aspekte zu steuern sind, deckt das Modell zwölf Aufgaben ab,
welche durch Big Data Management zu konkretisieren sind (vgl. Abb. 15.1). Als

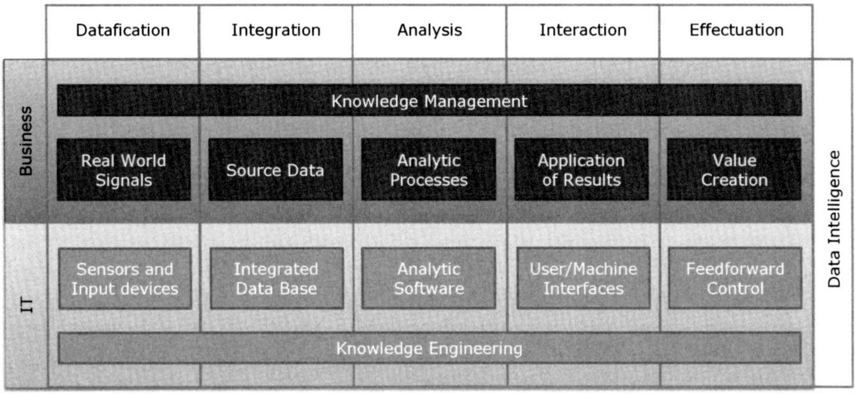

Datafication	Integration	Analysis	Interaction	Effectuation

Abb. 15.1 BDMcube: das Big Data Management Meta-Modell, in Anlehnung an Kaufmann (2016)

Metamodell definiert BDMcube den abstrakten Rahmen, innerhalb dessen konkrete Instanzen von Big Data Management-Modellen proaktiv abgeleitet oder retrospektiv eingeordnet und erweitert werden können.

Für die konkrete Nutzung der Datenvisualisierung für Smart Energy stellt BDMcube nicht nur die Frage nach der Art der Visualisierung, sondern auch, wie die Datenbasis mit Sensoren generiert wird, welche Quelldaten in welchen Datenbanken integriert werden, mit welcher Software und welchen Analysetechniken anwendbare Resultate generiert werden, mit welchen Schnittstellen und für welche Anwendung die Entscheidungsträger mit den Analyseresultaten interagieren, welche vorhersehbaren Steuerimpulse generiert werden können, und wie dieser ganze Prozess dann effektiv einen Wert generiert. Zudem empfiehlt BDMcube, diesen Prozess wissensbasiert im Sinne der Datenintelligenz sowohl fachlich als auch technisch zu unterstützen, um die Kompetenz des Unternehmens und der Entscheidungsträger zu stärken, um aus Daten anwendbares Wissen und Fähigkeiten zu gewinnen.

Das vorliegende Kapitel präsentiert ein Verfahren zur Datenvisualisierung, IFC-Filter, welches auf der Fuzzylogik aufbaut. Dieses Verfahren der Visualisierung wurde von Kaufmann (2014) und Kaufmann et al. (2015) entwickelt und publiziert. Weiter ordnet dieses Kapitel die Nutzung des IFC-Filter für Smart Energy in BDMcube ein, und zeigt anhand einer konkreten Fallstudie den möglichen Nutzen für Entscheidungsunterstützung im Smart Grid auf.

15.2 Datenvisualisierung mit dem IFC-Filter

Eine Möglichkeit zur graduellen Assoziierung von Daten ist die sogenannte *Zugehörigkeitsfunktion* (engl. *membership function*), ein Konstrukt der *Fuzzylogik*. Dabei handelt es sich um eine exakte Logik zur Präzisierung unscharfer Konzepte. Ein Beispiel: Ab wie vielen Bäumen spricht man von einem Wald? Der vage Begriff „Wald" kann als eine unscharfe Menge (*fuzzy set* im Sinne von Zadeh (Zadeh 1965))

Abb. 15.2 Zugehörigkeit (μ) zum Konzept Wald, als Funktion der Anzahl Bäume

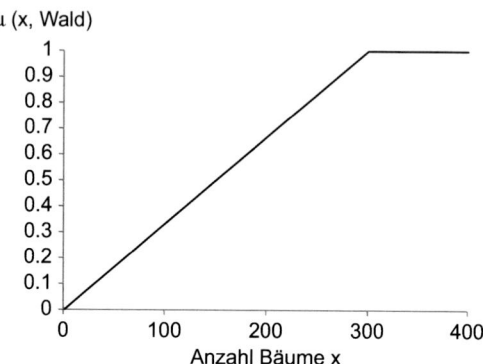

angesehen werden. Die Zugehörigkeitsfunktion definiert dann den Grad der Zugehörigkeit zum Konzept Wald als Funktion der Anzahl Bäume. Als Beispiel stellt die Abb. 15.2 eine solche Zugehörigkeitsfunktion dar. In diesem Beispiel gehen wir davon aus, dass ein einziger Baum kein Wald ist (Zugehörigkeitsgrad $\mu(1,\text{Wald}) = 0.0$) und eine Sammlung von 300 Bäumen sicher einen Wald darstellt (Zugehörigkeitsgrad $\mu(300,\text{Wald}) = 1.0$). Dazwischen steigt die Zugehörigkeit linear an. Somit ist die Zugehörigkeitsfunktion klar definiert als (Anzahl Bäume − 1)/299.

Die Visualisierung von Zugehörigkeitsfunktionen gibt einen direkten und rasch erfassbaren Überblick auf den Zusammenhang zweier Variablen. Somit können sie sehr gut für die Datenvisualisierung eingesetzt werden. Die Zugehörigkeitsfunktionen von unscharfen Mengen können anhand der Verteilung der Daten induktiv hergeleitet werden, um Entscheidungsträgern Einblicke in Zusammenhänge visuell zu vermitteln.

Die Idee dieser Methode, genannt *IFC-Filter,* ist es, die Definition der Zugehörigkeitsfunktion aus den Daten zu extrahieren, um die Assoziierung zwischen zwei Konzepten grafisch darzustellen (Kaufmann 2014). Der IFC-Filter transformiert die *Likelihood-Ratio* einer Hypothese (B) basierend auf Beobachtung (A) in einen Grad der Zugehörigkeit in einer unscharfen Zielklasse. Die Visualisierung dieser Zugehörigkeitsfunktion gibt einen Einblick in die Assoziation zwischen zwei Variablen. Wenn zwei Merkmale A und B als Variablen in Daten gespeichert sind, kann die gemeinsame Wahrscheinlichkeit als eine relative Häufigkeit

$$p(A,B) = (\text{Anzahl Datensätze mit A und B}) / \text{Anzahl Datensätze} \qquad (15.1)$$

gemessen werden. Die gemessene Wahrscheinlichkeit des Merkmals A, unter der Bedingung, dass B vorhanden ist, kann wiederum nach der Regel von Bayes als

$$p(A|B) = p(A,B)/p(B) \qquad (15.2)$$

definiert werden: die Anzahl der Datensätze mit A und B, geteilt durch die Anzahl der Datensätze mit B. Die Hypothese, dass ein Merkmal B vorhanden ist, wenn wir wissen, dass Merkmal A in den Daten beobachtet werden kann, wird dann nach dem Gesetz der Likelihood mit der Likelihood-Ratio bewertet (Hawthorne 2008).

In diesem Sinne sollte die Wahrscheinlichkeit der Datenlage (Merkmal A) unter der Voraussetzung der Hypothese (Merkmal B) größer sein als unter der Voraussetzung der Alternativhypothese. Die folgende Formel gibt das Verhältnis dieses Unterschieds an:

$$LR(A,B) = p(A|B)/p(A|\text{nicht } B) \qquad (15.3)$$

Die Likelihood-Ratio kann verwendet werden, um eine Zugehörigkeitsfunktion von A in B im Sinne der Fuzzylogik aus den Daten zu generieren, indem die gemessenen Wahrscheinlichkeiten mit einer Formel in das Intervall [0,1] normalisiert abgebildet werden. Somit ergibt sich eine induktive Zugehörigkeit von Konzept A zu Konzept B:

$$\mu(A,B) := NLR(A,B) = p(A|B)/\big(p(A|B) + p(A|\text{nicht } B)\big) \qquad (15.4)$$

Diese Formel nennt sich normalisierte Likelihood-Ratio (NLR).

Um das unscharfe Konzept des Labels „Wald" als Funktion der Anzahl Bäume aus Daten zu generieren, könnte man Stichproben von Baumansammlungen und deren Klassifikation durch Experten als Wald (oder eben nicht) erheben. Anhand der vorher beschriebenen Methodik würde dann die induktive unscharfe Klassifikation so aussehen, wie in Tab. 15.1 dargestellt. In diesem Beispiel sind also

Tab. 15.1 Kreuztabelle für Kategorien von Anzahl Bäumen und ihrer Klassifikation als Wald

Klasse	Anzahl Wald	Anzahl Kein Wald	p(Anzahl Bäume |Wald)	p(Anzahl Bäume |Kein Wald)	μ(Anzahl Bäume, Wald) (NLR)
0–25	1	6	0.1 = 1/(1+3+6)	0.6 = 6/(1+3+6)	0.142857143 = 0.1/(0.1+0.6)
25–100	3	3	0.3	0.3	0.5
100+	6	1	0.6	0.1	0.857142857

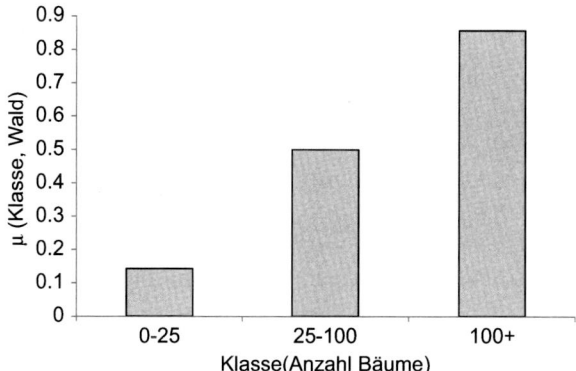

Abb. 15.3 Induktive Zugehörigkeitsfunktion zum Konzept Wald, extrahiert aus den Daten in Tab. 15.1

die Zugehörigkeitsgrade der Anzahl Bäume zum Konzept Wald direkt aus den Daten mit der IFC-Filter-Methode unter Verwendung der Formeln 1 bis 4 extrahiert worden. Die Definition der Zugehörigkeitsfunktion stützt sich auf die Verteilung in gemessenen Daten. Die Visualisierung dieser Zugehörigkeitsfunktion (Abb. 15.3) stellt dann den Zusammenhang zwischen Anzahl Bäume und der Zugehörigkeit zum Konzept Wald intuitiv verständlich dar. Eine Menge von 50 Bäumen gehört nach dieser Berechnung zu 50 % zum Konzept Wald.

Das vorhandene Beispiel zeigt die Anwendung des NLR für die Visualisierung von diskreten Zugehörigkeitsfunktionen. In Kaufmann et al. (2015) werden auch Möglichkeiten gezeigt, wie diese Art der Datenvisualisierung auf kontinuierliche Zugehörigkeitsfunktionen erweitert werden kann.

15.3 Anwendungsmöglichkeiten für Big Data und Smart Energy

Die Datenvisualisierung mit der IFC-Filter-Methode kann mit Software automatisch erstellt werden. An der Universität Fribourg wurde in einer Masterarbeit (Graf 2010) ein Prototyp eines Plug-ins für die Data-Mining-Umgebung WEKA (Hall et al. 2009) entwickelt, welche solche Grafiken erstellen kann. Diese Software wurde laufend weiterentwickelt und stabilisiert. Eine stabile prototypische Implementierung ist via Download erhältlich.[1] Die IFC-Filter-Software erstellt für alle Attribute eines Datensatzes nicht nur die induktiven Zugehörigkeitsgrade zur Zielklasse und ein SQL-Ausdruck für eine entsprechende Datenbankabfrage, sondern auch eine visuelle Repräsentation der Zugehörigkeitsfunktion für die Interpretation durch den Menschen. Dies kann für die Datenvisualisierung verwendet werden.

Die Datenvisualisierung basierend auf der Analyse von Big Data wird in der Wirtschaft großflächig zur Entscheidungsunterstützung eingesetzt, beispielsweise in Bereichen wie Marketing, Kundenbeziehungsmanagement und Strategie. Die Resultate der Analysen werden von Menschen als Entscheidungshilfen genutzt, um zusammen mit ihrer Erfahrung und ihrer Intuition Entscheidungen zu treffen. Diese Entscheidungsunterstützung hat zum Ziel, die Zusammenhänge und die Assoziationen, die in den Daten gefunden wurden, auf eine Art und Weise darzustellen, dass Entscheidungen möglichst fundiert gefällt werden können. Wenn die IFC-Filter-Methode zur Datenvisualisierung angewendet wird, liefert sie in der Form induktiver Zugehörigkeitsfunktionen eine Grundlage, um Zusammenhänge in Daten grafisch darzustellen. Die induktive unscharfe Datenvisualisierung mit dem IFC-Filter erlaubt dem Menschen als Entscheidungsträger die rasche Erfassung des zugrunde liegenden Zusammenhangmodells, weil es im Sinne der unscharfen Logik als Zugehörigkeitsgrad interpretiert wird.

Wie in Abb. 15.4 dargestellt, werden bei Smart Energy-Systemen als Datenquellen Sensordaten gesammelt und integriert, deren Analyse im Sinne der Effektuierung

---

[1] https://github.com/kaufmanm/ifc-filter.

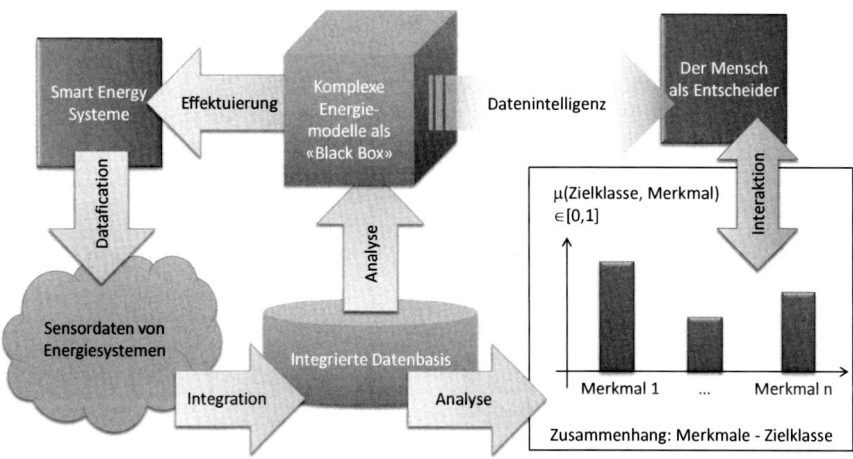

Abb. 15.4 Anwendung des IFC-Filters für Smart Energy im Rahmen des BDMcube

zur Steuerung der Energiebewirtschaftung verwendet wird. Dabei kommen als Analysemethoden hochkomplexe statistische Methoden zum Einsatz, die zwar präzise Energienutzungsprognosen liefern, aber für den Menschen oft nicht verständlich sind bzw. eine „Black Box" darstellen. Für die Nachvollziehbarkeit dieser Modelle kann die Datenvisualisierung mit dem IFC-Filter genutzt werden, um dem Menschen als Entscheider grafisch darzustellen, welche Zusammenhänge zwischen gemessenen Daten bzw. Merkmalen und einer Klassifikation oder Prognose in einer Zielklasse bestehen. Diese Merkmale können im allgemeinen Fall auch nummerisch sein und mit IFC-Filter entsprechend visualisiert werden. Im Sinne des am Anfang des Kapitels vorgestellten BDMcube-Modells dient also die Visualisierung mit dem IFC-Filter der *Datenintelligenz*, indem das Wissen über die Modelle und das Verständnis der resultierenden Prognosen verbessert wird. So bietet die Datenvisualisierung eine wissensbasierte Unterstützung der Datenanalysen für Smart Energy. Dies fördert auch die Akzeptanz der maschinellen Steuerung von Energiesystemen bei den Nutzern und Managern, da diese Steuerung mit visuellen Zusammenhängen nachvollziehbar gemacht werden kann. Im folgenden Abschnitt wird dies durch ein Fallbeispiel dargestellt.

15.4   Nutzung der Datenvisualisierung mit IFC-Filter bei enersis suisse AG

Die enersis suisse AG in eine Beratungsfirma für Energieversorgungsunternehmen. Kerngeschäftsfeld ist die moderne BI-Softwarelösung *grids*, welche energietechnische (z. B. Netzdaten) und energiewirtschaftliche (z. B. Stromverbräuche) Massendaten zusammenführt und diese zu einem informatorischen Mehrwert aufbereitet.

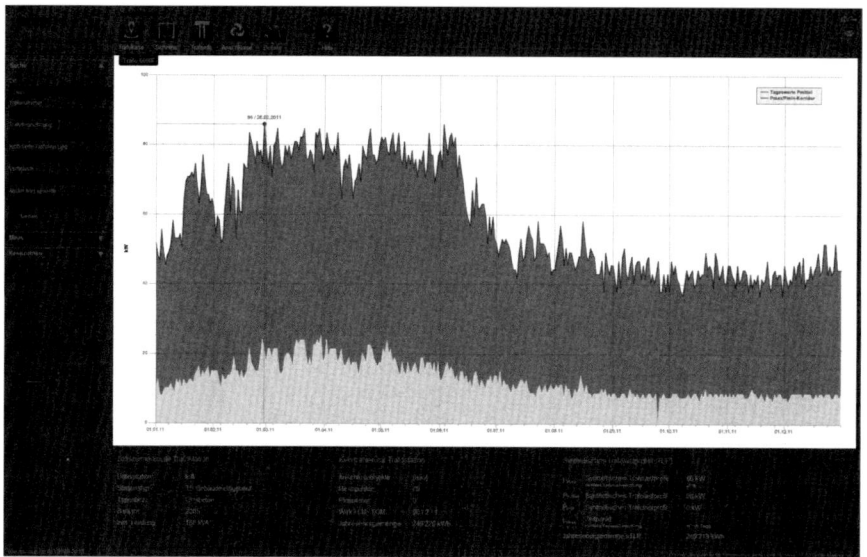

Abb. 15.5 enersis Softwarelösung grids – synthetische, generierte Trafolastprofile, welche mittels statistischen Modellen in ihrem Verlauf optimiert werden

Abschließend werden die Erkenntnisse in einer leicht verständlichen grafischen Darstellung ausgegeben (siehe Abb. 15.5).

Im konkreten Fall geht es um einen Kundenauftrag zur Berechnung und Darstellung von kapazitiven Auslastungen von Trafostationen. Die Auslastung von Ortsnetzstationen wird in der Regel nicht gemessen; jedoch ist diese für aktuelle und zukünftige Herausforderungen der Netzplanung – z. B. bezüglich des Ausbaus von Fotovoltaik-Anlagen – eine wichtige Planungsgröße.

Die synthetische Generierung von Trafolastprofilen auf der Basis von Endkundenmessungen bedarf für eine optimierte Modellierung einer Klassifizierung von unterschiedlichen Trafotypen. Für dieses Clustering wurde von enersis zusammen mit Mitarbeitenden der TU München die probabilistischen Methoden der explorativen Datenanalyse PCA (*principal component analysis*, Hauptachsenanalyse) und tSNE (*t-distributed stochastic neighbourhood embedding*) angewandt. tSNE eignet sich sehr gut zur Visualisierung von höherdimensionalen Daten. Vor allem ist es ein guter Indikator für mögliche Strukturen im Originalraum. Auf diesem Wege konnten aus über 4'500 Trafostationen 16 unterschiedliche Trafoklassen herausgebildet werden.

Jedoch beinhaltet die Anwendung statistischer Verfahren die Problematik, dass die notwendigen kausalen Ketten („warum ist welche Trafostation in welcher Klasse?") nicht oder nur schwer nachvollziehbar sind. Es entstand die Idee, in einem zweiten Schritt mittels induktiver Datenassoziierung ein „Reverse-Engineering" durchzuführen, welches die Kausalketten ausformuliert. Weil die Zusammenhänge der bestehenden PCA-Cluster und ihre Einflussfaktoren für die Entscheidungsträger nicht ersichtlich waren, war es das Ziel, diese mit der IFC-Methode zu assoziieren und zu visualisieren.

In einer Seminararbeit an der Universität Fribourg hat Kurochkina (2012) gezeigt, wie die Methode der induktiven Datenassoziierung verwendet werden kann, um die Zugehörigkeit zu den maschinengenerierten Clustern für den Menschen bildlich darzustellen. Die Fragestellung war, welche Faktoren für die Clusterzugehörigkeit der Transformatorenstationen wesentlich sind und wie sie mit der Klassenzugehörigkeit zusammenhängen. Sie setzte den WEKA IFC-Filter-Prototypen mit der oben beschriebenen IFC-Methode ein, um die erklärende Datenassoziierung automatisch aus den vorhandenen Daten zu generieren. Die generierten Diagramme zeigten, dass die IFC-Methode für den Menschen intuitiv verständliche Visualisierungen hervorbringt, welche die induktiven Zusammenhänge zwischen Konzepten in Daten erklären.

Die relevanten Daten der rund 4'500 Trafostationen zusammen mit mehreren hunderttausend Endkundendaten sind in einer Datenbank verfügbar. Jede Station wird durch ihre Kombination von acht relevanten Attributen (Tab. 15.2) zu 16 Black-Box-Clustern zugeordnet.

Tab. 15.2 Attribute einer Transformatorstation

Attribut	Bedeutung
Name	Transformer Station
AO	Anzahl verbundener Knoten
AN	Anzahl Kunden der Station
AT	Anzahl verschiedener Produkte
AB	Anzahl verschiedener Branchen
Tarif	Anzahl verschiedener Tarife
L	Maximale Last pro Station
V	Energiekonsum pro Station
Cluster	Datencluster anhand der statistischen Analyse

NLR and average values of the quantile

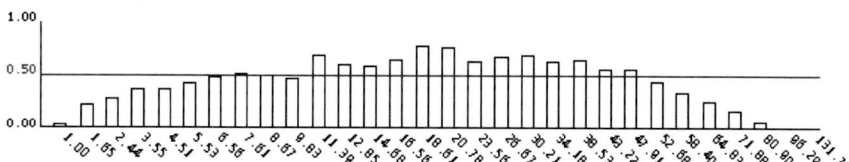

Inductive membership function of ao in target class { x | cluster1 (x) = 1 }

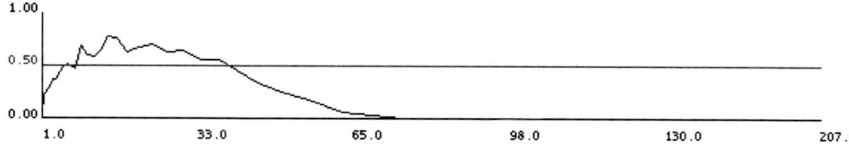

Abb. 15.6 Visualisierung mit der IFC-Prototyp-Software: Induktive Zugehörigkeitsfunktion des Attributs AO (Anzahl verbundener Knoten) zum Cluster 1. Quelle: (Kurochkina 2012)

Mit der IFC-Prototyp-Software wurde für jedes dieser Attribute eine induktive Zugehörigkeitsfunktion zu den 16 Clustern berechnet, wie vorher beschrieben. Die Visualisierung dieser Zugehörigkeitsfunktionen erklärt nun die interessanten Wertebereiche, welche für die Zuordnung zu den Clustern relevant sind. Abb. 15.6 zeigt die Zugehörigkeitsfunktion des Attributs AO (Anzahl verbundener Knoten im Netzwerk) zum Cluster Nummer 1. In dieser Grafik ist der Output des WEKA IFC-Filter-Prototypen dargestellt. Dort ist ersichtlich, dass der Wertebereich mit einer hohen Zugehörigkeitswahrscheinlichkeit (NLR > 0.5) im Intervall zwischen 11 und 48 liegt.

Als weiteres Beispiel zeigt Abb. 15.7 die berechnete Zugehörigkeitsfunktion zum Cluster 1 für das Attribut AT (Anzahl Produkte). Hier zeigt sich, dass eine hohe Anzahl Produkte mit einem höheren induktiven Zugehörigkeitsgrad zusammenhängen.

Als drittes Beispiel zeigt Abb. 15.8 den induktiven Zugehörigkeitsgraph für das Attribut AB (Anzahl Branchen), bei dem offensichtlich die Trafostationen mit fünf bis sieben Branchen die höchste Wahrscheinlichkeit haben, zum Cluster 1 zu gehören.

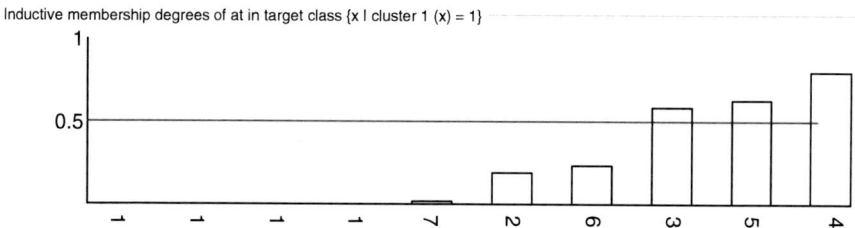

Abb. 15.7 Visualisierung mit der IFC-Prototyp-Software: Induktive Zugehörigkeitsfunktion des Attributs AT (Anzahl Produkte) zum Cluster 1. Quelle: (Kurochkina 2012)

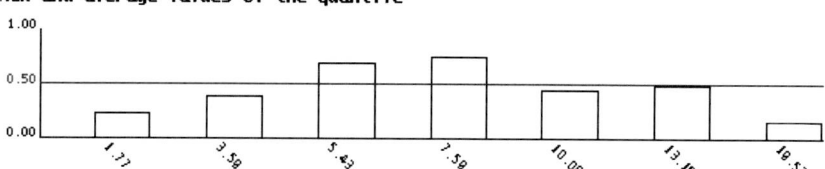

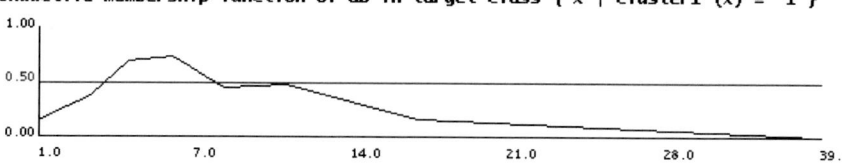

Abb. 15.8 Visualisierung mit der IFC-Prototyp-Software: Induktive Zugehörigkeitsfunktion des Attributs AB (Anzahl Branchen) zum Cluster 1. Quelle: (Kurochkina 2012)

Auf diese Weise wurden sämtliche Cluster aus der herkömmlichen PCA-Methode mit acht aus den Daten extrahierten, induktiven Zugehörigkeitsfunktionen mit der vorgeschlagenen IFC-Methode erklärt. Diese Diagramme ermöglichten es enersis somit, die internen kausalen Zusammenhänge der vorhandenen Trafocluster mit unscharfen Wenn-Dann-Regeln zu decodieren und die Modellierung der synthetischen Lastprofile zu optimieren. Die Ergebnisse sind direkt in die Funktionalität der Softwarelösung *grids* eingeflossen. Die enersis suisse AG nutzt somit die Erkenntnisse aus der Fallstudie, um mit der Erklärung ihrer Modelle diese in einer Meta-Analyse weiter optimieren zu können.

15.5 Schlussfolgerungen

Die Visualisierung von Zugehörigkeitsfunktionen gibt dem Menschen als Entscheidungsträger einen intuitiv verständlichen Einblick in die Konzeptassoziationen. In der Fallstudie mit der enersis suisse AG zeigt sich, wie die Zugehörigkeiten von Attributen von Transformatorstationen zu Clustern, welche aufgrund von statistischen Modellen berechnet wurden, für den Menschen verständlich dargestellt werden konnten. Für Smart Energy kann diese Technologie eingesetzt werden, um Zusammenhänge von Merkmalen zu Zielklassen in sehr genauen, aber komplexen, für Menschen nicht verständlichen statistischen Modellen für Trafolastprofile zu analysieren und entsprechend für Entscheidungsträger verständlich zu visualisieren. So wird die Datenintelligenz gefördert, weil der Mensch die Kompetenz zur Anwendung des aus Datenanalyse gewonnenen Wissens steigert, wenn er versteht, was die Prognosemodelle rechnen.

Die Evaluation des Referenzmodells BDMcube mit dieser Fallstudie hat zur Erkenntnis geführt, dass im Smart Energy-Bereich die Generierung von Sensordaten eine wesentliche Rolle für die Entscheidungsunterstützung spielt. Allgemein ist überall dort, wo die relevanten Daten nicht bereits vorhanden sind, die Datenerfassung bzw. die Datafizierung die notwendige Grundlage für die Analyse und Nutzung von Big Data. Aufgrund dieser Erkenntnis wurde das BDMcube in diesem Buchkapitel um eine weitere Schicht der Datafizierung erweitert.

Die IFC-Filter-Methode hat den Vorteil, dass die unscharfe Logik mit ihrer Nähe zum menschlichen Denken in der Entscheidungsunterstützung eingesetzt werden kann. Daher auch die Betonung der Benutzersicht und der Verständlichkeit der resultierenden Modelle für die Datenvisualisierung. Der Vorteil des beschriebenen Ansatzes liegt somit primär in der Anwenderschicht. Die Prognoseleistung der errechneten Modelle ist zwar durch herkömmliche statistische oder heuristische Methoden übertreffbar, aber Zusammenhänge welche mit dem IFC-Filter visualisiert werden können, sind für den Benutzer auf eine wesentlich verständlichere Weise darstellbar. Die IFC-Filter-Methode hat für die Datenvisualisierung nicht den Zweck, eine Vorhersage zu machen; vielmehr hat sie zum Ziel, Assoziationen in den Daten für den Benutzer zu extrahieren und zu erklären. Dies ist mit einer visualisierten Zugehörigkeitsfunktion im Sinne der unscharfen Logik auf eine intuitivere Weise als mit herkömmlichen Verfahren möglich. Gerade deshalb wurde bei der enersis suisse AG die herkömmliche, sehr präzise statistische Methode (PCA) in einem zweiten Schritt auf die Assoziationen (Kausalketten) analysiert, weil die herkömmliche Methode zwar eine gute Prognose lieferte, aber die entsprechenden Zugehörigkeitsfunktionen nicht erkenntlich waren. Die Stärke des IFC-Filters ist die Transparenz ihrer Modelle und ihre erklärende Funktion in Bezug auf konzeptionelle Zusammenhänge für den Benutzer.

Literatur

Davenport TH (2013) Analytics 3.0. Harv Bus Rev 91(12):65–72

Demchenko Y, Grosso P, de Laat C, Membrey P (2013) Addressing big data issues in scientific data infrastructure. In: 2013 international conference on collaboration technologies and systems (CTS). IEEE, Piscataway, New Jersey, USA, S 48–55

Graf C (2010) Erweiterung des Data-Mining-Softwarepakets WEKA um induktive unscharfe Klassifikation (Master's Thesis). Department of Informatics, University of Fribourg, Switzerland

Hall M, Frank E, Holmes G, Pfahringer B, Reutemann P, Witten IH (2009) The WEKA data mining software: an update. SIGKDD Explor 11(1):10

Hawthorne J (2008) Inductive logic. In: Zalta EN (Hrsg) The Stanford encyclopedia of philosophy. The Metaphysics Research Lab, Stanford University, Stanford

Kaufmann M (2014) Inductive fuzzy classification in marketing analytics. Springer, Cham/Heidelberg/New York/Dordrecht/London

Kaufmann M (2016) Towards a reference model for big data management (Research Report). University of Hagen, Faculty of Mathematics and Computer Science. https://ub-deposit.fernuni-hagen.de/receive/mir_mods_00000583. Zugegriffen am 01.12.2016

Kaufmann M, Meier A, Stoffel K (2015) IFC-Filter: membership function generation for inductive fuzzy classification. Expert Syst Appl 42(21):8369–8379. doi:10.1016/j.eswa.2015.06.034

Kurochkina D (2012). Determining boundary conditions of transformer station clusters by Inductive Fuzzy Classification. Seminar Thesis, University of Fribourg

NIST (2015) NIST big data interoperability framework: volume 2, taxonomies. NIST Special Publication, NIST Big Data Public Working Group. Gaithesburg, Maryland, USA

OECD (2015) Data-driven innovation: big data for growth and well-being. OECD Publishing, Paris

Zadeh LA (1965) Fuzzy sets. Inf Control 8:338–353

Teil VII

Smart Economy

Sharing Economy – Shareable City – Smartes Leben

16

Olena Sikorska und Filip Grizelj

Zusammenfassung

Tag für Tag wird unsere Gesellschaft zum Zeugen diverser sozialer, wirtschaftlicher und politischer Änderungen. Diese Metamorphosen werden durch die Entstehung und Verbreitung neuer Technologien, menschlicher Bedürfnisse, aber auch durch die verstärkte Urbanisierung sowie ständigen Marktwandel und -sättigung beeinflusst. So entstand ebenfalls im Zuge dieser Änderungs- und Anpassungsprozesse das Phänomen der Sharing Economy oder der Collaborative Consumption (dt. kollaborativer Konsum), deren Motto „Teilen statt Besitzen" ist. Diese wirtschaftliche Neuentwicklung hat sowohl eine ökonomische, aber auch eine starke, ausschlaggebende soziale Bedeutung, die einen essentiellen Beitrag für die Lösung solcher Probleme wie Ressourcenknappheit, massive Energienutzung, Arbeitslosigkeit und Städteüberfüllung leisten soll.

Schlüsselwörter

Share Economy • Shareable City • kollaborativer Konsum • Ökonomie des Teilens • Treibkräfte

Überarbeiteter Beitrag basierend auf Sikorska & Grizelj (2015) Sharing Economy – Shareable City – Smartes Leben, HMD – Praxis der Wirtschaftsinformatik Heft 304, 52(4):502–522.

O. Sikorska (✉) • F. Grizelj
eviom GmbH, München, Deutschland
E-Mail: os@eviom.com; info@eviom.com

© Springer Fachmedien Wiesbaden GmbH 2016
A. Meier, E. Portmann (Hrsg.), *Smart City*, Edition HMD,
DOI 10.1007/978-3-658-15617-6_16

16.1 Sharing Economy – Teilen statt Besitzen

Der Gedanke der Sharing Economy beziehungsweise der Ökonomie des Teilens ist nicht neu. Tauschen liegt in der menschlichen Natur, es ist eines der ersten Dinge, die wir als Kinder lernen.

Tauschen lag ebenfalls im Ursprung der wirtschaftlichen Beziehungen zwischen den Menschen. Bereits vor vielen tausend Jahren, bevor es Geld als Handelsmittel gab, tauschten die Menschen untereinander, um zu überleben. Für Fisch erhielt man beispielsweise Salz oder Kräuter, für ein Stück Fleisch und Beeren Kleidungsstücke. Statt Geld zu bezahlen, war der Tausch von Naturalien bei unseren Vorfahren gang und gäbe.

Heutzutage nimmt der Trend des Teilens wieder an Bedeutung zu. Der Grund für die Entstehung dieses Trends war, der Ausbeutung der Natur durch die nimmersatte Konsumgesellschaft vorzubeugen (Täubner 2013). Die globalen Sharing-Initiativen wie Shareable.net und OuiShare setzen ihre Politik auf dem professionellen Niveau durch und appellieren täglich an die höheren politischen Instanzen, um das Teilen als festen Bestandteil des gesellschaftlichen Lebens zu etablieren.

Darüber hinaus tendieren immer mehr Menschen zum Resharing und Neo-Sharing (Owyang 2014). Laut der Airbnb-Studie zur Sharing Economy in Deutschland, „Deutschland teilt" vom Juni 2012, hat über die Hälfte der deutschen Bevölkerung bereits Erfahrung mit alternativen Besitz- und Konsumformen gemacht. 55 % haben auf dem Flohmarkt und 52 % im Internet Dinge von privat verkauft oder gekauft, 29 % ein Auto oder Fahrrad gemietet, 28 % eine Privat- oder Ferienwohnung vermietet oder gemietet, 25 % selten genutzte Dinge, z. B. Gartengeräte, gemietet (Airbnb Germany GmbH 2012).

Nun stellt sich die Frage, was genau sich hinter dem Phänomen der Sharing Economy verbirgt und was die Besonderheiten sind.

16.1.1 Wie ist die Sharing Economy zu definieren?

Der Begriff „Sharing Economy" ist relativ neu und wird noch wenig in der wissenschaftlichen Literatur verwendet. Eine der populären Webressourcen für Neologismen, WordSpy, bezeichnet die Sharing Economy oder den kollaborativen Konsum als wirtschaftliches Modell, in dem Konsumenten spezielle Online-Tools nutzen, um verschiedene Güter und Services zu verleihen, zu teilen, einzukaufen und zu tauschen.

Weltweit gibt es viele Experten, die das Thema Sharing Economy vertreten und den kollaborativen Konsum des 21. Jahrhunderts unterschiedlich definieren.

Eine Definition von Marco Böckmann, der das Thema „Shared Economy" in Hinsicht auf den Mehrwert für den Konsumenten und die Wirkung auf die wirtschaftlichen und sozialen Aspekte analysiert, lautet:

Shared Economy bezeichnet das Geschäftsmodell, das auf dem Teilen der Ressourcen zwischen den Individuen über die Peer-2-Peer Services basiert ist. Dabei wird der Zugang der Konsumenten zu den nachgefragten Gütern gewährleistet. In der Vergangenheit fand der Prozess des Teilens von Gütern unter den Nachbarn, Freunden und in der Familie ohne jegliche Manipulation von außen auf natürliche Weise statt. Seit einigen Jahren werden auf Basis der natürlichen Bedürfnisse nach Teilen diverse Geschäftsmodelle aufgebaut, die sich in der Entwicklung von Peer-2-Peer Netzwerken, dem kollaborativen Konsum und der Zugangsökonomie widerspiegeln (Böckmann 2013).

Eine der meist engagierten Experten Rachel Botsman beschreibt in ihrem Buch „What's Mine, is Yours" den Begriff „Collaborative Consumption" als *'die schnelle Explosion im Tauschen, Teilen, Handeln und Ausleihen, die durch die neuesten Technologien und den Peer-to-Peer Plattformen in Maßen und Wegen, die noch nie davor möglich waren, wieder ins Leben gerufen wurde"* (Botsman 2010). Darüber hinaus betont Botsman die Macht der Menschen, miteinander direkt und ohne die Produzenten als Vermittler zu handeln. Dies verursache eine zerstörerische wirtschaftliche Wirkung und führe somit zur Neudefinition der traditionellen Marktverhältnisse.

Vor dem Hintergrund der vorgeführten Begriffsdefinitionen entsteht die Frage: Warum genau heute und nicht schon früher konnte sich die Sharing Economy massiv durchsetzen und mit hoher Geschwindigkeit eine große Anzahl an Anhängern seitens der Konsumenten und der Unternehmer finden? Mit dieser Frage wird sich das weitere Unterkapitel detailliert auseinandersetzen.

16.1.2 Warum wurde das Phänomen Sharing Economy möglich?

Die Entstehung der Sharing Economy war eine Reaktion auf die Konsequenzen des Überkonsums des 20. Jahrhunderts. Dabei handelt es sich laut Rachel Botsman nicht um einen kurzfristigen Trend, sondern um eine mächtige kulturelle und ökonomische Kraft, die nicht nur die Gegenstände des Konsums beeinflussen wird, sondern die Art, wie wir diese konsumieren (Botsman 2010). Mit der Entwicklung und der Globalisierung der Sharing Economy-Bewegung findet ein für die Wirtschaft und die Gesellschaft ausschlaggebender Wandel statt, der durch solche Faktoren wie soziale, ökonomische und technologische Treibkräfte getrieben wird (Owyang 2013).

Soziale Treibkräfte *Erhöhung der Bevölkerungsdichte* (Kriston et al. 2010): Die Anzahl der Bevölkerung auf dem Planeten Erde ist in dem letzten Jahrhundert gravierend gestiegen. Mehr als sieben Milliarden Menschen leben bereits auf unserem Planeten und beanspruchen natürliche Ressourcen wie Land, Wasser und Erdöl im Übermaß. Gleichzeitig nehmen die Urbanisierung und die Anzahl der Bevölkerung in den großen Städten zu, da durch die bessere medizinische Versorgung die

Menschen immer älter werden und sich zunehmend vermehren (Rinne 2013). Eine derartige Bevölkerungsdichte führt zur Erreichung der kritischen Masse und somit zur konsequenten Entstehung neuer Marktplätze und Konsummodelle. So ist die Sharing Economy eine der möglichen Modelle, die zukünftig die potenziellen Bedrohungen durch die Steigerung der Bevölkerungsdichte verhindern könnte.

- *Bedürfnis nach Nachhaltigkeit*: Das 20. Jahrhundert blieb in Erinnerung als die Zeit der starken industriellen Explosion, deren externe Effekte allgegenwärtig sind: CO_2-Ausstoße, Ressourcenknappheit und kontinuierliche Umweltverschmutzung. Der berühmte US-amerikanische Ökonom Dennis L. Meadows kam mit seinem Forschungsteam zum folgenden Schluss: Wenn die gegenwärtige Zunahme der Weltbevölkerung, der Industrialisierung, der Umweltverschmutzung und der Ausbeutung von natürlichen Rohstoffen unverändert anhält, werden die absoluten Wachstumsgrenzen auf der Erde im Laufe der nächsten hundert Jahre erreicht (Kaup 2013). Aus diesem Grund entwickelt der Mensch des 21. Jahrhunderts immer mehr Bewusstsein für den negativen Einfluss des steigenden Konsums auf die Umwelt (Porter und Kramer 2011). Ebenfalls fasst Gansky die gegenwärtige Situation wie folgt zusammen: „Es ist eine ganze einfache Rechnung: Um eine friedliche, wohlhabende und nachhaltige Welt zu haben, sollte die Menschheit die vorhandenen Ressourcen effizienter nutzen und teilen" (Gansky 2010).
- *Wunsch nach Kommunikation:* Eine der essentiellen Menschenbedürfnisse ist der Wunsch nach Kommunikation mit anderen Mitmenschen. Darüber hinaus gehören die Bedürfnisse nach Sozialisation, Liebe, Zuneigung, Akzeptanz und Anerkennung durch andere zu den starken Treibkräften, sich mit den anderen Individuen zu vernetzen (Maslow 1978). Der Trend der Sharing Economy unterbricht somit den Individualitätsschub, der besonders in westlichen Gesellschaften zu identifizieren ist, und führt zur Bildung von lokalen und globalen sozialen Communities und zur aktiven Online- und Offline-Kommunikation.
- *Generationsbedingter Altruismus:* Laut dem Bericht der Europäischen Kommission „The Sharing Economy" besitzt ein durchschnittlicher Haushalt diverse Geräte und ungenutzte Gegenstände in Höhe von ca. 2.500 Euro. Ca. 69 % der befragten Haushalte würden gerne diese Gegenstände gegen eine Vergütung abgeben oder teilen. Darüber hinaus bekommen 80 % der Interviewten Glücksgefühle beim Teilen mit anderen Menschen (Business Innovation Observatory 2013). Dieser intrinsische Motivator gilt als eine positive Voraussetzung für die Entwicklung und Akzeptanz des kollaborativen Konsums in der Gesellschaft.

Ökonomische Treibkräfte Im Jahr 2008 führte die globale wirtschaftliche Krise zu finanziellen Verlusten durch den Schaden, den Kreditinstitute getragen haben, zur Steigerung der Arbeitslosigkeit, aber auch zum erhöhten Misstrauen der Konsumenten in die traditionellen ökonomischen Modelle und in die klassisch agierenden Brands. Im Kontext dieser Verzweiflung und hoher finanzieller Belastung kamen zwei ökonomische Trends zum Vorschein: Zum einen die Macht der stillliegenden Kapazitäten bzw. Gegenstände, zum anderen die Umorientierung des modernen Konsumenten vom Besitzen zum Zugang. Die britische Zeitschrift „Economist" beschrieb die Situation wie folgt: „Peer-to-Peer-Unternehmen entstanden als eine pragmatische Lösung in Folge der wirtschaftlichen Krise sowie dem damit zusammenhängendem psychologischen Wertewandel in Bezug auf das Konsumverhalten. Das Teilen wurde zum Gegenmittel gegen den steigenden Materialismus und den Über-Konsum (The Economist 2013)." Aufgrund dieser Entwicklungen können folgende ökonomische Treibfaktoren hervorgehoben werden:

- *Monetisierung der freien Kapazitäten, Gegenstände und Services:* Die Sharing Economy ermöglicht das Teilen und die Monetisierung bzw. die Verwertung von Ressourcen, die robust sind und wenig genutzt werden. Rachel Botsman nimmt hierbei immer wieder die Bohrmaschine als Beispiel, die durchschnittlich zwischen sechs und dreizehnmal pro Jahr im Laufe des Produktlebenszyklus eingesetzt wird. Die Konsumenten erkennen immer mehr, dass sie von diversen freien Kapazitäten umgeben sind, wie z. B. Gegenstände, Räume, Fähigkeiten, Zeit etc., und diese entweder teilen oder monetisieren können.
- *Steigende finanzielle Flexibilität* (Chui et al. 2012): Steigende Globalisierung und Kommunikation ermöglichen den Menschen, zusätzliche Einkommensquellen durch die Verwertung des bestehenden Eigentums zu entdecken. Somit werden sie zu Prosumern. Diejenigen Menschen, die kein Eigentum zum Teilen zur Verfügung haben, bekommen eine Möglichkeit, das gewünschte Gut zum flexiblen Preis von den Prosumern zu beziehen, und somit werden sie unabhängiger von den traditionellen Marktverhältnissen und Preiskonstrukten. Dies fördert die Entstehung neuer Business-Modelle und die effektive Nutzung und Verwertung von vorhandenen Ressourcen.
- *Zugang über Eigentum:* Die Güter, die früher nicht jedem zugänglich waren, wie teure Kredite, noble Hotels oder Luxusgüter, sind im Zuge der Entwicklung der Sharing Economy immer mehr erreichbar. Dies fördert darüber hinaus die Entstehung neuer Business-Modelle und die effektive Nutzung und Verwertung von vorhandenen Ressourcen.
- *Starker Venture Kapitalzufluss* (Chui et al. 2012): Die Entstehung der Sharing Economy hat eine direkte Verbindung zur Innovation und der weltweiten Startup-Szene. Der Kapitalzufluss seitens Business Angels und Investoren hat einen enormen Beitrag zur Expansion neuer Geschäftsmodelle und somit des Ko-Konsums geleistet.

Technologische Treibkräfte Die Entstehung der Sharing Economy in der heutigen Erscheinung wurde größtenteils durch die Technologie forciert. Die moderne Gesellschaft ist dank des Zugangs zum Internet, der intensiven Nutzung von Smartphones sowie anderen Endgeräten und Gadgets übervernetzt. Die weltweite Internet-Penetration beträgt ca. 42 %, darunter nutzen ca. 2 Milliarden aktiv Social Media (insbesondere Facebook mit 1,32 Mrd. Usern), 3,61 Milliarden der Weltbevölkerung sind Mobile-Nutzer (We Are Social 2014). Welche Bedeutung hat dies nun auf die Expansion des kollaborativen Konsums?

- *Soziale Medien:* Soziale Medien sind nicht nur für die Kommunikation und das Teilen der eigenen Media-Inhalte gut geeignet, sondern gelten als Matching-Plattformen und Treffpunkt der Nachfrage und des Angebotes. Ebenfalls ist Sharing dank Social Media überall und jederzeit zugänglich, gezielt anwendbar (sowohl demographisch als auch geographisch), einfach zu vermarkten und viral. Darüber hinaus unterstützt der ursprüngliche Charakter der Social Media die authentische Kommunikation auf Augenhöhe zwischen dem Produzenten und Konsumenten. Somit lassen sich die komplexen Marktbeziehungen vereinfacht gestalten.
- *Mobile Endgeräte und Plattformen* (Lynch und Black 2003): Die zunehmende Nutzung der Smartphones kann als ein Schub für die Entwicklung innovativer Ideen bezeichnet werden. Carsharing, Location Based Services und appbasierte Geschäftsmodelle wurden unter anderem durch die in die Smartphones integrierte GPS-Technologie möglich. Darüber hinaus ist die intensive Nutzung von Smartphones und mobilen Endgeräten eine Grundlage für die Erreichung und die Vernetzung des Nutzers im Live-Modus 24 Stunden, sieben Tage pro Woche.
- *Bezahlsysteme:* Die Entwicklung neuer flexibler und vertrauenswürdiger Online- und Mobile-Bezahlsysteme vereinfachen den Geschäftsabwicklungsprozess im Rahmen der Sharing Economy. Mittlerweile existieren diverse Bezahlmöglichkeiten, die auf dem E-Commerce-Markt angeboten werden.

Die drei oben erwähnten Treibkräfte sind gleich relevant für die Entwicklung der Sharing Economy und gelten als eine Basis für die Integration des kollaborativen Konsums im gesellschaftlichen Alltag und für die globale Akzeptanz des neuen Wirtschaftsmodells von den administrativen Instanzen.

16.1.3 Welche Sharing Economy-Formen existieren bereits?

Aufgrund der einzelnen Treibfaktoren, die im oberen Kapitel vorgestellt wurden, sowie der Bedürfnisse und der freien Kapazitäten und Güter, die den Menschen zur Verfügung stehen, haben sich im Laufe der Zeit diverse Geschäftsmodelle in der Sharing Economy entwickelt. Diese basieren meistens auf dem rationalen und emotionalen Mehrwert, der dem Konsument geliefert wird. Angesichts des Mehrwerts für den Konsumenten sowie der heutzutage geteilten Güter und der bestehenden Services lassen sich zahlreiche Sharing Economy-Formen festlegen. Tab. 16.1 stellt die verschiedenen Formen von bereits etablierten Sharing Economy-Ausprägungen mit entsprechenden Beispielen visuell dar.

Die Sharing Economy ist bereits in verschiedenen Sektoren des gesellschaftlichen Lebens vertreten: Mobilität, Bildung, Mode, Landwirtschaft, Wohnen, Politik

Tab. 16.1 Die Formen der Sharing Economy (in Anlehnung an (Agyeman et al. 2013))

Welche Güter werden geteilt?	Mehrwert für den Konsumenten	Formen und Ausprägungen	Beispiele für aktive Services u. Plattformen
Produkte	Rational	Redistributionsmärkte zum Teilen diverser Produkte	Online-Marktplätze (eBay), Portale für Kleinanzeigen (kijiji, Craiglist)
Services	Rational/ emotional	Produkt-Service Plattformen und Systeme	Carsharing (Zipcar, DriveNow, Uber), Media-Sharing (Netflix), Bibliotheken, Tools (Trello) etc.
Material, Lebensmittel und Stoff	Rational/ emotional	Wiederherstellung und Recycling von unnötigen oder nicht funktionierenden Gütern	Recycling-Netzwerke (The Freecycle Network), RepairCafes (repaircafe.org), Leih- und Tauschplattformen (Kleiderkreisel, Leihdirwas.de, Foodsharing.de), Second-Hand-Plattformen
Räumlichkeiten	Rational	Gemeinsame Nutzung der verfügbaren Räumlichkeiten	Co-Working (ShareDesk, Toolbox, Citizen Space Zurich), Wohngemeinschaften (WG-Gesucht.de), P2P Miete (Airbnb, Couchsurfing), Home Swapping (HomeSwapper.co.uk)
Natürliche Ressourcen	Rational/ emotional	Teilen, Verwertung u. gemeinsamer Konsum von natürlichen Ressourcen	Gemeinschaftliche Landwirtschaft (Landshare.net), städtische Gartenarbeit (San Francisco Urban Agriculture Alliance) und Community Supported Agriculture (The Food Assembly)
Zeit, Fähigkeiten und Fertigkeiten	Rational/ emotional	Teilen des vorhandenen Zeitpensums und der verfügbaren Kompetenzen	Kollaborative Produktion (OpenDesk), P2P-Learning (Skillshare.com), Open Online Learning (Coursera, Khan-Academy), Marktplätze für kleine Jobs (TaskRabbit, Helping, Mila)
Finanzielle Ressourcen	Rational	Kollaborative Finanzierung	Crowdfunding (Kickstarter, Indiegogo), P2P Mikrokredite (Lending Club), Community Währung/Kryptowährung (Bitcoin, Ripple, Bristol Pound)
Wohlbefinden, Erfahrungen u. Kenntnisse	Rational/ emotional	Kollaborativer Lifestyle	SocialEating (EatWith, Feastly), P2P Local Guides (Trip4Real, Tripadvisor)
Open Government	Emotional	Gemeinsame administrative Mitgestaltung und Mietentscheidung	Open Data (Openpolis, OpenCoesione, EU Open Data Portal, GovData.de), Bürgerbeteiligung und – engagement bei der Budgetierung, Gesetzgebung und Administration (Budgetparticipatif.paris.fr)

und andere. Weiterhin werden aufgrund des hohen Umfangs des Themas nur zwei der in der Tab. 16.1 aufgelisteten Formen der Sharing Economy näher vorgestellt. Diese haben ihre kritischen Masse bereits erreicht und sowohl positive als auch negative Spuren in den Medien hinterlassen.

1. *Shared Mobility*

Shared Mobility genießt neben dem Couchsurfing die längste Entwicklungsgeschichte und die höchste Akzeptanz seitens der Konsumenten und sogar seitens der renommierten Brands wie BMW, Deutsche Bahn, Toyota und anderen. Zudem erzielt die Shared Mobility-Branche laut finanziellen Berichten die höchsten Profite. Beispielsweise beträgt der aktuelle Marktwert des schnell wachsenden Startups Uber ca. 18 Milliarden Dollar (Roland Berger 2014).

Trotz der von den Wirtschaftsexperten mehrmals betonten zerstörerischen Wirkung auf den Markt konnte sich das Geschäftsmodell der Shared Mobility schnell etablieren und durchsetzen.

Unter der Shared Mobility werden alle Mobilitätsdienstleistungen verstanden, die unter den Konsumenten geteilt werden. Darunter fallen unter anderem: Ridesharing, Carsharing, Bike-Sharing und Parksharing.

- Ridesharing, Carpooling oder im deutschsprachigen Raum mehr als Mitfahrgelegenheit bekannt, bezeichnet eine Mobilitätsdienstleistung, bei der Autobesitzer andere Mitfahrer auf einer längeren Reise mitnehmen und dafür einen akzeptablen Preis nehmen, der im Regelfall geringer ist als der von den öffentlichen Verkehrsanbietern. Als Beispiel für erfolgreiche Carpooling-Plattformen können hier die deutschen Anbieter Mitfahrgelegenheit.de und Carpooling.de sowie das französische Unternehmen „BlablaCar" genannt werden.
- Carsharing (P2P und Branded Carsharing) ist eine der Formen der Shared Mobility, die die Ausschöpfung der freien Kapazitäten von ungenutzten bis wenig genutzten Automobilen unterstützt. Laut der Aussage von Roland Berger Consultants steht durchschnittlich ein Auto täglich ca. 23 Stunden im ungenutzten Zustand auf dem Parkplatz oder in der Garage (Roland Berger 2014). Aus diesem Grund ist das Carsharing-Modell eine optimale Lösung für den mehrfachen effizienten Wageneinsatz. Die Branche des Carsharings weist eine signifikante jährliche Wachstumsrate auf, die bei ca. 30 % liegt (Roland Berger 2014). Als prominente Anbieter sind hier ZipCar, Car2Go, DriveNow, Flinkster und Car2Share zu nennen.
- Bike-Sharing gewinnt als Geschäftsmodell sowohl durch den Gesundheitstrend als auch durch das wachsende Umweltbewusstsein in der Gesellschaft immer stärker an Bedeutung. 2009 lag die durchschnittliche Miete eines Fahrrads in einer Großstadt bei 463 Mal (Statista 2011). Im August 2014 wurden in 40 Ländern über 600 Bike-Sharing-Programme weltweit entwickelt (Walker 2014). Unter anderem in Kopenhagen (Dänemark) wird der Ausbau des Radfahr-Trends administrativ von der Stadt unterstützt. Im Jahr 2025

sollen Radler 50 % des gesamten Stadtverkehrs ausmachen (Roland Berger 2014). Die Funktionalität des Geschäftsmodells wird durch das Teilen oder den Verleih der Fahrräder an speziellen Stationen gewährleistet. Zum großen Teil stehen hinter den Bike-Sharing-Anbietern nicht nur große Bahnunternehmen und lokale Stadtverwaltungen, sondern auch private Unternehmen und Startups. In Deutschland sind die bekanntesten Anbieter „Call a Bike" und „Nextbike". Dabei gehört der erste zur Deutschen Bahn, der zweite ist seinerseits ein privates Unternehmen, das in Leipzig gegründet wurde.

- Parksharing ist eines der neuesten Untersegmente der Sharing Economy, das eine hohe Akzeptanz gefunden hat. Die Funktionalität des Geschäfts- modells besteht darin, dass die Parkplatzbesitzer ihre Parkplätze auf einer Matching-Plattform für einen bestimmten Zeitraum anbieten können, in dem der Parkplatz von ihnen nicht besetzt wird. Das voraussichtliche Wach- stum des Marktes liegt bei einer jährlichen Steigerung um 25 % (Roland Berger 2014, 10). Im Regelfall sind es die Existenzgründungen, die für sich die unternehmerischen Potenziale des Parksharing-Marktes entdecken und ausschöpfen. Dazu zählen beispielsweise Startups aus Deutschland wie ParkingList, ampido und parkplace.de. In der Schweiz gibt es aktuell zwei Marktspieler: Parku.ch und Parkit.ch.

2. *P2P Miete auf Zeit*

Das Peer-to-Peer Miete auf Zeit ist das meist kontroverse Geschäftsmodell der Sharing Economy, das eine Vielfalt an negativen Äußerungen sowohl seitens der Städteverwaltung als auch der Hotellerie-Branche hervorgerufen hat. Das Modell ermöglicht den Menschen weltweit, nach einer, im Gegensatz zum Hotel, güns- tigeren Wohnalternative zu suchen und für eine kurze Zeitperiode einen Wohn- platz zu mieten. Dieses Segment der Sharing Economy kommt aufgrund dessen immer wieder in kontroversen Diskussionen auf, da momentan keine gesetzli- chen Regelungen bezüglich des ausgeübten Geschäftsmodells bestehen. Hierbei geht es vor allem um die Steuern, Bebauungsvorschriften und andere gesetzliche Festlegungen, die so eine Form der wirtschaftlichen Beziehungen legitimieren. Darüber hinaus stellt die P2P Miete auf Zeit von Konsumenten für Konsumenten eine hohe Konkurrenz und somit eine Gefahr für die klassische Hotelbranche oder Bookingportale wie HRS und Booking.com dar. Durch die Steigerung des Angebotes an günstigen Wohnalternativen sind beispielsweise die führenden Hotelketten gezwungen, ihre Preise zu senken, um für den Konsumenten attrak- tiv zu bleiben.

Das prominenteste Beispiel für die P2P Miete auf Zeit ist das erfolgreiche Unternehmen Airbnb, das 2008 ins Leben gerufen wurde und mittlerweile in mehr als 190 Ländern vertreten ist. Die Plattform stellt einen auf allen Endgeräten zugängigen Marktplatz dar, auf dem Menschen zahlreiche Unterkunftsangebote auf der ganzen Welt zur Verfügung stellen und zum passenden Preis vermieten und mieten können. Das Portal finanziert sich durch eine Service-Provision, die zwischen 6–12 % liegt und nach einer erfolgreichen Transaktion vom Konto des Gastgebers abgebucht wird.[1]

16.1.4 Vor- und Nachteile von Sharing Economy

Angesichts der oben beschriebenen Besonderheiten der Sharing Economy und der vorhandenen Geschäftsmodelle lässt sich festhalten, dass der kollaborative Verbrauch sowohl eine große Chance für die Gesellschaft und das Wirtschaftssystem, als auch eine hohe Gefahr für die über die Jahre gefestigten Wirtschaftsbeziehungen darstellt. Die Anhänger der Sharing Economy sprechen größtenteils über die positiven Effekte der Sharing Economy, wie beispielsweise die Unterstützung der Bildung der Infrastruktur für die Smart Cities. Andererseits heben etablierte Unternehmen und sozial-politische Instanzen die negativen Seiten der neuen wirtschaftlichen Form hervor. Nachfolgend werden sowohl die Vor- als auch die Nachteile des gemeinschaftlichen Konsums im Detail vorgestellt.

Vorteile Botsman, Rogers und Gansky sprechen in ihren Vorträgen und fachlichen Artikeln über die vielfältigen Vorzüge der kollaborativen Wirtschaft. Hierunter fallen unter anderem die Befriedigung rationaler und sozialer Bedürfnisse, das Ausleben bestimmter Werte und Prinzipien sowie die Ausnutzung der neuen wirtschaftlichen Potenziale.

Für die Gesellschaft, einzelne Individuen und unser Wirtschaftssystem sind folgende Vorteile zu betonen (Kaup 2013, S. 50):

- Kostenersparnis: Das Teilen, Ausleihen oder Mieten sind die Folgen des rationalen Verhaltens eines Homo Oeconomicus. Die Wahrnehmung der Peer-to-Peer-Angebote führt zur Reduktion der hohen Anschaffungskosten eines Gegenstandes bei geringerer Nutzungsmöglichkeit. Beispielsweise zahlt der Carsharing-Nutzer ausschließlich für die effiziente Verwendung des Wagens und nicht für dessen Standzeit.
- Zugang zu neuen Produkten und Services: Mit Hilfe von Tauschplattformen werden die Konsummöglichkeiten der Individuen gravierend erweitert. Ein im Regelfall kostspieliger Urlaub im Ausland wird durch die Nutzung der Angebote von Airbnb und der lokalen Carsharing- oder Foodsharing-Angebote zum günstigen Erlebnis und bringt neue soziale Erfahrungen mit sich.
- Soziale Effekte: Die Natur der Sharing Economy ist mit einem direkten Kontakt zu anderen Mitmenschen verbunden. Durch den verstärkten Austausch in der Community werden die sozialen Bedürfnisse der einzelnen Individuen befriedigt, was zu einer gesünderen Gesellschaft führt. Des Weiteren schafft die Sharing Economy zahlreiche Formen der Bürgerbeteiligungen. In einer Wirtschaft, die

---

[1] www.airnbnb.de.

mündige Bürger selbst aktiv mitgestalten, haben sie die Möglichkeit, sich sozial zu engagieren und ihr Umfeld den Bedürfnissen der Einwohner anzupassen.

- Nachhaltigkeit: Die Ökonomie des Teilens wird häufig in Zusammenhang mit einem Öko-Trend oder einem progressiven Umweltbewusstsein diskutiert. Die gemeinschaftliche Nutzung führt zur Verlängerung der Produktlebenszyklen, Ressourcenschonung, zur rationalen und effizienten Auslastung der Güter und somit zum smarteren Lebensstil, der für die Existenzerhaltung des Planeten Erde und des menschlichen Daseins signifikant ist.
- Erschließung neuer Märkte: Im Zuge der Entwicklung der Sharing Economy sind viele neue smarte Geschäftsideen entstanden, die zur Stärkung des Wirtschaftssystems beigetragen haben. So werden beispielsweise in FabLabs und Co-Working Spaces neue Kommunikationstechnologien entwickelt und Startups ins Leben gerufen. Mit Hilfe solcher Portale wie TaskRabbit und Helping werden die Probleme der Arbeitslosigkeit gelöst. Schließlich führt die Entstehung neuer innovativer Unternehmen zur Stabilisierung des Marktes und des gesunden Wettbewerbs.

Nachteile Trotz vieler positiver Effekte hat die Sharing Economy ebenfalls einige negative Seiten, die von der Gesellschaft und somit den Konsumenten in Kauf genommen werden müssen (Kaup 2013).

- Begrenzte Verfügbarkeit der Güter: Die Economy des Teilens basiert auf dem Tausch über Matching-Plattformen, die für eine hohe Anzahl von Nutzern zugänglich sind. Dies bedeutet, dass die Anzahl der zum Tauschen angebotenen Güter im Vergleich zu den potenziellen Konsumenten geringer sein und somit zur begrenzten Verfügbarkeit und Unzufriedenheit der Nutzer führen kann. Als Beispiel soll hier das Carsharing-Angebot von DriveNow vorgestellt werden. Im Vergleich zum eigenen Auto, das jederzeit zur Verfügung auf dem Parkplatz steht, können die Wagen von DriveNow zum gewünschten Zeitpunkt vergriffen sein oder befinden sich in einem für den Fahrer ungünstigen Stadtteil.
- Misstrauen: Nicht jeder Konsument ist bereit, sich vom Eigentumsgedanken zu entfernen und fremde oder eigene Güter zu teilen. Das Misstrauen in den kollaborativen Konsum gilt als eines der signifikanten Hindernisse für die Entwicklung der Sharing Economy. Der schlechte Ruf einiger Services, mangelnde bzw. fehlende gesetzliche Regelungen oder die Angst, den fremden Menschen das eigene Gut zur Verfügung zu stellen, schaffen eine negative Einstellung zur neuen Form der wirtschaftlichen Beziehungen.
- Rechtliche Unsicherheiten und Risiken: Aufgrund des jungen Alters der Sharing Economy sowie der rasanten Entwicklung neuer Geschäftsmodelle wie Airbnb und Uber gibt es bis jetzt keine standardisierten gesetzlichen Regelungen, die eine rechtliche Basis und somit Sicherheit während der Geschäftsabwicklung verleihen würden. Ebenfalls ist das Geschäft der etablierten Marken und Unternehmen durch die Gesetzlosigkeit der neuen Economy betroffen, da es keine rechtlichen

Grundlagen gibt, die die Entstehung des massiven Wettbewerbs durch die neuen Geschäftsmodelle verhindern oder stabilisieren können.

- Mangelnder Datenschutz: Einige Matching-Plattformen, die als Vermittler zwischen den Prosumenten und Konsumenten dienen, weisen unterentwickelte Datenschutzregeln auf oder gehen mit den Daten der Nutzer etwas leichtsinnig um. Somit entsteht eine gewisse Unsicherheit, besonders wenn es um die Crowd-Funding- und Crowd-Finanzierungs-Plattformen geht. Darüber hinaus gibt es auch hier bis jetzt keine gesetzlichen Regelungen, die die Plattformenbetreiber dazu bringen sollten, nach bestimmten Datenschutzrichtlinien zu arbeiten.

Diese und andere Nachteile sind die Konsequenzen der fehlenden administrativen und wirtschaftlichen Regulierung im Rahmen der Economy des Teilens. Durch die Integration der Sharing Economy in die Infrastruktur und Regulierungsprozesse der Städte können die negativen Effekte vermieden und somit in Vorteile umgewandelt werden. Im nächsten Kapitel werden Städte als Plattform für die Etablierung der Sharing Economy im gesellschaftlichen Leben dargestellt, die eine smarte Zukunft der Menschlichkeit gewährleisten könnten.

16.2 Shareable City als Zugang zum nachhaltigen und smarten Leben

In den vorigen Kapiteln wurde der Begriff der Sharing Economy aus verschiedenen Facetten präsentiert. So wurden die Formen und die Besonderheiten einiger Geschäftsmodelle vorgestellt sowie die Vor- und Nachteile dargelegt. In diesem Kapitel wird der neue Terminus Shareable City eingeführt. Dieser bezeichnet die Stadt als eine Plattform für die Integration der Sharing Economy in das gesellschaftliche Leben, um die negativen Effekte der Urbanisierung zu umgehen und die Nachhaltigkeit sowie das smarte Leben zu ermöglichen. Darüber hinaus wird das Modell der Shareable City am Beispiel der Stadt Seoul aufgezeigt. Anschließend sollen die Herausforderungen für die Implementierung des Modells der Shareable City und die notwendigen administrativen Änderungen skizziert werden.

16.2.1 Städte als Plattform für die Entwicklung der Sharing Economy

„Cities are where we gather, in part, to share basic infrastructure, to socialize, to satisfy our human instinct to congregate, to make culture together. The call for Shareable Cities simultaneously inspires us to imagine a transformed urban culture but also to notice the invisible ways we already share life all the time (Shareable & Sustainable Economies Law Center 2013). Das Zitat gehört Chris Carlsson, einem Teilnehmer der globalen Sharing-Bewegung „Shareable", die sich für die Integration der Sharing Economy in die Gesellschaft und die Infrastruktur der Städte einsetzt.

San Francisco, Kopenhagen, Amsterdam, London, Seoul und Sydney, diese Städte
haben bereits das Phänomen der Economy des Teilens akzeptiert und die Notwendigkeit zur Unterstützung dieser Entwicklung erkannt. Die Vision der Shareable Cities ist
keine Illusion mehr. In den Shareable Cities haben die Bürger ein gemeinsames Ziel:
Sie kooperieren miteinander, um Güter, Services, Transportmöglichkeiten, Geld, Wissen und mehr zu erschaffen und untereinander zu teilen. Die Menschen haben jederzeit einen direkten Zugang zu den Gütern und Services, ohne diese zu besitzen. Die
Shareable Cities stellen eine Lösung dar, die es ermöglicht, den Leerlauf der ungenutzten Güter zu minimieren und somit die nachhaltige Nutzung der Ressourcen beim
Aufbau der festen Communities zu gewährleisten. Um dies erreichen zu können, ist
die Entwicklung eines etablierten Sharing-Ökosystems notwendig, das sowohl vom
Unternehmenssektor als auch vom öffentlichen Sektor unterstützt und stabilisiert
wird. Der Zugang zu transparenten und offenen Daten schafft die Basis für die Beschleunigung der Innovationsprozesse. Somit bekommen die Stadtmitglieder eine
Möglichkeit, freigegebene Daten und die von der Stadt geschaffene Infrastruktur für
die Produktion neuer Güter und Dienstleistungen zu nutzen, die dem Gemeinwohl der
menschlichen Gesellschaft dienen sollen.

Die Stadt San Francisco hat den ersten Schritt in Richtung der Verwirklichung
der Vision der Shareable City gemacht. Bereits im Jahr 2012 wurde eine spezielle
Arbeitsgruppe mit dem Namen „Sharing Economy" ins Leben gerufen, deren
Hauptziel die Unterstützung der innovativen neuen Wirtschaftsform und die Bewäl-
tigung der sich entwickelnden Urbanisierungsprobleme ist. Aus Sicht des Bürger-
meisters Lee soll die Sharing Economy den Ausbau der Technologie und der
Innovation verstärken, damit unter anderem neue Jobs geschaffen werden können.
„Die Stadt San Francisco wird zum Geburtsort der neuen und nachhaltigen Sharing
Economy, deren Wachstum durch moderne Gesetze und spezielle Richtlinien geför-
dert wird (Lee 2012)."

Die Sharing Economy Arbeitsgruppe der Stadt San Francisco bildete sich aus einer
Stadtabteilung, den Stakeholdern aus der Nachbarschaft und regionalen Gemein-
schaften sowie aus den Repräsentanten der Sharing Economy-Unternehmerszene, um
die existierende Landnutzung, Steuern und andere Gesetze zu analysieren, die zur
Legalisierung und Entwicklung des kollaborativen Konsums beitragen sollten. Der
Fokus der gesetzlichen Regulierung lag auf folgenden Themen:

• Carsharing, Parkingsharing und Ridesharing
• Bike- und Scootersharing
• Shareable Housing, Räume zur kommerziellen Nutzung und Workspaces
• Shareable Erholungsstätte und Grünflächen, Dächer, städtische Landwirtschaft
  und Lebensmittelproduktion
• Shareable Tools, Fähigkeiten und Fertigkeiten

Am Beispiel der Stadt San Francisco lässt sich erkennen, dass die Zusammenarbeit
der Städte, Unternehmen und der verantwortlichen administrativen Organe sowie
die Entwicklung der Richtlinien, Gesetze und der notwendigen Infrastruktur der

Schlüssel zu der erfolgreichen Entwicklung der Shareable Cities sind. Im nachfolgenden Kapitel erfolgt die Darstellung der Ergebnisse solch einer erfolgreichen
Zusammenarbeit am Beispiel der koreanischen Stadt Seoul.

16.2.2 Shareable City Seoul

Seit September 2012 bezeichnet sich Seoul als Sharing City (Johnson 2014). Dieses
Projekt, welches die über 10 Millionen Einwohner der größten Stadt Südkoreas
zusammenbringen und ihnen ein Gefühl der Zusammengehörigkeit verschaffen
soll, kann heute, vier Jahre nach dessen Einführung, als Paradebeispiel für die
erfolgreiche Implementierung des Sharing City-Konzepts für die großen, internationalen Weltmetropolen angesehen werden.

Seoul gilt als eine der modernsten Megastädte, die sich durch eine exzellente
Infrastruktur, *das schnellste Internet der Welt*, ein sensationelles IT-System und ein
komplexes Bahnnetz mit High-Speed-Internetanschluss auszeichnet. Die Stadt hat
insbesondere in den letzten Jahren ein starkes Wachstum sowohl im industriellen als
auch im demografischen Sinne erfahren. Mit den rasanten technologischen Entwicklungen einhergehend musste die Stadt mit zahlreichen Problemen hinsichtlich
hoher Arbeitslosigkeit, Luftverschmutzung und steigenden Wohnkosten kämpfen.
Neben wirtschaftlichen und ökologischen Herausforderungen entstanden zudem
soziale Probleme, die es zu adressieren galt. In einer überbevölkerten Stadt haben
sich die Menschen nicht nur zunehmend isoliert, sondern sind vereinsamt, wie beispielsweise Statistiken bezüglich der beinahe um das Doppelte gestiegenen Selbst-
mordrate darlegen. Landesübergreifend erzielte Südkorea in einem Ranking unter
den OECD-Ländern das niedrigste Ergebnis bezüglich der Frage nach der Lebens-
zufriedenheit.[2]

Schlussfolgernd liegt es nahe, dass eine Stadt mit solch einem Potential sich den
Problemen stellen und eine Strategie zu deren Überwindung erarbeiten muss. Die
Lösung dieser Herausforderung liegt in dem Konzept des „Sharing Seoul". Das
übergeordnete Ziel dieses Projektes ist formuliert als die Beibehaltung eines kons-
tanten Konsumlevels bei gleichzeitiger Reduzierung von Haushaltsausgaben.
Zweitrangig dient die Sharing Economy der verbesserten Kommunikation inner-
halb von Gemeinschaften sowie der Vorbeugung von Ressourcenverschwendung im
Zuge des Konsumprozesses.

In den vergangenen drei Jahren hat Seouls Regierung bereits zahlreiche Projekte
realisiert, die der Förderung des „Sharing Seoul"-Konzeptes zu Grunde liegen. Ausschlaggebend für die Umsetzung der geplanten Programme war die Anpassung der
Legislative. Bereits im Dezember 2012 erließ die Stadt eine Verordnung zur „Seoul
Metropolitan City Sharing Promotion", deren besonderer Fokus in der Integration
des Sharings nicht nur im öffentlichen Sektor, sondern auch im privaten Sektor lag.

---

[2] http://www.oecdbetterlifeindex.org/countries/korea/.

Folgerichtig wurde nur drei Monate später das „Sharing Promotion Committee" in Leben gerufen, welches aus privaten Experten und Stadtratsmitgliedern bestand. Die Aufgabe des Komitees bestand darin, mögliche Unternehmen auszuwählen, die dem Sharing-Konzept entsprechen und folglich Unterstützung von der Stadt, ganz im Sinne des öffentlich-privaten Verwaltungsmodells, erhalten.

Die Strategie der „Sharing City Seoul" basiert auf drei wesentlichen Säulen: Die Modifikation der Gesetzestexte, die Unterstützung von Sharing-Unternehmen und die Ermutigung der Einwohner zur Partizipation. Das wohl bedeutendste Instrument, welches als Tor zum „Sharing Seoul" dient, ist das Online-Informationsportal SHARE HUB. Dort können neben den Einwohnern Seouls auch andere Länder Informationen hinsichtlich Sharing-Organisationen und Unternehmen abrufen. Weitere Programme, die die Sharing Economy fördern und darüber informieren sollen, sind beispielsweise die „Sharing Economy Startup School". Diese ist vor allem an junge Unternehmer gerichtet, die im Rahmen der Sharing Economy ihr eigenes Unternehmen gründen möchten. Die Unternehmen erhalten auch nach Unternehmensgründung weiterhin in Form von Kommunikation und Kooperation die Unterstützung der Stadt.

Die Stadt hat sich hinsichtlich des „Sharings" auf drei verschiedene Bereiche konzentriert, die sich in Sharing Space, Sharing Items und Sharing Skill-Experience einteilen lassen. Innerhalb dieser Kategorien sind bereits einige Projekte des öffentlichen Sektors verwirklicht und private Unternehmen gegründet worden.

Sharing Space Die Philosophie hinter diesem Konzept besteht darin, die in Seoul sehr limitiert vorhandene Nutzfläche effizient zu nutzen. Dies bedeutet folglich, dass öffentlicher Raum, der bisher nicht zum vollsten Ausmaß genutzt worden ist, zur Verfügung gestellt wird. Unter die Definition vom öffentlichen Raum fallen in diesem Sinne Parkplätze, leere Räume, Kirchen und andere. Sowohl im öffentlichen als auch im privaten Sektor gibt es Projekte bzw. Unternehmen, die sich auf die Vermietung und das Teilen zur Verfügung stehender Anlagen spezialisiert haben. Eine Auswahl an Unternehmen, die sich der effizienten Nutzung der Fläche verschrieben haben, wird im Folgenden aufgeführt (Seoul Metropolitan Government 2014):

1. *OFOFFMIX*
   Die Plattform stellt Lokalitäten für Events zur Verfügung. Zusätzlich bietet sie Leistungen wie den notwendigen Online- und Offline-Service und das Management der Veranstaltung an.
2. *WOOZOO*
   Das Unternehmen bietet Studenten Wohnmöglichkeiten zu günstigen Preisen an. Ein bedeutender Aspekt ihres Leistungsportfolios besteht darin, Wohngemeinschaften gruppiert nach Interessens- und Erfahrungsgebieten zusammenzustellen.

3. *MODUCOMPANY*

Die Applikation, die die Lösung zu dem ernsthaften Parkproblem der Stadt bietet, verbindet Parkplatzbesitzer mit Personen, die einen Parkplatz für eine bestimmte Zeit benötigen. Seit der Markteinführung Anfang Dezember 2013 bietet die Applikation 20.000 Mitgliedern Informationen zu rund 40.000 Parkplätzen.

Sharing Items Mit Hilfe von gemeinschaftlicher Nutzung von Artikeln, die in einem Haushalt nicht zu den regelmäßigen Gebrauchsgegenständen gehören, können gleichzeitig Ausgaben reduziert und Zufriedenheit sichergestellt werden. In diesem Sinne kann gegenseitiges Vernetzen, interne Austauschprozesse vitalisieren und bedachtes Wirtschaften privater Haushalte ermöglichen. Folgend werden Beispiele existierender Initiativen und Unternehmen aufgelistet:

1. *Book Sharing*
   Das Projekt, Bücher gemeinschaftlich zu teilen, bietet Bewohnern die Möglichkeit, ihre Bücher mit ihren Nachbarn auszutauschen. Dadurch wird nicht nur der Wunsch, kulturelle Sehnsüchte zu befriedigen, erfüllt, sondern auch die Freude am Teilen gestärkt.
2. *KIPLE*
   Das Unternehmen verbindet Personen, meist Elternteile, die den Wunsch hegen, Kinderkleidung zu tauschen und zu teilen, die den eigenen Sprösslingen im Laufe der Entwicklungsphasen nicht mehr passen. Mittlerweile zählt der Service rund 60.000 registrierte Kleidungsstücke und 8.000 aktive Mitglieder.
3. *TIKLE*
   Die Plattform bietet den Service, Fahrgemeinschaften zu gründen. Seit 2013 verbindet die Applikation 30.000 Mitglieder, die auf umweltfreundlichem Wege eine schnelle und komfortable Transportmöglichkeit suchen.

Sharing von Erfahrungen und Informationen Talente, Erfahrungen und Informationen miteinander zu teilen, ist für das „Sharing City Seoul"-Projekt von zentraler Bedeutung. Das wohl wichtigste Tool ist in diesem Zusammenhang die Online-Plattform SHARE HUB, die jedem den Zugang zu den öffentlichen Informationen bereitet. Traditionell ist das „Sharing"-Konzept bereits unter dem Namen „poomasi" in der koreanischen Kultur verankert, sodass das Projekt Sharing Seoul auf fruchtbaren Boden trifft. Projekte, die zum Zwecke des Teilens von Informationen eingeführt wurden, sind beispielsweise:

1. *Seoul Photo Bank*
   Die Seoul Photo Bank ist eine Photo Sharing Website. Alle Fotos, die auf dieser Plattform hochgeladen werden, stehen jeder Person zur Nutzung frei zur Verfügung. Bis heute sind mehr als 250.000 Fotos registriert, die zu öffentlichem Gebrauch vorliegen.
2. *MYREALTRIP*
   Die Plattform bietet einen kundenspezifischen Service rund ums Reisen. Das Besondere an dieser Plattform ist, dass die Trips in Begleitung von Einheimischen

stattfinden. MyRealTrip gilt als offizielles „Sharing"-Unternehmen, wodurch Vertrauen in das Unternehmen gewährleistet wird.

3. *WISDOME*

Wisdomes Kernleistung entspricht der eines „menschlichen Buchs". Auf dieser Plattform können Mitglieder ihr Wissen, ihre Insights und ihr Know-how mit anderen teilen. Dank dieses Services können Erfahrungen diverser Themengebiete erfasst und geteilt werden.

Seoul gilt weltweit mit seinem „Sharing City Seoul"-Konzept basierend auf einer Kooperation des privaten und öffentlichen Sektors als Inspiration für zahlreiche Städte. Um ihre Vision, ein vollendetes Sharing-System zu realisieren, zukünftig in die Tat umzusetzen, sind einige Unterziele noch zu erreichen. Die Balance zwischen gutem Teilen und schlechtem Teilen muss gefunden und Regeln müssen festgesetzt werden, um zu garantieren, dass die Ziele der Sharing Economy-Unternehmen ehrenhaft sind und nicht in einem Interessenkonflikt mit bereits wirtschaftlich etablierten Unternehmen stehen. Es gilt daher, einen Grundbaustein für die Implementierung der Sharing Economy hinsichtlich der Regulationen, der Steuern und der Versicherung zu legen und somit einen Weg in die Erschaffung eines vollends akzeptierten Systems zu bereiten.

16.2.3 Sharing City Amsterdam – ein europäisches Pendant zu Asien

Nicht nur in Asien, sondern auch in Europa zeigen sich die ersten Früchte der Economy des Teilens. Amsterdam, Hauptstadt der Niederlande, trägt seit Anfang Februar dieses Jahres den Namen Sharing City (Miller 2015). Das Konzept des Sharing Amsterdam befindet sich noch im Anfangsstadium und ist längst noch nicht so etabliert wie in seinem Vorbild, der südkoreanischen Megastadt Seoul, doch wurde bereits ein vielversprechender Grundstein der Sharing Economy in Amsterdam gelegt, der den Weg für eine Zukunft des Teilens in dieser Stadt ebnen könnte.

In Tab. 16.2 werden die Sharing Cities Amsterdam und Seoul hinsichtlich ihres Aufbaus gegenübergestellt.

16.2.4 Welche Voraussetzungen sind bei der Schaffung der Shareable Cities zu erfüllen?

Für die Schaffung der Shareable Cities sollen sowohl die Sharing Economy-Unternehmer als auch traditionelle Marktteilnehmer kooperieren und im Rahmen der speziell entwickelten Richtlinien agieren. Hiermit werden ebenfalls Konsumenten durch die gesetzlichen Regelungen beschützt und entwickeln ein stärkeres Vertrauen in die Online-Transaktionen. Darüber hinaus sollen folgende Voraussetzungen für die Integration der Ökonomie des Teilens in die städtische Gemeinschaft erfüllt werden (Wosskow 2014):

Tab. 16.2 Vergleichspunkte Shareable Cities Amsterdam und Seoul

Vergleichspunkte der Sharing Cities	Amsterdam	Seoul
Seit wann nennt sich die Stadt eine Sharing City?	Februar 2015	September 2012
Zugangsportal für die Sharing Economy	shareNL	SHARE HUB
Zusammenarbeit	Botschafter und Community Stakeholder	Öffentlicher und privater Sektor
Rechtliche Regelungen	Erste und einzige Stadt, die eine Regulation für das P2P Miete auf Zeit Portal Airbnb verabschiedet hat.	Sharing Economy bereits in der Stadt und ihrer Philosophie verankert, rechtliche Regelungen müssen noch eingeführt werden.

- Innovationsförderung: In den Städten können spezielle Innovation Labs geschaffen und gefördert werden, die als Inkubatoren und Forschungszentren für die Entwicklung der Sharing Economy-Segmente dienen sollen. Hierbei ist eine starke Kooperation zwischen der Stadtverwaltung und Business Angels sowie etablierten Unternehmen von Bedeutung, um die Entwicklung der neuen Geschäftsmodelle finanziell zu unterstützen, das fehlende unternehmerische Know-how zu vermitteln, die relevanten Daten zur Verfügung zu stellen und die notwendigen Anpassungen an die Infrastruktur der Stadt vornehmen zu können.
- Vertrauen und Sicherheit: Die Schaffung des Vertrauens in die Online-Transaktionen ist einer der ausschlaggebenden Faktoren für die zukünftige Etablierung der Sharing Economy. Die Aufgabe der Regierung ist die Entwicklung eines sicheren Systems für die Identitätsverifizierung im Online-Bereich beziehungsweise die Ausarbeitung der notwendigen Datenschutzrichtlinien, die an die Segmente der Sharing Economy angepasst und gegen digitale Kriminalität gerichtet sind.
- Risikoversicherung: Die staatlichen und privaten Versicherungen können sich an der Integration des neuen Wirtschaftssystems beteiligen, indem sie diverse Kooperationen mit den Repräsentanten der Sharing Economy eingehen und spezielle Versicherungsmöglichkeiten anbieten.
- Digitale Transformation und Integration: Die Regierung sollte eine optimale Infrastruktur zur Verfügung stellen, um den Zugang in die digitale Welt auch für diejenigen zu ermöglichen, die bisher keine Berührung mit den neuen Medien hatten. Beispielsweise könnten spezielle öffentliche Schulungen für ältere Menschen organisiert werden, in Rahmen derer die Grundlagen der Nutzung von Online-Angeboten erklärt werden.
- Vereinfachung des Steuersystems: Durch die Adaption des Steuersystems für die Teilnehmer der Sharing Economy würde die Regierung den ersten Schritt zur Legalisierung der Transaktionen im Rahmen des kollaborativen Konsums unternehmen.
- Teilen des staatlichen Vermögens: Der Staat besitzt eine hohe Anzahl an Räumen, Daten und Technologien, die nicht immer optimal verwendet werden. Durch das Teilen dieser ungenutzten Kapazitäten mit den Teilnehmern der Sharing Economy

könnten innovative Prozesse beschleunigt, die Entwicklung neuer Geschäftsmodelle unterstützt und viele Probleme der Urbanisierung gelöst werden.

Dies sind nur wenige Schritte, die von der Regierung in Richtung der Akzeptanz der Sharing Economy unternommen werden können. Solche Organisationen wie Shareable, OuiShare, Sustainable Economies Law Center und andere bringen ihre eigenen Grundsätze für die Shareable Cities heraus, die als Teil des Konzepts zur Entwicklung der nachhaltigen Städte dienen sollen.

16.3   Wie sieht die Zukunft der Shareable Cities aus?

Wie den oberen Kapiteln entnommen werden kann, handelt es sich bei der Sharing Economy nicht um einen kurzfristigen Trend, der durch das starke Wachstum der digitalen Wirtschaft verschärft wird. Die Zukunft der Sharing Economy sieht vielversprechend aus, denn neben den bestehenden sozialen, ökonomischen und technologischen Treibkräften, die die Verbreitung des kollaborativen Konsums unterstützen, ist das Teilen ein natürlicher Drang der menschlichen Gesellschaft, dessen Vorleben eine hohe Anzahl positiver externer Effekte erzeugen kann. Einige dieser Effekte wie Nachhaltigkeit, Ressourcenschonung, Schaffung neuer Technologien und Infrastrukturen sowie Aufbau fester sozialer Communities, legen eine Grundlage für die Entstehung der smarten Shareable Cities, die als eine Notwendigkeit für die Lösung der Probleme der Urbanisierung gesehen werden. Viele große Städte wie San Francisco, London, Seoul, Amsterdam, Madrid, Sydney, Kopenhagen und andere arbeiten bereits an der Bildung der neuen smarten Zukunft für die eigene Bevölkerung und sehen in dem rasanten Aufkommen der Sharing Economy nicht nur eine Gefahr, sondern sehr viele Potenziale und Möglichkeiten. Ebenfalls arbeiten solche globalen Non-Profit-Organisationen wie OuiShare und Shareable an der Entwicklung spezieller Richtlinien und Vorschläge, die den lokalen Regierungen einen Weg aufzeigen, wie der Staat und der private Sektor für eine bessere Zukunft und die Integration der Sharing Economy in die Gesellschaft miteinander kooperieren können. Durch die Anpassung der gesetzlichen Regelungen sowie Schaffung der Arbeitsgruppen für die Implementierung des Modells „Shareable Cities" werden positive Ergebnisse auf der globalen Ebene entstehen. In jeder großen Stadt werden somit gesunde, soziale, digital verbundene Communities entstehen, die den Zugang zu den Gütern und Services dem Eigentum bevorzugen, gemeinsam neue wirtschaftliche, politische und soziale Systeme schaffen und somit zu der Befriedigung der eigenen Bedürfnisse sowie derjenigen der Gesellschaft aktiv beisteuern. Um langfristig das Sharing-Konzept in die Struktur und den Aufbau einer Stadt zu integrieren und diese in eine Smart City zu verwandeln, bedarf es einer Anpassung der Legislative hinsichtlich Steuern und Regulierungen. Die Economy des Teilens kann nur vollends funktionieren und ihren Zweck erfüllen, wenn alle beteiligten Stakeholder, öffentlicher und privater Natur, zusammenarbeiten und dem Wohl der Population und der Stadt verschrieben sind. Persönliche

Wettbewerbsvorteile und kapitalistische Vorzüge sollten künftig keinen Platz in diesem Konzept finden.

Die Regierung von Amsterdam kann diesbezüglich bereits als Vorzeigebeispiel angeführt werden. Zwar ist die niederländische Sharing City noch in den Anfängen der Entwicklung zu einer Smart City, doch hat sie bereits nach nur zwei Monaten eine Regulierung für das umstrittene Miete auf Zeit-Portal Airbnb eingeführt. Solche Schranken und Gesetze sind unabdinglich in der Entwicklung dieses zukunftsorientierten Konzeptes. Des Weiteren gilt es, vor allem die Einwohner von der Economy des Teilens zu überzeugen und zur Kooperation anzuregen. Das Misstrauen der Population in die Sharing Economy zu schüren und das Umgewöhnen von dem eigenen Hab und Gut zu geteiltem Hab und Gut so attraktiv wie möglich zu gestalten, ist wohl eine der wichtigsten Aufgaben der Regierung. Unternehmen und die Politik beginnen bereits, sich diesem neuen Konzept anzupassen, doch viel wichtiger ist, dass sich auch die Einwohner mit der kollaborativen Wirtschaft identifizieren können. Die Sharing Economy ist vor allen Dingen eines: Eine Weconomy (Stephany 2015).

Literatur

Agyeman J, DM-B (2013) Sharing cities. S 6. http://www.foe.co.uk/sites/default/files/downloads/agyeman_sharing_cities.pdf. Zugegriffen am 24.04.2015

Airbnb Germany GmbH (2012) Deutschland teilt! Auf dem Weg in die „Sharing Econonomy"? Hamburg. http://www.schwartzpr.de/de/newsroom/airbnb/2012-06-Studie-Deutschland-teilt_Hintergrund.pdf. Zugegriffen am 24.04.2015

Airbnb. www.airbnb.de. Zugegriffen am 24.04.2015

Böckmann M (2013) The shared economy: it is time to start caring about sharing; value creating factors in the shared economy. Holland. http://thelovettcenter.com/wp-content/uploads/2014/11/bockmann-shared-economy.pdf. Zugegriffen am 24.04.2015

Botsman R (2010) What's mine is yours: the rise of collaborative consumption. Harper Collins Publishers, New York

Business Innovation Observatory (2013) The sharing economy: accessibility based business models for peer-to-peer markets. European Union, S 5. http://ec.europa.eu/enterprise/policies/innovation/policy/business-innovation-observatory/files/case-studies/12-she-accessibility-based-business-models-for-peer-to-peer-markets_en.pdf. Zugegriffen am 24.04.2015

Chui M, Manyika J et al (2012) The social economy: unlocking value and productivity through social technologies. http://www.mckinsey.com/insights/high_tech_telecoms_internet/the_social_economy. Zugegriffen am 24.04.2015

Gansky L (2010) The mesh: why the future of business is sharing. Penguin Group, New York, S 28

Johnson C (2014) Shareable.net. http://www.shareable.net/blog/sharing-city-seoul-a-model-for-the-world. Zugegriffen am 24.04.2015

Kaup G (2013) Ökonomie des Teilens. Wien, S 9, 50–55. http://media.arbeiterkammer.at/stmk/Sharing_Economy_2013.pdf. Zugegriffen am 24.04.2015

Kemp S (2014) We are social. http://wearesocial.net/blog/2014/08/global-social-media-users-pass-2-billion. Zugegriffen am 24.04.2015

Kriston A, Tamás S, György I (2010) The marriage of car sharing and hydrogen economy: a possible solution to the main problems of urban living. Int J Hydrog 35:12697–12708

Lee EM (2012) Mayor Lee, President Chiu, Supervisors Farrell, Kim & Wiener announce nation's first „sharing economy" working group to support innovative new economy, confront emerging issues. San Francisco. http://www.shareable.net/blog/san-francisco-announces-sharing-economy-working-group. Zugegriffen am 24.04.2015

Lynch L, Black S (2003) What's driving the new economy? The benefits of workplace innovation. Econ J 97–116. http://www.frbsf.org/economic-research/files/wp03-23bk.pdf. Zugegriffen am 24.04.2015

Maslow A (1978) Motivation und Persönlichkeit. https://kristinalucius.files.wordpress.com/2013/02/maslow1978.pdf. Zugegriffen am 24.04.2015

Miller A (2015) Shareable.net. http://www.shareable.net/blog/amsterdam-is-now-europes-first-named-sharing-city. Zugegriffen am 24.04.2015

Owyang J (2013) The three market drivers: causes for the collaborative economy. San Francisco. http://www.web-strategist.com/blog/2013/05/09/the-three-market-drivers-causes-for-the-collaborative-economy. Zugegriffen am 24.04.2015

Owyang J (2014) Report: sharing is the new buying, winning in the collaborative economy. http://www.web-strategist.com/blog/2014/03/03/report-sharing-is-the-new-buying-winning-in-the-collaborative-economy. Zugegriffen am 24.04.2015

Porter ME, Kramer MR (2011) In: Harvard Business Publishing (Hrsg) Creating shared value. Harvard Business Review. https://hbr.org/2011/01/the-big-idea-creating-shared-value. Zugegriffen am 24.04.2015

Rinne A (2013) Circular economy innovation & new business models initiative. New York. http://www.thecirculars.org/documents/04%20Sharing%20Economy%20Paper.pdf. Zugegriffen am 24.04.2015

Roland Berger (2014) Shared mobility: how new businesses are rewriting the rules of the private transportation game. München, S 2,10. https://www.rolandberger.com/media/pdf/Roland_Berger_TAB_Shared_Mobility_20140716.pdf. Zugegriffen am 24.04.2015

Seoul Metropolitan Government (2014) In: Seoul Metropolitan Government Seoul (Hrsg) Sharing city Seoul. Seoul Metropolitan Government Seoul, Korea

Shareable & Sustainable Economies Law Center (2013) Policies for shareable cities: a sharing economy policy primer for urban leaders. California. https://dl.dropboxusercontent.com/u/39811237/Policies%20for%20Shareable%20Cities.pdf. Zugegriffen am 24.04.2015

Statista (2011) Statista. http://de.statista.com/statistik/daten/studie/208023/umfrage/anzahl-der-vermietungen-bei-europaeischen-bike-sharing-systemen. Zugegriffen am 24.04.2015

Stephany A (2015) The business of sharing: making it in the new sharing economy. Palgrave Macmillan, London, S 183

Täubner M (2013) Meins bleibt meins. BrandEins, S 55–59

The Economist (2013) The economist. http://www.economist.com/news/leaders/21573104-internet-everything-hire-rise-sharing-economy. Zugegriffen am 24.04.2015

Walker A (2014) Gizmodo: keeping bike shares running smoothly requires seriously complex math. http://gizmodo.com/keeping-bike-shares-running-smoothly-requires-seriously-1627573214

Wosskow D (2014) Unlocking the sharing economy. London, S 8–9. https://www.gov.uk/government/uploads/system/uploads/attachment_data/file/378291/bis-14-1227-unlocking-the-sharing-economy-an-independent-review.pdf. Zugegriffen am 24.04.2015

Glossar

Autonome Systeme Als autonome Systeme (Autonomous Systems) werden Systeme bezeichnet, die bestimmte Aufgaben autark ausführen können (z. B. Shuttles und Lieferroboter im Bereich Logistik- und Personentransporte).

Big Data Unter Big Data versteht man Datenbestände, die mindestens die folgenden drei charakteristischen V's aufweisen: einen Umfang im Tera- bis Zettabereich (Volume), eine große Vielfalt strukturierter, semi-strukturierter und unstrukturierter Daten (Variety) sowie hohe Geschwindigkeit bei der Verarbeitung der Datenbestände (Velocity).

Code for All Code for All ist ein internationales Netzwerk von Organisationen, welches zum Ziel hat, Bürgern (einer Stadt) durch digitale Technologie neue Kanäle (z. B. für Partizipation, Selbstorganisation etc.) zu eröffnen.

Computational Thinking Computational Thinking bezeichnet die Formulierung eines Problems, so dass die Lösung sowohl von Menschen als auch von Maschinen ausgeführt werden kann.

Crowd Energy Crowd Energy zielt darauf, für die elektrische Energieversorgung in den privaten Haushalten intelligente Erzeugungs-, Speicherungs- und Verbrauchszellen einzusetzen. Diese Zellen werden miteinander vernetzt und tauschen sowohl Informationen wie Energie in urbanen Räumen resp. Teilräumen aus.

Demokratie 3.0 Der Begriff Demokratie 3.0 bezieht sich auf (neue) Formen politischer Partizipation, die auf den Handlungsoptionen und -spielräumen beruhen, die das Internet bereitstellt bzw. eröffnet. Klassische Beispiele hierfür sind Webplattformen für den Austausch politischer Meinungen oder Wahlhilfen, die den Bürger bei der Meinungsbildung zu politischen Sachfragen und Wahlen unterstützen.

Digitale Transformation Unter digitaler Transformation versteht man den Veränderungsprozess in der Gesellschaft, der sich beim Einsatz von Informations- und Kommunikationstechnologien ergibt.

Everywhere Commerce Der Begriff Everywhere Commerce betrifft E-Commerce, wobei die Kunden mittels tragbaren Endgeräten (wie Smartphones und Tablets) einkaufen können, wann, wie und wo immer sie wollen.

Frage/Antwort-Systeme Frage/Antwort-Systeme (Question/Answering Systems) sind Systeme, welche auf Fragen antworten, die in natürlicher Sprache gestellt werden. In Städten bilden solche Systeme wichtige Informationskanäle, um

© Springer Fachmedien Wiesbaden GmbH 2016
A. Meier, E. Portmann (Hrsg.), *Smart City*, Edition HMD,
DOI 10.1007/978-3-658-15617-6

die Bürger in unterschiedlichen Themengebieten zu unterstützen (z. B. zu Wasser, Energie und/oder Verkehr, aber auch zu politischen und gesellschaftlichen Themen).

Globalisierung Globalisierung bezeichnet die zunehmende internationale Verflechtung von Staaten, aber auch von Individuen, Gruppen, Organisationen und Institutionen sowie von Strukturen und Prozessen in allen Bereichen des menschlichen Lebens (z. B. Wirtschaft, Politik, Gesellschaft, Kultur, Umwelt und Kommunikation).

Governance Unter Governance wird das Steuerungs- und Regelsystem von Städten verstanden. Dazu zählen u. a. innovative Organisationsstrukturen, politisch-gesellschaftliche Initiativen sowie veränderte Formen der Zusammenarbeit von der öffentlichen Verwaltung, privaten Unternehmen und der Zivilgesellschaft.

Innovation In urbanen Räumen werden unter Innovation Erneuerungen mit Hilfe von Informationstechnologien verstanden, die der Governance, der politischen Auseinandersetzung, der Partizipation, der Bildung sowie der Verbesserung der Infrastrukturen (Wasser, Energie, Verkehr etc.) dienen.

Internet of Things Das Internet der Dinge (Internet of Things) ist ein Netzwerk ‚intelligenter‘ Gegenstände (z. B. Mini-Computer, die als Wearables in Kleidungsstücken eingearbeitet sind), das in Elektronik, Software, Sensoren und Netzwerk-Konnektivität eingebettet ist und den Objekten ermöglicht, äußerst kosten- und energieeffizient Daten zu sammeln und weiterzuleiten sowie autonom untereinander auszutauschen. Dies kann dazu beitragen, das Leben der Bürger zu vereinfachen.

Logistik Die Logistik beschäftigt sich mit der Effizienzfrage bei der Produktion, Lagerung, beim Transport und Austausch von Gütern sowie mit den damit zusammenhängenden organisatorischen Problemen. Dabei werden spezifische Informationssysteme für die Beherrschung der Prozesse eingesetzt.

Mensch-Maschine Symbiose Unter Mensch-Maschine Symbiose (Human-Machine Symbiosis) versteht man die Vergesellschaftung kognitiver Fähigkeiten von Mensch und Maschine, zum gegenseitigen Nutzen.

Mixed Reality Mixed Reality bezeichnet Umgebungen und/oder Systeme, welche die reelle (physische) Welt mit einer virtuellen (digitalen) vermischen.

Mobilität Unter der räumlichen Mobilität wird die Dislokation von Personen und Gegenständen im urbanen Raum verstanden. Dazu werden intelligente Informations- und Kommunikationssysteme eingesetzt, um für die Umwelt Sorge zu tragen und die Zufriedenheit der Bürger zu erhalten.

Open Data Open Data bezeichnet die freie Verfügbarkeit von und Zugänglichkeit zu Daten, um diese für die Öffentlichkeit zu nutzen. Mit Hilfe von Open Data sollen Transparenz und Zusammenarbeit im urbanen Raum gefördert werden.

Partizipation Partizipation bedeutet die Einbeziehung der Bürgerinnen und Bürger in die zentralen Entscheidungsfindungsprozesse, die das Zusammenleben in der Gemeinschaft berühren. In der Smart City betrifft dies insbesondere die Möglichkeit, Einfluss auf die Entwicklung und Gestaltung des Lebensraums Stadt zu nehmen.

Partnernetzwerk Ein Partnernetzwerk kennzeichnet den Zusammenschluss unterschiedlicher öffentlicher und privater Partner im urbanen Ökosystem, mit einem gemeinsamen oder sich ergänzenden Ziel.

Privatsphäre Privatsphäre bezeichnet einen abgeschirmten Bereich, in dem ein Mensch sich frei und ungezwungen verhalten kann, ohne befürchten zu müssen, dass Dritte von seinem Verhalten Kenntnis erlangen oder ihn sogar beobachten bzw. abhören können. Das Recht auf Privatsphäre ist ein Menschenrecht, das die freie Entfaltung der Persönlichkeit garantiert und nur in besonderen Fällen eingeschränkt werden kann.

Raumplanung Bei der Raumplanung geht es darum, mit Hilfe von webbasierten Instrumenten und in Zusammenarbeit mit der Zivilgesellschaft den geographischen Raum umweltverträglich, wirtschaftlich und sozial zu gestalten.

Raumsoziologie Die Raumsoziologie untersucht das soziale Handeln in urbanen Räumen sowie die Abhängigkeit des Handelns von räumlichen Strukturen.

Selbstorganisation Unter Selbstorganisation im urbanen Raum wird die Gestaltung des Lebensraums durch die Zivilgesellschaft verstanden.

Service Management Die öffentlichen Dienste sollen mit Hilfe eines Service Managements optimal gestaltet und abgewickelt werden.

Sharing Beim Teilen (Sharing) werden Ressourcen, die nicht dauerhaft benötigt werden, gemeinsam genutzt. Beispielsweise kann in einem Wohnblock eine Bohrmaschine geteilt werden, da diese nicht ständig von allen Bewohnern des Blocks genutzt wird.

Smart City Der Begriff Smart City bezeichnet die Nutzung von Informations- und Kommunikationstechnologien in Städten und Agglomerationen, um den sozialen und ökologischen Lebensraum nachhaltig zu entwickeln.

Unscharfe Methoden Unscharfe Methoden beruhen auf der unscharfen Logik (Fuzzy Logic), die neben den Wahrheitswerten 1 (wahr) und 0 (falsch) alle Werte dazwischen miteinbezieht. Damit können differenzierte Entscheide gefällt werden.

Urbanisierung Urbanisierung kennzeichnet die Entwicklung städtischer Lebensformen, welche sich entweder im Wachstum von Städten (physische Urbanisierung) oder im veränderten Verhalten der Bewohner (funktionale Urbanisierung) manifestieren.

Urban Visualization Bei der Urban Visualization werden mehrdimensionale Datenbestände des urbanen Raums mit der Hilfe von Algorithmen aufbereitet und grafisch visualisiert, um wichtige Muster und Entwicklungen zu entdecken.

Stichwortverzeichnis

© Springer Fachmedien Wiesbaden GmbH 2016
A. Meier, E. Portmann (Hrsg.), *Smart City*, Edition HMD,
DOI 10.1007/978-3-658-15617-6

}essentials{

HMD Best Paper Award – *essentials* mit ausgezeichnetem Inhalt

Mit dem »HMD Best Paper Award« werden alljährlich die drei besten Beiträge eines Jahrgangs der Zeitschrift »HMD – Praxis der Wirtschaftsinformatik« gewürdigt. Die prämierten Beiträge sind nun als *essentials* verfügbar!

HMD Best Paper Award 2015

M. M. Herterich/F. Uebernickel/W. Brenner: **Industrielle Dienstleistungen 4.0**
ISBN print 978-3-658-13910-0; ISBN eBook 978-3-658-13911-7

P. Lotz: **E-Commerce und Datenschutzrecht im Konflikt**
ISBN print 978-3-658-14160-8; ISBN eBook 978-3-658-14161-5

S. Schacht/A. Reindl/S. Morana/A. Mädche: **Projektwissen spielend einfach managen mit der ProjectWorld**
erscheint 2016

HMD Best Paper Award 2014

T. Walter: **Bring your own Device**
ISBN print 978-3-658-11590-6; ISBN eBook 978-3-658-11591-3

S. Wachter/T. Zaelke: **Systemkonsolidierung und Datenmigration**
ISBN print 978-3-658-11405-3; ISBN eBook 978-3-658-11406-0

A. Györy/G. Seeser/A. Cleven/F. Uebernickel/W. Brenner: **Projektübergreifendes Applikationsmanagement**
ISBN print 978-3-658-12328-4; ISBN eBook 978-3-658-12329-1

HMD Best Paper Award 2013

A. Wiedenhofer: **Flexibilitätspotenziale heben**
ISBN print 978-3-658-06710-6; ISBN eBook 978-3-658-06711-3

N. Pelz/A. Helferich/G. Herzwurm: **Wertschöpfungsnetzwerke dt. Cloud-Anbieter**
ISBN print 978-3-658-07010-6; ISBN eBook 978-3-658-07011-3

G. Disterer/C. Kleiner: **Mobile Endgeräte im Unternehmen**
ISBN print 978-3-658-07023-6; ISBN eBook 978-3-658-07024-3

 **Springer** Vieweg

Änderungen vorbehalten. Stand Mai 2016. Erhältlich im Buchhandel oder beim Verlag.
Abraham-Lincoln-Str. 46 . 65189 Wiesbaden . www.springer.com/essentials

Zeitfracht Medien GmbH
Ferdinand-Jühlke-Straße 7
99095 Erfurt, Deutschland
produktsicherheit@kolibri360.de